Rino Levi
Arquitetura e cidade

Romano Guerra
Editora

Renato Anelli
Abilio Guerra
Nelson Kon

RG

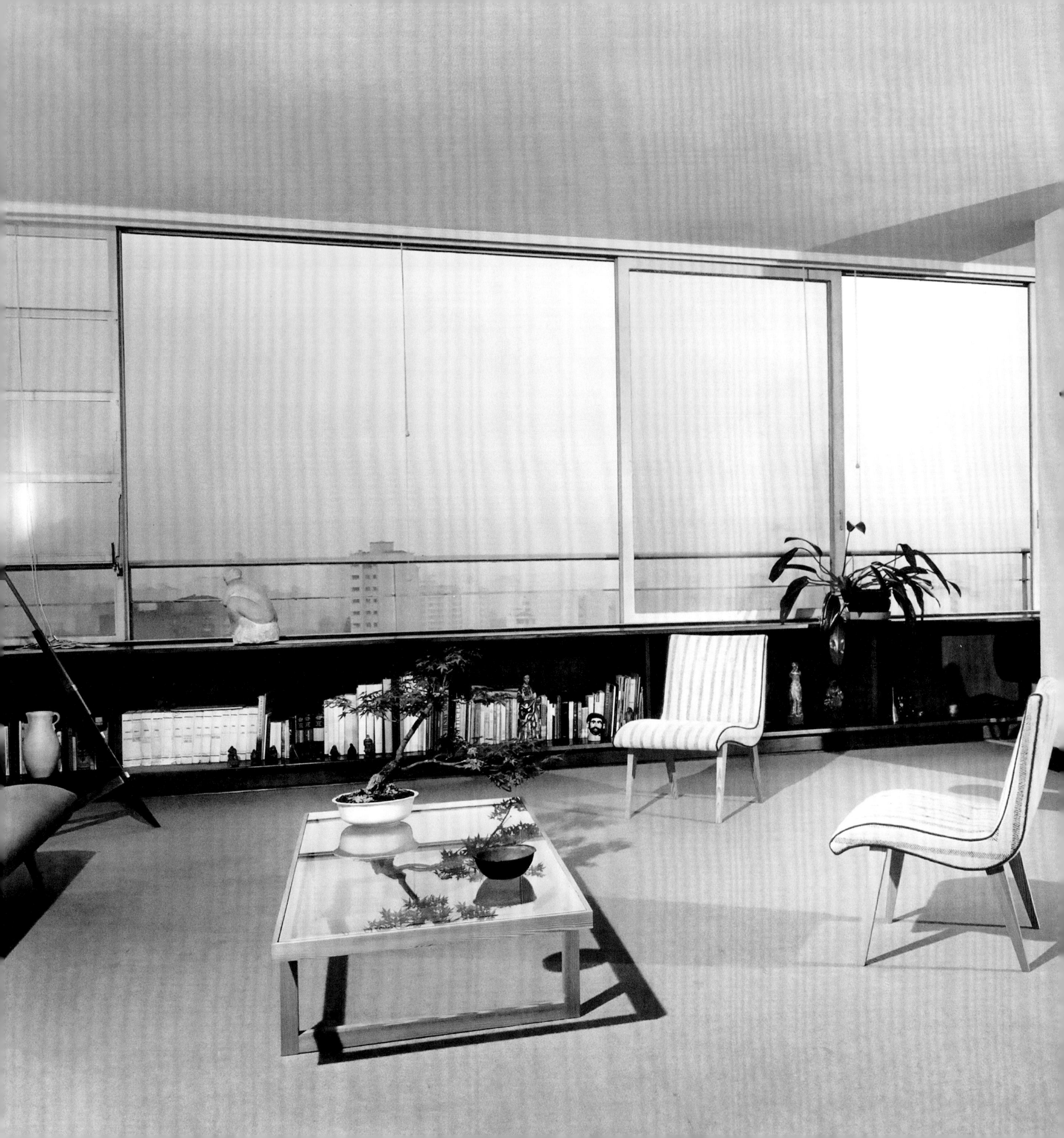

para
vítor, caio, helena,
gustavo e alexandre

Apresentações
Roberto Cerqueira César
Luiz Roberto Carvalho Franco
Paulo Bruna
Antonio Carlos Sant'Anna Jr.

Prefácio à segunda edição
Renato Anelli
Abilio Guerra
Nelson Kon

Prefácio à primeira edição
Lucio Gomes Machado

Coordenação editorial
Abilio Guerra
Silvana Romano Santos
Fernanda Critelli

Desenho gráfico
Dárkon Vieira Roque

Colaboração no capítulo 3
Ana Lúcia Machado de Oliveira Ferraz

Coordenação de financiamento coletivo
Helena Guerra
André Scarpa
Caio Guerra

Rino Levi Arquitetura e cidade

Pesquisa e textos
Renato Anelli

Pesquisa e acervo de imagens
Abilio Guerra

Ensaios fotográficos
Nelson Kon

São Paulo, 2019
2ª edição

Romano Guerra
Editora

p. 2-3, Edifício Prudência,
vista interna do apartamento,
São Paulo, 1944-48

Residência Olivo Gomes,
São José dos Campos,
1949-51

A obra de Rino Levi teve um importante papel na minha formação como arquiteto.

Quando estudante, visitei a casa que o arquiteto paulista projetou em 1962 para os irmãos Severo e Clemente Gomes na Praia Grande, Ubatuba. O primeiro impacto foi a elegância do volume simples e compacto, em que o jardim interno cumpre a dupla função de organizar a área social interna e – graças às duas aberturas nas paredes maiores – conectar o interior da casa com o paisagismo de Burle Marx, que se estende até a praia. Foi minha primeira experiência com a clareza de partido e o rigor técnico que caracterizam as obras de Levi.

Ainda durante a universidade, estagiei no escritório da Itauplan, instalado na sobreloja do Edifício Seguradora Brasileira, de 1948. Situado no largo da Pólvora, bairro da Liberdade em São Paulo, esse prédio de Rino Levi conta com caixilhos externos em alturas alternadas, conformando uma fachada de alto teor plástico. Seu pavimento tipo, com duas lâminas unidas pela circulação vertical, se tornará padrão nos edifícios residenciais da cidade.

Alguns anos mais tarde, já como arquiteto atuante, trabalhei no Banco Sul-Americano, obra de 1960, uma das obras-primas de Rino Levi e seus parceiros Roberto Cerqueira César e Luiz Roberto Carvalho Franco. Decorridos 25 anos, retorno ao edifício da avenida Paulista para trabalhar no seu restauro, que a Itaúsa, atual proprietária do imóvel, iniciara pela recuperação da fachada de mármore e dos brises de alumínio.

A elegância da composição volumétrica e o rigor de seu detalhamento fazem com que ainda hoje o edifício tenha uma presença marcante na avenida Paulista. E o fato de um prédio de quase sessenta anos de idade se adequar com facilidade ao uso contemporâneo é a confirmação da longevidade da boa arquitetura. Apesar das grandes mudanças tecnológicas ocorridas nessas seis décadas, as necessidades humanas básicas pouco se alteraram e, portanto, os espaços que as atendiam com qualidade continuam atuais.

Esses comentários não pretendem ser uma análise crítica da obra do arquiteto, pois o leitor terá isso a seu dispor ao longo deste volume. Mas seguramente eles exprimem minha alegria em colaborar na reedição deste registro da contribuição de Rino Levi para a cultura brasileira, que se antagoniza ao processo gradativo de amnésia cultural que vive sua obra.

Um segundo aspecto, mais abrangente, motiva minha participação. Em geral, o conhecimento e o debate da arquitetura ficam restritos aos círculos profissionais e raramente chegam à sociedade. É um problema severo, pois a possibilidade de arquitetos contribuírem para a qualidade de vida das cidades – onde vivem mais de 80% das pessoas no Brasil – está diretamente ligada à compreensão que a sociedade tem do papel da arquitetura.

Os arquitetos precisam ampliar o público de suas ideias se quiserem ter um papel relevante na construção deste mundo, e uma das formas mais eficazes é por intermédio de publicações que conciliem, em medidas adequadas, os diversos aspectos que envolvem a boa arquitetura – a informação técnica, a relevância social, a circunstância histórica e a beleza plástica.

Creio que este livro é mais um passo nessa direção.

Jaime Cupertino

Apoiadores desta edição

Barbara Levi

Teresa Cristina e
Cândido Bracher

Jaime Cupertino

Dpot

Refúgios Urbanos

A
Abiane de Alvarenga de Souza
Adalberto Retto Jr.
Adam Smith Garcia de Angelo
Adaucto Hissa Elian
Adler Cerqueira
Adriana Sansão Fontes
Adriano Bueno de Godoy Junior
Adriano Rapassi Mascarenhas
Adriano Ribeiro Leite
Adriano Soares de Assis Filho
Adson Cristiano Bozzi Ramatis Lima
Affonso Risi
Aflalo/Gasperini Arquitetos
Ailton Custódio Cacildo
Alan Isdebsky
Alberto Pedrini Filho
Alex de Castro Borges
Alexandre Luiz Rocha
Alexandre Ruiz da Rosa
Alfredo Peclat
Alisson do Nascimento Paulo
Almir Francisco Reis
Altimar Cypriano
Amélia Panet
Ana Amora
Ana Carolina Bierrenbach
Ana Carolina Pellegrini
Ana Cláudia Böer Breier
Ana Cristina S. Lacerda
Ana Elísia da Costa
Ana Gabriela Godinho Lima
Ana Lúcia Reis Melo Fernandes da Costa
Ana Lucia Silveira
Ana Maria Barros
Ana Maria Gomes
Ana Paula Farah
Ana Paula Gurgel
Ana Paula Momose
Ana Paula Polizzo
Anastácio Braga Nogueira
Anat Falbel
Anderson Dall'Alba
André Cavalcanti Nunes
André Di Gregorio
André Huyer
André Luis Carrilho
André Luiz Tura Nunes
André Schneider Dietzold
André Soares Haidar
André Vilela Pereira
Andréa Auad Moreira
Andréa de Oliveira Tourinho
Andrey Rosenthal Schlee
Angelica Tanus Benatti Alvim
Ângelo Arruda
Anna Beatriz Ayroza Galvão
Antonio Carlos Barossi
Antonio Carlos Zani
Antônio José Pedral Sampaio Lins
Antonio Roberto Moita Machado
Antonio Saggese
Arivaldo Leão de Amorim
Arnaldo de Magalhães Lyrio Filho
Arquitetos Urbanistas Planejamento e Projetos Ltda.
Arthur de Mattos Casas
Artur Bernardes
Athos Comolatti
Augusto Ferrer de Castro Melo

B
Bárbara Cardoso Garcia
Barbara Cortizo de Aguiar
Beatriz Leme Martin
Beatriz Martinez
Beatriz Mugayar Kühl
Beatriz Santos de Oliveira
Bernardino da Silva Neto
Bernardo Cleto Duarte e Telles
Bia Dorfman
Bruna Geovanna Viana Machado
Bruno Andrade
Bruno Brolo
Bruno Ceccato Rossi
Bruno de Albuquerque Ferreira Lima
Bruno Melo Braga

C
Caio Marçon
Camila da Rocha Thiesen
Camila Oliveira
Camila Sant'Anna
Camila Toledo
Carla Monza
Carlito Carvalhosa
Carlos A. Ferreira Martins
Carlos Alberto Maciel
Carlos Americo Kogl
Carlos Cesar Arcos Ettlin
Carlos Chinchila
Carlos Costa Amaral Junior
Carlos Eduardo Comas
Carlos Feferman
Carlos Fernando Andrade
Carlos Ferrata
Carlos Gonçalves Júnior
Carlos Henrique de Lima
Carlos Maia
Carolina Ferreira de Carvalho
Carolina Pinto
Carolina Ribeiro Boccato
Caroline Güral
Caroline Maderic
Catherine Otondo
Cêça Guimaraens
Cecília Rodrigues dos Santos
Célia Meirelles
Celma Chaves
Cesar Jordão
Charles Vincent
Christian Michael Seegerer
Christine Ramos Mahler
Clarice Sfair da Costa Ferreira
Clarissa Romancini Viegas
Claudia Nucci
Claudio Brandão
Claudio Silveira Amaral
Claudio Wolgien de Oliveira
Cleiton Honório de Paula
Cleusa de Castro
Cristiana Pasquini
Cristiane Kröhling Pinheiro Borges Bernardi
Cristiane Rose de Siqueira Duarte
Cristiano Alckmin Mascaro
Cristina Meneguello

D
Daniel Candia Alcântara de Oliveira
Daniel Ducci
Daniel Jacinto de Moraes
Daniel Mangabeira da Vinha
Daniel Pitta Fischmann
Daniela Abritta Cota
Daniela Longoni
Davi Eustachio
Décio Otoni de Almeida
Deivid José Borges Alves
Denise Vianna Nunes
Diego Borin Reeberg
Diego Dias
Diego Pérez-Rial
Diego Petrini Pinheiro
Dimitri Iurassek
Diogo Ferreira de Araújo
Diogo Lazari P. de Campos
DMDV Arquitetos

E
Edson Elito
Eduardo Demarchi
Eduardo Rocha
Eduardo Westphal
Édulo Lins
Elder Franklin da Silva
Elenara Stein Leitão
Eliana de Azevedo Marques
Elisabete França
Eneida de Almeida
Enk te Winkel
Erick Vicente
Érik Andrei Alexandre
Erika Ciconelli de Figueiredo
Ester Meyer
Evandro Medeiros
Evelyn Furquim Werneck Lima
Evelyn Gregory

F
Fabiana Perazolo
Fabiano Borba Vianna
Fabiano José Arcadio Sobreira
Fabiano Melo
Fabio Bueno Santos
Fábio Daniel Mendes Caetano
Fábio Domingos Batista
Fabio Ferreira Lins Mosaner
Fabio Lima
Fábio Müller
Fabio Rago Valentim
Fabricio de Francisco Linardi
Fausto Barreira Sombra Junior
Felipe Carpegeani Dias da Silva
Felipe Contart
Felipe Grifoni
Felipe Hess
Felipe S. S. Rodrigues
Fellipe de Paiva Brandt
Fernanda Marafon
Fernanda Pontes
Fernanda Preto Lazzaretti
Fernanda Sarkis
Fernando Brandão
Fernando de Mello Franco
Fernando Diniz Moreira
Fernando Fayet de Oliveira
Fernando Freire
Fernando José Martinelli
Fernando Ludovico Szpunar Piskor
Fernando Luiz Lara
Fernando Pinheiro Guimarães
Filipe Battazza
Filomena Russo
Flavia Kioroglo
Flávia Oliveira
Flaviano Guerra
Flávio Kiefer
Flora Fujii
Francesco Perrotta-Bosch
Francisco Antonio Rodrigues Junior
Francisco de Assis da Costa
Francisco L. M. Petracco
Francisco Martins Nunes
Francisco Ricardo Cavalcanti Fernandes
Franklin Lee
Frederick Merten
Frederico Rosa Borges de Holanda
Fulvia Zen Petisco Fiore
Fúlvio Natércio Feiber
Fulvio Teixeira de Barros Pereira

G
Gabriel Celestino Cavalcante
Gabriel Esteves Ribeiro
Gabriel Ratto Domiciano
Gabriela Kratsch Sgarbossa
Gabriela Rocha Müller
George da Guia
George de Menezes Lins
Georgia Michalski
Gialla Arquitetura e Design Ltda. - ME
Giancarlo Hannud
Gianfranco Vannucchi
Gilberto Belleza
Gilson Pacheco
Giovanna Estevam Saquietti
Giovanna Fernandes Mangiocca
Giovanna Rosso Del Brenna
Gisela Barcellos de Souza
Gisele Bauermann
Giuliano Orsi
Gladys Neves da Silva
Graciela Torre
Grete Soares Pflueger
Grisiele Almeida Guimarães
Guilherme Fernando Pinto
Guilherme Gambier Ortenblad
Guilherme Mattos
Guilherme Trevizani
Gustavo Drent
Gustavo Henrique Paschoal Teixeira
Gustavo Kerr
Gustavo Massimino
Gustavo Panza
Gustavo Rocha-Peixoto

H
Habitáculo Arquitetura - PR
Haron Gabriel
Helena Ayoub Silva
Helio Herbst
Heloisa Escudeiro
Henrique Calbo
Henrique Seckler
Henrique Siqueira
Heraldo Ferreira Borges
Herbert Valkinir
Herllange Chaves de Brito
Hilmar Diniz Paiva Filho
Hugo Rossini Costa Longa
Hugo Segawa
Humberto Damilano

I
Igor Lima Ribeiro
Irã José Taborda Dudeque
Isabel Camañes
Isabela Meneghello
Isabela Queiroz de Moraes Mariano
Isadora Magnotti Ferreira
Ivair de Lima Ferreira
Ivan Lubarino Piccoli dos Santos
Ivan Portero
Ivi Tuma Salomão
Ivo Giroto
Izabel Murat Burbridge

J

Jaqueline Pedone
Jayme Vargas
Jessica Wludarski
Jhonatan Oliveira Almeida
João Aira
João Augusto Pereira Júnior
João Francisco Noll
João Paulo Daolio
João Paulo Silveira Barbiero
João Pedro Bordalo Noro
João Rett Lemos
João Ricardo Mori
João Sodré
João Vicente Cabrera
Joice Arantes Luciano
Jorge Felix de Souza
José Antonio Viana Lopes
José Borelli Neto
José Daniel da Costa
José de Souza Brandão Neto
José Francisco Xavier Magalhães
José Paulo da Rocha Brito
José Paulo Neves Gouvêa
José Ricardo de Souza Junior
José Roberto D'Elboux
José Roberto Merlin
José Simões de Belmont Pessoa
José Tiago Belarmino de Lima
José Waldemar Tabacow
Josivan P. da Silva
Juan Cabello Arribas
Júlia Maria Monteiro da Silva
Juliana Alonso Gonçalves Godoy
Juliana Braga
Juliana Schwindt da Costa
Juliana Suzuki
Julyana Matheus Troya Melo

K

Karine Daufenbach
Kate V. A. Saraiva
Katia Holz
Klaudia Perdigão
Kykah Bernardes

L

Leda Maria Brandão de Oliveira
Leon Yajima
Leonardo M. Lopes
Leonardo Rezende Diniz
Lia Baraúna
Lídia Lima Queiroz
Lídia Quièto Viana
Liene Baptista
Linda Teresinha Saturi
Lucas Fehr
Lucas Josijuan
Lucas Pereira Vitorino
Lucia Lotufo
Lucia Maria Sá Antunes Costa
Luciana Tombi Brasil
Luciano Avanço

Luis Eduardo Loiola de Menezes
Luisa Valle
Luiz Carlos de Menezes Toledo
Luiz Eduardo Fontoura Teixeira
Luiz Felipe Cunha
Luiz Fernando Arias Fachini
Luiz Fernando de Almeida Freitas
Luiz Guilherme Rivera de Castro
Luiz Philippe Peres Torelly
Luiz Puech
Luiz Ricardo Araujo Florence

M

Manoel Lemes da Silva Neto
Manoela de Godoy Aveiro
Manuela Ilha Silva
Mara Oliveira Eskinazi
Marcela Fongaro
Marcelo Anaf
Marcelo Consiglio Barbosa
Marcelo Libeskind
Marcelo Palhares Santiago
Marcio Cotrim
Marcio Francisco Chagas
Marcio Kogan
Marcio Novaes Coelho Jr.
Marco Antonio Cochiolito
Marco Antonio Perin
Marcos Boldarini
Marcos Cereto
Marcos Exposto
Marcos Favero
Marcos Maciel
Marcos Mascarenhas Franchini de Oliveira
Marcos Nunes Pereira
Marcos Pedroso
Marcus Vinicius Damon
Marcus Vinicius Dantas de Queiroz
Marguerita Rose Abdalla Gomes
Maria Augusta Justi Pisani
Maria Claudia Levy
Maria Cristina Motta
Maria Cristina Nascentes Cabral
Maria Cristina Savaia Martini
Maria Daniela Alcântara
Maria Eliza de Castro Pita
Maria Fátima Rosa Beltrão
Maria Fernanda Marques de Carvalho Pereira
Maria Helena Rohe Salomon
Maria Luiza Adams Sanvitto
Maria Luiza Costa Nery
Maria Marta Camisassa
Maria Regina Weissheimer
Maria Stella Martins Bresciani

Mariah Salomao Viana
Mariana Bonates
Mariana Wilderom
Maribel Aliaga Fuentes
Marília J. Costa
Marina Acayaba
Marina Battistuz de Almeida
Marina Dolabella Dubal
Marina Toneli Siqueira
Mário de Almeida Salles Junior
Marisa Carpintero
Marise De Chirico
Marise Ferreira Machado
Marlon Rubio Longo
Marta Bogéa
Marta Cristina F. B. Guimarães
Marta Silveira Peixoto
Martin Kaufer Goic
Maryá Aldrigue Casado
Mateus Coswig
Matheus Conque Seco Ferreira
Matheus de Paula D. Almeida
Matheus Ribeiro Assunção Vieira Mendes
Matteo Gavazzi
Maturino Salvador Santos da Luz
Maui Braglia Caldas
Mauricio Campomori
Mauricio Ceolin Rosa
Maurício de Andrade Madalena
Maurício Novelli Dias
Mauro Ferreira
Mauro Sanches
Melissa Laus Mattos
Melissa Matsunaga
Mila Ricetti
Mirelle Alves
Mirthes Baffi
Mita Ito
Monica Cavalcante de Aguiar
Monica dos Santos Dolce Uzum
Murilo Ferreira Paranhos
MVA Arquitetura e Urbanismo

N

Nadia Somekh
Natasha Tellini Vontobel
Nathalia Cantergiani Fagundes de Oliveira
Nedival de Sá Pianizzola
Ney N. Zillmer Neto
Nicole Caren Krause
Nieri Soares de Araujo
Nirce Saffer Medvedovski
Nivaldo de Andrade
Nora de Queiroz

O

Otavio Amato Souza Dias
Otta Albernaz Arquitetura. Design

P

Pablo José Vailatti
Pamela Gomes
Panait Theodoro Daris
Paola Berenstein Jacques
Patrícia Bacchieri
Patrícia Martins
Patricia Stelzer da Cruz
Patrick Zechin
Paula C. P. Lima
Paula Custódio de Oliveira
Paula Gorenstein Dedecca
Paula Oribe
Paulo Afonso Rheingantz
Paulo Barreiros de Oliveira
Paulo Bruna
Paulo Gaia Dizioli
Paulo Hausen
Paulo Mauro M. de Aquino
Paulo Ormindo David de Azevedo
Paulo Victor Almeida
Pedro Barros
Pedro Grilo
Pedro Henrique Santos
Pedro Santana
Pedro Stucchi Vannucchi
Pier Paolo Bertuzzi Pizzolato
Pietro Terlizzi
Plano Arquitetura
Priscila Davini Meira
Priscila Filomeno T. Fernandes

R

Rafael Augusto Abe da Cruz
Rafael Barbieri Zaia
Rafael Blas
Rafael Da Soler
Rafael Krstic Barreto
Rafael Saldanha Duarte
Rafael Seven Hirofumi Otsuka
Rafaela Rodrigues
Ralf Matavelli
Ralph Paiva
Raphael Amaral
Raphael Santos
Raquel Migueis Gonçalves
Raquel Schenkman
Raynner Goston Bandeira
Rebeca Rocha Santoianni
Renata Campello Cabral
Renata Fragoso Coradin
Renata Nogueira
Renata Paiva de Andrade
Renata Semin
Ricardo Bozza
Ricardo Couceiro Bento
Ricardo Luis Silva
Ricardo Luís Tortorello Cathalá
Ricardo Pessôa de Melo

Rita Meireles
Rita Velloso
Roberto de Souza
Roberto Fialho
Rodrigo Baeta
Rodrigo Leite Maçonilio
Rodrigo Mindlin Loeb
Rodrigo Octávio Broglia Mendes
Rodrigo Ohtake
Rodrigo Queiroz
Rodrigo Sauri Lavieri
Roger Pamponet da Fonseca
Rogerio Goldfeld Cardeman
Ronaldo Moura dos Santos
Rosângela Ananias
Rubenilson Brazão Teixeira
Rudi van Cattani
Ruth Verde Zein

S

Sabrina Fontenele
Salvador Gnoato
Sandra de Camargo Rosa Mraz
Sandra Rodondi de Godoy
Sarah Feldman
Sauermartins
Sergio Kon
Sergio Kopinski Ekerman
Sergio Leão
Sérgio Luiz Salles Souza
Sergio Maizel
Sergio Marques
Sergio Matos
Sérgio Pastana Righetto
Sheila Maria Conde Rocha Campello
Shundi Iwamizu
Sidney Tamai
Silvana Rubino
Silvia Fernanda Corrêa
Silvia Palazzi Zakia
Silvio A. M. Guimarães
Silvio Abreu
Sirlei Maria Oldoni
Stelamáris Pinto Peraça Hax

T

Taciana Souza Bezerra
Tadeu Almeida de Oliveira
Taís do Nascimento Ferreira
Talita Broering
Tânia Cristina Bordon Mioto Silva
Tatiana de Souza Gaspar
Tatiane Felix Lopes
Telma Borges dos Santos
Thais Lavieri
Thais Magalhães
Thiago Borges Mendes
Thiago Moyses de Lima
Tiago Mapurunga
Tiago Nicácio Pereira
Tiago Pinheiro do Amaral
TRK Imóveis

U

Ulisses Salviano Alves de Andrade

V

Valdemir Lúcio Rosa
Valéria Fialho
Valério Pietraroia
Vanessa Fernandez Cicarelli
Vera F. Rezende
Vera Lúcia Domschke
Vera Santana Luz
Victor de Camillo
Victor Gurgel
Victor Lameiro Pereira
Victor Piza
Vinicius Algarte Quirino
Vinícius Ferreira de Oliveira
Vinicius Gonçalves Garcia
Violêta Saldanha Kubrusly
Vitor Kibaltchich Coelho
Vládia Cantanhede
Vladimir Bartalini

W

Walter De Vitto
Wanda Vilhena Freire
Wellington de Oliveira Pereira
Wellington Tohoru Nagano
Weslley Pontes
William Machado dos Santos
William Martins Ribeiro
Willian Sogiro
Wilson Ribeiro dos Santos Junior (Caracol)
Wylnna Vidal

Y

Yara Cunha Costa

Z

Zied Sabbagh

Divulgadores

@brutbrazil
@oscarniemeyerworks
@omanuelsa
@gabrielkogan
@pedrokok
@joanafranca
@bambooinstagram
@architecture_hunter
@superbacana_mais
@micropolis.coletivo
@arquitetasnegras
@albordearq
@gomaoficina

Residência Rino Levi,
São Paulo, 1944

Sumário

Apresentações
12 Roberto Cerqueira César
 Luiz Roberto Carvalho Franco
13 Paulo Bruna
 Antonio Carlos Sant'Anna Jr.

Prefácio à segunda edição
15 Rino Levi, arquitetura e cidade:
 um balanço histórico-crítico
 Renato Anelli, Abilio Guerra e
 Nelson Kon

Prefácio à primeira edição
21 Rino Levi: uma outra face
 da arquitetura brasileira
 Lucio Gomes Machado

Prólogo
25 Trajetória de Rino Levi

Ensaio fotográfico
38 Edifício Guarani

Capítulo 1
49 A arquitetura da cidade vertical

Fichas de projeto
62 1 Residência Delfina Ferrabino
63 2 Residências para Dante Ramenzoni
64 3 Edifício Columbus
66 4 Pavilhões para a Sociedade de Produtos Químicos Elekeiroz
67 5 Edifício Nicolau Schiesser
68 6 Viaduto do Chá
70 7 Edifício Higienópolis
72 8 Residência Luiz Medici Jr.
73 9 Residência para a família Porta
74 10 Cine Ufa-Palácio

Ensaio fotográfico
76 Instituto Sedes Sapientiae

Capítulo 2
85 A mediterraneidade nos trópicos

Fichas de projeto
96 11 Cine Universo
97 12 Edifício Guarani
98 13 Edifício Central do Aeroporto Santos Dumont
99 14 Cine Art-Palácio e Edifício Trianon
100 15 Conjunto comercial para o IAPI
101 16 Conjunto-Sede da Caixa Beneficente do Asilo-Colônia Santo Ângelo
102 17 Instituto Superior de Filosofia, Ciências e Letras Sedes Sapientiae
104 18 Edifício Porchat
106 19 Cine Ipiranga e Hotel Excelsior
108 20 Companhia Jardim de Cafés Finos

Ensaio fotográfico
110 Residência Olivo Gomes

Capítulo 3
121 Das artes decorativas à síntese das artes

Fichas de projeto
132 21 Teatro Cultura Artística
134 22 Residência Rino Levi
136 23 Edifício Prudência
138 24 Maternidade Universitária da Faculdade de Medicina da USP
140 25 Banco Paulista do Comércio
142 26 Hospital Antônio Cândido de Camargo do Instituto Central do Câncer
144 27 Residência Olivo Gomes
146 28 Residência Milton Guper
147 29 Residência Paulo Hess

Ensaio fotográfico
148 Banco Sul-Americano do Brasil

Capítulo 4
159 Composição acadêmica e funcionalismo

Fichas de projeto
168 30 Centro Cívico e Torre da Cidade Universitária Armando Sales de Oliveira
170 31 Conjunto Residencial Estudantil da Cidade Universitária Armando Sales de Oliveira
172 32 Garagem América
174 33 Conjunto Residencial para Operários da Tecelagem Paraíba
176 34 Galpão e posto de gasolina para caminhões da Tecelagem Paraíba
178 35 Conjunto habitacional Fazenda Monte Alegre
180 36 Banco Sul-Americano do Brasil
182 37 Edifício Concórdia
184 38 Residência para engenheiros das Usinas Elclor
186 39 Laboratório Paulista de Biologia
188 40 Plano Piloto de Brasília

Ensaio fotográfico
190 Centro Cívico de Santo André

Capítulo 5
201 A cidade moderna

Fichas de projeto
210 41 Residência Castor Delgado Perez
212 42 Edifício e Galeria R. Monteiro
214 43 Banco Sul-Americano do Brasil
216 44 Edifício Plavinil-Elclor
218 45 Centro Social da Universidade de São Paulo
220 46 Usina de Leite Paraíba
222 47 Residência Rino Levi
224 48 Edifício Gravatá
225 49 Edifício Araucária
226 50 Hangar da Tecelagem Paraíba
228 51 Centro Cívico de Santo André
232 52 Edifício-Sede da Fiesp-Ciesp-Sesi
234 53 Edifício do jornal O Estado de S. Paulo
235 54 Colégio Miguel de Cervantes
236 55 Edifício Siemens
237 56 Fábrica de detergente em pó Gessy Lever
238 57 Casa de hóspedes para a CBMM
240 58 Edifício Paramount-Lansul

Ensaio fotográfico
242 Edifício-Sede da Fiesp-Ciesp-Sesi

Epílogo
251 Trajetória de Rino Levi

261 Lista de projetos
267 Referências bibliográficas
275 Índice onomástico
277 Tradução para o inglês

Apresentações

Roberto Cerqueira César

É para mim uma honrosa incumbência fazer a apresentação do livro *Rino Levi – arquitetura e cidade*.

Mais do que ressaltar a obra de um grande arquiteto, num momento crucial da arquitetura brasileira, o texto representa a recordação de uma amizade que durou quase 25 anos, de 1941 até a morte do grande mestre em 1965.

Desenvolvemos juntos projetos de grande importância, como o Edifício Prudência, pioneiro da verticalização do bairro de Higienópolis, o Edifício-Sede do Banco Sul-Americano, hoje Itaú, na avenida Paulista, o Plano Piloto de Brasília, o Centro Cívico de Santo André, entre outros.

Foi um período de intenso aprendizado dos conceitos imutáveis da arquitetura e de respeito à arquitetura e à ética profissional.

Rino Levi, filho de imigrantes italianos, nasceu em São Paulo em 1901. Fez seus estudos secundários no tradicional Colégio Dante Alighieri, em sua cidade natal.

Em 1919 foi para a Itália, onde, em Milão, cursou durante dois anos a Escola Politécnica local. Dali transferiu-se para Roma, tendo se diplomado pela Faculdade de Arquitetura, na qual foi aluno do grande Marcello Piacentini. Foram seus colegas, entre outros, Adalberto Libera, Ernesto Rogers e Enrico Peressuti.

Retornando a São Paulo, trabalhou como projetista da Companhia Santista de Projetos e Obras, de propriedade do futuro senador Roberto Simonsen, tendo saído em 1927 para fundar seu próprio escritório.

Em 1936, associado ao seu antigo colega, o engenheiro Joseph Grabenweger, participou do concurso do projeto para o novo viaduto do Chá, tendo sua proposta sido destacada pela Comissão Julgadora.

No mesmo ano projetou e construiu o Cine Art-Palácio de São Paulo, que revolucionou os conceitos plásticos e funcionais dos desenhos das casas de espetáculos, tornando-o o arquiteto dos principais cinemas projetados nessa época áurea em São Paulo (Universo, Piratininga e Ipiranga).

Encerro esta breve apresentação com a opinião de seu grande amigo e colaborador Roberto Burle Marx: "A arquitetura nunca foi para ele apenas uma casa, um edifício, um volume. Procurou sempre relacioná-la ao problema da acústica, das condições ecológicas, da ventilação e do urbanismo. Sentiu em profundidade o papel do arquiteto no planejamento, para que a coletividade alcançasse um equilíbrio dentro da melhor forma de viver. Lutou sempre para dignificar a profissão e conseguiu transformar sua casa numa convergência de interesses da classe, procurando tornar o ambiente o mais agradável e o menos convencional possível. Era um centro de cultura que marcou época em São Paulo".

Ourinhos, 1999

Luiz Roberto Carvalho Franco

Parece incrível, mas somente agora, 35 anos após sua morte, aparece uma obra de peso sobre Rino Levi. Um estudo em profundidade sobre aquele que foi o mais legítimo dos pioneiros da arquitetura contemporânea brasileira.

Seu pioneirismo não foi fosfórico, aparecendo explosivamente como formas exóticas para a época e conferindo imediatamente o título perene de pioneiro aos seus autores, não importa quanto nem por quanto tempo esse pioneirismo tenha sido honrado. Seu pioneirismo já aparece quando tem a coragem de estabelecer-se com o primeiro escritório brasileiro a se dedicar a projetos de arquitetura e manter-se exclusivamente à custa deles. Isso na década de 1920. Aparece quando não para jamais de pesquisar, produzindo por exemplo, ele próprio, os primeiros estudos acústicos feitos no Brasil para obras de arquitetura, ou seja, os cinemas que projetou. Seus arquivos mostram uma infinidade de cálculos matemáticos, gráficos e textos sobre os quais criou as formas das salas. Desde o Ufa-Palácio até o Teatro Cultura Artística. Até nos componentes menores das obras, como ferragens, luminárias etc., que a incipiente indústria da época não produzia a seu contento, ele interferiu, produzindo novos desenhos.

Essa maneira de encarar o ofício de arquiteto acabou por produzir uma obra extensa e fértil. Não só de belas soluções formais, mas rica de informações técnicas, metodologia de trabalho, rigor na execução das obras. Como não poderia deixar de ser, influenciou várias gerações de arquitetos. E, no entanto, não existe publicado no Brasil um livro sequer dedicado seriamente ao estudo dessa brilhante carreira.

Creio que posso afirmar ter acompanhado, razoavelmente de perto, o longo caminho de Renato Anelli nas suas exaustivas pesquisas. Desde os arquivos do nosso escritório até sua longa viagem pela Itália. Lá não se contenta apenas em registrar a passagem de Rino Levi pelas duas escolas em que estudou: o Instituto Politécnico de Milão e a Escola de Arquitetura de Roma. Não lhe basta, também, só nomear as personalidades com quem conviveu. Piacentini, por exemplo, que foi seu professor. Sua pesquisa começa analisando o surgimento de cada uma das escolas, as diferenças de pensamento entre ambas e, finalmente, a razão de ser da opção de Levi pela escola de Roma. Procuro aqui dar uma pequena amostra da profundidade com que as pesquisas foram conduzidas.

Trabalhei com Rino Levi durante quinze anos. Parece pouco quando tomo consciência de que, depois de sua morte, continuei trabalhando ainda por mais 32. Mas ele sempre esteve presente. Sua influência foi muito forte. Felizmente, Rino Levi era do tipo que influenciava sem contaminar...

Muito honrado, tento atender à solicitação que me foi feita de escrever uma apresentação para o livro de Renato Anelli. Parece-me que, uma vez reconhecida a sua alta qualidade, nada é mais importante do que apresentá-lo como primeiro e forte sinal de que, finalmente, uma lamentável lacuna começa a ser preenchida.

São Paulo, outono de 2000

Paulo Bruna

No segundo ano da FAU USP, em 1960, fui aluno da disciplina de Desenho Industrial, cujo professor era o arquiteto Luiz Roberto Carvalho Franco. Ao término do ano, pedi-lhe um estágio com o arquiteto Rino Levi, seu sócio. O escritório funcionava no edifício do IAB, na rua Bento Freitas 306. A estrutura produtiva era muito pequena para o grande volume de obras: os três sócios – Rino Levi, Roberto Cerqueira César e Luiz Roberto Carvalho Franco –, um desenhista, um ou dois estagiários e uma secretária. Levi não pagava os estagiários, como era usual, mas interessava-se muito por eles. Levava-os para almoçar em sua casa, quando arquitetos e críticos ilustres visitavam o país e o procuravam. Na ocasião, 1961, estava em obras a Usina de Leite em São José dos Campos, de cujo detalhamento participei ativamente.

Em 1971, ao retornar de uma bolsa de estudos na Inglaterra, fui convidado a trabalhar no escritório como arquiteto e, logo em seguida, como sócio. Rino Levi havia falecido em 1965. Cerqueira César inicia um período de quase dez anos em que se manteria afastado do escritório, tendo assumido diversos cargos públicos relevantes. Carvalho Franco estava sozinho e com muito trabalho.

A década de 1970 foi um período de forte expansão econômica no Brasil, com um fluxo constante de grandes projetos no escritório, principalmente de complexos industriais, para os quais procurei contribuir com a experiência adquirida na Inglaterra no campo da industrialização da construção. O primeiro projeto totalmente pré-fabricado foi a Permetal, em Guarulhos. Depois vieram: a Minisa em São José dos Campos (hoje ocupada pela fábrica de trens de pouso da Embraer), onde pela primeira vez foram utilizados sheds duplos, para obter uma distribuição de luz uniforme; a Elida Gibbs, em Vinhedo, na qual foram pré-fabricados em concreto armado os pilares em forma de T e parte dos vedos; o Centro de Treinamento da Usiminas em Ipatinga; diversas expansões das Indústrias Gessy Lever, em Valinhos, e finalmente a divisão Lever em Indaiatuba.

Nessas obras foram utilizados componentes de concreto armado pré-fabricados no canteiro, mais eficientes que os sistemas oferecidos pelo mercado. A pré-fabricação em canteiro também seria empregada no projeto para o Centro Administrativo Municipal, que, infelizmente, foi interrompido pelo prefeito Olavo Setúbal quando já se encontrava em fase de execução. Sistemas industrializados foram igualmente usados na nova sede administrativa da Siemens, em São Paulo, e estavam previstos para a cidade nova que seria construída pelo Inocoop, em Santo André, não fossem as absurdas querelas políticas que interromperam o projeto.

Essa década de crescimento acelerado seria encerrada bruscamente pela crise de pagamentos do México. Em termos pessoais, coincidiu com o convite para assumir a Diretoria de Planejamento da Empresa Municipal de Urbanização – Emurb, convite que recebi de seu presidente, Nestor Goulart Reis, e que me afastou do escritório por quatro anos a partir de fins de 1979.

Os anos 1980 foram um período muito difícil, e a excelente equipe que havia sido montada com tanta dedicação e persistência seria gradualmente desfeita ao longo dos anos seguintes.

São Paulo, agosto de 2001

Antonio Carlos Sant'Anna Jr.

Rino Levi nasceu em São Paulo na virada do século, cem anos atrás.

Foi para a Itália estudar arquitetura no começo da década de 1920. A Europa do pós-guerra vivia mudanças profundas. A modernidade em gestação.

Em 1925 o jornal O Estado de S. Paulo publicou uma carta enviada por Rino Levi. Era o relato de toda uma nova era que se iniciava. Na cultura, nas artes, na arquitetura.

Falava dos novos materiais e dos progressos da técnica. Criticava a divisão do trabalho entre o artista que projetava e o técnico que executava. Apontava a importância do planejamento urbano. Falava da necessidade que têm os jovens de desenvolverem sua sensibilidade e se educarem no espírito de seu tempo. E que têm os artistas de criarem alguma coisa de novo. Colocava, ainda, questões que seriam determinantes em sua arquitetura. Uma estética com alma brasileira, identificada com nossos costumes, nosso clima e nossa natureza.

Rino Levi voltou ao Brasil em 1926. Encontrou um país a construir. Trazia como bagagem uma formação humanista abrangente e uma grande vontade de fazer.

Em 1927 iniciou sua prática profissional. Desde sempre comprometida com o fazer arquitetônico. O fazer em seu sentido mais literal. Rino Levi foi um trabalhador. Obstinado. Perfeccionista. Debruçava-se dias, semanas, sua vida, enfim, sobre a prancheta, até resolver, com qualidade, os problemas que se dispunha a enfrentar.

Nunca foi o arquiteto do grande traço, que procura sua legitimidade num discurso exterior à arquitetura, mas o do saber fazer, cuja arquitetura fala por si, dispensando a muleta das palavras. Tem qualidades inerentes, autonomia e legitimidade. Destinada a permanecer.

Rino Levi foi um militante. Militou pela causa da arquitetura. Pelo reconhecimento da arquitetura como ofício. Pelo resgate de sua autonomia como disciplina, como objeto de conhecimento.

Sua arquitetura nunca se atrelou a modelos, seu compromisso foi com a técnica e a arte de seu tempo, com os costumes e a natureza de seu país. Telhado, tijolo, cobogós, pergolado, jardim, a escala intimista da casa, espaço de convívio da família. Pilotis, marquises, praças, painéis, murais, a escala generosa dos edifícios e dos espaços públicos, lugar de encontro dos amigos. Grandes vãos, balanços, paredes altas, tetos curvos, sinuosos, ondulados, dançando com o som e a luz, o espaço do espetáculo e do sonho, o teatro, o cinema.

Sua obra explicita a procura permanente da unidade arte-técnica. Procurou, e encontrou, a lógica da poesia.

Rino Levi morreu em 1965. No Morro do Chapéu, interior da Bahia. Era primavera, procurava bromélias.

Deixou-nos a esperança de poder fazer, solidariamente, na prancheta e no canteiro, qualidade.

São Paulo, agosto de 2001

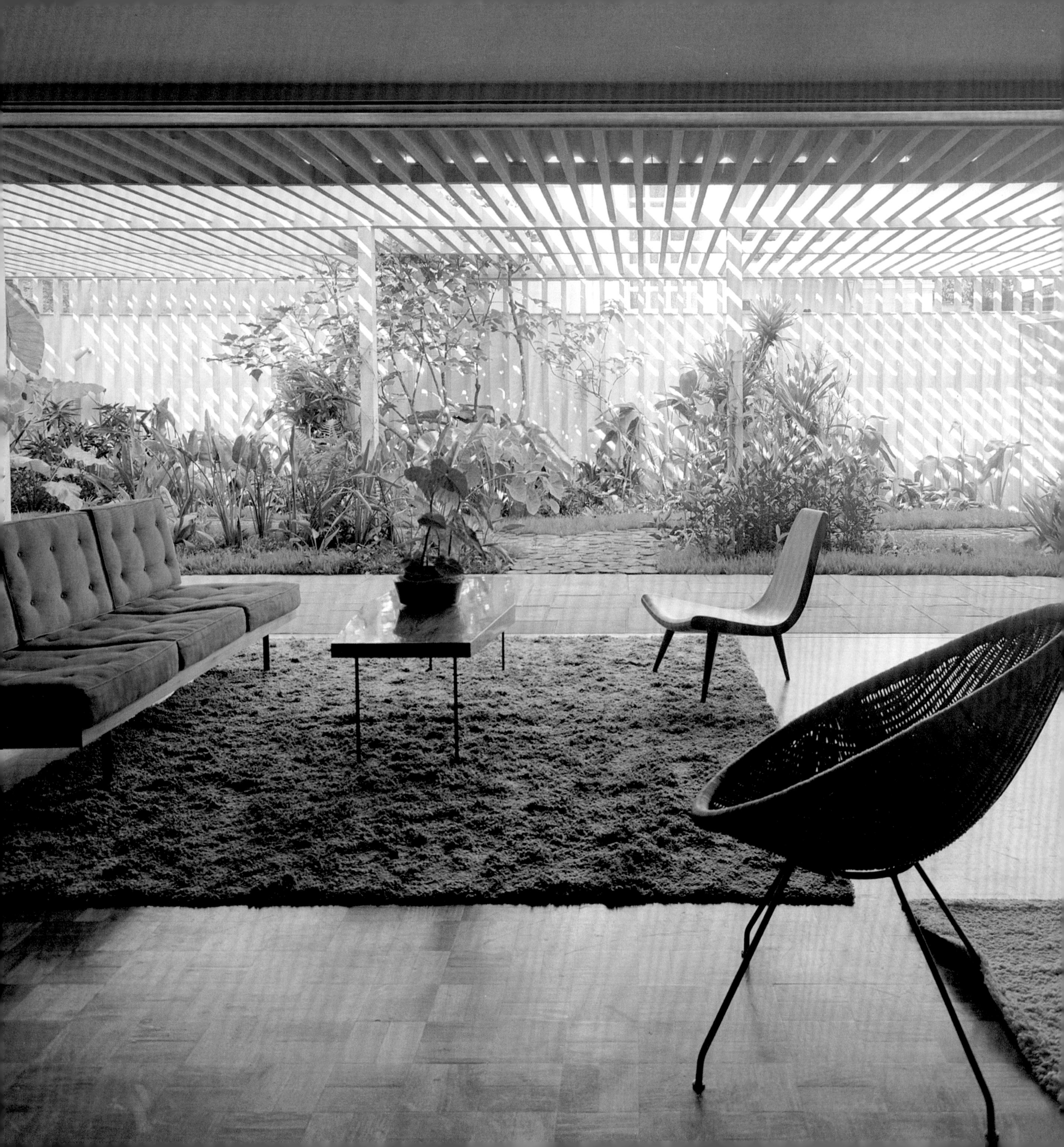

Rino Levi, arquitetura e cidade: um balanço histórico-crítico

Prefácio à segunda edição
Renato Anelli
Abilio Guerra
Nelson Kon

A segunda edição do livro *Rino Levi, arquitetura e cidade* – produzida e publicada via campanha de financiamento coletivo, com adesão de quase seiscentos apoiadores – é uma grande conquista dentro do atual quadro adverso à cultura presente no país, um fato a ser comemorado. Esgotado há mais de uma década, o livro volta às livrarias e bibliotecas para resgatar uma das figuras mais relevantes da produção arquitetônica brasileira, que forma, ao lado de Lúcio Costa, Oscar Niemeyer, Oswaldo Bratke e Affonso Eduardo Reidy, a primeira geração de arquitetos modernos do Brasil.

A primeira edição é de 2001. Nesse ínterim, o avanço da informática e das técnicas gráficas transformam os arquivos originais em peças de museu, a língua portuguesa sofre reforma ortográfica, as novas demandas sociais e ecológicas cobram produtos mais compactos e econômicos. São fatores que nos condicionam a um novo objeto-livro, com formato um pouco menor, mais leve, mais barato. Apesar da enorme qualidade do original a cargo de Carlito Carvalhosa e Rodrigo Andrade, novo projeto gráfico é encomendado a Dárkon Vieira Roque. Todas as imagens são tratadas a partir dos arquivos digitais brutos, o texto é revisado segundo a reforma ortográfica de 2009 e as normas atuais da editora, o conteúdo é atualizado em pontos específicos – informações sobre o estado atual de conservação dos edifícios, bibliografia sobre o arquiteto e correções de erros descobertos ao longo dos anos – e a ampliação, além desse prefácio, se circunscreve ao acréscimo de algumas imagens vindas do arquivo do fotógrafo Nelson Kon, do Acervo Digital Rino Levi, bem como do acervo pessoal de Barbara Levi, filha do arquiteto e entusiasta desta reedição.

Lá se vão, portanto, duas décadas desde a primeira edição. Se retroagirmos a datação para o começo de nossa pesquisa nos arquivos do escritório Rino Levi Arquitetos Associados, são mais de trinta anos.[1] E podemos adensar o interesse pelo arquiteto lembrando a publicação de três artigos na primeira metade dos anos 1990 em dois números da *Óculum*,[2] revista que tem entre seus fundadores, em 1985, Abilio Guerra e Renato Anelli. Inevitável, portanto, que a comemoração venha acompanhada de uma reflexão e um entendimento sobre o significado desse transcurso do tempo.

Residência Milton Guper, São Paulo, 1951-52

O livro resulta das pesquisas acadêmicas de Abilio Guerra e de Renato Anelli, às quais se somou o ensaio fotográfico de Nelson Kon. Os estudos fazem parte dos esforços de alargamento do restrito campo historiográfico da arquitetura moderna no Brasil existente até a década de 1990, muito marcado pelo entendimento de Lúcio Costa, de ser a arquitetura moderna brasileira resultante da fusão entre os princípios modernos europeus e os elementos culturais autóctones. "Há aqui um flagrante condicionamento de um ambiente intelectual que assumiu a identidade nacional como cerne de sua atuação cultural e artística",[3] que resulta na maior valoração da produção identificada com tais princípios, em detrimento da alinhada de forma mais direta com o moderno internacional.

Ao cursarem História na Universidade Estadual de Campinas – Unicamp,[4] Anelli e Guerra estruturam suas pesquisas segundo novos pressupostos, dentre eles a relevância das fontes primárias para a construção de novas hipóteses interpretativas. De modo independente, mas convergente, ambos tomam desenhos, fotos e obra construída como fontes primárias fundamentais para a ampliação e a consolidação da história da arquitetura brasileira. Guerra constrói na Pontifícia Universidade Católica de Campinas – PUC-Campinas um pioneiro acervo de imagens digitalizadas de arquitetura, iniciado pela obra de Rino Levi; Anelli analisa, em seu doutorado na Faculdade de Arquitetura e Urbanismo da Universidade de São Paulo – FAU USP, desenhos de projeto e fotografias do acervo, textos do arquiteto e edificações ainda preservadas. Tal método de pesquisa elucida o papel das imagens no livro, parte estrutural da narrativa, e não mera ilustração de um conteúdo verbal. Não é fortuito, portanto, o peso ocupado no livro pelas fotos de Nelson Kon.

O trabalho empírico com as fontes é guiado pela discussão teórica afiliada àquilo que se convencionou denominar *revisão historiográfica da arquitetura brasileira* – ampliação do campo da teoria, história e crítica da arquitetura, que começa a englobar produções da arquitetura moderna brasileira não alinhada à ortodoxia hegemônica e a pautar revistas e encontros de arquitetura nos anos da redemocratização –, que os autores acompanham via professores de história do curso de arquitetura da PUC-Campinas,[5] em especial Sophia Telles e Carlos Martins. Extratos de suas dissertações de mestrado realizadas, respectivamente, nos cursos de

1. O mestrado de Renato Anelli, iniciado em 1985, tem Rino Levi como um dos principais protagonistas. ANELLI, Renato. *Arquitetura de cinemas na cidade de São Paulo*.

2. ANELLI, Renato. Arquiteturas e cinemas em São Paulo; LEVI, Rino. A arquitetura é arte e ciência; ARANHA, Maria Beatriz de Camargo. Rino Levi: arquitetura como ofício. Maria Beatriz de Camargo Aranha, professora da FAU PUC-Campinas e responsável pelo contato com o arquiteto Luiz Roberto de Carvalho Franco – que autorizou a digitalização do acervo do escritório Rino Levi Arquitetos Associados – é uma das responsáveis pelo projeto de digitalização do acervo financiado pela Fapesp e autora de *A obra de Rino Levi e a trajetória da arquitetura moderna no Brasil*.

3. GUERRA, Abilio. A construção de um campo historiográfico, p. 11.

4. Além de disciplinas da graduação como aluno especial, Renato Anelli integralizou os créditos de mestrado e defendeu sua dissertação em 1990 no curso de História do Instituto de Filosofia e Ciências Humanas da Universidade de Campinas – IFCH Unicamp. Abilio Guerra, entre 1980 e 2002, fez graduação, mestrado e doutorado no mesmo curso.

5. Abilio Guerra e Renato Anelli ingressam na FAU PUC-Campinas em 1978 e se formam em 1982.

6. MARTINS, Carlos Alberto Ferreira. Estado e identidade nacional no projeto modernista; TELLES, Sophia S. Niemeyer: técnica e forma.

7. GOODWIN, Philip L.; SMITH, G. E. Kidder. *Brazil Builds, architetcture new and old 1652-1942*; MINDLIN, Henrique E. *Modern architecture in Brazil*; BRUAND, Yves. *Arquitetura contemporânea no Brasil*.

8. É destacada sua autoria de um dos manifestos pela arquitetura moderna no país. ANELLI, Renato. 1925 – Warchavchik e Levi: dois manifestos pela arquitetura moderna no Brasil.

9. SEGAWA, Hugo. *Arquiteturas no Brasil 1900-1990*.

10. BASTOS, Maria Alice Junqueira; ZEIN, Ruth Verde. *Brasil. Arquiteturas após 1950*.

11. Idem, ibidem, p. 260.

filosofia e história da Faculdade de Filosofia, Letras e Ciências Humanas da Universidade de São Paulo – FFLCH USP são publicados no segundo número da revista *Óculum*, de 1992.[6]

Rino Levi é um caso instigante na historiografia. Apesar da forte atuação na construção institucional da profissão do arquiteto no Brasil e no processo de modernização de São Paulo – são diversos os projetos de cinemas, teatros, hospitais, bancos, fábricas, garagens e outros equipamentos modernos da cidade que realiza para clientes privados –, as principais narrativas da história da arquitetura o relegam a um papel secundário frente ao protagonismo de Lúcio Costa e sua escola no Rio de Janeiro. O ideário de Costa conquista a hegemonia da representação do estado nacional com a construção de uma identidade cultural brasileira e moderna, que se materializa em significativo conjunto de obras públicas e privadas, de sua autoria e de seguidores.

A depreciação dos arquitetos não alinhados está presente nos principais textos históricos até os anos 1980, em especial nas obras panorâmicas de Philip Goodwin, Henrique Mindlin e Yves Bruand.[7] Quando a narrativa dá sinais de esgotamento após Brasília, Levi não tem seu trabalho revalorizado, mesmo com seu espetacular projeto para o concurso do plano piloto da nova capital. A bola da vez é a escola de Vilanova Artigas em São Paulo, que passa a disputar a hegemonia com expressiva produção arquitetônica, que reverbera o lugar ocupado pela economia paulista no contexto nacional. A crise dos anos 1980 e o contraditório defendido por alguns arquitetos pós-modernos na ocasião se mostram efêmeros com o ressurgimento da tradição paulista nos anos 1990, consagrada pela obra premiada de Paulo Mendes da Rocha. Levi fica relegado a um lugar de pioneiro nos anos 1920 e 1930.[8]

No período de produção deste livro, a diluição do conceito de identidade nacional dá novo significado ao regionalismo em arquitetura. Brasília torna-se produto da *escola carioca*, enquanto a arquitetura que constrói a maior metrópole sul-americana se torna a *escola paulista*. O questionamento da hegemonia única se expressa de forma contundente na fragmentação das novas obras panorâmicas, como revela o plural *arquiteturas* presente nos títulos das obras de Hugo Segawa[9] e da dupla Maria Alice Junqueira Bastos e Ruth Verde Zein.[10] É nesse quadro de redefinição dos termos, valores e argumentos envolvidos no debate historiográfico que surge a primeira edição deste livro. O objetivo e as dificuldades de conferir a Rino Levi a importância que merece não escapam a Bastos e Zein:

> A situação, por absurda, chegava mesmo a exigir de alguns pesquisadores sérios que justificassem seu interesse de trabalho quando voltado ao estudo de certos arquitetos cujas obras, mesmo sendo excelentes, não fossem exatamente alinhadas com tal pensamento tecnocrático de esquerda. Não seria talvez por outra razão que, por exemplo, Renato Anelli achou necessário proceder a uma defesa veemente do papel social de um arquiteto do porte e importância de Rino Levi.[11]

O livro procura entender a complexidade da atuação de Levi no processo de modernização de São Paulo, que entre o início de sua carreira, em 1925, e seu falecimento, em 1965, passa de cerca de seiscentos mil habitantes para quatro milhões. Com seus projetos, Levi desenvolve parâmetros arquitetônicos e urbanísticos para os principais usos que povoam a cidade em transformação vertiginosa. Seus projetos são publicados não só em revistas voltadas para a categoria – *Politécnica*, *Acrópole*, *Habitat*, *Arquitetura e Engenharia*, tornando-se referências para outros arquitetos –, como em jornais da grande imprensa – casos da *Folha da Manhã*, *Diário de S. Paulo*, *Jornal do Comércio* e *O Estado de S. Paulo* –, evidência de uma relevância que transborda a área profissional.

Divulgada em geral por periódicos especializados, a obra escrita de Rino Levi enverada por temas urbanos e técnicos e se torna importante em vários âmbitos: ao urbanismo, ao apontar para a relação entre verticalização e densidade, bem como alertar para a necessidade de definições mais claras de parâmetros de projeto no planejamento urbano; à atuação profissional, ao participar da formação do Instituto de Arquitetos do Brasil – IAB; à integração de saberes estéticos e técnicos, ao explicar o papel dos cálculos de acústica para a definição da forma de auditórios, cinemas e teatros; à relevância de saberes de outras áreas de conhecimento, ao incorporar teorias modernas de infectologia no projeto hospitalar. Sua visão abrangente amplia o campo de atuação da arquitetura no processo de modernização da sociedade brasileira: o arquiteto deve se preparar à altura para os novos desafios técnicos e estéticos.

As visões de mundo distintas não impedem a convivência profissional e pessoal entre Rino Levi e Vilanova Artigas, líder da nova geração paulista e filiado ao Partido Comunista do Brasil desde 1945. Levi é titular e Artigas auxiliar na cadeira do quinto ano na FAU USP, e ambos – ao lado de Aberlado de Souza e Hélio Duarte – participam da reestruturação didática do curso em 1957, em especial na defesa dos ateliês como espaço de integração do conhecimento técnico no projeto. Com o afastamento de Levi para longos períodos de trabalho na Venezuela, Artigas é designado substituto temporário na regência da cátedra, para logo se tornar efetivo com o desligamento de Levi no ano seguinte.[12] A seguir, Artigas se alia a Roberto Cerqueira Cesar, sócio de Rino Levi, no detalhamento das propostas da reforma didática.[13]

Artigas nunca escondeu seu respeito por Rino Levi, arquiteto pioneiro, ao lado de Gregori Warchavchik, no experimento de soluções modernas, como balanços e vãos amplos em concreto armado.[14] A essa admiração vem ao encontro a revisão doutrinária do relatório Kruschev de 1956, que libera o militante comunista dos limites estritos do realismo socialista, permitindo a liberdade de criação e de pesquisa.[15] Além disso, ambos apostam na industrialização e urbanização acelerada do pós-guerra, bem como no papel relevante da arquitetura no desenvolvimento econômico e social do país. O falecimento de Levi em 1965, segundo ano da ditadura civil-militar, não nos permite saber como essas diferenças evoluiriam com o acirramento da repressão e do autoritarismo.

O esforço de reposicionamento de Rino Levi empreendido neste livro é seminal para outras pesquisas. O Google Acadêmico mostra que o livro é citado em 104 textos – dissertações, teses, artigos, livros etc. O papel do arquiteto nos debates que envolvem os temas da verticalização, urbanismo, integração das artes, dispositivos de conforto térmico e acústico, instalações hospitalares, são temas recorrentes nas citações, assim como as comparações com outros arquitetos contemporâneos. No conjunto, as menções revelam a abrangência de aspectos para os quais contribui no processo de construção de uma nova historiografia para a arquitetura moderna brasileira.

Os desdobramentos das pesquisas que resultam neste livro podem ainda ser verificados nas atuações dos autores nos programas de pós-graduação da Faculdade de Arquitetura e Urbanismo da Universidade Presbiteriana Mackenzie – FAU UPM e do Instituto de Arquitetura e Urbanismo da Universidade de São Paulo – IAU USP São Carlos.

Renato Anelli – individual e coletivamente – desenvolve os seguintes temas: a relação entre arquitetura e cidade, explicita já no título do livro, em especial o papel estratégico das redes de infraestrutura nos planos urbanos no século 20;[16] a materialidade da obra arquitetônica, que se desdobra na restauração do painel de blocos de vidro do Banco Paulista do Comércio, de Rino Levi, em 2005 e na elaboração do plano de restauro da Casa de Vidro de Lina Bo Bardi em 2017-19, trabalhos desenvolvidos com pesquisadores da área de tecnologia e história da USP São Carlos; as obras de arquitetos italianos[17] ou de formação italiana em São Paulo, onde se destacam as dissertações de Aline Coelho Sanches – sobre Giancarlo Palanti,[18] que se desdobra em seu doutorado no Politécnico de Milão

---

12. CONTIER, Felipe. *A produção do edifício da Faculdade de Arquitetura e Urbanismo da Universidade de São Paulo na Cidade Universitária Armando Salles de Oliveira (1961-1969)*, p. 126-134.

13. Idem, ibidem, p. 137.

14. ARANTES, Pedro Fiori. *Arquitetura nova: Sergio Ferro, Flávio Império, Rodrigo Lefévre, de Artigas aos mutirões autogeridos*.

15. CONTIER, Felipe. Op. cit., p. 126.

16. Uma oportunidade se perdeu quando Renato Anelli entrevistou Roberto Cerqueira César em 1993, durante sua pesquisa de doutorado. Focado na obra de Rino Levi, Anelli não abriu espaço para "Robertão", como era conhecido, comentar sua própria carreira. Em 2005, Anelli abriu linha de pesquisa sobre urbanismo e descobriu a importância de Cerqueira César na criação e direção da Emurb, na elaboração do Plano Diretor de 1972 e junto a outras instituições de planejamento urbano em São Paulo. Mas já era tarde demais para nova entrevista, pois o arquiteto havia falecido em 2003. Ver: ANELLI, Renato. Urbanização em rede. Os corredores de atividades múltiplas do PUB e os projetos de reurbanização da Emurb – 1972-1982; ANELLI, Renato. Redes de mobilidade e urbanismo em São Paulo. Das radiais/perimetrais do Plano de Avenidas à malha direcional PUB.

17. Durante o doutorado, em 1994, Anelli pesquisa no Departamento de História da Arquitetura do Instituto Universitário de Arquitetura de Veneza, com bolsa do CNPq. Retorna à Itália em 1998, para pesquisas sobre a produção no pós-guerra italiano.

18. SANCHES CORATO, Aline Coelho. *A obra e a trajetória do arquiteto Giancarlo Palanti, Itália e Brasil*.

no estudo de Pietro Maria Bardi, Lina Bo Bardi, Roberto Sambonet e Bramante Buffoni[19] – e de Renata Campello Cabral – sobre a obra do arquiteto Mario Russo no Recife.[20] Enquanto a continuidade do estudo sobre Levi gera apenas uma orientação de mestrado,[21] a trajetória de Lina Bo Bardi resulta em sete dissertações e um pós-doutorado, fenômeno entrelaçado com o grande interesse de Anelli pela obra de Lina Bo Bardi desde então.

Os temas a que tem se dedicado Abilio Guerra mantêm igualmente conexão com questões temáticas ou metodológicas presentes neste livro. A relação entre arquitetura e cidade é o fio condutor de teses e dissertações orientadas, abrangendo verticalização, infraestrutura, renovação e apropriação urbana. As pesquisas monográficas realizam cuidadosos levantamentos das obras de Aurelio Martinez Flores, Aldary Toledo, João Filgueiras Lima (Lelé), Brasil Arquitetura, Vilanova Artigas e outros, sendo que dois deles merecem comentários específicos. No primeiro, sobre o alemão Franz Heep – como Levi, personagem importante nos processos de modernização e verticalização de São Paulo –, Marcelo Barbosa comenta sua atuação nas escalas do objeto, da arquitetura e da cidade.[22]

No segundo, sobre o arquiteto Rodolpho Ortenblad Filho, Sabrina Bom Pereira apresenta o interesse de jovens arquitetos paulistas, em especial os egressos do Mackenzie, por alguns arquitetos atuantes nos Estados Unidos,[23] se aventurando pela seara desenvolvida por Adriana Irigoyen, que estabelece a vigorosa referência da casa moderna californiana do segundo pós-guerra para os arquitetos paulistas, dentre eles Rino Levi.[24] Encontra-se aqui uma das maiores omissões das pesquisas que sustentam este livro; na ocasião, o livro de Hugo Segawa sobre o vínculo de Oswaldo Bratke[25] com a arquitetura californiana nos apresenta o problema, mas os limites de nosso livro estava dado pelas conexões estabelecidas e documentadas a partir da prioridade conferida à relação com a Europa.

Em 2018, durante viagem de pesquisa aos Estados Unidos, Renato Anelli visita em New Canaan a Noyes House II, projeto de 1955 de Eliot Noyes. No meio de um bosque preservado, se depara com uma estrutura espacial semelhante à da casa Castor Delgado Perez, projetada por Levi e equipe em 1959. Com ressalvas, concordamos, no capítulo "Mediterraneidade nos trópicos", que essa casa se refere ao pátio mediterrâneo conhecido por Levi na Itália, seguindo a sugestão de Bruno Alfieri.[26] O trânsito internacional de ideias e obras modernas é muito maior e mais abrangente do que supúnhamos na edição original do livro. Tais vínculos começam a ser explorados, como se vê no artigo de Abilio Guerra, que estabelece as conexões de duas obras de Rino Levi – a Casa Olivo Gomes, de 1949, e a Casa de Veraneio do arquiteto, de 1964 – com residências binucleadas de Marcel Breuer.[27] Muita coisa falta ser feita, dentre elas qual o papel protagonizado por Luiz Roberto Carvalho Franco, arquiteto formado no Mackenzie, que entra na equipe do escritório em 1951.

Algumas das fragilidades do livro decorrem do não confronto da obra inicial de Rino Levi com a nascente arquitetura moderna do Rio de Janeiro. Ao justificar o uso de seus primeiros brises no Edifício Trianon, junto ao Cine Art-Palácio do Recife, de 1937, Levi não menciona o projeto do Ministério de Educação e Saúde, de 1936, mas se refere a longínquos casos nas colônias africanas de Itália e França. Não é certo que Levi conhecesse o edifício, construído a partir de 1937, mas seria relevante comentar a discrição do desenho do paulista quando comparada à exuberante solução dos cariocas. Também se mostra imperfeita a comparação entre a introspecção da natureza nos pátios de Rino Levi e sua contemplação a partir das varandas de Lúcio Costa. Afinal, o primeiro faz casa com varanda – como a já mencionada residência Olivo Gomes, de 1949 –, e o segundo adota o pátio, caso da Casa Hungria Machado, de 1942.[28] O tema deste livro tem sido complementado com o avanço das pesquisas de fontes e de novas contribuições teóricas das pesquisas de pós-graduação na área de história da arquitetura e urbanismo.

---

19. SANCHES CORATO, Aline Coelho. *Italia e Brasile, Altre il "silenzio di un oceano": Intrecci tra arte e architettura nel Novecento*.

20. CABRAL, Renata Campello. *A arquitetura de Mario Russo em Recife*.

21. OLIVEIRA, Ana Lúcia Machado de. *Insígne presença – integração arte e arquitetura na obra de Rino Levi*.

22. BARBOSA, Marcelo Consiglio. *Franz Heep. Um arquiteto moderno*. A tese se transformou em livro: *Adolf Franz Heep. Um arquiteto moderno*.

23. PEREIRA, Sabrina Souza Bom. *Rodolpho Ortenblad Filho: estudo sobre as residências*. O interesse tinha mão dupla. Richard Neutra, por exemplo, visita o país diversas vezes, estabelece relacionamentos com personagens importantes – Henrique Mindlin, Gregori Warchavchik e Pietro Maria Bardi, dentre outros – e chega a comentar entusiasmado uma obra do jovem arquiteto Jacob Ruchti. GUERRA, Abilio; CRITELLI, Fernanda. *Richard Neutra e o Brasil*. As múltiplas relações entre Neutra e a arquitetura brasileira estão presentes no seguinte trabalho: CRITELLI, Fernanda. *Richard Neutra e o Brasil*.

24. IRIGOYEN DE TOUCEDA, Adriana Marta. *Da Califórnia a São Paulo: referências norte-americanas na casa moderna paulista 1945-1960*.

25. SEGAWA, Hugo; DOURADO, Guilherme Mazza. *Oswaldo Arthur Bratke*.

26. ALFIERI, Bruno. *Rino Levi: una nuova dignità all'habitat*.

27. GUERRA, Abilio. A casa binucleada brazuca, p. 129-167.

28. Os comentários sobre a ausência de comparações com a arquitetura carioca partem das anotações feitas por Ana Luíza Nobre nas margens das páginas do livro e apresentadas a Renato Anelli logo após o lançamento da primeira edição, em 2001.

29. WOLFF, Silvia Ferreira Santos; ZAGATO, José Antonio Chinelato. A preservação do patrimônio moderno no estado de São Paulo pelo Condephaat.

30. NASCIMENTO, Flávia Brito. A arquitetura moderna e o Condephaat no desafio das práticas seletivas, p. 131.

31. MACHADO, Lucio Gomes. Rino Levi modernizou São Paulo; MACHADO, Lucio Gomes. Tombamento reabre debate da preservação.

32. WOLFF, Silvia Ferreira Santos; MIURA, Priscila; UNGARETTI, Adda. *Dossiê Rino Levi*.

33. LONGMAN, Gabriela. Legado de Rino Levi para a cidade vai muito além das obras celebradas na última semana.

34. Condephaat, processo 31.622/94. O projeto da sede do IAB SP foi desenvolvido pelas três equipes que participaram do concurso: Rino Levi, Roberto Cerqueira Cezar, Zenon Lotufo, Abelardo de Sousa, Galiano Ciampaglia, Hélio Duarte e Jacob Ruchti.

35. Condephaat, processo 48.737/03. Tombamento solicitado em 2001, por Ademir Pereira dos Santos, atuante no Docomomo.

36. Condephaat, processo 24.371/86.

37. Condephaat, processo 33.188/95.

38. Condephaat, processo 32.102/94.

39. Lista das oito obras de Rino Levi tombadas pelo Condephaat, segundo nomes oficiais e datas do processo e publicação: 1) Edifício do Instituto dos Arquitetos do Brasil, São Paulo, Resolução de Tombamento SC 41, de 17 de janeiro de 2002, publicado no *Diário Oficial do Estado de São Paulo*, seção Poder Executivo, em 23 de janeiro de 2002, p. 27; 2) Residência Irmãos Gomes, Ubatuba, Resolução de Tombamento 50, de 15 de setembro de 2005, publicada no *Diário Oficial do Estado de São Paulo*, seção Poder Executivo, em 21 de setembro de 2005, p. 24; 3) Antigo Instituto de Filosofia, Ciências e Letras Sedes Sapientae, São Paulo, Resolução de Tombamento SC-68, de 10 de agosto de 2010, publicada no *Diário Oficial do Estado de São Paulo*, seção Poder Executivo, em 2 de novembro de 2010, p. 41; 4) Residência Castor Delgado Perez, São Paulo, Resolução de Tombamento 14, de 8 de abril de 2013, publicada no *Diário Oficial do Estado de São Paulo*, seção Poder Executivo, em 30 de abril de 2013, p. 104; 5) Paço Municipal de Santo André, Santo André, Resolução de Tombamento 15, de 8 de abril de 2013, publicada no *Diário Oficial do Estado de São Paulo*, seção Poder Executivo, em 30 de abril de 2013, p. 104; 6) Edifício do Banco Itaú, anteriormente sede do Banco Sul-Americano, São Paulo, Resolução de Tombamento 81, de 20 de agosto de 2013, publicado no *Diário Oficial do Estado de São Paulo*, seção Poder Executivo, em 21 de agosto de 2013, p. 49; 7) Residência de Olivo Gomes e Parque Ajardinado, São José dos Campos, Resolução de Tombamento 97, de 23 de outubro de 2013, publicado no *Diário Oficial do Estado de São Paulo*, seção Poder Executivo, em 7 de novembro de 2013, p. 72; 8) Garagem América, São Paulo, Resolução de Tombamento 17, de 15 de março de 2016, publicada no *Diário Oficial do Estado de São Paulo*, seção Poder Executivo, em 17 de março de 2016, p. 313.

40. Lista de obras, cidades e datas de tombamento pelo Conpresp: 1) Espaços internos do Cine Ipiranga, Resolução de Tombamento nº 09, em 6 de outubro de 2009; 2) Teatro Cultura Artística, Resolução de Tombamento nº 14, em 8 de novembro de 2011; 3) Sede do IAB/SP, Resolução de Tombamento nº 10, em 7 de abril de 2015; 4) Instituto Sedes Sapientiae, Resolução de Tombamento nº 12, em 12 de maio de 2015; 5) Laboratório Paulista de Biologia, Resolução de Tombamento nº 31, em 12 de março de 2018; 6) Hospital A. C. Camargo, 7) edifício Trussardi e 8) edifício Porchat, Resolução de Tombamento nº 32, em 12 de março de 2018. O edifício Porchat envolveu quatro tombamentos, pois está subdivido desde sua inauguração em quatro condomínios distintos.

41. CORREA, Vanessa. Fábrica de 70 anos vai ao chão e vira condomínio. Construção havia sido projetada por Rino Levi, ícone do modernismo.

42. LONGMAN, Gabriela. Legado de Rino Levi para a cidade vai muito além das obras celebradas na última semana (op. cit.).

43. CORREA, Vanessa. Op. cit.

44. MENDONÇA FILHO, Kleber. Depoimento a Abilio Guerra.

Premiado como a melhor publicação teórica pelo departamento paulista do Instituto de Arquitetos do Brasil – IAB SP em 2002, um importante desdobramento desse livro foi o seu papel na preservação da obra de Rino Levi. Em 2016, os arquitetos Silvia Wolff e José Antonio Chinelato Zagato – funcionários do Conselho de Defesa do Patrimônio Histórico, Arqueológico, Artístico e Turístico, o Condephaat – afirmam que o pedido de tombamento "de ampla série de obras projetadas pelo arquiteto Rino Levi"[29] se apoia nessa publicação. Dois anos depois, a pesquisadora Flávia Brito reitera que suas informações dão sustentação aos pareceres técnicos dos órgãos de preservação do patrimônio histórico responsáveis por tombamentos: "a proposta de tombamento estará fundamentada na historiografia da arquitetura, cujos livros de Hugo Segawa (1997) e, sobretudo, de Renato Anelli (2001), tornaram-se importantes crivos de legitimidade".[30]

O início do processo de tombamentos remonta a 1994, quando o arquiteto Lúcio Gomes Machado propõe ao Condephaat o tombamento de várias obras de Rino Levi, dez delas aceitas, com trâmites iniciados.[31] Em processo moroso dentro da burocrática administração pública, uma década e meia depois o Condephaat produz dossiê com as decisões dos conselheiros,[32] finalmente divulgado pela imprensa no final de 2010.[33] Na ocasião, o órgão já havia tombado o edifício sede do IAB SP[34] e a residência dos Irmãos Gomes em Ubatuba;[35] encontrava-se em processo de homologação os tombamentos da sede do Instituto Sedes Sapiaentae[36] e os remanescentes do incêndio do Teatro Cultura Artística.[37] O edifício Prudência, parte de um processo abrangendo outras obras do bairro de Higienópolis, é analisado, entretanto, no contexto da obra de Rino Levi.[38] Em balanço atual, o órgão de preservação estadual tombou oito obras,[39] enquanto no nível municipal foram tombadas oito obras pelo Conselho Municipal de Preservação do Patrimônio Histórico, Cultural e Ambiental da Cidade de São Paulo – Conpresp.[40]

O reconhecimento da importância das obras de Rino Levi não impede a continuidade da descaracterização e demolição de seus edifícios. Em 1998, mesmo protegido por processo de tombamento, o Edifício Plavinil Elclor tem removidos todos os brises cerâmicos – a degradação do material teria sido suficiente para o Condephaat autorizar a remoção, sem imposição da sua reconstrução. Em 2011, o descaso dos órgãos de patrimônio se alia à ignorância e insensibilidade dos promotores imobiliários, e o edifício fabril que sediava a Companhia Jardim de Café Finos é demolido sem qualquer obstáculo, para dar lugar a dois empreendimentos habitacionais sem maior interesse.[41]

Resta o choro de admiradores e estudiosos da obra de Rino Levi. O advogado Modesto Carvalhosa, amigo do arquiteto, lembra que o Plavinil-Elclor "era o manifesto tropicalista dele, sua grande solução para o problema da ventilação e do calor. A modificação foi um crime contra o patrimônio cultural".[42] Para o arquiteto Lucio Gomes Machado, bastaria um "arquiteto com razoável qualificação" para adequar a novos usos o edifício da Companhia Jardim de Café Finos, "um documento fundamental para a história da arquitetura brasileira".[43] Kleber Mendonça Filho, renomado cineasta recifense, lamenta que o Cine Art-Palácio, que tanto o encantou na infância, tenha se tornado depósito e almoxarifado de uma universidade particular, cujos responsáveis "não enxergaram o potencial de renovação, restauração do prédio".[44] Paradoxalmente, a modernização inevitável da cidade, usada como pauta legítima por Rino Levi, ao se expandir e se acelerar sem controle nas últimas décadas, acarreta no progressivo desaparecimento da obra formidável do arquiteto.

Residência Castor Delgado
Perez, São Paulo, 1958-59

Rino Levi: uma outra face da arquitetura brasileira

Prefácio à primeira edição
Lucio Gomes Machado

A arquitetura moderna brasileira tem uma história ainda pouco – e mal – contada. Pergunta-se a razão de não existirem publicações sobre arquitetos brasileiros em quantidade, publicadas com a frequência compatível com a relevância cultural atribuída à nossa arquitetura. Quais as explicações possíveis?

Para alguns, a arquitetura brasileira nada mais seria do que um reflexo da produção dos países mais desenvolvidos, especialmente os da Europa e os Estados Unidos. Se, para certos estudiosos, o barroco brasileiro é algo deslocado no tempo e no espaço e elaborado de forma mais primitiva comparativamente ao criado na Europa, também seria fácil entender, com os mesmos olhos, nossa arquitetura moderna como uma precária adaptação – em razão de ser realizada em ambiente mais pobre e com menor tradição – das propostas dos grandes mestres modernistas. Portanto, o importante seria recolher o que está hoje na moda ditada pela indústria cultural internacional e divulgar ao público leigo e aos estudantes como modelo a ser multiplicado. Uma vez ou outra, alguma estrela excepcional de nossa arquitetura poderia ser celebrada por determinada obra monumental, de modo a justificar a regra.

Essa atitude foi significativamente reforçada pela forma como a arquitetura do século 20 compareceu nos manuais mais conhecidos de história da arquitetura: as arquiteturas da América Latina, do Extremo Oriente ou do Oriente Médio – embora tenham inovado e tenha sido construído em alguns países dessas regiões um enorme e qualificado acervo de arquitetura moderna – são colocadas como periféricas, marginais ou exóticas. No entanto, é preciso lembrar que, a partir da metade da década de 1930 e até pelo menos o final da década de 1940, os países que construíram essa visão da historiografia estavam com sua indústria da construção praticamente paralisada, enquanto, por exemplo, no Brasil, realizávamos algumas de nossas mais importantes obras, algumas delas de caráter seminal tanto no âmbito interno, quanto, como veríamos nos anos seguintes, para os jovens arquitetos do hemisfério norte. Tais obras foram registradas como as exceções que, inseridas no conjunto da história dos países desenvolvidos, permitiriam completar elementos faltantes do conjunto, configurando a aparência de uma narrativa abrangente.

Para outros críticos, os arquitetos costumam olhar somente para seu próprio trabalho, enaltecendo demasiadamente a produção da corporação, colocando a arquitetura com uma importância exagerada no âmbito da produção cultural. Nessa linha de raciocínio, a arquitetura seria um problema de seus profissionais, não se relacionando com a vida das pessoas comuns e, dessa forma, levando as editoras estabelecidas no mercado, sobretudo as de maior penetração, a não colocarem a arquitetura brasileira em seus catálogos, certamente com algumas notáveis e relevantes exceções.

Ao mesmo tempo, proliferam revistas e livros ilustrados que confundem arquitetura com decoração, reportagens mundanas com crítica de arte, enquanto os jornais, as capas dos cadernos de classificados divulgam a produção de uma subcultura arquitetônica, inspirada em pseudocritérios mercadológicos e enaltecida e justificada com o aval dos autodenominados consultores imobiliários. Nossas cidades são um fiel retrato desse enorme desentendimento: poucos países têm tantas cidades e edifícios construídos com tal descompromisso com a arte e a paisagem.

A partir do pioneiro *Brazil Builds*, a arquitetura moderna brasileira tem sido justificada por hipotéticos elos entre o barroco e a contribuição dos discípulos de Le Corbusier no Rio de Janeiro. De uma forma ou de outra, há uma repetida tentativa de encontrar uma única arquitetura brasileira, ou uma arquitetura que tenha mais valor arquitetônico ou mais brasilidade que outras.

Lévi-Strauss apontava, há décadas, uma falsa abrangência da cultura brasileira ao notar que se menciona sempre um só representante para cada categoria artística. Desde então, essa simplificação da vida cultural parece ter se sobreposto ao imaginário dos cronistas, a ponto de a tornarem diretriz para a construção de seus universos de análise. Bastaria um autor ou, no extremo, um grande nome para cada região do país ou para cada programa a ser atendido. Outras formas de atuação, as diversas arquiteturas de outros centros, outras formas de inserção profissional ou a busca de caminhos alternativos não são consideradas com o mesmo status, sendo colocadas de modo idêntico à visão do hemisfério norte, vistas como periféricas, alternativas ou, o que é pior, importantes e representativas da cultura brasileira por serem tão exóticas quanto o desejam os analistas estrangeiros.

Por outro lado, a construção de nosso patrimônio cultural tem a marca profunda de certas vertentes políticas hegemônicas (seja dentro do governo ou fora dele) na formulação das políticas culturais e na política de encomendas governamentais ou empresariais, como também em seu reconhecimento. A arquitetura, por conviver simultaneamente com aspectos artísticos, tecnológicos e socioeconômicos, é particularmente suscetível a impropriedades de análise e de apropriação pela sociedade, seja pela preponderância de qualquer dessas faces sobre as outras, seja pela natural mutabilidade das políticas setoriais ou, ainda, por sua apropriação como bandeira política.

Interessante também notar que, até há poucos anos, grande parte da história e da crítica da arquitetura brasileira era realizada por estudiosos estrangeiros ou por arquitetos não militantes na área de projeto. Retrato, provavelmente, de etapas de formação de quadros científicos ainda não reconhecidos no âmbito da arquitetura, no Brasil.

Esse panorama passou a ser alterado substancialmente a partir da instalação, em nosso meio, de cursos de pós-graduação em arquitetura. A sistematização do conhecimento, a necessidade de abrir novos campos de pesquisa e mesmo a interação de arquitetos de diferentes regiões têm possibilitado a construção de um novo panorama de nossa cultura.

Paralelamente, tem exercido papel fundamental para a revelação dos novos horizontes o desenvolvimento de arquivos especializados em arquitetura, como o arquivo de desenhos da Biblioteca da Faculdade de Arquitetura e Urbanismo da Universidade de São Paulo e o Banco de Imagens Digitais da Faculdade de Arquitetura da Pontifícia Universidade Católica de Campinas, e de agências de fomento à pesquisa, como a Fundação de Amparo à Pesquisa do Estado de São Paulo – Fapesp e o Conselho Nacional de Desenvolvimento Científico e Tecnológico – CNPq, que passaram a incluir as áreas de artes e arquitetura em seu âmbito de atuação.

Rino Levi – arquitetura e cidade é um excelente retrato dessa nova fase da historiografia brasileira de arquitetura.

De fato, a forma de reconhecimento da obra de Rino Levi exposta, com erudição, por Renato Anelli, somente se tornou possível a partir do acesso a bases de dados e de um significativo elenco de trabalhos de pós-graduação realizados nos últimos anos, muitos dos quais não teriam sido possíveis sem o apoio das agências de fomento à pesquisa. A partir deles, e também com a importante contribuição que representa o estado do conhecimento atual sobre o tema registrado neste livro, vários outros estudos estão sendo desenvolvidos, dando continuidade ao processo de constante aprofundamento característico do conhecimento científico. Anelli, arquiteto e professor, conseguiu reunir um amplo leque de projetos e propostas teóricas de Rino Levi, desde sua formação na Itália. As fotografias do acervo, recuperadas por meio digital, tornam acessíveis algumas obras muito pouco divulgadas e outras que não mais existem. Infelizmente, o reconhecimento, pelos órgãos de preservação, desse valioso patrimônio não tem ocorrido com a presteza necessária.

1. A primeira edição do livro *Rino Levi – arquitetura e cidade*, publicada pela Romano Guerra em 2001, foi patrocinada pela Furnas Centrais Elétricas S.A.

Do ponto de vista editorial, a presente publicação também representa um marco na produção bibliográfica brasileira, ao aliar ao relevante texto projeto gráfico de alta qualidade, a reprodução de parte do acervo iconográfico do Escritório Rino Levi, em grande parte inédito em livros, além de ensaios fotográficos originais de Nelson Kon. É também um ponto alto na trajetória do perseverante esforço de promoção do debate e da divulgação da arquitetura empreendido por Abilio Guerra como professor e como editor de obras impressas ou virtuais. Felizmente, o patrocínio de uma empresa do porte de Furnas, neste caso, resulta num produto de alta qualidade, de longa vida e ainda inestimável valor didático.[1] O preparo dos novos arquitetos (e a formação continuada dos profissionais) depende fundamentalmente de obras deste nível, obras como esta em que estão presentes os diversos caminhos trilhados por Rino Levi, com uma proposta de inter-relacionamento de interpretações e informação, além de elaborada sistematização, tornando o conjunto perfeitamente coerente, tanto como registro da proposta arquitetônica do arquiteto, como da proposta acadêmica do historiador.

Escolas, movimentos ou correntes artísticas ou arquitetônicas; reconhecimento internacional, entre colegas, pela crítica, pelos clientes ou pelo público; grandes feitos, grandes obras, intervenções modestas ou detalhes inovadores; obras para a elite cultural e para a elite financeira ou comercial; mestres, discípulos, professores, alunos, aprendizes. Em cada uma dessas categorias – e em outras mais – podemos encontrar vínculos com a vida e a obra de Rino Levi.

Todos aqueles que conhecem sua arquitetura e aqueles que a conhecerão a partir da leitura desta obra concordam e concordarão com a qualidade de sua contribuição para o meio profissional e o ambiente cultural e tecnológico brasileiro.

Completaria Rino Levi cem anos em dezembro de 2001 e, certamente, poucos outros arquitetos poderiam, como ele, representar a arquitetura brasileira do século 20, ao incorporar em seus projetos as artes visuais em vários de seus movimentos, a procura por uma forma possível de racionalidade do processo construtivo e de industrialização de componentes, as propostas para as cidades então em intenso processo de transformação, fazendo delas tomarem parte edifícios polifuncionais de grande porte, sem esquecer o pioneirismo do desenvolvimento da arquitetura de cinemas e teatros apropriados para o mundo da eletrônica.

Ao identificar a obra de Rino Levi com o desenvolvimento da cidade de São Paulo – uma grande quantidade de edifícios de especial interesse está presente nos eixos de desenvolvimento da cidade entre as décadas de 1940 e 1960 –, poderíamos correr o risco de colocá-lo como um arquiteto de âmbito local. Nada mais equivocado. Embora outras poucas obras tenham divulgado suas propostas e realizações, ao lado das centenas de artigos em periódicos nas principais revistas especializadas, somente agora, com esta alentada edição bilíngue, será viável uma revisão de nossa história e de sua posição no contexto internacional.

Aldo e Rino Levi, 1911

Aldo Levi, desconhecido e Rino Levi em Milão, 1924

Família Levi, 1920. Em pé, da esquerda para a direita, Rino, Ida, Amélia (mãe), Aldo, Menotti (pai); sentados, Lina e Benedetto

Corso durante o Carnaval da Avenida Paulista, Rino Levi e a esposa Yvonne à esquerda. À direita, Linou (irmã de Yvonne) e Benedetto

Rino Levi visitando as obras do Edifício Columbus, São Paulo, 1934

Trajetória de Rino Levi – prólogo

A formação na Itália

Filho de pais italianos, Rino Levi nasceu em São Paulo em 31 de dezembro de 1901 e faleceu durante uma viagem ao interior da Bahia, no município de Lençóis, em 29 de setembro de 1965. Durante sua vida, Levi atuou destacadamente na consolidação da arquitetura moderna brasileira, ação que se confunde com a construção de um novo estatuto para a profissão de arquiteto. Vários aspectos de sua carreira originam-se de sua formação italiana, o que lhe confere algumas especificidades entre os demais arquitetos brasileiros de sua geração.

Rino Levi estudou na Escola Alemã e no Instituto Médio Dante Alighieri, ambos em São Paulo, onde recebeu as bases de uma formação europeia que seria completada na Itália. Em outubro de 1921 viajou para Milão, onde ingressou na Escola Preparatória e de Aplicação para os Arquitetos Civis.

Esse curso era fruto de uma primeira tentativa de colaboração entre o Instituto Politécnico e a Academia de Belas-Artes de Brera e tinha como objetivo superar uma situação de divisão que perdurava na Itália desde a criação das primeiras politécnicas, no início do século 19. As condições políticas italianas resultaram na coexistência desses dois sistemas até a década de 1920, gerando tipos diversos de profissionais que disputavam o prestigioso título de arquiteto: os "arquitetos civis", formados pelas politécnicas, e os "professores de desenho arquitetônico", formados pelas academias de belas-artes.

A escola de Milão, criada em 1865 e que Levi frequentou entre 1921 e 1923, conjugava matérias técnico-científicas, oferecidas pelo Instituto Politécnico, e matérias artísticas e arquitetônicas, oferecidas pela Academia de Belas Artes de Brera.[1] Apesar de ter passado por várias reformulações, essa iniciativa não vingava como exemplo da superação da divisão profissional. Devido à preponderância do ensino técnico-científico, os arquitetos civis perdiam em capacidade artística para os formados nas academias, sem igualar-se aos engenheiros civis na competência construtiva.

Nem mesmo o desenvolvimento cultural e industrial de Milão contribuía para o enriquecimento da formação em arquitetura. O conservadorismo dos professores afastara os futuristas e seria, nos anos seguintes, hostil ao surgimento do racionalismo italiano. A trajetória dos colegas de turma de Levi foi exemplar em relação a esses limites: Giuseppe Terragni, Luigi Figini, Gino Pollini, Luigi Vietti, Carlo Rava, Sebastiano Larco constituíram a linha de frente do racionalismo italiano, mas desenvolveram as propostas do movimento fora do ambiente acadêmico.

Em fevereiro de 1924, após inscrever-se no terceiro ano da escola de Milão, Rino Levi transfere-se para a Escola Superior de Arquitetura de Roma. O principal motivo da transferência foi o rápido reconhecimento conquistado pela escola romana. Inaugurada em 1920, essa escola se baseava na proposta do "arquiteto integral", elaborada, em 1916, por Gustavo Giovannoni e que tinha como objetivo a formação de um arquiteto capaz de intervir com competência técnica e artística nas transformações por que passavam as velhas cidades italianas. Esse profissional deveria garantir que a modernização das cidades não comprometesse seu patrimônio cultural e para isso sua formação deveria superar a divisão entre técnica e arte. Embora tal formulação de "arquiteto integral" tenha alguns pontos em comum com o ideal da Bauhaus de Walter Gropius, estava ausente dela qualquer interesse vanguardista. O arquiteto integral italiano seria o agente de uma modernização pragmática, fiel à tradição clássica e dentro das normas tratadistas.[2]

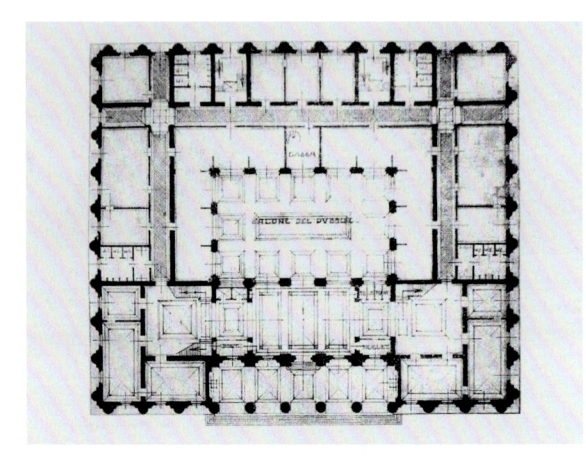

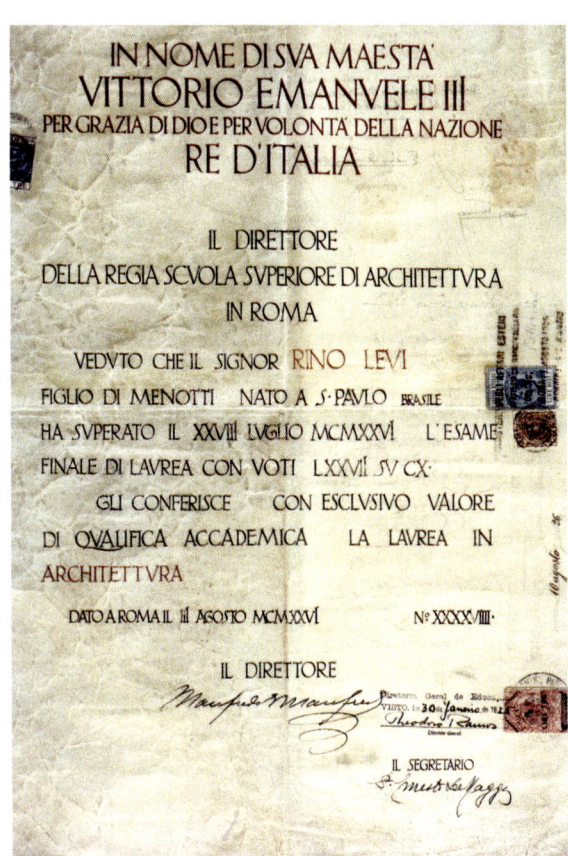

Na escola romana, Levi convive com Adalberto Libera, que se tornaria um dos protagonistas do racionalismo italiano em Roma. Na correspondência entre os dois, após o retorno ao Brasil, são citados os colegas Mario Ridolfi, Luigi Vietti, Ottorino Aloisio e os professores Luigi Piccinato, Marcello Piacentini, Arnaldo Foschini. Nas aulas e nas revistas que circulavam pela escola, Levi conhece a obra de Le Corbusier, Walter Gropius, Mies van der Rohe, Erich Mendelsohn, acompanhando os primeiros passos da adesão de seus colegas às propostas modernas. Mas, segundo depoimento de Vietti, não as adota imediatamente como referência para seus exercícios escolares de composição arquitetônica.

Levi estagia por pouco tempo no escritório de Piacentini, num período em que o arquiteto gozava do prestígio de ser o condutor do processo de modernização da arquitetura na Itália. Frente à produção arquitetônica moderna, em desenvolvimento na Europa além dos Alpes, Piacentini reconhecia a defasagem italiana, propondo que a atualização devesse admitir o que havia de "universal, de correspondente à civilização contemporânea nos movimentos artísticos europeus". Defendia o respeito às "peculiares características" italianas, destacando, entre elas, suas "exigências especiais de clima".[3]

Trabalho escolar Proggetto di una Banca, disciplina Composizione Architettonica de Manfredo Manfredi, no quinto ano da Escola de Roma, avaliado com nota 22 sobre 30, 1925-26

Diploma de Rino Levi pela Escola Superior de Arquitetura de Roma, agosto de 1926

Um eco dessa posição pode ser encontrado na carta que Levi envia, no final do quarto ano letivo, para o jornal *O Estado de S. Paulo* e que seria publicada em 15 de outubro de 1925 com o título "Arquitetura e estética das cidades",[4] constituindo-se numa das primeiras manifestações por uma arquitetura moderna no Brasil. As posições de Levi documentam o consenso difundido na escola romana: a modernização sem rupturas com a tradição clássica, que deveria ser sentida e interpretada no seu "espírito, evitando-se a imitação, já bastante desfrutada, dos seus elementos". Na conclusão da carta, Levi apresenta o programa que seguiria ao longo de sua carreira.

Reconhecendo a defasagem do Brasil em relação à produção arquitetônica da Europa, Levi estabelece um paralelo com a atitude proposta pelos italianos. Como eles, estudou criteriosamente as proposições modernas, construindo uma posição que compatibilizasse a universalidade inerente ao moderno com as especificidades brasileiras. Nos anos seguintes, sua arquitetura procuraria desenvolver uma alma brasileira, entendida como um caráter decorrente da interpretação do clima, natureza e costumes brasileiros. Uma preocupação ausente de outros manifestos modernos, como o contemporâneo de Gregori Warchavchik e "Razões da nova arquitetura", de Lúcio Costa, publicado dez anos mais tarde.[5]

Ressalte-se que o artigo não é dedicado estritamente à arquitetura, e sim à estética das cidades, apresentada por Levi como o novo estudo aplicado aos problemas urbanos. Cita Piacentini e sua disciplina *Edilizia Cittadina*, criada a partir da leitura do *Stadtbaukunst*, do austríaco Camillo Sitte, e de *L'Esthétique des Villes*, do belga Charles Bulls.[6] Nesse momento anterior à sua atuação na construção do estilo monumental que caracterizaria o fascismo, Piacentini desenvolvia os princípios do ambientismo, que propugnava a preponderância do urbano sobre o arquitetônico. A arquitetura deveria encontrar sentido na configuração da cidade, sendo os valores cívicos do conjunto da sociedade prioritários sobre a vontade de exacerbação das fantasias individuais dos arquitetos.[7] Esse laço indissolúvel entre arquitetura e urbanismo foi uma das principais lições italianas incorporadas ao trabalho de Rino Levi.

Caixa d'água para a Fábrica de Pianos Nardelli/Brasil, São Paulo, 1927

Automóvel Clube de São Paulo, perspectiva do anteprojeto, concurso, 1927

Residência Gofredo da Silva Telles, São Paulo, 1927

Residências para Regina Previdelli, perspectiva, São Paulo, 1930

Residência Vicente Giaccaglini, São Paulo, 1929

Residência para Luiz Manfro, São Paulo, 1928

O retorno ao Brasil e os primeiros anos de atuação profissional

Levi retorna ao Brasil no segundo semestre de 1926. Trabalha pouco mais de um ano na Companhia Construtora de Santos, no lugar anteriormente ocupado por Warchavchik,[8] de quem foi amigo. Inicia, já em 1927, atividades independentes de execução de projetos, participando do concurso de anteprojetos para o Edifício-sede do Automóvel Clube de São Paulo com uma proposta que não obteve nenhum destaque do júri.

Nesses anos enfrenta uma situação profissional muito diversa daquela em que se encontravam seus colegas de escola na Itália. Enquanto eles eram efetivamente convocados para uma atuação urbanística, no Brasil os arquitetos ainda se esforçavam para cobrar honorários pelo projeto. O início profissional de Levi se deu na condição de projetista e construtor, concorrendo com os gamelas, empreiteiros práticos da construção civil. A necessidade de constituição de um novo estatuto profissional do arquiteto se tornaria uma luta constante ao longo de sua carreira.

Apesar de as publicações sobre sua obra registrarem a reforma da casa de Gofredo da Silva Telles, em 1927, como sua primeira construção, as fotografias de um conjunto de sobrados e de uma caixa-d'água para a Fábrica de Pianos Nardelli/Brasil ampliam essa informação. Durante os primeiros anos, Levi construiu pequenas residências e conjuntos de casas para aluguel, tendo como clientes alguns membros da comunidade italiana de São Paulo, que já acumulavam recursos para pequenos investimentos imobiliários. A arquitetura simples, apesar da pouca ornamentação, ainda não apresentava o caráter moderno das obras dos anos 1930.

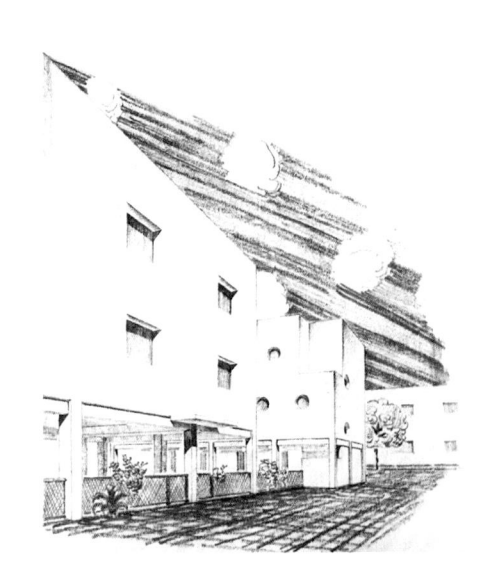

Edifício Gazeau, São Paulo, 1929

Residência Francisco dos Santos Gomes, São Paulo, 1932

Dia de festa da cumeeira nas obras do UFA-Palácio, 1936. Da esquerda para a direita: Ugo Sorrentino (terceiro), Rino Levi (quarto) e Luis Medici Jr. (quinto)

Luiz Medici Jr. e Rino Levi nas obras do Cine Universo, São Paulo, 1939

Rino Levi na residência Luiz Medici Jr., projeto de 1935

Em 1930, visita com a noiva, Yvonne Ariè, a Casa Modernista de Warchavchik e sai vivamente impressionado, apesar de criticar a falta de *intimidade* da casa. Mesmo depois de casado, trabalha e mora no mesmo apartamento, o que indica as dificuldades econômicas do início da carreira. Mais tarde, aluga o apartamento vizinho, para onde transfere o escritório, adquirindo o hábito do trabalho em três turnos, que manteria ao longo de toda a sua vida.

Entre o final de 1929 e o começo de 1930 iniciou seus primeiros projetos modernos. Marcam esse início os projetos de um conjunto de casas para Regina Previdelli e o primeiro estudo para o Edifício Columbus, datado de fevereiro de 1930. A não construção do primeiro, o longo amadurecimento do projeto do segundo (construído apenas em 1934, na sua quarta versão) e as ornamentações solicitadas no projeto para Delfina Ferrabino adiaram para 1931 a construção de sua primeira obra moderna: o pequeno pavilhão da L. Queiroz na Feira de Amostras do Parque da Água Branca. No ano seguinte viriam os conjuntos para Dante Ramenzoni, na rua Vitório Emanuel, e a casa para Francisco Gomes, que apresentavam diversas características da arquitetura moderna, utilizadas frequentemente ao longo dos anos 1930, entre as quais a cobertura em laje impermeabilizada e a janela de canto em completo balanço.

A afirmação profissional e a presença pública

Após a breve interrupção gerada por sua convocação, em julho de 1932, para atuar como engenheiro junto às tropas paulistas na Revolução Constitucionalista,[9] a carreira de Levi foi incrementada por alguns encargos bem-sucedidos. A conclusão dos edifícios Schiesser e Columbus, em 1934, iniciou uma longa série de projetos de prédios de apartamentos. Em 1936, o sucesso da aplicação dos princípios de acústica no Cine Ufa-Palácio lhe garantiu diversos projetos de cinemas, inclusive o primeiro fora do estado de São Paulo, o Art-Palácio de Recife. Esses são os marcos iniciais de um prestígio crescente, que pode ser acompanhado pela publicação de seus projetos na *Revista Politécnica* e nas revistas *Architettura*, italiana, e *Architecture d'Aujourd'hui*, francesa.

Às vésperas da Segunda Guerra Mundial, os eventos políticos italianos atingiram Levi no Brasil. Em 1939 recebe em São Paulo o arquiteto italiano Daniele Calabi, de origem hebraica, forçado a refugiar-se devido às leis raciais de inspiração nazista adotadas na Itália. Apoia Calabi em todos os sentidos, criando condições para que exerça aqui a profissão de arquiteto. Ambos se beneficiariam com a troca de experiências propiciada pela convivência. Levi facilitaria também a fuga do colaborador de Giuseppe Pagano, Gino Levi-Montalcini, embora ele tenha desistido da viagem após meses de indecisão. No mesmo ano acolheu outro grupo de refugiados ítalo-judaicos, a família Foà, cuja filha Ornella se casaria com Calabi.

A estabilidade do escritório permite o trabalho associado com outros profissionais. O primeiro foi com o suíço Franz Andrea Pestalozzi (formado em Zurique, em 1933), que chegara ao Brasil em 1936 e trabalhara inicialmente com Álvaro Vital Brazil. Pestalozzi ingressa no escritório de Levi em 1938, onde permanece até 1946. A seguir, no ano de 1941, é a vez do arquiteto Roberto Cerqueira César (São Paulo, 1917), que se tornaria associado em 1945. Pertencendo a uma nova geração, Cerqueira César mescla a atenção aos expoentes da arquitetura moderna internacional com a influência de Levi e outros da primeira geração de arquitetos modernos paulistas. Em 1951 o arquiteto Luiz Roberto Carvalho Franco (Araras, 1926 – São Paulo, 2001), pertencente a uma geração ainda mais jovem, dá continuidade à constante atualização da equipe, vindo a tornar-se associado em 1955.

Em paralelo ao seu interesse pelos assuntos científicos e técnicos, Levi sempre esteve próximo às artes plásticas. Em 1936, com um grupo de artistas, realiza o projeto de um pequeno pavilhão para exposição de artes plásticas na praça da República, que não foi implementado, apesar do apoio de Mário de Andrade, então diretor do Departamento de Cultura. Em 1939, foi convidado por Flávio de Carvalho para escrever sobre arquitetura na *Revista Anual do Salão de Maio*, exatamente em sua edição mais importante e polêmica, que contou com a participação de Alexander Calder, Josef Albers, Jean Hélion – artista que participou com Theo van Doesburg do Manifesto de Arte Concreta, em 1930 – e outros artistas de tendência abstrata e construtivista.

Em 1948, ao lado de vários intelectuais, artistas e arquitetos, participaria da criação do Museu de Arte Moderna de São Paulo – MAM, assumindo sua Diretoria Executiva no ano seguinte. Durante o período em que ocorre o confronto entre abstracionismo e figurativismo, Levi se posiciona definindo a arquitetura como uma "arte plástica de caráter essencialmente abstrato",[10] o que não o impede de atuar como pintor amador de paisagens durante os finais de semana.

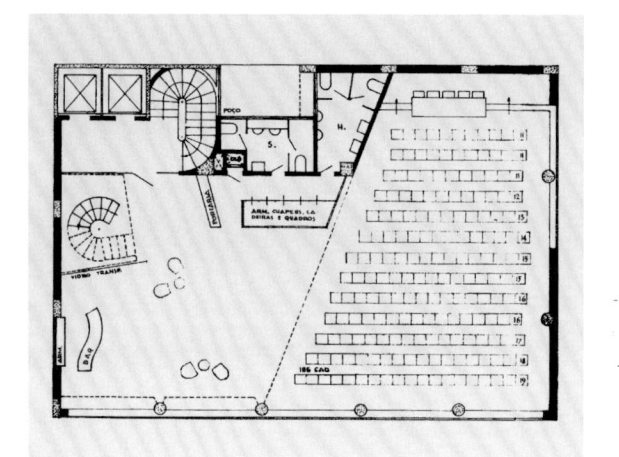

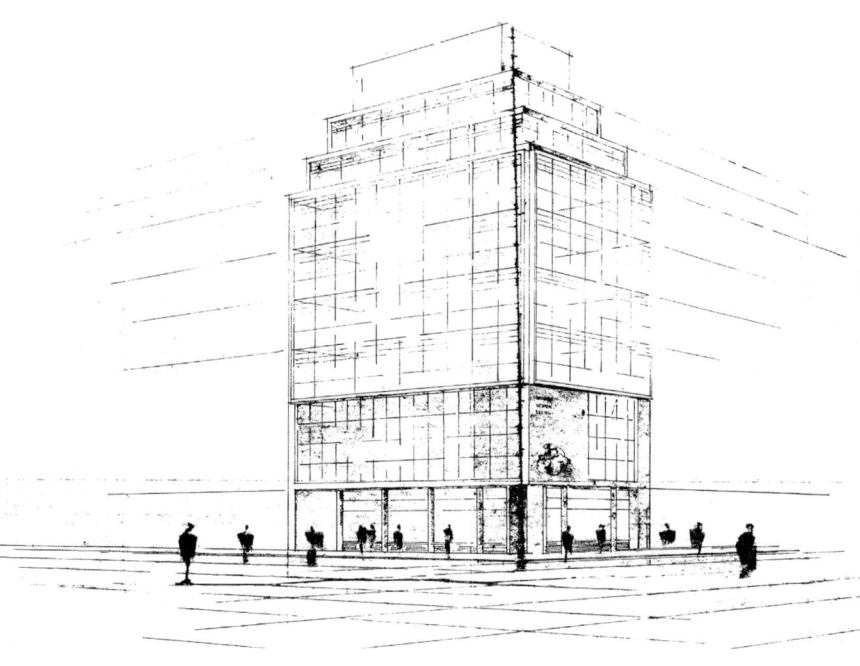

Edifício-Sede do Instituto de Arquitetos do Brasil-SP, planta do segundo pavimento e perspectiva da proposta de Rino Levi, São Paulo, 1946

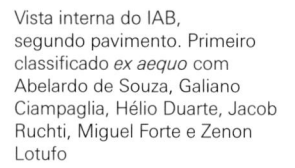

Vista interna do IAB, segundo pavimento. Primeiro classificado *ex aequo* com Abelardo de Souza, Galiano Ciampaglia, Hélio Duarte, Jacob Ruchti, Miguel Forte e Zenon Lotufo

De pé, da esquerda para a direita: Eduardo Kneese de Mello, Rino Levi, Lauro Costa Lima, Jorge Moreira, Roberto Burle Marx, Ícaro de Castro Mello, Abelardo de Souza, desconhecido, Oswaldo Corrêa Gonçalves. Abaixo: desconhecido, Rubens Carneiro Vianna, Léo Moraes

Participação no IAB e na construção do estatuto da arquitetura contemporânea no Brasil

As dificuldades do exercício profissional no início de sua carreira eram decorrentes do estatuto atribuído à arquitetura pela sociedade brasileira. Sua participação na construção do Instituto de Arquitetos do Brasil – IAB foi uma forma de ultrapassar os limites da ação individual, que Levi procurava alcançar ao discutir na imprensa assuntos de interesse público relacionados com arquitetura e urbanismo.

Em janeiro de 1945, participou do I Congresso Brasileiro de Arquitetos realizado em São Paulo, em que os participantes evitaram o enfoque isolado dos temas corporativos, inerentes às necessidades de afirmação da profissão, associando-os a uma reflexão sobre a função social do arquiteto. Em fevereiro do mesmo ano, Levi tornou-se membro do Congresso Internacional de Arquitetura Moderna – Ciam, ingressando, a seguir, no Conselho Diretor do IAB SP na função de tesoureiro.

A precariedade das instalações do instituto no subsolo do Edifício Ester levou à promoção de uma campanha por uma nova sede. Após a aquisição de um terreno na esquina das ruas Bento Freitas e General Jardim, em 1946 foi promovido, entre os sócios, um concurso sem prêmios. O júri, composto por Firmino Saldanha (presidente do IAB), Oscar Niemeyer, Gregori Warchavchik, Helio Uchôa e Fernando Brito, escolheu, entre treze concorrentes, as equipes de Levi e Cerqueira César, de Jacob Ruchti e Galiano Ciampaglia e de Abelardo de Souza, Hélio Duarte e Zenon Lotufo, atribuindo-lhes a tarefa de realizar um novo projeto, que seria detalhado no escritório de Levi.

Em 1947, com colegas do IAB SP, Levi organizou uma viagem para a Europa. Ao longo de mais de dois meses visitaram Roma, Florença, Veneza, Milão, seguindo para a Suíça, França, Bélgica, Holanda, Inglaterra, Portugal e retornando ao Brasil por Nova York. Sendo sua primeira viagem à Itália desde o período de escola, Levi reencontrou alguns de seus antigos colegas, presenciando a reconstrução italiana e europeia.

Júri da Seção de Arquitetura da I Bienal de Arte de São Paulo e a maquete da Maternidade Universitária de São Paulo, projeto premiado, 1951. Junzo Sakakura, Eduardo Kneese de Mello, Francisco Beck, Sigfried Giedion, Mario Pani

Rino Levi (à esquerda) em Moscou, representando o Brasil, em evento de 1960

Excursão à Serra de Parati, Angra dos Reis, 1952. Severo Gomes, Rino Levi, Roberto Burle Marx e Procópio Ferreira de Camargo

Excursão à Serra da Bocaina, 1952. Procópio Ferreira de Camargo, Roberto Burle Marx, Rino Levi e Severo Gomes

Excursão à Serra de Parati, Angra dos Reis, 1952

Carlton Sprague Smith, Rino Levi e Alexander Calder, que reproduziu a foto em sua autobiografia com a legenda "Sculpture classique"

Gio Ponti e Rino Levi, Milão, anos 1950

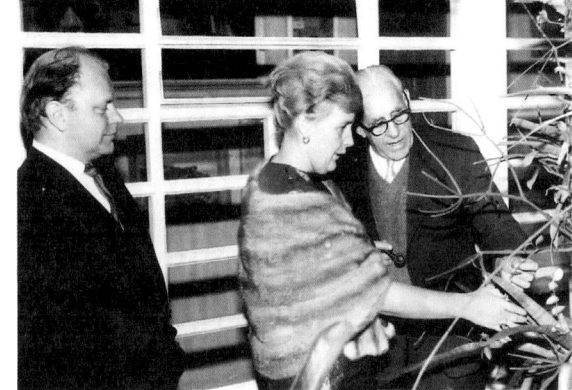

Continuou participando do IAB SP, no Conselho Fiscal, entre 1950 e 1953. Representando São Paulo na Convenção do Instituto de Arquitetos do Brasil de 1952, foi eleito sucessor de Oswaldo Bratke na presidência do IAB SP, iniciando a primeira de duas gestões que se encerrariam apenas em 1955. Passou a participar de eventos promovidos por entidades internacionais de arquitetos, chefiando a delegação brasileira no VIII Congresso Pan-Americano de Arquitetos, realizado na Cidade do México em outubro de 1952. Aproveitou a ocasião para estender a viagem a Cuba, Estados Unidos e Peru. Após o final de sua gestão, Levi continuou como membro do Conselho Fiscal do IAB SP até 1958, quando foi eleito vice-presidente do IAB nacional.

Entre os vários temas a que se dedicou, um dos mais constantes foi a defesa da modalidade dos concursos. Em 1952, elaborou com Cerqueira César a proposta "Normas Básicas para Concurso de Arquitetura", amplamente divulgada pelas revistas da época; posteriormente, em 1958, integrou uma comissão do IAB para elaborar normas mínimas para concursos de arquitetura. Respeitado por sua integridade, Levi participou de cerca de nove comissões julgadoras, em algumas delas indicado pelos participantes, chegando a elaborar o edital para o concurso do paço municipal de Campinas.

Os sócios de Rino Levi também tiveram militância importante no IAB, tornando-se a participação na vida pública uma constante do escritório. Cerqueira César exerceu a vice-presidência (1950-51), foi membro do Conselho Superior (1966-67) e do Conselho Fiscal por várias gestões. Carvalho Franco foi primeiro-secretário (1957-58) e diretor (1959-61).

Abertura da exposição de Alexander Calder no Masp, 6 out. 1948. Alfredo Volpi, Menotti del Picchia, Pola Rezende, Alexander Calder, Rino Levi, Lina Bo Bardi, Oswald de Andrade Filho e Eduardo Kneese de Mello

Walter Gropius e Rino Levi no IAB SP, janeiro de 1954

Rino Levi mostrando uma bromélia de sua coleção para um arquiteto finlandês e sua esposa, residência do arquiteto, São Paulo, final dos anos 1950

Walter Gropius, Rino Levi, Jorge Moreira e Ícaro de Castro Mello no Instituto de Arquitetos do Brasil, São Paulo, 1954

Rino Levi, Ícaro de Castro Mello, Walter Gropius, Lucjan Korngold, Oswaldo Corrêa Gonçalves, desconhecido. Visita de Walter Gropius ao Brasil, 1954

A função social do arquiteto e a defesa de políticas de saúde pública

O fato de Levi ter sido um arquiteto com forte atuação no mercado imobiliário não o tornou alheio às responsabilidades do arquiteto frente à sociedade.

Ao publicar o extrato da conferência "Técnica Hospitalar e Arquitetura",[11] o redator de *L'Architecture d'Aujourd'hui*, Alexandre Persitz, critica a concepção de arquiteto-artista de Levi, pois, no seu entender, a defesa da arquitetura como uma "arte pura", isolada de qualquer condicionamento externo ao artista, implicaria um "divórcio entre o criador e a multidão".

Certamente Persitz desconhecia a obra de Levi. Em nenhum momento Levi defende uma arquitetura afastada das necessidades sociais, funcionais ou técnicas; defende, sim, a "liberdade absoluta" como condição para a manifestação artística, opondo-se a "qualquer injunção da sociedade ou de indivíduos no sentido de dirigi-la para objetivos predeterminados".[12] Ao contrário do que entendeu Persitz, Levi constata a dificuldade de aceitação da arte moderna pelo gosto comum, o que gera "preconceitos estéticos" que afastam os arquitetos modernos "dos grandes problemas de interesse coletivo tipicamente da sua especialidade".[13]

O discurso pode ser mais bem inserido nos conflitos decorrentes da Guerra Fria, em que se dava o confronto entre os defensores do realismo socialista, com seus temas e formas populares, e os abstracionistas e demais adeptos das vanguardas artísticas modernas.[14] A concepção de Levi se dirige a uma estrutura democrática, com a sociedade civil organizada, para a qual o arquiteto contribui, com seus conhecimentos específicos, para a formação de uma opinião pública consistente, capaz de conduzir à superação dos problemas que a afligem. Ao arquiteto cabe o desafio de demonstrar à sociedade que seus conhecimentos são relevantes para seu desenvolvimento. Trata-se de uma concepção oposta à do arquiteto demiurgo, que assessora um poder centralizado, transformador da sociedade. Mas também distante do profissional que se limita a responder às solicitações que lhe são feitas pelo mercado.

Evento no IAB SP durante visita de Walter Gropius a São Paulo, janeiro de 1954.
1. Walter Gropius
2. Rino Levi
3. Jorge Machado Moreira
4. Roberto Burle Marx
5. Ícaro de Castro Mello
6. José Luiz Fleury de Oliveira
7. Jorge Lodi
8. Abelardo de Souza
9. Oswaldo Corrêa Gonçalves
10. Eduardo Kneese de Mello
11. Léo Ribeiro de Moraes
12. Ariosto Milla
13. Gilberto Junqueira Caldas
14. João Cacciola
15. Henrique Lefèvre

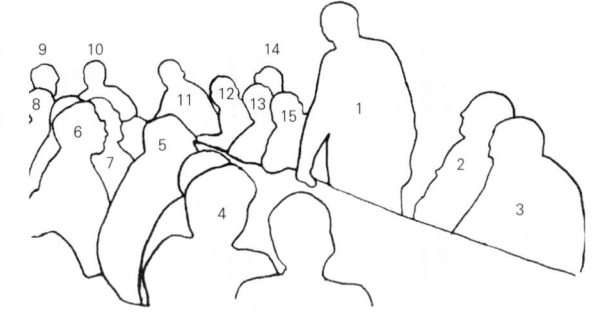

A constante presença de Levi na imprensa cotidiana expressando seu entendimento sobre os mais diversos assuntos de interesse público não significou seu afastamento do campo específico da arquitetura. A fim de evitar se perder em generalidades, Levi se concentra em assuntos sobre os quais aprofunda seus conhecimentos. O principal deles é o urbanismo e a cidade. Levi reflete sobre a inserção de seus projetos no tecido urbano, critica o crescimento desordenado da cidade, defende o zoneamento como método de controle desse crescimento e atua, por intermédio do IAB, na defesa do planejamento de São Paulo.

Dá relevância social a temas que poderiam ser tratados como mera especialidade técnica, tal como a acústica, em que evolui do espetáculo para considerações sobre os ruídos industriais e urbanos. Levi torna-se uma referência sobre o assunto, ministrando cursos e conferências sobre acústica e arquitetura, ensinando técnicas de cálculo e projeto. Participa ativamente do Instituto Brasileiro de Acústica, tornando-se seu vice-presidente em 1957 e assumindo sua presidência entre 1958 e 1960.

O maior destaque se deu na saúde, em que os conhecimentos desenvolvidos nos projetos hospitalares evoluem em direção ao tema da saúde pública. As inovações introduzidas no projeto da Maternidade Universitária lhe garantem uma série de novos projetos hospitalares e o reconhecimento público de sua autoridade na área. Levi realiza conferências e participa da organização de vários cursos de projeto hospitalar. Dois deles foram realizados no IAB SP, no período de sua presidência. O primeiro, de 1953, contou com a participação de quinhentas pessoas; o segundo, de 1954, promovido em parceria com a Universidade de São Paulo – USP e o Museu de Arte de São Paulo – Masp, e ministrado junto com Jarbas Karman, teve 267 inscritos. Em ambos, os participantes eram originários das mais diversas regiões, inclusive de outros países da América Latina, revelando a carência de profissionais capazes de renovar os projetos na área da saúde.

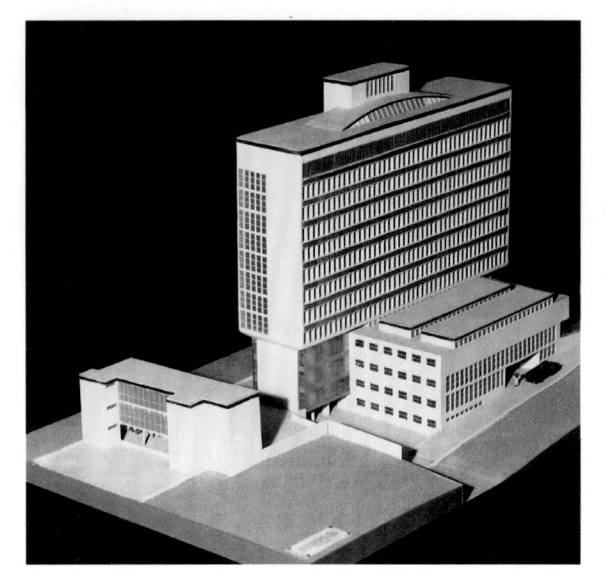

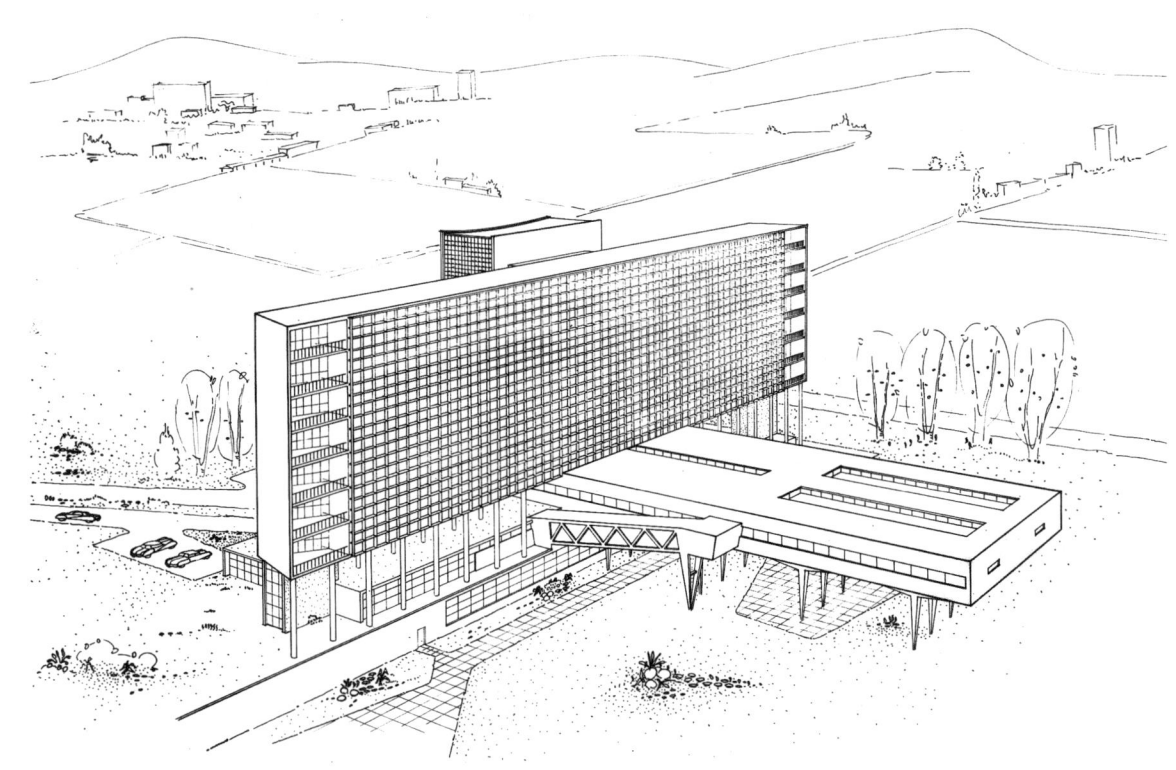

Em 1955, Levi participa do IX Congresso Pan-Americano de Arquitetos de Caracas, em que apresenta a tese "A pesquisa no planejamento da assistência médico-hospitalar" (em coautoria com Jarbas Karman). Defende a criação de centros de estudos e pesquisas hospitalares em todos os países, com o objetivo de superar a concepção do hospital como projeto isolado, entendendo-o dentro de um planejamento nacional e regional, normalizando seu funcionamento, construção e equipamento para aumentar sua eficiência e economia. A tese é aprovada pelo Congresso, e Levi é indicado, no ano seguinte, para a Comissão de Saúde Pública da União Internacional de Arquitetos. Participaria de duas reuniões dessa comissão, uma em Moscou, em 1960, outra em Israel, em 1962.

Em seguida ao IX Congresso Pan-Americano, Levi coordena uma equipe de arquitetos venezuelanos num projeto do "Edifício sem teto", que teria grande repercussão.[15] Após retornar duas vezes à Venezuela para conferências, Levi é convidado pelo governo para a coordenação do planejamento e projeto de uma rede hospitalar. Entre 1959 e 1960 permaneceu ao todo dez meses em Caracas, coordenando uma equipe de arquitetos locais no projeto de oito hospitais. Nesse período, participou das atividades da Faculdade de Arquitetura e da 1ª Convenção Nacional de Arquitetos, sendo homenageado como membro honorário da Sociedad Venezuelana de Arquitectos.

Apesar de suas diversas viagens a outros países da América Latina, nenhum deles recebeu a mesma atenção que a Venezuela. Os motivos podem ser os apresentados por Levi na TV, Canal 9, de São Paulo, durante uma conferência

Hospital da Cruzada Pró-Infância, maquete, São Paulo, 1948

Hospital Albert Einstein, São Paulo, 1958

Hospital do Instituto de Moléstias do Aparelho Digestivo, perspectiva, São Paulo, 1952

sobre a arquitetura daquele país. Comparando seu desenvolvimento ao do Brasil, ressalta duas diferenças. A primeira é o planejamento urbano: todas as cidades têm um plano diretor sob a responsabilidade da Comissão Nacional de Planejamento. A segunda é o carinho com o qual acolhem os estrangeiros convidados a colaborar com suas especialidades. Destaca a forte influência da arquitetura brasileira e os projetos de Niemeyer e Burle Marx.

A oportunidade de atuação num tema de interesse público, oferecida pelo governo da Venezuela, não se repetiria para Levi no Brasil. Limitado aos projetos de encomenda particular, suas intenções não encontravam promotores que permitissem um desenvolvimento equiparável.

Hospital do Samdu–Hospitec, perspectiva do anteprojeto, Rio de Janeiro, 1960

Centro Profissional La Parábola, maquete. Rino Levi em co-autoria com os arquitetos Guido Bermúdez, Pedro Lluberes, Carlos Brando e o engenheiro J. O. Cárdenas. Caracas, Venezuela, 1956

Anteprojeto para o Hospital Albert Einstein, perspectiva

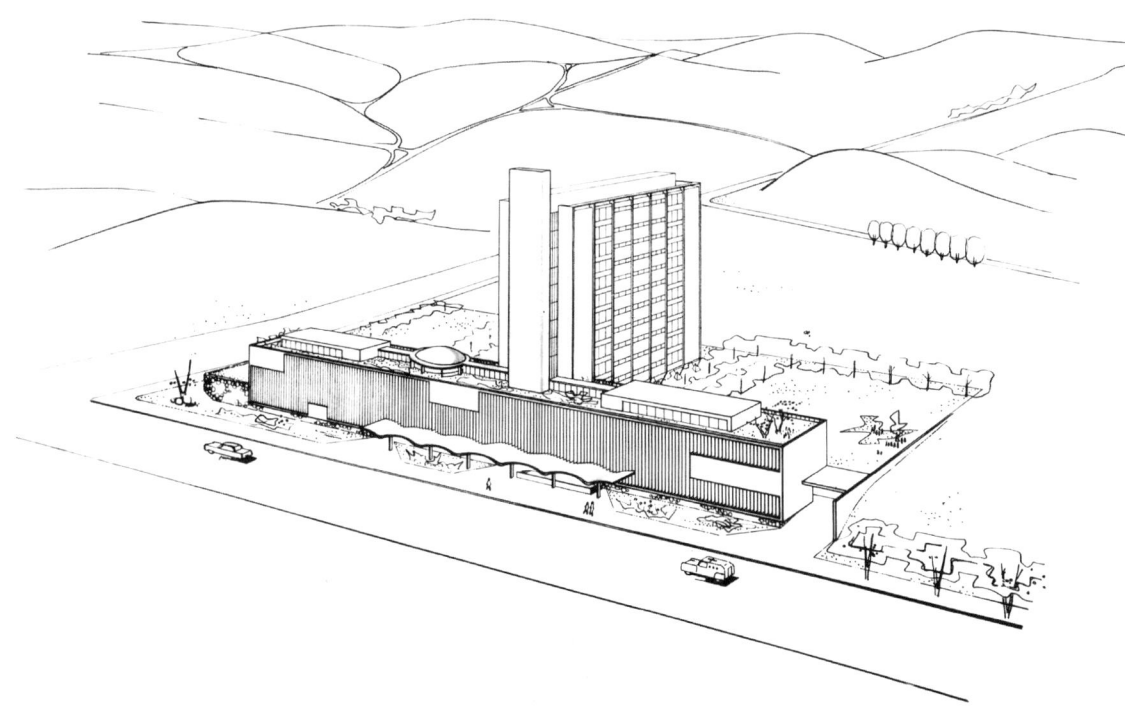

Notas

1. Cf. SELVAFOLTA, Ornella. L'Istituto Tecnico Superiore di Milano: metodi didattici e ordinamento interno (1863-1914), p. 87-118.

2. Cf. CIUCCI, Giorgio. *Gli architetti e il fascismo. Architettura e città, 1922-1944*; ZUCCONI, Guido. *La città contesa, dagli ingegneri sanitari agli urbanisti (1885-1942)*.

3. PIACENTINI, Marcello. *Architettura d'oggi*.

4. LEVI, Rino. Arquitetura e estética das cidades. O Estado de S. Paulo, 15 out. In XAVIER, Alberto (Org.). *Arquitetura moderna brasileira: depoimento de uma geração*.

5. WARCHAVCHIK, Gregori. Acerca da arquitetura moderna; COSTA, Lúcio. Razões da nova arquitetura. Cf. FICHER, Sylvia. Rino Levi. Um profissional arquiteto e a arquitetura paulista.

6. Cf. ZUCCONI, G. Op. cit.; LUPANO, Mario. *Marcello Piacentini*.

7. PIACENTINI, Marcello. *Nuovi orizzonti dell'edilizia cittadina*. Profusione inaugurale del 2° anno accademico della R. Scuola Superiore di Architettura in Roma. 10 de novembro de 1921; transcrição das aulas da disciplina *Edilizia Cittadina*, arquivo da Faculdade de Arquitetura de Florença.

8. O arquiteto ucraniano também se formou em Roma, mas o fez em 1920, período anterior à ida de Levi para a Itália e mesmo anterior à criação da Escola Superior de Arquitetura.

9. LEVI, Rino. Relatório do engenheiro Rino Levi à Inspetoria das Delegacias Técnicas sobre a sua atuação no 2° Batalhão 9 de Julho do Instituto do Café, desde 28 de julho até 14 de agosto de 1932, arquivo Rino Levi.

10. LEVI, Rino (1948). Técnica hospitalar e arquitetura.

11. LEVI, Rino (1940). L'architecture est un art et une science.

12. LEVI, Rino. Técnica hospitalar e arquitetura (op. cit.).

13. LEVI, Rino (1948). Situação da arte e do artista no mundo moderno.

14. Cf. MACHADO, Lúcio Gomes. *Rino Levi e a renovação da arquitetura brasileira*, p. 106.

15. O projeto é de responsabilidade dos arquitetos Guildo Bermúdez, Pedro Lluberes, Carlos Brando e do engenheiro J. O. Cardenas, e não seria construído, segundo Levi, por uma posterior mudança da área para uso residencial.

Edifício Guarani

São Paulo 1936-42

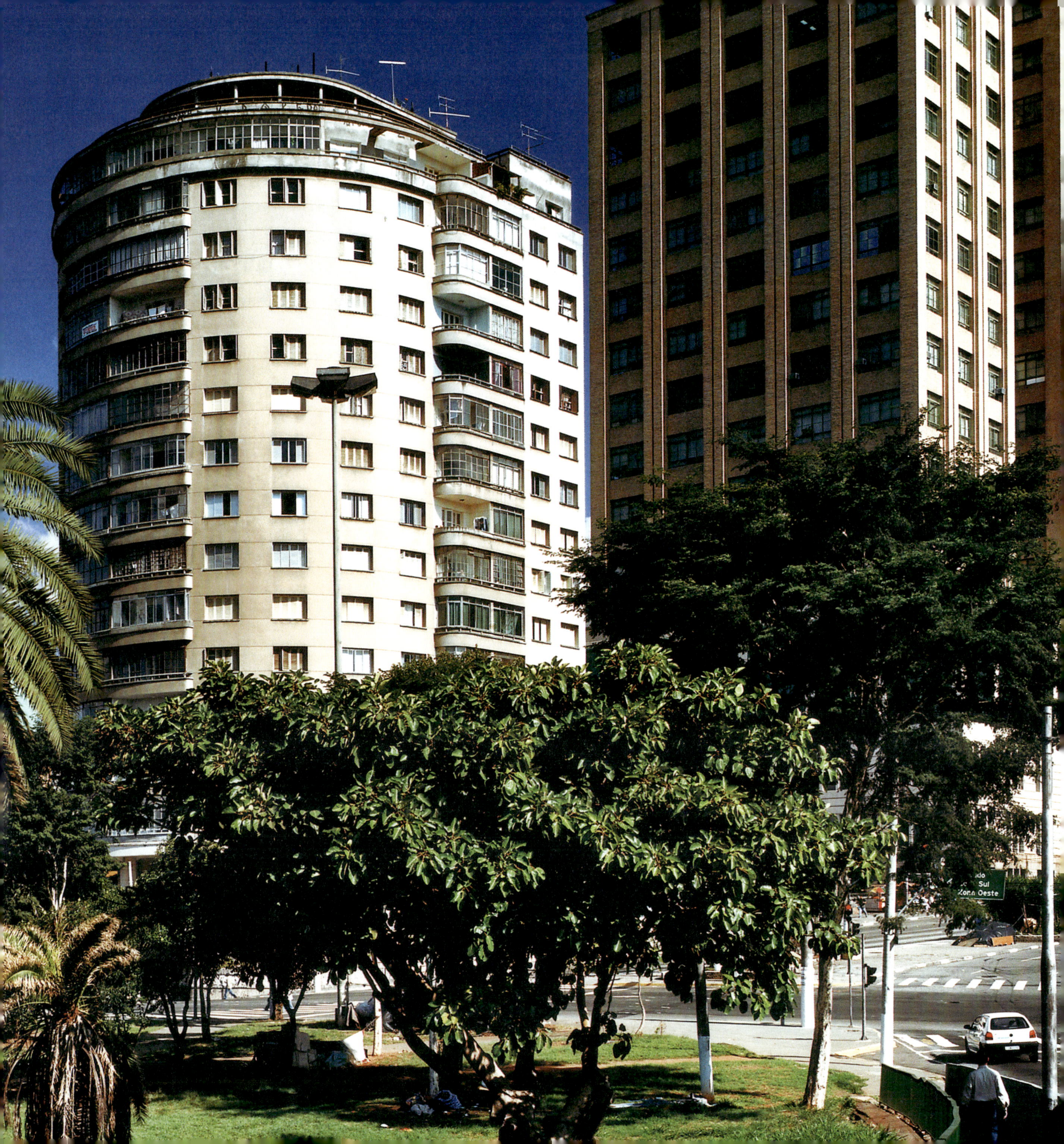
Sul
Zona Oeste

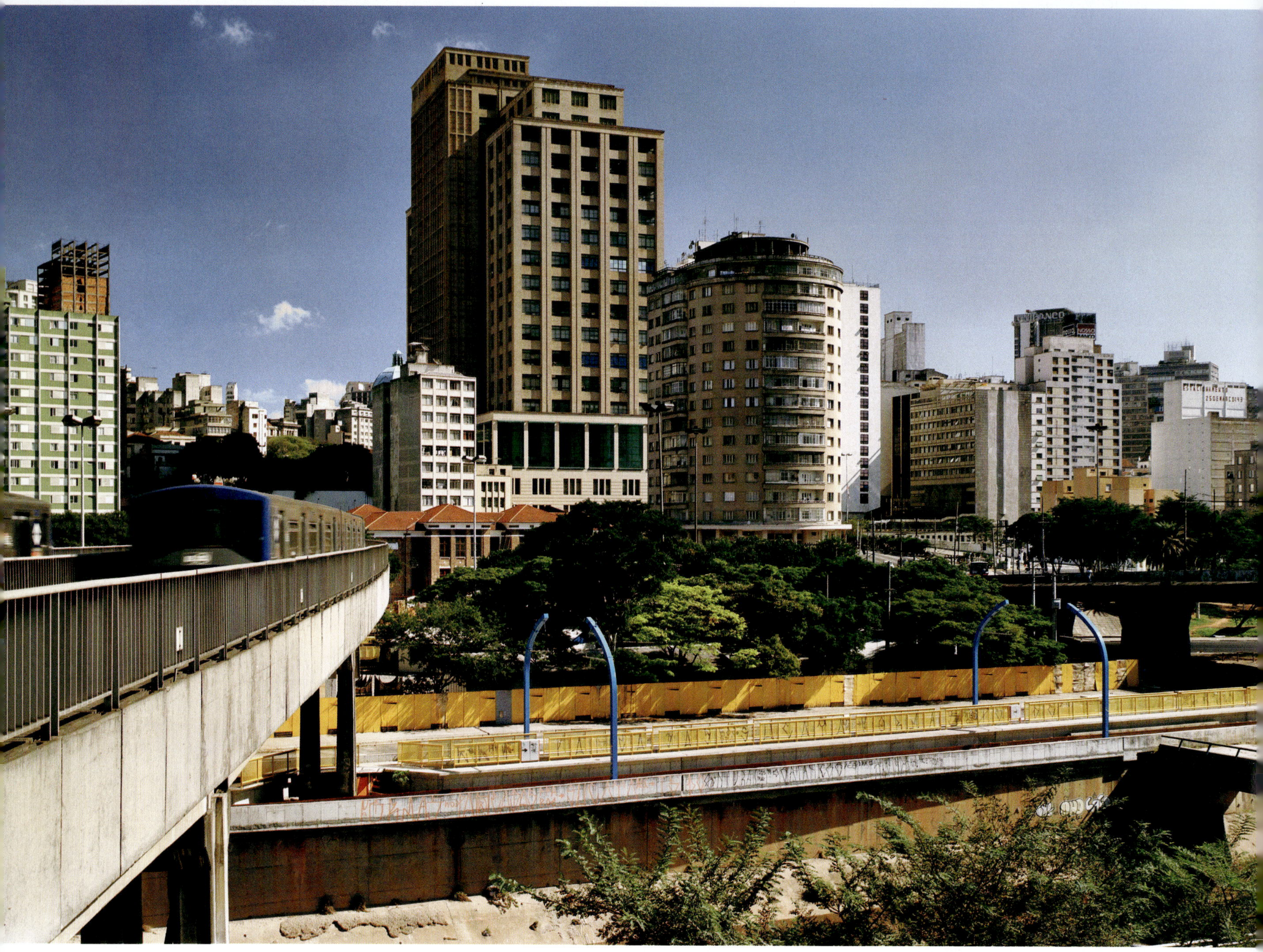

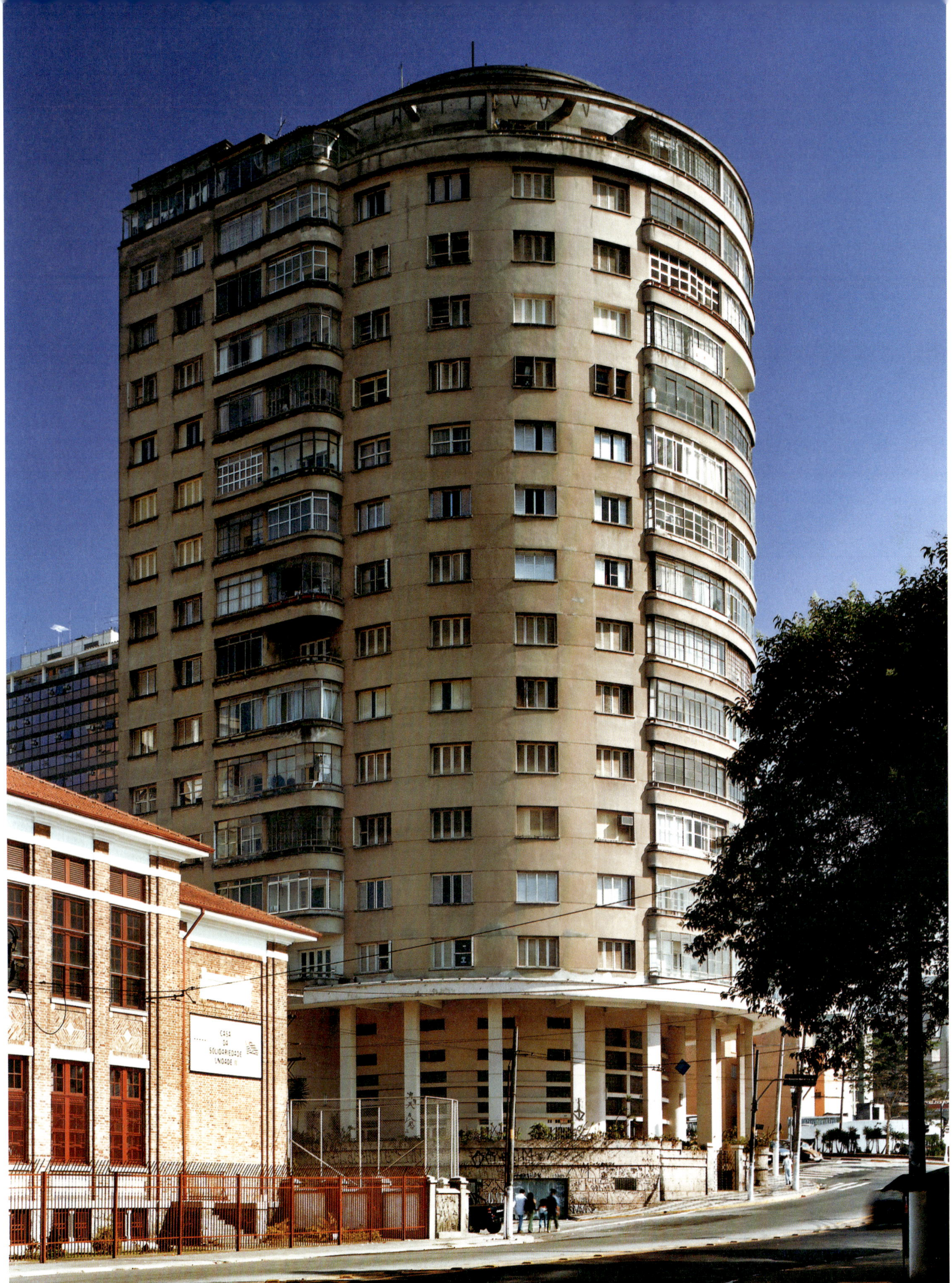
CASA
DA
SOLIDARIEDADE
UNIDADE II

BR
Posto Cidade
Gás Natural
AQUI
PARECIS
BR
Lavagem e Troca de Óleo

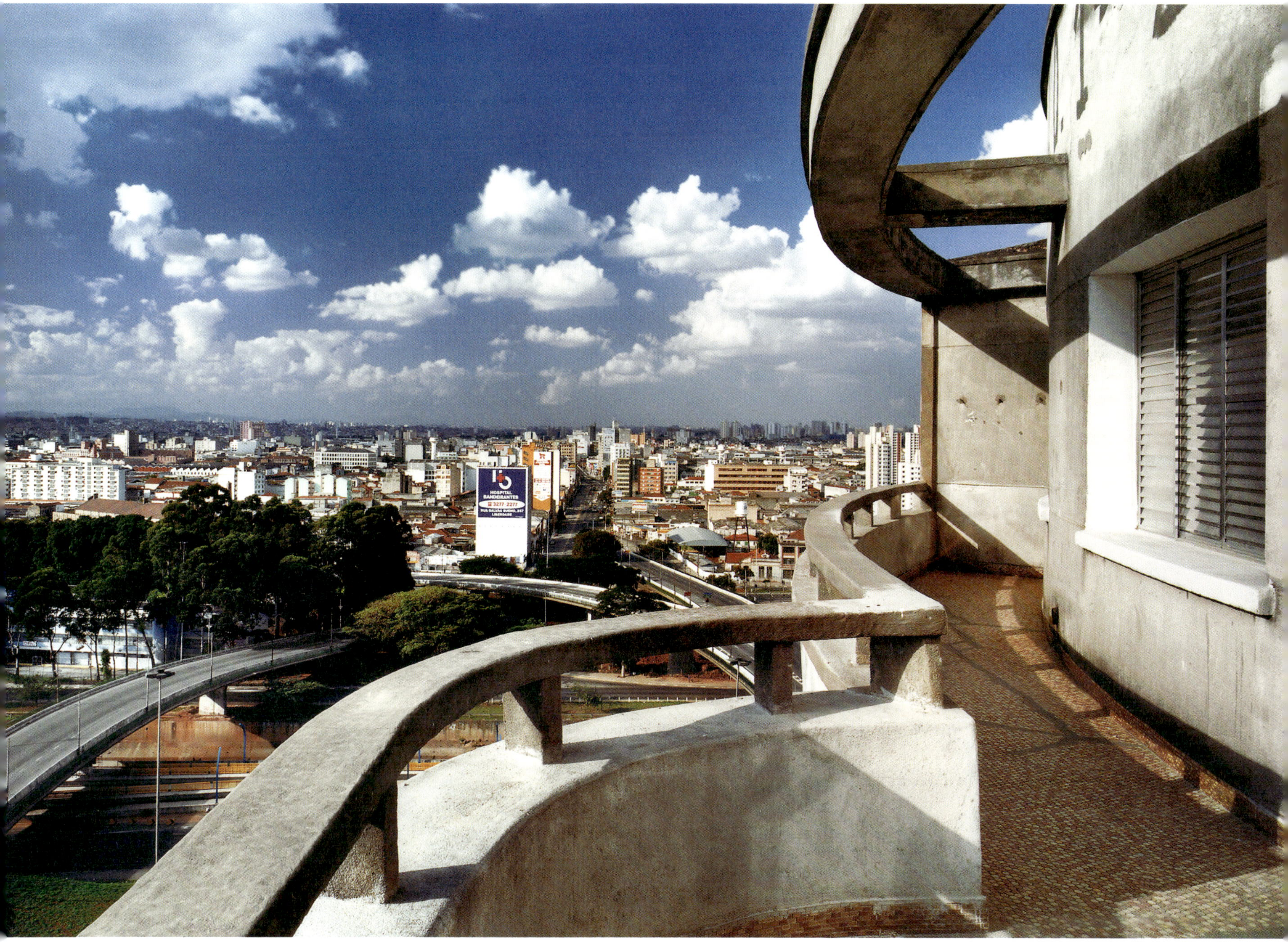
HOSPITAL
BANDEIRANTES
3277-2277

14

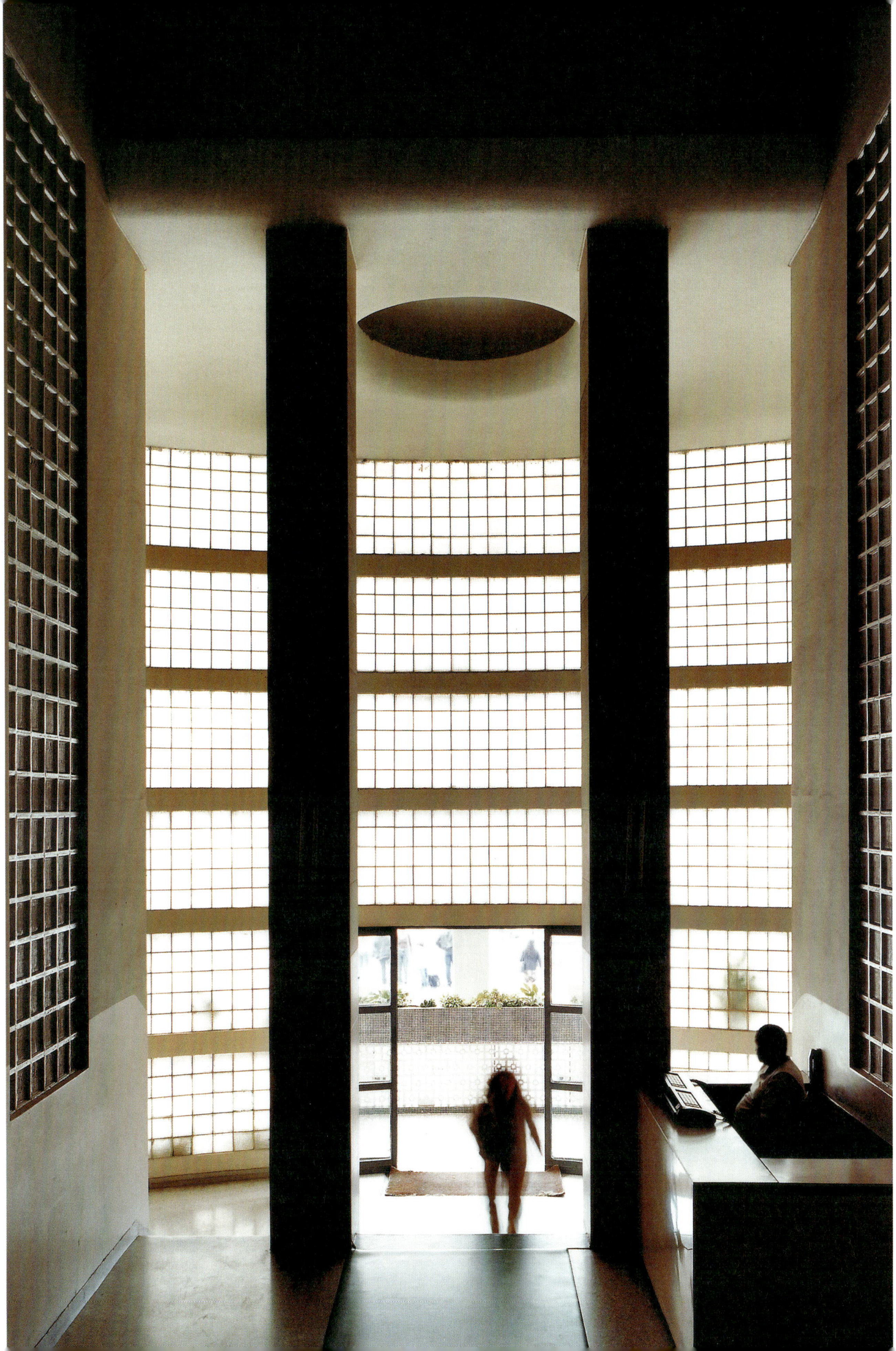

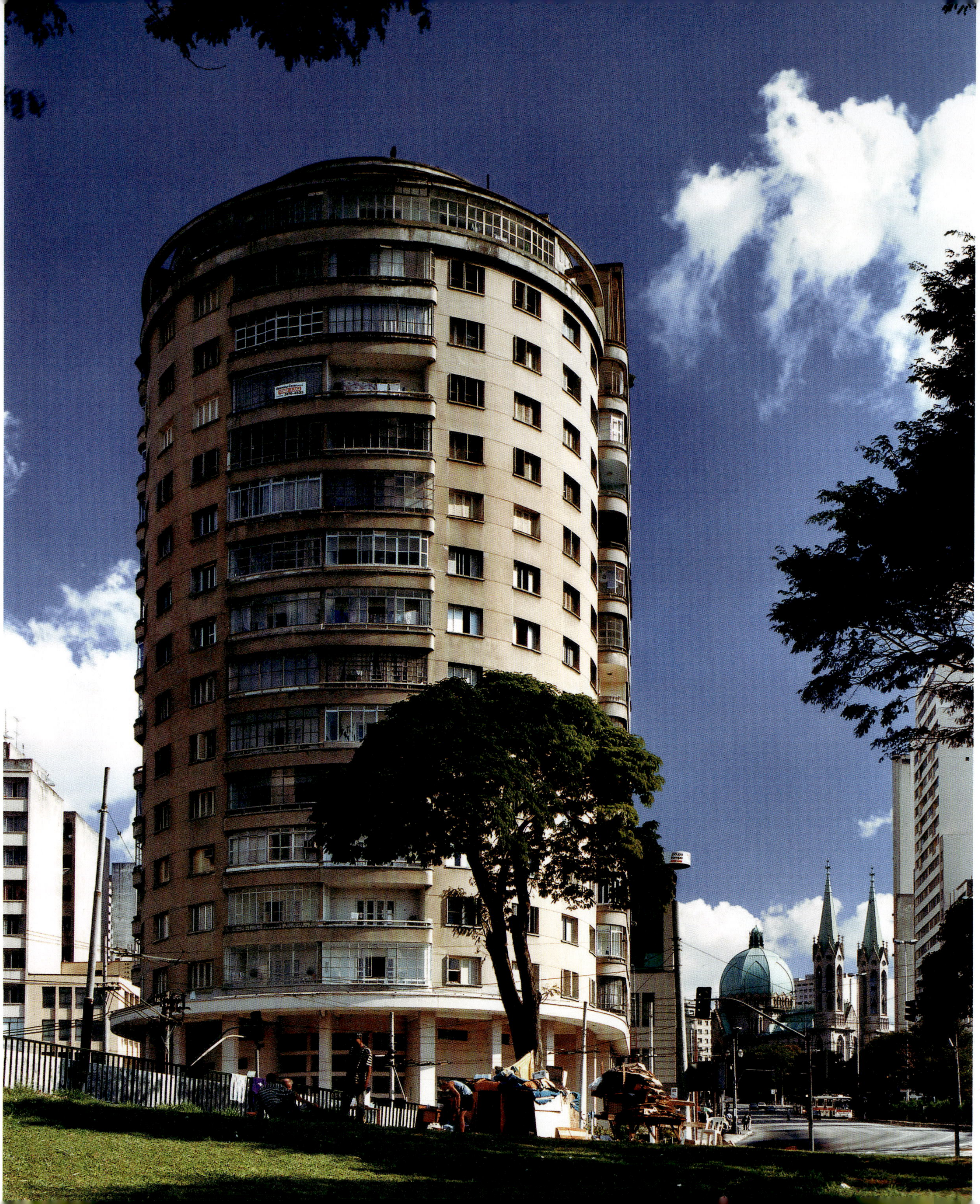

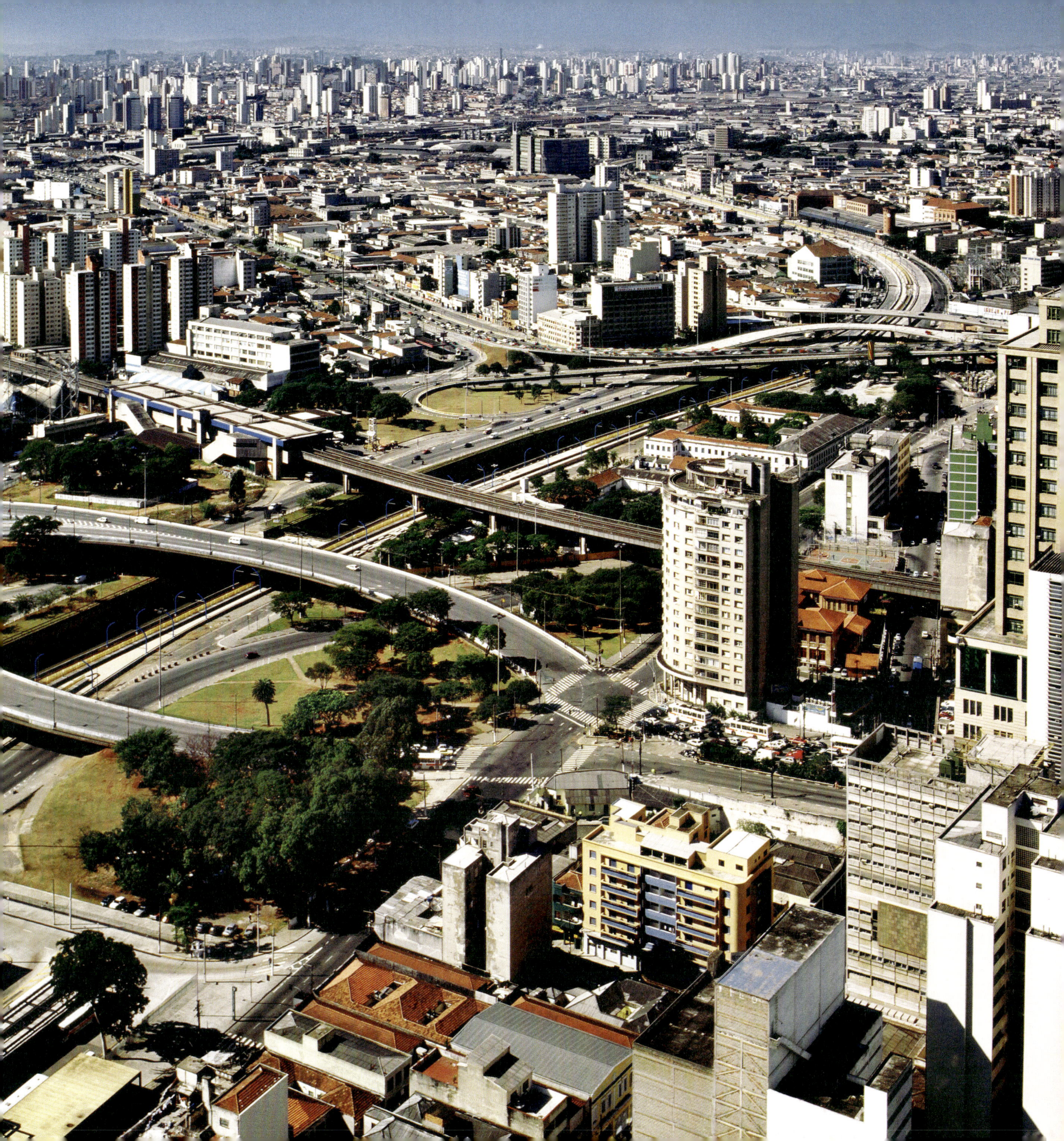

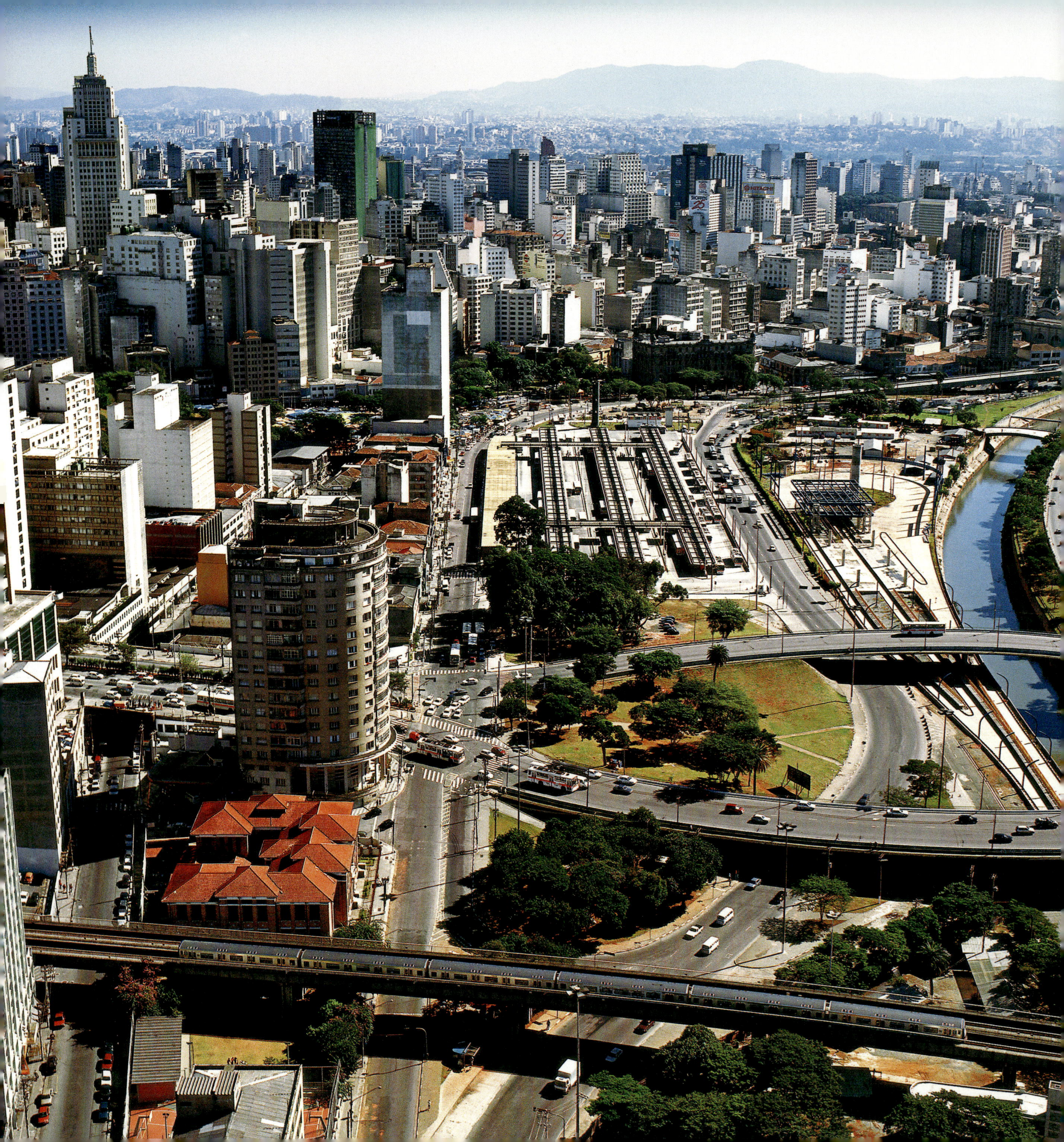

1   A arquitetura da cidade vertical

1
Hotel Excelsior, detalhe da fachada com grelha geométrica, São Paulo, 1941

Rino Levi participa ativamente da construção da cidade de São Paulo, em sua terceira versão, em concreto, que substituiria a cidade de tijolo e os últimos vestígios da cidade de taipa.[1] Como vários outros arquitetos de sua geração, Levi percebe a dinâmica de verticalização e expansão da cidade e procura intervir nesse processo de duas formas distintas: em manifestações defendendo a necessidade de planejamento do crescimento, o que o levaria a contribuir, como presidente do IAB SP, na elaboração dos princípios de zoneamento que se disseminavam em São Paulo nos anos 1950; e na definição dos projetos em função do papel que viriam a desempenhar na construção do espaço urbano.

A intensa verticalização da área central de São Paulo foi acompanhada por uma ampla expansão horizontal.[2] Enquanto a atenção dos arquitetos e urbanistas se concentrava no adensamento e na verticalização das áreas centrais, por representarem o desenvolvimento econômico da nova metrópole, a expansão periférica da cidade se efetivava com ações de atores diversos: imóveis construídos por pequenos e médios investidores, autoconstrução descontrolada por parte das camadas mais pobres e conjuntos habitacionais realizados pelo Estado, institutos de previdência, grandes imobiliárias e construtoras.

Na sociedade, era grande a empolgação com o crescimento da cidade, em especial entre os modernistas paulistas. Os ecos futuristas – da poesia de Mário de Andrade ou Luís Aranha ao nome da revista modernista *Klaxon* – realçam uma conformação urbana cada vez mais frenética e agitada, em clara ruptura com o provincianismo vigente.[3] Enaltecimento criticado, inclusive, por Lúcio Costa, defensor de uma nova cidade brasileira onde se conciliasse modernidade e passado colonial, do qual deveríamos resgatar a intimidade da casa rural com a natureza, propícia a um modo de vida sereno e tranquilo.[4]

Os arquitetos paulistas participaram da discussão. Em diversas ocasiões Rino Levi defendeu a necessidade de propostas urbanísticas abrangentes, que ordenassem o crescimento da cidade, reivindicando, dessa forma, o papel de urbanista, que já vinha sendo intensamente exercido pelos arquitetos italianos nos anos 1920 e 1930.[5] Sempre que possível, Levi procurou ultrapassar os limites das intervenções pontuais solicitadas, tendo sua motivação originada no papel urbano a ser desempenhado pelo projeto. O olhar atento à sua trajetória permite identificar a relevância do estudo das concepções urbanísticas em sua formação italiana e seu esforço em adaptá-las às condições daquela que, em poucos anos, se tornaria a maior metrópole sul-americana. Provavelmente é a menos lembrada de suas contribuições para a consolidação da arquitetura moderna brasileira.

Levi é adepto da concepção de cidade polinuclear, composta por vários núcleos de expansão limitada, interligados, mas relativamente autônomos entre si. No núcleo central, mais adensado e antigo, adaptou alguns princípios do ambientismo, proposição desenvolvida na Itália e ainda com forte presença nos anos de sua formação, que reconhecia na ambiência urbana o principal valor cultural das cidades italianas. Nas áreas de expansão, ousou novas formas de estruturação urbana, desenvolvendo várias experiências para a ocupação das várzeas dos rios e participando da criação de novos núcleos urbanos, como a Cidade Universitária da USP. Nas duas situações, o projeto arquitetônico definia a urbanidade dos espaços abertos, valorizando a escala do pedestre e a vida citadina.

Sua atuação no processo de verticalização paulistana se ajustou às preocupações dominantes no meio arquitetônico e urbanístico brasileiro nas décadas de 1930 e 1940, condicionadas pela introdução de iniciativas legais para estimular e controlar a verticalização da cidade.[6] O controle do gabarito dos edifícios proporcionalmente à largura das ruas, proposto no Código Saboya, seria redefinido pela exigência de gabaritos mínimos e total ocupação frontal do lote em algumas ruas da região central. Induzia-se a uma cidade com quarteirões de volumetria compacta e fachadas contínuas, mais alta que a formação precedente. Levi participa do debate defendendo, já em 1935, uma cidade vertical concentrada, mas de ocupação semi-intensiva, com maior racionalidade no uso da infraestrutura urbana, como estratégia para conter sua expansão desordenada.[7]

Os projetos de edifícios de apartamentos e de escritórios realizados por Rino Levi não podem ser entendidos isoladamente, pois dialogam com a concepção de verticalização da cidade implementada pelo poder público. Constroem uma nova volumetria urbana, aproximando-se dos prédios vizinhos, quando exigido, ou, quando possível, isolando-se em torres e edifícios laminares mais adequados aos preceitos modernos.

Não configuravam apenas objetos maciços para serem vistos à distância. Exploravam a posição dos espaços internos em cotas mais elevadas, capazes de conferir a seus habitantes a observação privilegiada de como a cidade se expandia pelo território. Obedeceu a essa intenção o desenvolvimento da organização da estrutura espacial interna e o aumento progressivo da transparência das fachadas.

O projeto do Columbus. O edifício como torre isolada

O primeiro grande projeto realizado por Levi foi o Edifício Columbus [2 a 5], construído após quatro versões, desenvolvidas ao longo de quase cinco anos. Ainda que um depoimento pouco preciso de Geraldo Ferraz sugira a datação do projeto entre 1928 e 1929,[8] a primeira proposta do Columbus que temos documentada – um único desenho – é datada de fevereiro de 1930.[9] Voltado inteiramente para a avenida Brigadeiro Luís Antônio, esse estudo ainda não apresentava a estrutura espacial de torre sem fachada principal ou as modelações e balanços que caracterizariam o projeto definitivo.

No segundo estudo,[10] datado do mesmo ano, surge o esquema cruciforme de disposição dos apartamentos, mantido no projeto definitivo. Nesse estudo, o número de apartamentos dos andares superiores era progressivamente reduzido: os seis primeiros andares teriam seis apartamentos cada um, os dois andares seguintes diminuíam para quatro apartamentos cada um, e os dois últimos, para apenas dois. O escalonamento resultante acentuava a verticalidade e a simetria do conjunto, conferindo-lhe uma monumentalidade que seria abandonada na última proposta. Um terceiro estudo serviu de transição para o projeto definitivo, ambos datados de 1933, ano em que seria iniciada a obra.

O Edifício Columbus localizava-se ao lado da avenida Anhangabaú Superior, hoje avenida 23 de Maio (na época apenas planejada), tendo como magnífica vista panorâmica a região central de São Paulo. Disposto como torre isolada no centro do lote, permitia a visão de todos os lados; o tratamento das fachadas não privilegiava nenhuma como principal.

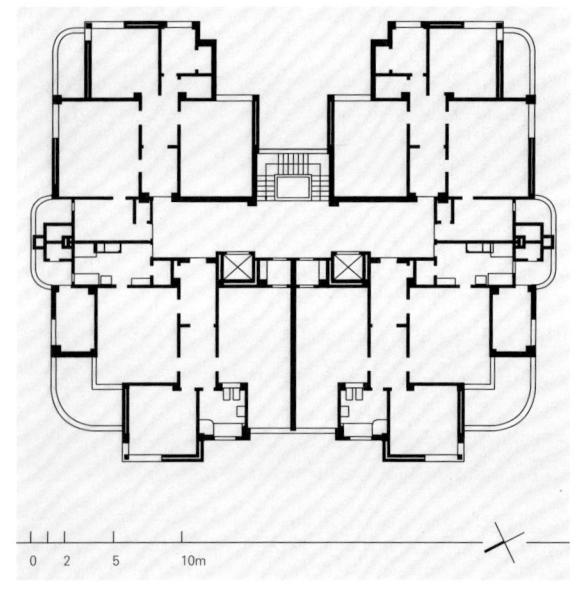

2
Edifício Columbus em meio à paisagem da metrópole que se construía, São Paulo, 1934

3
Edifício Columbus, planta-tipo, versão construída

A distribuição dos ambientes internos não seguia, ainda, uma nítida divisão setorial. Dormitórios e serviços ladeavam a sala de estar, situada em posição central pela necessidade de proximidade às circulações verticais. Para que da sala o morador pudesse usufruir a vista privilegiada da cidade, Levi cria uma sequência diagonal de aberturas. Ao afastar os cômodos de uma das esquinas dos apartamentos, gera uma ampla varanda em balanço, integrada à sala pela abertura de duas portas-janelas. Longe de serem apenas elementos de composição modernizados, as varandas curvas nas quinas do Columbus são dispositivos concebidos para permitir a continuidade espacial e visual entre a sala e a paisagem externa.

4
Edifício Columbus, vistas internas do balcão com esquadria fechada e aberta

5
Edifício Columbus, detalhe do balcão

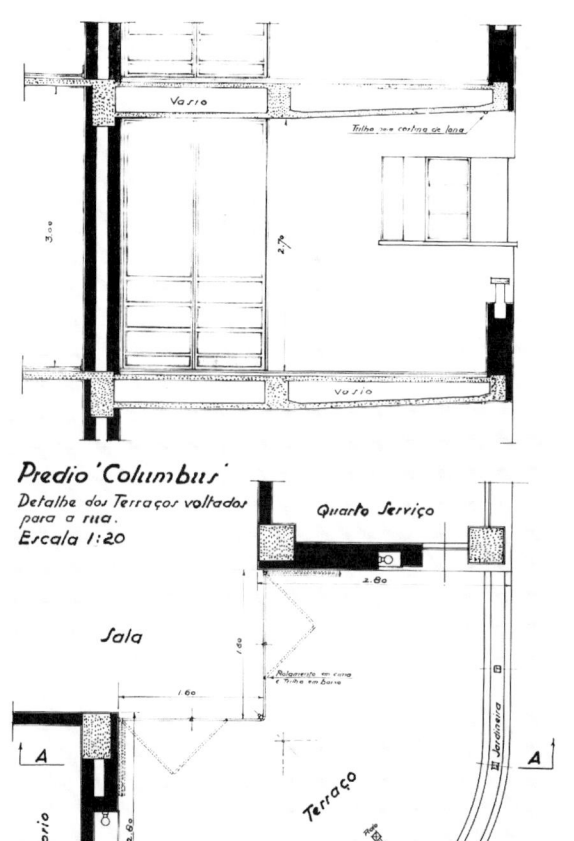

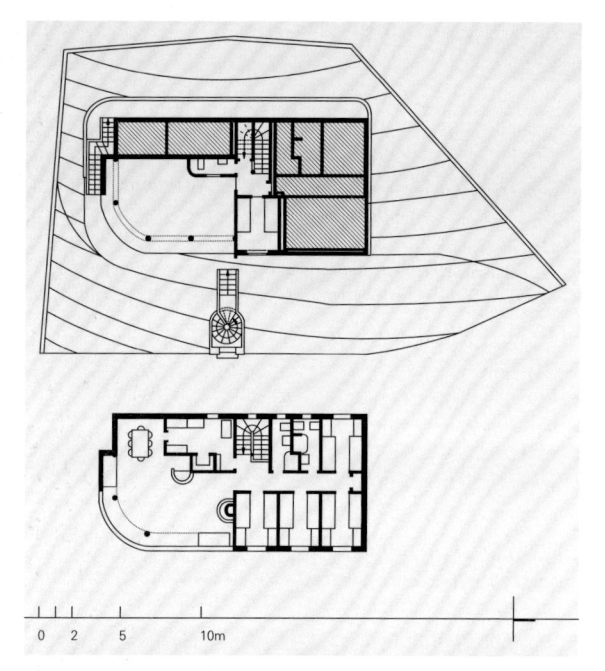

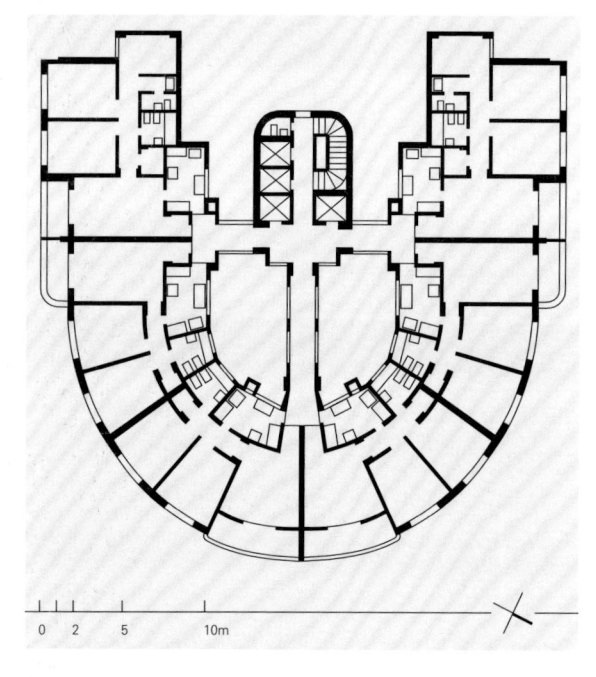

Setorização da planta e integração visual com a paisagem

Se o Columbus marca o início de uma pesquisa formal, o passo adiante na estruturação interna de seus edifícios seria dado no projeto de uma residência de lazer, a Casa Medici (1935) [6], situada numa colina às margens do Lago de Santo Amaro. Surgia ali a separação dos setores de serviços, habitação noturna e de estar, e o seu agenciamento para que estes últimos pudessem se abrir para a paisagem.

Com esse objetivo, a planta apresenta o setor de serviços voltado para a encosta, enquanto os de habitação diurna e noturna (os setores servidos na hierarquia tradicional dos usos) passavam a se situar frente à paisagem, constituindo a fachada principal da casa. A transparência se restringe ao interior da sala de estar, centro da vida familiar no fim de semana. A integração com a paisagem é obtida com uma enorme janela corrida na sala de estar, que, "larga 11 metros, abrange uma visual extensa sobre o Lago".[11]

Ainda que tal hierarquização pudesse estar em contradição com os princípios da planta livre moderna, representava um avanço (em relação ao Columbus) para uma melhor organização interna e para facilitar a continuidade entre o interior e o exterior.

Apesar dos vários edifícios de apartamentos projetados nesses anos, foi no Edifício Guarani (1936) [7] que Levi melhor aproveitou os acertos da Casa Medici. A planta em forma de ferradura do Guarani alinha uma série de seis apartamentos por andar, gerando externamente a volumetria de um semicilindro. Os apartamentos são estruturados internamente em duas bandas lineares, uma externa com as salas e os dormitórios, outra interna com os serviços. No centro oco do volume, uma torre independente organiza a circulação vertical, utilizando longas passarelas para atravessar o fosso resultante e conectar-se aos apartamentos. Como na Casa Medici, as salas e os dormitórios permitem uma ampla visão da paisagem, constituída pelo então arborizado parque Dom Pedro, e, mais ao longe, pela São Paulo-dínamo, o setor fabril e operário da cidade que se estende até o horizonte.[12]

A opacidade da fachada – mesmo com a planta em ferradura – induz a uma leitura maciça do cilindro, efeito reforçado pela implantação do edifício no início da subida que conduz à praça da Sé, como se fosse uma gigantesca coluna que marca, imponentemente, a entrada do centro da cidade.

A estrutura setorizada dos apartamentos do Guarani seria recorrente nos projetos seguintes, adaptando-se a esquemas diversos de planta que permitissem a criação de condições para que todos os ambientes servidos pudessem usufruir a paisagem. Essa estrutura espacial e esse objetivo podem ser encontrados até em projetos dos anos 1950, como nos gigantescos edifícios laminares do Setor de Moradia Estudantil da USP (1953), projetados para que cada estudante desfrutasse da paisagem da várzea do Pinheiros, em seus momentos de intimidade no interior do alojamento.

6
Residência Luiz Medici Jr., planta do térreo e do pavimento superior, São Paulo, 1935

7
Edifício Guarani, planta do pavimento-tipo, São Paulo, 1936

A adoção da planta livre

A necessidade de maior flexibilidade nos edifícios de escritórios permitiria algumas explorações em direção aos princípios da planta livre, ainda de difícil aceitação nos prédios habitacionais.

Em 1939 Levi realiza o projeto de um grande conjunto de edifícios de escritórios e galeria comercial que serviria de renda para o Instituto de Aposentadoria e Pensões dos Industriários – IAPI [8 e 9]. O projeto, no largo São Bento, ao lado do viaduto Santa Efigênia, era bastante complexo em sua inserção urbanística. Sua parte inferior, abaixo do nível do largo, incorporava a entrada de um túnel de ligação entre o Vale do Anhangabaú e a rua 25 de Março, no outro lado da colina central da cidade. Proposto anos antes por Prestes Maia em seu Plano de Avenidas, o túnel deveria ser parcialmente financiado pelo IAPI, que, em troca, construiria o conjunto comercial em área da prefeitura.

O projeto dos três edifícios de escritórios representa um importante passo em direção aos princípios modernos de salubridade e flexibilidade da planta livre.[13] Dispostos paralelamente para proporcionar ventilação e iluminação adequada a todos os ambientes, os volumes laminares eram encabeçados, em suas extremidades, por torres de circulação vertical e de serviços, liberando o restante para variados arranjos de divisórias moduladas pelos caixilhos das janelas corridas e pela malha de pilares, permitindo, inclusive, a interligação entre dois pavimentos através de pontos passíveis de abertura nas lajes. Seria a primeira planta a explorar, num projeto de Levi, as possibilidades de independência entre estrutura e vedação.

Fachada transparente e anteparo solar

Um dos principais obstáculos à adaptação do princípio da transparência moderna aos países de clima quente foi a necessidade de proteção ao excesso de insolação. Desde a sua primeira manifestação em *Brazil Builds*,[14] a historiografia da arquitetura moderna brasileira acentua que esse obstáculo se transformou em sua principal característica. Já em 1925 Levi defende que "pelo clima, pela nossa natureza e costumes, as nossas cidades devem ter um caráter diferente das da Europa".[15] As mudanças por que passam os projetos de Rino Levi a partir do início dos anos 1940 registram os vários caminhos experimentados nesse sentido.

Inicialmente, a arquitetura de Levi é caracterizada por aberturas na forma de janelas e varandas com balcões. Seu projeto explora o ritmo da distribuição pelo volume construído, reflexo da orientação clássica na formação do arquiteto. Percebe-se certa harmonia de proporções entre os cheios e vazios para acentuar a integridade do volume geométrico e a impressão de sua solidez.

Alguns detalhes de projeto objetivam uma eficiente proteção climática. Desde o início, Levi utilizava paredes duplas para proteger o interior das variações de umidade e temperatura. A espessura resultante era explorada com o recuo das janelas em relação à superfície externa. Ao alinhá-las pelas faces das paredes internas, a espessura da parede dupla permitia um sombreamento dessas aberturas em algumas condições de insolação, realçando a espessura da parede dupla e reforçando um sentido de massa do volume.

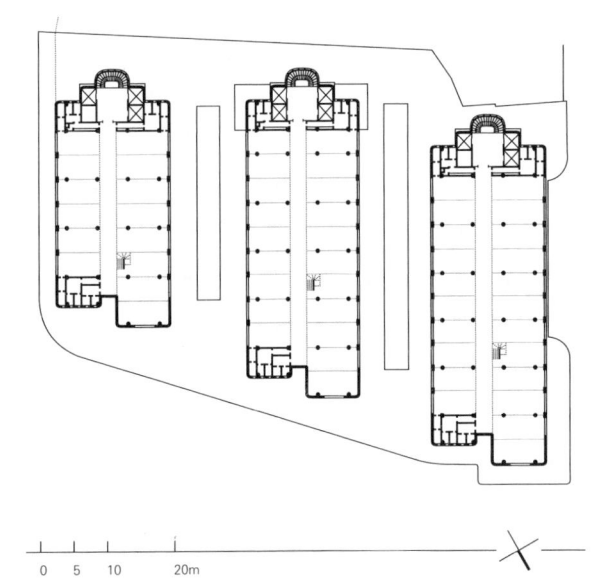

8
Conjunto do IAPI, perspectiva, São Paulo, 1939

9
Conjunto do IAPI, implantação

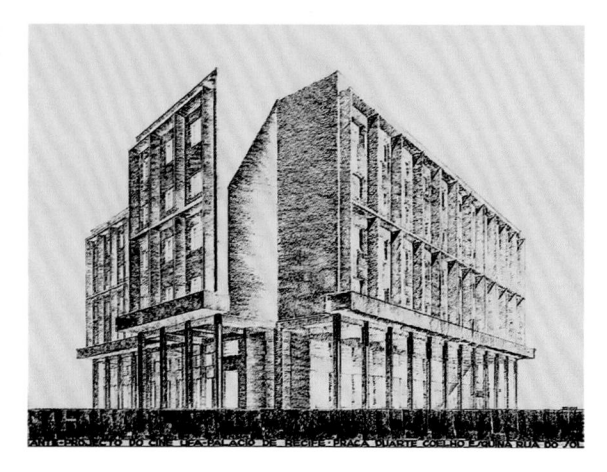

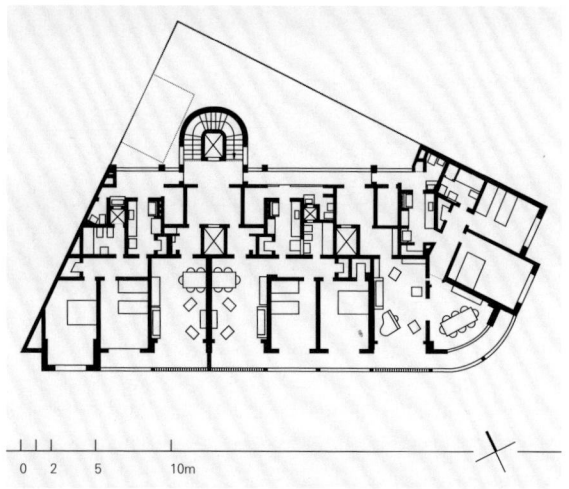

A primeira experiência de Levi em outra direção se manifestou no tratamento da fachada para um edifício de escritórios anexo ao Cine Art-Palácio de Recife (1937) [10]. Delgadas lajes e planos verticais avançavam cerca de um metro para fora da superfície externa da fachada, criando uma grelha ortogonal. Não se deve creditar a origem dessa nova forma de organização da fachada exclusivamente à intenção de explorar um novo sistema de proteção solar, mas Levi argumenta nesse sentido ao apresentar o projeto ao proprietário:

> Os documentos que possuo não assinalam a orientação N.S., e a direção dos ventos, que eu deduzi em base a outras indicações. Tratando-se de uma cidade muito quente, proponho para os escritórios uma proteção contra o sol, estendendo as galerias exigidas no rés do chão até a cobertura do quarto andar. Esta solução é muito adotada nas colônias italianas e francesas do Norte da África, chamada pelos franceses de brise-soleil.[16]

É curiosa a referência à moderna arquitetura colonial africana num momento em que proteções solares desse tipo estavam sendo exploradas na França e na Itália. A fachada em grelha ortogonal já marcava, naqueles anos, grande parte da arquitetura racionalista italiana, que encontrava ali um recurso que, além de proteger do sol, era capaz de substituir na composição os pórticos e colunatas clássicos. De forma semelhante, as grelhas ordenavam o volume, permitindo que, sem a utilização do pano de vidro, a estrutura espacial de seu interior aflorasse para a fachada. A franca correspondência entre a fachada e o interior tinha origem na arquitetura clássica, sendo um dos motes que permitiam aos racionalistas italianos defenderem sua produção como a melhor manifestação contemporânea da tradição clássica.

Atenta aos desenvolvimentos realizados pelos colegas italianos, a arquitetura de Levi, no início dos anos 1940, avança em algumas linhas de construção da transparência que a modificaria consideravelmente. Uma delas é a grelha ortogonal expressando no espaço urbano a ordem interna da construção, caso do Edifício Trussardi [11 e 12] e do Hotel Excelsior [1], ambos de 1941. Outra linha é a subdivisão dessas grelhas, utilizando pequenos elementos pré-fabricados de concreto que a transformavam em planos geométricos reticulares, exemplificada pelo plano de caixilhos de concreto do Sedes Sapientiae (1941) [17 e 18] e parte das fachadas da Companhia Jardim de Cafés Finos (1943) [15]. Por último, os edifícios de escritórios Nicolau de Barros (1942) [14], Stig (1943) [13], Cofermat (1943), Banco Paulista do Comércio (1947) e IAB (1947), que apresentam apenas caixilhos com vidro vedando os vãos entre a estrutura de concreto, sem qualquer proteção para a insolação.[17]

10
Trianon, edifício comercial anexo do Art-Palácio, Recife, 1937

11
Edifício Trussardi, planta do pavimento-tipo

12
Edifício Trussardi, vista da fachada da avenida São João, São Paulo, 1941

13
Edifício Stig, vista da fachada da rua Martins Fontes, São Paulo, 1942

14
Edifício Nicolau Barros, vista da fachada da rua Líbero Badaró, São Paulo, 1942

A fachada em grelha e a organização da planta

A flexibilidade e a transparência alcançadas nos edifícios de escritórios do IAPI encontraram dificuldade para ser transpostas para o projeto de edifício habitacional. Se no Hotel Excelsior a ordem da grelha geométrica da fachada corresponde à distribuição do interior, o Trussardi não pôde adotar uma volumetria pura, isolada das construções lindeiras, devido às exíguas e irregulares dimensões do lote.

A fachada principal do volume, voltada para a avenida São João, recebe um conjunto de terraços em balanço situados num plano destacado que acompanha suavemente a curvatura da esquina. Distintamente dos projetos anteriores, esse plano destacado é concebido como uma grelha geométrica, que controla as aberturas e cria uma ordenação visual do espaço urbano. A ordem da grelha estrutura os espaços da faixa de ambientes servidos, todos voltados para a avenida, mas não consegue se manter na faixa mais interna dos serviços, em que a acomodação à geometria da curva se realiza de maneira irregular. Enquanto os vãos da fachada correspondem ao dos dormitórios e salas, os serviços, todos de tamanhos diferentes, se acotovelam no setor posterior. A suavidade da curvatura da fachada não avança para o interior, onde não existe a preocupação com uma concordância geométrica das paredes com o seu raio.

Apenas no Prudência (1948) [16] Levi conseguiria transpor para um edifício habitacional as experiências com plantas livres desenvolvidas nos edifícios comerciais. As duas bandas que organizam nos andares os setores servidos e de serviços receberiam um tratamento diferenciado. A de serviços continua sendo construída em alvenaria – portanto, com uma configuração permanente –, enquanto o setor dos ambientes servidos é concebido para ser dividido por armários e vedações de fácil remanejamento – portanto flexíveis –, dentro do permitido pela malha de pilares e da posição dos serviços e aberturas exteriores. A possibilidade de variação dos interiores torna obsoleta a rigidez da malha ortogonal na fachada. Afinal, os espaços internos poderiam não mais corresponder exatamente aos vãos dos pilares, não havendo motivo para expressá-los na fachada.

As fachadas como planos geométricos independentes

Quase simultaneamente ao surgimento, em sua obra, das fachadas em grelha ortogonal e das fachadas inteiramente envidraçadas, Levi desenvolveu, em outros projetos, planos integralmente construídos por pequenos componentes pré-fabricados de concreto. Eles surgem pela primeira vez nos corredores das salas de aula do Sedes Sapientiae, onde os vãos na grelha ortogonal da estrutura são preenchidos por um quadriculado de concreto. Apesar de serem usualmente considerados brise-soleil, o dimensionamento das peças é insuficiente para obstacularizar o sol poente, reforçando a hipótese de que se pretendia produzir uma versão peculiar de caixilhos de concreto para suprir a falta de ferro durante os anos de guerra.[18]

Sua forma antecipa os planos construídos com elementos vazados de concreto, utilizados nos escritórios da Companhia Jardim de Cafés Finos (1943). Concebido para a proteção solar, o plano é afastado da caixilharia, gerando um espaço intermediário para o isolamento da propagação do calor emanado dos elementos de concreto aquecidos pelo sol. Esse distanciamento, explorado em vários projetos como jardim interno, atesta o caráter de independência do plano de brise-soleil em relação às superfícies do volume construído.

Essa independência seria explorada no Edifício Souza Aranha (1946) [19], que indica a transição da grelha do Trussardi para um novo tratamento das aberturas em edifícios altos. Afastada da fachada de vidro, a grelha que ordenava as fachadas anteriores recebe aqui uma frequência nova, com intervalos curtos, correspondendo a um terço do módulo estrutural. Não há nenhuma acentuação das verticais correspondentes ao módulo dos pilares do interior, reforçando o caráter de vedação não estrutural da fachada independente.

Apesar dessa independência, a suavidade da curvatura da fachada de brise corresponde ao espaço interno. Os eixos da estrutura de concreto armado seguem a geometria dos raios da curva do volume, ficando para as divisórias flexíveis e variáveis a pauta para uma ordenação coerente com o todo.

Na fachada de brise do Souza Aranha, as aberturas não ocorrem mais como perfurações produzidas por elementos-janelas, mas como diferentes frequências na materialidade das superfícies, concebidas agora com o atributo da transparência. A variação dessa qualidade pode ser proporcionada por diferentes tipos de materiais e ritmos de repetição dos componentes modulares, que, seguindo padrões e texturas gráficas, subvertem a solidez dos limites do volume, transformando-os em planos geométricos e abstratos.

Apesar de não construído, os dispositivos desenvolvidos para a fachada do Souza Aranha seriam recorrentes em outros projetos, variando de acordo com o uso do edifício. No Hospital do Câncer de São Paulo (1948) [20], na fachada dos apartamentos, voltada para o nascente, um plano concebido com as mesmas características do Souza Aranha recebe persianas de enrolar, distantes o suficiente da caixilharia de vidro para evitar a transmissão de calor. O mesmo ocorreria nas fachadas do Hospital da Cruzada Pró-Infância e do edifício de apartamentos Gravatá.

O tratamento gráfico das fachadas não se limitava, portanto, àquelas configuradas como brise-soleil. No Hospital do Câncer, a fachada sobre a rua, oposta à dos apartamentos, é perfurada por pequenas janelas repetidas numa frequência intensa: duas fileiras horizontais de janelas por andar. O grafismo resultante do contraste das aberturas com a parede clara é evidente.

Esse aspecto gráfico é desenvolvido no prédio de apartamentos da Companhia Seguradora Brasileira (1948) [21, 22 e 23]. Com total independência em relação ao espaço interno, o plano da fachada comporta-se como uma tênue pauta para a evolução de um motivo formal que subverte sua bidimensionalidade, já que a diferença entre as alturas dos peitoris das janelas cria, no plano

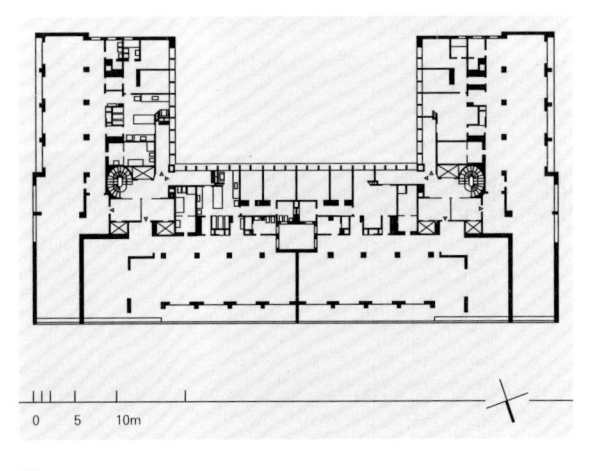

15
Companhia Jardim de Cafés Finos, detalhe entre o brise e o caixilho, São Paulo, 1942-43

16
Edifício Prudência, planta do pavimento-tipo, São Paulo, 1944-48

da fachada, um efeito ilusório a sugerir uma profundidade inexistente. Apesar de a modulação da planta ser a mesma da fachada, as diferentes alturas não correspondem às exigências dos usos, nem mesmo às divisões internas dos apartamentos. A rigor, as aberturas não são mais janelas, pois perderam a qualidade de perfuração da massa ao se tornarem faixas ziguezagueantes de zonas transparentes do plano, dotadas de dispositivos móveis de sombreamento. É forte a semelhança desse procedimento com o de artistas concretistas contemporâneos desses projetos, como Luiz Sacilotto, Hermelindo Fiaminghi, Ivan Serpa, confirmando o interesse de Levi pela produção de artes plásticas modernas.

A coincidência seria aprofundada no projeto da Garagem América (1956). Para uma mais eficaz ventilação e dispersão dos gases poluentes, a fachada voltada para a avenida 23 de Maio deveria ser protegida apenas com brise, sem uso de paredes ou vidro. Seu desenho, estudado por Luiz Roberto Carvalho Franco, subdividia os módulos da estrutura em quatro partes, criando uma pauta para uma exploração formal coerente com os princípios dos artistas concretistas.[19] A alternância de elementos de concreto, cerâmica e fibrocimento explorava as possibilidades concedidas pela independência da fachada. Como no projeto da OAB, a textura geométrica do plano vazado realçava seu caráter abstrato.

O tema foi retomado no primeiro projeto para o Edifício R. Monteiro (1959) [25], que previa a construção de quatro planos de brise ao redor da torre central.[20] Mais uma vez o desenho dialogava livremente com a pauta modular do edifício. A homogeneidade do plano de blocos cerâmicos vazados era tensionada por um conjunto de aberturas cuja disposição alternada movimentava o ritmo do conjunto.

17
Instituto Sedes Sapientiae, vista interna do corredor com iluminação natural, São Paulo, 1940-42

18
Instituto Sedes Sapientiae, vista do pátio externo

19
Edifício Alfredo Egydio de Souza Aranha, foto da maquete, São Paulo, 1946

20
Hospital Antônio Cândido de Camargo, Instituto Central do Câncer, vista da fachada da rua Prof. Antônio Prudente, São Paulo, 1947

O plano de brise e a volumetria do quarteirão

Tendo em vista as condições do lote e as possibilidades da legislação, o volume inferior do Edifício R. Monteiro, correspondente à sobreloja da galeria, encosta nos dois edifícios vizinhos, estabelecendo um diálogo com a volumetria compacta dos quarteirões da área central. Sem tocar visualmente o solo, o volume é definido na fachada por um plano de brise que dá continuidade às fachadas vizinhas. A repetição intensa das lâminas verticais gera um plano que vibra visualmente sob a luz, longe da estabilidade das fachadas ecléticas vizinhas.

Esse tenso diálogo com um padrão de cidade vigente na área central já vinha sendo explorado havia muitos anos. No projeto para a Ordem dos Advogados do Brasil – OAB (1953) [23 e 24], ao lado da Catedral da Sé, o plano de brise é realizado por uma delgada grelha de concreto – destacada do plano de vidro que veda as salas –, que estrutura faixas horizontais, alternadamente preenchidas com pequenas lâminas verticais de fibrocimento. A alternância entre a transparência total das faixas livres e a leve opacidade das faixas de lâminas verticais cria uma sequência de interrupções no plano, sem se constituírem como janelas, aumentando a tensão desse plano instável, que protege sem fechar.

21
Edifício Cia. Seguradora Brasileira, vistas do edifício na paisagem urbana e no arruamento, São Paulo, 1947

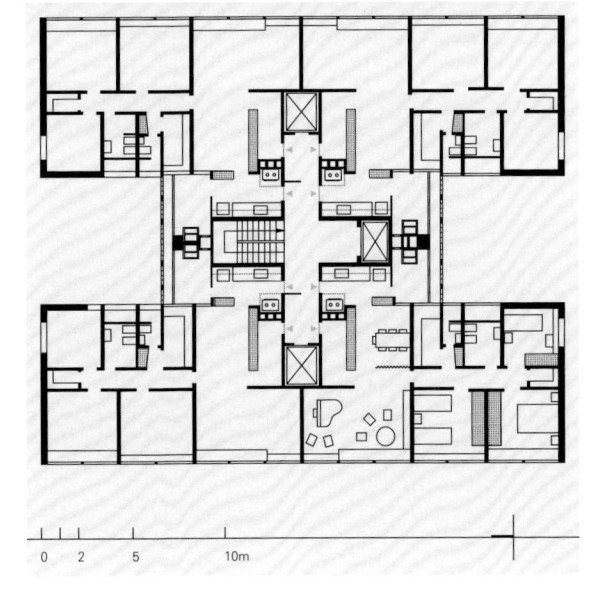

22
Edifício Cia. Seguradora Brasileira, planta do pavimento tipo

No contexto urbano, o plano de brise sugere, à primeira vista, a recomposição da continuidade volumétrica do quarteirão, acentuando a distinção entre o espaço público e o privado. Mas não de forma análoga ao exercido pelas fachadas dos antigos edifícios circundantes, tendo em vista seu grau de transparência e sua disposição. Como o plano de brise só começa no segundo pavimento, está garantida a integração entre o espaço comercial do térreo e a rua.

O Edifício Concórdia (1955) sofistica o diálogo entre edifício e volumetria do quarteirão. Localizado numa esquina, o volume delimitado pelos caixilhos de vidro é envolto por um plano de brise na fachada Oeste e um plano perfurado irregular na fachada Sul. Levi dispõe os dois planos perpendicularmente um ao outro, enquanto o volume principal acompanha o ângulo suavemente agudo da esquina. O plano da fachada Sul se destaca do volume principal graças à diferença entre os ângulos, gerando uma discreta instabilidade do conjunto.

23
Edifício-Sede da Ordem dos Advogados do Brasil – OAB, vistas externa e interna da fachada com brise, São Paulo, 1953

24
Edifício OAB, desenho com detalhamento do brise

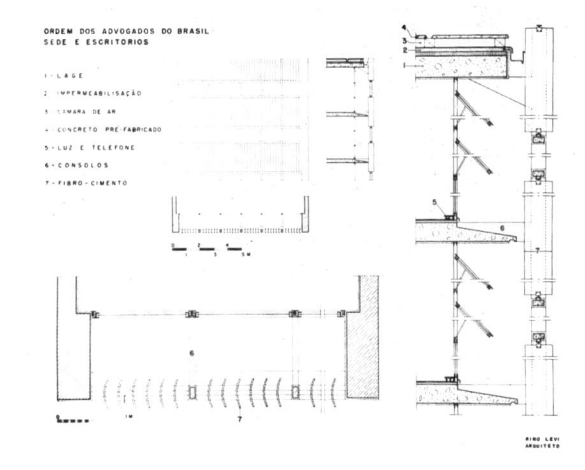

25
Edifício Galeria R. Monteiro,
perspectiva da rua 24 de Maio,
São Paulo, 1959-63

A reconstrução do fechamento

Além de tributário dos avanços verificados nos projetos Garagem América e Galeria R. Monteiro [25], o desenho dos planos de brise concebidos por Levi para os edifícios Elclor e Plavinil-Elclor (ambos de 1961) [25 e 26] remete a um tema que vinha sendo explorado havia anos por arquitetos cariocas, em especial por Lúcio Costa nos edifícios do Parque Guinle:[21] a perfuração do plano de brise por janelas.[22] No primeiro projeto, que seria construído na avenida Paulista, os planos de brise cerâmicos envolvem todos os lados do bloco elevado do edifício; no segundo, construído na alameda Santos, os caixilhos de vidro da fachada Sudoeste ficam descobertos. Em ambos, os planos de brise contrastam o material cerâmico, que acumula pátina, com a lisura e a transparência dos caixilhos de vidro, que vedam o volume interno.

Ao evitar qualquer referência aos muxarabis coloniais, Levi afasta-se dos colegas cariocas. Seu plano de brise é rigorosamente geométrico-abstrato, característica reforçada pelo desenho do elemento vazado cerâmico, desenvolvido em seu escritório, que confere à superfície uma textura homogênea, evitando a aparência de rendilhado artesanal sugerido pelo projeto de Costa. Mas as interrupções do brise assumem, de fato, o caráter de janelas, conferido por seu enquadramento e disposição no centro de cada módulo da fachada. Levi reforça a densidade do fechamento do volume, invertendo a tendência para maior transparência, que vinha se aprofundando havia mais de vinte anos.

Após um longo desenvolvimento, em sua obra, da relação interior/exterior, quando finalmente consegue trabalhar dentro da mais atualizada concepção plástica de planos de brise, Levi assume, deliberadamente, uma atitude oposta. A recomposição dos limites no fechamento desses dois projetos significa uma migração da *interioridade* – característica fundamental de suas casas urbanas – para os projetos de edifícios altos, que até então privilegiavam a extensão do espaço interior no exterior. O crescimento vertiginoso de São Paulo, gerador de um ambiente urbano hostil e agressivo, deixava de ser uma força aliada no processo de modernização para se tornar um problema a ser enfrentado.

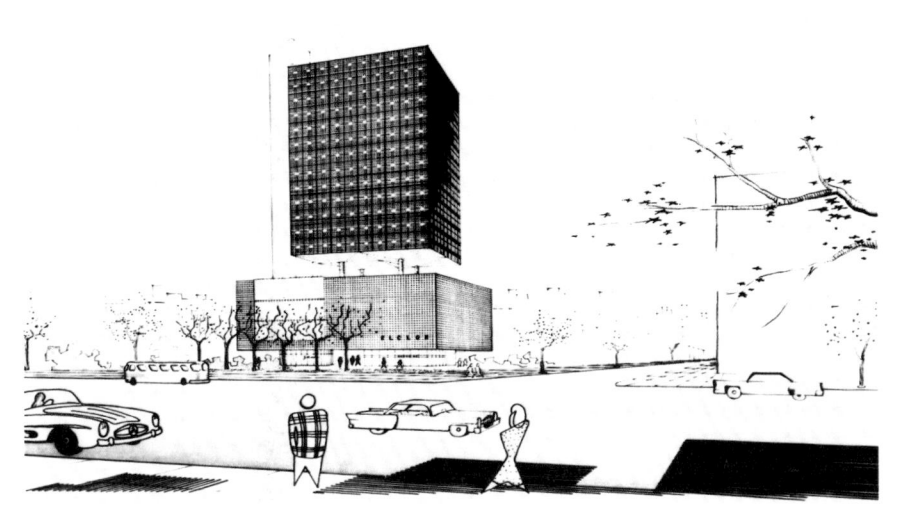

26
Edifício Elclor, perspectiva do edifício da avenida Paulista com Itapeva, São Paulo, 1961

Notas

1. A figura das três cidades sobrepostas criando um palimpsesto ilustra com beleza o fenômeno do crescimento urbano paulistano, ainda que a existência de exemplares modernos em alvenaria e exemplares ecléticos em concreto limite o rigor de qualquer analogia imediata entre técnicas construtivas e momentos da história da arquitetura. Cf. TOLEDO, Benedito Lima de. *São Paulo: três cidades em um século*. S

2. Cf. MEYER, Regina Maria Prosperi. *Metrópole e urbanismo: São Paulo anos 50*. Tese incorporada no livro: MEYER, Regina Maria Prosperi; GROSTEIN, Marta Dora; BIDERMAN, Ciro. *São Paulo metrópole*.

3. Regina Meyer aponta a existência de uma vontade de metropolização, entendida como superação das condições de dependência econômico-cultural típica da colônia, identificada aqui como provincianismo. Observa que Luiz Saia confere ao processo de metropolização um papel de indutor da modernização, e não de resultante. SAIA, Luiz. Notas para a teorização de São Paulo, 1963. In SAIA, Luiz. *Morada paulista*. São Paulo, Perspectiva, 1972. Apud MEYER, Regina Maria Prosperi. *Metrópole e urbanismo* (op. cit.), p. 13.

4. Cf. TELLES, Sophia S. Lúcio Costa: monumentalidade e intimismo.

5. Entre 1926 e 1942 foram realizados 180 concursos para planos reguladores de cidades, além de um grande número de concursos para implantações urbanísticas especiais. Cf. CIUCCI, Giorgio. *Gli architetti e il fascismo. Architettura e città, 1922-1944*.

6. Cf. SOMEKH, Nádia. São Paulo anos 30: verticalização e legislação urbanística.

7. LEVI, Rino. Prédio de habitação do tipo semi-intensivo.

8. "No fim de um ou no princípio de outro ano..." Cf. FERRAZ, Geraldo. Individualidades na história da arquitetura no Brasil. III – Rino Levi.

9. Desenho com o título: "Palacete para o Exmo. Sr. Lamberto Ramenzoni à avenida Brigadeiro Luiz Antonio 25-26, São Paulo, fev. 1930", arquivo de projetos da Biblioteca da FAU USP.

10. Perspectiva com o título: "Projeto de Appartamentos e Garage na avenida Brigadeiro Luiz Antonio 23-29, SP". Planta do andar-tipo com o título: "Solução 'Typo' – Appartamentos – 1930 – Simplicidade – Economia – Conforto – Ar – Luz", arquivo de projetos da Biblioteca da FAU USP.

11. LEVI, Rino. "Casa de campo junto ao lago de Santo Amaro", memorial descritivo do projeto, arquivo Rino Levi.

12. Folheto de propaganda para o lançamento do prédio, arquivo Rino Levi.

13. Cf. MACHADO, Lúcio Gomes. *Rino Levi e a renovação da arquitetura brasileira*, p. 199.

14. Cf. MARTINS, Carlos Alberto Ferreira. *Arquitetura e estado no Brasil: elementos para uma investigação sobre a constituição do discurso modernista no Brasil; a obra de Lúcio Costa, 1924-1952*.

15. LEVI, Rino. Arquitetura e estética das cidades.

16. Carta de 1 nov. 1937 de Rino Levi para o sr. Sorrentino, arquivo do escritório Rino Levi.

17. Os argumentos de Levi para justificar essa série se baseiam nas condições de implantação, cuja orientação e gabaritos da vizinhança dispensariam as proteções. A averiguação *in loco* dessas condições demonstra que foram subestimados os efeitos dos eventuais períodos de insolação em favor da experiência com uma transparência plena. Após esse período, a aplicação dos recursos de proteção solar se tornou mais criteriosa e controlada no projeto.

18. A atribuição da função de proteção solar desse elemento é manifestada por Yves Bruand e reforçada por Lúcio Gomes Machado. Em Philip Goodwin ela está apenas sugerida, apesar de tratar-se da ênfase principal de seu estudo. O depoimento do arquiteto Roberto Cerqueira César ao autor, em 12 mar.1993, reforça que o objetivo não era proteção solar, uma vez que a grelha era lindeira à circulação, e não às salas de aula.

19. A comparação foi reforçada pelo depoimento do arquiteto Luiz Roberto Carvalho Franco ao autor.

20. Os planos de brise não foram construídos por decisão do proprietário, que preferiu a utilização de vidros térmicos importados, contra a opinião da equipe de projeto. Cf. depoimento de Luiz Roberto Carvalho Franco e projeto localizado nos arquivos do escritório.

21. Além do Parque Guinle (1948-54), o tema já havia sido explorado no Edifício Antônio Ceppas (1946), de Jorge Machado Moreira, e estaria presente nos projetos de Affonso Eduardo Reidy para Pedregulho (1950-52).

22. Cf. TELLES, Sophia S. Op. cit., p. 85.

1 Residência Delfina Ferrabino

rua Estados Unidos
São Paulo SP
1931-32

Demolida

A Residência Delfina Ferrabino foi marcada pela recusa do proprietário em aceitar a proposta inicial do arquiteto, solicitando uma segunda versão em que a volumetria lisa original recebeu vários detalhes ornamentais.

Na primeira versão, apesar de sua ortogonalidade, a casa era caracterizada por uma disposição dinâmica de pequenos volumes ao redor de um eixo central elevado, constituído pela caixa-d'água. O movimento sugerido organiza o percurso dos veículos ao redor da casa, entre a rua e a garagem nos fundos. A disposição das pérgulas no jardim e do conjunto de aberturas frontais (janelas, varanda e terraço) os transforma em indicadores desse movimento, como vetores tangenciais ao giro.

Na versão construída, os acréscimos se contrapõem ao dinamismo inicial. Os dois arcos na varanda *fixam* a volumetria ao solo. No entanto, as faixas rústicas, o desenho dos guarda-corpos e outros detalhes ornamentais não eram estranhos à arquitetura que Levi praticara até então, mas significaram um recuo a uma posição que ele não mais sustentava. Móveis e decoração interna tiveram a contribuição do artista plástico John Graz.

Perspectiva da proposta inicial

Vista, a partir da rua Estados Unidos

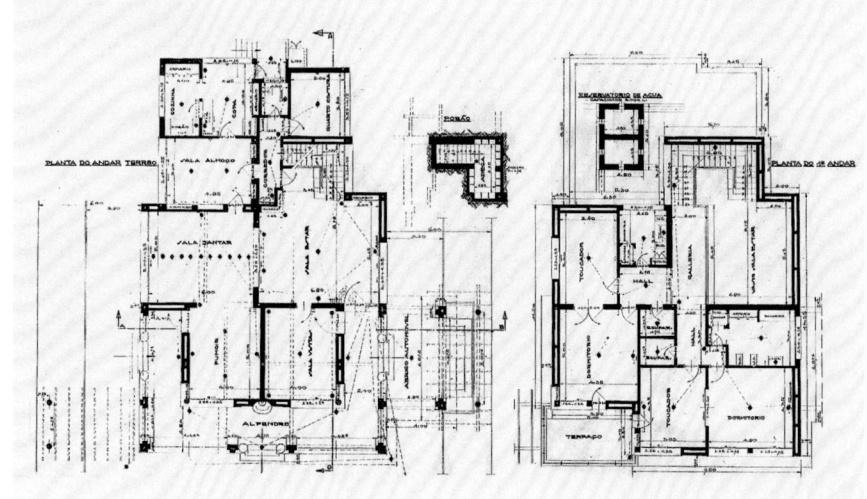

Vista da entrada secundária nos fundos

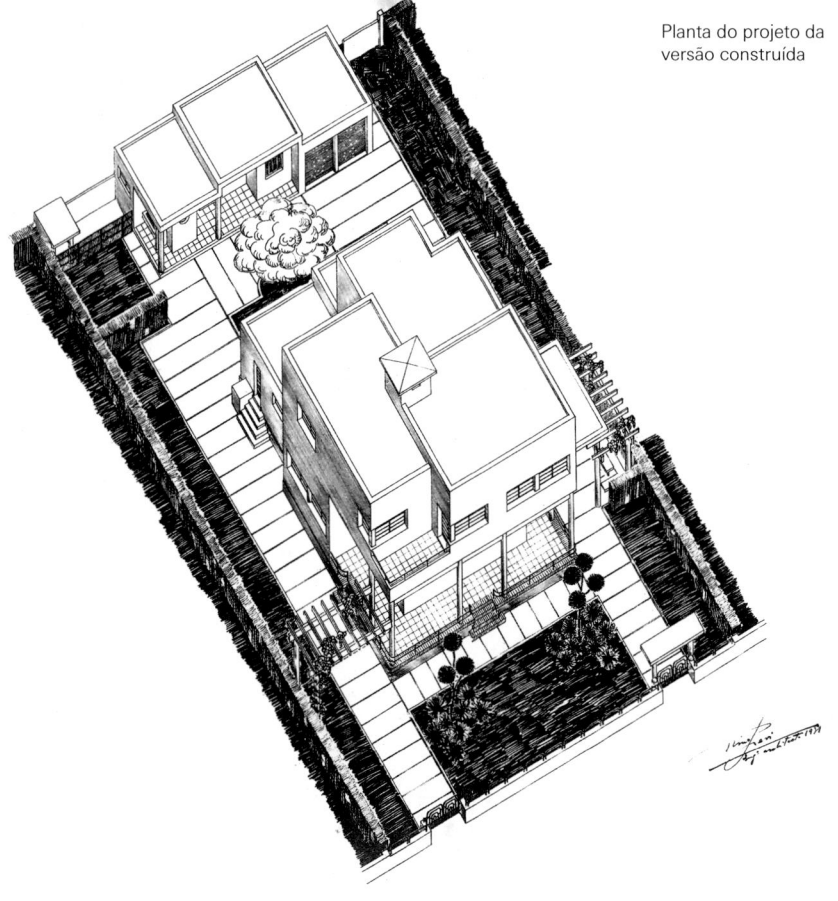

Planta do projeto da versão construída

2 Residências para Dante Ramenzoni

rua Vitório Emanuel 275 a 281, com rua Mazzini
São Paulo SP
1931-32

2° conjunto em 1933, rua Tenente Azevedo 251, com rua Mazzini

A casa de esquina do primeiro conjunto foi demolida pouco antes desta edição, os sobrados ao longo da rua Vitório Emanuel estão bastante descaracterizados. O segundo conjunto encontra-se íntegro e reconhecível, apesar dos muros na frente do sobrado da esquina

Os dois conjuntos construídos na rua Mazzini são característicos dos investimentos imobiliários até a Lei do Inquilinato de 1942: a casa da família do investidor era construída ao lado de um bloco de casas para aluguel. No primeiro conjunto, quatro sobrados, agrupados dois a dois, seguem o desnível da rua Vitório Emanuel, culminando no grande sobrado do proprietário, situado na esquina. Adequando sua planta à forma trapezoidal do lote, a casa explora sua situação urbana ao cortar a quina do volume com uma janela, inteiramente em balanço, no térreo.

O outro conjunto foi construído logo a seguir, a uma quadra de distância, tendo as casas para aluguel se transformado em dois prédios de apartamentos de três andares, permitindo um maior rendimento. Na esquina, uma casa mais modesta que a do projeto anterior anota com uma marquise curva sua posição na malha urbana.

2° conjunto: vista dos prédios de três andares e sobrado na esquina

1° conjunto: vista da casa da família com os sobrados ao fundo

1° conjunto: planta do pavimento térreo

1° conjunto: planta do pavimento superior

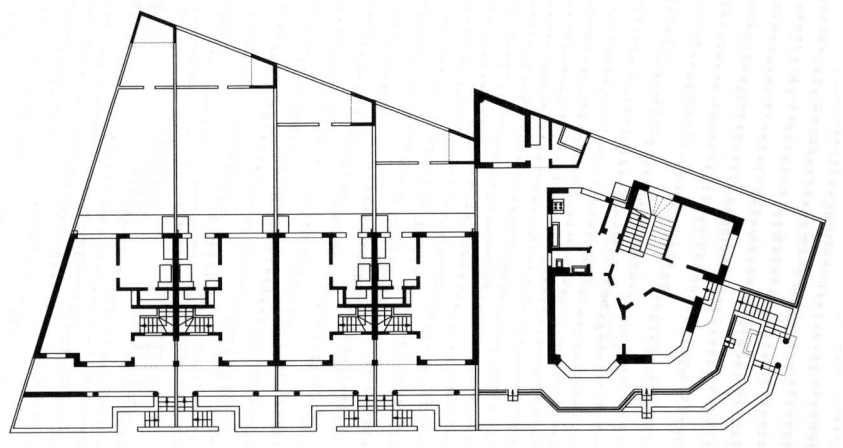

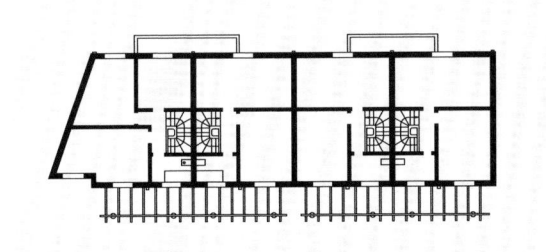

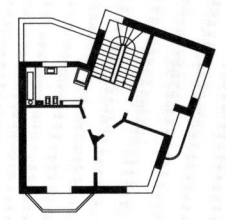

0 2 5 10m

3   Edifício Columbus

Para Lamberto Ramenzoni

avenida Brigadeiro Luís Antônio 23-29
São Paulo SP
1930-34

Demolido

Primeira grande obra construída por Levi, o Edifício Columbus foi resultado de um longo desenvolvimento, passando por quatro versões, pelo menos, entre fevereiro de 1930, primeiro desenho documentado, e 1934, ano da conclusão da obra.

A evolução do projeto configura uma torre isolada, sem hierarquia entre fachada principal e fundos. Da planta cruciforme do segundo estudo, a versão construída mantém apenas a posição central da circulação vertical e o sentido centrífugo da estruturação espacial. Os ambientes internos se distribuem ao lado do conjunto sala de estar/balcão, cuja integração diagonal ocorre para permitir a vista ininterrupta da paisagem urbana. Assim, o ousado balanço de canto do balcão curvo se justifica por manifestar no exterior do volume uma continuidade espacial que pretende organizar toda a sua forma.

Embora o nome remeta ao edifício de Erich Mendelsohn em Berlim, Levi não alcança o dinamismo da obra do arquiteto alemão que tanto admirava.

Vista do edifício em construção, permitindo visualizar a estrutura de concreto antes do fechamento com as vedações

Vista da fachada da avenida Brigadeiro Luís Antônio

Planta do pavimento-tipo da última proposta

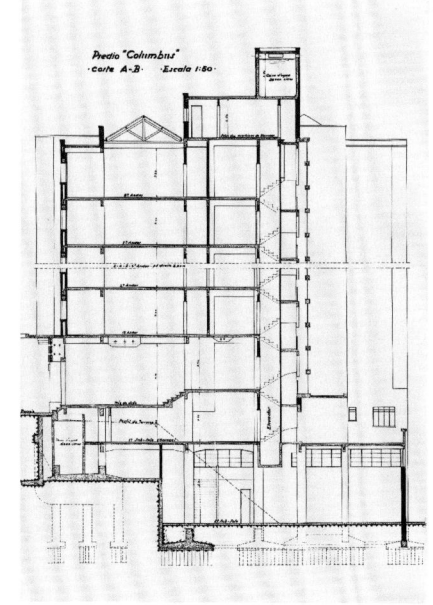

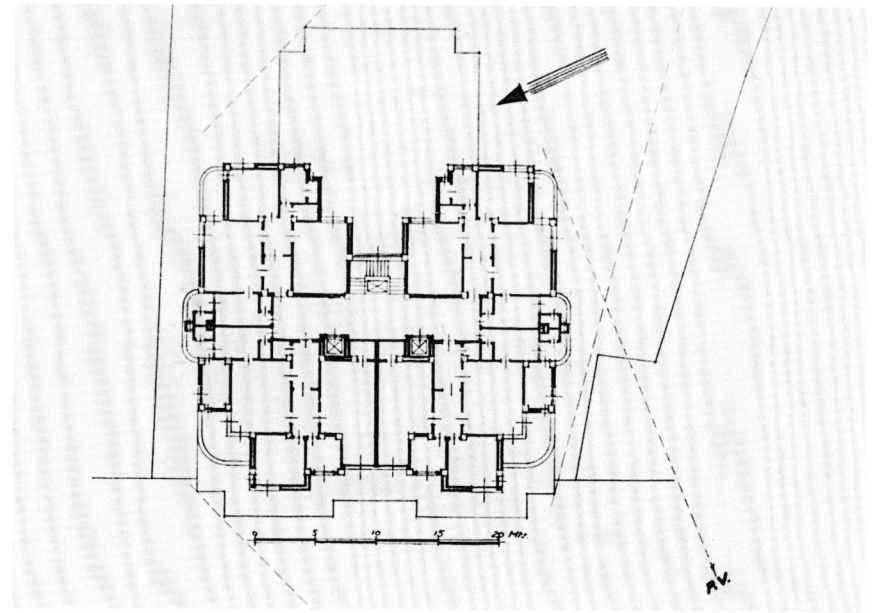

Corte longitudinal

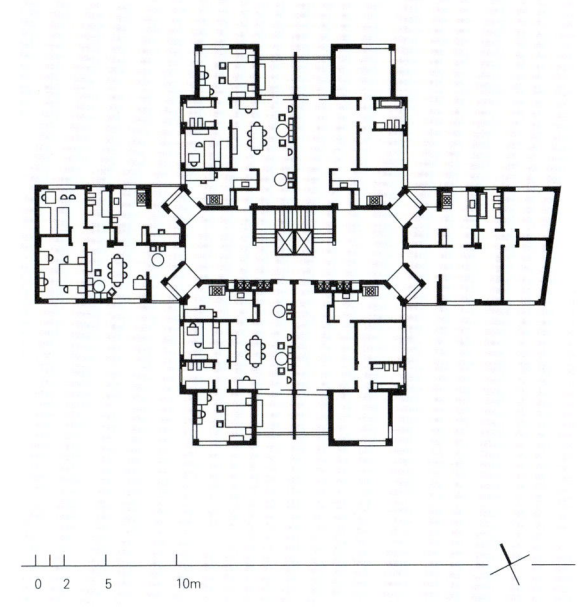

Vista noturna da entrada
principal

Detalhe da fachada lateral
com o balcão curvo

Planta do pavimento-tipo
da segunda proposta, 1930

Elevação frontal do
pavimento térreo

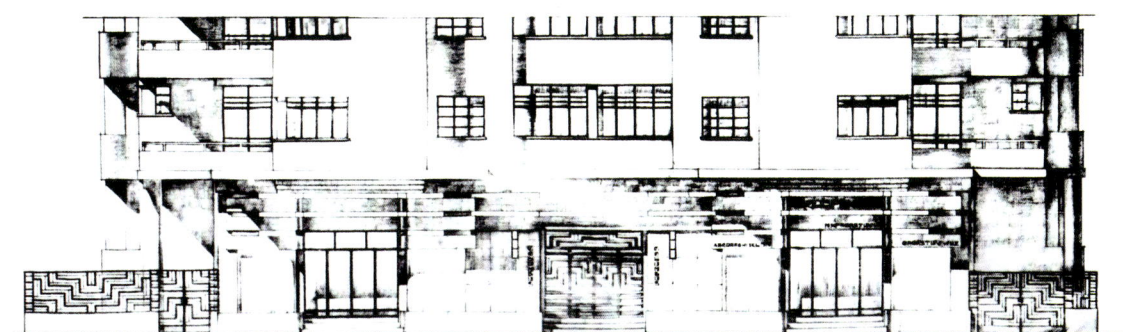

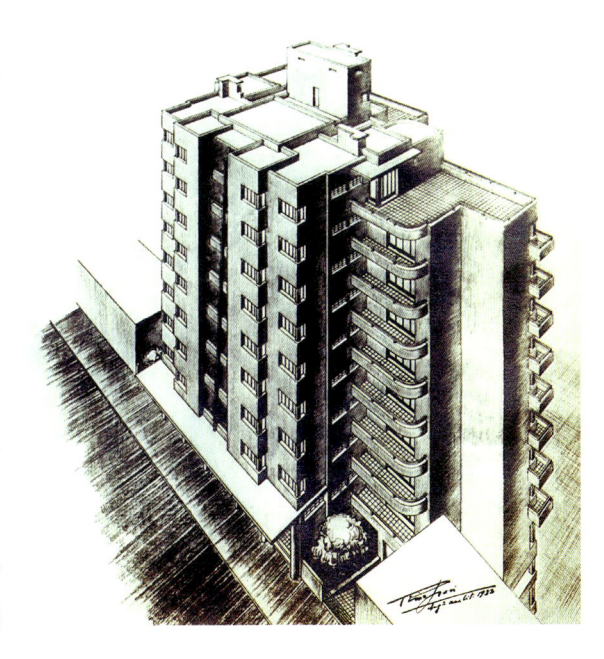

Perspectivas
primeira proposta, 1930
segunda proposta, 1930
terceira proposta, 1933

4 Pavilhões para a Sociedade de produtos químicos Elekeiroz

Feira de Amostras do Parque da Água Branca
São Paulo SP
1931-33

Desmontado

O primeiro da série de pavilhões de exposição publicitária projetados por Levi foi também a primeira de suas obras modernas a ter a construção concluída. O pavilhão era composto por uma torre luminosa com a marca Elekeiroz escrita verticalmente e um volume horizontal, cujo fechamento em placas opacas brancas e vidro translúcido era inteiramente modulado. Uma estrutura metálica simples, realizada com cantoneiras de chapa dobrada, sustentava a vedação e a cobertura horizontal. As vigas de madeira da cobertura realizavam a concordância entre a concepção radial da planta e a modulação do fechamento vertical. A forma do volume era resultante da elevação uniforme da planta, que, por sua vez, derivava da situação do pavilhão dentro do parque – uma esquina em ângulo de cerca de 30 graus entre duas calçadas. O projeto era simétrico à bissetriz do ângulo da esquina, abrindo duas portas de acesso às ruas laterais.

À esquerda, vista do pavilhão de 1931: torre luminosa e volume horizontal

Acima, vista interna do pavilhão de 1931

Ao lado, perspectivas
pavilhão de 1931
pavilhão de 1933
pavilhão de 1932

À direita e acima, foto da montagem da estrutura metálica do pavilhão de 1931

À direita e no centro, implantação do pavilhão, simétrica ao eixo da esquina

À direita e abaixo, detalhe do pavilhão de 1931, em planta

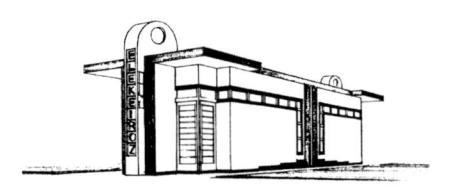

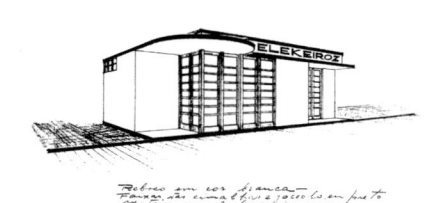

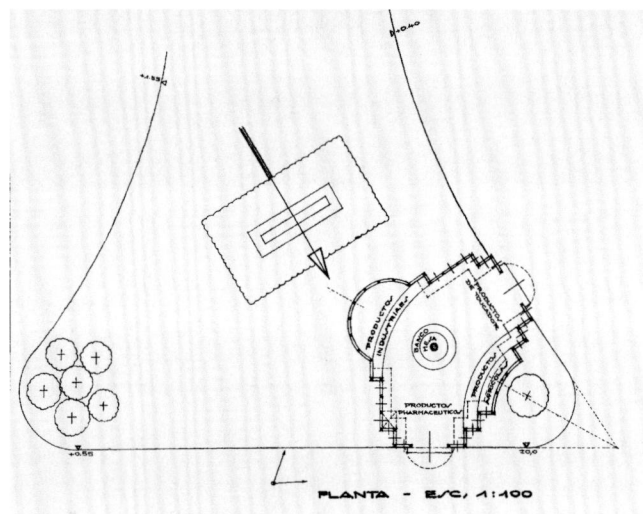

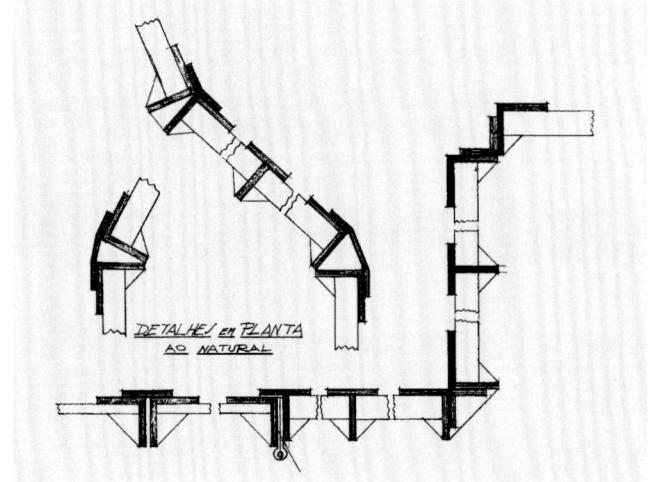

5 Edifício Nicolau Schiesser

rua Augusta 201 (atual 153)
São Paulo SP
1933-34

Demolido em 2014

Ao defender em 1935 a necessidade de estímulo a ocupações semiextensivas de construção habitacional, Levi critica a expansão extensiva descontrolada, dominante em São Paulo, e as formas de ocupação intensiva que começavam a surgir, dando origem aos "edifícios longos e estreitos, comprimidos entre si". Apresenta esse edifício como exemplo alternativo, que permite "vantagens higiênicas, estéticas, de conforto e de economia" pelos recuos em todos os lados e pela baixa densidade de moradores.

Afastando o edifício da rua, Levi aproveita o declive para manter o Schiesser próximo à cota das edificações vizinhas. Após passar por um pequeno portal, uma passarela horizontal se destaca progressivamente do solo, fazendo a ligação entre a rua e a entrada do edifício, obtida pelo afastamento dos dois volumes que abrigam três apartamentos cada um. Balcões e janelas curvas na sala acentuam o dinamismo linear do conjunto, que evolui paralelamente ao sentido da rua.

Apesar de íntegro, o edifício encontrava-se escondido por um conjunto de salas comerciais térreas, construídas no alinhamento da calçada. Em 2014 foi demolido, apesar dos protestos em redes sociais e artigos.[1]

1. ANELLI, Renato. Edifício Nicolau Schiesser vai ser demolido. A obra de Rino Levi em risco.

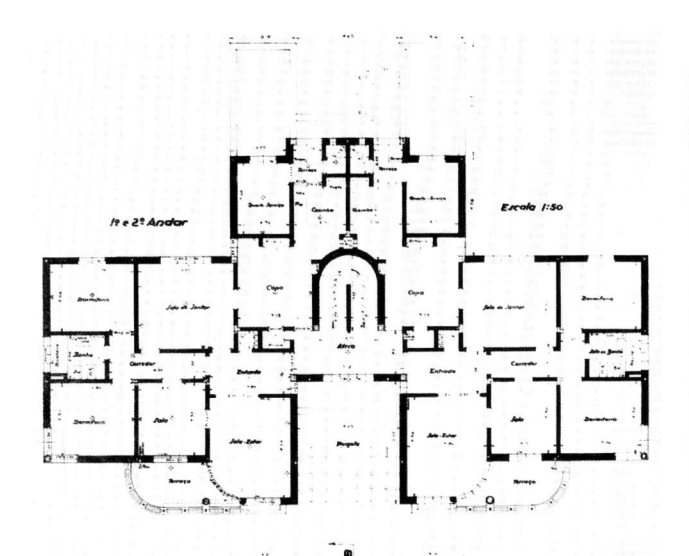

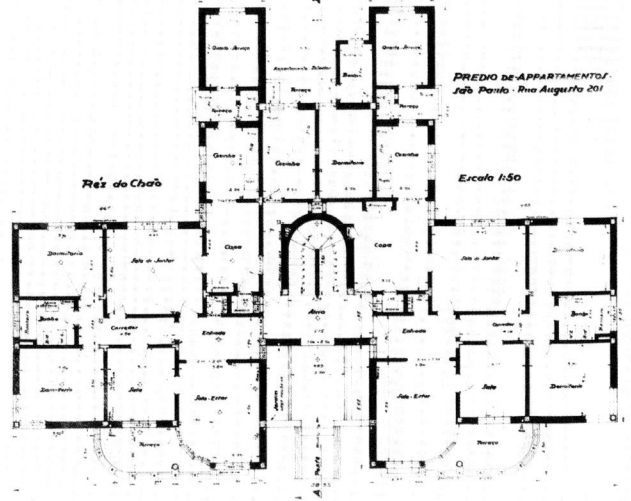

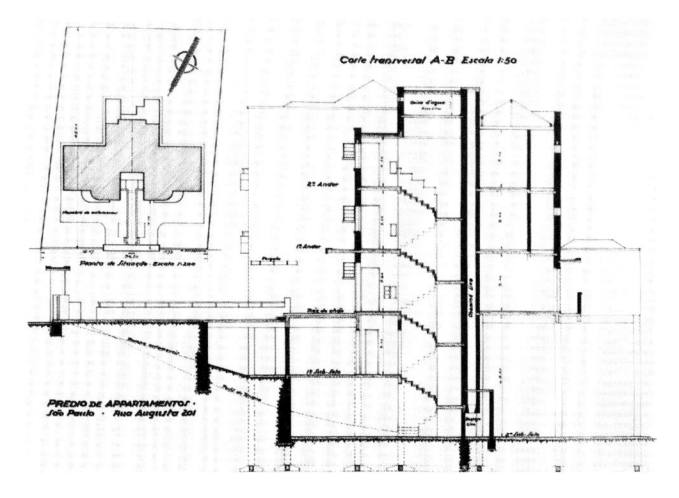

Plantas: primeiro e segundo andar; térreo

Fachada principal

Vista dos fundos

Corte transversal

6 Viaduto do Chá

Segundo lugar no concurso, com o pseudônimo Ônix, em coautoria com Humberto Nobre Mendes e Joseph Grabenweger

Vale do Anhangabaú
São Paulo SP
1935

Não construído

O projeto de Levi para o concurso ultrapassa os limites da proposição de uma simples estrutura capaz de vencer o vale. Entendendo o caráter urbanístico da intervenção, a equipe propõe o plano viário "Sugestões para ligar as duas colinas separadas pelo Vale do Anhangabaú", onde um "anel de ligação contornando a parte mais central" complementaria internamente o perímetro de avenidas proposto por Prestes Maia. Composto por vias de circulação de superfície e subterrâneas, a proposta de Levi criava seis núcleos com estações de transporte coletivo situadas na Sé, Mercado Velho, São Bento, Correio, praça Patriarca e largo São Francisco.

Apesar de inserida nesse plano, a definição do projeto do viaduto seria baseada numa avaliação do quadro urbano constituído pelo Vale do Anhangabaú e suas encostas, caracterizada pela "harmônica grandiosidade da obra humana e da natureza, e a graciosa e colorida vivacidade do conjunto." Assim, a definição da estrutura não seria determinada apenas pela estática. Para "não sacrificar a visão panorâmica do parque", a melhor opção seria aquela que mais se aproximasse da forma de "uma linha ligando as duas colinas centrais".

Esse raciocínio foi decisivo para que Levi evitasse o tipo estrutural adotado pelo vencedor do concurso, o arquiteto Elisário Bahiana, em que o arco central triarticulado vencia o vão principal, enquanto vigas laterais complementavam o conjunto. Recusando tal opção por "bipartir o vale", Levi adota um sistema linearmente contínuo, no qual suaves curvas encaminham as cargas aos pontos de apoio articulados.[1]

A perspectiva apresentada no concurso acentua a intenção da proposta. Com apenas um ponto de fuga, o desenho ressalta a horizontalidade da linha do viaduto, complementando serenamente a grandiosidade desse quadro urbano.

1. LEVI, Rino. Justificação arquitetônica.

Perspectiva a partir do fundo do Vale do Anhangabaú

Proposta de anel de ligação viária, interna ao anel do plano de avenidas de Prestes Maia

Detalhes das paradas de bonde

Perspectiva axonométrica do vale com a localização do viaduto

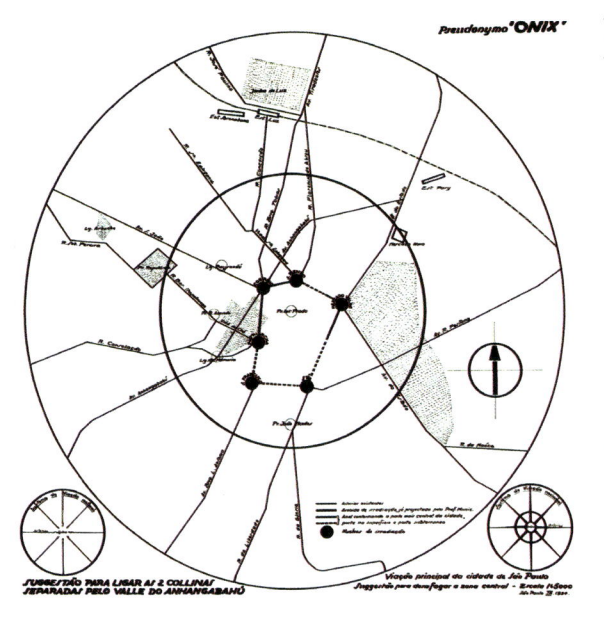

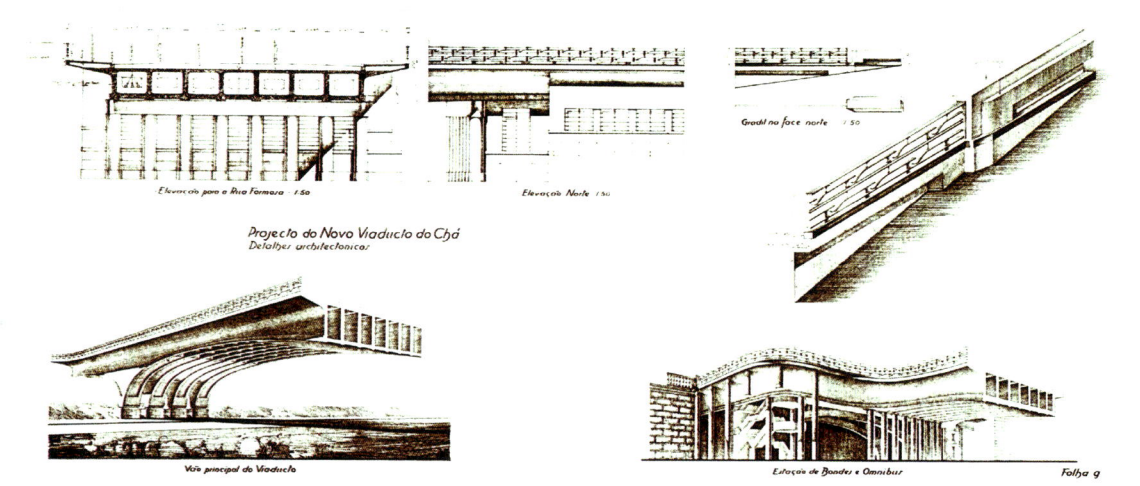

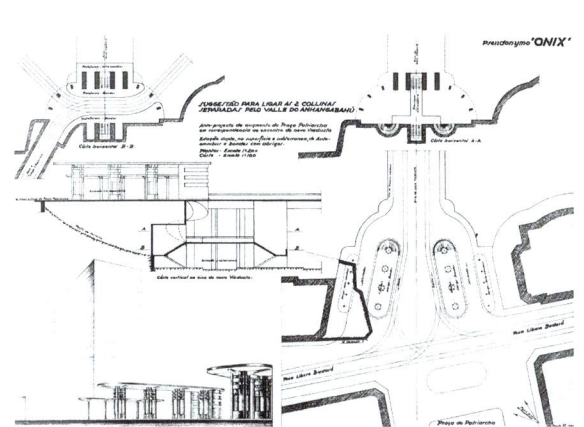

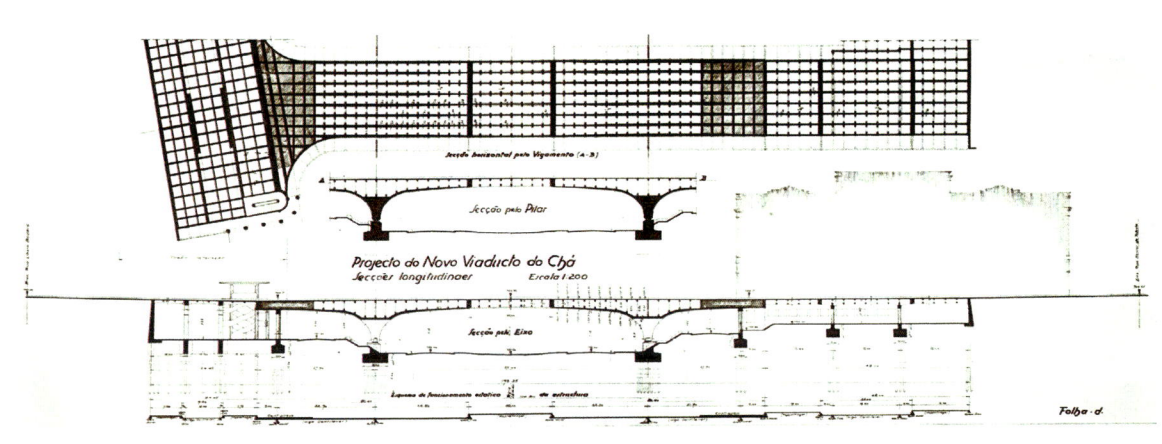

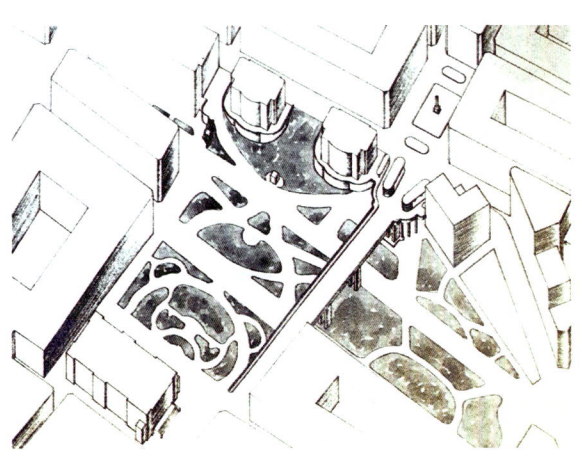

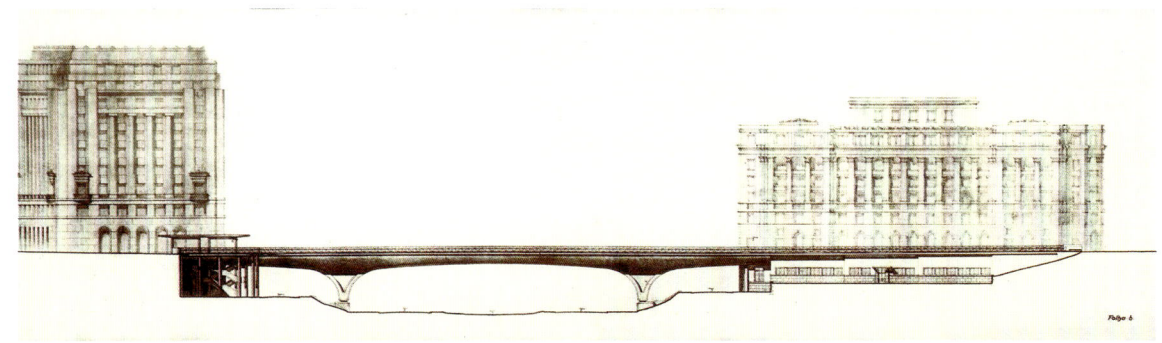

Perspectiva da estrutura e dos detalhes arquitetônicos

Projeto estrutural

Proposta vista do Vale do Anhangabaú

7 Edifício Higienópolis

Para Miguel Langone
rua Conselheiro Brotero 1092 (antigo 204) São Paulo SP
1935-36

Bem mantido, apesar de algumas reformas

Esse projeto desenvolve a planta com quatro apartamentos ao redor do núcleo de circulação vertical central, usada inicialmente no Columbus. Configura-se aqui uma disposição mais otimizada em "H", que seria aplicada em projetos posteriores. Dos sete andares, apenas quatro repetem a planta-tipo. Os dois inferiores são modificados para aceitar o acesso principal e a passagem lateral para as garagens nos fundos. O último tem seus quatro apartamentos fundidos dois a dois, resultando em amplas coberturas com terraços.

Apesar de encostado nas duas divisas laterais, o prédio se apresenta como uma torre isolada, sem priorizar uma fachada principal. O espaço restante nos fundos não se limita à circulação dos veículos. Duas marquises e um playground geram um espaço de uso comum isolado do espaço urbano.

O edifício encontra-se em bom estado geral de conservação. Sofreu alterações nos jardins, frontal, onde a mureta e a marquise foram substituídas por grade de ferro e portão automático, e posterior, com as marquises de estar e o playground transformados em garagem.

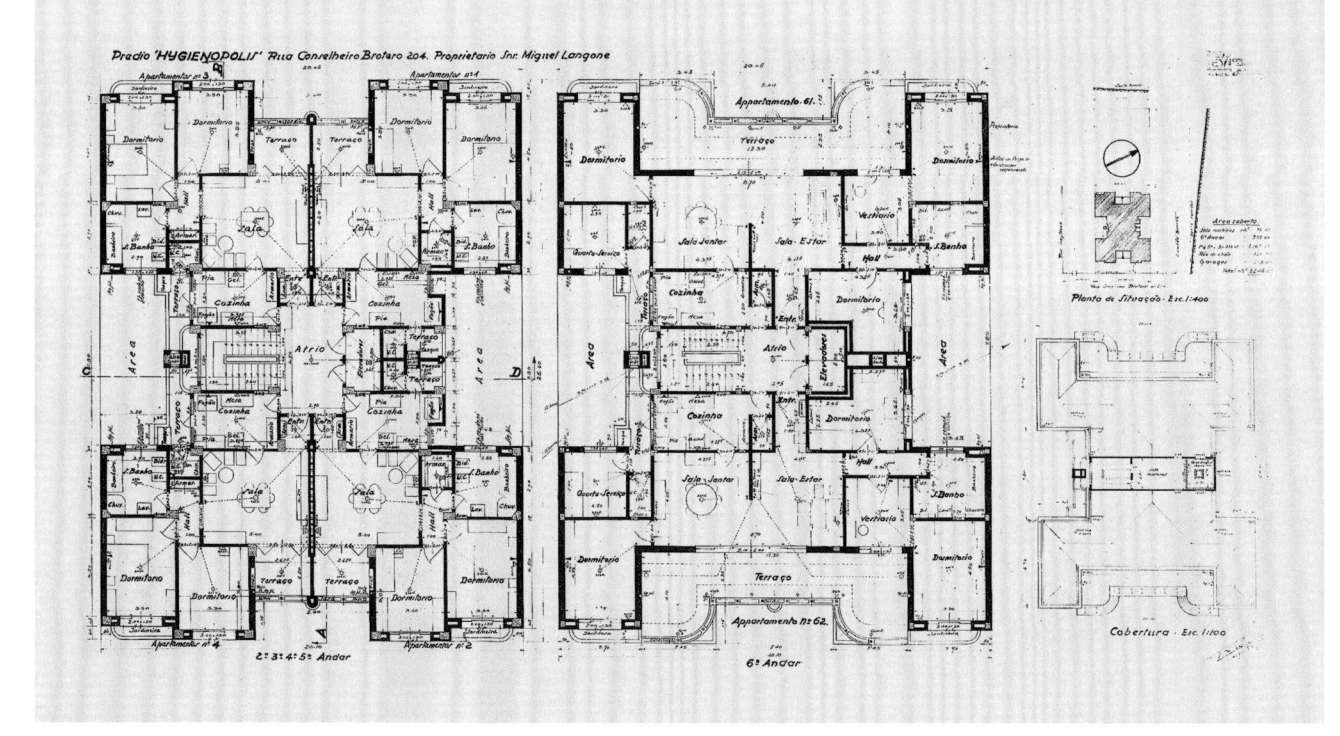

Vista da rua Conselheiro Brotero

Fachada posterior com marquises e playground

Vista da cidade a partir do terraço da cobertura, antes da reforma

Plantas-tipo e cobertura

Terraço da cobertura
depois da reforma

8 Residência Luiz Medici Jr.

rua n. 2, Guarapiranga, lago de Santo Amaro
São Paulo SP
1935-36

Profundamente adulterada há alguns anos

Essa pequena casa de final de semana constitui o primeiro projeto de Levi em que a planta é claramente dividida em setores de habitação diurna e noturna e de serviços, o que permite situar a zona de habitação voltada para a vista do lago. Para uma melhor fruição da paisagem, abre uma ampla janela corrida – "larga onze metros" – na parede curva da sala, cuja evolução contínua não é interrompida graças ao recuo da estrutura de pilares cilíndricos. Apesar de a estrutura independente restringir-se a apenas um terço do volume, as fotos da época procuram ângulos que tentam simular uma casa sobre pilotis. Na cobertura, o retorno do telhado oculto por altas platibandas, necessário após as primeiras tentativas malsucedidas de lajes impermeabilizadas, confere uma verticalidade que compete com a linearidade horizontal sugerida pela janela corrida e dá ao conjunto um peso excessivo. A documentação em preto e branco omite o cromatismo descrito pelo arquiteto: "Todas as paredes e forros, no interior e exterior da casa, são brancos; o pavimento do salão é de ladrilhos vermelhos; as colunas do mesmo são pintadas de vermelho vivo; os tecidos das cortinas, poltronas e divãs são de cores vivas".[1]

1. LEVI, Rino. Casa de campo junto ao lago de Santo Amaro.

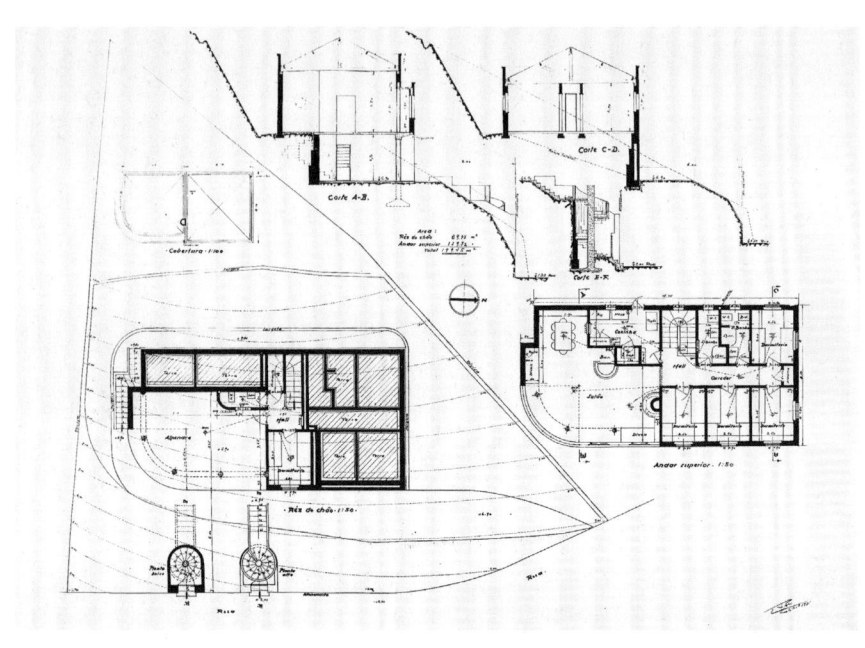

Plantas e corte do projeto

Varanda com colunas destaca o volume superior do solo

Vista geral da residência

Interior da sala de estar, que permite uma ampla vista da paisagem através da janela corrida

9 Residência para a família Porta

Espólio de Pedro Porta
rua Leais Paulistanos
São Paulo SP
1936

Não construído

Projetada para terreno de esquina, provavelmente em frente ao parque do Ipiranga, a casa desenvolve ao máximo o recurso à forma dinâmica. Além de permitir a alguns ambientes internos a ampla observação da paisagem urbana, o cilindro frontal produz a rotação de um conjunto linear de marquise e pérgulas que liga o volume da casa às divisas laterais. Num dos lados, a marquise cobre a passagem do automóvel, continuando como pérgula até um bucólico conjunto de parede côncava com bancos em meio ao jardim. O paisagismo deixa de ser uma moldura para o volume principal e assume papel ativo na construção da forma, procurando expandir o espaço interno para organizar todo o terreno.

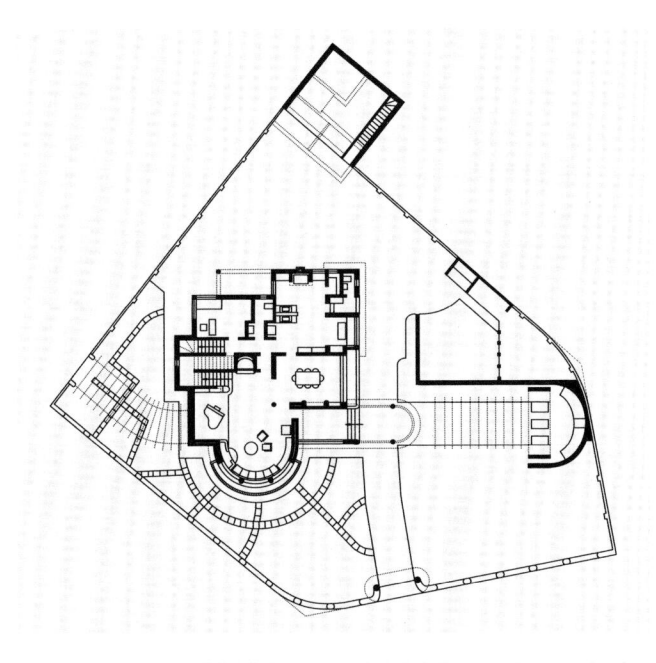

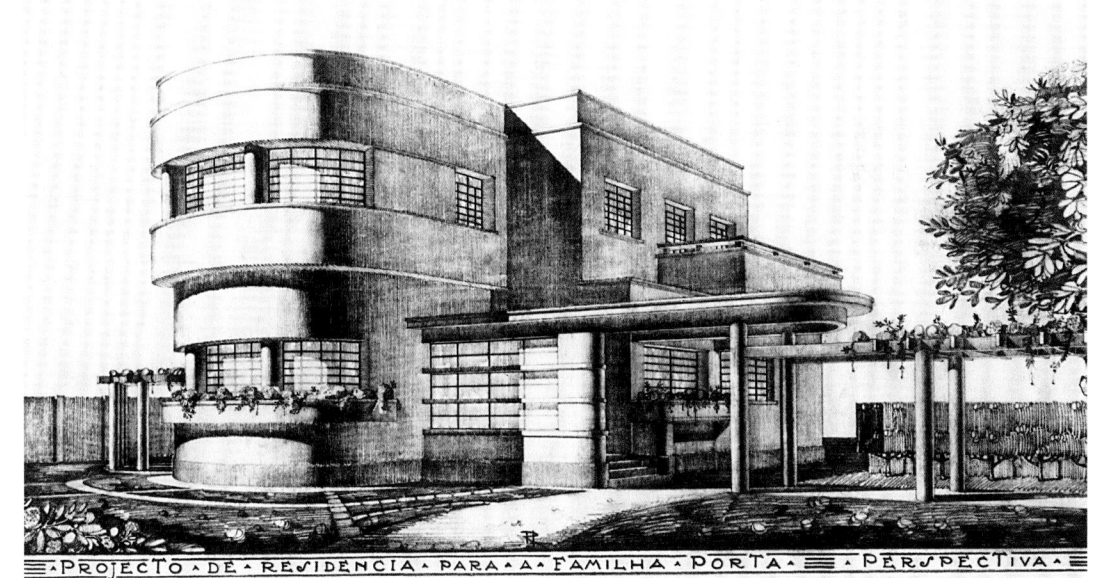

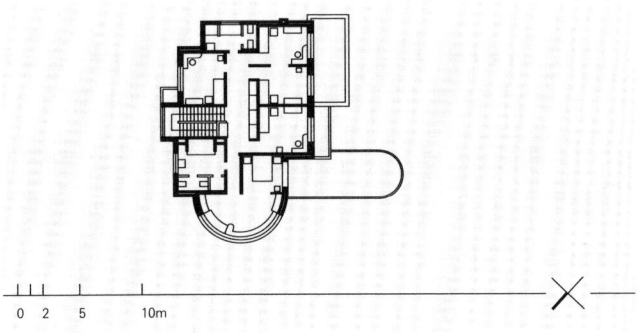

Implantação da residência com planta do pavimento térreo

Planta do pavimento superior

Perspectiva

Prancha com cortes, elevações e detalhes

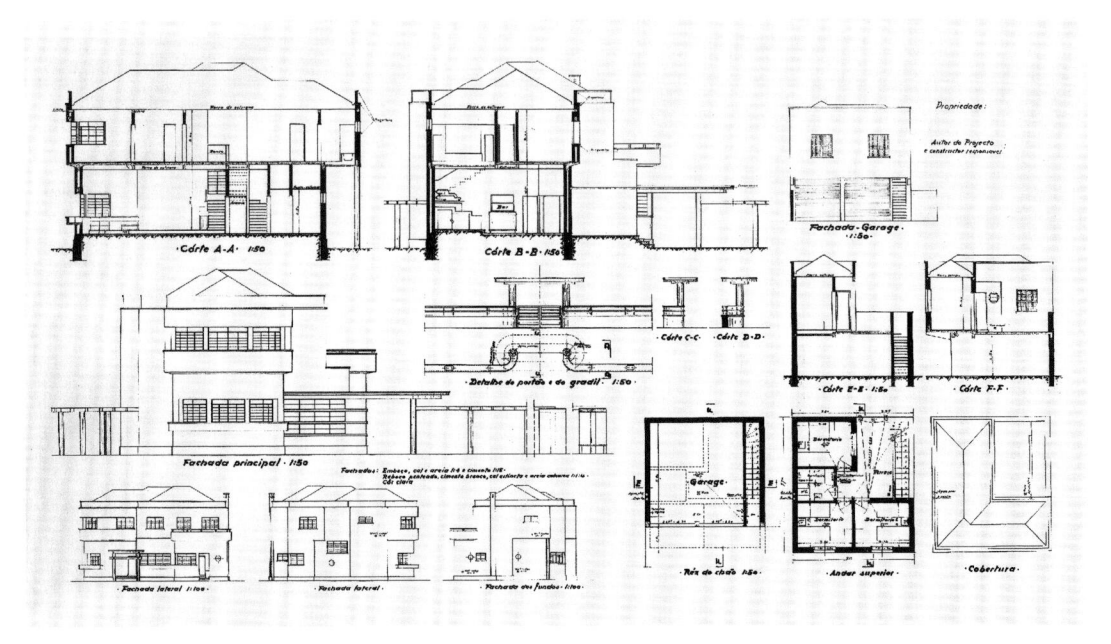

10 Cine Ufa-Palácio

avenida São João 419
São Paulo SP
1936

Alterado na década de 1980

Primeiro da série de cinemas projetados por Levi, o Ufa-Palácio tem sua forma resultante da aplicação dos modernos cálculos de acústica ao projeto de salas de espetáculos. Além do rigoroso cálculo do volume em função do tempo de reverberação desejado, a forma paraboloide das paredes, piso e forro próximos ao proscênio foi definida para permitir a melhor distribuição das ondas sonoras.

Como no Universum, o cinema de Erich Mendelsohn em Berlim, as linhas da iluminação indireta encaminham o olhar para a tela, não restando nenhuma outra atração nas superfícies internas que possam competir com o espetáculo. No vestíbulo de entrada, as sancas de iluminação no alto da alvenaria acentuam a dinamicidade das paredes de planta paraboloide, levando ao espaço urbano dois indícios da natureza sonora e luminosa da atividade que ocorre em seu interior.

Vista do projeto em construção

Corte longitudinal

Planta

Perspectiva da entrada

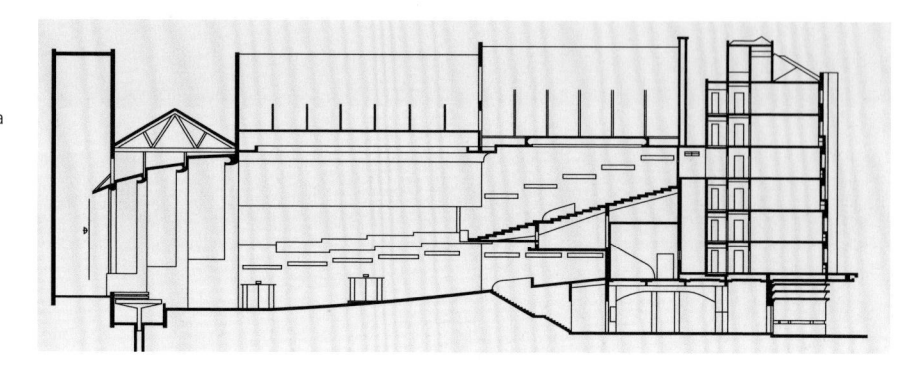

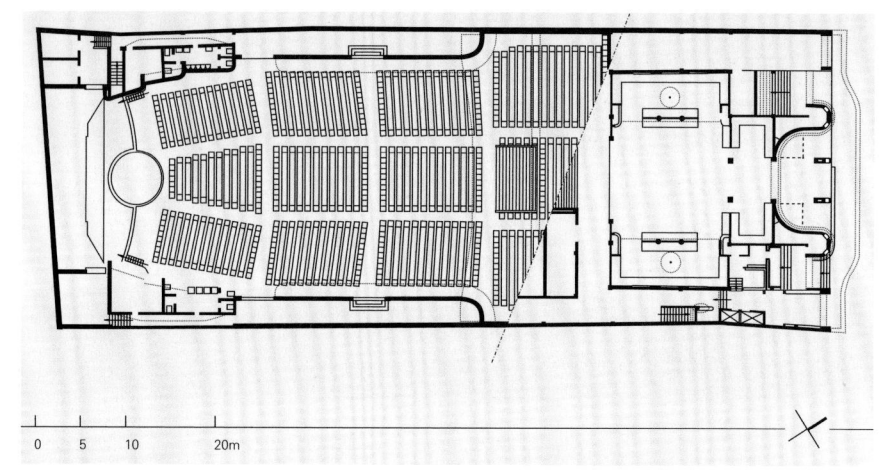

Prancha com detalhes da fachada e do vestíbulo

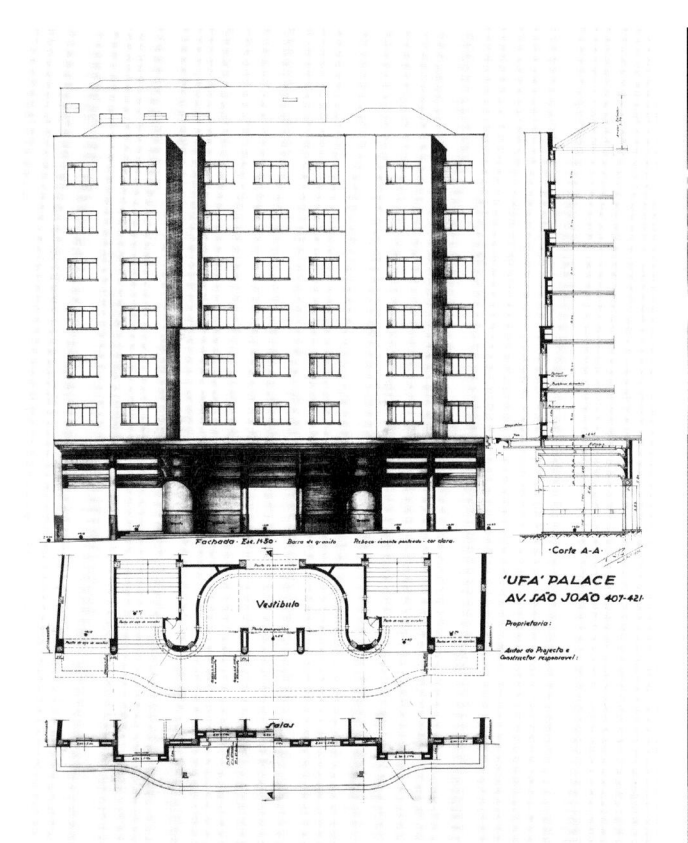

Vista interna do foyer

Vista noturna da entrada

Interior da sala de projeções

Instituto Sedes Sapientiae

São Paulo 1940-42

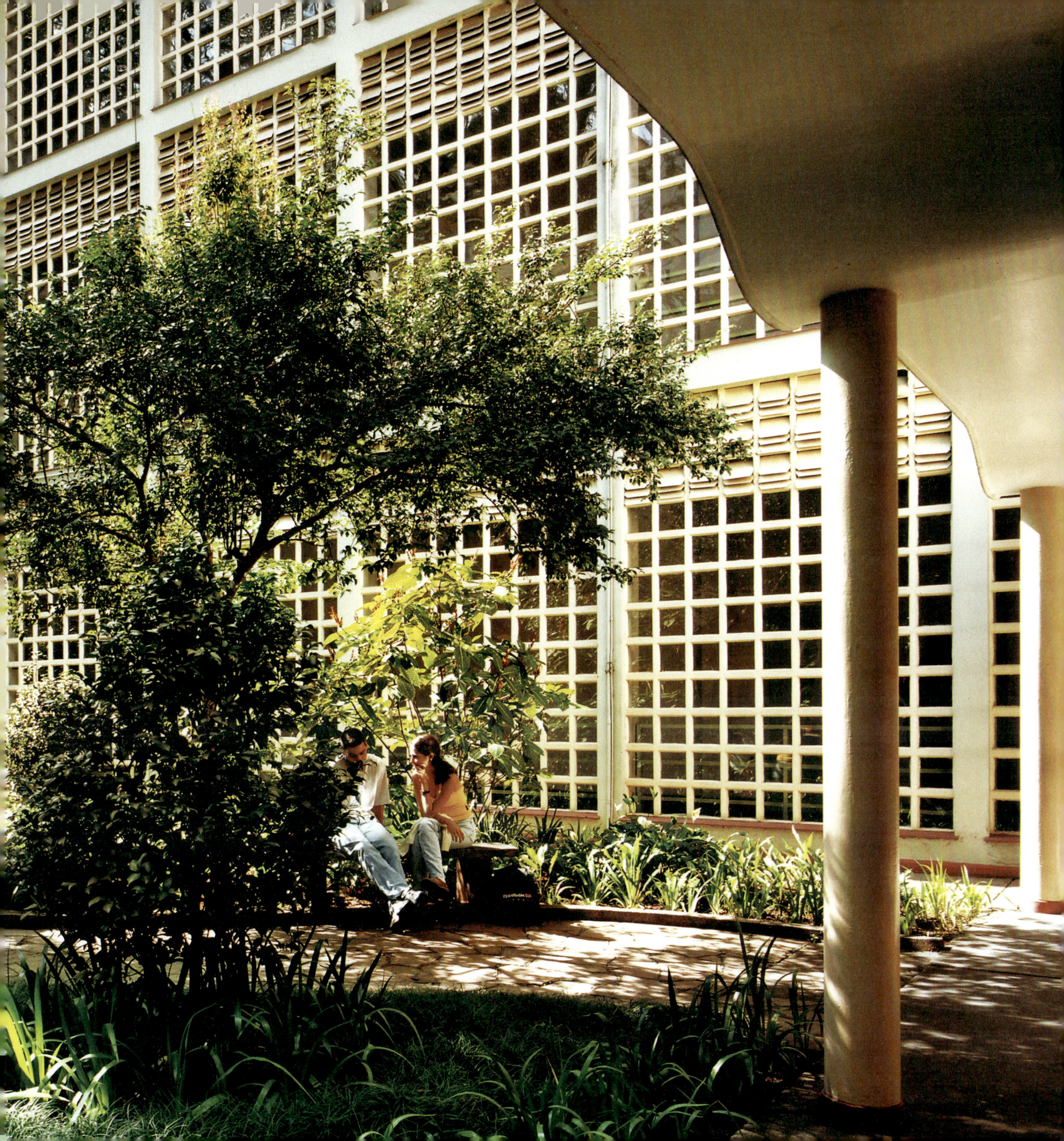

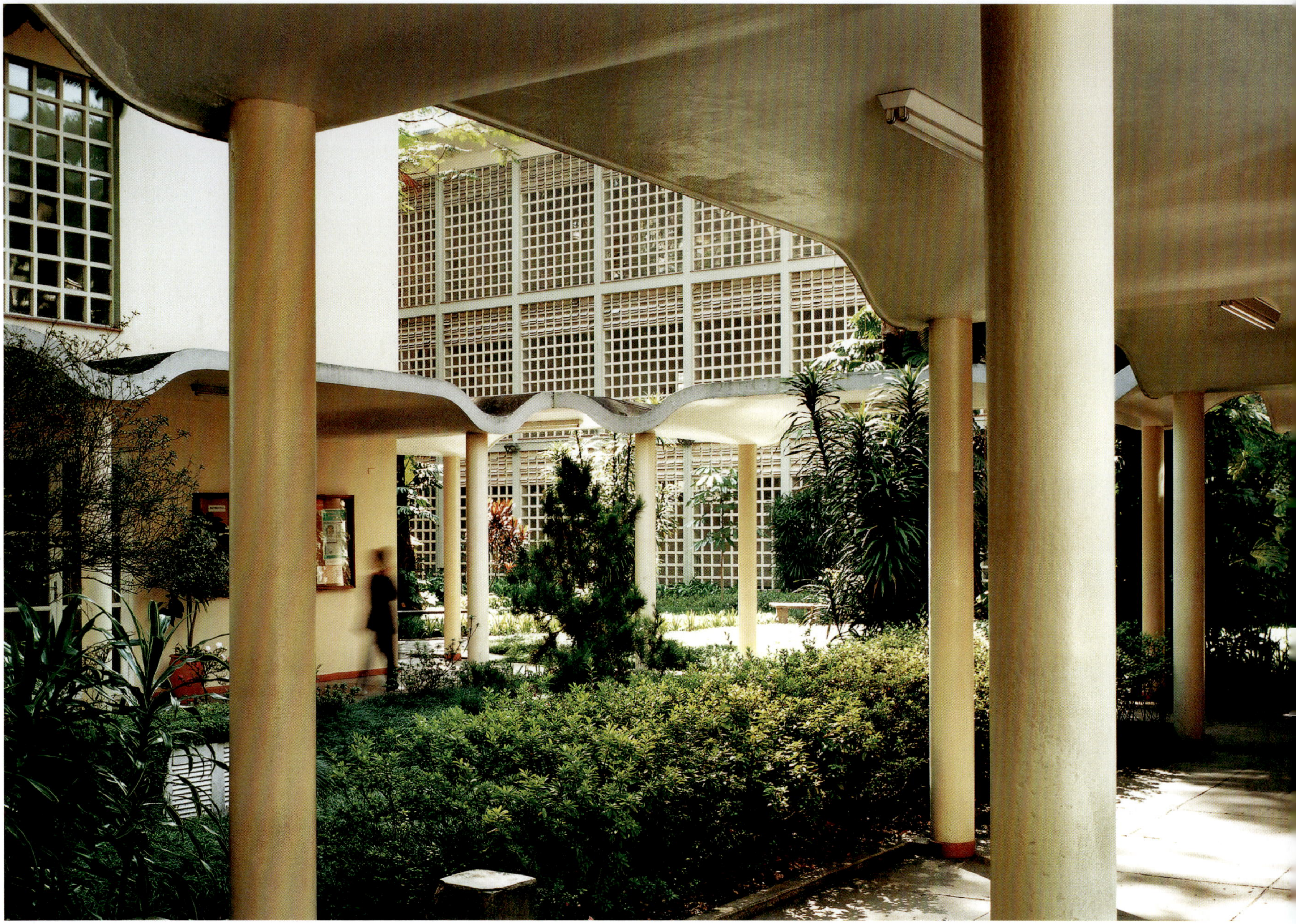

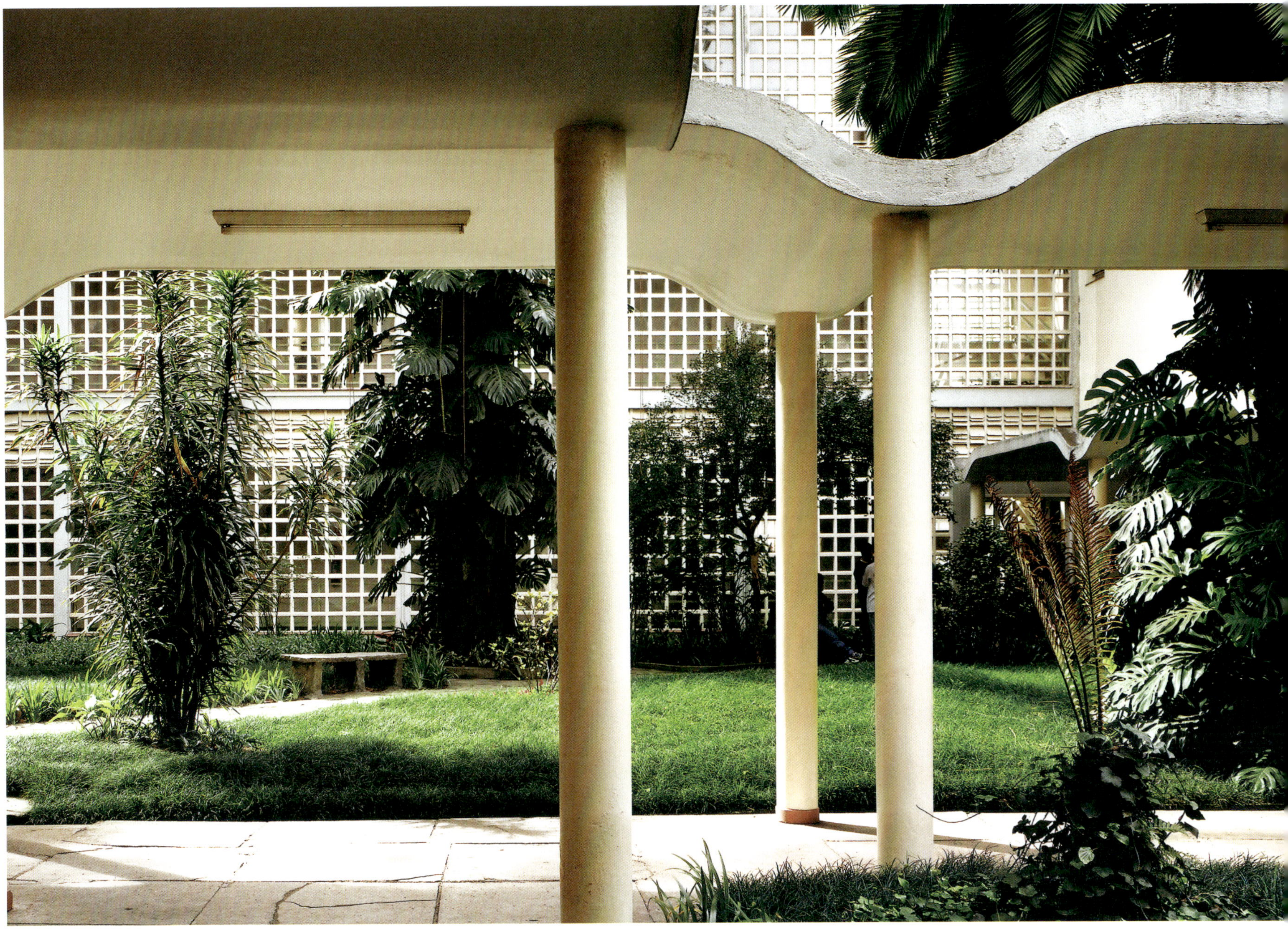

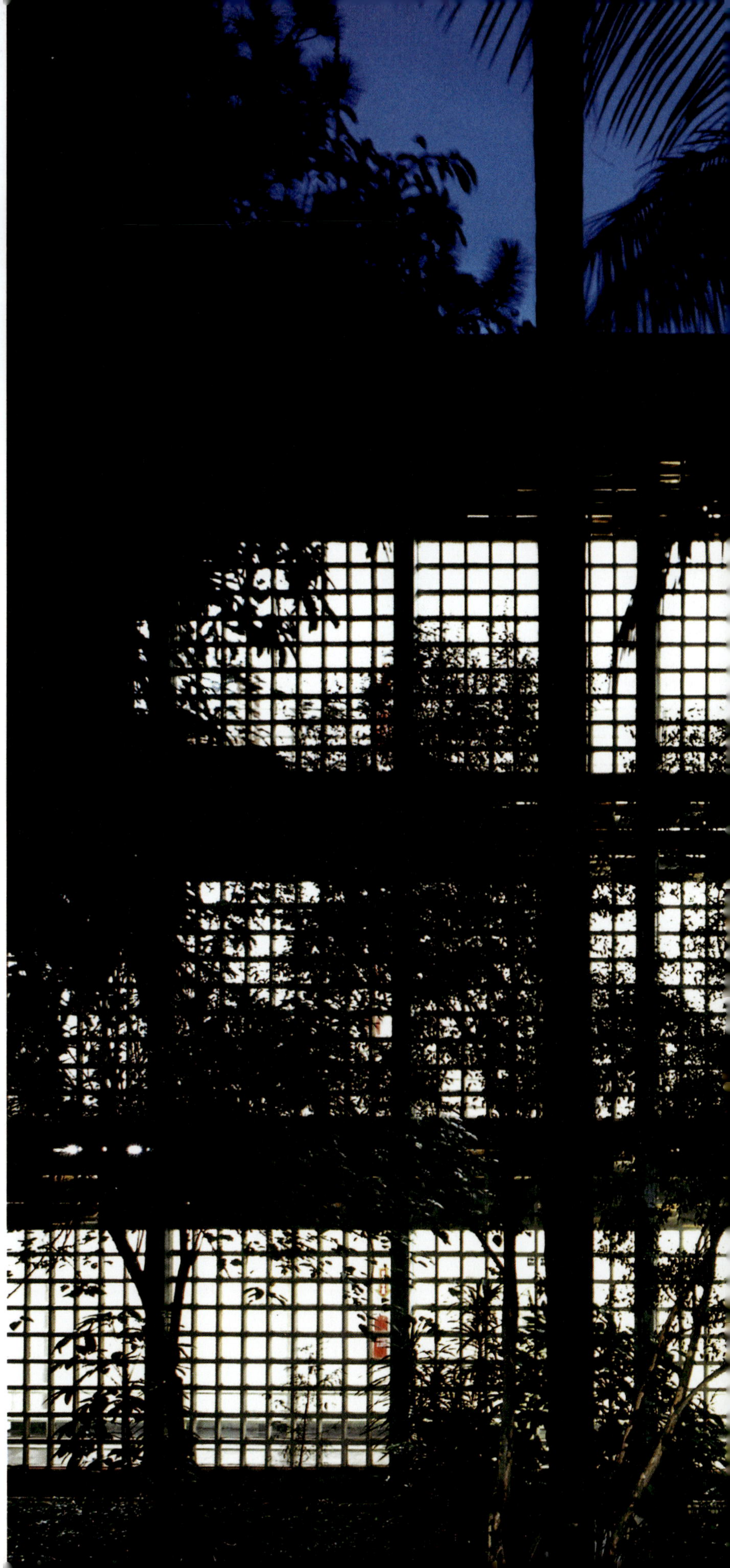

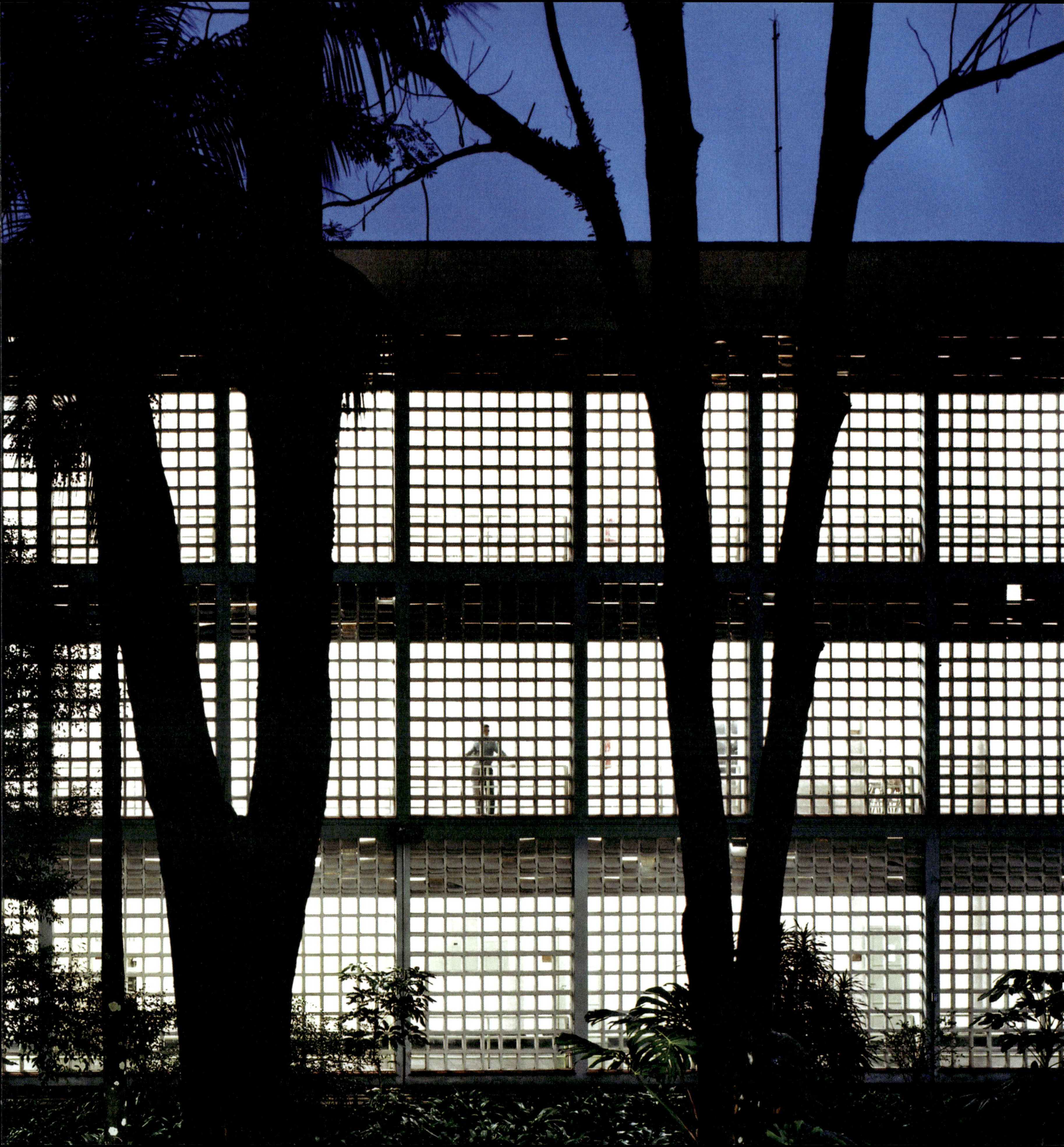

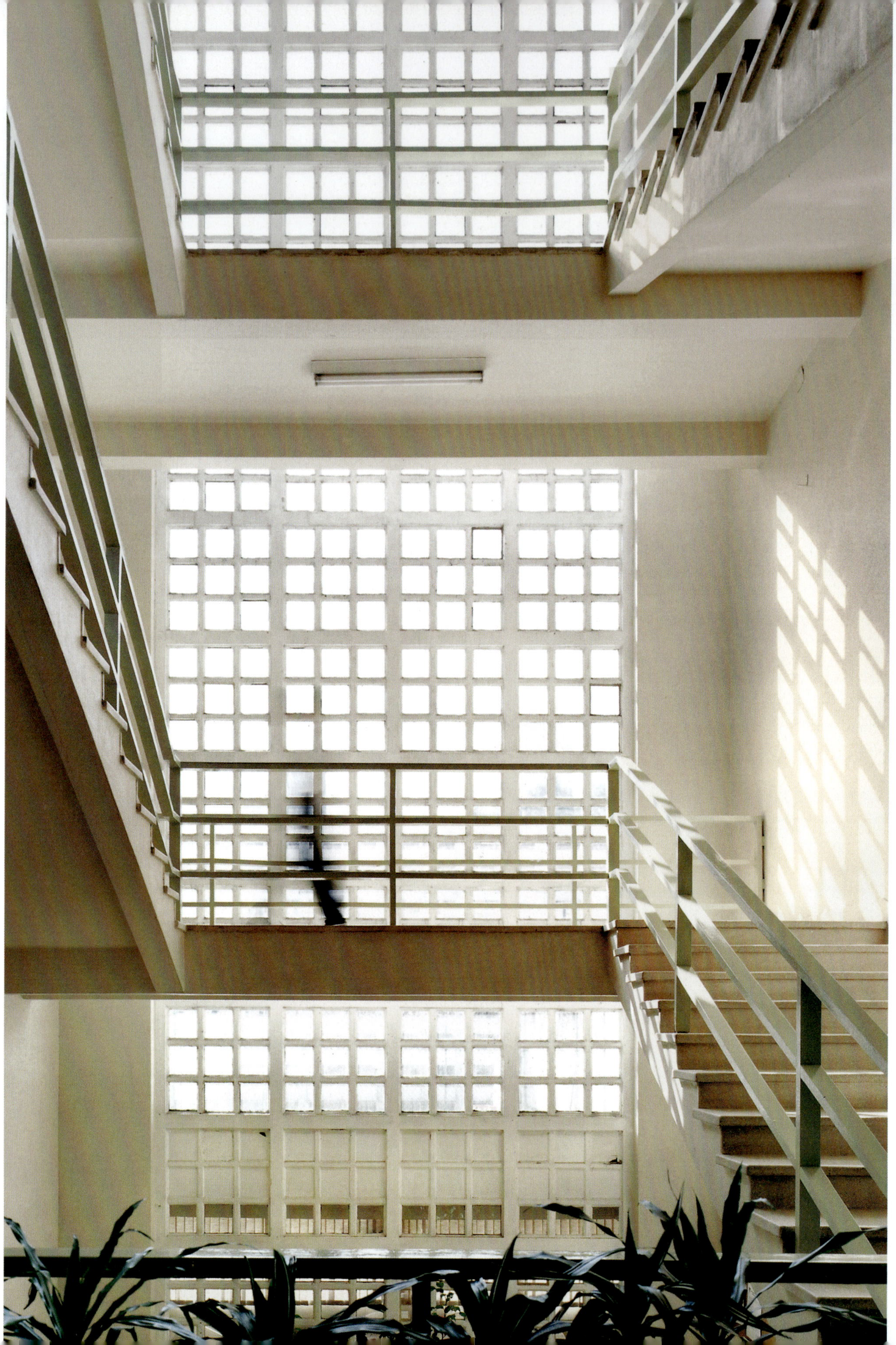

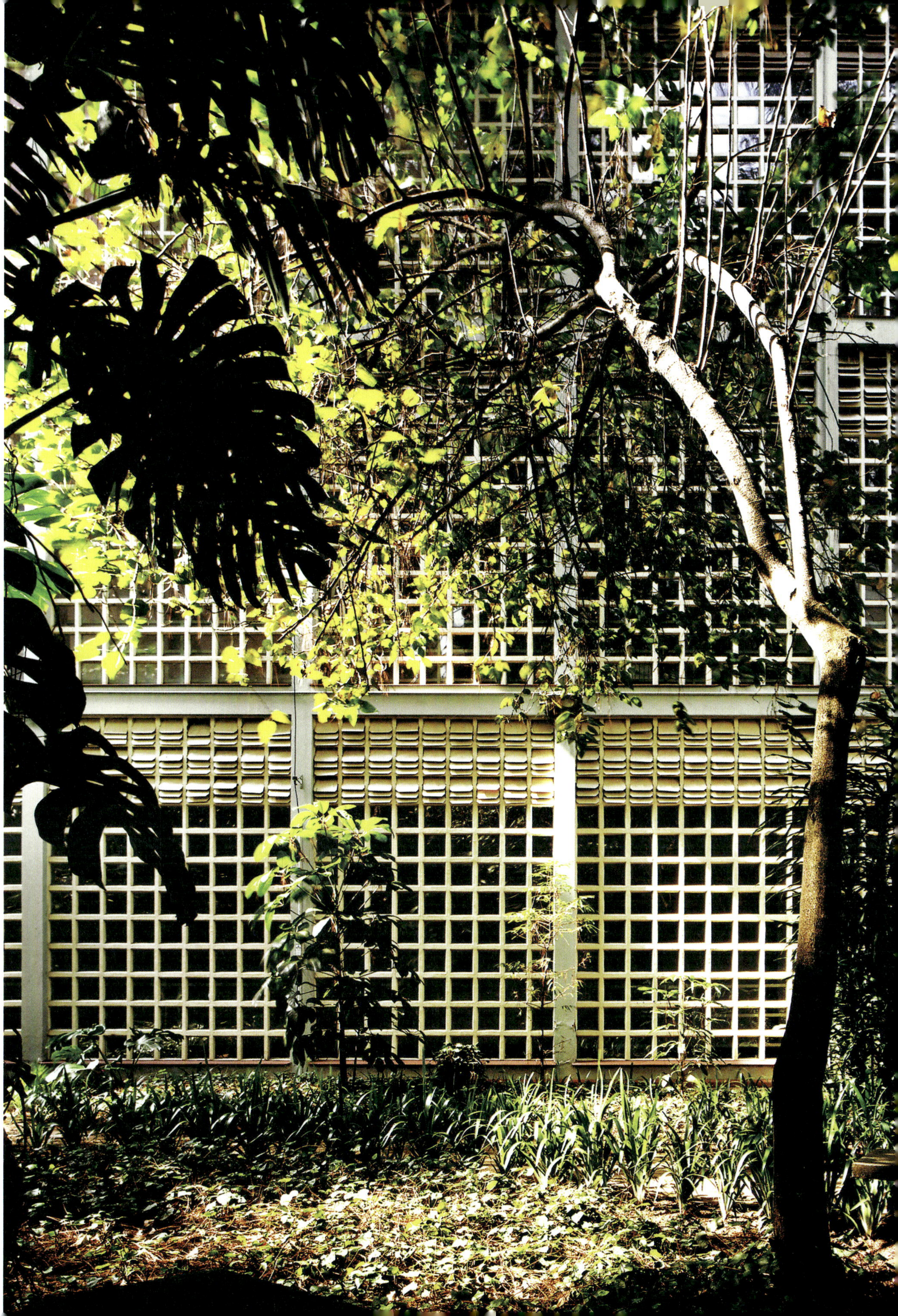

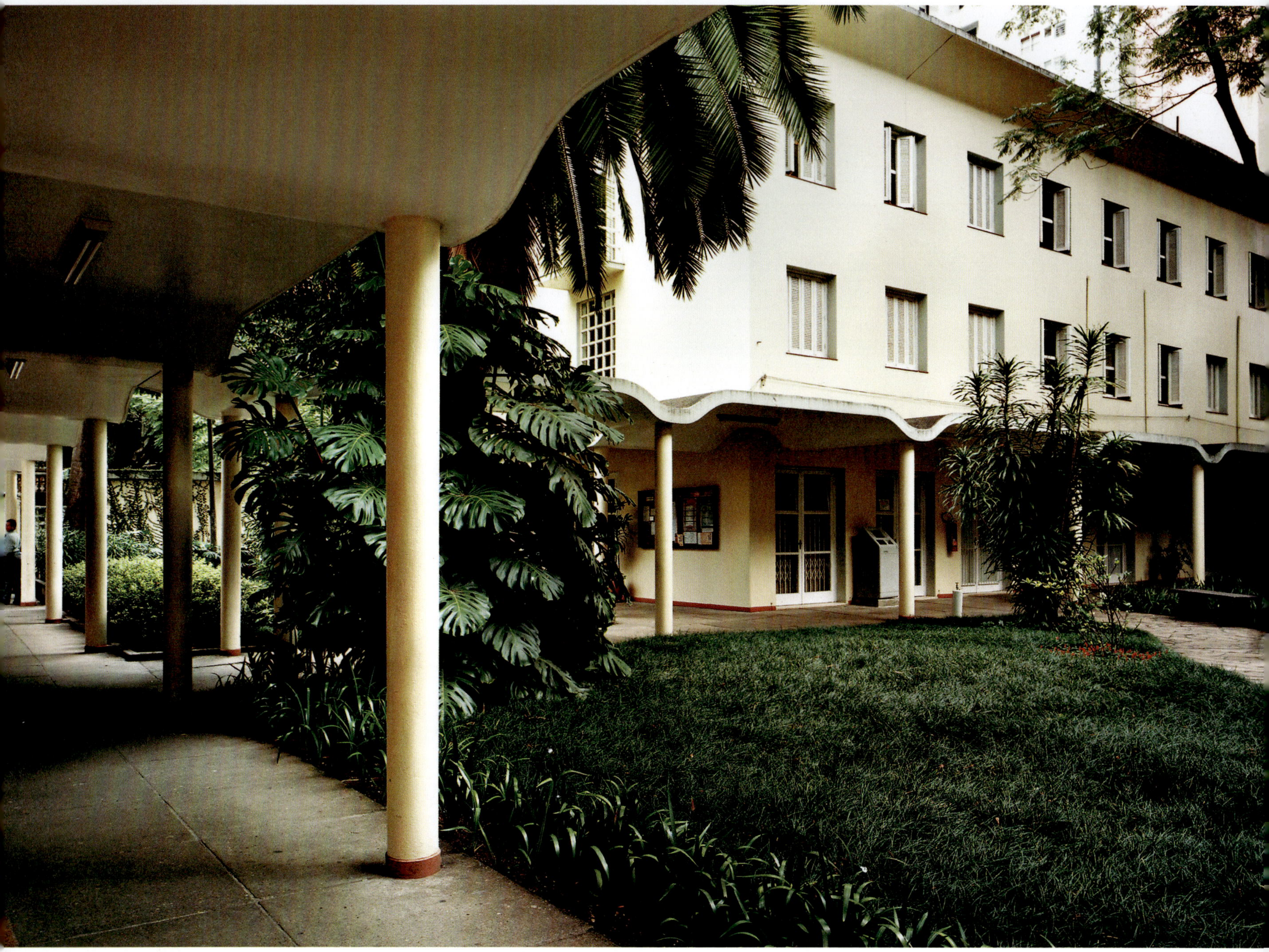

2 A mediterraneidade nos trópicos

27
Trabalho de graduação de Rino Levi na Escola Superior de Arquitetura de Roma, pátio de um palácio do esporte, 1926

No início dos anos 1940, Rino Levi passa a dispor os volumes funcionais de alguns de seus projetos ao redor de um espaço descoberto, isolado do espaço urbano. Esse partido projetual seria adotado apenas onde o uso fosse compatível com momentos de introspecção propiciados por essa disposição espacial, constituindo uma linha de projetos que caminhou paralelamente à maior parte de sua obra. Sua formação italiana foi suficiente para que vários autores qualificassem a situação criada como devedora à tipologia dos pátios do Mediterrâneo,[1] menosprezando as imprecisões na definição dessa tipologia e as especificidades da proposta de Rino Levi.

Uma das poucas imagens preservadas dos trabalhos escolares de Rino Levi é uma perspectiva de um pátio de um palácio, identificado como seu projeto de graduação [27]. A *loggia* circundante, a proporção das ordens arquitetônicas e a singela estátua central são enriquecidas por uma luz inclinada, que acentua os ritmos da composição. O projeto expressa os limites do ensino na Escola Superior de Arquitetura de Roma, onde o moderno seria sempre uma atualização da herança clássica.

Durante os anos do fascismo, a Itália adotou a mediterraneidade[2] como um projeto para sua identidade nacional. A retórica pretendia reviver os anos do Império Romano, reivindicando o Mediterrâneo como mar italiano e propagando a vontade de expansão que anos mais tarde a levaria a invadir o Norte da África. A arquitetura adotou o tema, que abrangia tanto a herança erudita com seus estilos clássicos, como a popular com suas construções costeiras das vilas de pescadores.

Ao longo da década de 1930, os arquitetos racionalistas abandonaram, na Itália, o ímpeto vanguardista inicial e passaram a versar sobre o mesmo tema dos arquitetos acadêmicos. O embate entre racionalistas e acadêmicos tornava-se uma disputa pelo privilégio na interpretação da mediterraneidade. Tanto a busca por uma essência transcendente do clássico, como a atualização de tipologias tradicionais estiveram presentes ao longo da produção moderna italiana do entreguerras. Não faltaram, portanto, os pátios, em suas mais diversas configurações.

O interesse italiano por essa tipologia seria reforçado por uma exploração semelhante realizada pela arquitetura moderna de outros países europeus.[3] Arquitetos modernos de países da Europa Central e até mesmo do Norte da Europa viam na arquitetura do Sul da Itália uma fonte para uma arquitetura luminosa e arejada, mesmo quando as condições climáticas, na maior parte do ano, não encorajassem nenhum paralelo. Assim, os pátios na arquitetura moderna italiana não estão isentos da retórica por uma identidade nacional italiana, mas nem por isso estão afastados da produção moderna de outros países. É nesse quadro que podemos inserir uma reflexão sobre os projetos de Rino Levi usualmente identificados como filiados à tipologia dos pátios mediterrâneos.

A arquitetura produzida por Rino Levi após seu retorno ao Brasil, em 1926, apresenta várias semelhanças com a arquitetura de seus colegas italianos, mas o surgimento dessa disposição espacial, que nos remete à tradição dos pátios, ocorre apenas em 1941, com o projeto para o Instituto Sedes Sapientiae. Ainda que o novo partido seja coerente com o desenvolvimento de seu próprio trabalho, essa data está próxima da chegada a São Paulo, em 1939, de dois arquitetos que realizaram na Itália diversos projetos modernos com pátios: Bernard Rudofsky e Daniele Calabi.

Rudofsky produziria em São Paulo as primeiras residências modernas com pátio, entre 1939 e 1941, quando se transfere para Nova York. Calabi também trabalharia o mesmo tema até 1948, quando de seu retorno à Itália. A retomada do contato com a arquitetura do ambiente de sua formação, propiciada pela presença desses dois arquitetos, deve ter gerado alguma contribuição para as transformações da arquitetura de Rino Levi.

Bernard Rudofsky e Daniele Calabi

Bernard Rudofsky,[4] que atuou na Itália entre 1932 e 1938, trazia em seu currículo alguns projetos e escritos que versavam sobre os temas da arquitetura mediterrânea. Durante os vários anos em que viveu entre Capri e Nápoles, Rudofsky explorou as características da arquitetura simples da região. As casas brancas, sem telhados, abertas para os jardins e explorando o clima e o sol do Mediterrâneo, serviram de inspiração para projetos como a Casa Oro, em Nápoles (com Luigi Cosenza), para suas casas nas ilhas de Capri e Procida, e para o Hotel San Michele, projetado com Gio Ponti na ilha de Anacapri.

Como alternativa à interpretação monumental da herança clássica, então preponderante entre os arquitetos italianos, Rudofsky propunha que a cultura italiana resgatasse os valores do modo de vida cotidiano romano. A casa deveria ser um "lugar da felicidade, sensual, solar, sã, *mediterrânea*",[5] num programa que avançava para a revisão do mobiliário e da moda, propondo um "novo modo de viver". Sua atuação como redator da revista *Domus* nos quatro primeiros números de 1938 foi inteiramente dedicada à divulgação desse programa, em artigos e projetos feitos especialmente para a publicação.

O projeto de sua casa em Procida[6] [30], constituído por uma planta quadrada, e com um pátio igualmente quadrado em seu interior, expressa, com seu desenho simples, uma proposta de uso para todos os ambientes, um uso que deveria retomar o prazer nos mínimos atos do dia a dia. O tema retornaria no projeto para o Hotel San Michele, constituído por vários apartamentos espalhados por um bosque, todos com um pequeno pátio contíguo. Apesar de um elenco variado de formas, todos os apartamentos apresentam uma interpretação do programa com os mesmos objetivos da casa de Procida. A forma de Rudofsky é apenas um meio para a realização de mudanças mais profundas nos hábitos das pessoas. Um desprendimento que se manifestaria na variedade de seu campo de atuação, abrangendo propostas de mobiliário e vestuário.

Rudofsky chegou a São Paulo em dezembro de 1938, fugindo das leis raciais recém-implantadas na Itália. Instala-se no Edifício Ester, exemplar emblemático da arquitetura moderna em São Paulo, onde residiam vários artistas e intelectuais, entre os quais Rino Levi. Pouco conhecida, a atuação de Rudofsky no Brasil ficou longe de conseguir realizar plenamente seu programa italiano. Seu primeiro projeto no país, a Residência Hollenstein construída em Itapecerica da Serra, em 1939, transporta para as frias montanhas paulistas algo da espacialidade de suas casas no Mediterrâneo. No ano seguinte, projeta na cidade de São Paulo as residências Frontini e Arnstein [29] que, articulando-se ao redor de pátios e isolando-se da rua pela vegetação e pelos muros, introduziram uma tipologia pouco usual nas habitações brasileiras do período.[7] Na Residência Arnstein, os jardins constituem parte dos ambientes internos. As salas de estar e de jantar são contíguas a seus duplos descobertos, enquanto um pátio para banho de sol estende o quarto do casal para fora da área coberta e um pátio com playground faz o mesmo com os quartos das crianças. Grandes muros separam esses jardins entre si, conferindo à parte descoberta a mesma privacidade dos ambientes da casa. O isolamento do conjunto em relação à rua conferia uma atmosfera íntima ao ambiente doméstico, isolando-o de uma cidade que já apresentava os primeiros contratempos de uma urbanização acelerada e desorganizada.

Além da coincidência de residirem no mesmo edifício e do paralelo entre seus projetos residenciais, não temos registro de uma relação direta entre Rudofsky e Levi. O mesmo não ocorreu com Daniele Calabi,[8] com quem Levi manteve colaboração profissional e laços de amizade.

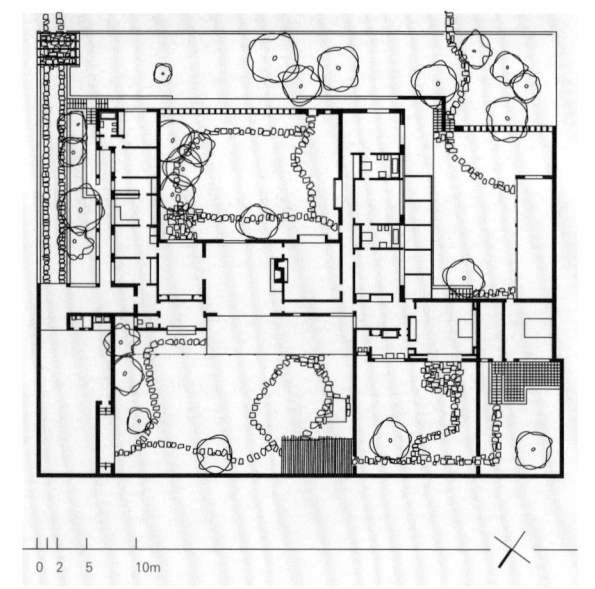

28
Instituto Sedes Sapientiae, marquise ondulada da circulação aberta e jardim entre os blocos, São Paulo, 1941

29
Residência Arnstein, planta, São Paulo, 1940, arquiteto Bernard Rudofsky

Ao chegar ao Brasil, Daniele Calabi, cuja atuação na Itália era sem dúvida mais discreta que a de Rudofsky, trazia um considerável currículo de obras. Ao analisar seus trabalhos, Guido Zucconi chama a atenção para uma "ideia de espaço introverso", que estrutura vários de seus projetos: "um espaço de forma quadrada ou retangular, alimentador da distribuição de um edifício de caráter, consequentemente, introverso".[9] Um esquema que surgira na Casa degli Italiani de Paris, projetada por Calabi em 1933, retornando em 1936 no projeto de uma colônia de férias à beira-mar, em Alberoni, no Lido de Veneza [31].

Nesse projeto em Alberoni, Calabi conjuga uma tradicional disposição do tipo pátio com diretrizes e elementos da arquitetura racionalista. Ainda que o espaço quadrado central seja inteiramente aberto no lado voltado para a praia e tenha sua orientação determinada pela insolação, a referência à tipologia de pátio com arcadas é clara e inequívoca. O espaço é delimitado num dos lados por um edifício de três andares, com desenho rigidamente abstrato e racionalista, mas, ao afastar a vedação do térreo, cria uma passagem coberta contínua, integrada ao espaço central. No lado oposto, um outro volume térreo é coberto por um sistema de abóbadas paralelas, em que o recuo da vedação sugere claramente uma série de pórticos ao longo do pátio. A face de acesso da rua é delimitada pela repetição da sequência de abóbadas, estruturadas apenas por pilares, criando um pórtico monumental de entrada. O projeto se enquadra nos parâmetros da produção racionalista do período, em que a nova arquitetura disputava com os acadêmicos o privilégio da herança clássica. Não havia, portanto, uma perspectiva de ruptura dos tipos tradicionais, e sim um compromisso com sua atualização a partir de propostas modernas.

30
Residência Rudofsky, perspectiva, Ilha de Procida, Itália, 1934, arquiteto Bernard Rudofsky

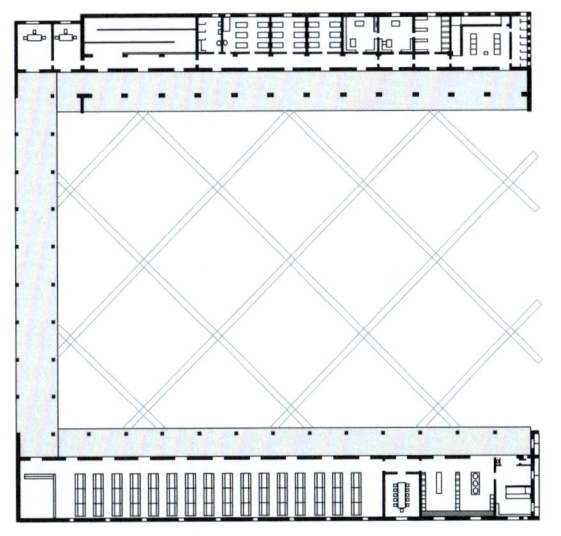

31
Colônia de férias Príncipe de Alberoni, planta, Lido de Veneza, Itália, 1936-37, arquiteto Daniele Calabi

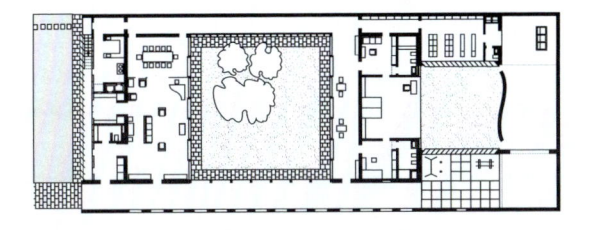

32
Casa de hóspedes/pavilhão de lazer para a família Medici, planta, São Paulo, 1945, arquiteto Daniele Calabi (desenho sem escala)

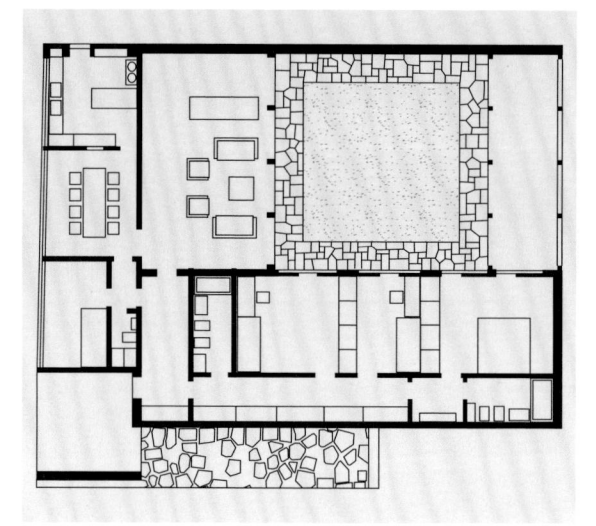

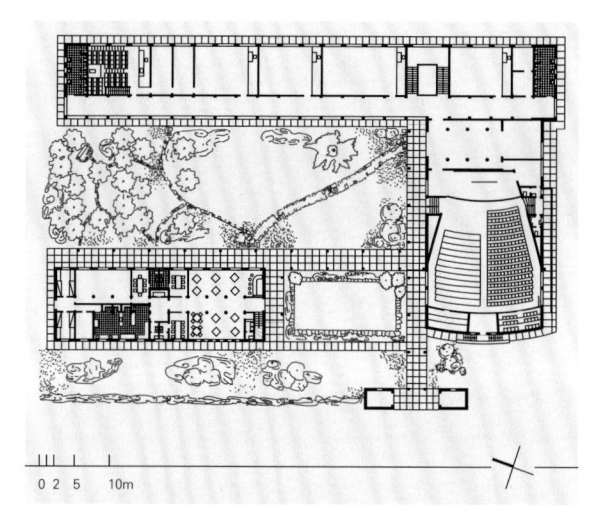

Uma parte considerável da obra de Calabi foi realizada durante sua estada em São Paulo, entre 1939 e 1948. Ao chegar à cidade, o arquiteto encontrou um ambiente cultural em rica fermentação. Gregori Warchavchik e Rino Levi já se apresentavam como profissionais consolidados, inseridos no ambiente cultural e exercendo grande influência na formação das novas gerações de arquitetos. Seria com Levi que Calabi estabeleceria uma relação mais estreita. Impedido de exercer plenamente a profissão, devido às restrições para a convalidação de seu diploma no Brasil, Calabi recorreu a Levi, que, além de lhe indicar alguns de seus melhores clientes, se tornou responsável legal por vários de seus projetos.

As casas projetadas por Calabi em São Paulo seguem o esquema espacial identificado por Zucconi.[10] O anexo à casa da família Medici [32] é estruturado em torno de "dois quadrados de dimensões idênticas", criando uma situação "completamente introvertida". A planta não deixa dúvidas quanto à sua filiação tipológica.

Em sua própria casa [33], o melhor dessa série de projetos, o lado posterior do pátio transforma-se num terraço coberto, aberto para a paisagem graças ao forte desnível do terreno. Isolada da rua por uma discreta fachada opaca, a casa se abre nos fundos para observar a cidade. Calabi parece justapor a interioridade do pátio clássico à exterioridade da varanda brasileira. Todavia, essa combinação desaparece na vista posterior da casa (possibilitada pelo desnível do terreno), em que se revela uma volumetria definida por uma inequívoca proporção áurea, ordenadora rigorosa da disposição das aberturas. Proporções, tipologia da planta e tratamento dos materiais foram suficientes para que as revistas *Domus* e *L'Architecture d'Aujourd'hui* insistissem em seu caráter clássico e em sua motivação "pelos esquemas de pátio que parecem pertencer à tradição mediterrânea".[11]

A transformação do pátio tradicional em jardim tropical

Ainda que afastadas da retórica ideológica que o tema do Mediterrâneo carrega na Itália, as casas produzidas em São Paulo por esses arquitetos identificam na tipologia de pátios extraída daquela arquitetura uma forma de abrir o interior das casas sem perder o sentido de intimidade do ambiente doméstico. Os projetos quase contemporâneos de Rino Levi, usando o pátio como tema, tensionam a atitude de seus colegas ao revelarem uma estrutura espacial mais distante das bases tipológicas tradicionais e transformarem esses pátios em jardins tropicais.

Já no artigo de 1925, Rino Levi propõe que "nossa florescente vegetação e todas as nossas inigualáveis belezas naturais podem e devem sugerir aos nossos artistas alguma coisa de original, dando às nossas cidades uma graça de vivacidade e de cores, única no mundo".[12] O contato direto com a vegetação brasileira seria um caminho para conferir especificidade à arquitetura moderna no Brasil.

O projeto para o Instituto Sedes Sapientiae (1941) [34 e 28] – três volumes dispostos em forma de "U" ao redor de um espaço aberto – evoca remotamente o de Daniele Calabi em Alberoni. Ambos têm os três volumes de usos distintos articulados por uma circulação contínua e coberta, mas en-

33
Residência Calabi, planta, São Paulo, 1946, arquiteto Daniele Calabi (desenho sem escala)

34
Instituto Sedes Sapientiae, planta do térreo, com pátio, São Paulo, 1941

quanto no projeto de Calabi ela é configurada por uma sequência de abóbadas ao redor do pátio, a cobertura da circulação do projeto de Levi é uma marquise contínua e ondulada de concreto armado, que não cobre inteiramente os três lados do pátio, mas apenas os caminhos essenciais para a circulação entre os blocos. Se o projeto italiano é mais devedor da tipologia do pátio tradicional, o brasileiro é um desvio que aponta para novas possibilidades. As concepções radicalmente distintas do espaço aberto central comprovam essa impressão: enquanto Calabi reitera o pátio seco, Levi propõe um exuberante jardim tropical, atitude que seria retomada nos projetos residenciais desenvolvidos nos anos seguintes.

Além de expressar uma evolução do programa proposto no artigo de 1925, diferenças entre os projetos de Calabi e Levi podem sublinhar também a coincidência com o amadurecimento de uma nova proposta de arquitetura moderna no Brasil, distinta daquela praticada em São Paulo até então. Se no início da década de 1930 Lúcio Costa convida Gregori Warchavchik para transferir sua experiência de projetos modernos em São Paulo para os arquitetos cariocas, a colaboração direta com Le Corbusier, durante o projeto do Ministério da Educação e Saúde, colocou a produção da arquitetura moderna no Rio de Janeiro em outro patamar. Vindo de uma prática neocolonial, Lúcio Costa desenvolve a proposta de uma arquitetura moderna que pode ser identificada como brasileira. O projeto de Costa e Niemeyer para o Pavilhão do Brasil em Nova York sintetiza alguns dos princípios dessa proposta: a liberdade da forma sinuosa do volume e a integração espacial com um jardim tropical. Se Levi nunca manifestou simpatia em relação aos princípios da forma livre, o mesmo não ocorreu com a integração com o jardim. É possível supor que a disposição do jardim no Pavilhão de Nova York tenha interferido no diálogo entre a arquitetura de Levi e os pátios de Rudofsky e Calabi, resultando na série de projetos caracterizados pela presença do jardim como estruturador de toda a sua espacialidade.

As casas introvertidas de Rino Levi

O desenvolvimento desse tema animou uma série de casas que se inicia com a sua própria (1944) [35 e 36], avança com os projetos para Milton Guper (1951) [37 e 38] e Paulo Hess (1953), e chega a uma proposta madura na casa de Castor Delgado Perez (1958). Localizadas nos primeiros bairros-jardins de São Paulo, os limites entre o interior do lote e o exterior urbano assumiriam uma total opacidade, opondo-se à tipologia de casas com varandas abertas para jardins frontais, até então dominante e estimulada pelas normas desses loteamentos.[13] Paredes opacas ou de elementos vazados, construídas sobre o recuo obrigatório, constituíam uma única volumetria englobando os jardins no interior da habitação. Separando o interior da casa do exterior urbano, Levi criava a possibilidade de continuidade entre salas e jardins, o que permitia a convivência cotidiana do morador com a vegetação ao ar livre, instrumento para recompô-lo dos desgastes da vida metropolitana.

Em sua residência, a primeira da série, encontramos três espaços abertos separados entre si pelo corpo da casa, dos quais apenas dois se configuram como jardins: o primeiro entre os quartos e as divisas, o segundo delimitado pela sala, circulação dos quartos e dois muros de divisa (o terceiro seria destinado ao apoio de serviço). A relação entre a sala e o jardim é semelhante à estabelecida entre a circulação das salas de aula e o jardim no Sedes Sapientiae: um plano de elementos pré-fabricados de concreto serve para filtrar o excesso de insolação devido à orientação Noroeste. Mas enquanto no Sedes Sapientiae os elementos de concreto servem como caixilhos, na sala de sua casa se encontram afastados dos vidros, constituindo, no espaço intermediário, uma pequena jardineira. A integração da sala com o jardim encontra-se, assim, mediada por esse conjunto de jardineira e elementos vazados. Um olhar atento à planta permite perceber que a estrutura espacial da casa apresenta um débito maior com as casas de três pátios projetadas por Mies van der Rohe do que com a tipologia tradicional de pátios, ainda que a presença da exuberante vegetação marque uma diferença pouco casual.[14]

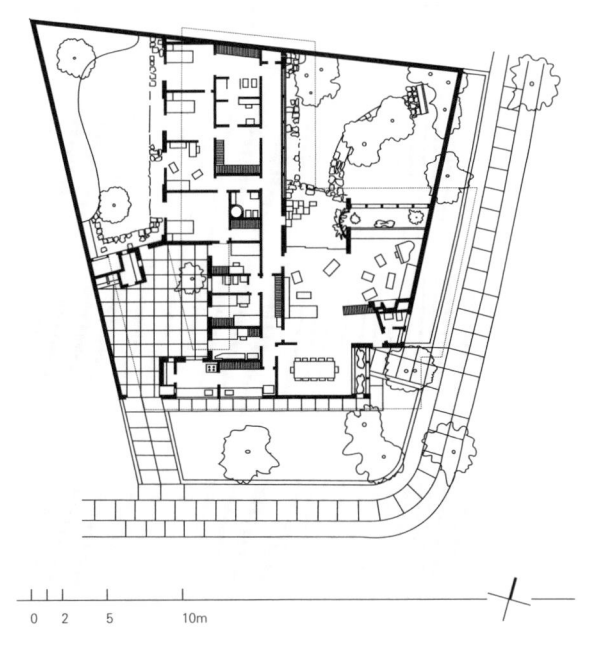

35
Residência Rino Levi, jardim dos dormitórios, São Paulo, 1944

36
Residência Rino Levi, planta

No projeto seguinte da série, a Residência Milton Guper, a proteção do elemento vazado se afasta inteiramente dos caixilhos de vidro, tornando-se pérgola e paredes de divisa. Dessa forma, a sala se expande, incluído em seu interior o jardim. Constitui-se, assim, um único espaço em forma de paralelepípedo, metade sala, metade jardim, dividido apenas por amplas portas de vidro. As paredes laterais desse espaço, também construídas com elementos vazados, separam-no do restante do jardim, reiterando seu caráter de ambiente interno.

As situações criadas por essas duas casas foram retomadas nos projetos seguintes. Não há uma continuidade linear na série, pois, apesar de posterior à Residência Milton Guper, a Residência Paulo Hess manteve a mediação dos caixilhos de concreto da casa Rino Levi. Somente na Residência Castor Delgado Perez a equipe de Levi daria um passo adiante na exploração dessa disposição espacial. A casa envolveria inteiramente o conjunto sala-jardim, dispensando os muros adicionais. O próprio conjunto seria aprimorado, ficando a sala localizada entre os dois jardins cobertos com pérgolas.

Na apresentação do projeto, os autores afirmam que sua forma se deveu à exiguidade do terreno, "situado em zona residencial plana", que impedia a "possibilidade de usufruir um panorama".[15] Ainda que tal afirmação possa parecer um tanto redutora, deve-se observar que quase todas as casas em que esse partido arquitetônico foi desenvolvido estão situadas no mesmo tipo de terreno plano, decorrente da ocupação da várzea do Rio Pinheiros.[16] Dentro da metodologia de projeto de Levi, em que as formas nascem para resolver um problema, é possível que esse partido tenha surgido inicialmente para conferir um panorama artificial à sua própria casa. Nos terrenos onde existisse uma paisagem, a arquitetura seria estruturada em função de sua fruição visual. Onde não fosse possível, teríamos a produção de um panorama no próprio terreno do projeto. No entanto, o que, inicialmente, deveria ser a solução de um problema de projeto torna-se um partido arquitetônico recorrente em várias ocasiões.

Ao introjetar a paisagem, transformada em jardins, Levi subverte o distanciamento inerente à condição contemplativa. Nesses projetos, sua relação com a natureza, simbolizada pela vegetação dos jardins, é estruturada a partir de uma experiência sensorial. Conforme palavras do próprio autor, o contato constante com a vegetação no interior da casa "desperta sensação de repouso e serenidade" e "estimula no homem a fraternidade",[17] levando a recompor a harmonia entre homem e natureza há muito perdida.

Nesse sentido, uma comparação com Lúcio Costa é necessária. Enquanto Costa escolhe a varanda, um lugar exterior, como "o melhor lugar da casa", onde seria possível estabelecer, à distância, como contemplação, a desejada intimidade com a natureza, Levi introjeta a natureza como jardim, situando-o no interior da casa e permitindo sua incorporação no dia a dia de seus habitantes.[18] Se Costa remete à tradição das casas de fazenda brasileiras, a atitude de Levi diante da natureza apresenta algumas semelhanças com a dos viajantes europeus do século 20 que exploraram o interior do Brasil, pesquisando a fauna e a flora brasileira. Com noções básicas de botânica, Levi realizou diversas viagens exploratórias, nas quais, acompanhado por Burle Marx, estudava a flora brasileira, colhendo exemplares que cultivava no jardim de sua casa, transformado num pequeno laboratório. Constrói, assim, uma espécie de natureza brasileira ideal, síntese daquilo que encontrou de mais interessante em nossas espécies vegetais.

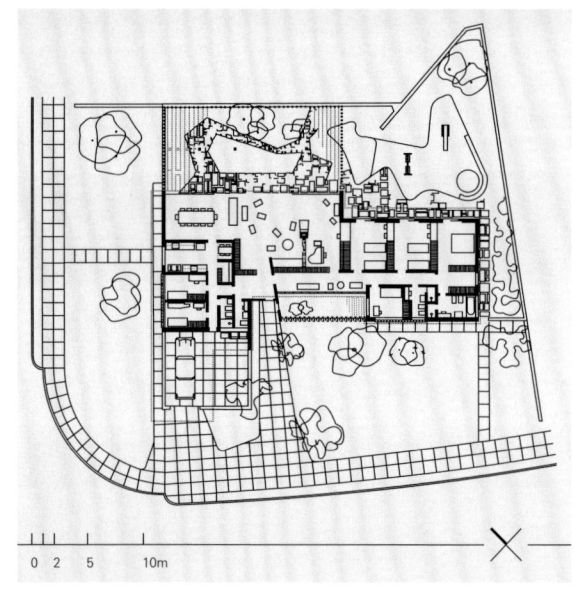

37
Residência Milton Guper, fachada para a rua Nicarágua, São Paulo, 1951

38
Residência Milton Guper, planta

Longe de ser uma opção formalista, o partido arquitetônico de suas casas representava, para ele mesmo, a possibilidade de uma nova sociabilidade, utopicamente serena e feliz, impregnada pela harmonia que deveria existir na natureza. Nesse partido arquitetônico Levi realiza sua mais importante contribuição para o modernismo brasileiro. O partido de integração física com a natureza, representada no interior da casa como jardim, é o melhor resultado de sua longa procura por uma alma brasileira.

Residência Irmãos Gomes, Ubatuba

O projeto para a Residência Irmãos Gomes em Ubatuba (1962) [41] teve menor fortuna na imprensa de arquitetura que as demais casas. Ao que tudo indica, nunca foi publicado. A oposição dos próprios colegas de escritório mostra sua difícil aceitação.[19]

Situada num grande terreno plano entre a montanha e a praia, a casa tenta conjugar a introspecção das casas urbanas com a abertura para a paisagem. Como os projetos na cidade, a casa é horizontal. A planta retangular tem numa das faces menores os dormitórios, e na outra, os serviços. A sala, ao centro, integra-se a um jardim, como na Residência Milton Guper, separado dos serviços por uma parede; do outro lado, uma bateria de sanitários a divide da circulação dos dormitórios. Até este ponto não apresenta nenhuma variação importante em relação às casas urbanas. Mas a presença da praia e da mata no morro levou Levi a considerar uma casa não inteiramente introvertida. As paredes dos lados maiores da planta retangular são construídas como planos opacos de tijolo aparente, que se interrompem na parte correspondente à sala para permitir sua completa abertura. Toda a extensão dos dois lados da sala se abre graças a enormes portas de correr. Abertas, vazam totalmente o volume na direção da praia/mata.

39
Residência para o gerente da Fábrica de Cobertores Paraíba, São José dos Campos, 1951, arquitetos Luiz Roberto Carvalho Franco, Carlos Milan e Sidney Fonseca

40
Igreja para o conjunto habitacional da Tecelagem Paraíba, perspectiva, São José dos Campos, 1953

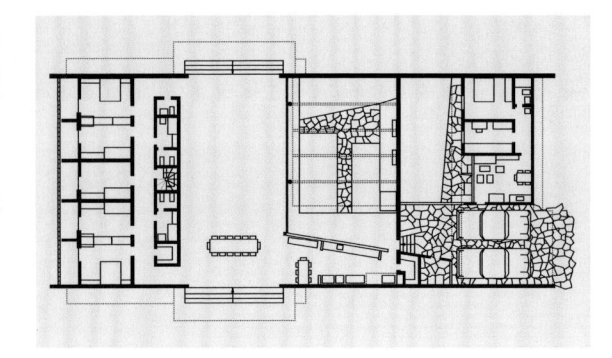

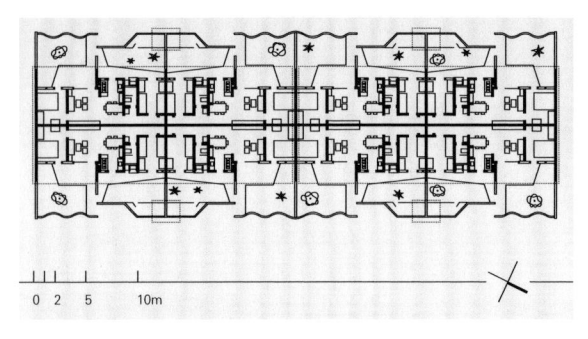

A equivalência, que permitia a substituição de um panorama ausente pelo jardim nas casas urbanas, permite a justaposição das duas situações num só ambiente. O jardim, constituído com pedras e água corrente da montanha, reproduzindo idealmente a mata, expande a sala, visual e sensorialmente, no sentido longitudinal. Na transversal, ela se expande visualmente para a mata e para o mar.

A forma da abertura rompe com o volume, interrompendo completamente os dois planos de tijolo que definem a casa. Nas outras duas extremidades, um plano de brise de concreto e o recuo do portão da garagem esvaziam qualquer sensação de massa. A cobertura, um telhado de quatro águas em telha ondulada de fibrocimento, é destacada para ventilação, o que também contribui para um maior esvaziamento da sensação de massa. Apenas o corpo de sanitários se ergue numa volumosa caixa-d'água de concreto em forma de tronco de pirâmide, elevando-se na horizontalidade dominante para se contrapor à grandiosidade dos morros, por um lado, e à vastidão do mar, por outro. No alto, um mirante acessível pelo interior da casa permite uma visão de todo o território.

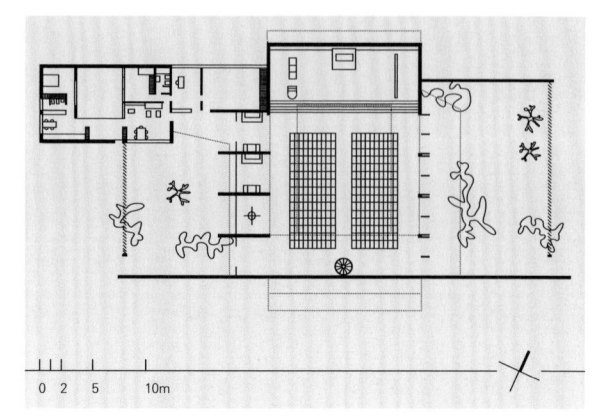

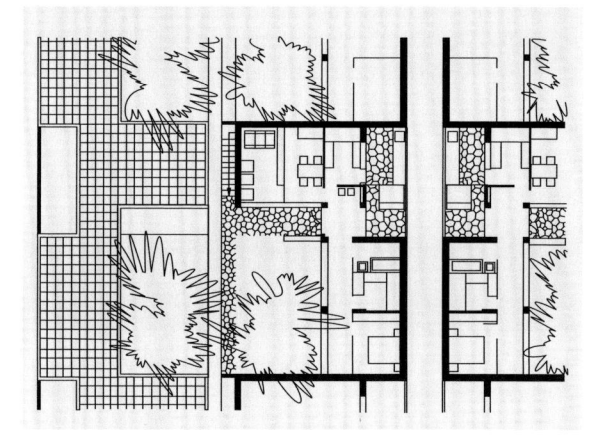

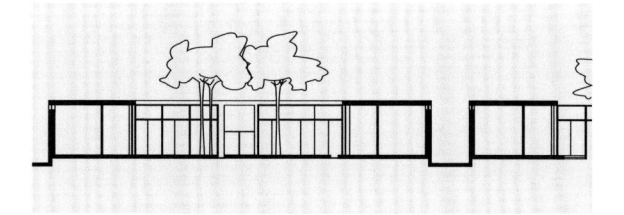

41
Residência Irmãos Gomes, planta, Praia Grande, Ubatuba, 1962 (desenho sem escala)

42
Conjunto Habitacional da Tecelagem Paraíba, planta das unidades-tipo, Fazenda Sant'Ana, São José dos Campos, 1953

43
Igreja para o Conjunto Habitacional da Tecelagem Paraíba, planta, Fazenda Sant'Ana, São José dos Campos, 1953

44
Planta e corte de um módulo de habitações para uma cidade horizontal, Milão, 1940, arquitetos Giuseppe Pagano, Irenio Diotallevi e Franco Marescotti (desenho sem escala)

Os projetos em São José dos Campos

Ainda que não constituísse uma proposta urbanística, essa disposição espacial carrega em si uma concepção de cidade. Enquanto o ideal moderno de transparência produzia uma extensão do interior para o exterior, evocando uma cidade transparente, de espaços contínuos, as casas de Levi, ao acentuar a separação entre interior e exterior, sugerem uma cidade descontínua. Os desdobramentos desse partido em direção a uma proposta urbanística completa são encontrados no projeto para um Conjunto Habitacional da Tecelagem Paraíba, na Fazenda Sant'Ana, em São José dos Campos, infelizmente não construído. Elaborado em 1953, o projeto dos conjuntos de residências [42], da escola e da igreja [40 e 43] desenvolve as características espaciais das casas intimistas.

Nos blocos de residências a transposição é imediata. Evitando o partido vertical, adotado um ano antes no Setor Residencial da USP, Levi desenvolveu um tipo peculiar de agrupamento horizontal de casas, uma espécie de unidade de habitação horizontal.

Ainda que seja uma decorrência lógica de seus projetos de residências, é interessante observar que esse tema também havia sido explorado pela arquitetura moderna italiana. O projeto para uma Cidade Horizontal, realizado por Giuseppe Pagano, Irenio Diotallevi e Franco Marescotti (1940) [44], propunha para o centro de Milão uma malha adensada de habitações unifamiliares, todas abertas para um pequeno pátio de iluminação e ventilação.[20] O mesmo princípio seria retomado por Adalberto Libera na Unidade de Habitação Horizontal de Tuscolano (1950) [45], construída na periferia romana. Em ambos os casos, o pátio é um instrumento que permite a densidade máxima para um conjunto horizontal, sem perda da privacidade nas habitações.

O projeto da equipe de Levi em São José dos Campos não parece ser premido pela demanda por uma grande densidade, mas sim pela vontade de explorar, em vários programas, as possibilidades desse tipo de disposição espacial. Nas unidades habitacionais, cada bloco é tratado como um só volume, estruturado em duas linhas de casas geminadas, agrupadas pela parede posterior. Todas as aberturas do espaço interno são concentradas em jardins na frente de cada unidade. Como em suas casas intimistas, esses jardins são integrados com os quartos e salas, separados da rua por muros fechados ou de elementos vazados. As ruas, hierarquizadas em circulação de veículos e de pedestres, são isoladas do espaço interno das moradias. A introspecção que as casas paulistanas induzem é generalizada para um conjunto urbanístico de habitação operária a baixo custo.

O mesmo partido é adotado também no projeto da igreja e da escola, ambas destinadas a atividades que exigem concentração. A escola organiza-se ao redor de um grande pátio de recreio, mas seriam as salas de aula que reproduziriam a espacialidade das casas. Dispostas em fileira, cada sala seria constituída por um volume em paralelepípedo, metade descoberto, permitindo que as aulas ocorressem ao ar livre. A igreja antecipa exatamente a disposição que seria adotada anos mais tarde na Residência Castor Delgado Perez. A nave principal elevada do solo seria disposta entre dois jardins cercados por altos muros, formando um conjunto opaco em meio a uma praça ajardinada.

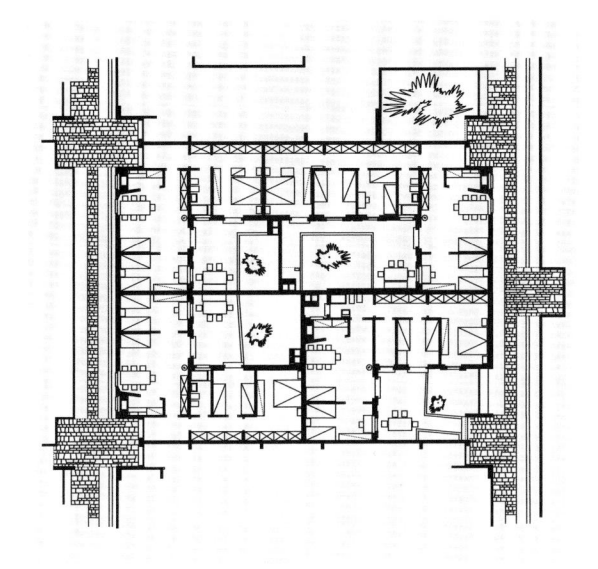

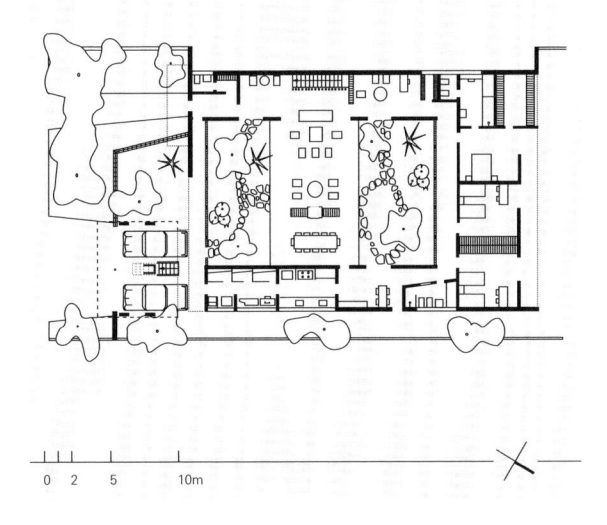

45
Planta de um módulo da unidade horizontal de habitações Ina Casa, Tuscolano, Roma, 1950-54, arquiteto Adalberto Libera (desenho sem escala)

46
Residência Castor Delgado Perez, planta, São Paulo, 1958

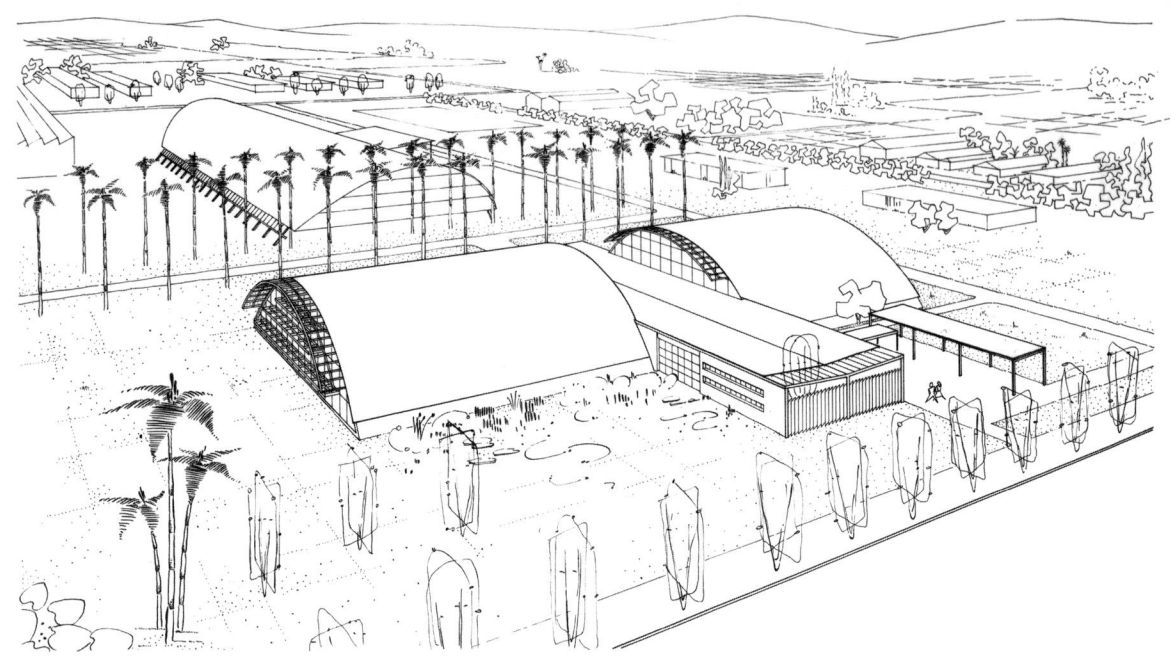

47
Mercado do conjunto residencial para operários da Tecelagem Paraíba, perspectiva do segundo anteprojeto, São José dos Campos, 1952

Uma pequena capela projetada e construída na Fazenda Monte Alegre,[21] também de propriedade da Tecelagem Paraíba, mas localizada do outro lado do rio, já no começo da encosta da Serra da Mantiqueira, permite uma melhor compreensão da relação entre esse jardim recluso e a paisagem. Neste caso, os muros, pouco mais altos do que os olhos de uma pessoa de altura mediana, isolam o jardim da paisagem constituída pela várzea do Rio Paraíba, confirmando nosso entendimento dessa disposição espacial como uma intenção de projeto, e não uma simples solução para a falta de um panorama num terreno plano, como justificavam os autores no memorial da Residência Castor Delgado Perez [46].

A segmentação dos volumes das casas, capela, igreja e escola em relação ao ambiente rural circundante é uma opção por uma estrutura espacial introspectiva, descontínua em relação ao exterior. Esses projetos justapõem a intimidade do partido das casas a uma situação de rarefação espacial típica do ambiente rural. Falta organicidade ao conjunto, que se limita à generalização de um princípio arquitetônico. Um pouco mais e teríamos uma contribuição urbanística bastante original para a arquitetura moderna brasileira.

Notas

1. ALFIERI, Bruno. Rino Levi: una nuova dignità all'habitat; BRUAND, Yves. *Arquitetura contemporânea no Brasil*; ACAYABA, Marlene Milan. *Residências em São Paulo 1947-1975*.

2. Cf. CIUCCI, Giorgio. *Gli architetti e il fascismo. Architettura e città, 1922-1944*; DANESI, Silvia. Aporie dell'architettura italiana in periodo fascista – mediterraneità e purismo.

3. Cf. MACINTOSH, Duncan. *The modern courtyard house*.

4. Bernard Rudofsky (Zauchtl, Áustria, 1905 – Nova York, 1988). Formado em Viena em 1928, transfere-se para a Itália em 1932, trabalhando com Gio Ponti (inclusive como redator da revista *Domus*) e Luigi Cosenza até 1938, quando foge para o Brasil. Em 1941, participa da exposição *Organic Design* no MoMA de Nova York, para onde transfere sua residência a partir de outubro do mesmo ano. Contribui com Philip Goodwin e Kidder Smith para a realização da exposição *Brazil Builds*, que, entre outras obras, apresentou algumas de suas casas brasileiras. A inclusão de Rudofsky neste estudo se deve à pesquisa de Maria Beatriz Cappello, *Paisagem e jardim nas casas de Rino Levi*, apresentada em 1998 como dissertação de mestrado em Arquitetura para a USP São Carlos. As informações sobre Rudofsky foram fornecidas pelo curador de seu arquivo, o professor Andrea Bocco Guarnieri, de Turim. Uma primeira biografia sobre Rudofsky foi publicada por Hugo Segawa na revista *Projeto*, n. 45, nov. 1982.

5. GUARNIERI, Andrea Bocco. Design anonimo e design spontaneo.

6. O projeto concebido em 1935 nunca foi construído, mas foi publicado junto com o manifesto de Rudofsky: RUDOFSKY, Bernard. Non ci vuole un nuovo modo di costruire, ci vuole un nuovo modo di vivere.

7. Cf. XAVIER, Alberto; LEMOS, Carlos; CORONA, Eduardo. *Arquitetura moderna paulistana*, p. 6. Ambos os projetos participaram da exposição *Brazil Builds*, no MoMA de Nova York, em 1943.

8. Daniele Calabi (Verona, 1906 – Veneza, 1964). Forma-se engenheiro em Pádua, em 1929, e obtém o título de arquiteto em Milão, em 1933.

9. O professor Guido Zucconi, do Instituto Universitário de Arquitetura de Veneza, publicou o artigo "Daniele Calabi: Variazione di una idea di spazio introverso". Zucconi também organizou o catálogo: ZUCCONI, Guido. *Daniele Calabi – architetture e progetti*.

10. Sobre o tema da casa com pátio, até o seu retorno à Itália, Calabi projeta uma casa de recepções, anexa à casa de Luigi Medici (1944-46); sua própria casa (1945-46), a Casa Ascarelli (1945) e a Casa Cremesini (1947).

11. Habitations individuelles au Brésil; OLIVIERI, L. C. Casa a San Paolo; OLIVIERI, L. C. Gusto del sottile. *Domus*, n. 233, Milão, 1949. Apud ZUCCONI, Guido. Op. cit.

12. LEVI, Rino. Arquitetura e estética das cidades.

13. Observe-se que a segunda casa dessa série, a de Milton Guper, está localizada no primeiro bairro-jardim de São Paulo, o Jardim América, projetado por Barry Parker em 1917. Ainda hoje o bairro tem uma agradável atmosfera de jardim, preservada por lei de tombamento pelo Condephaat. Sua casa particular (já demolida) e a de Castor Delgado Perez estão localizadas no Jardim Europa, loteamento um pouco posterior, que reproduz as mesmas características do Jardim América. As normas de construção proibiam muros altos na frente das casas e estimulavam uma relação franca entre a área social da casa e o espaço da rua, conforme informação de Carlos Roberto Monteiro de Andrade em sua pesquisa de doutorado sobre Barry Parker em São Paulo (FAU USP, 1998).

14. A leitura feita por Manfredo Tafuri da Casa Hube (Magdeburg, 1935) e das casas de três pátios indica os limites da possibilidade de comparação com essas casas de Rino Levi. Ao apontar o distanciamento insuperável entre o interior e o exterior nas casas de três pátios, Tafuri afirma que a relação com a natureza era substituída por uma construção artificial e "induzida a tornar-se uma ilusão de ótica". TAFURI, Manfredo; DAL CO, Francesco (1976). *Architettura contemporanea*, p. 132.

15. *Memorial descritivo do projeto*. O texto apresenta como autores a equipe do escritório: "Rino Levi, arquiteto, Roberto Cerqueira César e Luiz Roberto Carvalho Franco, arquitetos associados".

16. Uma exceção é a casa de Clemente Gomes, construída no bairro do Pacaembu, em São Paulo, entre 1963 e 1968, em que, apesar da declividade acentuada, os autores mantêm o partido do jardim justaposto a uma situação de terraço. Cf. CAPPELLO, Maria Beatriz. *Paisagem e jardim nas casas de Rino Levi*.

17. LEVI, Rino. *A casa*, mai.1954, arquivo Rino Levi [texto datilografado].

18. "A mais forte imagem da casa brasileira, entretanto, parece vir da descrição que Lúcio faz da evolução das construções depois de 1900, ao comentar a presença crescente da varanda. Segundo o arquiteto, dependendo da orientação, seriam elas o melhor lugar da casa para se ficar, 'verdadeira sala completamente aberta'. Mário Pedrosa, em 1959, comenta que os arquitetos modernos brasileiros desejariam quase 'casas ao ar livre, todas extrovertidas', não fora o clima tropical." TELLES, Sophia S. Op. cit., p. 86. A citação de Costa é do livro *Lúcio Costa: sobre arquitetura*, p. 92; a de Mário Pedrosa é do livro *Dos murais de Portinari aos espaços de Brasília*, p. 332.

19. Cf. FRANCO, Luiz Roberto Carvalho. Depoimento ao autor, São Paulo, 1993.

20. Cf. ALBINI, Franco; PALANTI, Giancarlo; CASTELLI, Anna. *Giuseppe Pagano Pogatschnig – architetture e scritti* (existia um exemplar dessa publicação na biblioteca de Rino Levi).

21. Cf. PENEDO, Alexandre. *Arquitetura moderna em São José dos Campos*. Agradeço a Alexandre Penedo pela visita que realizamos juntos às ruínas desse conjunto, fundamental para a argumentação desenvolvida neste capítulo.

11 Cine Universo

avenida Celso Garcia 378 (antigo 84)
São Paulo SP
1936-39

Após a sua desativação como cinema, o edifício teve usos diversos, inclusive o de estacionamento. Hoje abriga uma igreja evangélica.

O conjunto comercial junto à rua foi descaracterizado pela destruição das marquises e iluminação. De modo inusitado, um edifício de dezessete andares foi construído sobre o vazio entre as lojas e o salão

Localizado no terreno que abrigou o antigo Polytheama do Brás e, posteriormente, o Circo Piolim, o Universo preservava a função do ponto, fornecendo diversão para a enorme massa de espectadores que habitava a região. Após acidentes em outros cinemas, os órgãos de fiscalização de uso do imóvel passaram a restringir a capacidade das salas de espetáculos do município e, apesar das demonstrações do arquiteto tentando provar que os dispositivos de escoamento do público permitiriam capacidades mais elevadas, limitaram a do Universo em 4.324 lugares.

Ao contrário do Ufa, a forma paraboloide das paredes, forro e piso da plateia se estende por toda a sala de projeções, não se limitando mais às proximidades do proscênio. No centro do teto, uma grande abertura móvel permite a rápida renovação do ar e a eventual visão parcial do céu estrelado durante o espetáculo.

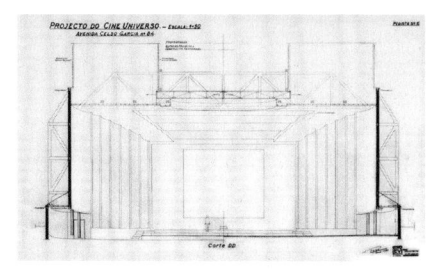

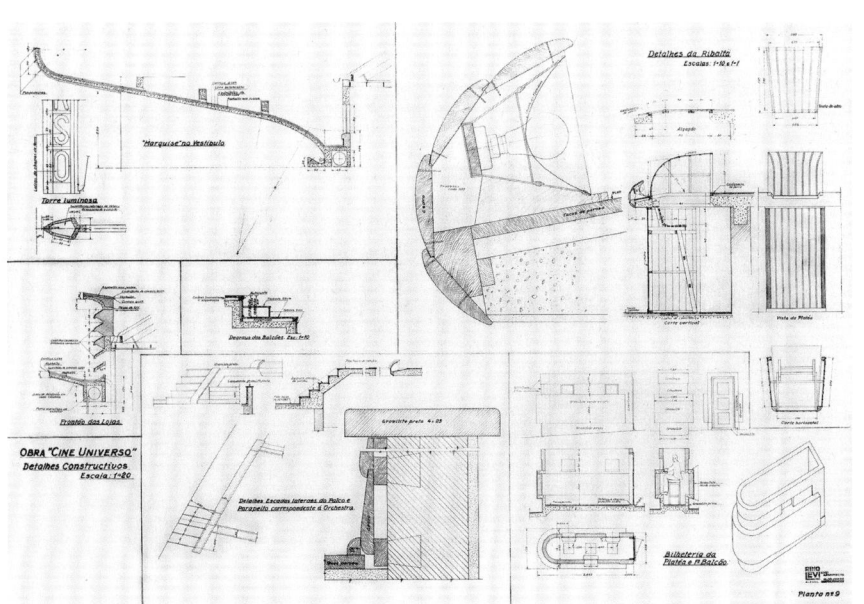

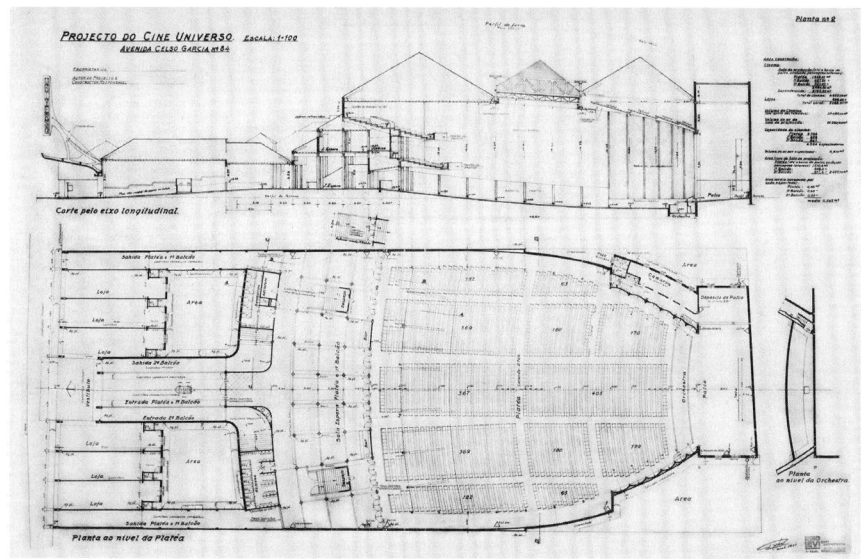

Foto do dispositivo de abertura no teto da sala de projeções

Interior da sala de projeções

Corte transversal da sala de projeções

Detalhes construtivos

Foto noturna do Cine Universo

Planta e corte do projeto

12 Edifício Guarani

Para Halo Bellandi, Ampelio Zocchi e Zulimo Bellandi

avenida Rangel Pestana 1092, esquina da avenida Exterior
São Paulo SP
1936-42

Ver ensaio fotográfico de Nelson Kon

Situado defronte ao parque Dom Pedro no limite da área central, o Guarani tem a forma semicircular de sua planta derivada da forma do lote. Os seis apartamentos dispostos ao longo da planta-tipo em forma de ferradura têm seus espaços de habitação diurna e noturna dispostos na face externa do volume, permitindo, assim, usufruir da vista direta da paisagem, enquanto os ambientes de serviço ficam voltados para a face interna. A torre de circulação vertical é construída no centro do semicírculo, ligada aos apartamentos por longas passarelas que vencem os vazios de ventilação.

Os andares inferiores com serviços e comércio adaptam-se ao desnível, constituindo uma base regular sobre a qual o volume cilíndrico pode se apoiar por meio de grandes colunas. Na cobertura, uma lavanderia coletiva tenta introduzir novos conceitos de moradia coletiva nas habitações paulistanas.

"Não falemos da vista que de qualquer um dos andares se desfruta de São Paulo-dínamo, São Paulo-oficina, São Paulo-trabalho! [...] Aos nossos pés, o parque majestoso, reconfortador e restaurador com o tapete verde ondulante das copas de árvores amigas... árvores amigas que sombreiam gramados infindáveis. Isto é São Paulo! Isto é o Edifício Guarani! Uma residência para se viver a vida [...] paulistanamente, no centro da cidade-dínamo, e ao mesmo tempo tão longe dele!"[1]

1. Folheto de propaganda para o lançamento do prédio, arquivo Rino Levi.

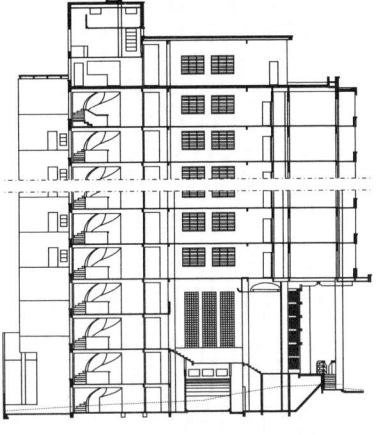

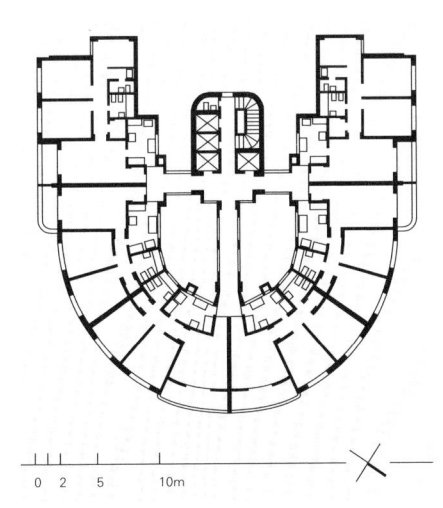

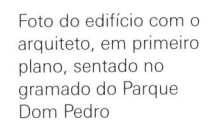

Foto do edifício com o arquiteto, em primeiro plano, sentado no gramado do Parque Dom Pedro

Corte

Planta do pavimento-tipo

Vestíbulo externo da entrada com conjuntos comerciais

Interior do hall de entrada

Fachada posterior

13 Edifício Central do Aeroporto Santos Dumont

Concurso
praça Santos Dumont
Rio de Janeiro RJ
1937

Não construído

Projeto marcado pela intenção de organizar todo o programa num único volume, procurando uma alternativa para a composição de volumes diversos justapostos, que vinha sendo adotada em outros projetos. O grande volume de base retangular recebe acréscimos e subtrações, as extremidades são coroadas por semicilindros, e parte dos andares superiores é subtraída para ressaltar o vestíbulo de ingresso. O dinamismo pretendido com o uso das formas curvas e extensas janelas corridas contrasta com a simetria do projeto, cuja implantação ressalta sua monumentalidade. O prolongamento de grandes vitrais das paredes dos saguões para o teto remete à arquitetura de seus colegas italianos, mais especificamente ao saguão de passageiros da Estação Ferroviária Santa Maria Novella, de Giovanni Michelucci, em Florença, primeiro projeto racionalista a vencer um concurso na Itália, em 1932.

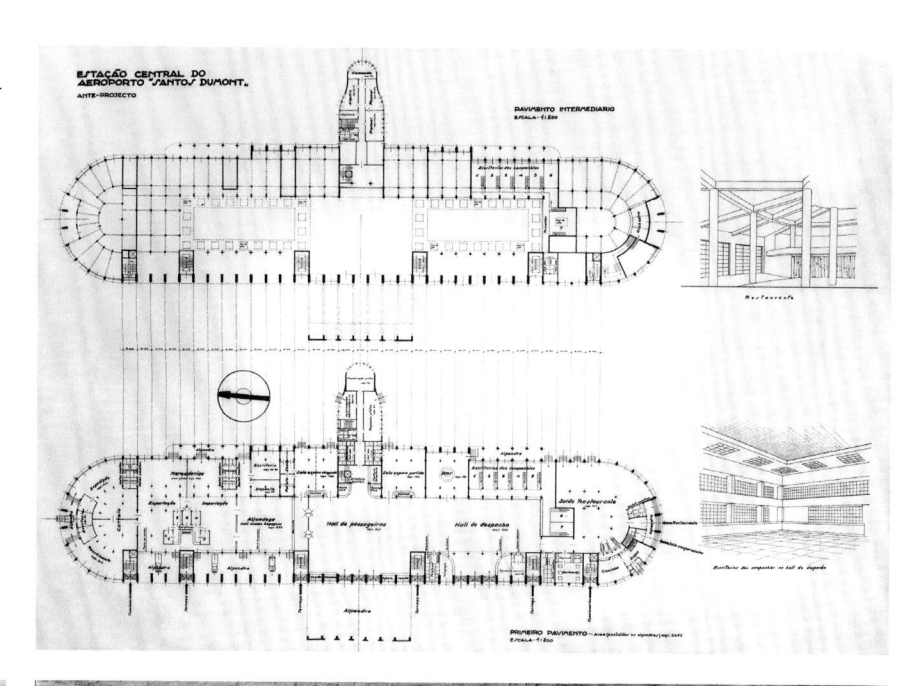

Perspectiva interna do hall de passageiros

Planta do pavimento térreo e do intermediário

Perspectiva aérea, vista da pista de pouso

Perspectiva, vista da cidade

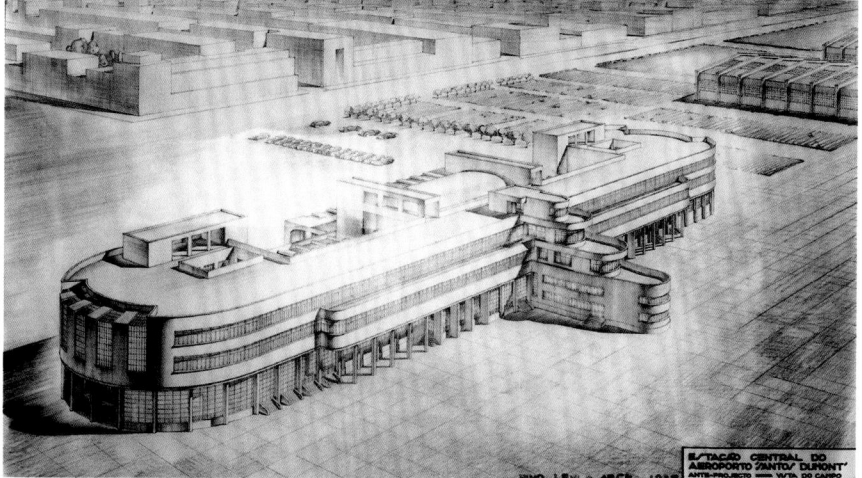

14 Cine Art-Palácio e Edifício Trianon

praça Duarte Coelho, rua do Caju, rua Santo Amaro e avenida Guararapes
Recife PE
1937

Cinema modificado e abandonado
Edifício de escritórios com conservação precária e em parte abandonado

Um dos poucos projetos de Levi fora de São Paulo, o conjunto cinema/edifício comercial encontra aqui uma nova disposição. Ocupando a totalidade de uma quadra, o edifício de escritórios abraça lateralmente a sala de projeções. O eixo diagonal da composição é acentuado pela ênfase em duas esquinas opostas, onde se situam as entradas principais do cinema e do edifício. A preocupação com a adequação da arquitetura ao clima resulta nas primeiras propostas de quebra-sol na obra de Levi: uma pequena marquise em balanço sombrearia as janelas do edifício de escritórios. Apesar de ausente nos currículos e portfólios de Levi, o edifício de escritórios foi construído com o acréscimo de mais dois andares para se adaptar ao gabarito mínimo da avenida Guararapes. A constatação da construção do edifício de escritórios foi feita por intermédio de foto que ilustra a dissertação de mestrado de Guilah Naslavsky.[1]

1. NASLAVSKY, Guilah. *Modernidade arquitetônica no Recife – arte, técnica e arquitetura de 1920 a 1950*, p. 155.

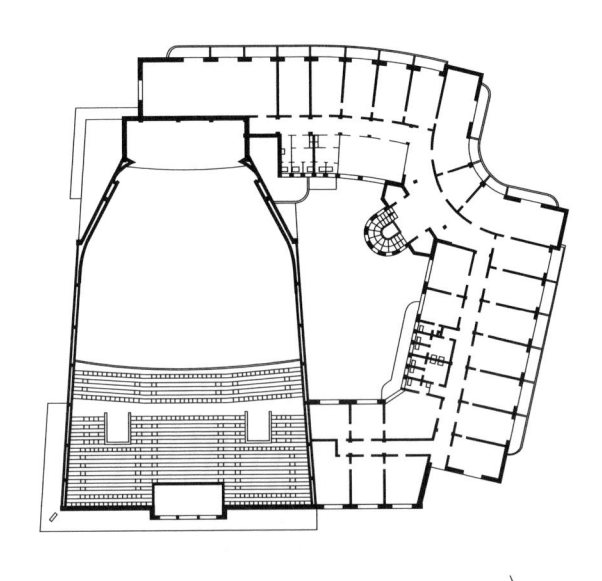

Planta do balcão da sala de projeções e do pavimento-tipo do edifício de escritórios

Vista do cinema construído

Perspectiva do cinema

Perspectiva da segunda proposta para o edifício de escritórios anexo ao Art-Palácio de Recife

Foyer do cinema

Sala de projeções

15 Conjunto comercial para o IAPI

Largo São Bento, viaduto Santa Efigênia e avenida Anhangabaú
São Paulo SP
1939-40

Não construído

Realizado como investimento do Instituto de Aposentadoria e Pensões dos Industriários para geração de renda, esse projeto, situado ao lado do viaduto Santa Efigênia, apresenta a inusitada característica de estar implantado sobre a entrada de um túnel que ligaria o Vale do Anhangabaú e a rua 25 de Março, no outro lado da colina central da cidade. Levi procurou evitar a usual aridez dos espaços anexos a túneis e viadutos, incorporando no programa do edifício usos que poderiam conferir uma urbanidade a essa situação: os níveis do Vale do Anhangabaú e do largo São Bento são ocupados por lojas, e os dois andares intermediários são destinados a estacionamento.

Sobre o conjunto comercial se elevam três edifícios de escritórios, de forma laminar e dispostos paralelamente. Além de evitar os insalubres poços de iluminação e ventilação, os edifícios concentram seus serviços e circulação vertical nas extremidades, liberando o restante da planta para uma ocupação modular. As janelas corridas e a progressão da dimensão horizontal da planta conferem às construções um sentido de movimento em direção ao viaduto, enquanto as gigantescas colunas na entrada do túnel acentuam a verticalidade do desnível entre o largo e o vale.

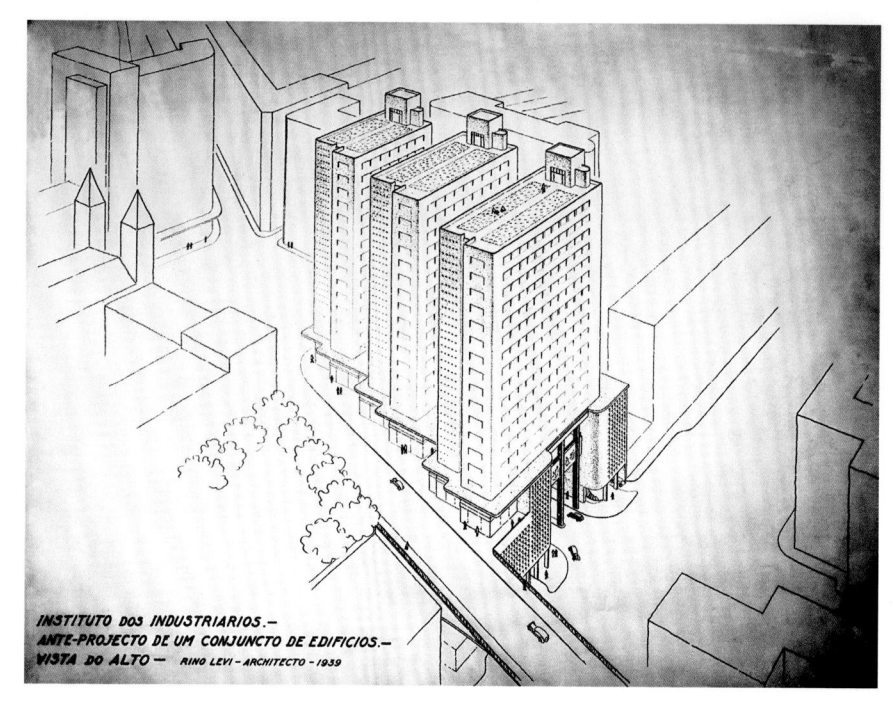

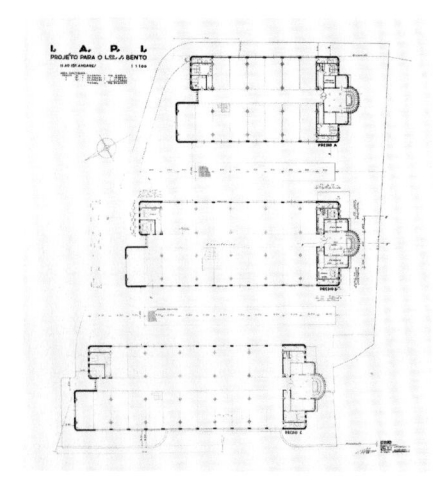

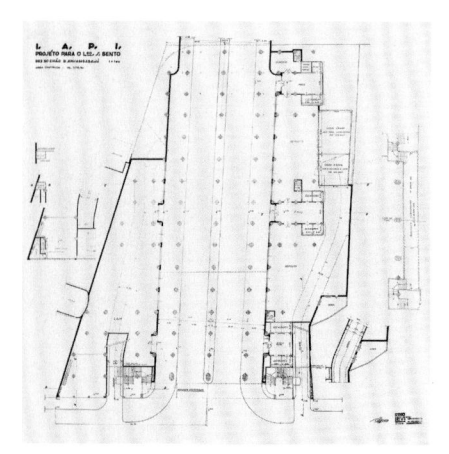

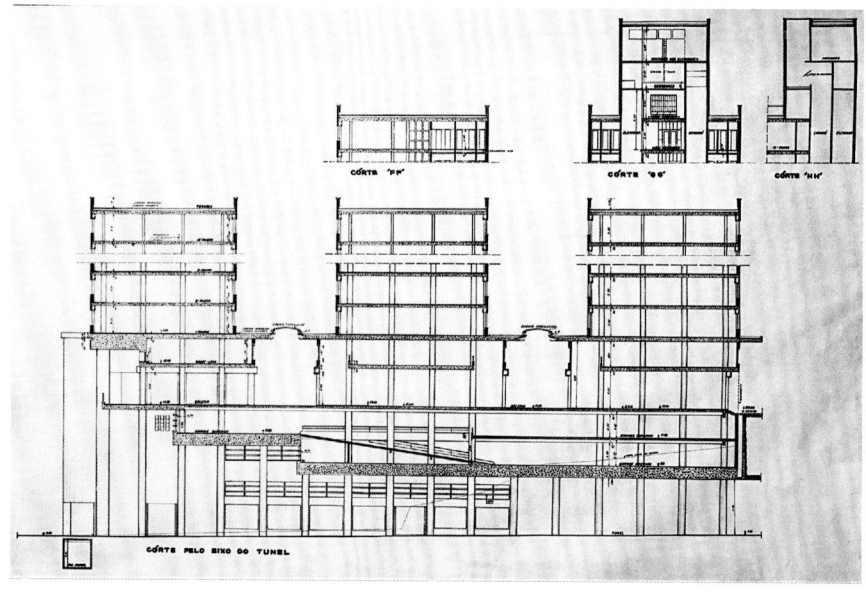

Plantas do pavimento-tipo dos edifícios de escritórios

Planta do nível do túnel

Vista da entrada do túnel a partir do Vale do Anhangabaú

Perspectiva aérea do conjunto, onde se vê a abertura do túnel para o Anhangabaú e as torres do Mosteiro de São Bento

Corte do conjunto

16 Conjunto-Sede da Caixa Beneficente do Asilo-Colônia Santo Ângelo

Para a Estrada de Ferro Central do Brasil – EFCB
Mogi das Cruzes SP
1940

Apenas o Cine-Teatro foi construído no interior do asilo-colônia dedicado ao tratamento de doentes de hanseníase.[1]

Encontra-se atualmente desativado e bem preservado, situado no interior do Hospital Dr. Arnaldo Pezzuti Cavalcanti.

O conjunto de edifícios se estrutura a partir de uma proposta urbanística que cria uma avenida de acesso e uma praça. Ao alinhar o cine-teatro com o eixo da avenida, que se alarga conforme se aproxima da praça, Levi gera uma monumentalidade característica do urbanismo italiano do período. Também reforça essa filiação a concepção da praça, em que uma série de pórticos permite a circulação coberta de pedestres em dois de seus lados. Levi inaugura aqui uma forma de organização de volumes funcionais distintos, estruturada por um espaço aberto, estratégia que seria desenvolvida no projeto do Sedes Sapientiae.

1. LEITE, Pedro Carlos. Antigos pacientes de hanseníase lembram internação em Mogi.

Planta do térreo do conjunto formado pelo cassino, cine-teatro e sede da caixa beneficente

Corte transversal do cine-teatro

Corte longitudinal do cine-teatro

Perspectiva do conjunto

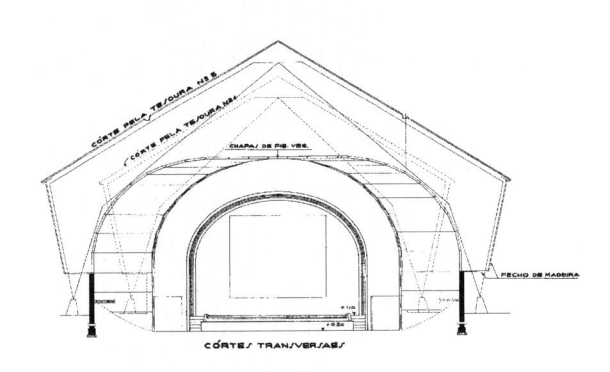

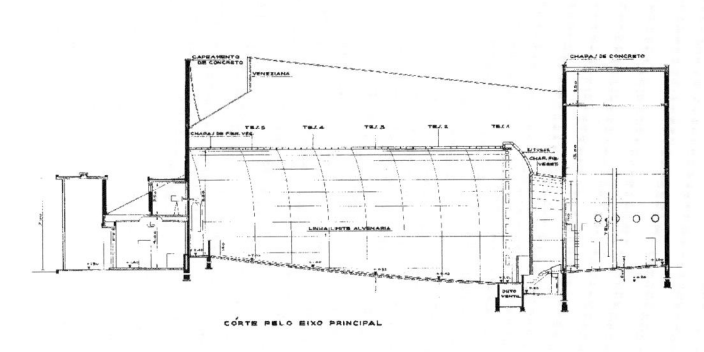

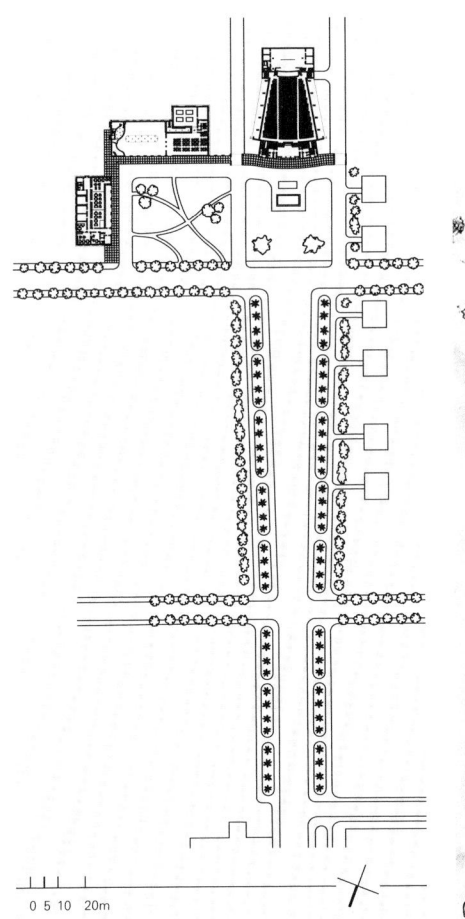

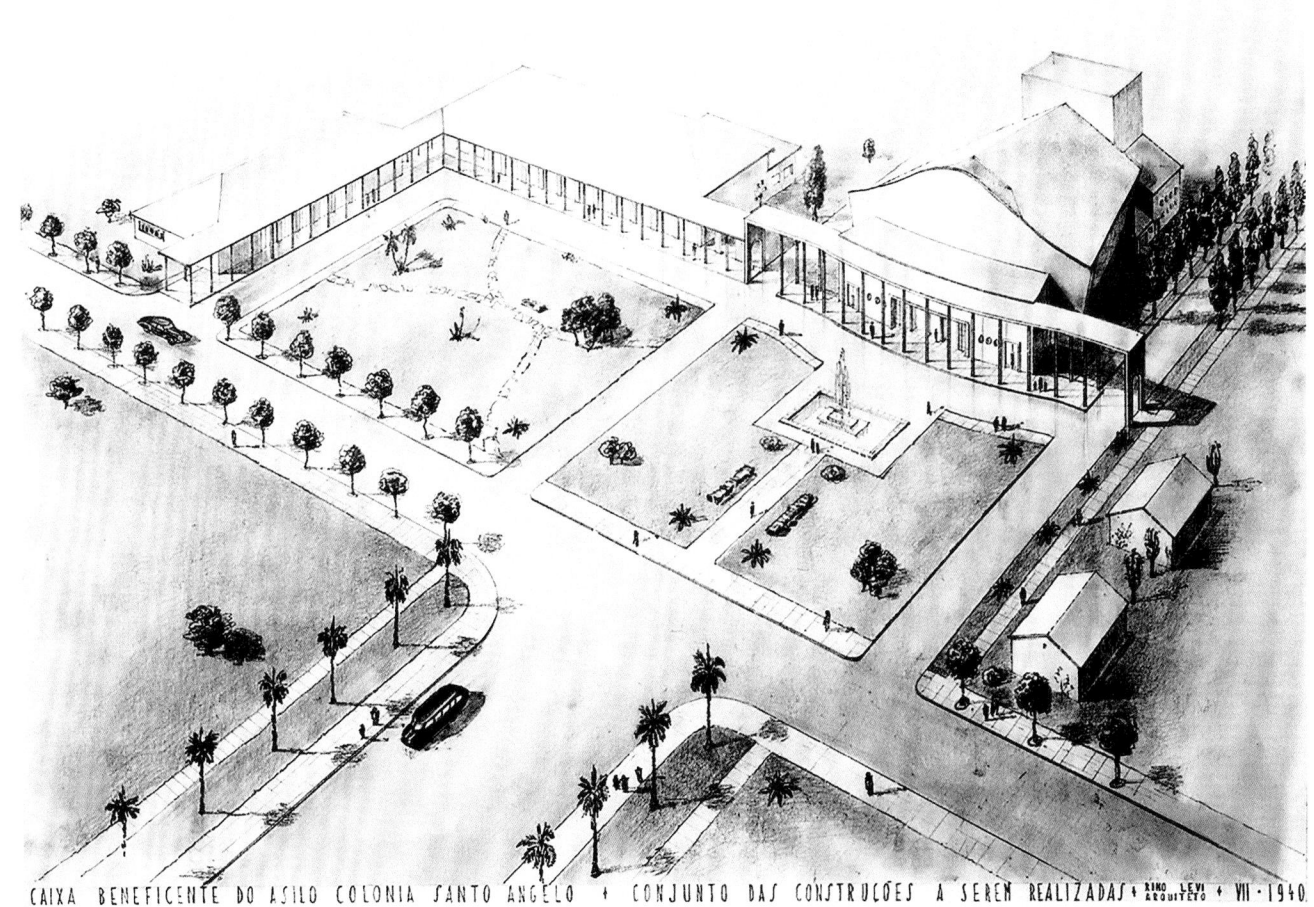

17 Instituto Superior de Filosofia, Ciências e Letras Sedes Sapientiae

Para a Associação Instrutora da Juventude Feminina
rua Marquês de Paranaguá 111
São Paulo SP
1940-42

Atual PUC-SP.
Ver ensaio fotográfico de Nelson Kon

Projeto em que a distribuição dos volumes construídos está estruturada em função de um espaço aberto. O caráter ativo desse espaço e o fato de estar ladeado por marquises de circulação levam à sua associação com os pátios clássicos italianos, tema que certamente está na origem do partido adotado. Entretanto, Levi realiza diversas operações que o distanciam de tal tipologia: desloca os volumes em relação ao espaço aberto, separa uma das vias de circulação com um plano de elementos vazados, inverte a forma tradicional das arcadas nas marquises onduladas, preenche o pátio seco com vegetação tropical. Do pátio clássico permanece o caráter de isolamento em relação ao espaço da rua, perfeitamente adequado ao programa educacional que ali se desenvolve.

Após o retorno dos telhados escondidos por platibandas nos projetos anteriores, Levi assume aqui o telhado aparente, desenvolvendo um detalhe em que o amplo beiral cumpre a função de calha. As limitações das técnicas adotados na construção, em parte geradas pela escassez de material decorrente da Segunda Guerra Mundial, não impedem a adoção de soluções estruturais sofisticadas. Os ambientes compartimentados da administração e da biblioteca, ambas situadas sobre o auditório, exigem grandes vigas de transição. Contíguo a elas, Levi constrói seu primeiro teto-jardim.

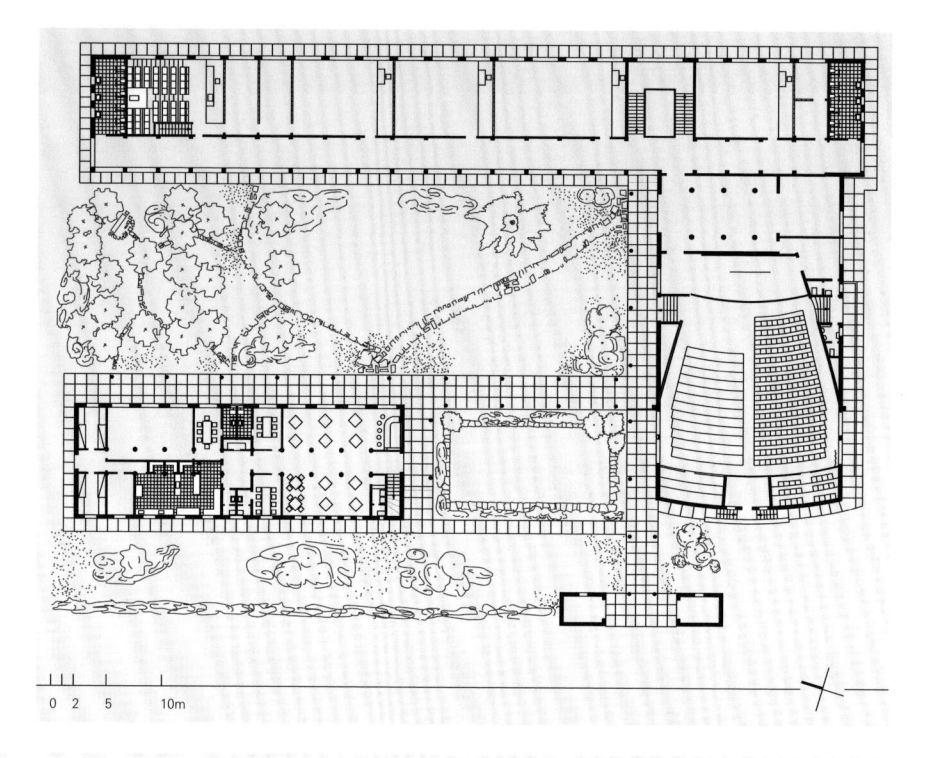

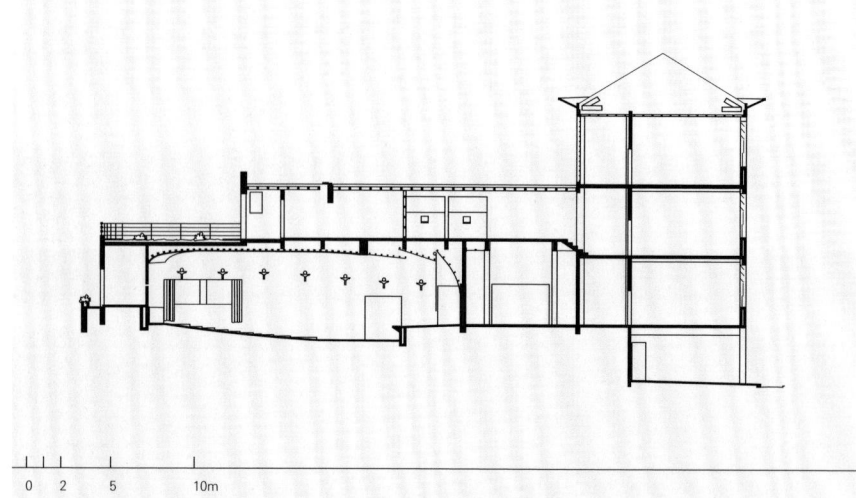

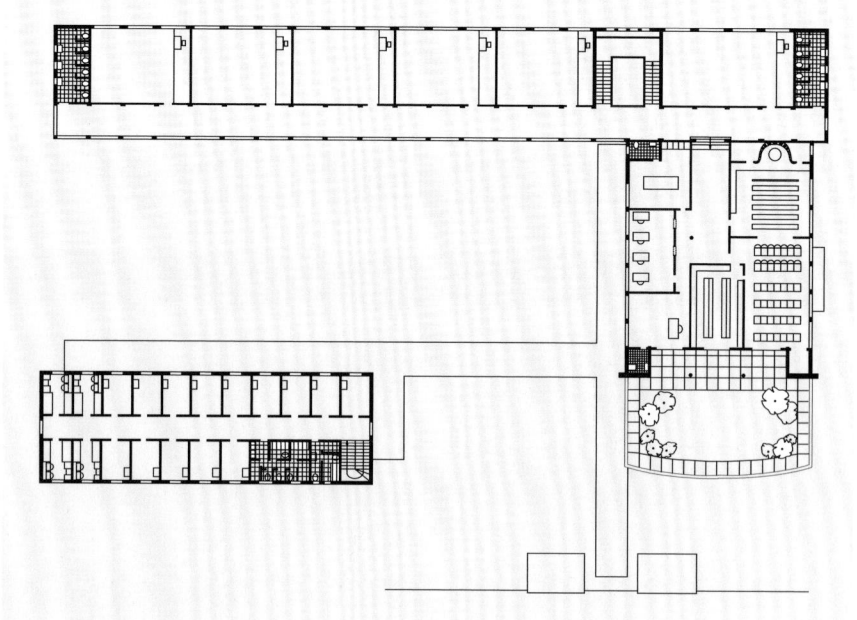

Corte transversal do conjunto

Planta do térreo

Planta do primeiro andar

Interior da escada do bloco de salas de aula

Estudantes reunidas sob a marquise ondulada da circulação em meio ao jardim

Foto noturna do plano de caixilhos de concreto no bloco de salas de aula

Entrada do conjunto vista da rua Marquês de Paranaguá

Vista aérea do conjunto

18 Edifício Porchat

avenida São João,
esquina com rua Apa
São Paulo SP
1940-42

Conservado com alterações de cores, revestimento e fechamento dos balcões

Esse prédio congrega em um único corpo um conjunto de quatro edifícios independentes. Com um apartamento por andar, cada um dos edifícios é dotado de uma torre de circulação vertical equipada com elevador social, de serviço, escada e poço de ventilação próprio. Levi aproveita a forma trapezoidal do lote para deslocar cada uma das unidades em relação à outra, entrelaçando-as com um balcão curvo em frente à sala de estar. A independência é negada em várias ocasiões: o escalonamento da fachada frontal não corresponde exatamente ao da fachada posterior, desencontrando-se num módulo estrutural. Também o alinhamento das lojas do térreo e a marquise linear remetem à continuidade do conjunto, contrapondo-se à divisão que rege as plantas e as fachadas.

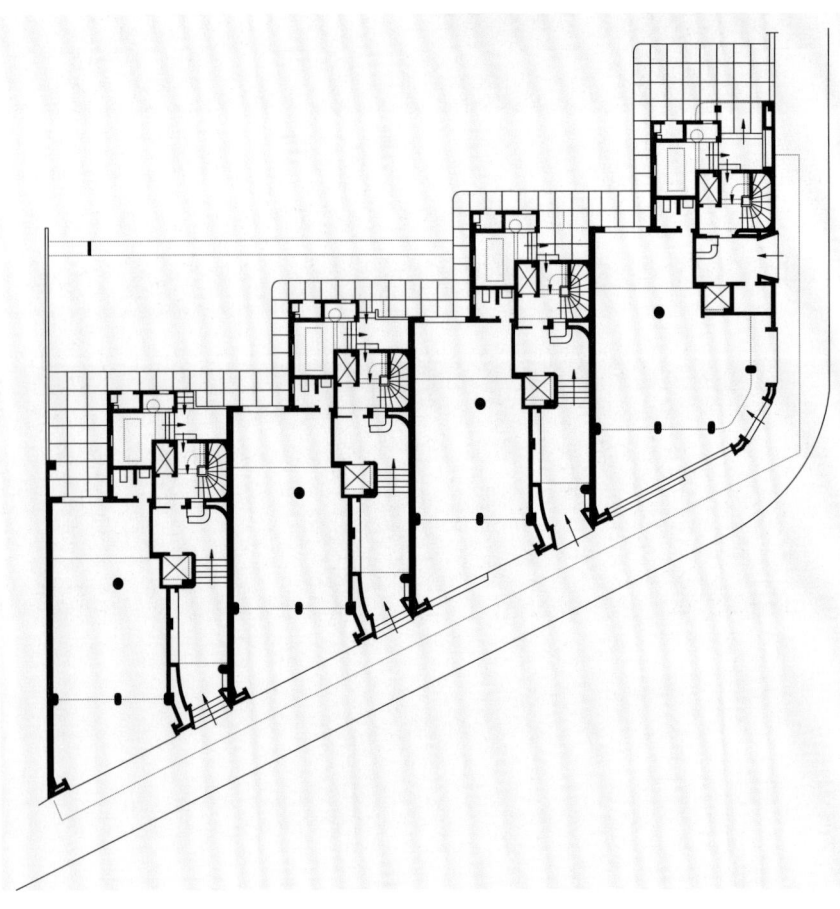

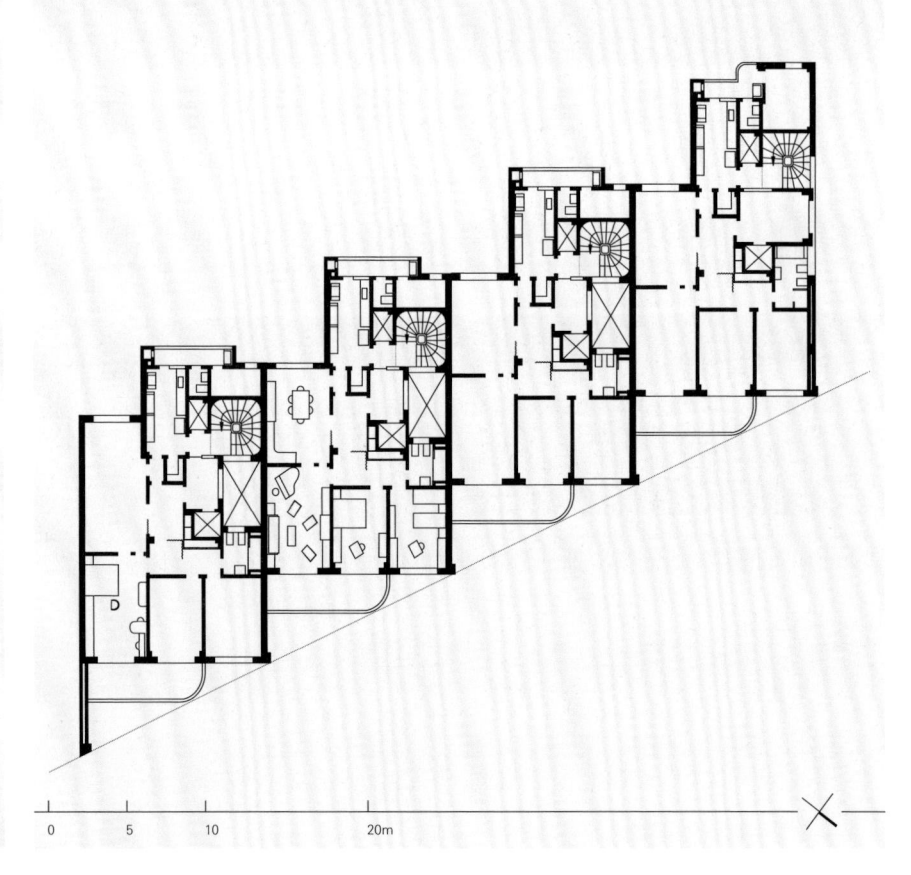

Vista posterior do edifício

Interior do hall de um dos edifícios

Detalhe da fachada do edifício

Planta do pavimento térreo

Planta do pavimento tipo

Fachada da avenida São João vista da esquina da rua Apa

19 Cine Ipiranga e Hotel Excelsior

avenida Ipiranga 786
São Paulo SP
1941

Cinema fechado, térreo funciona como estacionamento do hotel

Para melhor explorar o prestígio da recém-alargada avenida Ipiranga, o projeto acomoda as demandas de programa do cliente às dimensões exíguas do lote, o que resultou numa alta concentração da área construída e atividades. Como a pequena profundidade do lote impedia o recuo para a construção do alto edifício sobre o complexo de acesso, foi necessária a sua sobreposição à própria sala de projeções. Enormes vigas de transição evitam que a estrutura do edifício atravesse a sala, mas, para reduzir o vão a ser vencido (uma vez que o proscênio é a menor dimensão da sala), a posição da tela é invertida, ficando de costas para a rua. Para manter o acesso pelos fundos da plateia, o piso é elevado, gerando uma promenade em que a redução do pé-direito e da luminosidade do exterior urbano prepara o espectador para o espetáculo.

O hall das bilheterias constitui um ponto nodal do projeto. Além de dividir os fluxos para os balcões e a plateia, sua forma circular torna imperceptível para o espectador a inflexão da planta do cinema, que gira alguns graus em relação à perpendicular da rua, com o objetivo de se acomodar ao formato irregular do lote.

Também a morfologia se altera a partir desse ponto. Enquanto o pórtico acompanha a ortogonalidade da fachada em grelha do Hotel Excelsior, o hall das bilheterias dá início às formas curvas de seu interior. As paraboloides da sala de projeções se adaptam aos limites da estrutura do edifício, resultando numa maior verticalidade da parte posterior. Nesse ponto, dois andares de balcões avançam ao longo das paredes laterais. Apesar de remeter à forma livre, a sinuosidade resulta da interseção entre a curva do plano da parede (decorrente de razões acústicas) e a curva do piso (decorrente de razões de visibilidade), e foi concebida a partir de um raciocínio rigorosamente controlado pelas razões de acústica e de visibilidade. Ao dar-lhes um corpo, essa forma sinuosa torna-se a própria representação dessas funções primordiais no cinema.

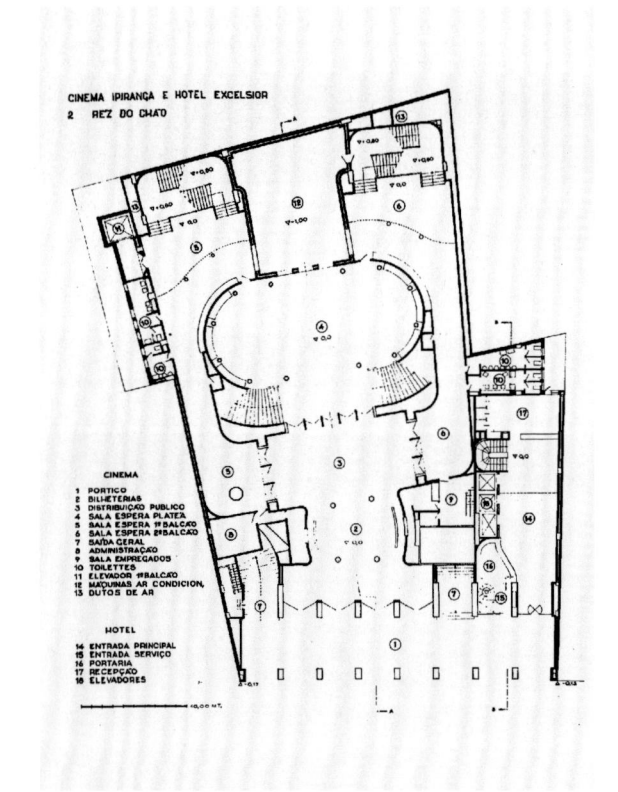

Planta do pavimento térreo

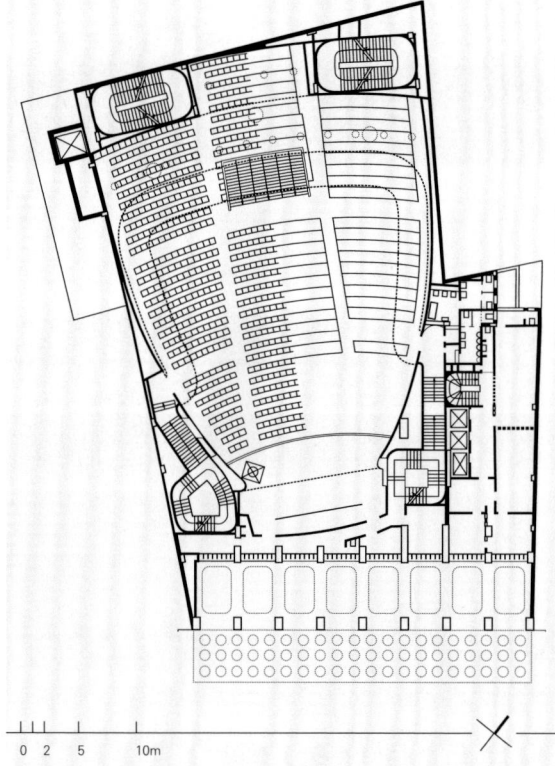

Planta da sala de projeções do Cine Ipiranga

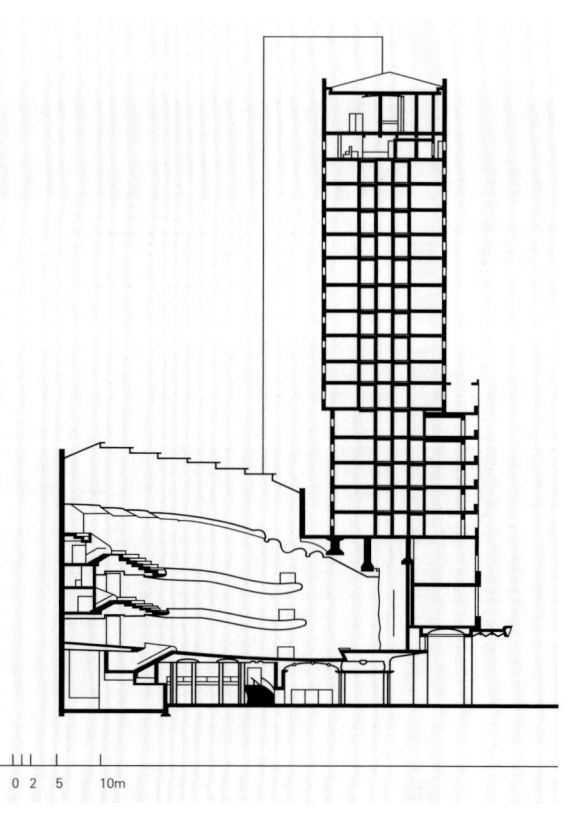

Corte longitudinal do conjunto

Fachada iluminada do Cine Ipiranga e Hotel Excelsior vista da avenida Ipiranga

Sala de projeções do Cine Ipiranga. Vista dos balcões

Vista posterior do conjunto

Balcões da sala de projeções do Cine Ipiranga

Centro de São Paulo visto do restaurante da cobertura do Hotel Excelsior

Foyer principal do Cine Ipiranga

Restaurante na cobertura do Hotel Excelsior

20 Companhia Jardim de Cafés Finos

avenida do Estado 5.748
São Paulo, SP
1942-43

Demolido, com edifícios de apartamento construídos no local

A construção ocupa terreno destacado na avenida do Estado, levando Levi a dispor lateralmente, ao longo da testada, os edifícios da administração, torrefação e galpão de produção. Orientada para Nordeste, a fachada principal recebe um brise diferente em cada um dos volumes. O galpão, mais longo e horizontal, recebe brise contínuo composto por lâminas horizontais de concreto, enquanto a torre de torrefação tem sua verticalidade acentuada por brise de concreto no mesmo sentido. O volume da administração recebe tratamento especial. O pavimento inferior é tratado como um volume fechado, cuja face principal é constituída por uma superfície de elementos vazados de concreto. O espaço resultante de seu afastamento em relação à caixilharia de vidro é ocupado por uma jardineira, que permite atenuar o calor irradiado pelo brise. O refeitório, no andar superior, é tratado como uma marquise de forma dinâmica, destacada do volume ortogonal e integrada num terraço-jardim, permitindo aos funcionários usufruírem, durante o intervalo do almoço, a paisagem da várzea do Rio Tamanduateí. A leveza da forma contrasta com a hierarquia rígida de sua planta. Três setores, divididos por paredes e pela cozinha, segregam os trabalhadores por gênero e classe social.

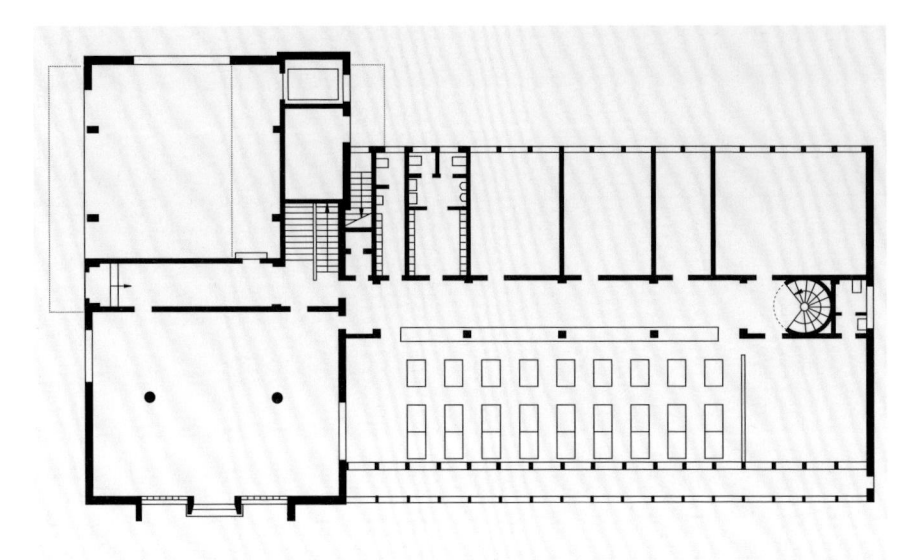

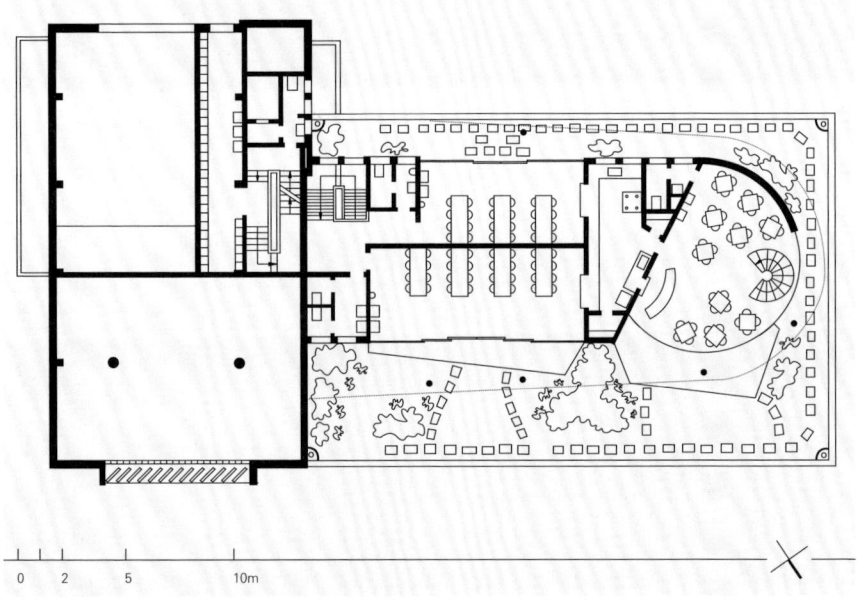

Vista do galpão

Planta do pavimento inferior do edifício da administração e do edifício de torrefação

Planta do segundo pavimento do edifício de torrefação e do refeitório/teto-jardim

Vista da entrada da torre de torrefação

Conjunto da fábrica, torrefação e edifício administrativo visto da avenida do Estado

Edifício da administração com o refeitório e jardim no pavimento superior

Residência
Olivo Gomes

São José dos Campos
1949-51

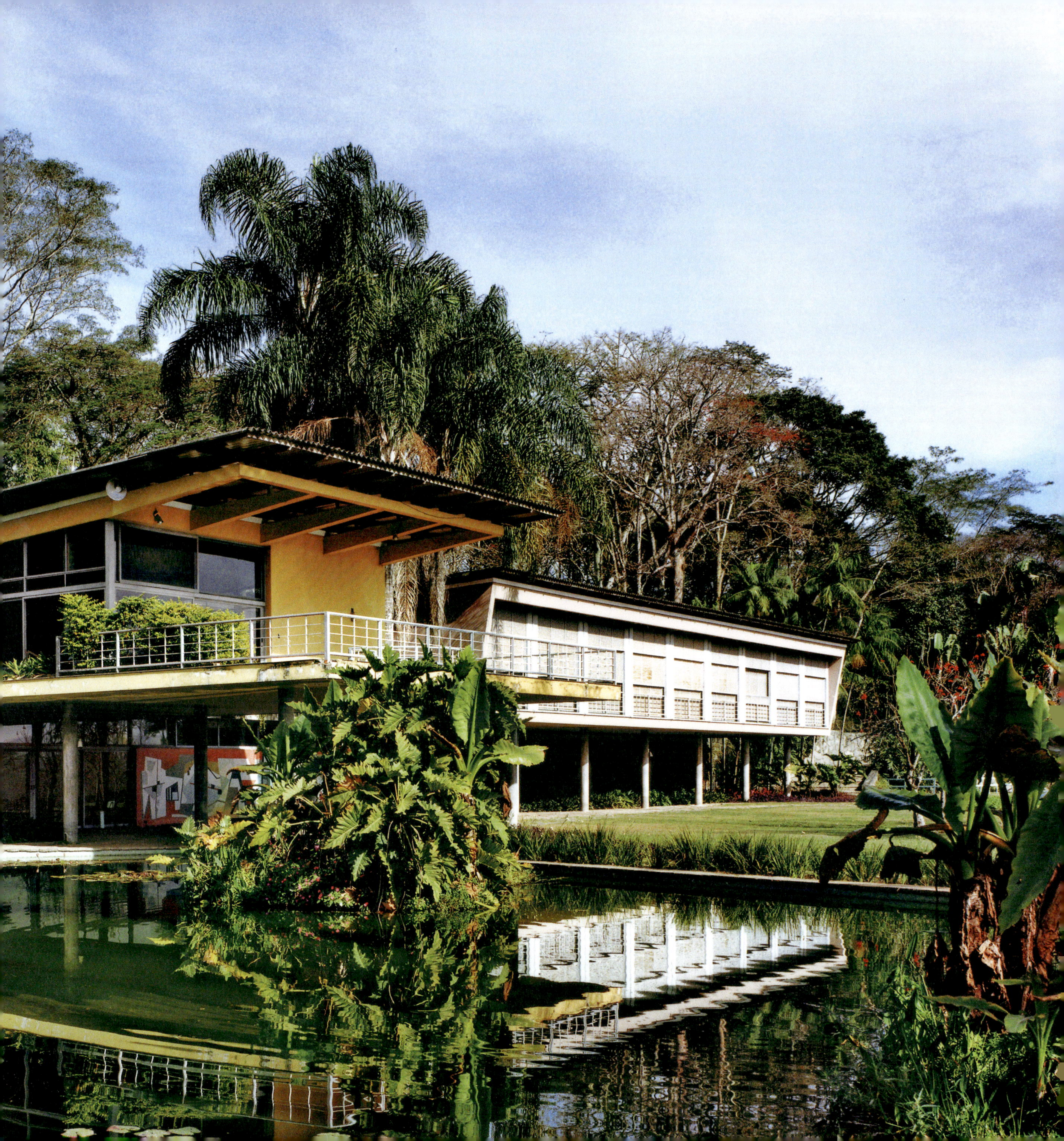

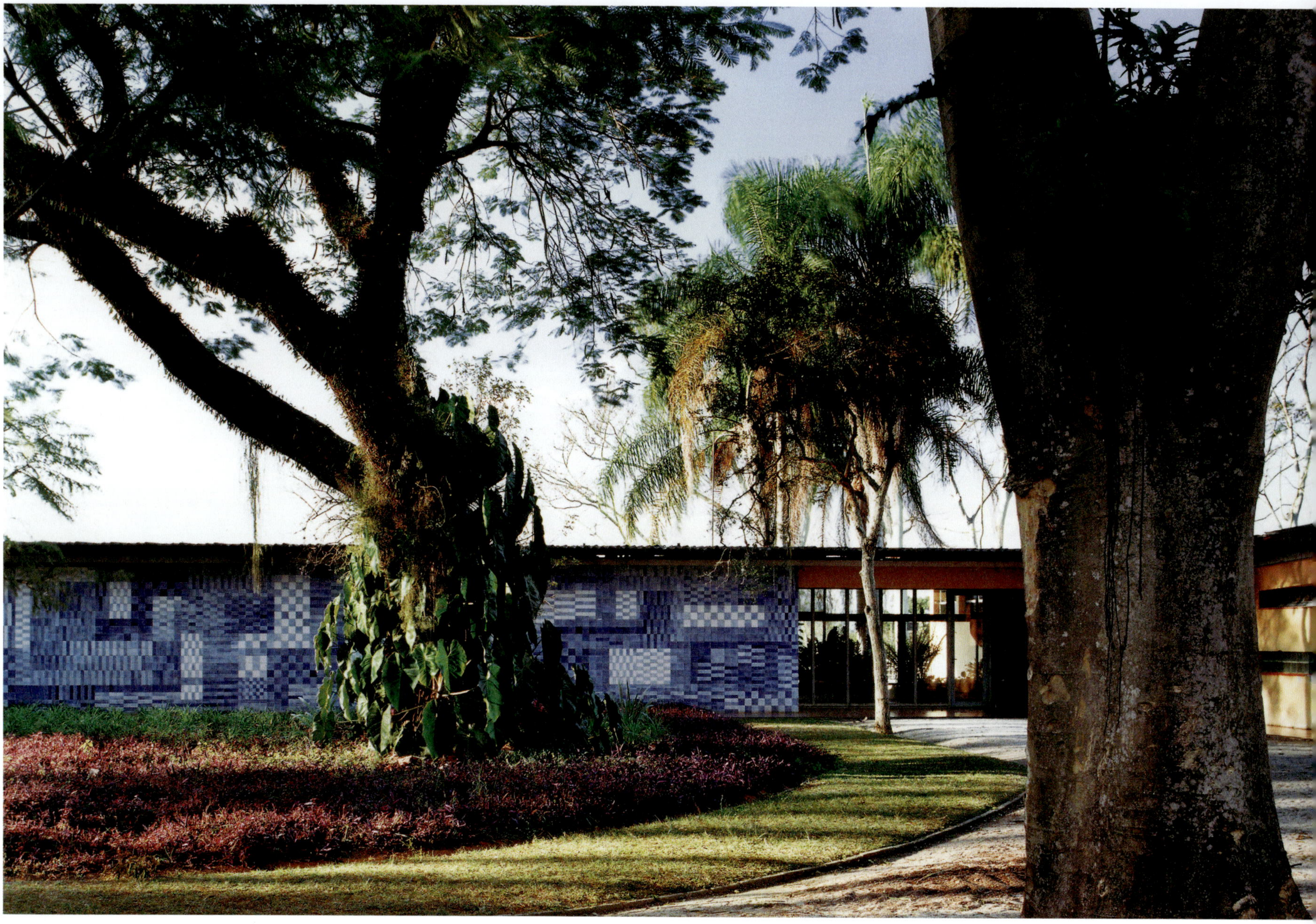

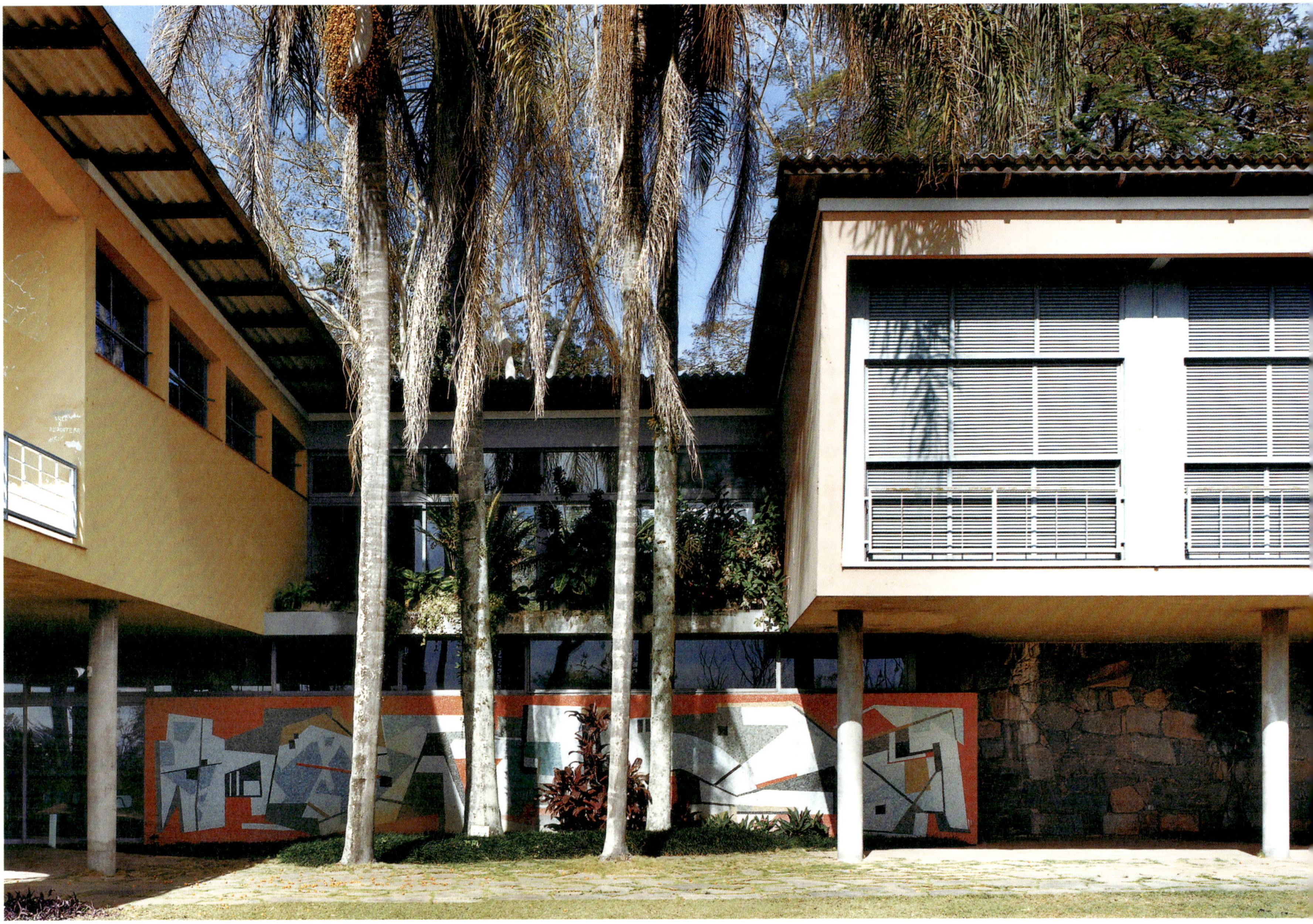

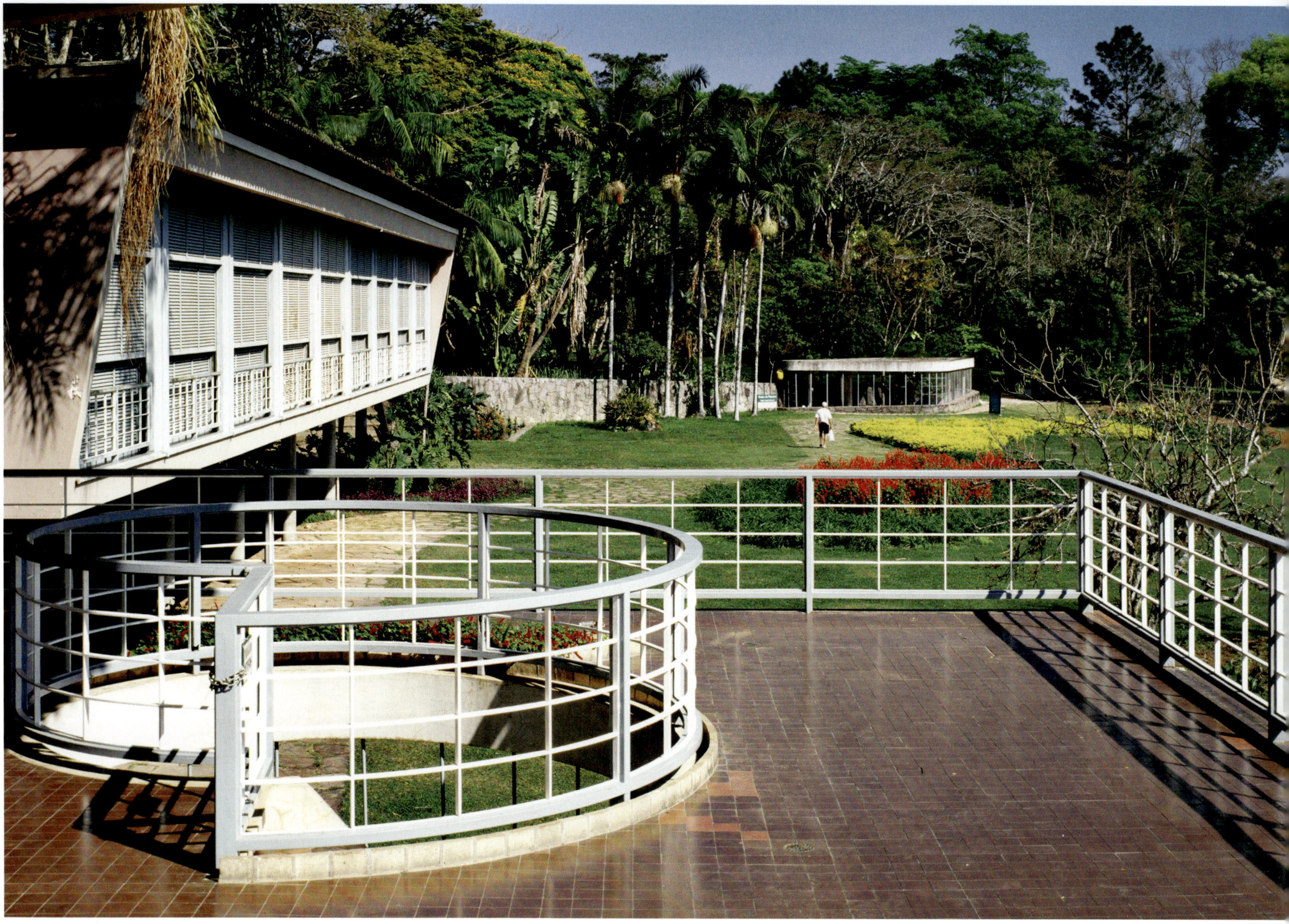

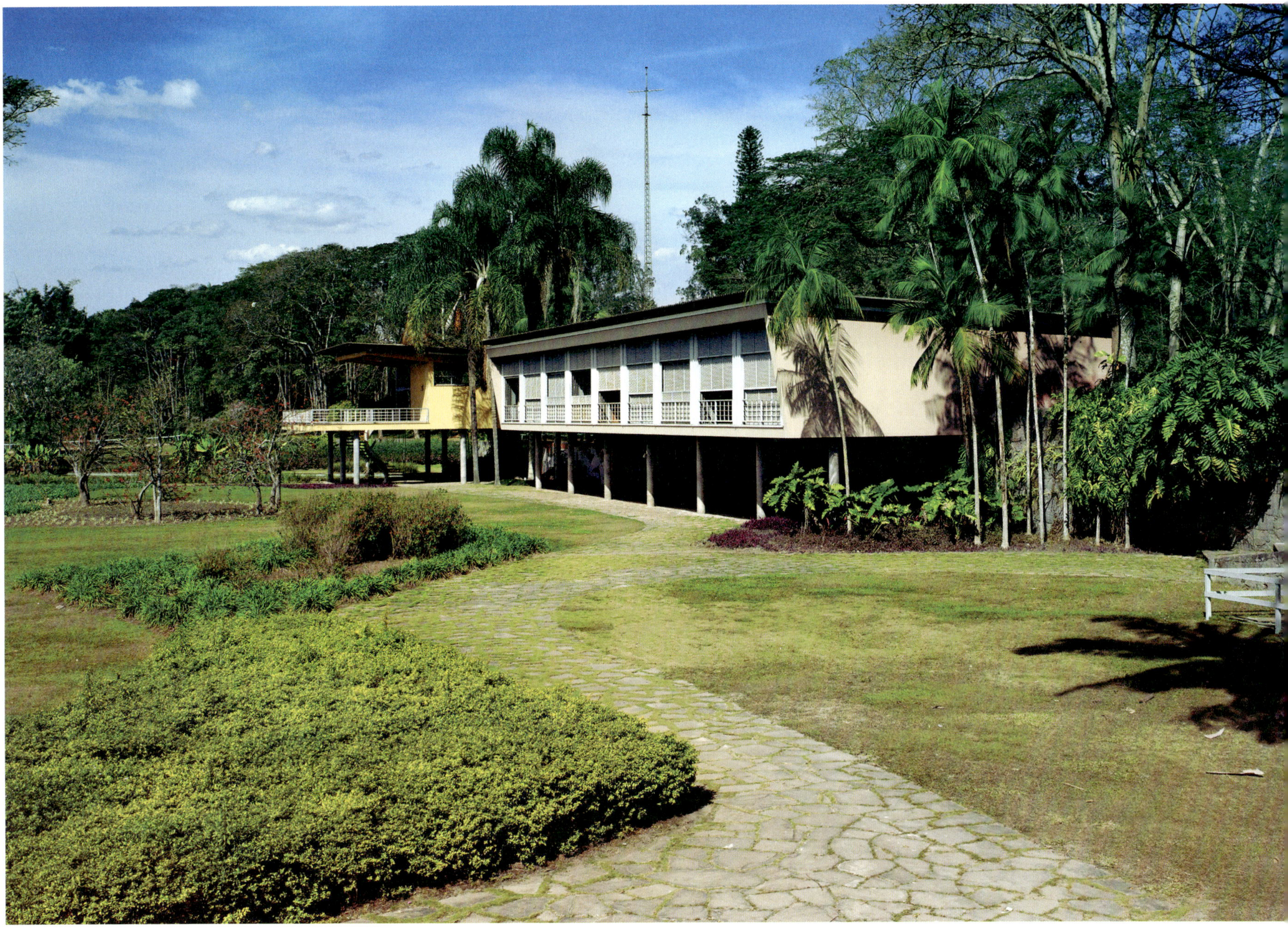

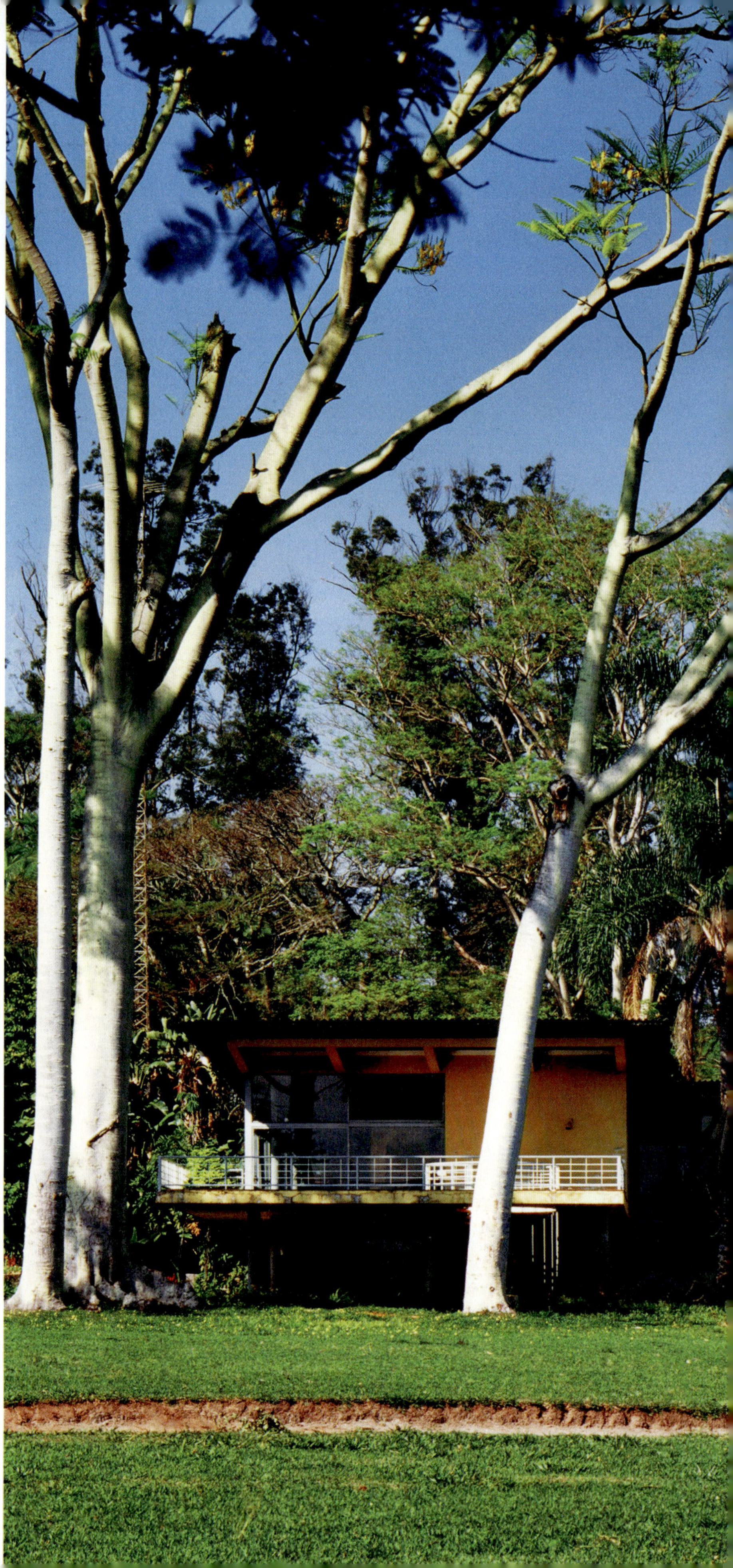

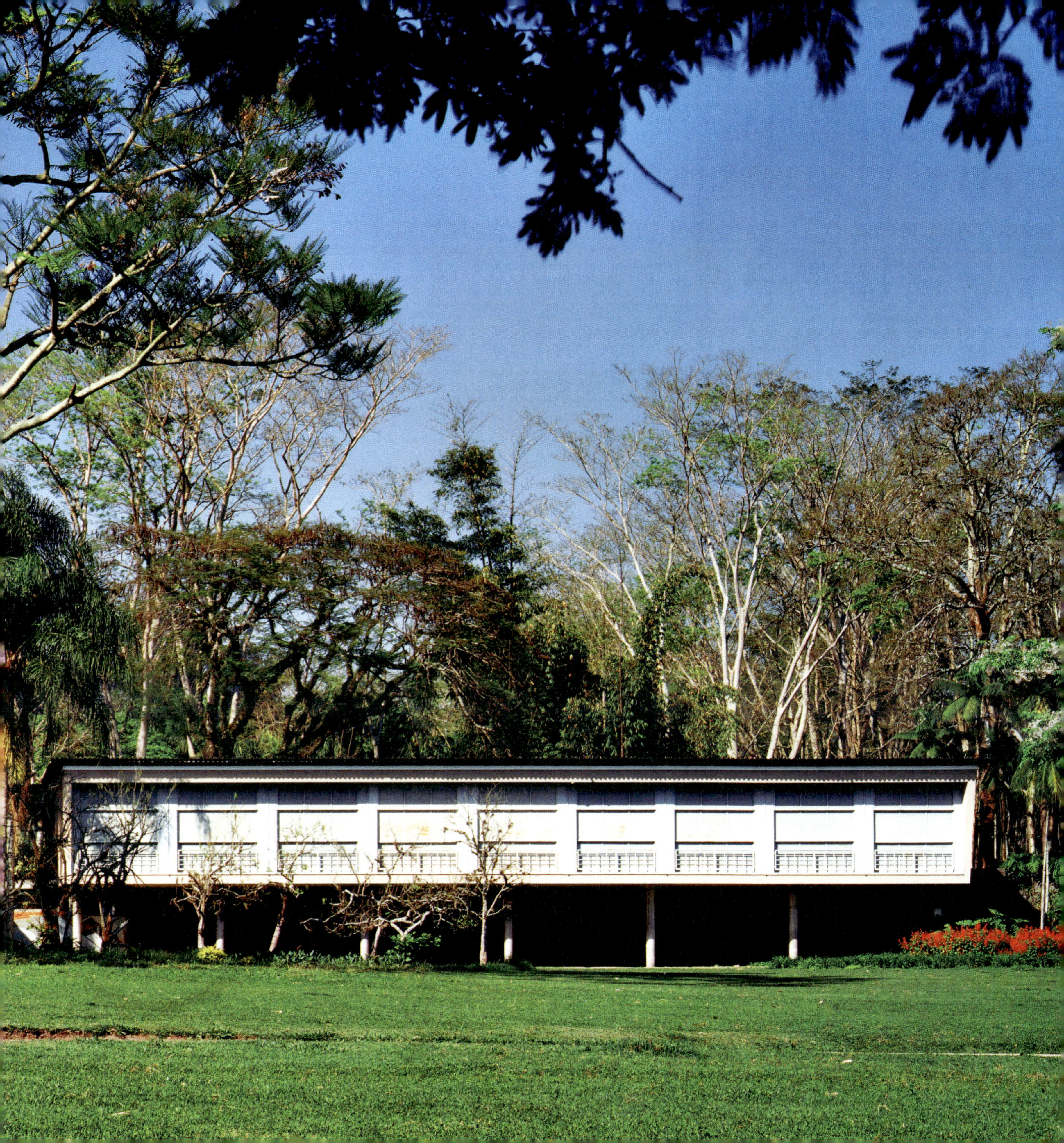

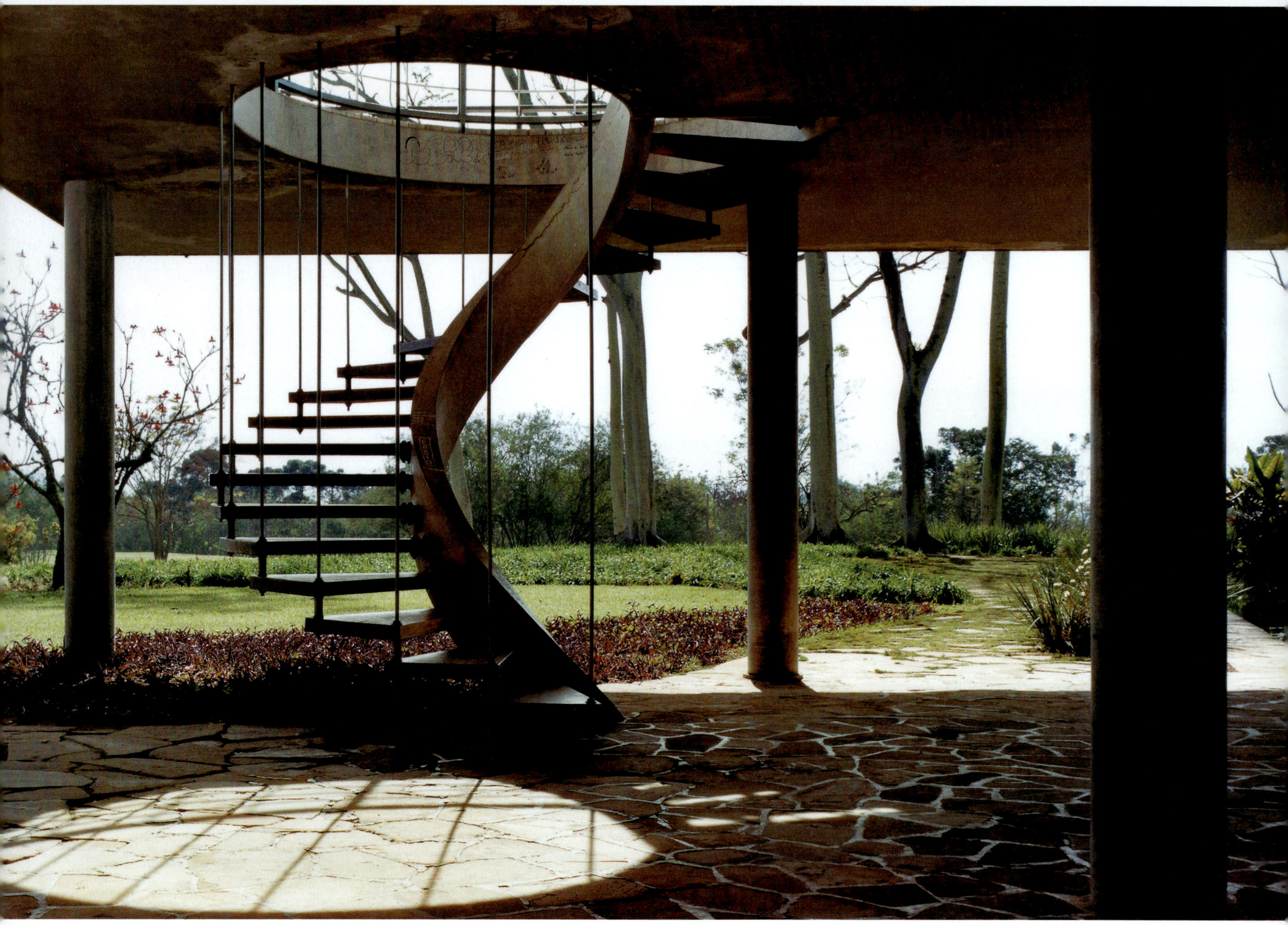

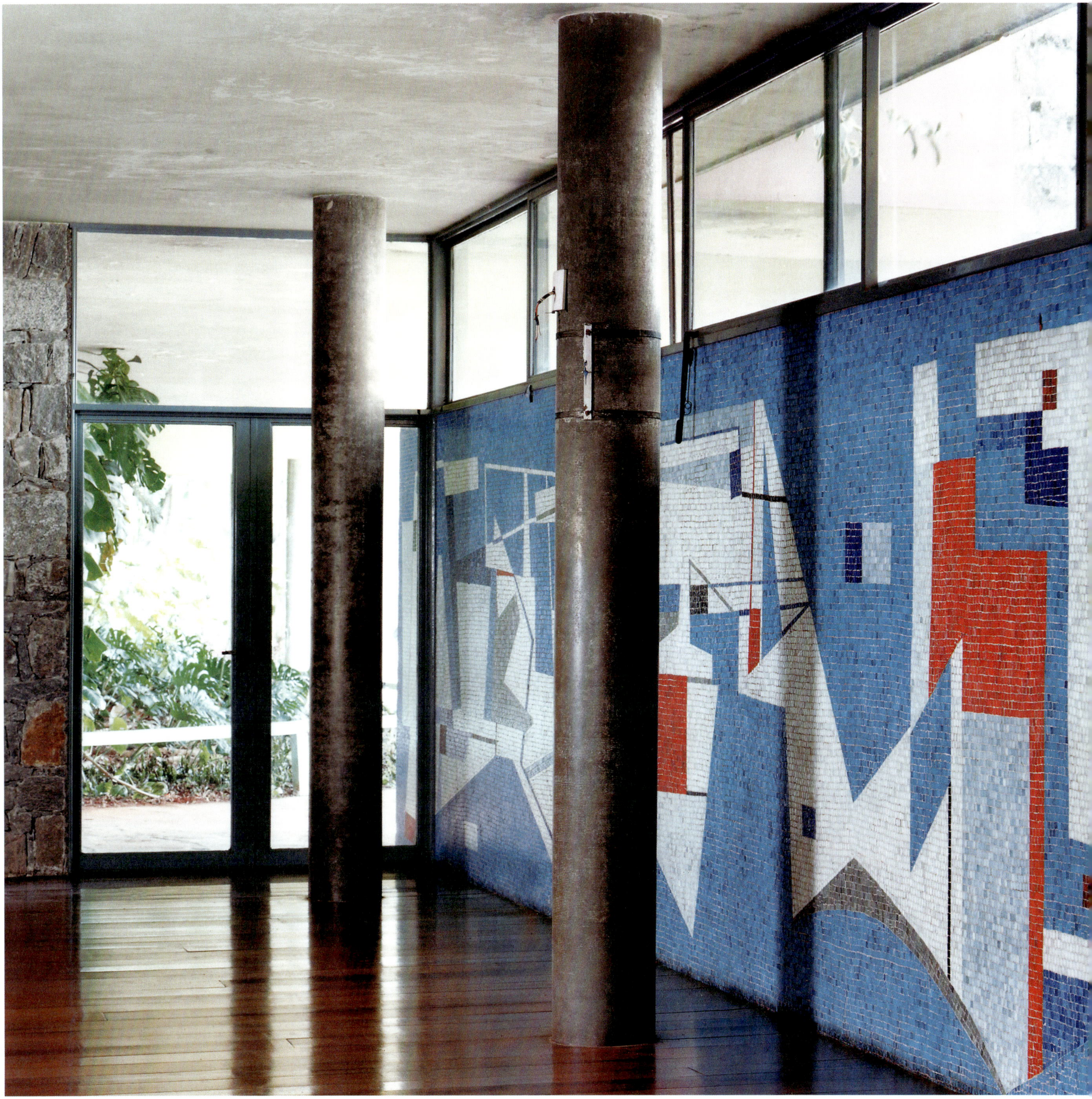

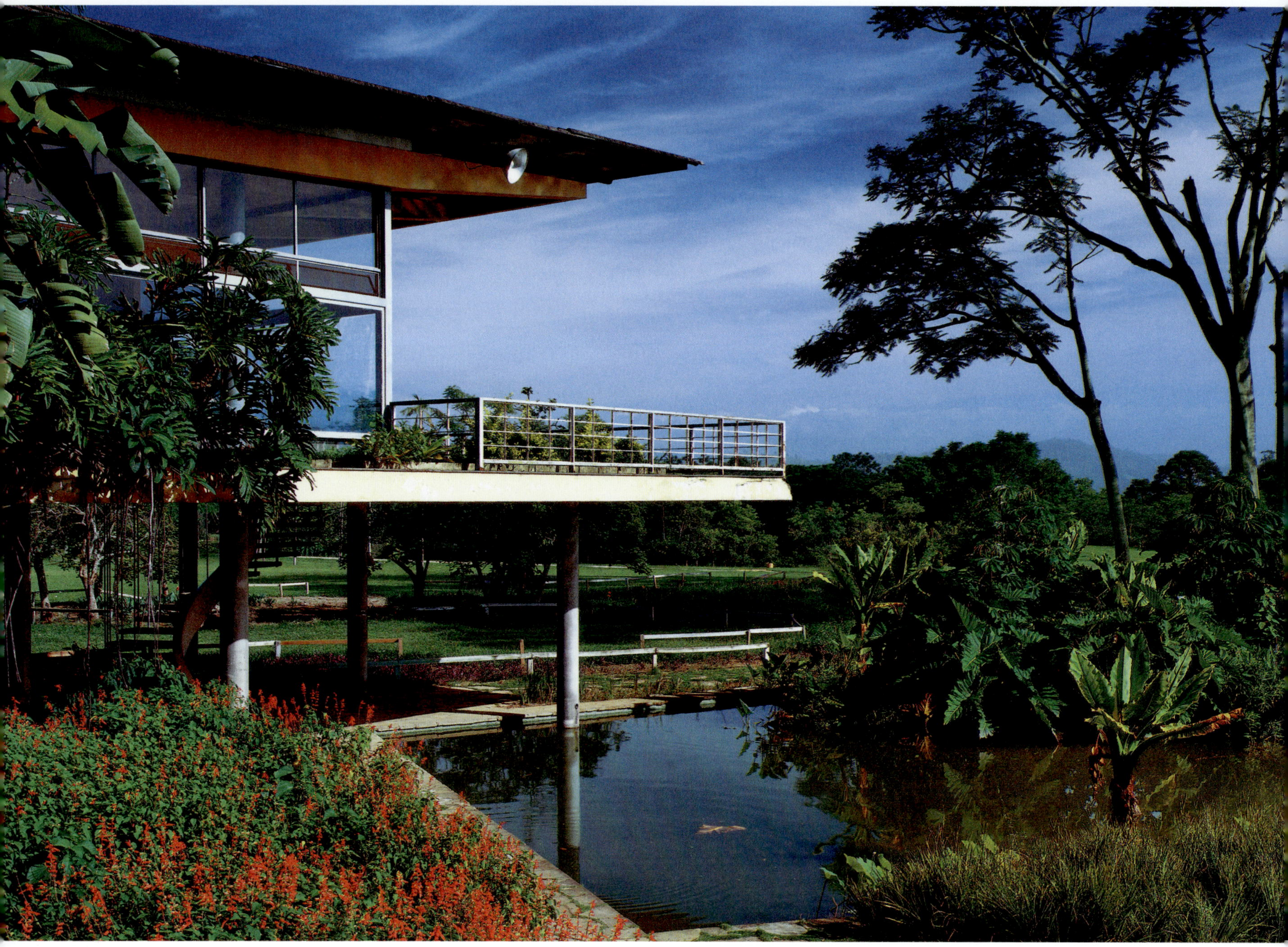

3 Das artes decorativas à síntese das artes[1]

Ao escrever o artigo "Arquitetura e estética das cidades", em 1925, Rino Levi transmite aos leitores brasileiros informações sobre as mudanças pelas quais passava a arquitetura na Europa. O objetivo da renovação arquitetônica era adequar-se aos novos tempos de "praticidade e economia", produzindo uma "arquitetura de volumes, linhas simples", com "poucos elementos decorativos", que fossem "sinceros e bem em destaque", uma vez que o problema principal estava em evitar "mascarar a estrutura do edifício", tornando-o "coisa falsa e artificial".[2]

Esses argumentos expressavam a forma pela qual os arquitetos romanos procuravam se adaptar a alguns valores cada vez mais consensuais nos anos 1920. Apesar das declarações em ode às artes, vigorava no ambiente arquitetônico romano a "herança oitocentista de probidade profissional, de ofício acurado com a contrapartida de indiferença cultural".[3] O provincianismo romano era avesso a qualquer aproximação aos movimentos artísticos que floresciam em outras partes da Europa, e até mesmo ao Novecento italiano, que se desenvolvera primeiro em Milão. Os arroubos de artisticidade dos arquitetos romanos estavam mais destinados a conferir uma aura de sofisticação a seus projetos, permanecendo como "citações, complacência formal, gosto por uma alegria exterior",[4] em vez de refletir adesão a correntes artísticas com existência efetiva.

O artístico em questão se configurava de duas maneiras. Na primeira, quase caricata, a codificada composição acadêmica era revestida por uma mística de expressão individual criativa, sobre a qual apenas as leis gerais das artes teriam alguma ascendência. Na segunda, a expressão artística se manifestava na capacidade decorativa e ornamental do arquiteto, entendida sempre numa perspectiva historicista e acadêmica. O ataque à falsidade da ornamentação e o elogio a uma arquitetura mais simples e eficiente constituíam uma operação de renovação que visava reduzir a distância entre a produção italiana e a europeia, e a essa discussão se dedicavam as revistas, e em especial Marcello Piacentini, nas páginas de *Architettura ed Arti Decorative*. Para renovar a composição acadêmica, urgia aumentar a eficácia dos arquitetos, dando-lhes uma formação técnica e científica mais completa e desenvolvendo um método de projeto pragmático, caracterizando a arquitetura como um problema a ser resolvido. Para conter as fantasiosas ornamentações florais e neobarrocas das décadas anteriores, fazia-se um apelo à simplicidade, praticidade e honestidade das artes decorativas, atualizando-se com a produção que faria sucesso em 1925 na exposição em Paris.

Tratava-se, portanto, de uma preocupação com a sobrevivência do status quo da arquitetura, transferido de pai para filho durante várias gerações. Era preciso transformar para que tudo ficasse como estava. Foi nesse ambiente que Levi e seus contemporâneos travaram contato com as vanguardas artísticas.

No texto de 1925, ao definir a arquitetura como "arte-mãe", Levi ecoava uma posição que entendia ser de sua responsabilidade: articular as diversas manifestações artísticas, fossem elas de artes com existência independente (escultura, pintura, teatro), fossem elas decorativas (objetos, mobiliário, escultura ornamental, padrões de revestimentos etc.). Defendia-se a primazia da arquitetura sobre as demais artes, a ela subordinadas como um problema de decoração e ornamentação. Não se encontra nesse ambiente nenhuma raiz romântica de valorização das artes menores em confronto com as maiores. A retardada industrialização italiana ainda não havia gerado graves crises no sistema artesanal, até então dominante na construção civil e na produção de mobiliários.

48
Baixo-relevo no interior do apartamento de José Wancole, São Paulo, 1935

49
Rino Levi, exercício na Faculdade de Roma, palácio para exposição de armas, 1925-26

50
Rino Levi, exercício na Faculdade de Roma, relevo da fachada do Palácio Borrome, 1925-26

51
Rino Levi, exercício para a disciplina de Decoração, Roma, 1924-25

Essa relação entre arquitetura e artes decorativas sobrevive na arquitetura moderna italiana. Ao longo dos anos 1930, pode-se encontrar nas páginas de revistas modernas, como *Casabella* e *Quadrante* – como exemplos de decoração –, interiores mobiliados com móveis modernos, inclusive com design da Bauhaus.

Em 1932, defendendo a decoração na arquitetura moderna, Ernesto Rogers confere ao ornato a tarefa de "poetizar a realidade imanente da arquitetura". A decoração consiste na "orquestração, na medida e na relação recíproca" entre os diversos meios ornamentais.[5] Aprofundando seus argumentos, Rogers alega que, apesar de as características de uma cultura serem identificáveis na forma arquitetônica, apenas a ornamentação é capaz de explicar "o espírito da obra, a sua função histórica, o seu sentimento ético".[6] Para isso, é importante que a decoração não caia nem na falsificação da realidade construtiva, nem em sua simples exaltação, mas integre e potencialize o significado dos objetos. Como exemplo, Rogers sugere uma continuidade insuspeita dos procedimentos acadêmicos na arquitetura moderna:

> Friso, arabescos e cornija são diversos instrumentos do ornato, mas um contraponto de planos curvos, uma parede branca, uma textura de tijolos à vista, uma superfície monocromática são também aparências válidas disso.[7]

A evolução da posição de Levi em direção ao tema da síntese das artes apresenta afinidades com essa concepção, permitindo identificar uma continuidade entre dois momentos de sua obra. Num primeiro momento, a decoração articula no espaço interno variadas peças de mobiliário e obras de arte, como baixos-relevos, esculturas e tapeçarias. Mais adiante, a partir dos anos 1940, identifica-se a incorporação de painéis,[8] produzidos por artistas ou desenvolvidos em seu escritório, que desempenham um papel orgânico na obra arquitetônica.

A interação com as artes na formação e nos primeiros trabalhos

Algumas disciplinas da escola de Roma procuravam desenvolver no aluno a habilidade de lidar com as outras artes. Entre elas se destaca *Arredamento e Decorazione Interna* (oferecida por Vittorio Grassi no quarto ano) e *Scenografia* (ministrada por Quirino Angeletti no quinto ano do currículo), para as quais existe documentação de trabalhos realizados por Rino Levi.

Uma perspectiva, possivelmente realizada para a disciplina de Grassi, ilustra seus objetivos [51]: desenvolver exercícios de decoração e mobiliário até nos "detalhes reais e esquemas construtivos".[9] O trabalho de Levi consiste num salão no interior de um edifício em estilo neoclássico, em que o padrão do revestimento, com coloridos temas geométricos, cria uma textura vibrante no forro e nas paredes, animando o sóbrio ambiente de proporções rígidas. Também o projeto de instalação das esculturas, com seus sinuosos suportes, se enquadra na intenção de que nesses exercícios "prevaleça o caráter moderno em relação ao estudo da composição arquitetônica".

Para *Scenografia*, Levi prepara um porto fluvial, onde ancoradouros em forma de pedestais e uma larga escadaria em primeiro e segundo plano permitiriam variadas condições para o desenvolvimento da cena [52]. A contribuição dessa disciplina não se limitaria a esse exercício. Angeletti sugere projetos cenográficos, cinematográficos e a céu aberto, como forma de superação dos limites dos teatros existentes. Ao não se restringir ao estudo da decoração de cena, engloba os princípios do espetáculo, discutindo as diversas possibilidades de sua concepção espacial. Nessa disciplina Levi incorporou alguns dos princípios do espetáculo, que viriam a servir de base para os projetos de seus cinemas, auditórios e teatros.

Após seu retorno ao Brasil, Levi deu continuidade às incursões pelas artes plásticas e decorativas, mas são poucos os documentos dessa produção.[10] Um deles é a foto de uma delicada pintura em tecido, onde está legível a assinatura do arquiteto [53]. O campo circular e a distorção dos temas laterais sugerem seu uso como almofada ou tapete. O tratamento da figura feminina central remete à *Secession* Vienense, ainda que a suavização de sua nudez atenue o erotismo dos originais austríacos. Portões, grades e outros detalhes decorativos projetados por Levi podem ser encontrados em seus primeiros projetos dos anos 1920, mas todos expressam formas discretas e simples, de acordo com os objetivos manifestados em 1925.

Com a exposição da Casa Modernista de Gregori Warchavchik, em 1930, toma corpo em São Paulo a intenção de configurar um quadro moderno no país pela integração da produção artística e arquitetônica. Naquele momento, era o caso de relacionar a produção modernista com a arquitetura de Warchavchik, mas, apesar do calibre dos artistas que expuseram, a disposição do mobiliário e das obras de arte pouco contribuíram para uma estruturação moderna do espaço arquitetônico. A preocupação principal ainda se limitava à substituição dos móveis e objetos de estilo por representantes do novo movimento.

Nos anos seguintes, o desenvolvimento do trabalho de vários desses artistas nas artes decorativas introduziria, em São Paulo, as primeiras manifestações da abstração geométrica.[11] Aracy Amaral ressalta a importância dos trabalhos decorativos de John Graz, Antônio Gomide e Regina Gomide Graz. Seus afrescos, vitrais, pisos, tapetes, cortinas e almofadas exploravam temas abstratos geométricos, que ultrapassavam, e muito, os limites da moda art déco, antecipando vários aspectos da produção dos concretistas dos anos 1950.

A primeira colaboração de um desses artistas com Levi se deu na decoração da Residência Delfina Ferrabino (1931-32) [54], realizada por John Graz. A exigência dos proprietários em relação à ornamentação levou à recusa do abstracionismo da primeira proposta de Levi, resultando num interior adequado ao gosto do estilo Paris 1925.

Talvez por esse trabalho com Graz, talvez pela pequena dimensão dos círculos modernos nesse momento, Levi estreita relações com alguns artistas, chegando a participar de um grupo de estudos, o Grupo dos Sete, composto por Victor Brecheret, Antônio Gomide, Yolanda Ledere Mohalyi, John Graz, Regina Gomide Graz e Elisabeth Nobiling. Em diversas ocasiões, vários dentre eles viriam a colaborar com Levi em seus projetos arquitetônicos.[12]

Foi com um tema figurativo que Levi incorporou, pela primeira vez, um baixo-relevo em sua arquitetura. No interior do apartamento do maestro José Wancole, projetado por ele em 1935, dois baixos-relevos se situam nas paredes da sala de música [48 e 55]. O principal, na parede ao fundo, parece evocar a cena a se desenrolar na sala: várias figuras, talvez musas, tocam instrumentos ao redor de um piano. O secundário, na parede ao lado, reproduz uma personagem reclinada, como se estivesse concentrada a escutar o recital. As linhas remetem à arte de Rego Monteiro ou de Victor Brecheret, tratando-se de um trabalho assinado por Nilo, pseudônimo de um trabalhador que fazia os relevos de artistas de renome.[13] Dentro dos limites do gosto moderno assimilável naqueles anos, as figuras permanecem íntegras, ainda que geometrizadas, enquanto o espaço sofre apenas uma discreta subversão: o piano é mostrado em projeção de planta, e não em perspectiva, como sugeriria o arranjo das personagens.

Nesse apartamento, o mobiliário apresentava formas geométricas dominantes, mas a madeira escura acentuava um sentido de peso que o tornaria característico do período.

Nos projetos dos anos 1940, o mobiliário se tornaria cada vez mais integrado à arquitetura, contribuindo para estruturar sua espacialidade e mesmo a forma dos ambientes internos. Para sua casa, em 1944, Levi projeta alguns de seus móveis, em geral interpretações de móveis modernos consagrados, como uma versão própria da chaise-longue corbusiana [56]. Mas a oportunidade experimental de projetar a própria casa permite a introdução de novas ideias, como a noção de equipamento, em que o mobiliário era concebido de forma articulada com o ambiente arquitetônico, concentrando vários usos e servindo para estruturar o espaço. É o caso do armário-lareira que delimita a entrada social, ou do mobiliário para o quarto da filha, em que cama, armário e mesa constituem uma única peça.

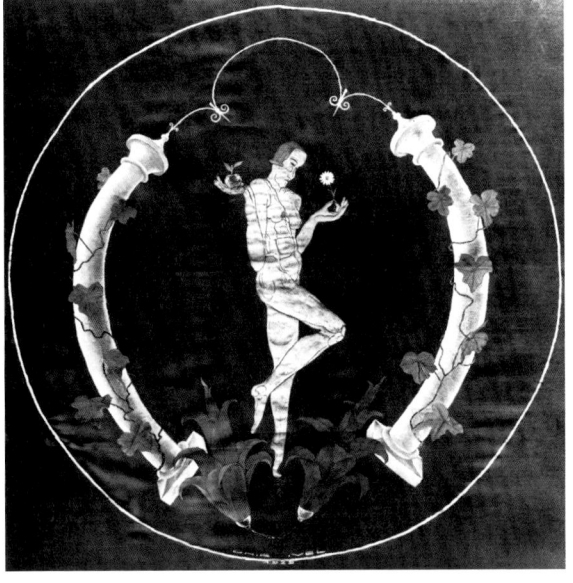

52
Rino Levi, exercício para a disciplina de Cenografia, Roma, 1925-26

53
Rino Levi, pintura decorativa em tecido, São Paulo, 1929

O canteiro de síntese das artes maiores

No quadro cultural brasileiro, a participação de Le Corbusier no projeto do Ministério da Educação e Saúde Pública, em 1936, inaugurou uma nova abordagem para a incorporação da arte à arquitetura. Combatendo a noção de artes decorativas, pois para ele só existe arte, Corbusier propõe que a colaboração dos artistas seja coordenada pelo arquiteto para desempenhar um papel adequado à concepção do conjunto, dentro de condições arquitetônicas.

Não se tratava mais de simples quadros sobre a parede. As intervenções dos pintores e escultores se espalhavam por grandes superfícies, contribuindo para estruturar o espaço ao cumprir uma função estabelecida pelo arquiteto. Essa função era essencialmente formal: explodir uma parede incômoda ou ressaltar um ponto focal:

> É o lugar tal como o foco de uma parábola ou uma elipse, como o ponto exato onde se interceptam os diferentes planos que compõem a paisagem arquitetônica. Lugares porta-vozes, porta-palavras, alto-falantes. Entra aqui o escultor, se vale a pena sustentar o teu discurso. [...] Explosão da parede antes de mais nada: há paredes incômodas, impostas – ou tetos ou solos – por razões intempestivas, alheias à disciplina arquitetural. Essa dinamitação recompõe em ordem as coisas da arquitetura.[14]

O principal destaque dessa abordagem corbusiana no prédio do Ministério não seria para as esculturas de Bruno Giorgi, Celso Antônio ou Jacques Lipchitz, todas colocadas em lugares porta-vozes, nem para o grande afresco de Cândido Portinari na antessala do ministro. Le Corbusier sugere revestir com azulejos pintados as paredes que envolvem dois pequenos volumes, incômodos por tocarem o solo entre os pilotis. Como resultado surgiu uma modalidade de painel de azulejos que renovava a tradição dos azulejos das casas portuguesas, tornando-se uma das principais características da arquitetura moderna brasileira.

Ao defender-se das críticas de Max Bill (que em 1953 considera esse painel inútil), Lúcio Costa explicita as intenções na utilização dos painéis de azulejos:

> Ora, o revestimento de azulejos no pavimento térreo e o sentido fluido adotado na composição dos grandes painéis têm a função muito clara de amortecer a densidade das paredes a fim de tirar-lhes qualquer impressão de suporte, pois o bloco superior não se apoia nelas mas nas colunas. Sendo o azulejo um dos elementos tradicionais da arquitetura portuguesa, que era nossa, pareceu-nos oportuno renovar-lhe a aplicação.[15]

A síntese conseguida é primorosa: o painel cumpre uma função arquitetônica, no sentido da construção de sua forma e, ao mesmo tempo, atualiza uma técnica tradicional local, conferindo uma especificidade brasileira a uma arquitetura internacional.

Também o projeto paisagístico de Roberto Burle Marx é concebido como se fosse uma obra de arte plástica a cumprir uma função arquitetônica. O jardim no teto do volume inferior explora a quinta fachada corbusiana, tratando-a com o mesmo rigor de um painel em relevo. Enquanto a obra do Ministério se alongava por anos antes de sua conclusão em 1942, o Pavilhão do Brasil na Exposição Universal de Nova York difundia amplamente, e com sucesso internacional, essa nova abordagem, consolidada logo a seguir na Capela de Pampulha.

Frente ao interesse despertado, Levi visita Pampulha logo após sua inauguração.[16] Coincidentemente, nessa mesma época, surgiriam suas primeiras colaborações com artistas seguindo a nova orientação: os painéis e jardins de Burle Marx no edifício Prudência (1948) [57 e 58] e o gigantesco painel de Emiliano Di Cavalcanti no Teatro Cultura Artística [59].[17] Enquanto no Prudência o painel dinamitava os volumes incômodos que tocam o solo como no Ministério, o painel do Teatro Cultura Artística denota outro objetivo. O volume semicircular da plateia se eleva sobre os vazios da entrada no térreo e do foyer no primeiro pavimento, fazendo com que sua superfície levemente curva se destaque no ambiente

54
Rino Levi e John Graz, interior da casa Delfina Ferrabino, São Paulo, 1931-32

55
Baixo-Relevo no interior do apartamento de José Wancole, São Paulo, 1935

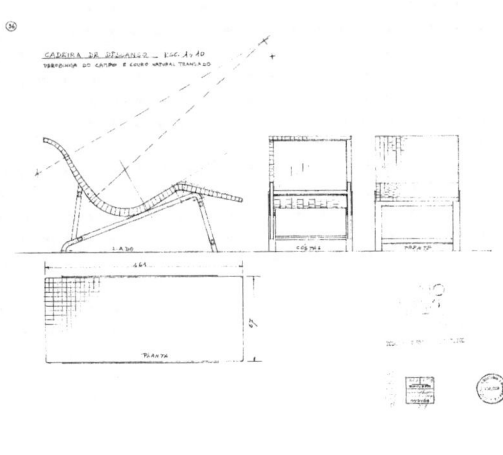

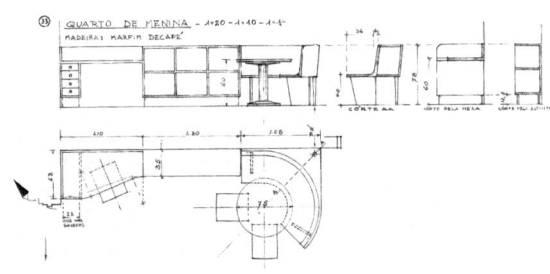

Chaise-longue e
móvel para o quarto da filha
projetados por Levi para sua
casa, São Paulo, 1944

urbano, por sobre o casario vizinho. Eis aqui um lugar porta-voz que, ao dar visibilidade à distância para o painel de Di Cavalcanti, expressa na cidade as atividades ali desenvolvidas, tratando de maneira moderna e gigantesca o tema das musas, característico das ornamentações teatrais tradicionais. Não se trata da correção de um incômodo gerado pela arquitetura, mas de uma intenção clara de produzir uma presença urbana monumental para uma obra de arte moderna.

Não era apenas Levi que se dedicava a essas experiências. Maria Cecília França Lourenço acompanha detalhadamente o desenrolar de vários trabalhos semelhantes e ressalta a introdução do tema nos debates dos organismos profissionais, em 1945, no I Congresso Brasileiro de Arquitetos, com a proposta do arquiteto e pintor Carlos Prado.[18]

As explorações brasileiras acontecem simultaneamente à discussão internacional sobre o assunto. No âmbito dos Ciams, o tema da integração das artes plásticas na arquitetura também se manifestou, primeiro em 1947, em sua sexta edição, e a seguir no VIII Ciam, em 1951. O manifesto "Nove pontos sobre a monumentalidade – necessidade humana", fruto de um encontro, em 1943, entre Sigfried Giedion, Josep Lluís Sert e Fernand Léger, defendia que a integração com as demais artes era necessária para que a arquitetura se tornasse efetivamente monumental, no sentido de ser portadora de uma mensagem a ser lembrada e transmitida às gerações futuras.

O outro paradigma internacional sobre a colaboração entre artes plásticas e arquitetura foi o muralismo surgido no México alguns anos antes. Comparando-os, Mário Pedrosa observa que lá "o muro foi conquistado pela pintura, não a pintura pelo muro". Para Pedrosa, a arquitetura mexicana não conheceu uma renovação como a brasileira, permanecendo como antes da revolução, enquanto no Brasil os arquitetos foram os verdadeiros revolucionários. Aqui, a renovação da arquitetura teria precedido e provocado o surgimento dos painéis.[19]

A experiência brasileira encontra uma forte ressonância internacional em setembro de 1952, quando algumas teses elaboradas por Lúcio Costa foram acolhidas no manifesto "Canteiro de síntese das artes maiores", assinado por Le Corbusier e vários outros participantes da Conferência Internacional dos Artistas.[20] Insistindo que "não se trata de estabelecer contatos utilitários entre vários pintores e vários arquitetos", o manifesto defende uma colaboração que possa "fazer surgir de uma obra construída (arquitetura) presenças provocadoras de emoção, fatores essenciais do fenômeno poético", aquilo que, para Costa, deverá "sobreviver no tempo, quando funcionalmente já não for mais útil".

O "Canteiro de síntese das artes maiores" reconhece e preserva a autonomia da pintura, escultura e arquitetura, mas defende que a colaboração ocorra "dentro de condições arquitetônicas". Exige que os escultores e pintores entrem na "arquitetura e, reciprocamente, os arquitetos se abrirão às riquezas oferecidas pela pesquisa pictórica e escultórica contemporânea".

Em outubro do mesmo ano, durante o VIII Congresso Pan-Americano de Arquitetura, na Cidade do México, Walter Gropius aponta outra direção. Ao defender a necessidade de um trabalho simultâneo entre arquitetos e artistas, Gropius também combate a incorporação *a posteriori* da obra de arte no projeto.[21] Mas na base de sua posição está o paradigma do design, que propunha uma nova unidade artística, resultante da aproximação das artes plásticas com as artes aplicadas. Com o design, a arte adquiria novo sentido e podia contribuir para a estruturação da vida, e não apenas para a emoção poética. Os limites entre arquitetura e artes plásticas se diluiriam no esforço de dar forma à realidade. As diferenças com o "Canteiro de síntese das artes maiores" são nítidas.

Em 1953, o Congresso de Lisboa da União Internacional de Arquitetos ecoa a posição de Gropius no item "Síntese das artes plásticas", que propõe que a colaboração evite o "espírito de subordinação dos artistas aos arquitetos", devendo ocorrer "sobre o plano da igualdade e dentro de um espírito de equipe".[22]

57
Burle Marx, painel de azulejos, edifício Prudência, São Paulo, 1948

58
Burle Marx, jardim, edifício Prudência

62
Rino Levi, Igreja São Domingos, perspectiva

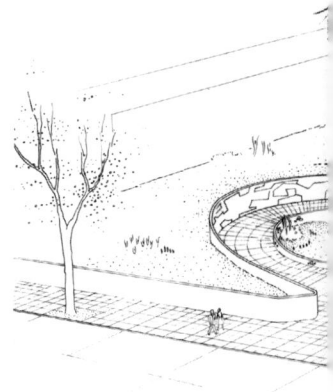

59
Di Cavalcanti, painel externo, Teatro Cultura Artística, São Paulo, 1942-43

61
Elisabeth Nobiling, estudo do painel externo, Igreja São Domingos, São Paulo, 1953

63
Elisabeth Nobiling, estudo do painel de azulejos, Igreja São Domingos, São Paulo, 1953

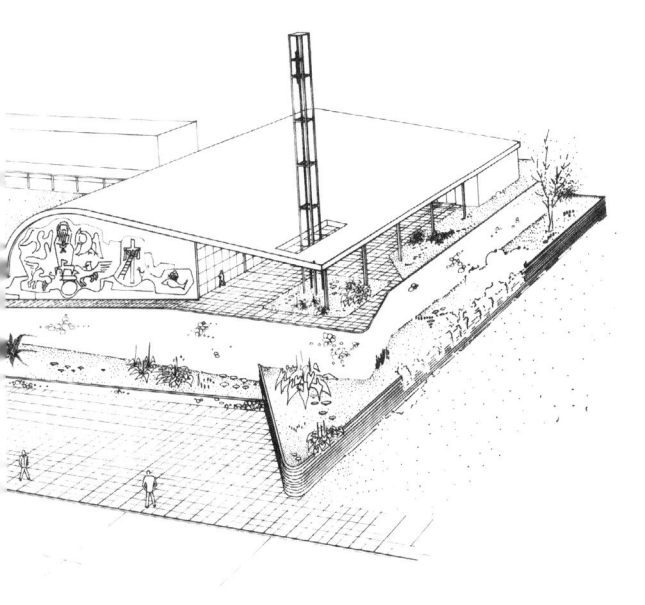

Mas, apesar da repercussão da presença de Gropius no IV Congresso Brasileiro de Arquitetos, realizado no início de 1954 em São Paulo, sua posição parece ser de difícil assimilação no Brasil. Limitando-se a uma posição genérica sobre o tema, as resoluções do Congresso apenas recomendam que os clientes "possibilitem a execução de trabalhos de pintura, escultura ou de qualquer elemento complementar e integrante da arquitetura, de acordo com o projeto apresentado, ficando a escolha do artista a critério do arquiteto".[23]

A simpatia, tanto pelas posições de Costa e Corbusier, quanto pelas de Gropius, faz com que Levi tente combiná-las numa posição própria. A dificuldade da síntese o leva a reconhecer que não havia uma "compreensão clara do assunto", considerando que o ambiente cultural não estava "suficientemente preparado para uma solução integral do problema".[24]

Em 1949, Levi já havia revisto a forma como utilizava o termo "mãe das artes", defendendo uma posição mais de acordo com os valores clássico-renascentistas que impregnavam tanto a arquitetura moderna italiana, como as proposições de Costa e Corbusier:

> A arte é uma só. Ela se manifesta de várias maneiras, quer pela pintura, pela escultura, pela música, ou pela literatura, como também pela arquitetura. Tais manifestações constituem fenômenos afins, sem diferenças substanciais na parte que realmente caracteriza a arte como manifestação do espírito.[25]

Não se tratava, portanto, da primazia da arquitetura sobre as demais artes, implícita no termo anterior. Levi lembra que se "no passado essa colaboração era íntima e normal", na modernidade isso não ocorre. Levi sugere os motivos. Por parte dos arquitetos e clientes surge um "inexplicável preconceito contra um afresco, um mosaico ou um motivo esculpido". Por parte dos pintores e escultores, o fato de viverem afastados da arquitetura os fez perder a "verdadeira compreensão do assunto, no sentido do trabalho em comum, não querendo sujeitar-se à humilde subordinação ao desenho arquitetônico".[26]

Aceitando as condições arquitetônicas da integração das artes na arquitetura, Levi defende, no texto "Síntese das artes", que pintura e escultura perdem sua "vida independente", tornam-se "matéria arquitetônica", ao transformar-se em afresco ou baixo-relevo. Iguala os artistas aos demais profissionais que constituem a equipe de cuja colaboração resulta a obra de arquitetura, cabendo ao arquiteto garantir a harmonia entre "a função, a técnica e a plástica".

Mas Levi não se soma à oposição às teses de Gropius pretendida pelos autores do "Canteiro de síntese das artes maiores". Coerente com sua postura em relação ao projeto, Levi defende a sintonia entre intenção artística e utilitária, vendo nela a possibilidade de estimular processos criativos e repetindo as palavras do alemão: "A limitação torna fértil a mente criadora".[27] O exemplo dado é primoroso:

> Superfícies convexas para fins acústicos são obtidas por meio de relevos nas paredes e no forro, ou por meio de objetos pendurados na sala, como se fez no grande auditório da Universidade da Venezuela, em Caracas (capacidade para três mil pessoas). A composição desses objetos é de Alexander Calder, obedecendo às indicações do arquiteto e de especialistas de acústica. Talvez seja esse o exemplo mais notável de integração das artes plásticas na época moderna.[28]

60
Elisabeth Nobiling, dois detalhes do baixo-relevo, torre do relógio da Cidade Universitária, São Paulo, 1953

Matéria arquitetônica

Na obra de Levi, não se encontra nada comparável à colaboração de Calder com Raul Villanueva. As resoluções de problemas de uso não tiveram jamais, no caso de Levi, uma participação tão ativa de um artista plástico, sendo sempre realizadas pelos arquitetos do escritório. Entretanto, ao dar forma a alguns dispositivos destinados a usos programáticos, deixa transparecer uma intenção plástica que os torna identificáveis no conjunto do projeto. Essa intenção pode ser encontrada, por exemplo, nos balcões do Cine Ipiranga, em que o dinamismo das superfícies curvas auxilia na difusão acústica. Ou ainda na concepção das fachadas de brise, verdadeiros painéis gigantescos de arte concretista, frequentes em sua obra nos anos 1950.

Ao mesmo tempo em que surgem os planos concretistas nas fachadas, algumas paredes passam a ser revestidas por painéis de ladrilhos hidráulicos e azulejos com desenhos concebidos no próprio escritório. Ainda que um certo sentido decorativo anime esses painéis, existe um mesmo procedimento que os aproxima da concepção abstrata concretista vigente nos planos de brise.

Na raiz de ambos está uma concepção moderna de plano. Na obra de Levi o plano é concebido como membrana mediadora entre dois espaços distintos, e não apenas como uma parede de fechamento, constituindo uma interface entre dois espaços, e não um simples corte no espaço contínuo. Uma mediação que pode ocorrer tanto entre os espaços do edifício e da cidade, como internamente no edifício. Por seus atributos, o plano é o momento de maior tensão do projeto.

Nos planos de brise, o controle do padrão geométrico abstrato regula a densidade da membrana, tornando-a mais ou menos permeável. Nos painéis sobre paredes de vedação, o desenho constrói uma textura que tem papel ativo na configuração da forma e do espaço arquitetônico. Os painéis de ladrilhos realizados pelo escritório potencializam as diferenciações das superfícies e, por sua relação quase mimética com a própria arquitetura, acentuam um caráter informativo, como índice dessa arquitetura.[29]

Essa relação entre o painel e a arquitetura pode ser primeiro identificada pelo desenho dos ladrilhos que envolvem a escada caracol do Hospital do Câncer [64]. O módulo se entrelaça um no outro pelo próprio desenho que sangra seus limites, compondo uma linha diagonal sobreposta à malha do próprio ladrilho. Conforme salienta seu autor, o arquiteto Luiz Roberto Carvalho Franco, era necessário compor o painel como um todo, cujo resultado era a enfática ligação entre os módulos, unificados pelo próprio desenho. O vínculo temático chega a ser figurativo: o tema das diagonais entrelaçadas sugere uma referência ao movimento da forma circular da parede e da própria escada que realiza a ascensão ao piso superior.

A maior parte desses painéis cumpre funções arquitetônicas semelhantes, podendo-se dizer que sinalizam algum elemento do próprio projeto e auxiliam na estruturação da forma. No edifício 20 de Setembro [65], o painel de ladrilhos hidráulicos com desenho muito simples acentua a continuidade entre a rua e a entrada do edifício de apartamentos, dificultada pelo comércio situado no térreo. No Banco Sul-Americano do Brasil, em Capivari (1955) [66], o painel reveste toda a parede do volume cilíndrico da agência, ressaltando seu uso diferenciado de atendimento ao público e fazendo-o sobressair na esquina onde se localiza. Na Galeria R. Monteiro (1959) [67], o painel reveste todo o volume da torre central de circulação vertical e serviços, destacando, em meio ao conjunto de lojas circundantes, o acesso aos andares superiores da torre de escritórios.

64
Luiz Roberto Carvalho Franco, ladrilho hidráulico para painel, Hospital Central do Câncer, São Paulo, 1947-53

65
Planta e painel de ladrilhos hidráulicos, edifício XX de Setembro, São Paulo, 1954-55

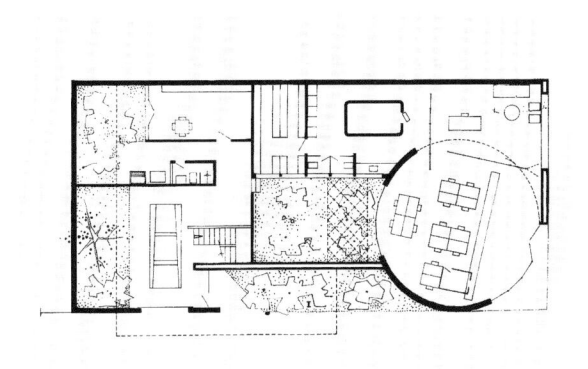

Já nos painéis de azulejos realizados por Burle Marx para o Prudência e em vários outros painéis de artistas convidados, o objetivo é sugerir uma transparência necessária à forma, seguindo a ideia corbusiana de dinamitação das paredes. Aqui a obra artística contribui para apagar a materialidade da arquitetura, corrigindo-a. Nesses casos, o painel deixa de ser um índice da arquitetura como na situação anterior, passando a redefini-la segundo uma intenção artística concorrente.

Nesse aspecto se justifica o reclamo de Levi pela subordinação às condições arquitetônicas como forma de garantir a unidade da obra. No exemplo do Prudência, o painel de azulejos, que apaga o volume do hall de elevadores, pode fazer muito mais do que apenas sugerir a continuidade entre a rua e os jardins sob os pilotis. Tanto que Levi, além de definir a posição dos painéis, interfere no desenho dos azulejos, fazendo restrições às figuras da primeira versão, que "lhe parecem um tanto caricaturais", e sugerindo que "com alguns retoques a composição poderia prescindir dessas figuras".[30]

O depoimento de Burle Marx sobre sua participação no projeto da Residência Olivo Gomes [68 a 71] revela que ela não se dava como imposição ou submissão. Levi procura alargar o conhecimento do artista sobre a situação que iria ser criada na obra arquitetônica:

> Tinha papel importante na arquitetura e Rino Levi alertou-me para o fato de que a cor dos azulejos forçosamente ligava-se à cor das folhas e das plantas escolhidas. A dominante azul do painel unia-se aos ocres da arquitetura. Foram então escolhidas plantas com folhas de cor violeta e flores amarelas e vermelhas.[31]

Burle Marx ressalta que essa colaboração não se restringia a limites decorativos, tendo como objetivo uma integração orgânica entre os espaços, as formas e as cores para valorizar a arquitetura.

Portanto, sua noção de matéria arquitetônica não significava uma redução do valor da intervenção do artista. Seu objetivo era garantir que essa intervenção entrasse em sintonia com a arquitetura, permitindo, assim, uma melhor fruição de ambas.

A Casa Olivo Gomes em São José dos Campos

Foi no projeto da Residência Olivo Gomes, na Fazenda Sant'Ana, em São José dos Campos, que Rino Levi e sua equipe realizam seu melhor exemplo de síntese das artes. Nada é supérfluo: desde o paisagismo e os painéis de azulejo e mosaico, feitos por Burle Marx, até o cromatismo das paredes, o mobiliário e a iluminação, tudo se articula organicamente, desempenhando alguma função na realização do partido do projeto.

Situada nos limites da várzea do Rio Paraíba, a casa é concebida como um posto de observação da paisagem. Sua estrutura linear permite que todos os ambientes se abram para a vista principal, sendo que o jardim cria os limites laterais desse panorama, definindo-os como muros de arrimo, espelho d'água e viveiro de pássaros.

Também os painéis de Burle Marx podem ser entendidos em função do partido da casa. O principal painel situa-se no centro irradiador das linhas dominantes do jardim, que se expandem da casa em direção à paisagem principal. Tornando-se o fulcro de toda a forma, seu desenho interpreta esse papel, retomando livremente os padrões do jardim e as linhas limítrofes do ângulo de visão. Certamente não é o caso de uma matéria arquitetônica, mas sim de uma obra que condensa o significado da casa.

Inexistente na primeira versão do projeto anterior ao ingresso de Burle Marx, essa parede é criada para suportar o painel. Solto entre os planos de vidro e o vazio dos pilares, o plano pictórico tem sua imaterialidade acentuada pelas cores. Externamente, a dominante cromática vermelha, mais vibrante que as cores da casa, destaca o painel do conjunto. Na face interna, a dominante azul sugere uma sutil transparência para a paisagem exterior. As duas cores geram uma tensão instável no plano. Enquanto o azul interioriza, o vermelho expande, nesse caso, em direção à paisagem.

66
Rino Levi, planta e painel de ladrilhos, Banco Sul-Americano, Capivari, 1955

67
Burle Marx, painel de cerâmica em relevo, Galeria R. Monteiro, São Paulo, 1959

Cumprindo papel hierarquicamente menor, o segundo painel, do próprio autor, situado numa parede ao lado da entrada principal, é tratado como matéria arquitetônica. Necessária para conferir alguma privacidade ao setor dos dormitórios, a parede recebe um painel de azulejos cuja dominante azul sugere transparência.

O cromatismo das paredes, especialmente das internas, também é tratado como matéria arquitetônica, subordinada ao partido da casa. Pintadas por Francisco Rebolo, um defensor da colaboração com arquitetos, as paredes cumprem função arquitetônica ao destacar planos internos que qualificam o ambiente. Por exemplo: o vermelho dentro do bar da sala de jogos tonifica um ambiente de lazer, enquanto a face negra de uma parede ao lado do grande plano de vidro da sala de estar contribui para a visão noturna da paisagem, que seria dificultada pelo reflexo da iluminação interna numa parede clara nessa posição.

Ainda na sala de estar, tapetes de Elisabeth Nobiling corrigem a reverberação sonora, enquanto o mobiliário leve contribui para a continuidade entre interior e exterior. A única peça mais marcante, o conjunto armário-lareira, ecoa o ângulo do espelho d'água do jardim, sugerindo os limites do panorama que dá sentido ao partido da ideia.

A falta de uma compreensão clara do assunto, reconhecida durante esses anos pelo arquiteto, não o impediu de produzir um projeto que realizava plenamente os objetivos da síntese das artes. Não se limitando às artes maiores, a colaboração avança tanto nos pormenores quanto no paisagismo, gerando uma obra de valor singular, superando as diferenças que ainda se expressariam por alguns anos em manifestos e debates.

68
Burle Marx, painel de azulejos, residência Olivo Gomes, São José dos Campos, 1950

69
Burle Marx, paisagismo, residência Olivo Gomes, São José dos Campos, 1950

70
Escritório Rino Levi, painel de cerâmica esmaltada, Usina de Leite Paraíba, São José dos Campos, 1963

71
Burle Marx, painel de cerâmica esmaltada, galpão de abastecimento da Tecelagem Paraíba, São José dos Campos, 1953

Notas

1. Este capítulo contou com a importante colaboração de Ana Lúcia Machado de Oliveira Ferraz, que me deu o prazer de orientar sua dissertação de mestrado. Ver: FERRAZ, Ana Lúcia Machado de Oliveira. *Insigne presença. Arte e arquitetura na integração dos painéis na obra de Rino Levi*.

2. LEVI, Rino. Arquitetura e estética das cidades.

3. Cf. CIUCCI, Giorgio. *Gli architetti e il fascismo – Architettura e città, 1922-1944*.

4. PORTUGHESI, Paolo. La scuola romana.

5. ROGERS, Ernesto Nathan. Il perchè della decorazione (da tese Caratteri stilistici e costrutivi dei monumenti, 1932, publicada originalmente na revista *Quadrante*, nov. 1933, com o título Significato della decorazione nell'architettura), hoje em *Esperienza dell' architettura*.

6. Uma posição que remete a Worringer: "É um fato fundamental no caráter peculiar da ornamentação que nela se expressem com maior pureza e clareza, com clareza paradigmática, a vontade artística de um povo e suas particularidades específicas". WORRINGER, Wilhelm. *Abstracción y naturaleza*.

7. ROGERS, Ernesto Nathan. Op. cit.

8. Seguimos aqui a denominação, sugerida por Maria Cecília França Lourenço, de painel "como designativo genérico tanto em pinturas, mosaicos e relevos". Cf. LOURENÇO, Maria Cecília França. *Operários da modernidade*, p. 250.

9. *Annuario della Reggia Scuola di Architettura in Roma*, p. 197-198.

10. Conforme informação dada por familiares, Levi pintava com alguma regularidade, existindo um pequeno quadro do arquiteto na residência de sua filha, em Roma.

11. Cf. AMARAL, Aracy. Surgimento da abstração geométrica no Brasil.

12. Cf. FERRAZ, Geraldo. Individualidades na história da atual arquitetura no Brasil. III –Rino Levi, p. 38.

13. Informação dada ao autor por Maria Cecília França Lourenço.

14. Le Corbusier no texto "A arquitetura e as belas artes", de 1936, publicado por Lúcio Costa na Revista do Patrimônio Histórico Nacional, Rio de Janeiro, em 1984.

15. COSTA, Lúcio (1953). Desencontro. Republicado em *Lúcio Costa, registro de uma vivência*, p. 202.

16. Viaja junto com Calabi, segundo a informação (sem precisão da data), dada pela viúva de Calabi, sra. Ornela Foà Calabi, em entrevista ao autor, 1994.

17. A previsão de um painel na fachada já está presente nos primeiros estudos, em 1942-43, mas a definição por um painel de Di Cavalcanti seria decidida apenas em 1949, após um concurso de propostas do qual participaram Burle Marx e Jacob Ruchti. A escolha coube à diretoria do teatro, embora Levi preferisse as propostas abstratas dos outros concorrentes. Cf. CÉSAR, Roberto Cerqueira. Depoimento de a Ana Lúcia Machado de Oliveira Ferraz e Maria Cecília França Lourenço (op. cit.).

18. LOURENÇO, Maria Cecília França. Op. cit., p. 265.

19. Cf. PEDROSA, Mario. Espaço e arquitetura. Republicado em: AMARAL, Aracy (Org.). *Dos murais de Portinari aos espaços de Brasília*, p. 258.

20. A conferência foi realizada em Veneza por iniciativa da Unesco e o manifesto foi assinado por Lúcio Costa, Herbert Read, Ungaretti, Wilder, Lhote, Carra, Henry Moore, Wotruba, Mehta, Honneger, Spender, Hartung, Stynon, Villon, Roth, Mortensen, Le Corbusier, Rogers, Marino Marini, Peressetti, Sutherland, Severin e Lurçat, e se encontra reproduzido em SANTOS, Cecília Rodrigues; PEREIRA, Margareth Campos da Silva; PEREIRA, Romão Veriano da Silva; SILVA, Vasco Caldeira da. *Le Corbusier e o Brasil*, p. 239-241.

21. VIII Congresso Pan-Americano de Arquitetura, p. 122.

22. Conclusões do Congresso de Lisboa da União Internacional de Arquitetos.

23. IV Congresso Brasileiro de Arquitetos. Boletim IAB-SP, n. 2.

24. LEVI, Rino. Síntese das artes plásticas.

25. LEVI, Rino. Técnica hospitalar e arquitetura. Palestra de 1948.

26. Idem, ibidem.

27. LEVI, Rino. Acústica e forma na arquitetura.

28. Idem, ibidem.

29. Deve ser ressaltado que a maior parte dos padrões desses painéis, assim como dos planos de *brise* com temas concretistas, foram criados por Luiz Roberto de Carvalho Franco, em alguns casos após pequenos concursos internos entre o pessoal do escritório.

30. LEVI, Rino. Carta para Burle Marx, 31 out. 1948, arquivo Rino Levi. Reproduzida em FERRAZ, Ana Lúcia Machado de Oliveira. Op. cit.

31. BURLE MARX, Roberto. Depoimento sobre Rino Levi.

21 Teatro Cultura Artística

rua Nestor Pestana 230
São Paulo SP
1942-43

Edifício destruído em incêndio, atualmente em reconstrução

Até hoje uma das melhores salas de concerto de São Paulo, o Cultura Artística ocupa quase integralmente um lote de formato irregular no centro da cidade. Ao elevar a plateia principal do solo, Levi libera uma grande área para o hall de acesso e uma segunda sala para espetáculos menores. Aproveitando o desnível da parte superior da plateia, o foyer, no primeiro pavimento, torna-se um posto de observação da cidade por sobre os sobrados da vizinhança. A sala principal de espetáculos desenvolve o tema das paredes, pisos e teto em curvatura paraboloide, com o objetivo de uma melhor difusão do som. A falta de uma cadeira compatível com a modernidade do teatro levou ao desenvolvimento de um projeto especial, com assento e encosto móvel. A grande parede dos fundos da sala de projeções, que desenvolve uma suave curva ao acompanhar a forma do terreno, recebe um gigantesco painel de Di Cavalcanti, levando à paisagem urbana o tema das musas das artes.

O teatro foi quase completamente destruído por incêndio no dia 17 de agosto de 2008, sobrevivendo apenas o painel frontal. Após o restauro do painel, está em construção um novo teatro projetado pelo arquiteto Paulo Bruna, que preserva a fachada original.

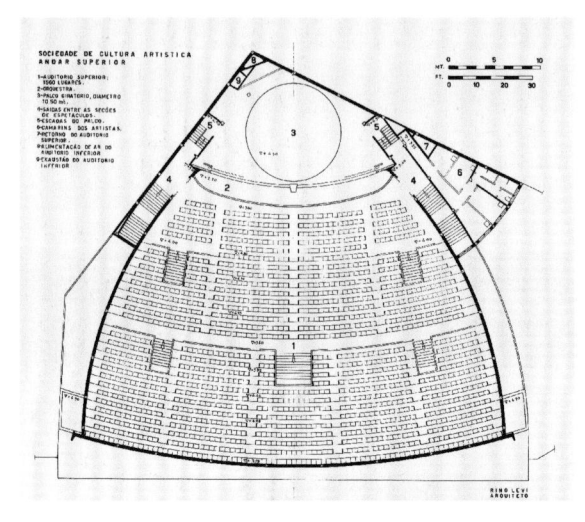

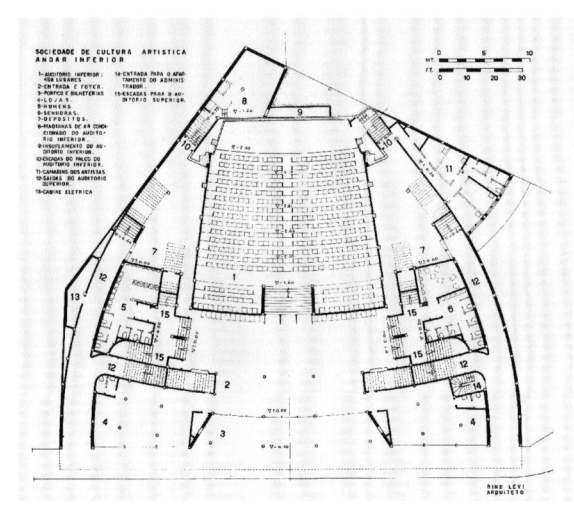

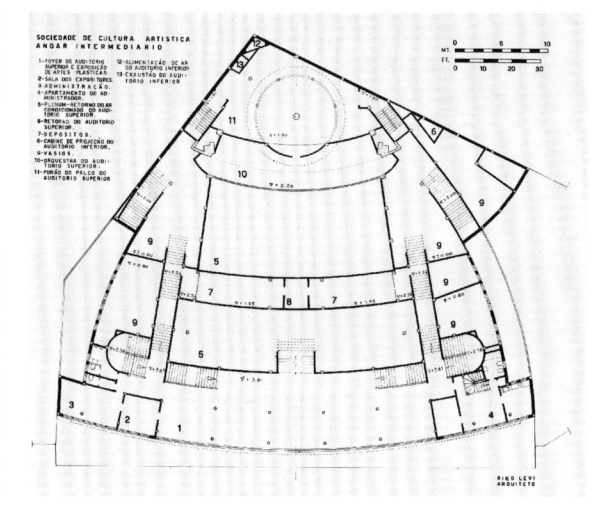

Planta da sala principal de espetáculos

Planta do pavimento térreo

Planta do pavimento intermediário

Vista do teatro em meio à cidade

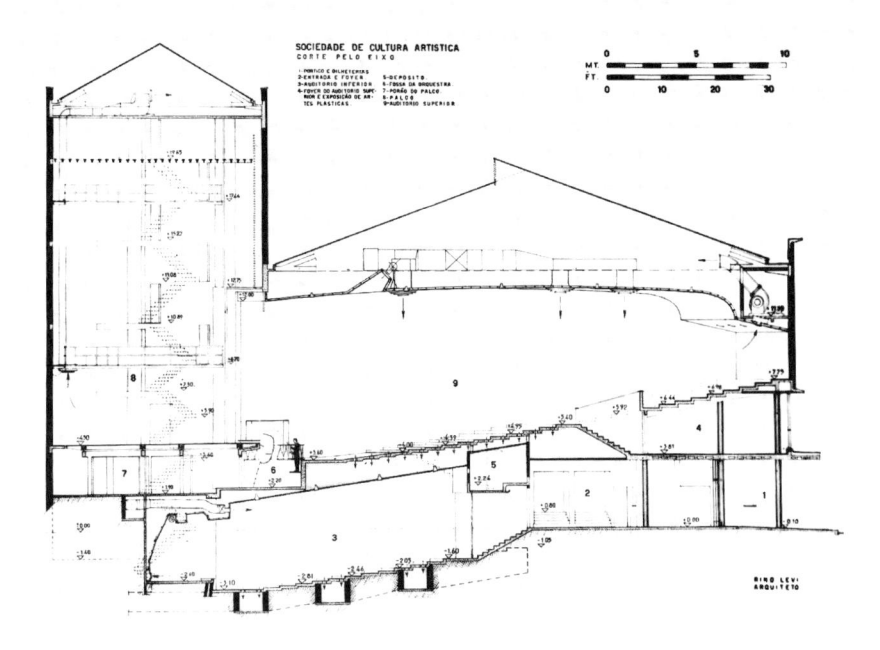

Corte longitudinal

Perspectiva da fachada antes da definição do painel de Di Cavalcanti

Detalhe da fachada com o painel

Foyer no pavimento intermediário

Equipamento de palco giratório

Vista do palco e platéia

Projeto da poltrona com assento e encosto móvel

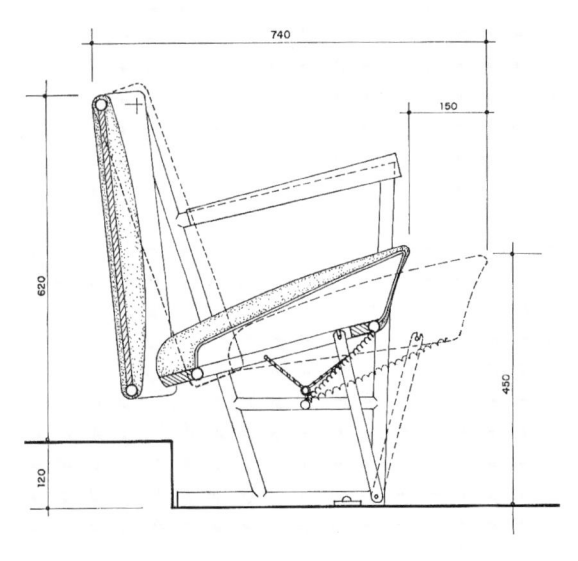

22 Residência Rino Levi

rua Bélgica 116, esquina com rua Suécia
São Paulo SP
1944

Demolida

A residência particular de Rino Levi inicia a série de casas introvertidas que construiu em São Paulo. A transparência se dá apenas no interior da residência, onde prevalece a integração entre os espaços cobertos e os descobertos dos jardins. A privacidade e o isolamento da vida doméstica opõem-se à agitação de uma cidade que caminhava rapidamente para tornar-se a maior metrópole do país.

Cada área da casa – social, íntima e serviços – integra-se a um espaço aberto específico, sendo o de maior interesse o jardim definido em lados opostos pela sala de estar e pela galeria dos dormitórios e fechado nos dois outros pelos muros de divisa. Um plano de elementos vazados, disposto um pouco distante da caixilharia, separa-o sutilmente da sala, permitindo que parte da vegetação invada o ambiente coberto. Tal disposição seria aprimorada em projetos seguintes da série, visando a uma maior integração.

O sistema construtivo é de extrema simplicidade. Paredes de alvenaria reforçadas com estrutura de concreto armado suportam uma cobertura de telhas de fibrocimento, criando um pequeno ângulo de caimento, evitando o retorno aos telhados tradicionais com platibanda, tendo em vista o fracasso da laje impermeabilizada na década de 1930.

Parte do mobiliário foi concebida como equipamentos funcionais e estruturadores do espaço interno. A cozinha longilínea apresentava uma extensa bancada e um armário à meia altura, com duas janelas contínuas, acima e abaixo do armário. A estante/lareira da sala de estar servia de vestíbulo para a casa. O mobiliário do quarto da filha era adequado às atividades infantis. Um móvel curioso, projetado posteriormente, conjugava a radiovitrola com a nascente televisão.

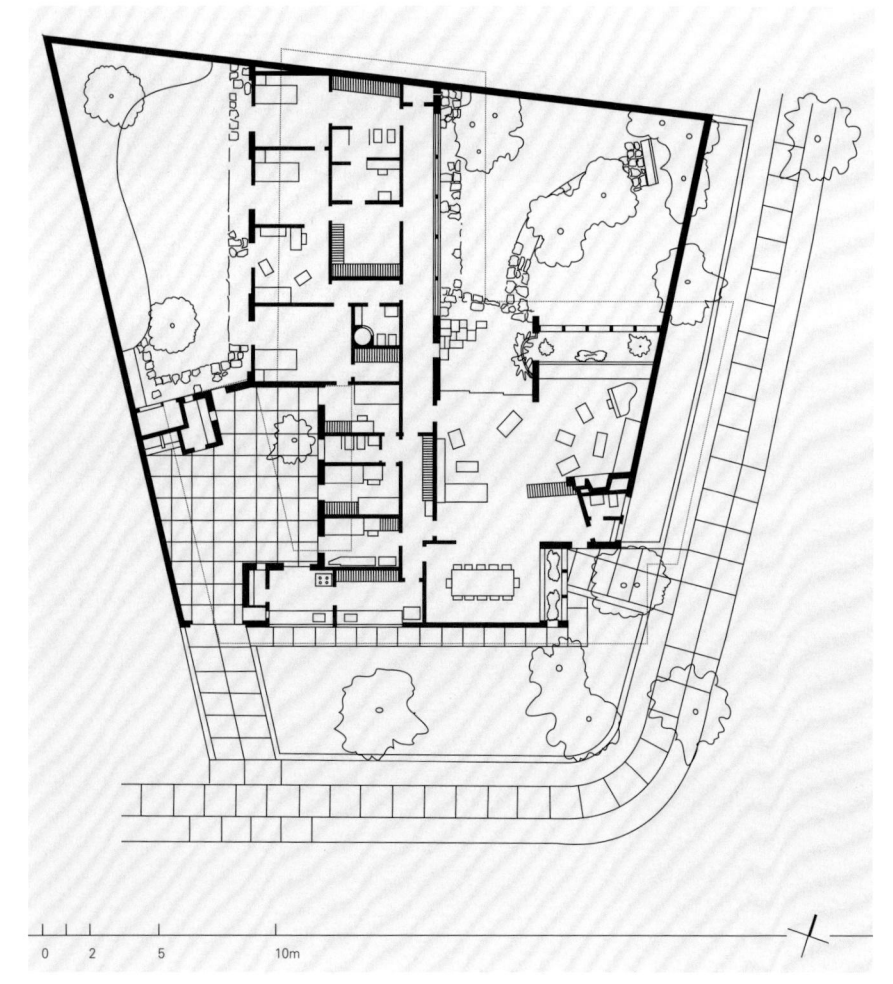

Planta

Vista da sala de estar com o armário-lareira que define o vestíbulo de entrada

Vista da entrada da casa na rua Bélgica

Vista interna da sala e varanda abertas para o jardim principal

Vista interna da copa-cozinha

Vista externa da rua Suécia, com o jardim externo e a face opaca onde se abrem apenas os caixilhos da copa-cozinha e o portão da garagem

23 Edifício Prudência

avenida Higienópolis 265
São Paulo SP
1944-48

Em bom estado de conservação

O amplo terreno permite uma forma geométrica simples, um volume com planta ortogonal em "U", isolado dos limites do lote. Duas rampas acentuam a continuidade entre a rua e o jardim, que ocupa todo o térreo e separa o volume dos apartamentos das garagens abaixo do nível da calçada. O desenho sinuoso de Roberto Burle Marx no jardim e nos painéis que recobrem as paredes da circulação vertical contrasta com a ortogonalidade do edifício, destacando o volume sobre pilotis.

Localizados numa faixa ao longo da face interna do "U", os serviços têm os módulos estruturais subdivididos para melhor se adequarem às características das atividades ali desenvolvidas. Já o setor de habitação diurna e noturna não receberia paredes de divisão interna, permitindo aos moradores explorar a flexibilidade do sistema modular com divisórias leves e armários. Essa proposta, ousada demais para a época, segundo depoimentos dos sócios de Levi, foi aceita por apenas um dos proprietários.

Apesar de organizar todo o edifício, a malha modular não é transferida diretamente para a fachada. A estrutura interna aflora apenas em alguns momentos na fachada livre e transparente. O recuo das varandas corresponde ao vazio interno da planta em "U", enquanto as separações entre os apartamentos constituem as únicas linhas verticais da fachada.

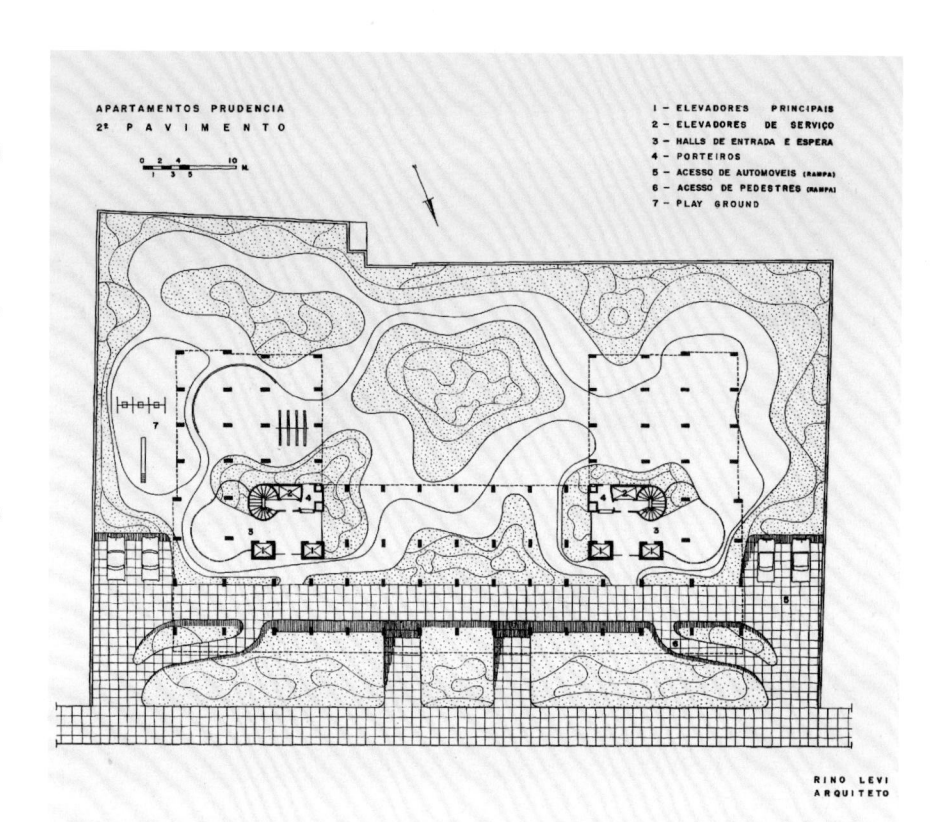

Vista a partir da avenida Higienópolis

Cobertura com paisagismo de Burle Marx

Planta dos jardins e acesso principal

Corte

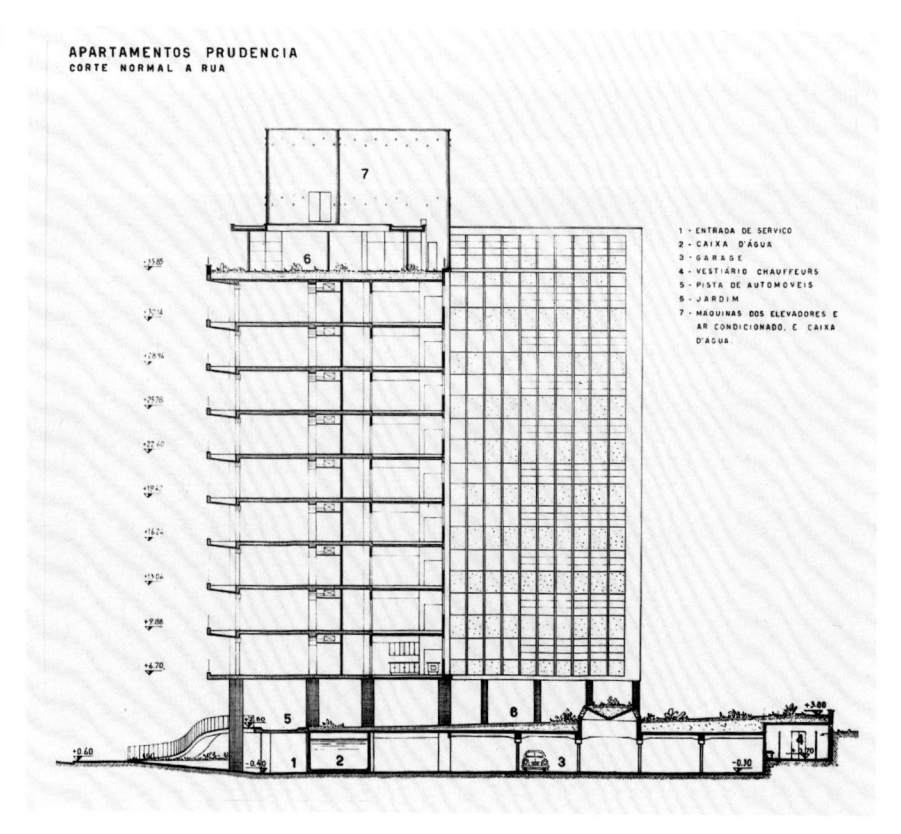

APARTAMENTOS PRUDENCIA
3º AO 11º PAVIMENTO

1 – ELEVADORES PRINCIPAIS
2 – ELEVADOR DE SERVIÇO
3 – ESTAR, JANTAR, E DORMITÓRIOS
4 – CORREDORES
5 – BANHEIROS
6 – COPAS – COSINHAS
7 – QUARTOS DE SERVIÇO

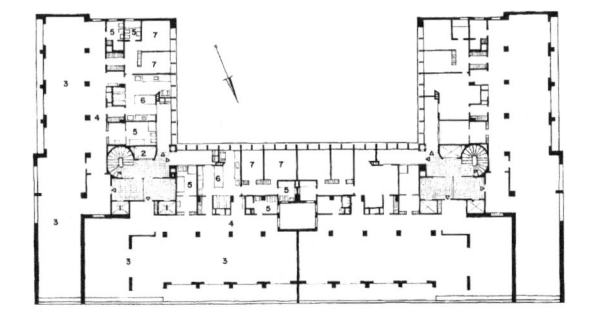

APARTAMENTOS PRUDENCIA
12º PAVIMENTO

1 – ELEVADORES PRINCIPAIS
2 – ELEVADOR DE SERVIÇO
3 – ESTAR
4 – BIBLIOTECA
5 – W.C.
6 – BANHEIROS
7 – DORMITORIOS
8 – COPA – COSINHA
9 – QUARTOS DE SERVIÇO
10 – JANTAR

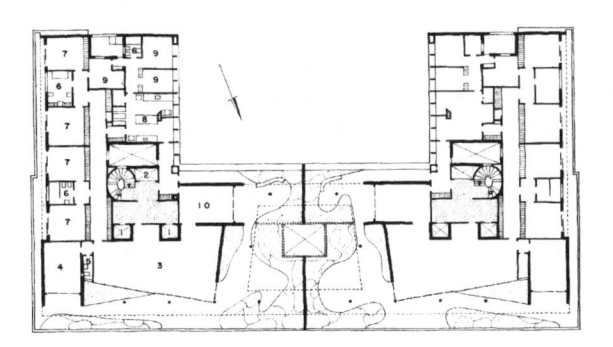

Planta do pavimento-tipo

Planta dos apartamentos da cobertura

Vista a partir da rua Martim Franscisco

Cobertura, com paisagismo de Burle Marx

24 Maternidade Universitária – Faculdade de Medicina da Universidade de São Paulo

Prêmio para Projeto de Edifício de Uso Público na 1ª Bienal de São Paulo, 1951, com colaboração de

Roberto Cerqueira César e Franz Andrea Pestalozzi
avenida Rebouças
São Paulo SP
1944-52

Não construído

O projeto vencedor do concurso realizado para programa produzido por Raul Briquet, catedrático de Obstetrícia da Universidade de São Paulo, foi o que teve uma das maiores repercussões internacionais na carreira de Levi. O programa foi organizado em volumes funcionais, separados segundo um fluxograma que dividia os percursos de modo a reduzir as oportunidades de infecção hospitalar.

A implantação e as características construtivas dos volumes foram definidas de acordo com a demanda específica de cada uso, prevendo, no entanto, flexibilidade para adequar-se às transformações que certamente ocorreriam com o desenvolvimento da medicina. Sobre pilotis, os volumes do setor de ensino, enfermaria e ambulatório se acomodam, em leque, ao lote da esquina das avenidas Rebouças e das Clínicas, sendo conectados por um volume horizontal elevado, em que corredores cumprem o papel de rua interna. A capacidade de 220 leitos era dividida em quatro andares para pacientes não pagantes e quatro para pagantes, sendo a única diferença a divisão das enfermarias pagas em apartamentos.

Em 1952 o projeto foi retomado, sofrendo algumas transformações. Apesar do sucesso no meio arquitetônico, a construção jamais seria concluída. Mesmo após estudos realizados, em 1956, para sua execução parcial.

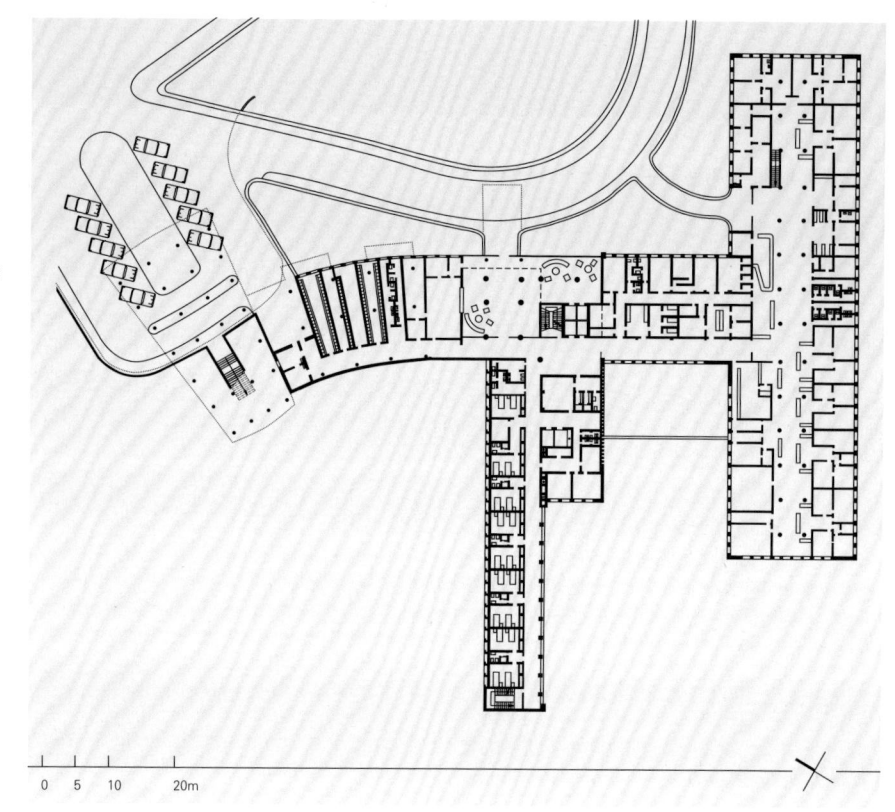

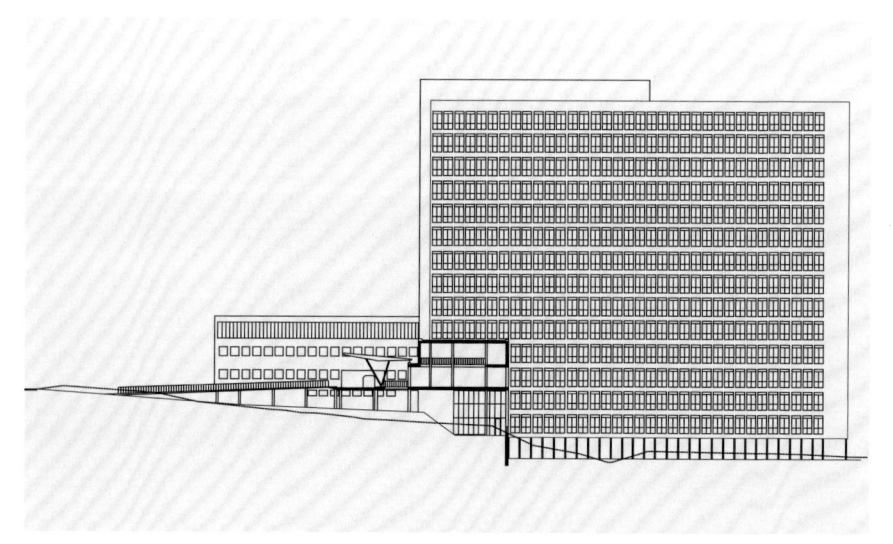

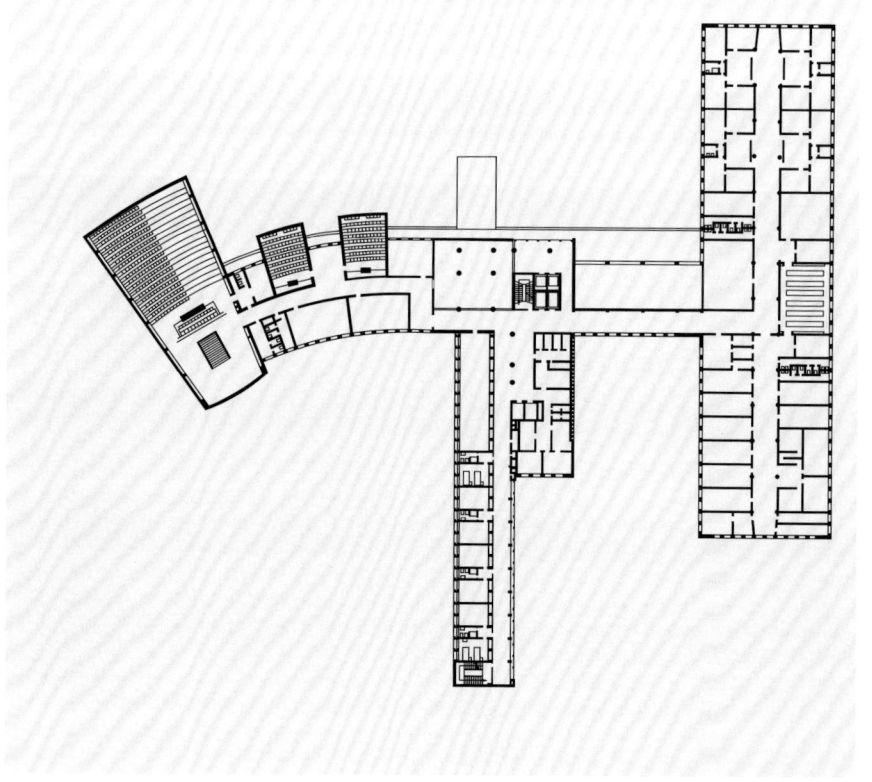

Fachada lateral do bloco de enfermarias e corte da circulação interna

Planta do nível térreo de acesso

Planta do pavimento 5

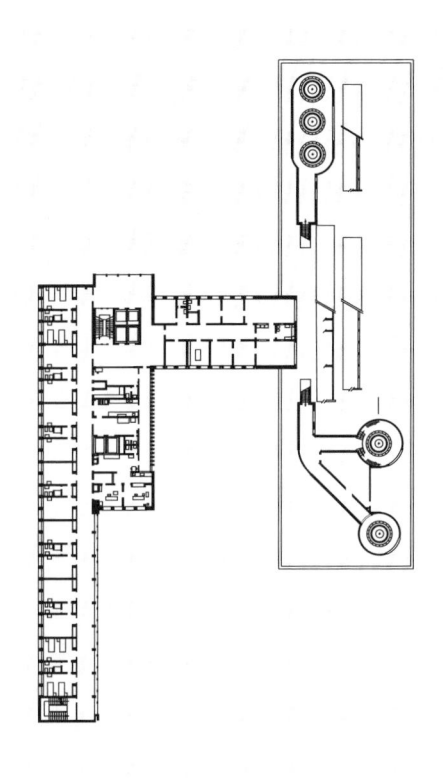

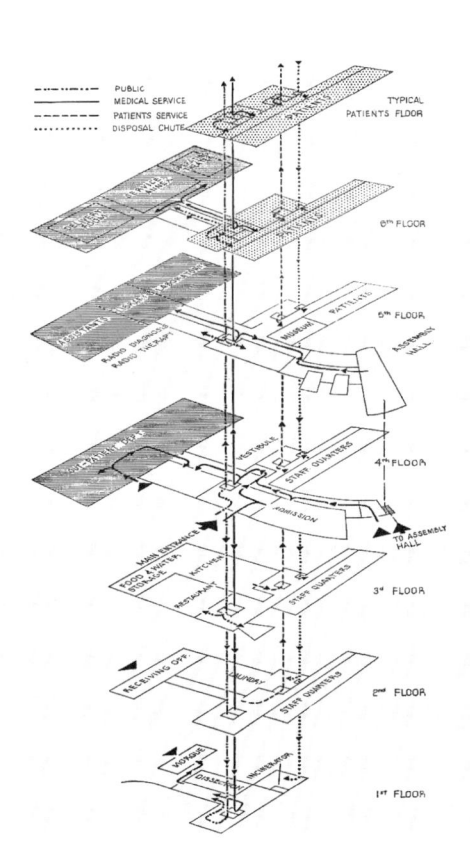

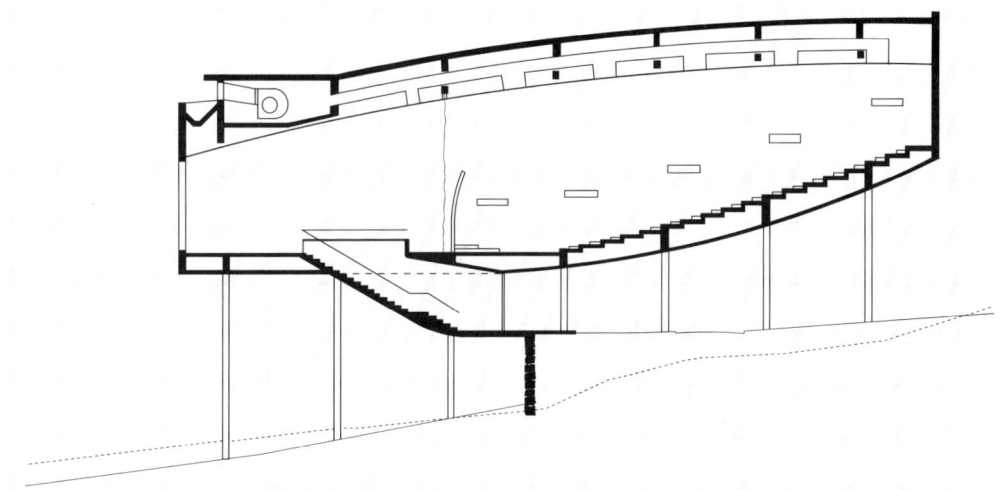

Planta do pavimento 7
- Centro Cirúrgico

Foto da maquete

Corte do auditório

Fluxograma espacial

25 Banco Paulista do Comércio

rua Boa Vista, esquina com ladeira Porto Geral
São Paulo SP
1947-50

Com algumas alterações e em estado razoável de conservação

O edifício fica no centro antigo de São Paulo, no limite do *triângulo elevado*, e explora ao máximo o potencial construtivo permitido legalmente para o lote. Como a altura máxima era proporcional à largura da rua, o prédio é mais elevado nos três módulos da esquina, seguindo a largura maior da rua Boa Vista, enquanto os quatro módulos restantes são escalonados a partir do terceiro andar, obedecendo à menor largura da Ladeira Porto Geral. Também na planta o edifício se adapta às irregularidades dos lotes, usando a área de serviços, escadas e elevadores para regularizar o ambiente interno em grandes salões retangulares.

As fachadas, independentes da estrutura, são integralmente de caixilhos de vidro correndo por fora dos pilares. Apenas no nível da rua Boa Vista a vedação se modifica, recua para abrigar um vestíbulo de entrada e recebe planos de bloco de vidro pontilhado para evitar que os movimentos dos clientes no interior do banco sejam devassados. Mesmo assim, caixilhos verticais intercalam os planos de blocos de vidro, acompanhando o ritmo dos pilares.

As principais alterações ocorreram nos pavimentos térreo, banco, e inferior, loja. A agência bancaria subdividiu o grande saguão para introduzir atendimento com terminais eletrônicos. O painel de blocos de vidro do térreo foi restaurado em 2005, após receber pressão da estrutura de concreto armado devido ao seu encurtamento e esmagamento das juntas de dilatação.

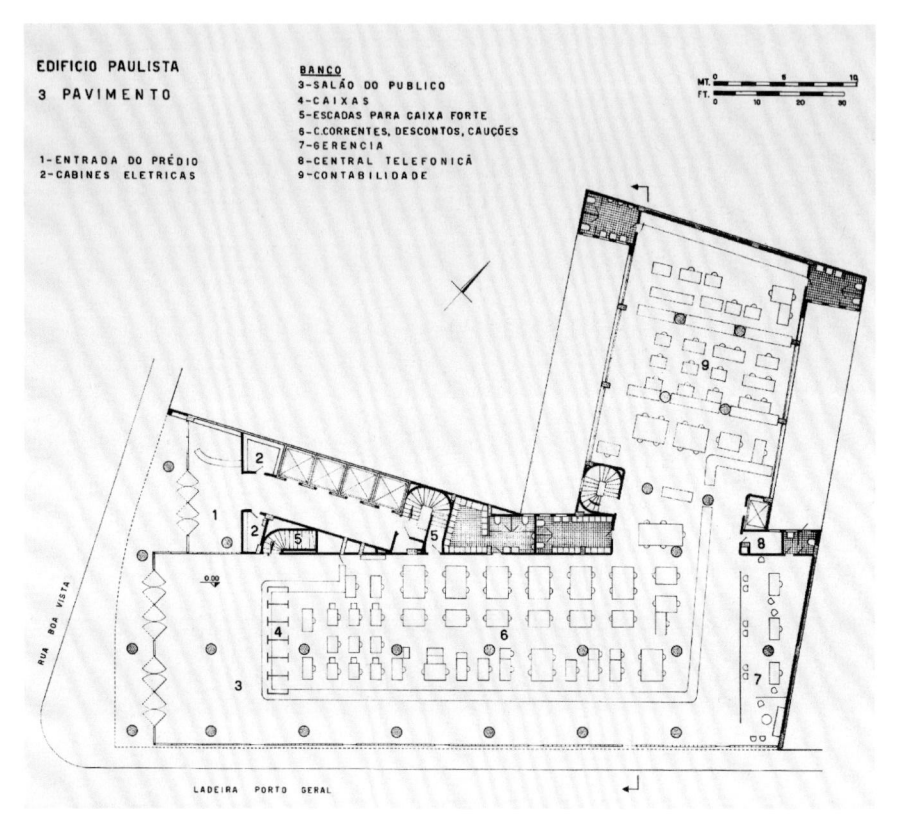

Maquete em que se pode perceber o recuo dos andares superiores para respeitar o gabarito menor da ladeira Porto Geral

Planta da agência bancária

Vista do interior da agência bancária

Vista da esquina da rua Boa Vista com ladeira Porto Geral, no centro antigo de São Paulo

Detalhe do balcão de apoio e vedação em vidro

Parede de vedação em blocos de vidro, independente da estrutura

26 Hospital Antônio Cândido de Camargo do Instituto Central do Câncer

rua Prof. Antônio Prudente 211
São Paulo SP
1947-53

Muito alterado, desfigurando sua forma original

Primeiro projeto hospitalar de Levi a ser construído, o Instituto Central do Câncer agrupa o programa principal em dois grandes volumes, um vertical e outro horizontal, acrescentando um terceiro, de dimensões menores, que abriga facilidades para médicos e enfermeiros. A implantação buscou a melhor orientação solar para as condições do lote de dimensões reduzidas e forte declividade para os fundos.

A utilização do sistema de *viagem direta* nos elevadores simplifica a separação dos fluxos, mas não elimina a segregação dos pacientes pagantes dos não pagantes, que ocorre desde a recepção.

Vários recursos são utilizados para permitir a flexibilidade: paredes leves de divisória, forro liso sem nervuras aparentes e modulação das aberturas. Câmaras de ar contínuas entre as lajes do piso e do forro facilitam alterações nas redes de instalações. A capacidade é de 169 leitos gratuitos e 45 leitos para pacientes pagantes.

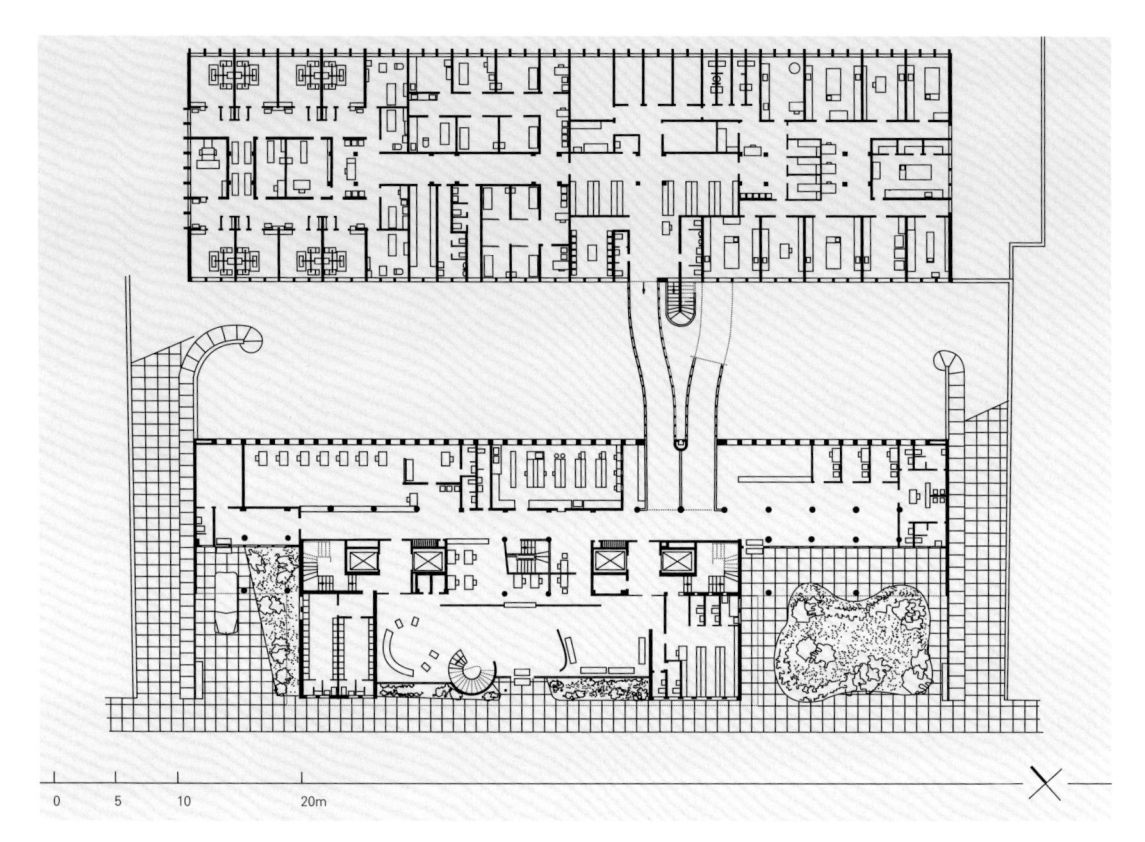

Planta do pavimento térreo

Os três blocos do hospital vistos dos fundos

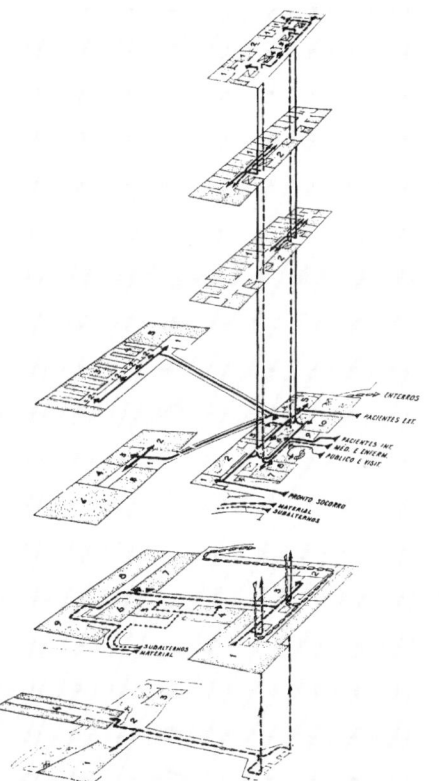

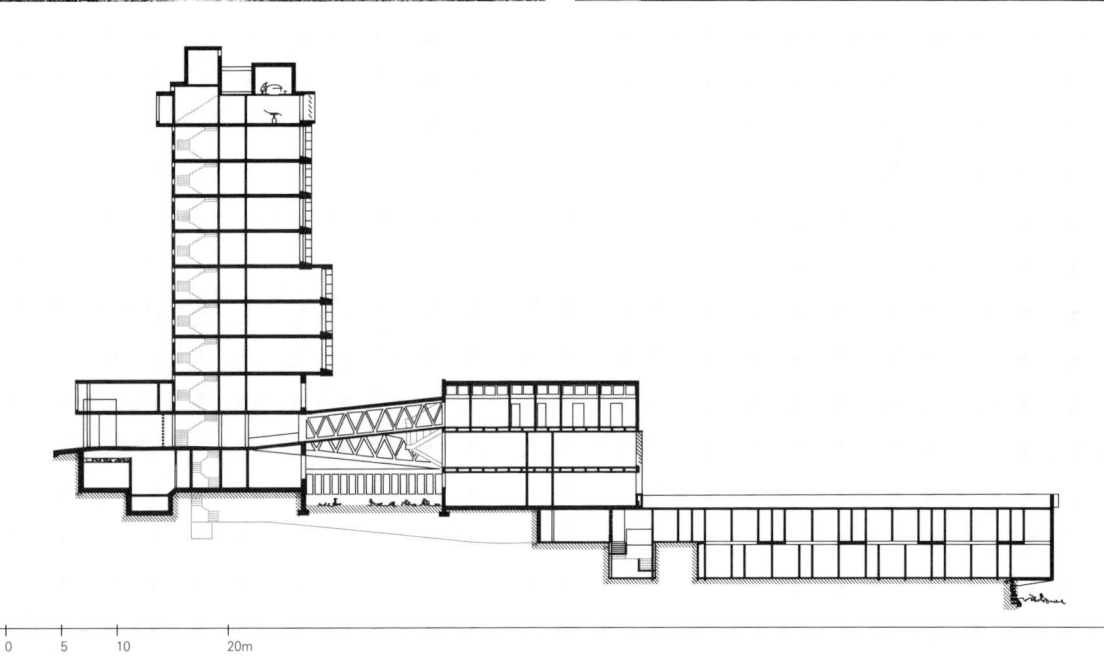

Vista externa das passarelas que ligam a recepção aos níveis de atendimento ao público no bloco dos ambulatórios

Esquema de distribuição dos fluxos internos

Vista do bloco do ambulatório e serviço técnico-científico, e do bloco de residência dos médicos e enfermeiros

Corte transversal

Vista da estrutura de concreto armado do ambulatório em construção

Vista interna das passarelas de ligação

27 Residência Olivo Gomes

Fazenda da Tecelagem Paraíba, atual Parque Burle Marx

avenida Olivo Gomes
São José dos Campos SP
1949-51
Atual sede da Fundação Cassiano Ricardo

Problemas de preservação decorrentes de vandalismo e ausência de manutenção adequada

Ver ensaio fotográfico de Nelson Kon

Primeira obra realizada para o empresário Olivo Gomes, essa casa, situada no limite da várzea do Rio Paraíba, é inteiramente concebida para a fruição da paisagem. A colaboração com Burle Marx encontra aqui sua mais completa sintonia: painéis e jardins são componentes ativos na realização do partido do projeto. O jardim expande o espaço interno, constituindo uma transição para a paisagem mais ao longe. Os painéis principais sintetizam a forma da casa em seu ponto fulcral, do qual partem centrifugamente as linhas do espelho d'água, canteiros, muros de arrimo e viveiro de pássaros.

Os pormenores construtivos também encontram aqui uma sofisticação sem precedentes na obra de Levi. Para abrir completamente os dormitórios para a paisagem, as folhas das janelas são elevadas por um sistema de contrapesos que as embute completamente na testada da casa.

O complexo foi tornado público, constituindo o Parque da Cidade Roberto Burle Marx. Assim como as demais edificações, a residência sofre com a falta de manutenção adequada, apresentando sinais de deterioração que exigem reparos urgentes.

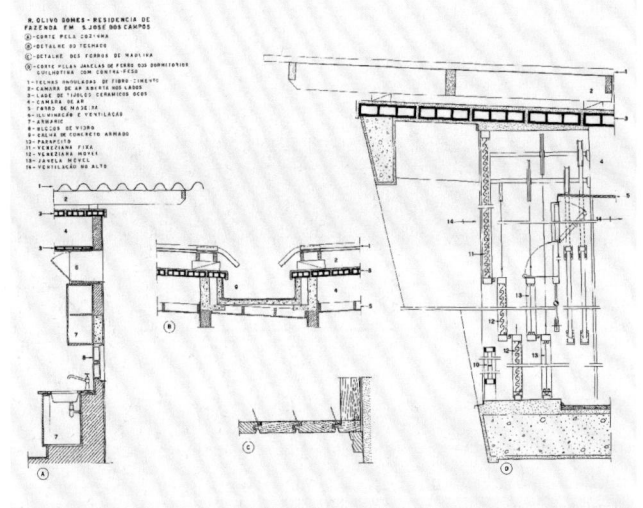

Detalhes construtivos da calha central e das janelas da cozinha e dos quartos

Conjunto de armário e lareira estruturando o espaço interno da sala de estar

Planta do pavimento principal

Cortes transversais dos volumes dos quartos e sala de estar

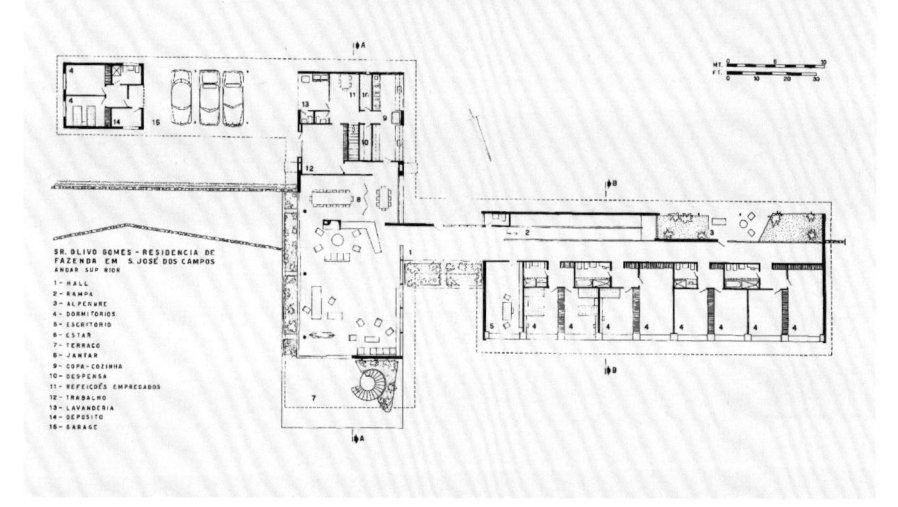

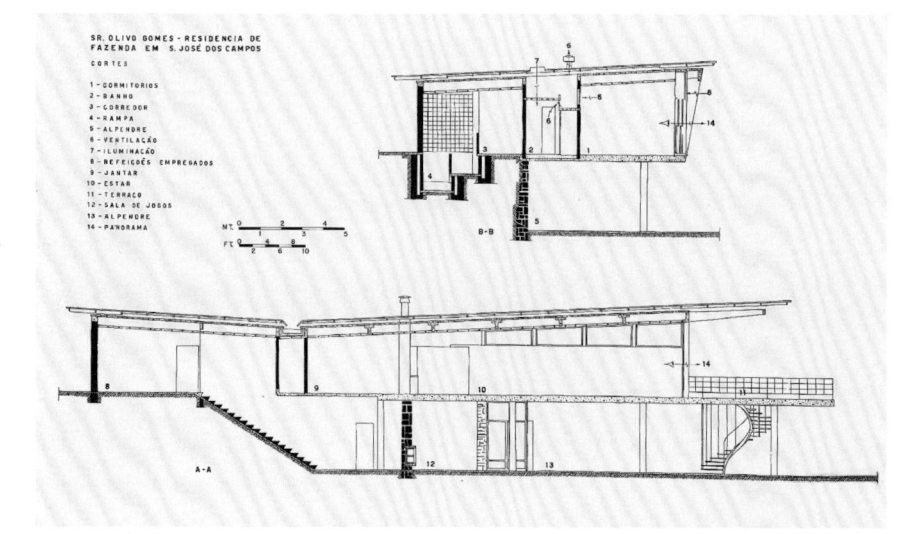

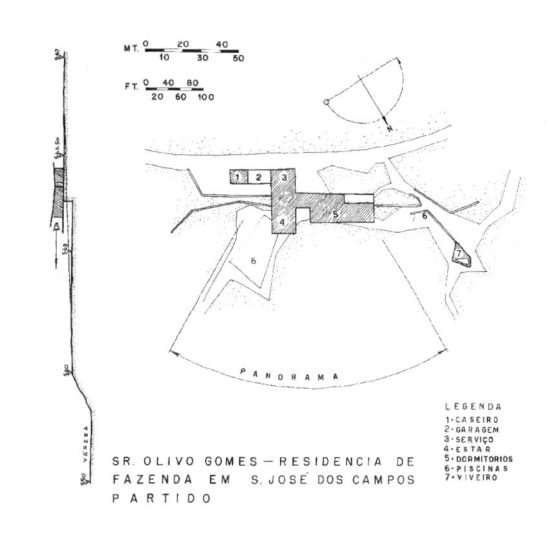

Paisagem vista da sala de estar

Jardim visto do dormitório: as janelas ficam embutidas acima da abertura

Detalhe da escada helicoidal

Esquema explicativo da implantação

A casa vista do jardim

28 Residência Milton Guper

rua Venezuela 309, esquina com rua Nicarágua
São Paulo SP
1951-52

Apesar da volumetria preservada, a construção do muro alto na divisa com a rua apaga essa relação original.

Nesse segundo projeto da série de residências introvertidas, a sala de estar se transforma em jardim sem nenhuma perda de continuidade; apenas os limites superiores e laterais se tornam perfurados (pérgulas e elementos vazados), sem mudança de plano, permitindo a entrada de luz, ar e chuva sobre a vegetação.

A ampla dimensão dos recuos em relação às ruas segue as normas do loteamento-jardim projetado por Barry Parker no começo do século 20, que previa palacetes isolados no meio do lote. Fugindo desse modelo, Levi avança os planos de fechamento do jardim da sala sobre o recuo lateral, encostando o volume no lote vizinho. A continuidade dos limites permite que a casa se feche para dentro, oferecendo em troca seus jardins nos recuos frontais para o espaço público.

Jardim sob as pérgulas, visto do interior da sala de estar

Vistas laterais da sala de estar e jardim

Fachada para a rua Venezuela

Cortes

Planta

Vista externa do jardim da sala de estar

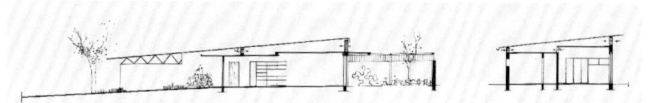

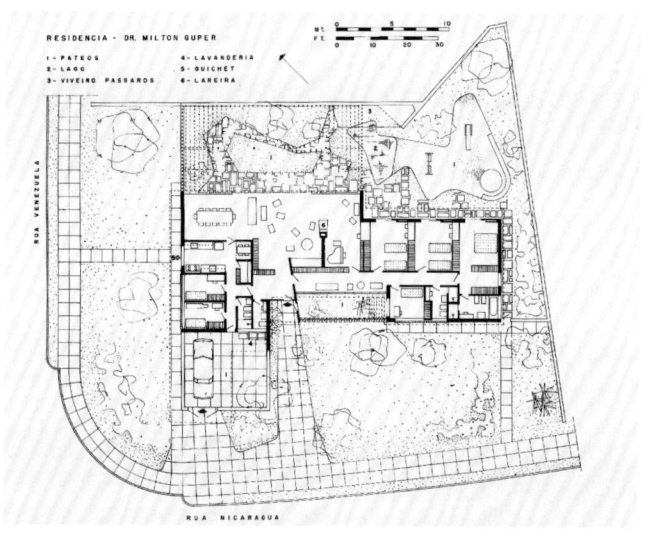

Limites laterais entre o jardim da sala de estar e o restante do terreno da casa

29 Residência Paulo Hess

rua Campo Verde 225
São Paulo SP
1952-53

Em bom estado de conservação e preservação

Adaptando-se ao lote de meio de quadra, a casa se estrutura em faixas paralelas à rua. Um primeiro jardim reservado por muros separa o setor de habitação noturna da rua, enquanto um jardim posterior permite a extensão do espaço da sala e varanda. Planos de elementos vazados de concreto, vedados com vidro assentados diretamente neles, intermedeiam a relação da sala com a vegetação do jardim.

No centro, uma faixa de sanitários e ambientes de apoio serve e divide os dois setores. Ao rebaixar a cobertura do corredor central, Levi permite a iluminação dos sanitários e a ventilação cruzada nos dormitórios. A estrutura de faixas paralelas é atravessada perpendicularmente, na lateral direita do lote, por uma sequência de ambientes constituída pelo acesso principal, garagem, cozinha e serviços nos fundos.

Além de ser seu cunhado, o cliente foi o criador de uma das primeiras fábricas de componentes pré-moldados de concreto, utilizados nesse projeto em grande escala. O paisagismo é do próprio Rino Levi.

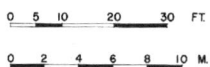

Corte e planta com projeto paisagístico

Vista do jardim posterior

Vista do interior da sala e da varanda lateral

Fachada vista da rua Campo Verde

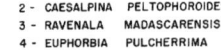

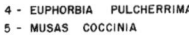

Banco Sul-Americano do Brasil

São Paulo 1960-63

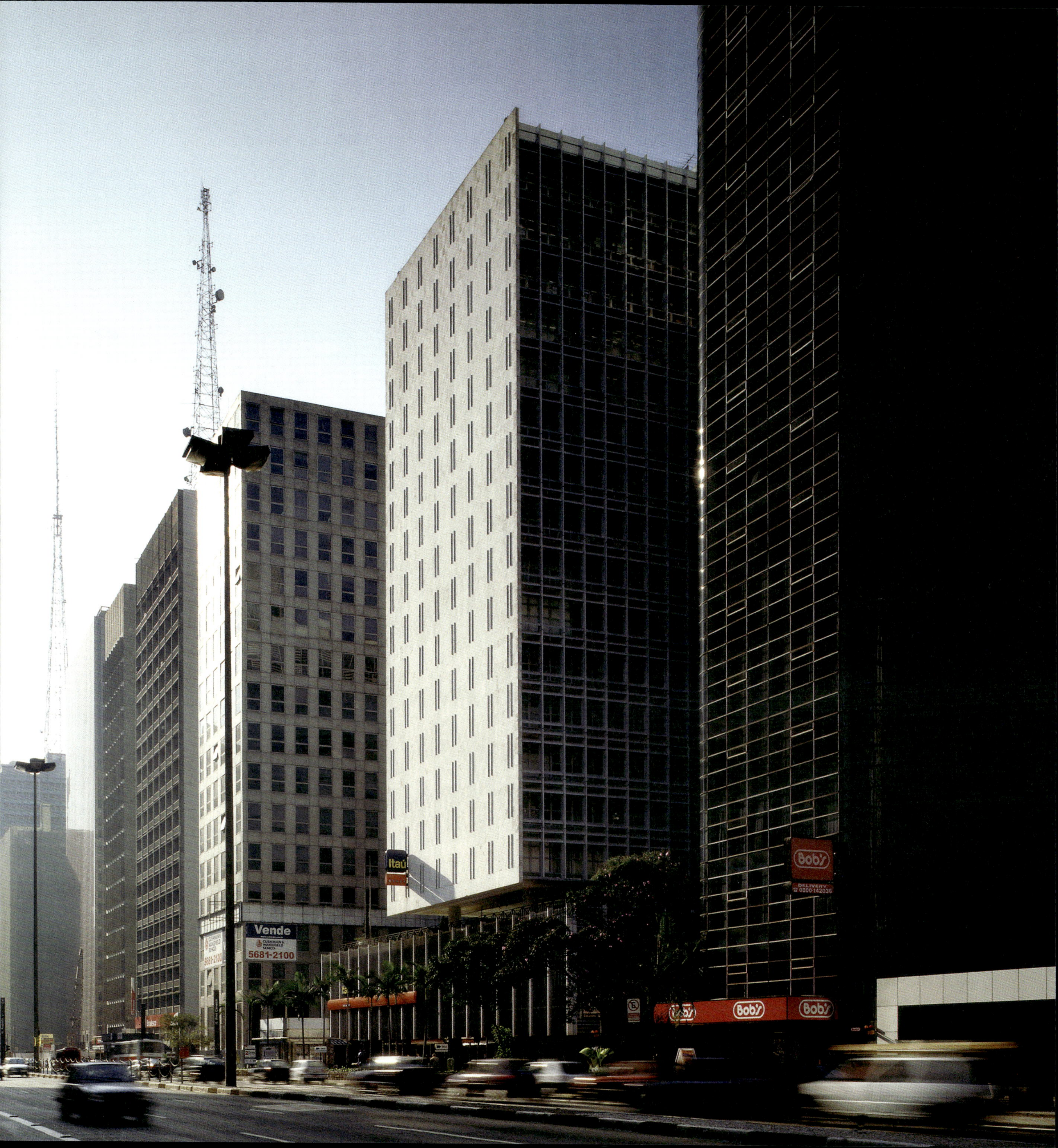

Vende
5681-2100
Itaú
Bob's
DELIVERY
Bob's
Bob's

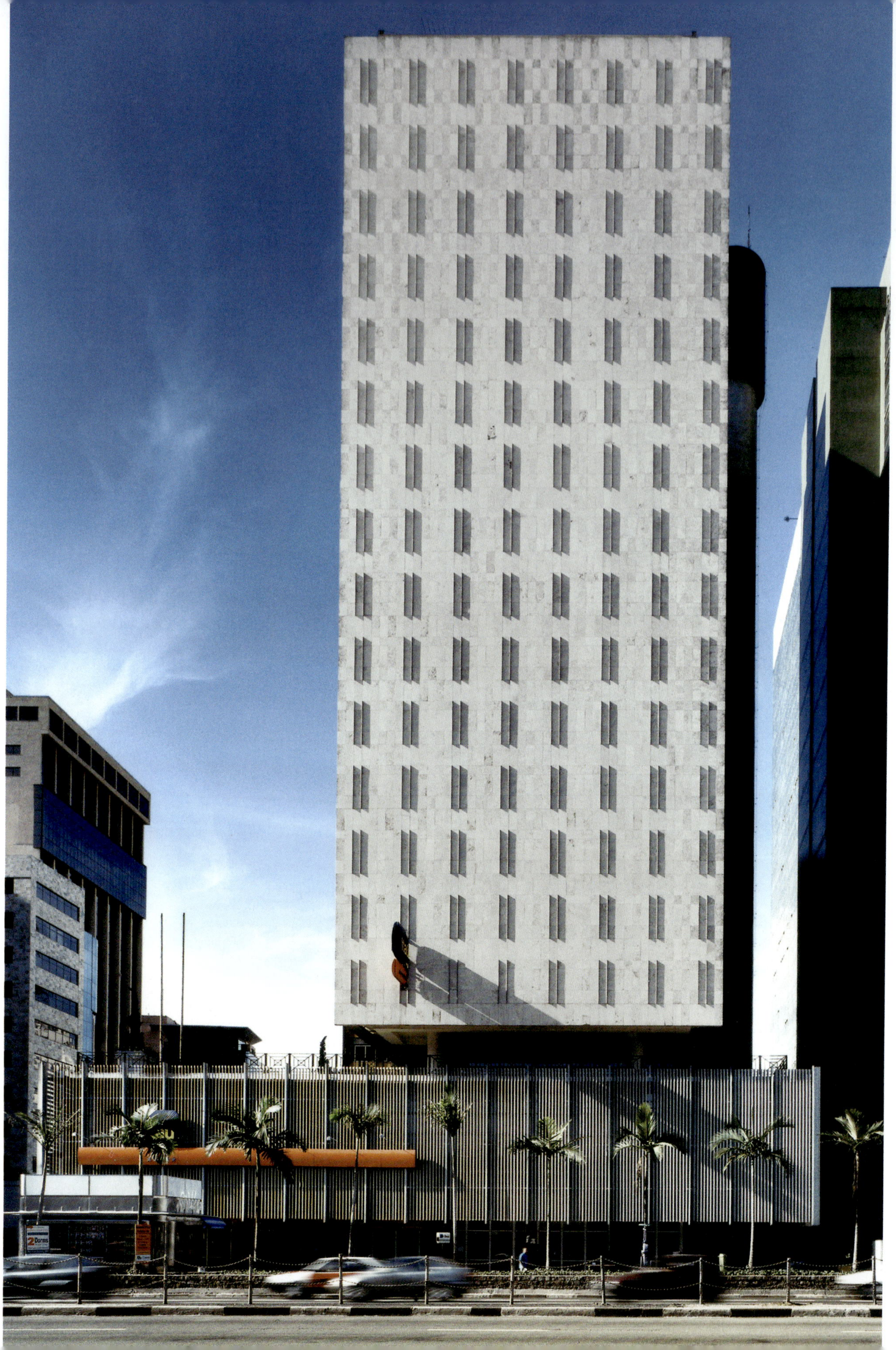

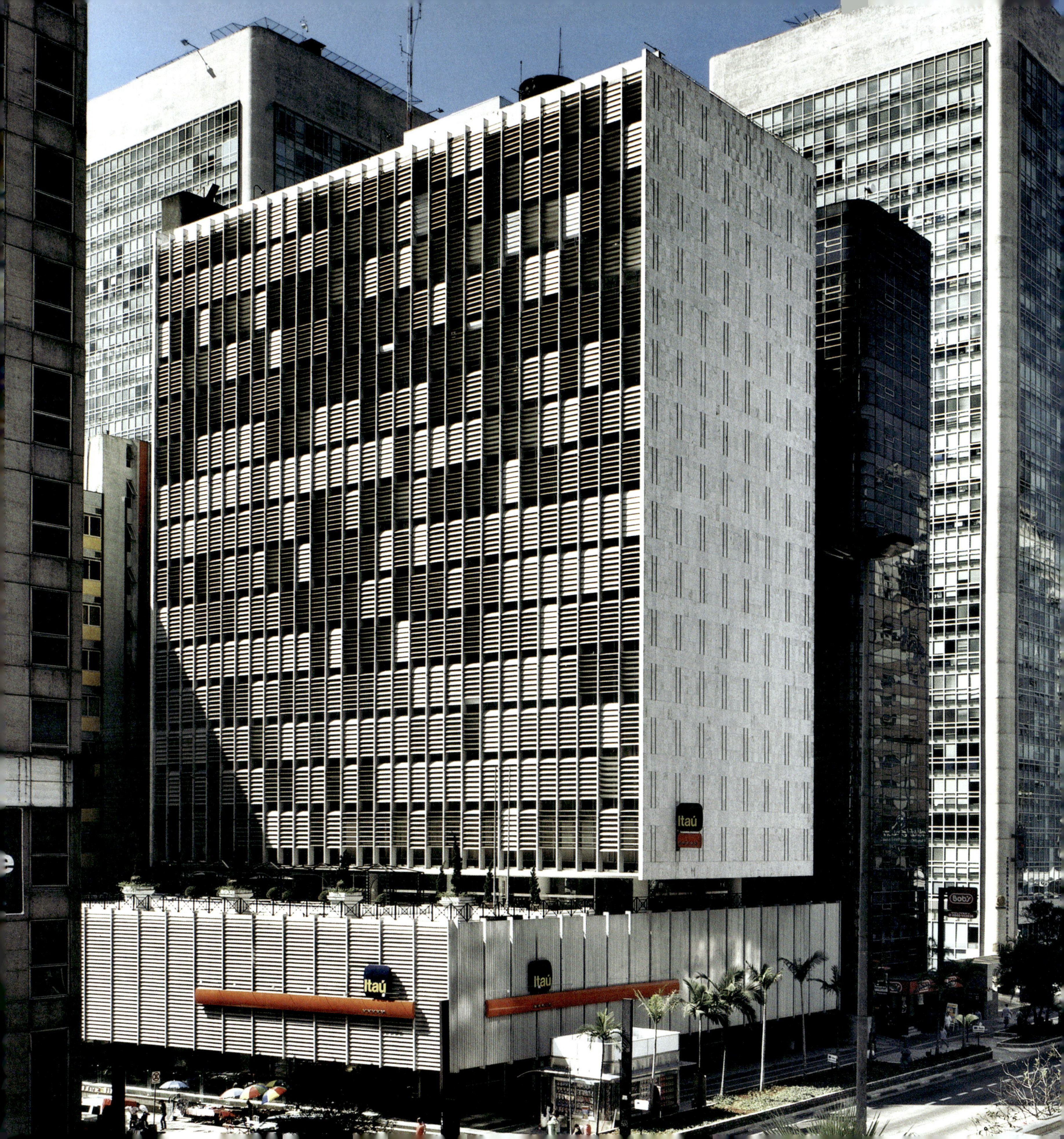
Itaú
Itaú
Itaú

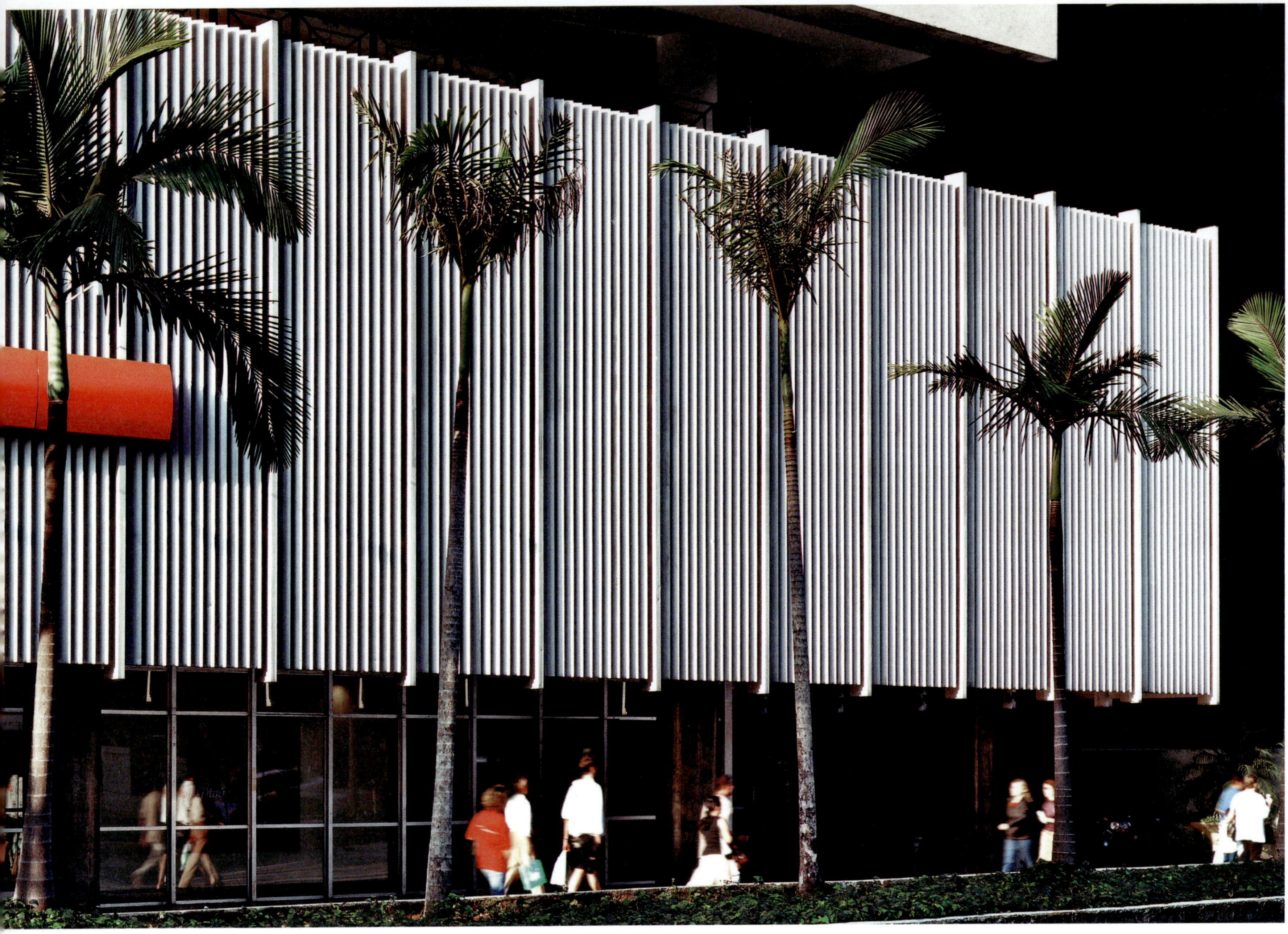

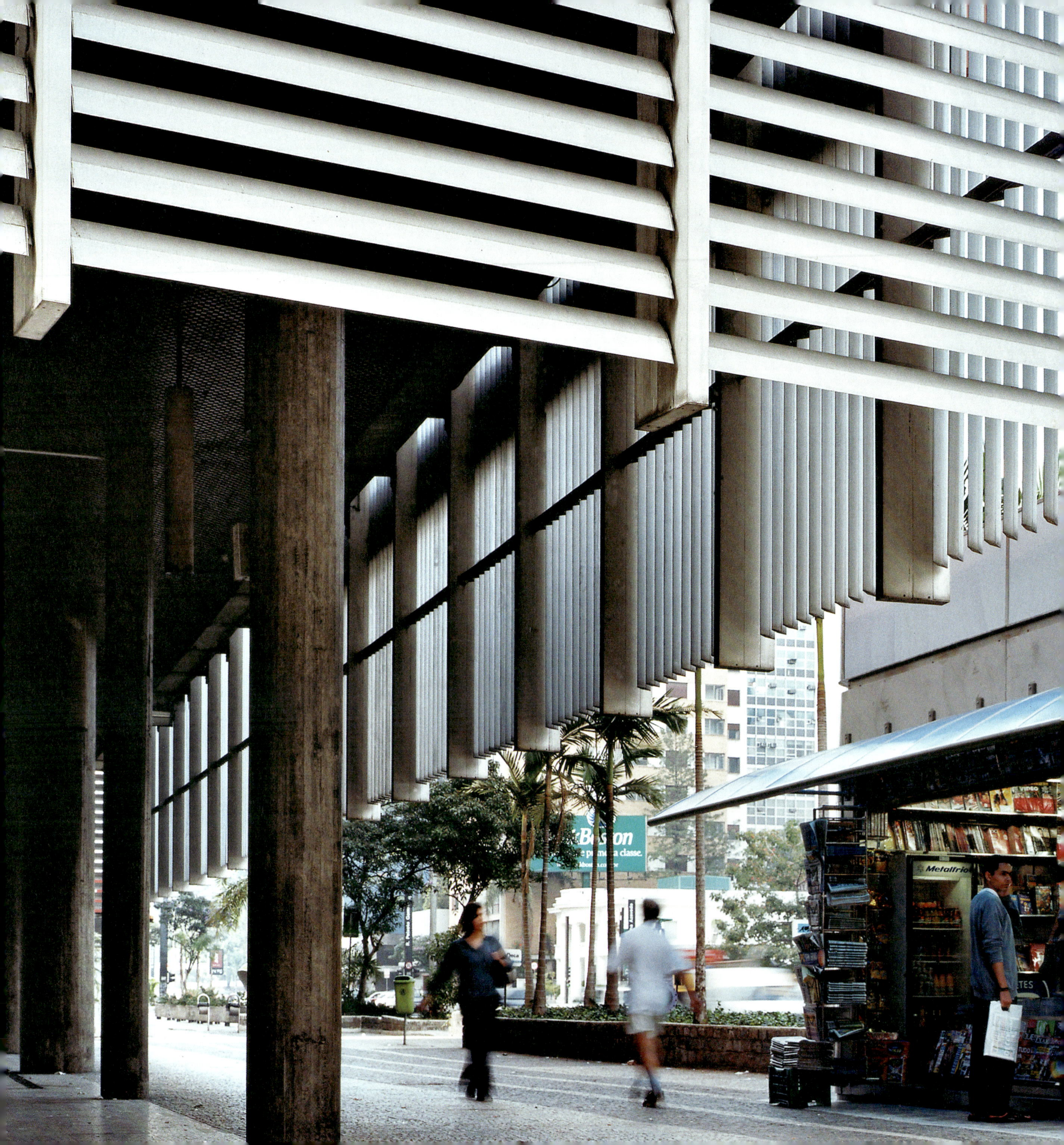
Metalfrio

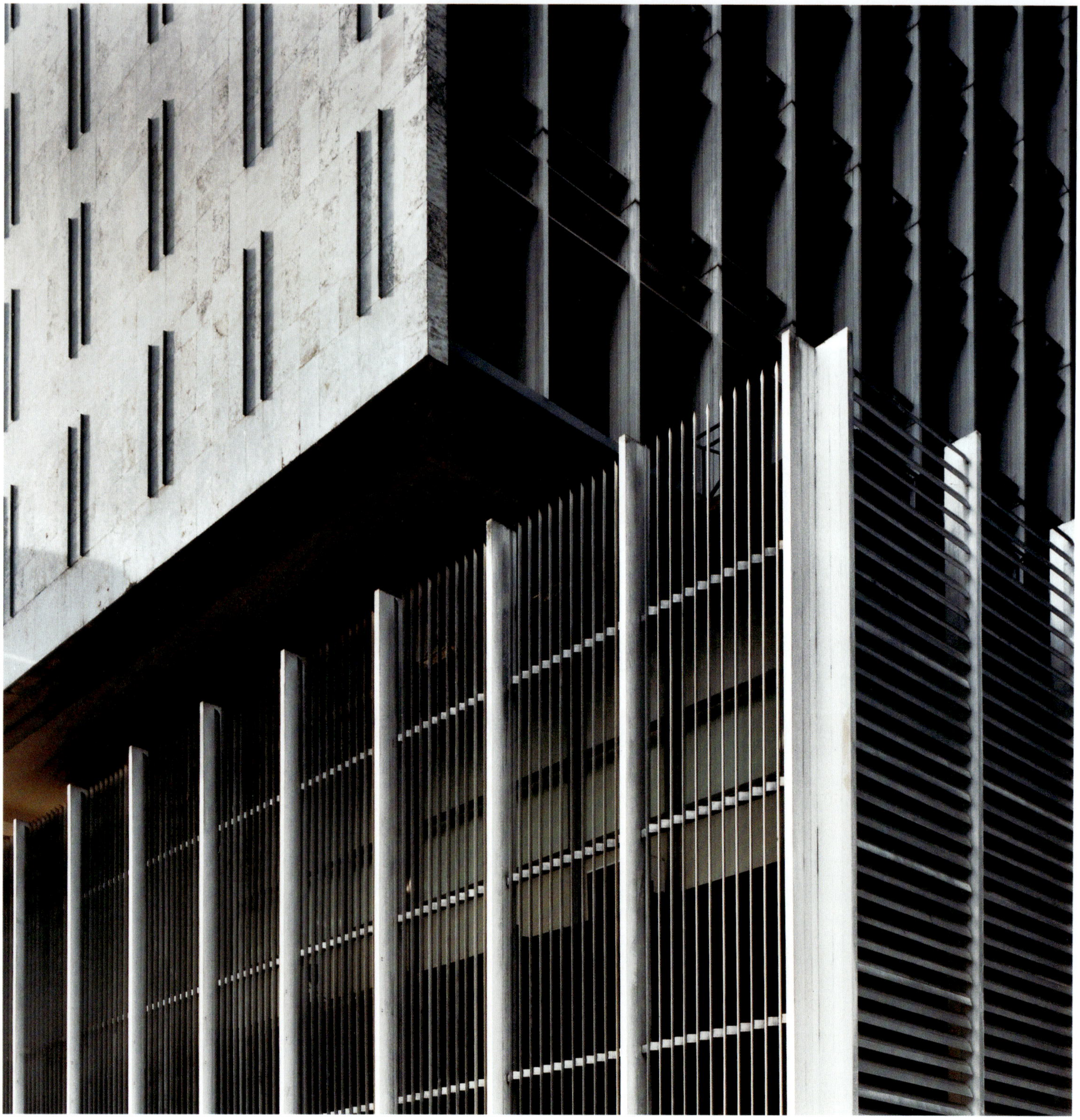

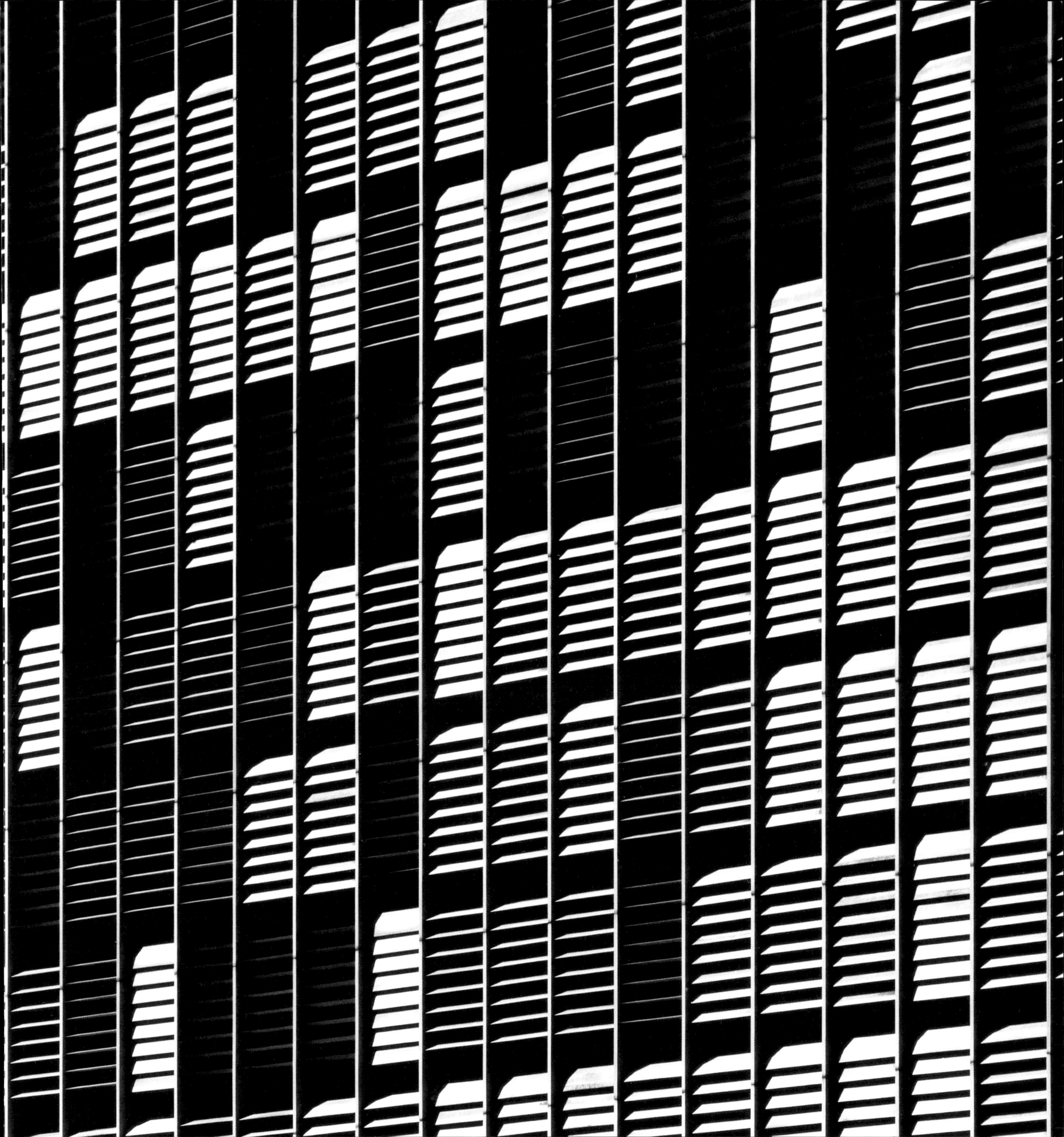

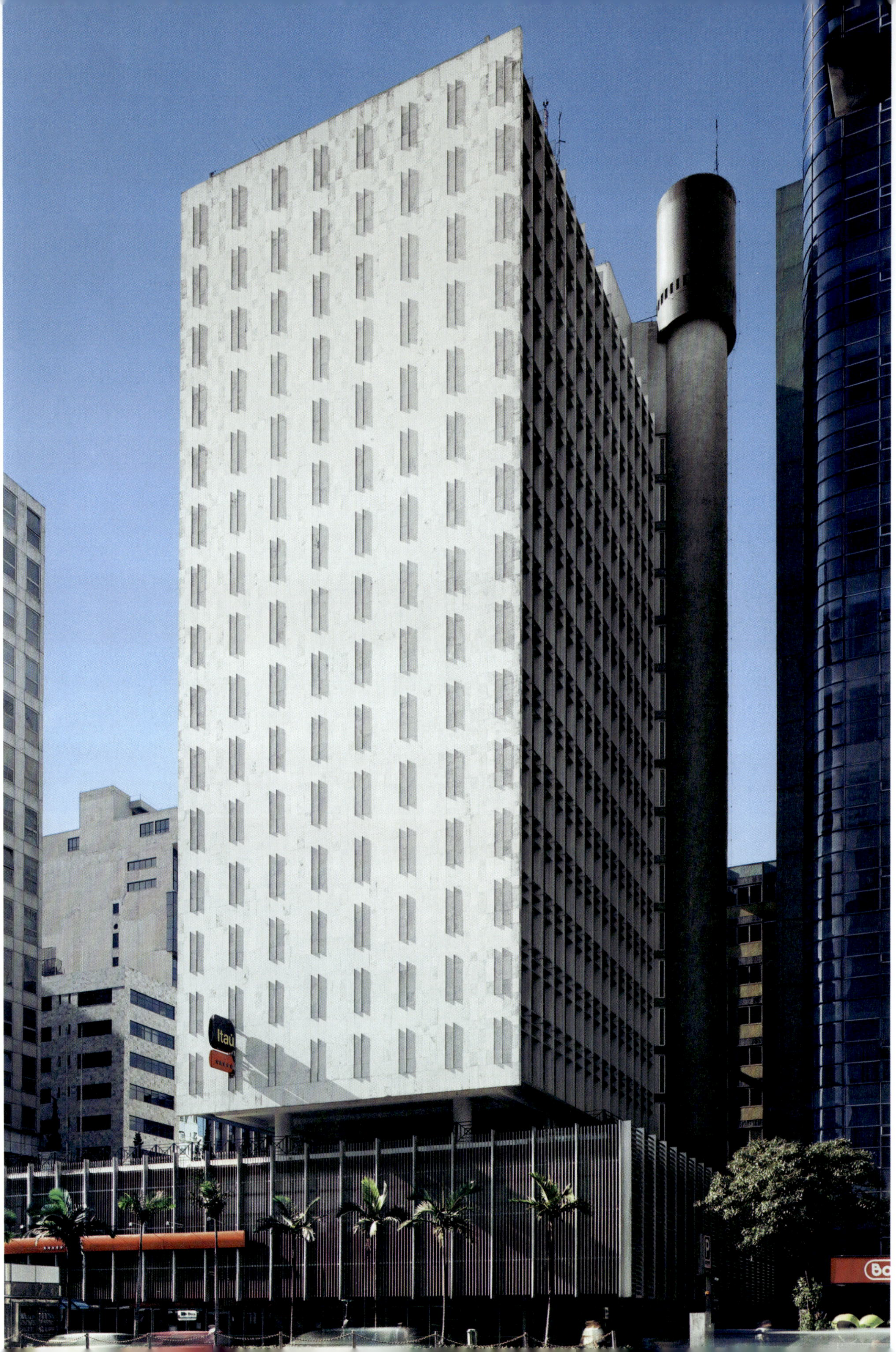
Itaú

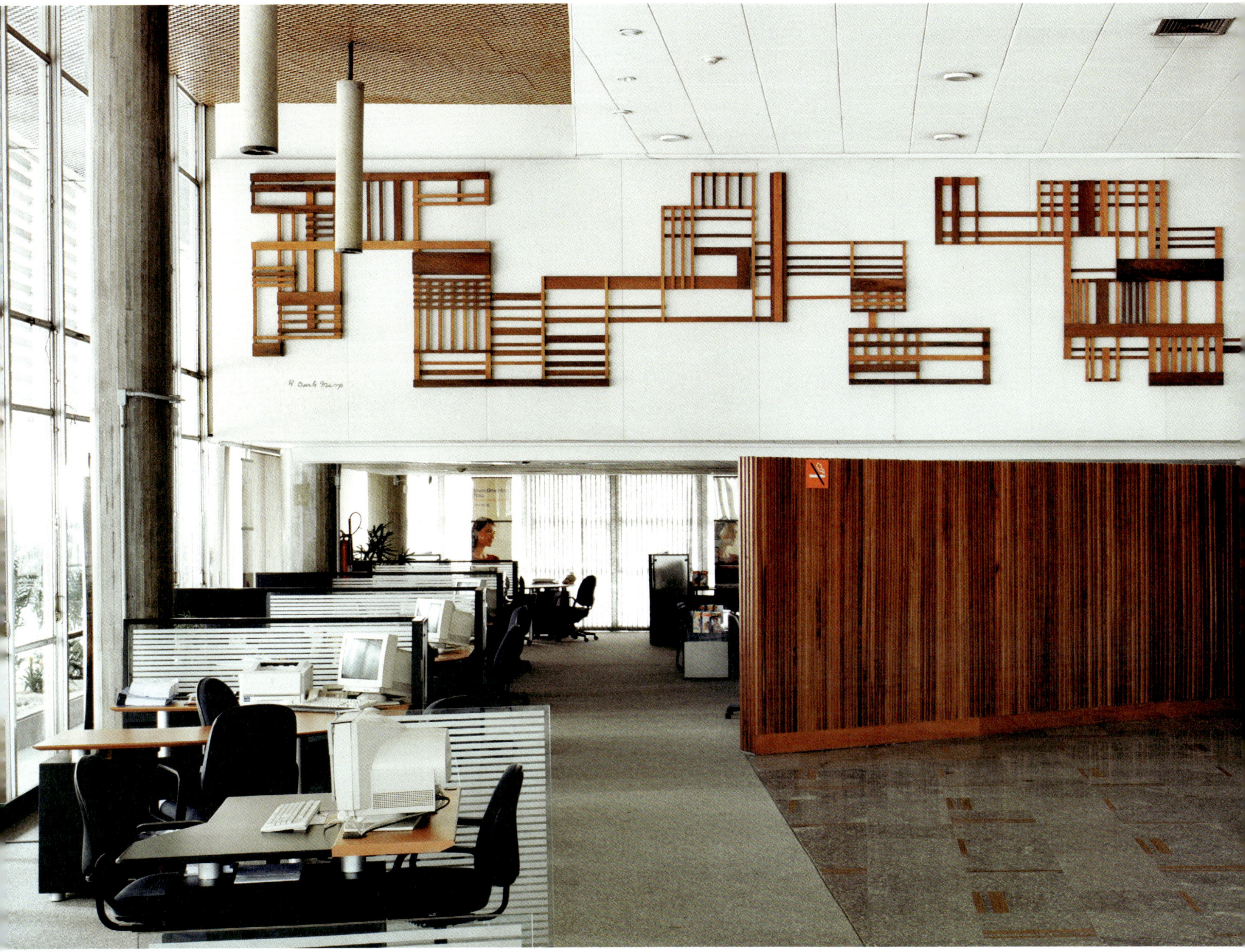

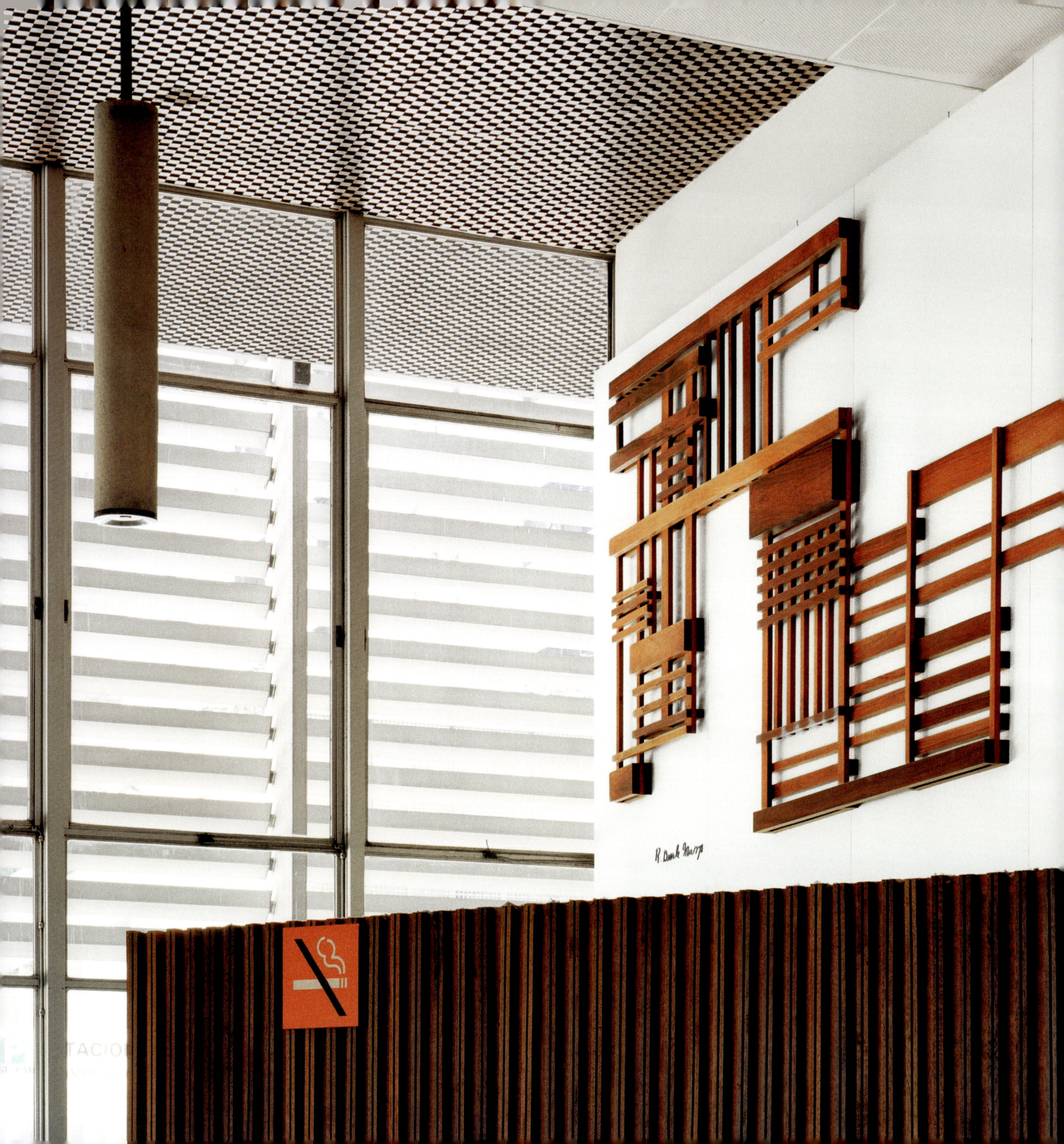

4 Composição acadêmica e funcionalismo

Formada dentro das regras acadêmicas de composição, a geração de arquitetos à qual pertence Levi desenvolveu procedimentos de projeto que se distanciavam, em maior ou menor grau, daquela tradição. Em Roma, o ensino da composição passou por inovações que o afastaram da ênfase historicista dominante em outros centros italianos de ensino. Apesar de seguir as normas compositivas vigentes, a necessidade de interação com conhecimentos complexos – essenciais aos novos projetos que a sociedade industrial demandava – vinha se juntar ao apreço pelas regras de proporções. Na ausência de vanguardismos, ao menos em Roma o ensino técnico e científico era compreendido como uma necessidade para que os arquitetos fugissem da obsolescência para a qual se dirigiam.

Foi um professor de pouca expressão pública, o arquiteto Arnaldo Foschini, quem introduziu um novo método de ensino na escola romana. Evitando o longo período de aprendizado analítico dos elementos e regras de composição, que adiavam os primeiros exercícios de projeto para a segunda metade do curso, o aluno de Roma realizava exercícios de composição já no primeiro ano, com os temas crescendo em complexidade nos anos seguintes. Foschini introduziu uma concepção semelhante à de Auguste Choisy, em que o projeto era encarado como um problema que, uma vez equacionado, estava a caminho da solução.[1] Estava claro que os arquitetos dessa nova geração enfrentariam demandas inimagináveis naquele momento e que o ensino deveria desenvolver a capacidade de aplicação dos conhecimentos disponíveis para equacionar e resolver esses novos programas.

Isso não significava o abandono do método analítico acadêmico. Considerando que esse método significou um primeiro esforço de racionalização da prática arquitetônica, Reyner Banham ressalta sua maior inovação: as principais obras e estilos da arquitetura seriam passíveis de serem decompostos em elementos de arquitetura, pequenos componentes construtivos, utilitários e decorativos, disponíveis para ser livremente articulados em volumes funcionais, tornando-se, assim, elementos de composição, que, por sua vez, criam o conjunto do edifício. "Fazer isto é compor, no sentido literal e derivacional da palavra, colocar junto".[2]

A combinação da abordagem do projeto como um problema a ser equacionado e resolvido, com a forma como uma composição elementar, resultava num método de trabalho presente tanto nas obras de cunho historicista como naquelas que aderiram ao racionalismo. Em Roma, o desenvolvimento da arquitetura moderna nos outros países era acompanhado nas revistas estrangeiras, e gradualmente os alunos e jovens arquitetos passavam a substituir os elementos dos estilos históricos consagrados por elementos extraídos dessa nova produção. Ainda que a primeira geração racionalista estivesse comprometida com o desenvolvimento de uma nova arquitetura, os vícios desse procedimento afloravam em muitos de seus trabalhos. Fora do círculo restrito do grupo racionalista, um grande número de arquitetos reproduzia, de acordo com a conveniência, um modernismo academizado, absorvido em sua superficialidade estilística.[3]

A retórica remissão ao modelo do artista renascentista, frequente durante o fascismo, apenas mascarava um método pragmático de projeto. Um enfoque sistemático do programa e da construção, baseado na interlocução com os conhecimentos técnicos e científicos de outras áreas (com ou sem o auxílio de especialistas) e no progressivo acúmulo de experiência, permitiu que a média dos arquitetos italianos do entreguerras atingisse elevados padrões de competência.

Tais procedimentos sobrevivem na obra de Levi, que cria elementos de composição e os dispõe de acordo com determinada intenção do projeto. Como Levi realiza, em fins dos anos 1920, uma opção por produzir uma arquitetura de orientação racionalista, os elementos e volumes de composição se tornam formas geométricas abstratas e procuram interpretar princípios funcionais, sejam eles intrínsecos aos usos propostos ou derivados do papel do edifício na configuração da cidade. A incorporação de conhecimentos científicos no projeto dos elementos e volumes da composição afasta sua forma da determinação dos estilos históricos, e a sua disposição foge das regras acadêmicas dos eixos de simetria especular. Rompendo com o historicismo, Levi desenvolve um novo conjunto de procedimentos para substituir os já consolidados.

72
Zepelim que trouxe a direção da Ufa alemã para a inauguração do cinema Ufa-Palácio, sobrevoando o edifício, São Paulo, 1936

73
Cine Ufa-Palácio, foto noturna da fachada da avenida São João, São Paulo, 1936

O volume funcional: os cinemas e a aplicação da acústica

Rino Levi concebe seus primeiros projetos com a elaboração cuidadosa de um volume único que abriga todos os ambientes exigidos pelo programa. São assim as casas, prédios de apartamentos, edifícios comerciais e bancos. Apenas os projetos dos cinemas exigiram a incorporação de conhecimentos científicos complexos que interferiram decisivamente na definição da forma.

As primeiras formulações de Rino Levi a respeito da incorporação do conhecimento científico na arquitetura se basearam em seus estudos de acústica, desenvolvidos para o projeto do Ufa-Palácio em 1936[4] [73 a 75]. Levi estudou a teoria do físico Wallace Sabine e desenvolveu um método próprio que aplicou em diversas ocasiões, divulgando-o em artigos e transformando-o em curso.[5] Seguindo a trilha de Le Corbusier, que já havia adotado as paredes em curva paraboloide para melhor difusão sonora no auditório de seu projeto para a Sociedade das Nações, Levi estudou a teoria de Sabine, concebeu uma articulação dessa teoria com a formalização arquitetônica e calculou todos os dispositivos necessários para otimizar o efeito sonoro. Não se tratava, portanto, de uma simples reprodução formal.

Levi conheceu o tema em sala de aula, pois seus professores romanos foram os criadores da arquitetura de cinemas na Itália. Conhecedor do assunto, Piacentini o utiliza em sua polêmica com os racionalistas italianos, em 1928,[6] citando como exemplos de inovações formais pertinentes a Sala Pleyel, de Paris, primeira aplicação dos princípios científicos da acústica, e o auditório de Le Corbusier.

Os recursos empregados até então para a construção de salas com boa acústica, por serem de origem empírica, não garantiam o sucesso. A ciência, corretamente interpretada – pois as pesquisas não eram acompanhadas de manuais de aplicação arquitetônica – permitiria a precisão, subvertendo, inclusive, algumas práticas e tipologias formais consolidadas.

As pesquisas de Sabine estabelecem relações quantitativas precisas entre o volume de um ambiente e o tempo de reverberação do som. Os desdobramentos são dois, um corretivo e outro do próprio projeto. Dado um volume preestabelecido, é possível calcular o tempo de reverberação, corrigindo-o com superfícies absorventes e refletores para adequá-lo às suas finalidades. O inverso desse procedimento resulta em diretrizes de projeto bastante objetivas: dado o tipo de som que se deseja, pode-se estabelecer o volume exato do ambiente. Como a planta é diretamente proporcional ao número de lugares e às condições de circulação e visibilidade, o pé-direito deve ser calculado pela fórmula de Sabine. Assim, cientificamente, os tradicionais pés-direitos altos dos antigos teatros são condenados por criarem reverberação excessiva.

Além do estudo da reverberação, a forma do auditório deve estabelecer uma distribuição uniforme do som. Para isso seria preciso evitar paredes paralelas e côncavas, obtendo-se a forma ideal por um cálculo preciso, "dando às várias superfícies refletoras tamanhos proporcionais às distâncias percorridas pelo som". Dessa forma, tanto o teto deve aumentar conforme se afasta do palco para ampliar a área refletora, quanto as paredes devem ser divergentes para "refletir o som para o fundo da sala, onde o mesmo será absorvido por materiais apropriados".[7]

Mas rigor das fórmulas não significa comprometimento da criação plástica, pois as "influências que as injunções e as limitações funcionais e técnicas exercem sobre a construção não entravam em absoluto a liberdade criadora. Pelo contrário, podem até estimular o trabalho da concepção arquitetônica", exigindo que o arquiteto incorpore em seu processo criativo o conhecimento necessário para a superação desses limites. O projeto deve exprimir na forma a resolução dos problemas funcionais que enfrentou. Nos cinemas, onde as derivações geométricas do cálculo acústico são bastante objetivas, a ação criativa também estaria igualmente condicionada. A concepção artística engloba as determinantes funcionais e científicas das exigências de acústica e de visibilidade, gerando uma forma que as supera e harmoniza. São exatamente os cinemas que apresentam algumas das mais poéticas formas produzidas no escritório de Levi.

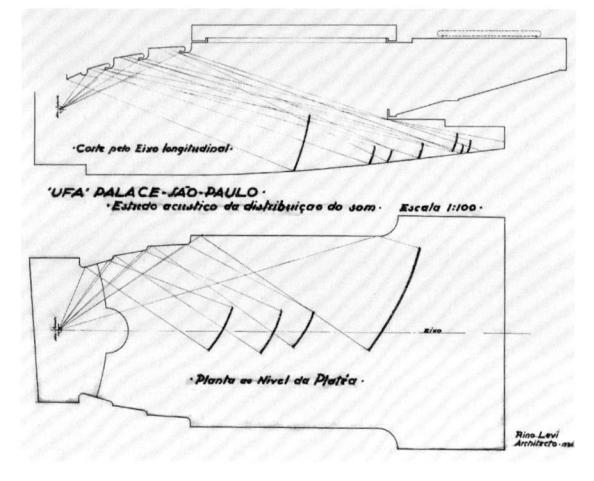

74
Cine Ufa-Palácio, perspectiva interna da sala de projeções

75
Cine Ufa-Palácio, esquema de estudo acústico

Em 1936 Levi lamentava que o projeto do Ufa-Palácio tivesse que se ater a muitas limitações para explorar as possibilidades formais de seus estudos acústicos. A paraboloide não pôde ser estendida a toda a parede para "evitar uma forma arquitetônica por demais avançada para o público, ainda não habituado a uma estética que lhe poderia parecer extravagante".[8]

Tais limites seriam superados em seguida, tendo o sucesso do Ufa-Palácio garantido sua inserção numa área – a de projetos de cinemas – até então dominada por preocupações estilísticas fantasiosas. Nos projetos seguintes, a forma dos auditórios derivou da primeira experiência. Obviamente Levi não refez todo o processo de descoberta da paraboloide como melhor forma para a reflexão uniforme do som. Ela já se consolidara como uma solução formal eficiente para o problema acústico. O passo seguinte seria de outra ordem. Levi exploraria suas possibilidades estéticas na constituição do espaço.

O auditório do Cine Universo (1938) [77 a 79] apresentou uma configuração em que os princípios de acústica eram mais evidentes do que no Ufa-Palácio. A paraboloide organizava todo o espaço, não se limitando à área do proscênio. A planta das paredes realizava uma curva parabólica, o mesmo ocorrendo com o perfil do forro e do piso. O sentido de unidade espacial era mais acentuado que no Ufa-Palácio, pois a paraboloide definia a totalidade do espaço, não mais se limitando a um setor próximo à tela.

O princípio adotado para os projetos de cinema foi transferido para o projeto do Teatro Cultura Artística (1942) [76]. O cálculo da acústica ficou mais refinado, uma vez que o uso da sala se destinava a espetáculos e concertos, que exigem uma condição de audição mais sofisticada do que os sons amplificados eletricamente. A continuidade desse princípio nos permite a identificação de uma linha sequencial de soluções de problemas técnico-funcionais similares. Não se trata de uma nova tipologia, um esquema de distribuição que se repete, mas de um raciocínio comum no equacionamento e resolução de problemas que possam ter uma continuidade evolutiva nítida.

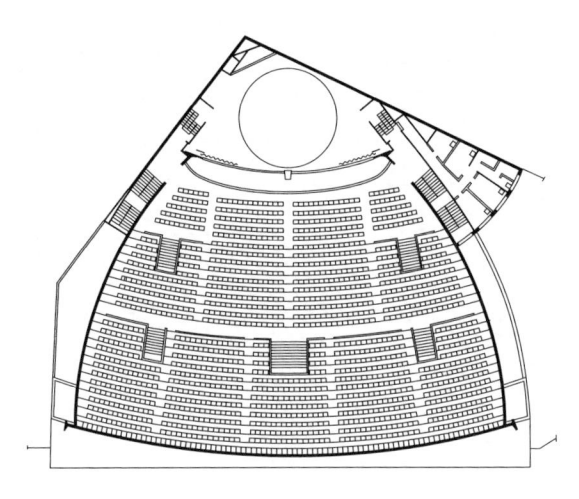

76
Teatro Cultura Artística, planta da sala principal de espetáculos, São Paulo, 1942-43

77
Cine Universo, sala de projeções, São Paulo, 1936-39

As dificuldades dos projetos polifuncionais

O princípio aplicado ao desenvolvimento dos cinemas resultava no projeto de um elemento funcional unitário. A hierarquia de funções era clara. A sala de projeções deveria ter a primazia no conjunto e as atividades correlatas à fruição do espetáculo, como a circulação de um grande fluxo de espectadores, eram definidas de maneira subordinada. A hierarquia dos espaços garantia a unidade do conjunto, condição essencial para a harmonia da obra de arquitetura.

Com o aumento da complexidade e diversidade dos programas solicitados, essa metodologia não seria suficiente para a obtenção da unidade do conjunto. A hierarquia dos espaços servidos e servidores e sua repetição modular foi eficiente para a estruturação dos projetos de casas, edifícios habitacionais e escritórios. Entretanto, esse procedimento não dava conta da crescente complexidade dos conjuntos polifuncionais.

Os primeiros projetos a revelarem essas dificuldades seriam os conjuntos em que dois volumes monofuncionais eram sobrepostos.[9] Iniciava-se uma linhagem de projetos em que um volume inferior, abrigando atividades com maior afluxo de público – como bancos, cinemas e conjuntos comerciais –, servia de base para um segundo volume vertical, destinado a escritórios, residências ou hotéis.

No Ufa-Palácio de São Paulo [80] o prédio foi sobreposto ao vestíbulo de entrada, sala de espera e serviços adjacentes. Assim, os pilares da estrutura do prédio alto puderam atravessar o cinema sem comprometer as atividades ali desenvolvidas. Caso o prédio fosse colocado diretamente sobre a sala de projeções, seriam inevitáveis enormes vigas de transição para que os pilares não prejudicassem a visão do espetáculo. Nessa disposição de conjunto, a existência de dois elementos volumétricos não era claramente visível da rua, pois a implantação em lote de meio de quadra, sem recuos laterais, fazia o prédio alto ocultar o volume da sala de projeções. Assim, o térreo recebeu a tarefa de manifestar para a rua a existência do cinema em seu interior. A luz e a forma do vestíbulo foram os recursos utilizados. O vestíbulo do Ufa de São Paulo reproduzia em suas paredes a forma funcional da sala de projeções, a paraboloide. A luz indireta, espetacularmente trabalhada, ressaltava na noite da cidade suas formas internas. Ambos simbolizavam a natureza acústica e luminosa da atividade que ocorria em seu interior.

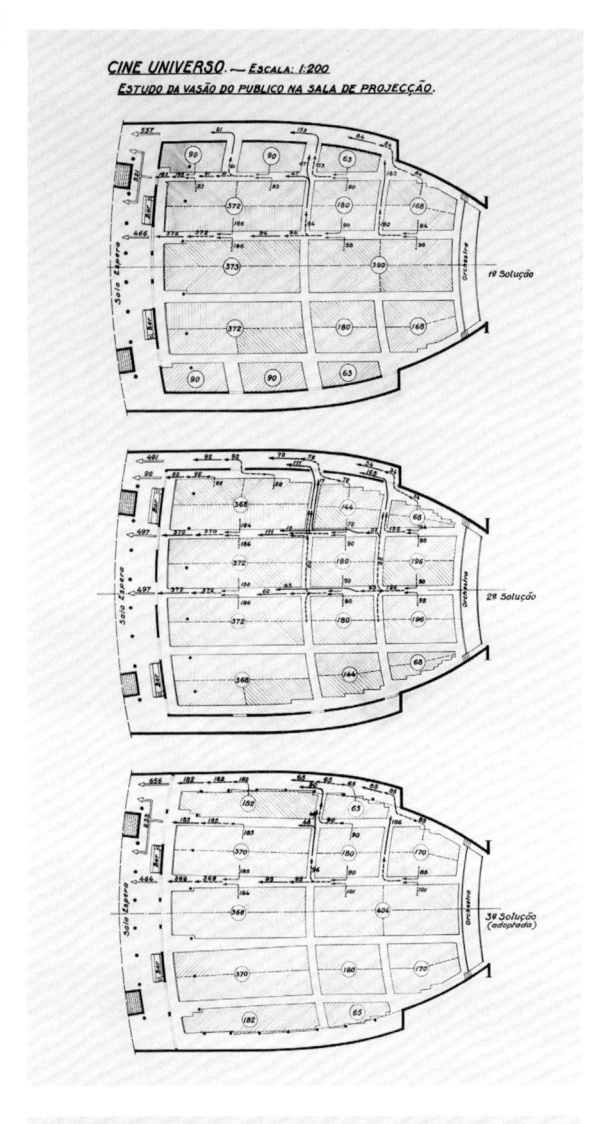

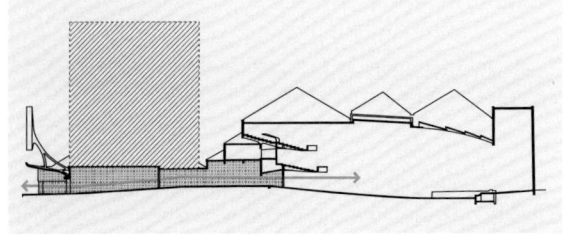

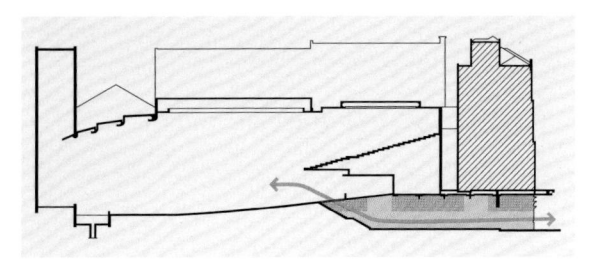

Os cinemas seguintes realizados em São Paulo, o Universo e o Piratininga, repetiam essa disposição, ainda que no primeiro caso o edifício alto tenha sido apenas previsto, deixando um recuo correspondente. Apenas o Art-Palácio de Recife (1937) [81] e o Ipiranga apresentaram importantes variações.

Em Recife, Levi justapôs diagonalmente o edifício de escritórios à sala de projeções, formando um único quarteirão de planta trapezoidal. Apesar da possibilidade de um gabarito mais alto no cinema, Levi argumentou, em carta ao proprietário, defendendo a "exclusão da construção em cima do cinema, por ser esta solução antieconômica".[10]

No projeto para o conjunto constituído pelo Cine Ipiranga e pelo Hotel Excelsior (1941) [82], o recurso da sobreposição chega ao limite de suas possibilidades. Uma série de condicionantes cria interferências mútuas que geram uma grande interação entre as formas de cada elemento do conjunto. A exiguidade do lote e as dimensões necessárias para abrigar a capacidade proposta impediam uma solução semelhante à de seu primeiro cinema na avenida São João, em que o edifício alto cobria apenas o setor de acesso, permitindo que a estrutura de concreto se apoiasse diretamente no solo, sem problemas para a visibilidade da sala de projeções.

78
Cine Universo, estudos da vazão do público na sala de projeções

79
Cine Universo, disposição da sala de projeções e do espaço reservado para a construção de edifício alto, São Paulo, 1936-39

80
Cine Ufa-Palácio, disposição da sala de projeções e do edifício alto, São Paulo, 1936

No Ipiranga, a contradição entre as dimensões do lote e a capacidade de público (1.936 lugares) solicitada pelo cliente forçou a solução antieconômica, em que o edifício alto deveria ser construído sobre parte da sala de projeções. A princípio um problema de ordem estritamente estrutural, a sobreposição altera completamente o partido arquitetônico que Rino Levi vinha adotando nos cinemas. Para evitar que os pilares atravessassem a sala de projeções, comprometendo sua visibilidade, foram criadas vigas de transição, que transferem a carga que recebem para pilares fora da sala de espetáculos. Como se sabe, quanto maior a dimensão horizontal do vão a ser vencido, maior será seu trabalho e, portanto, maior sua seção. A opção de Levi foi fazer com que a sobreposição acontecesse na menor dimensão da sala, o que diminuiria o vão a ser vencido e a seção da viga. Como essa menor dimensão ocorre próximo ao proscênio, Levi inverte a posição tradicional da sala, dispondo a tela de costas para a rua.[11]

A inversão da sala cria um novo problema. O acesso contínuo da rua para a sala de projeções pelos vestíbulos ocorria usualmente pelos fundos da sala, não prejudicando o andamento do espetáculo. Sua eventual localização ao lado da tela perturbaria a fruição do filme, devendo ser evitada. A solução encontrada foi a elevação do piso da sala de projeções, liberando o térreo para o enorme complexo de acessos diferenciados para a plateia e os balcões. Dessa maneira, o acesso continua se dando pelos fundos da sala, sem perturbar o andamento da sessão. A liberação de uma área equivalente à da plateia para circulação permitiu a criação de uma longa *promenade* arquitetônica, que explora a transição entre o interior e o exterior urbano. A verticalidade do exterior urbano, acentuada pelos pórticos de entrada, é gradualmente abandonada conforme se penetra no interior do cinema. A altura do forro decresce até chegar ao pé-direito duplo nas salas de espera, mais proporcional à escala humana. Essa transição é acentuada pela luminosidade decrescente, que permite ao público, quando atinge a sala, já estar adaptado à luminosidade da projeção.

Não se trata mais de uma simples sobreposição ou justaposição dos dois volumes funcionais, mas de um projeto em que eles interagem de forma complexa, resultando num conjunto com grande tensão interna para a obtenção de alguma organicidade do todo.

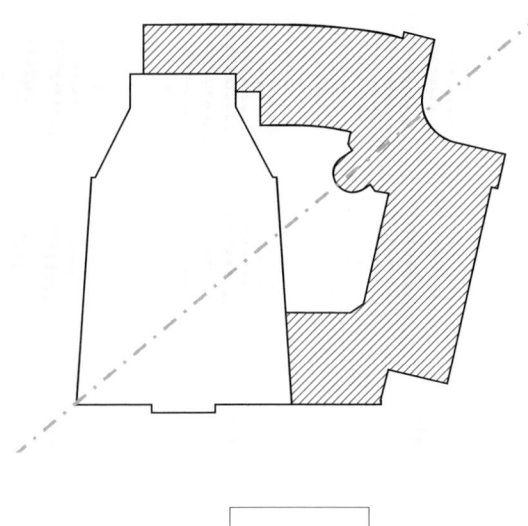

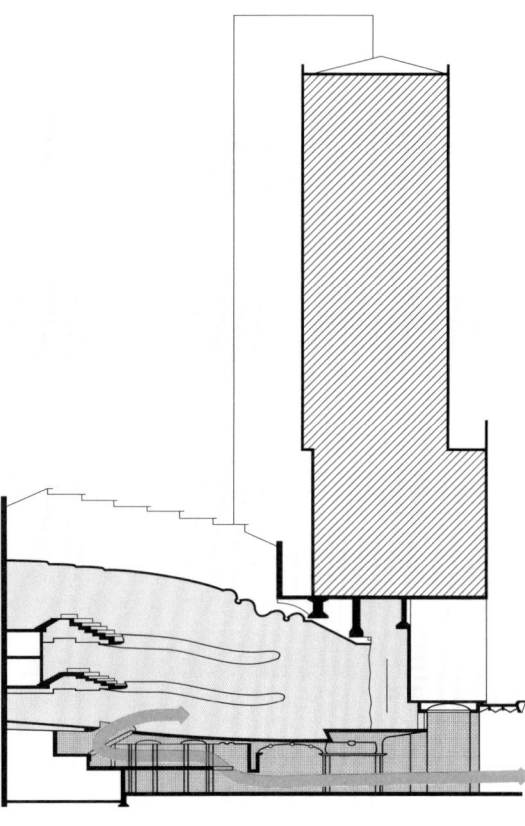

Os projetos com programa complexo: os hospitais

Mais do que qualquer outro programa trabalhado anteriormente, os projetos hospitalares exigiram da equipe de Rino Levi o máximo de sua capacidade de articulação de usos complexos e de conhecimentos científicos. Sobre a antiga base compositiva, em que os usos afins são agrupados em volumes funcionais, Levi desenvolve uma sistemática de colaboração com profissionais de outras áreas, chegando a formas que rompem com as tipologias hospitalares preexistentes.

Considerando uma controvérsia estéril toda discussão sobre as "formas mais apropriadas do edifício, em "X", em "H", ou em duplo "H", em pente ou meia-lua", Levi defende que o projeto deve "resultar do estudo funcional e técnico do problema, livre de qualquer injunção [...] e emancipado dos tabus".[12] Livre dos preconceitos tipológicos, o projeto será definido ao longo de duas linhas de trabalho que interagem constantemente – o programa e a forma.

Levi argumenta que, num projeto dessa natureza, a definição do programa funcional exige a colaboração com médicos e especialistas de várias áreas, pois cada uma delas é objeto de estudos científicos que evoluem rapidamente. A multiplicidade de especialidades inviabiliza para o arquiteto uma atitude como a tomada em relação à acústica nos projetos para os cinemas, em que o estudo substituiu a presença de especialistas da área. Nos hospitais, o arquiteto cumpre um outro papel, sendo o único capaz de superar os limites da visão particularizada de cada um dos profissionais envolvidos. Estabelece, assim, uma relação entre os diversos usos na constituição de um todo articulado, fundamental para o desenvolvimento do projeto.

A interpretação das demandas dos usos é traduzida em três diretrizes que vão orientar o projeto até chegar à sua feição final: o agrupamento de usos afins, o fluxograma de circulação e a flexibilidade das plantas.

Os serviços afins são agrupados em volumes independentes, segundo as necessidades de proximidade e as condições espaciais requeridas. Esse agrupamento permite a adoção de características construtivas homogêneas em cada um dos volumes. As enfermarias e setores de internação são agrupados em volumes verticais, que remetem aos edifícios de apartamento, enquanto os ambulatórios e setores de exames e análises clínicas, abertos ao público, ocupam um volume horizontal. A afinidade dos usos permite que os padrões de layout definam vãos estruturais regulares em cada agrupamento, evitando ao máximo a ocorrência de situações excepcionais.

Os esquemas de circulação, organizadores dos volumes, são definidos como circuitos especializados, evitando-se, assim, contatos indesejáveis que propiciem maiores possibilidades de infecção hospitalar. As características de cada circuito interferem na disposição dos volumes no conjunto: priorizando a maior proximidade com a rua para usos que apresentem maior fluxo de visitantes, reduz-se a sobrecarga da circulação pelo interior do hospital.

Terceira dessas diretrizes, a flexibilidade das plantas é considerada estratégica por Levi para que o hospital acompanhe o rápido progresso da medicina e da técnica hospitalar. Desenvolvem-se, assim, diversos dispositivos para facilitar a mudança das paredes internas, que vão desde a utilização de painéis de divisórias montadas a seco, até a disposição de redes de infraestrutura embutidas em shafts no piso, denominados por Levi de "câmaras de ar contínuas". Para que a mobilidade interna não comprometa o aspecto externo do edifício, a modulação da planta coordena a modulação dos caixilhos, resultando que a diversidade do espaço interno aflora na diferença das fachadas dos volumes. Nos conjuntos dos ambulatórios, invariavelmente mais horizontais e próximos à entrada, é adotado um sistema de iluminação zenital, evitando o uso de pátios de iluminação e permitindo uma forma mais compacta.

As características do terreno e as condições de orientação solar são fatores que variam em cada caso, sendo determinantes para a disposição dos volumes funcionais e para a configuração final do projeto. Acompanhando a série de projetos hospitalares de Levi é possível identificar o desenvolvimento do tema em várias situações distintas, o que auxilia compreendermos os procedimentos de seus projetos.

81
Cine Art-Palácio, disposição lateral da sala de projeções e do edifício alto, Recife, 1937

82
Cine Ipiranga e Hotel Excelsior, disposição da sala de projeções e do edifício alto, São Paulo, 1941

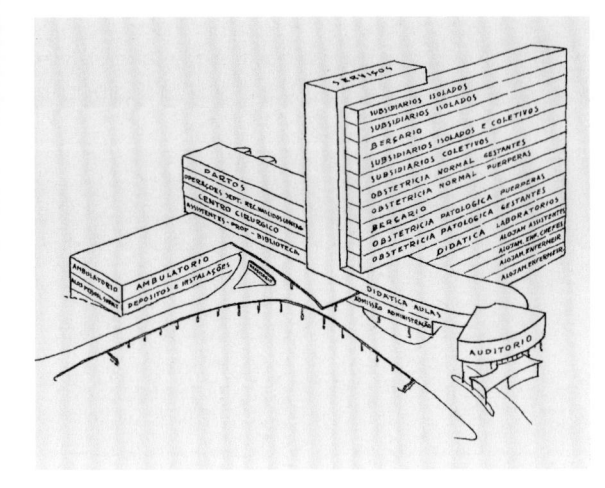

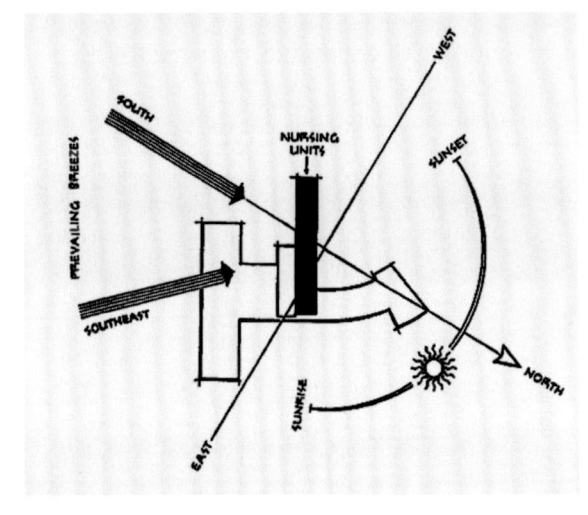

A Maternidade Universitária de São Paulo

A série de hospitais se inicia com a vitória no concurso para o projeto da Maternidade Universitária da Faculdade de Medicina da USP [83 a 85], em 1945, passa por vários projetos hospitalares importantes em São Paulo e culmina, entre 1959 e 1960, com sua contratação pelo governo da Venezuela para a implantação no país de uma rede de hospitais públicos.

O desenvolvimento desses projetos ocorre em dois campos. A evolução intrínseca a cada um dos parâmetros analisados anteriormente é acompanhada pela variação na disposição do conjunto, de acordo com critérios de orientação solar e de implantação no terreno. Os partidos de disposição dos volumes funcionais adotados até então por Levi eram poucos e se limitavam à sobreposição, adotada nos cinemas, ou à recorrência a um espaço central estruturador do conjunto de atividades ao seu redor, como no caso do Sedes Sapientiae. Sua proposta para a Maternidade da USP apresentou algumas inovações.

O projeto espalhava as funções em alguns volumes especializados, conectados por um longo volume horizontal de ligação. Um volume vertical abrigava as enfermarias, enquanto um volume horizontal concentrava os centros cirúrgicos e setor técnico-científico. O caráter universitário do conjunto ficava claro na exteriorização da forma de alguns equipamentos de uso didático. Pela primeira vez na obra de Levi, o auditório teve o volume externo repetindo completamente a forma paraboloide das paredes internas, no que era seguido por mais duas outras salas de aula menores. Na cobertura do ambulatório despontavam pequenos volumes cilíndricos para a observação dos partos e cirurgias.

A lâmina maior era composta por duas partes, sendo que a mais adensada e de menor extensão abrigava as principais circulações verticais e os serviços de apoio. Repetia-se aqui a estrutura de seus prédios de apartamentos, que já apresentavam uma clara hierarquia no agrupamento das funções. Para permitir o controle de infecções hospitalares foi criado um complexo sistema de circulação estratificada, fundamentado pelas mais atualizadas pesquisas sobre o assunto.

A disposição do conjunto, em leque, adequava-o ao formato do terreno, concordando, por um lado, com um dos edifícios do complexo das Clínicas (situado em ângulo oblíquo à avenida Rebouças), e do outro, com a própria avenida. A forma do volume de ligação reproduzia a curvatura da rua superior, tornando-se ele mesmo uma rua interna. O conjunto, ainda que isolado das divisas do lote, não as ignorava. Pelo contrário, revelava, com sua volumetria, as características do tecido urbano existente.

A maior parte do conjunto estava sobre pilotis, contribuindo, assim, para sua adequação aos fortes desníveis e para seu isolamento do solo. Algumas alterações no projeto, realizadas entre 1945 e 1946, reforçam o papel dos pilotis. A eliminação do abrigo antiaéreo e o rearranjo das funções no primeiro nível (necrotério, almoxarifado, caldeiras) contribuíram para uma maior separação do conjunto em relação ao terreno.

As mudanças do projeto, em 1952, desenvolveram os temas da primeira proposta. Foram eliminadas as expressões de elementos funcionais na cobertura do bloco do ambulatório. O volume tornou-se mais íntegro com o corte das protuberâncias na cobertura, onde uma platibanda ocultaria as claraboias. Também o edifício da enfermaria foi alterado, adquirindo maior leveza formal, com uma separação entre a linha de pilares da estrutura e o fechamento dos apartamentos. Na outra face, as lajes do corredor se afinavam ao se aproximarem da fachada, permitindo uma superfície de vidro quase contínua.

83
Maternidade Universitária da Faculdade de Medicina da USP, esquema de distribuição interna, São Paulo, 1944-52

84
Maternidade Universitária da Faculdade de Medicina da USP, esquema de implantação em função da insolação e dos ventos dominantes

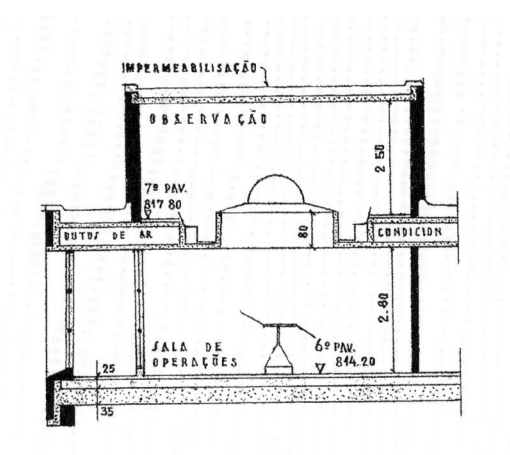

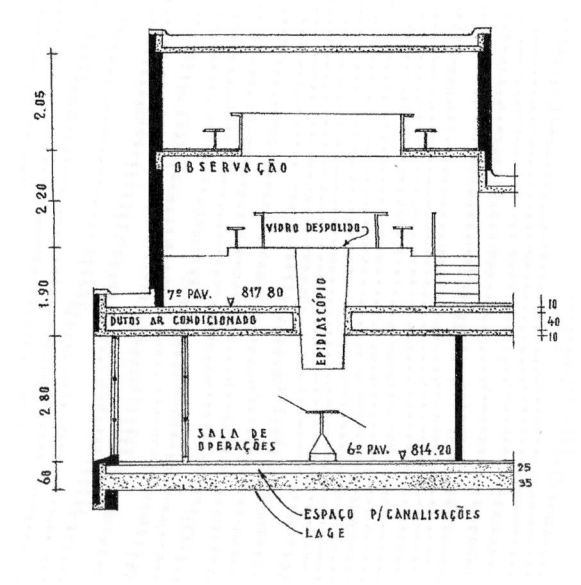

85
Maternidade Universitária da Faculdade de Medicina da USP, corte do conjunto da sala de operações e da sala de observação usado para aulas práticas de cirurgia

O desenvolvimento dos projetos hospitalares

O projeto seguinte na série de hospitais, o Hospital Central do Câncer (1947) [86], varia na constituição dos volumes, separando a parte dos alojamentos do volume de ambulatórios, e na disposição do conjunto, agora restrito ao interior de um lote de menores dimensões. O partido explora a declividade do terreno para o norte e cria uma progressão em altura dos volumes em direção ao sul, permitindo melhor insolação para todos os ambientes principais.

O setor de hospitalização fica situado no prédio mais elevado, com os quartos abertos para o Norte, fundos do terreno; o setor de serviços e circulação atua como proteção para a face Sul e para os ruídos da rua. O próprio tratamento opaco dessa fachada acentua a função de separação. Duas fileiras de pequenas janelas por andar, uma sobre a bancada de trabalho e outra faceando a laje superior, são distribuídas regularmente pela parede, criando uma frequência gráfica de grande intensidade. A regularidade da distribuição nesse volume é rompida em seu topo, com o centro cirúrgico, e em sua parte inferior, com o complexo de acessos e apoios didáticos (auditório e biblioteca). Ao contrário do projeto anterior, nenhum desses usos se exprime como exceções na forma externa.

Duas rampas sinuosas conectam a entrada com os dois níveis do volume seguinte, que recebem mais visitantes externos. O nível superior abriga um grande número de pequenos consultórios, todos iluminados por um sistema de *sheds* sobre os corredores transversais, enquanto no nível inferior se situam os principais laboratórios para exames de pacientes externos. Mais abaixo, nos níveis inferiores do terreno, um pequeno volume disposto perpendicularmente abriga os alojamentos dos médicos e enfermeiras, conectando-se ao volume anterior por um andar com restaurante, capela e uma ampla varanda integrada ao jardim.

Também na circulação vertical esse projeto inova em relação ao anterior. Um sistema denominado de *viagem direta* substitui os elevadores especializados para determinados circuitos. Todos os elevadores, quando solicitados, deixam de atender outras chamadas e cumprem o papel de transporte exclusivo para um circuito especializado, voltando, a seguir, a atender os demais circuitos.

O Hospital da Cruzada Pró-Infância (1948) [87 e 88] mantém os mesmos agrupamentos de uso nos volumes, mas a exiguidade do lote acentuou a necessidade de adensamento do conjunto. O projeto se define por apenas dois volumes principais sobrepostos. O mais elevado, com o setor de hospitalização, e o inferior, com o ambulatório e outros serviços. O terceiro volume do projeto anterior fica ausente do conjunto, constituindo um pequeno anexo no fundo do lote. As condições de orientação solar e de declividade do terreno situado numa esquina permitem que a sobreposição dos dois volumes seja explicitada no ambiente urbano.

O projeto para o Hospital Albert Einstein, vencedor de um concurso fechado organizado pelo IAB em 1958 [89], mantém os mesmos dois volumes básicos, mudando apenas sua disposição no terreno. As amplas dimensões do lote e a orientação permitem que o volume vertical fique situado em meio a um grande jardim, intersectando em sua extremidade o meio de um longo volume baixo, onde se agrupam os ambulatórios, laboratórios e demais serviços. Os dois volumes se mantêm, mesmo após a mudança do partido, quando é abandonada a disposição em "T" em favor de uma sobreposição completa.

Consolidam-se nesses projetos os critérios e diretrizes desenvolvidos nos projetos hospitalares anteriores, constituindo-se quase como um bem-sucedido método de projetar hospitais. O sucesso garante a Levi, rapidamente, um reconhecimento nacional e internacional, com ampla divulgação não apenas em revistas de arquitetura, como também em revistas de técnica hospitalar.

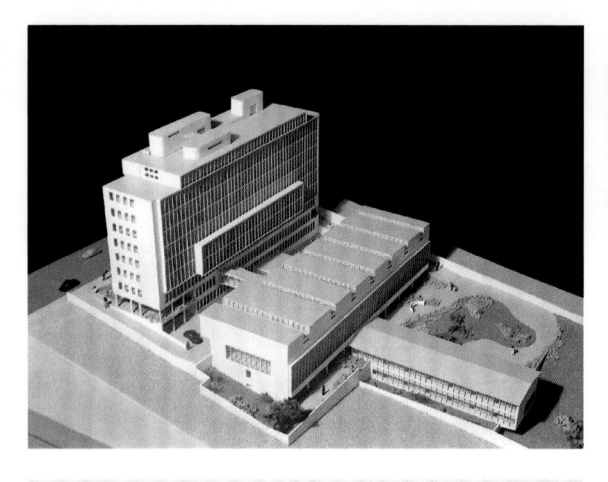

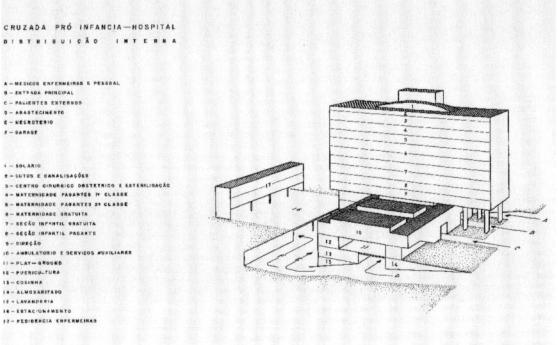

Os hospitais na Venezuela

A notoriedade internacional adquirida na área de projetos hospitalares e as boas relações que Levi vinha mantendo com a Venezuela levaram à sua contratação pelo Ministério de Obras Públicas para conceber um conjunto de hospitais naquele país. Os projetos desenvolvidos com uma equipe de arquitetos venezuelanos seguiam os procedimentos usuais de Levi: um conjunto de volumes definidos por sua afinidade programática e construtiva, acomodando-se às condições dos terrenos. A complexidade dos programas aumentou o número de volumes, enquanto a maior dimensão dos lotes assegurou implantações mais distendidas que as dos projetos paulistanos.[13]

Com seus trezentos leitos, os blocos do Hospital de Caracas [90] foram dispostos aproveitando o aclive de 5 metros do terreno. As duas circulações internas são paralelas à rua externa: a de serviço situa-se na cota inferior e a principal conduz à cota mais elevada, onde estão implantados os blocos de administração e recepção. Um volume mais elevado, perpendicular à rua, abriga a hospitalização, sendo ladeado por dois outros volumes horizontais destinados à cirurgia, serviços auxiliares e consulta externa.

O projeto de Maiquetia [91], com quatrocentos leitos, desenvolvido em parceria com Roberto Lampo, aproveita o grande desnível de 13,5 metros entre duas ruas. Para a superior abre-se o acesso de serviços gerais, enquanto a inferior acessa os consultórios externos e serviços auxiliares. Duas ruas internas ligam as ruas públicas e permitem o acesso aos três blocos sobrepostos no centro – administração, cirurgia e hospitalização.

86
Hospital Central do Câncer, maquete, São Paulo, 1947

87
Hospital da Cruzada Pró-Infância, esquema de distribuição interna, São Paulo, 1948

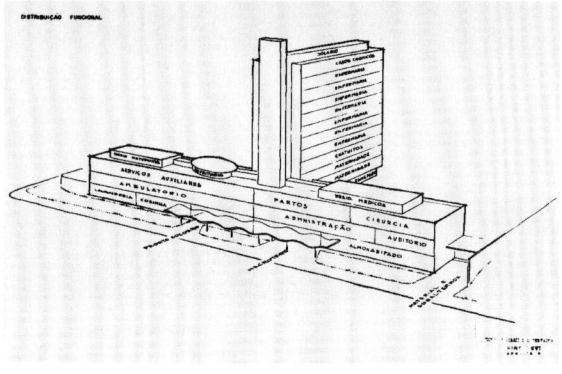

88
Hospital da Cruzada Pró-Infância, visto da avenida Brigadeiro Luís Antônio, São Paulo, 1948

89
Hospital Albert Einstein, esquema de distribuição interna da primeira proposta, São Paulo, 1958

Menor do que os anteriores, o projeto de Puerto Cabello [92], desenvolvido em coautoria com Elena Ruiz e Margot Lampo, estende-se horizontalmente por um terreno quase plano e amplo. A separação das atividades em blocos de, no máximo, dois pavimentos é estruturada por dois eixos de circulação que atravessam o conjunto. Em depoimento recente, a arquiteta Elena Ruiz revela que Levi pretendia uma ampla integração com o exterior. Também a sala de cirurgias deveria receber amplas aberturas envidraçadas para que, enquanto operavam, os médicos pudessem levantar os olhos para a paisagem marítima.[14] Desnecessária do ponto de vista estritamente do uso, essa integração era coerente com as intenções arquitetônicas que orientavam tanto a abertura para a paisagem quanto a interiorização dos jardins em suas casas.

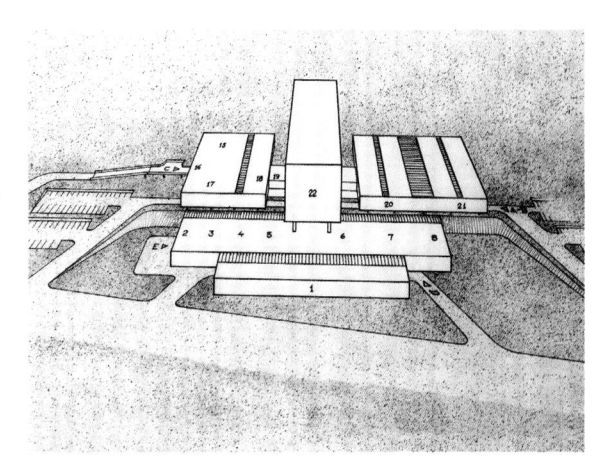

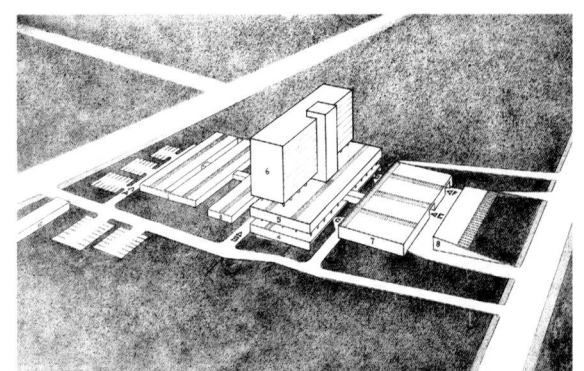

90
Rino Levi, Hospital Geral de Caracas, esquema volumétrico, Venezuela, 1959

91
Rino Levi e Roberto Lampo, Hospital Geral de Maiquetia, esquema volumétrico, Venezuela, 1959

92
Rino Levi, Elena Ruiz e Margot Lampo, Hospital Geral de Puerto Cabello, esquema volumétrico, Venezuela, 1960

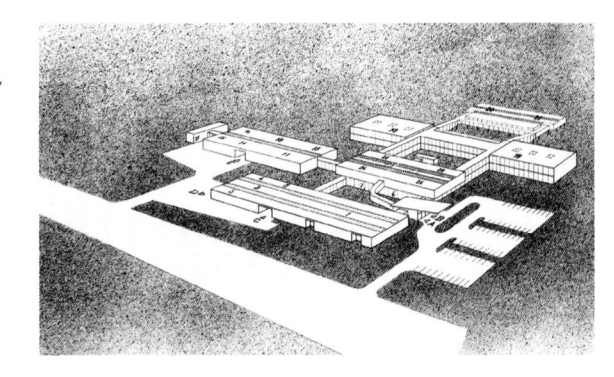

Notas

1. CHOISY, Auguste. *Histoire de l'architecture*.

2. Cf. BANHAM, Reyner. *Theory and design in the first machine age*. Interessam-nos, principalmente, os capítulos iniciais destinados ao estudo da obra de Auguste Choisy e de Julien Guadet, *Eléments et théories de l'architecture*.

3. Ver em especial os artigos de Plinio Marconi: Recenti sviluppi dell'architettura italiana, un rapporto alle loro origini; Architettura italiana atuale; Questioni di estetica nell'arte e nell'architettura d'oggi; e Nuovo accademismo architettonico.

4. Em seguida, Levi projeta o Art-Palácio de Recife e o Universo, o Piratininga e o Ipiranga, em São Paulo. Sua metodologia de projeto acústico geraria também o Teatro da Sociedade de Cultura Artística de São Paulo. Sobre os cinemas, ver: SIMÕES, Inimá. *Salas de cinemas em São Paulo*. Para uma análise arquitetônica dos cinemas paulistas, ver: ANELLI, Renato. *Arquitetura de cinemas na cidade de São Paulo*; ANELLI, Renato. Arquitetura de cinemas em São Paulo. O cinema e a construção do moderno.

5. Cf. LEVI, Rino. Considerações a propósito do estudo acústico de um cinema em construção em São Paulo; *Acústica e forma na arquitetura*, texto básico do curso ministrado em diversas ocasiões pelo arquiteto.

6. Cf. PIACENTINI, Marcello. Problemi reali più che razionalismo preconcetto.

7. LEVI, Rino. Acústica e forma na arquitetura.

8. LEVI, Rino. Considerações a propósito do estudo acústico de um cinema em construção em São Paulo.

9. Ver o já citado trabalho do autor sobre cinema e Guido Zucconi. Rino Levi – Immagini di grande architettura a San Paolo.

10. LEVI, Rino. Carta para o sr. Ugo Sorrentino, 1 nov. 1937, arquivo do Escritório Rino Levi.

11. Mesmo assim as vigas assumiram dimensões gigantescas: a maior tem cerca de 5 metros de altura.

12. LEVI, Rino. *Técnica hospitalar e arquitetura*.

13. LEVI, Rino. Esquemas de três hospitais.

14. Cf. RUIZ, Elena. Depoimento a arquiteta Silvia Hernández de Lasala [relatado por carta ao autor em 18 set. 1995].

30 Centro Cívico e Torre da Cidade Universitária Armando Sales de Oliveira

Universidade de São Paulo
São Paulo SP
1952-54

A torre, único elemento construído, está em bom estado de conservação

O projeto para o Centro Cívico obedecia às diretrizes do plano urbanístico da Cidade Universitária, que vinha sendo elaborado desde o início da década de 1940. Mantinha a monumentalidade da composição simétrica que alinhava a Torre do Relógio e a Reitoria à continuidade da avenida de acesso, dispondo, lateralmente, a Biblioteca Central e o Auditório. Apesar de obedecer à simetria, não o fez de forma especular, procurando o equilíbrio entre formas diferentes. O destaque ia para o Auditório, cuja forma simples servia de base a arranjos variados de palco e plateia, remontando ao *teatro total* de Gropius e Erwin Piscator. A flexibilidade seria conferida por uma gigantesca plataforma deslizante, que cobriria a parte inferior da plateia para trazer o palco para o centro do círculo.

A proposta foi criticada por Geraldo Ferraz, por não ser o conjunto projetado para se tornar o "centro de relações sociais e humanas, de palestras dos pequenos grupos, de divertimentos limitados", conforme intenção original de torná-lo o "coração da cidade universitária",[1] tendo sido abandonada durante a revisão do plano urbanístico efetivada por Helio Duarte em 1956.

A Torre do Relógio, com os enormes relevos de Elisabeth Nobiling, seria retomada em 1962, mas somente foi construída na década de 1970.

1. FERRAZ, Geraldo. Cidade Universitária da Universidade de São Paulo.

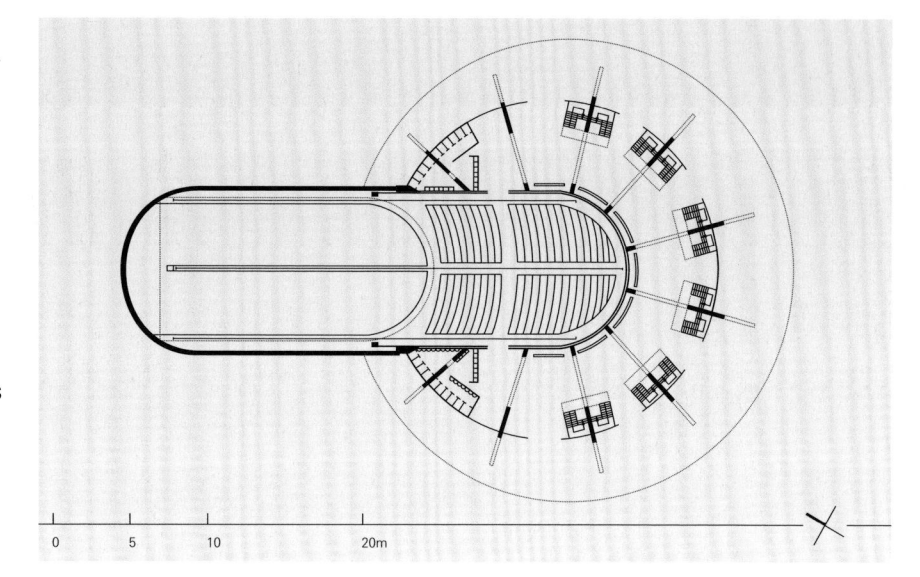

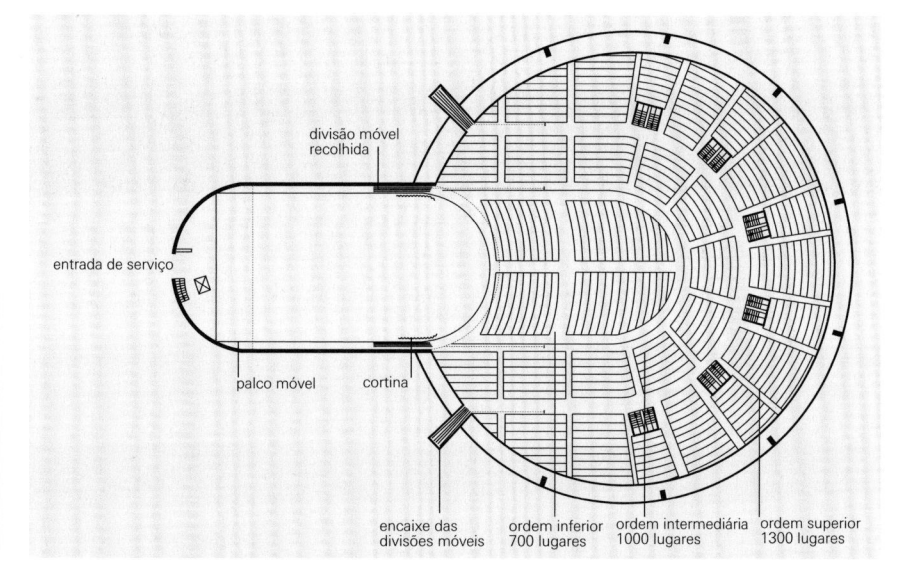

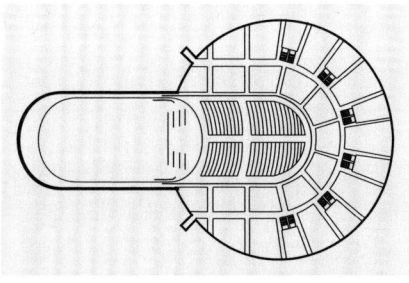

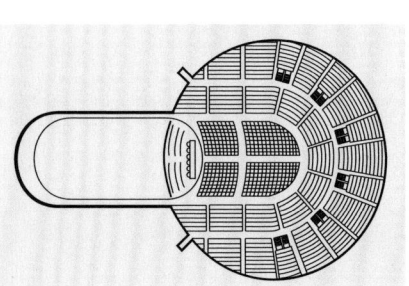

Drama e música de câmera: 700 pessoas

Doutoral para a congregação e público: 1.700 pessoas

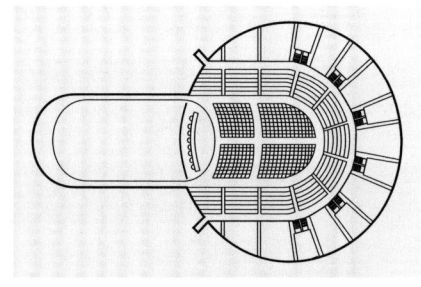

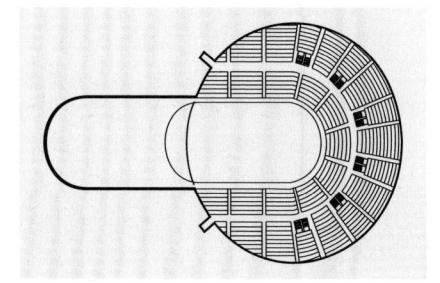

Colação de grau: 3.000 pessoas

Teatro de arena e balé: 2.300 pessoas

Planta do foyer e da platéia inferior

Planta do palco e da platéia completa

Corte do Auditório

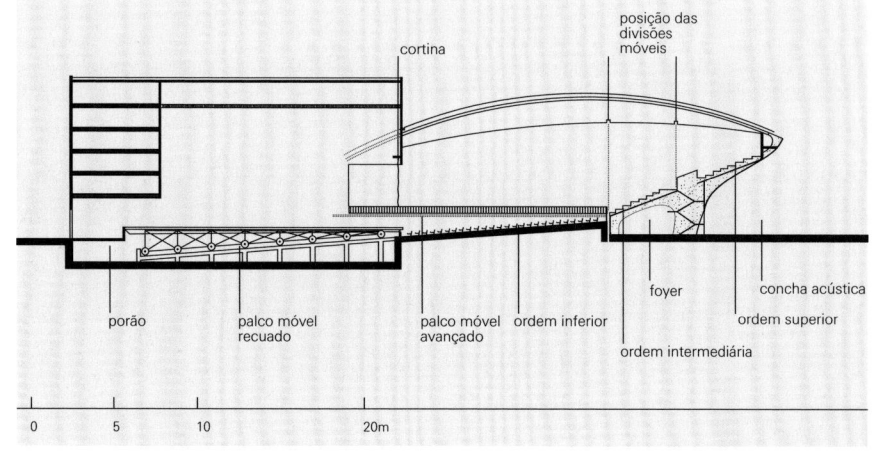

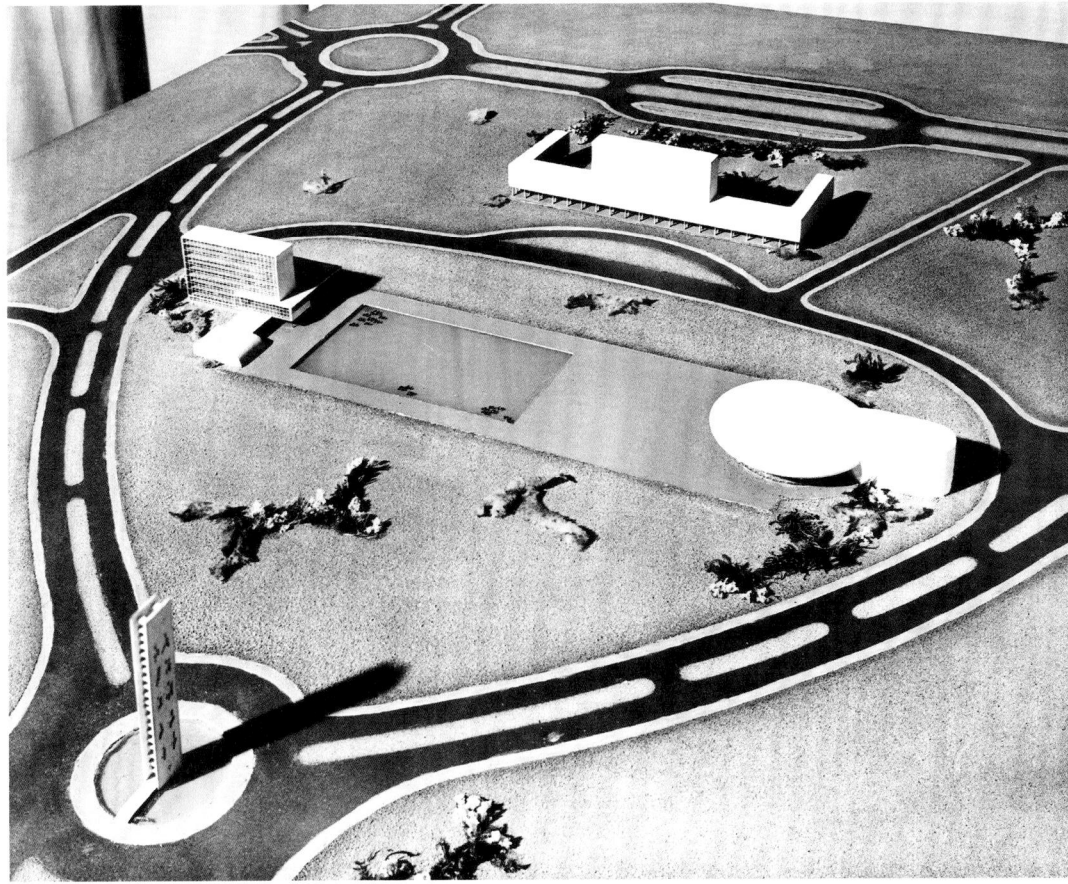

Torre da Cidade
Universitária

Vista aérea da
maquete do Centro
Cívico

Foyer do Auditório

31 Conjunto Residencial Estudantil da Cidade Universitária Armando Sales de Oliveira

Universidade de São Paulo
São Paulo SP
1953

Não construído

Após projetar, em 1952, a Casa do Estudante da Escola Superior de Agricultura Luiz de Queiroz, Levi realiza o projeto do conjunto de alojamentos da Cidade Universitária da USP, em São Paulo.

Nessa proposta, o edifício longo se fragmenta em várias lâminas parcialmente sobrepostas, sugerindo movimento onde a versão anterior procurava fechamento.

Os autores defenderam dormitórios individuais frente à solicitação de instalações coletivas, argumentando que "para o desenvolvimento da personalidade do estudante é importante que ele possa em determinados momentos se isolar e se concentrar, fora de qualquer convívio. Num conjunto desse tipo, qual é a Cidade Universitária, isto só é possível no dormitório individual"[1]. Esse momento de isolamento e concentração seria complementado pela "magnífica vista da cidade de São Paulo", para onde todos os dormitórios se abriam graças à sua localização em apenas um dos lados do edifício.

1. LEVI, Rino; CÉSAR, Roberto Cerqueira. Cidade Universitária de São Paulo, Setor Residencial do Estudante – Memorial justificativo.

Pavimento-tipo

Vista aérea da maquete

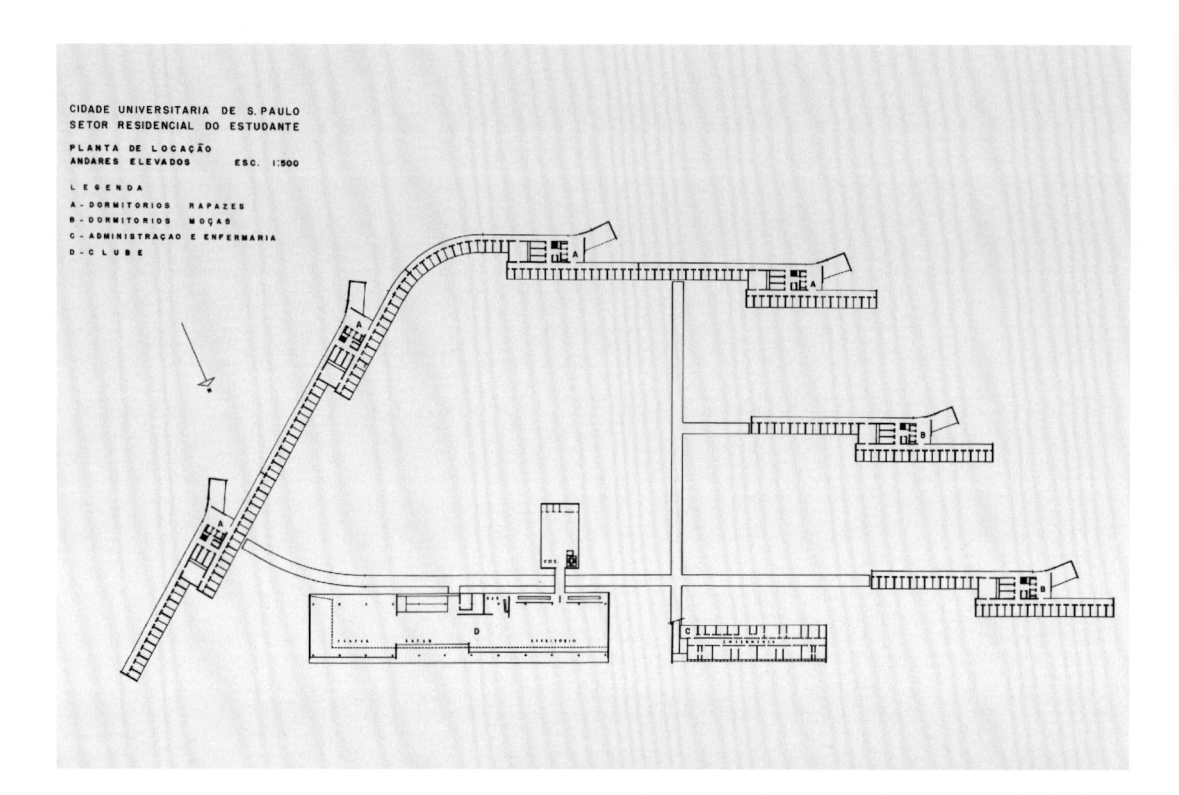

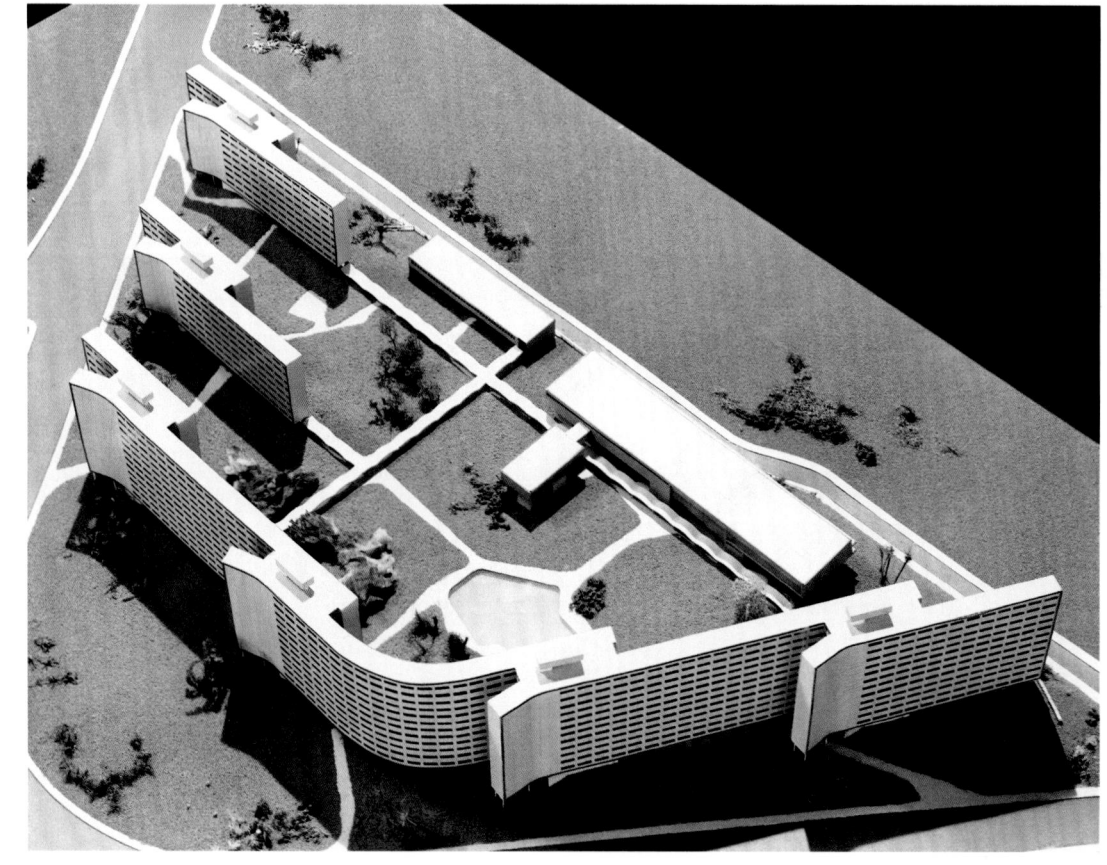

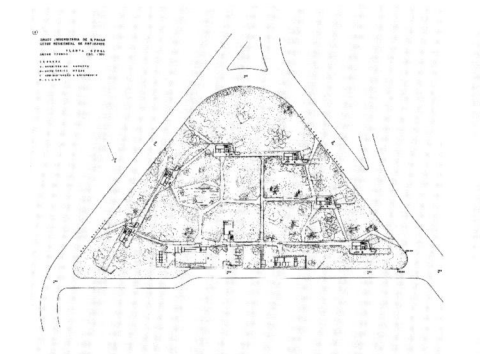

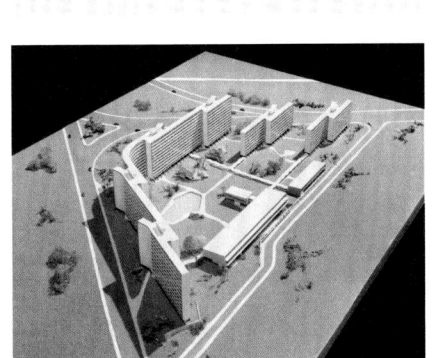

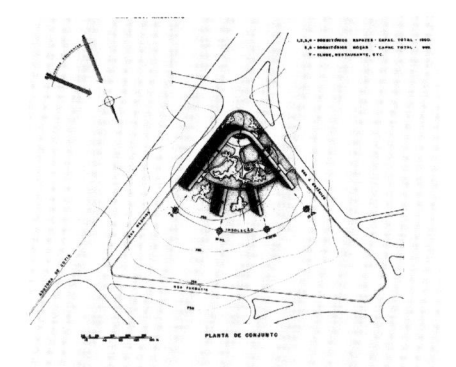

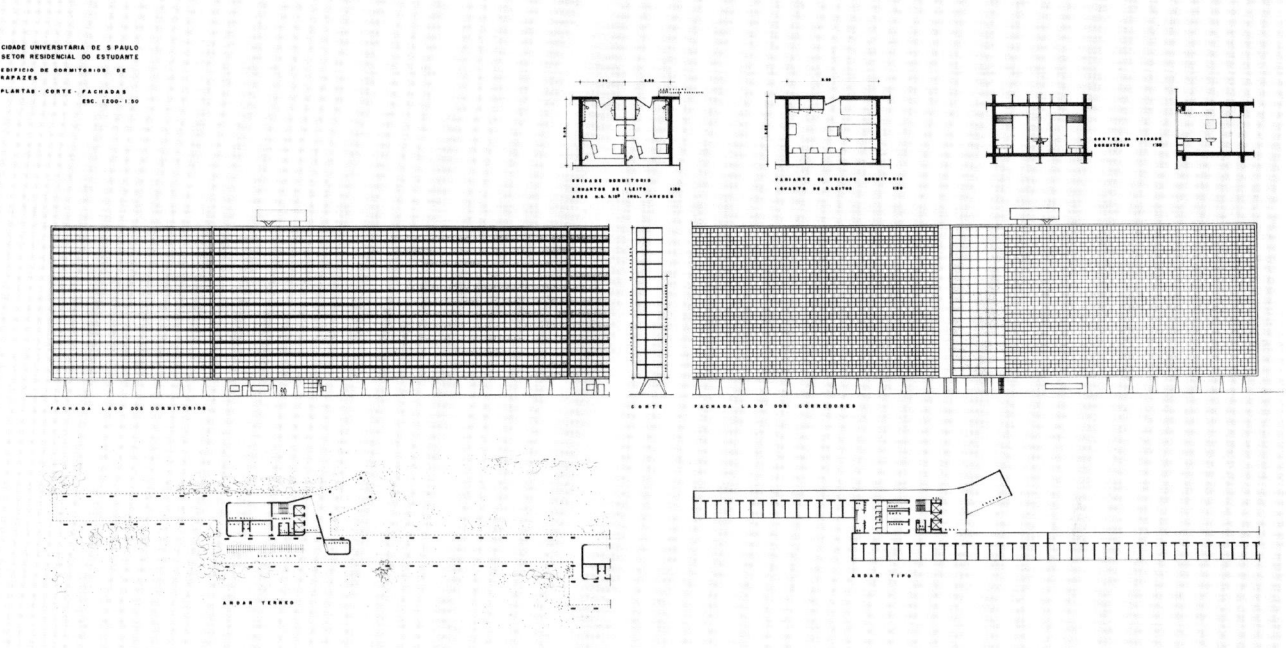

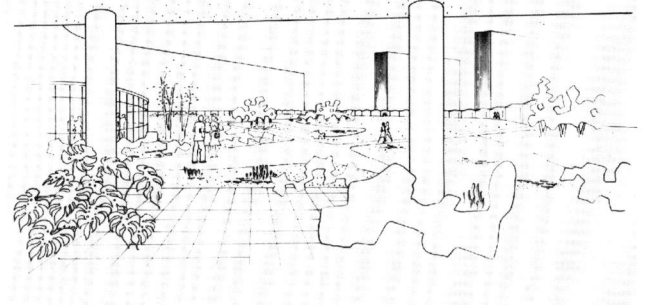

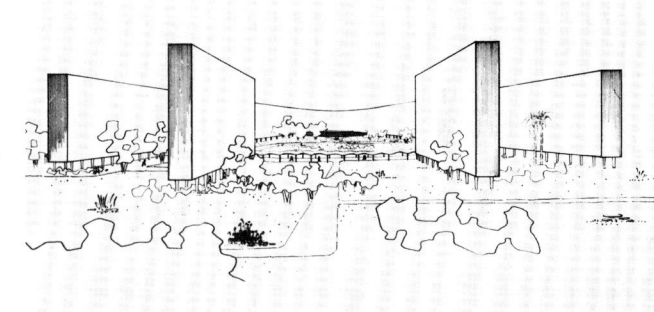

Implantação

Vista aérea da maquete

Implantação da primeira versão

Plantas, cortes e elevações de um dos edifícios

Perspectivas do nível da rua e pilotis

Primeiro projeto para o conjunto de moradia estudantil

32 Garagem América

Para Francisco Cintra Gordinho

avenida Itororó (atual avenida 23 de Maio) e rua Riachuelo 209
São Paulo SP
1952-58

Construído sem brise, encontra-se em uso e conservação precária

Situada no limite do centro antigo, onde existia um depósito de lixo do século 19, a Garagem América se insere na preocupação de Levi com a circulação e o estacionamento de veículos na área central de São Paulo, tema de sua disciplina Grandes Composições, da FAU USP. A exiguidade do lote não permitiu a adoção de sistemas de circulação mais ousados, como os explorados nos projetos das garagens "polielicoidais".

Seu pioneirismo no uso de estrutura de aço para a construção de edifícios altos em São Paulo foi decorrente da exigência do proprietário em aproveitar ao máximo a área dos pavimentos, atendida por pilares mais delgados que os de concreto.[1] O uso dos perfis de aço permitiu também um engenhoso processo de escavação do subsolo, onde os pilares eram cravados como estaca, servindo de arrimo para a remoção da terra.

O fechamento da garagem – proposto, mas não construído – sem o uso de paredes ou vidro, apenas com brise, facilitava a ventilação e a dispersão dos gases poluentes. Estudada por Luiz Roberto Carvalho Franco, a malha que organizava o plano de brise tinha seus módulos subdivididos em quatro partes, criando uma pauta para a exploração formal coerente com os princípios dos artistas concretistas.

1 Cf. depoimento ao autor feito pelo arquiteto Luiz Roberto Carvalho Franco (nov. 1992); DIAS, Luís A. de Mattos. Edificações de aço no Brasil, p. 13-16.

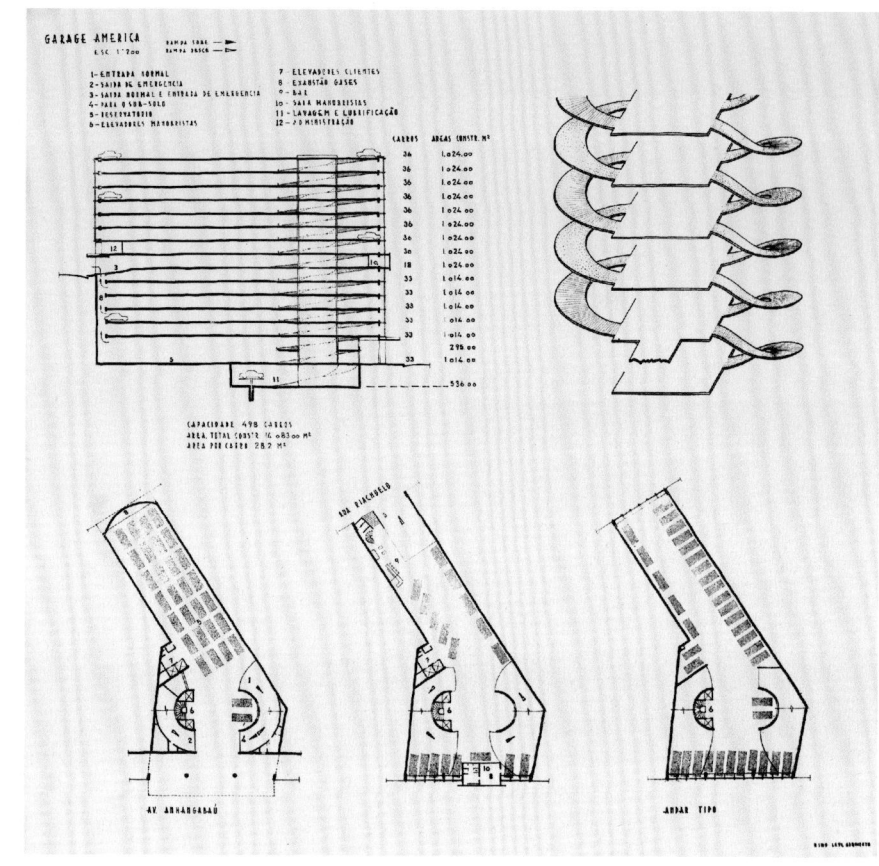

Vista da fachada da avenida 23 de Maio

Plantas, cortes e esquema das rampas

Garagem Copana, RJ, 1956, projetada com o sistema polielicoidal desenvolvido pelo escritório

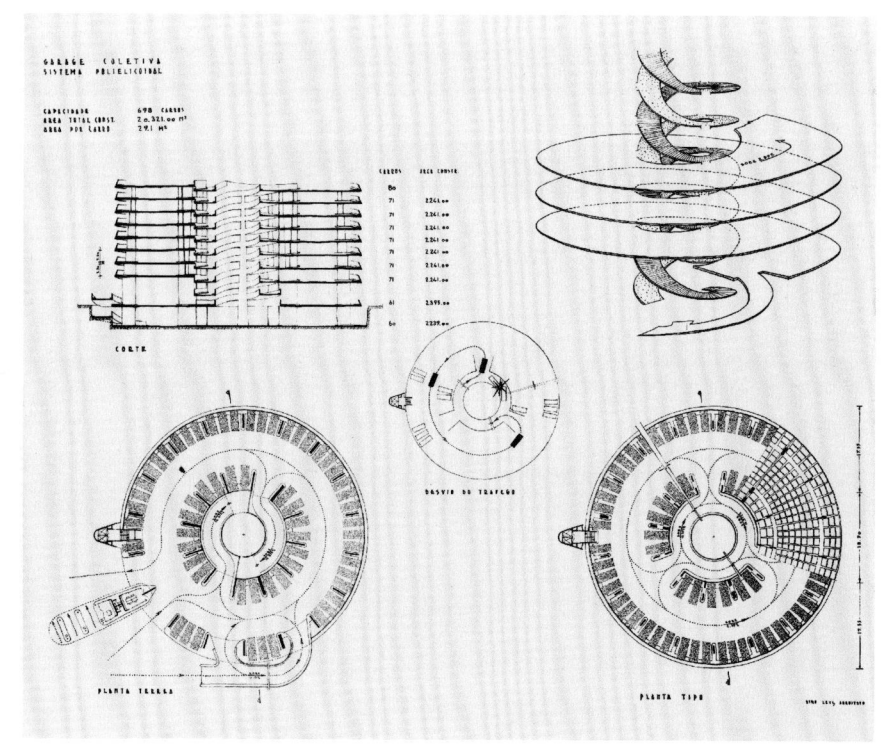

Fachada proposta, a ser construída com elementos vazados de concreto, cerâmica e fibrocimento

Fachada construída sem brise, vista da avenida 23 de Maio

33 Conjunto Residencial para Operários da Tecelagem Paraíba

Creche, jardim de infância, centro de saúde, igreja, mercado e campo esportivo para operários da

Tecelagem Paraíba
avenida Olivo
Gomes s/n
São José dos
Campos SP
1953

Não construído

O projeto desse conjunto de habitações operárias foi a principal tentativa de generalização urbanística da experiência desenvolvida na série de casas introspectivas. Apesar de se situarem nos limites da várzea do Rio Paraíba, a igreja, o jardim de infância e as unidades habitacionais abrem-se para um espaço delimitado por muros, partido oposto ao adotado pelo mesmo arquiteto no projeto da casa do proprietário da fábrica, Olivo Gomes.

Cobertas por um único telhado e geminadas pelas laterais e pelos fundos, as residências abrem-se para um espaço dividido em dois setores: um contínuo à sala e ao dormitório principal, dotado de varanda, outro em frente aos serviços e segundo quarto, equipado com um recinto para a criação de galinhas, hábito rural a ser preservado.

O conjunto da creche e jardim de infância é disposto ao redor de um grande jardim murado, atravessado por uma marquise de circulação que delimita o playground. À semelhança da sala de estar de Milton Guper, as classes abrem-se para um espaço descoberto e avarandado, permitindo aulas ao ar livre. Já a igreja antecipa o projeto da Residência Castor Delgado Perez, ao situar a nave principal entre dois jardins que prolongam lateralmente o espaço interior.

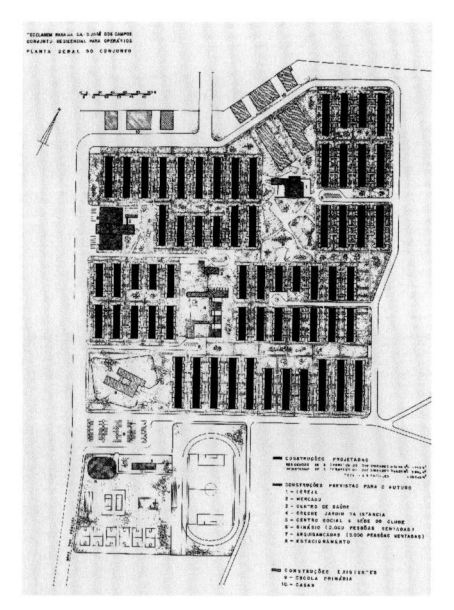

Planta geral do conjunto

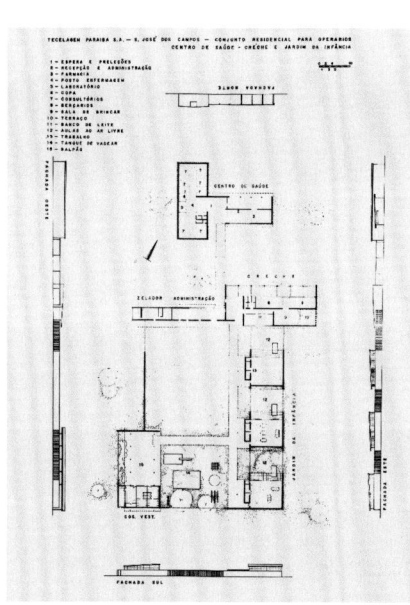

Planta e elevações do centro de saúde, creche e jardim da infância

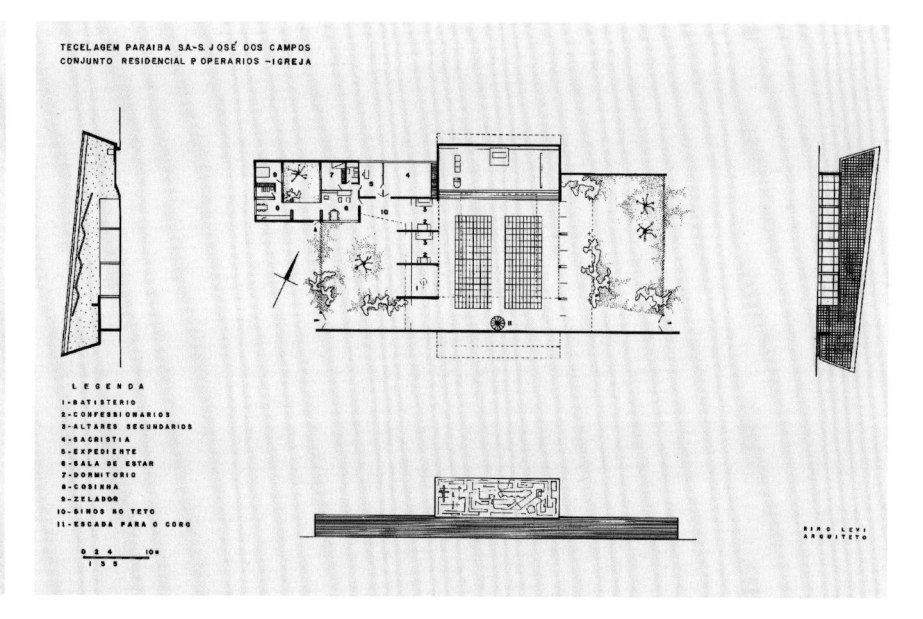

Planta, corte e elevações da igreja

TECELAGEM PARAIBA S.A - S. JOSÉ DOS CAMPOS
CONJUNTO RESIDENCIAL PARA OPERARIOS
BLOCO RESIDENCIAL DE 2 DORMITORIOS

FACHADA

FACHADA LATERAL

CORTE A-A

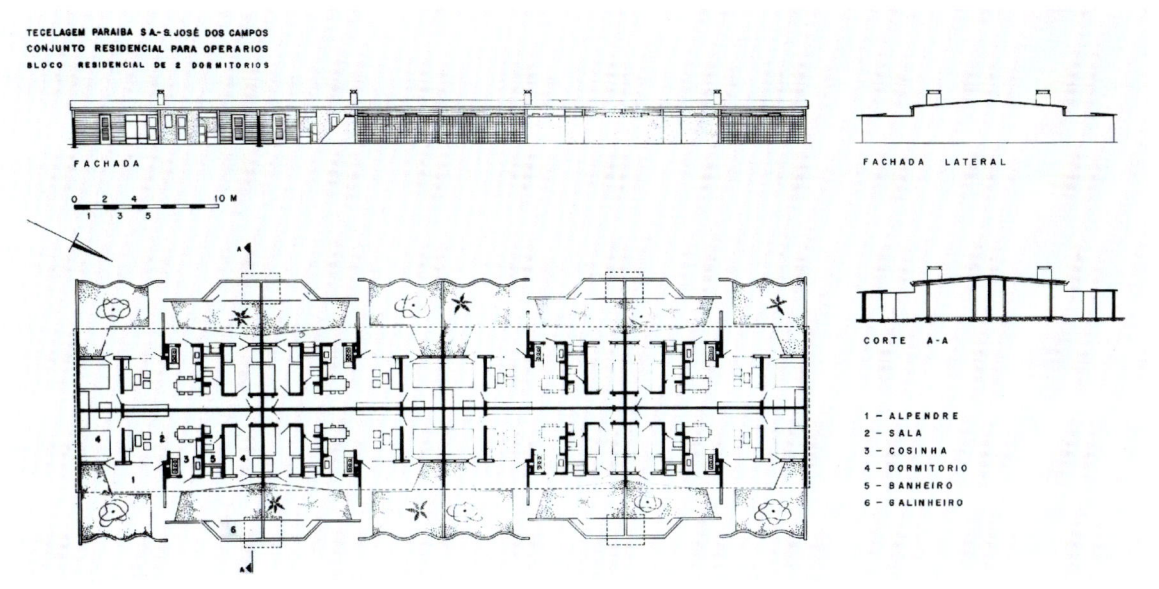

1 - ALPENDRE
2 - SALA
3 - COSINHA
4 - DORMITORIO
5 - BANHEIRO
6 - GALINHEIRO

Planta, cortes e elevações da unidade habitacional horizontal

Perspectiva das unidades habitacionais horizontais e do centro de saúde, creche e jardim de infância

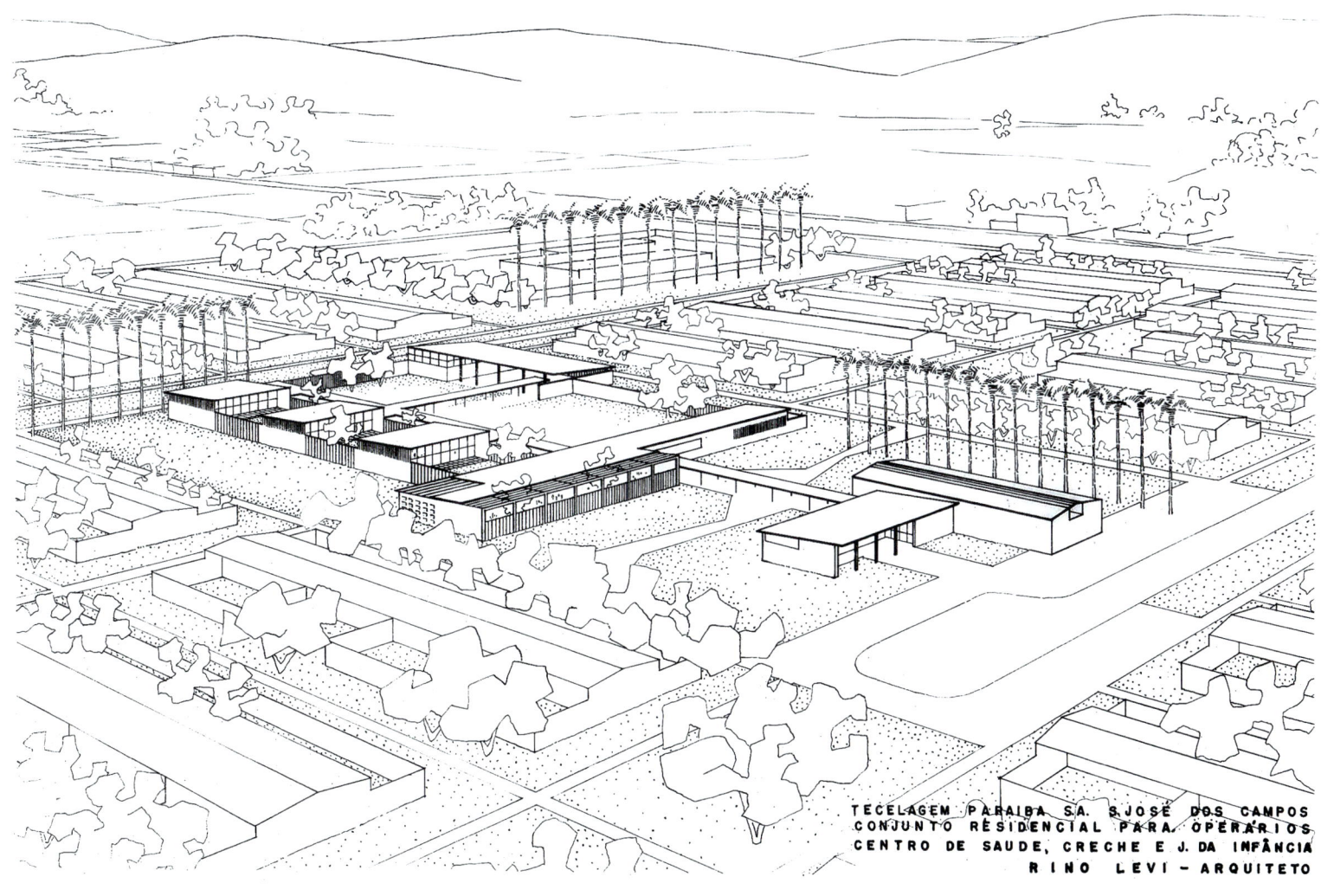

TECELAGEM PARAIBA S.A. S. JOSÉ DOS CAMPOS
CONJUNTO RESIDENCIAL PARA OPERARIOS
CENTRO DE SAUDE, CRECHE E J. DA INFÂNCIA
RINO LEVI - ARQUITETO

34 Galpão e posto de gasolina para caminhões da Tecelagem Paraíba

Fazenda da Tecelagem Paraíba, atual Parque Burle Marx

avenida Olivo Gomes
São José dos Campos SP
1953

Preservado, mas com manutenção precária

Projeto caracterizado pelo suave perfil da estrutura em que dois arcos paraboloides de estrutura metálica se apoiam sobre três linhas de pilares e vigas de concreto. O sistema estrutural da cobertura se destaca pela leveza: os arcos são construídos com treliças compostas por ferros redondos de construção – dobrados e soldados no canteiro – e vencem um vão de 22,5 metros. O contraventamento é feito pelas próprias terças de caibros, cujo atirantamento em "X" é disposto em faixas alternadas.

A necessidade de pé-direito livre fez com que a linha central da estrutura de concreto fosse mais alta que as laterais, resultando na intersecção dos arcos plenos, o que confere à cobertura a silhueta de *asas de gaivota*. Os fechamentos verticais em telhas de alumínio nos tímpanos dos arcos acentuam o figurativismo do desenho.

Um posto de gasolina situado junto às naves principais do galpão teve sua forma simples enriquecida por um painel de azulejos esmaltados, realizado por Burle Marx (ver p. 144). Os temas predominantemente lineares remetem discretamente às formas das bombas e mangueiras do posto.

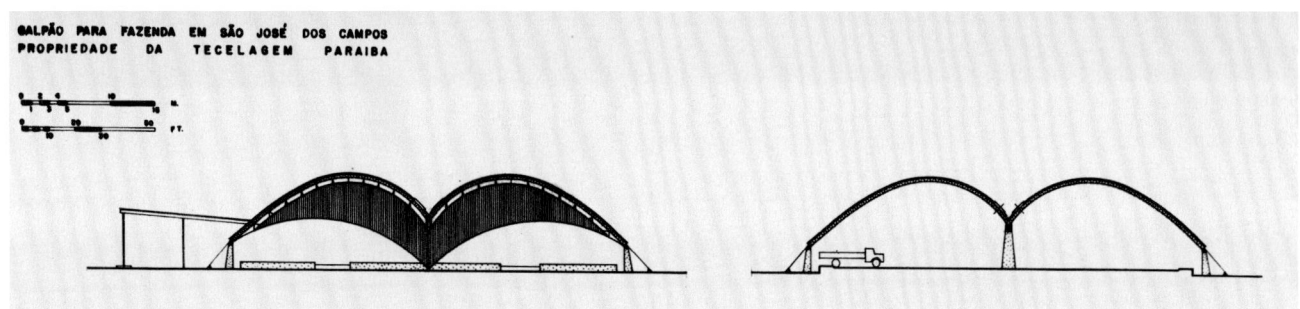

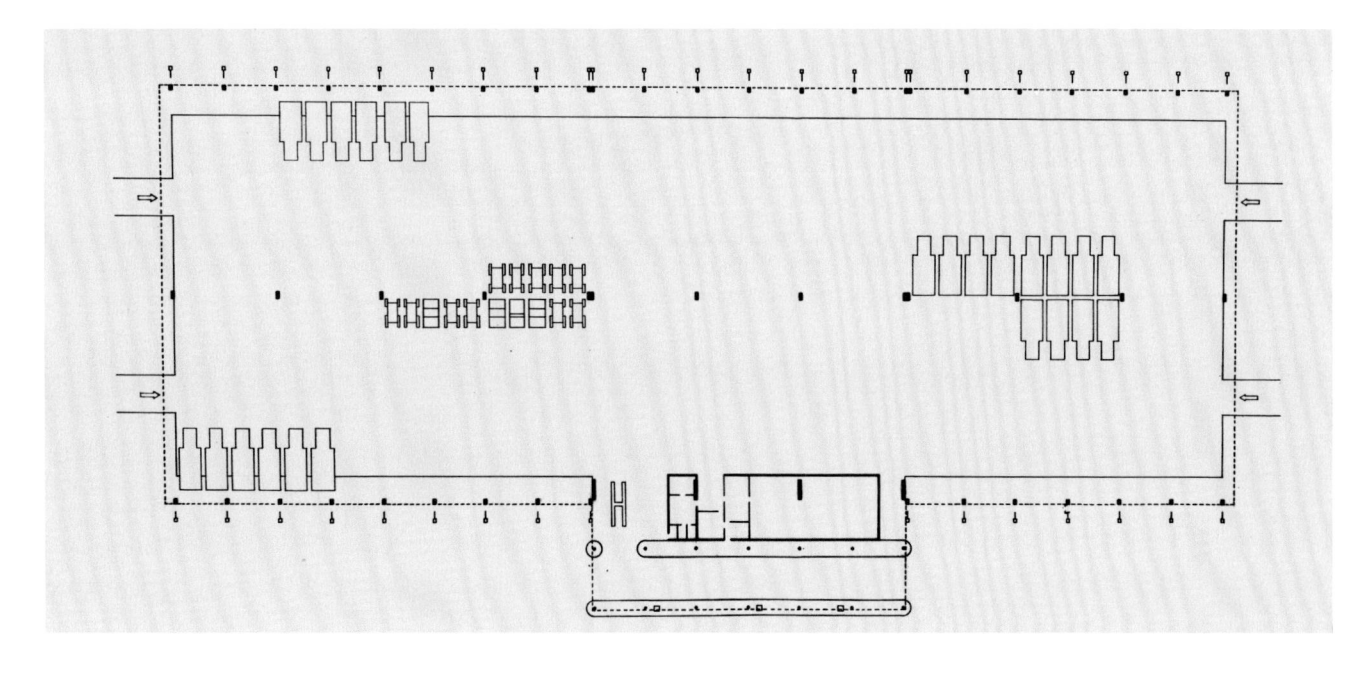

Vista externa do galpão

Elevação, corte e planta do galpão e do posto de gasolina

Vista interna do galpão em construção

Vista interna do galpão

Detalhamento do sistema estrutural da cobertura

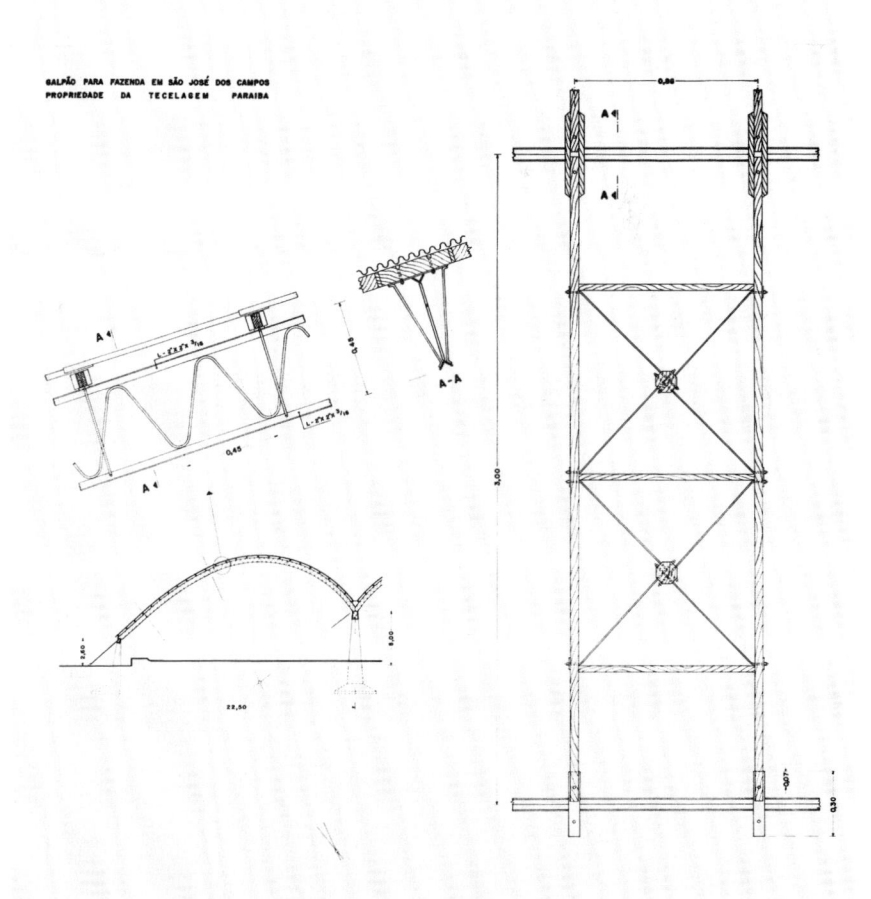

35 Conjunto Habitacional Fazenda Monte Alegre

Para o complexo da Tecelagem Paraíba Estrada Vargem Grande

São José dos Campos SP
1954

Demolido, restando apenas duas casas

Localizada no limite norte da várzea do Rio Paraíba, na margem oposta à ocupada pelo Complexo da Tecelagem Paraíba, essa fazenda foi uma iniciativa de Olivo Gomes, que pretendeu conferir características urbanísticas modernas a um núcleo produtivo rural.

Os blocos residenciais, constituídos por casas geminadas duas a duas, eram construídos com técnicas simples de alvenaria e carpintaria. Interpretando tradições difundidas entre a população rural, fogão a lenha e telhado de pau roliço foram agenciados para constituir um espaço funcional moderno. Com suas duas águas de telha cerâmica e chaminé de fogão a lenha, os blocos tinham suas fachadas compostas por planos de alvenaria, aparente ou revestida de caiação, separados por rústicos portões de correr. O popular e o rural constituíam uma situação, e não uma retórica.

A capela situava-se no vértice mais elevado de um anfiteatro natural, mas, apesar de dominar visualmente o conjunto, fechava-se introspectivamente para dois jardins laterais murados. Ao transferir a espacialidade das casas urbanas introvertidas para uma situação em que a paisagem pudesse ser fruída, Levi demonstra ser essa uma intenção, e não uma simples solução para um problema de projeto.

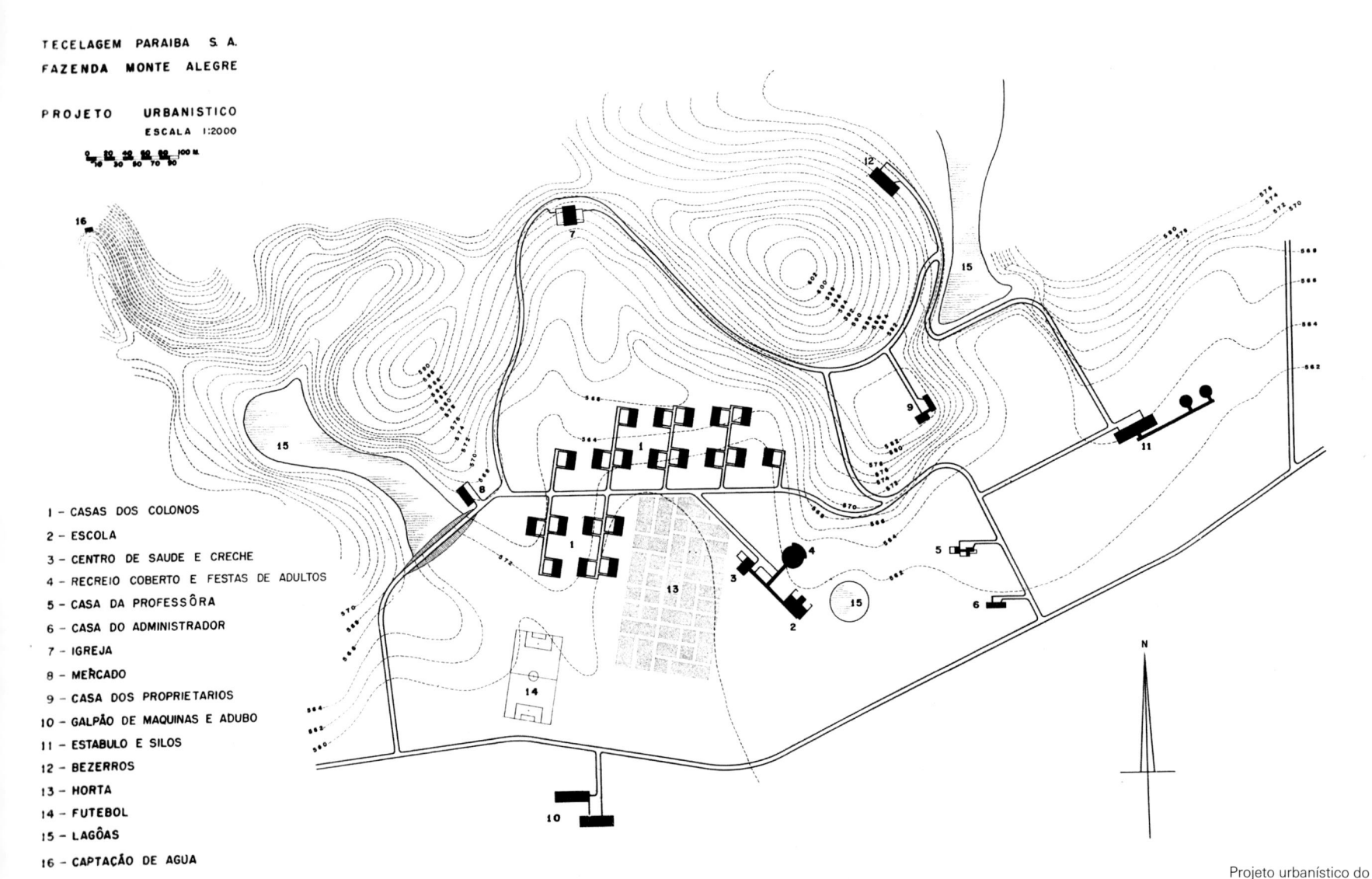

TECELAGEM PARAIBA S.A.
FAZENDA MONTE ALEGRE
PROJETO URBANISTICO
ESCALA 1:2000

1 – CASAS DOS COLONOS
2 – ESCOLA
3 – CENTRO DE SAUDE E CRECHE
4 – RECREIO COBERTO E FESTAS DE ADULTOS
5 – CASA DA PROFESSÔRA
6 – CASA DO ADMINISTRADOR
7 – IGREJA
8 – MERCADO
9 – CASA DOS PROPRIETARIOS
10 – GALPÃO DE MAQUINAS E ADUBO
11 – ESTABULO E SILOS
12 – BEZERROS
13 – HORTA
14 – FUTEBOL
15 – LAGÔAS
16 – CAPTAÇÃO DE AGUA

Projeto urbanístico do centro de saúde, creche e galpão para recreio e festas

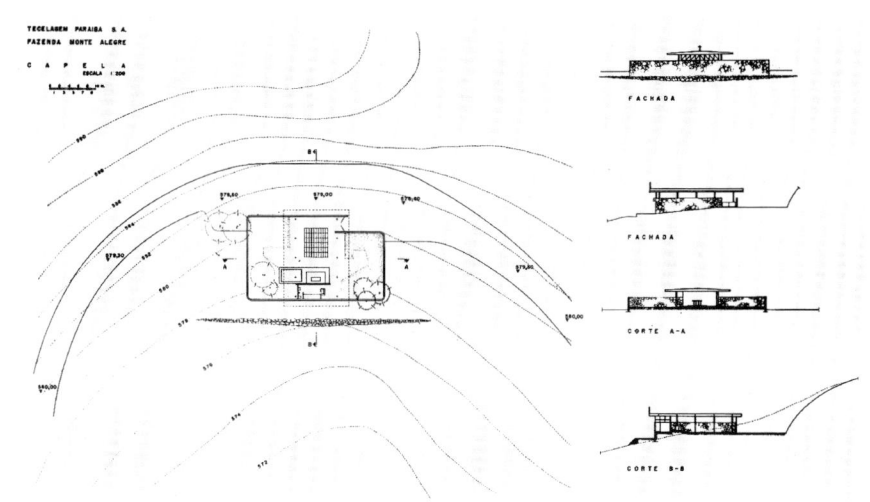

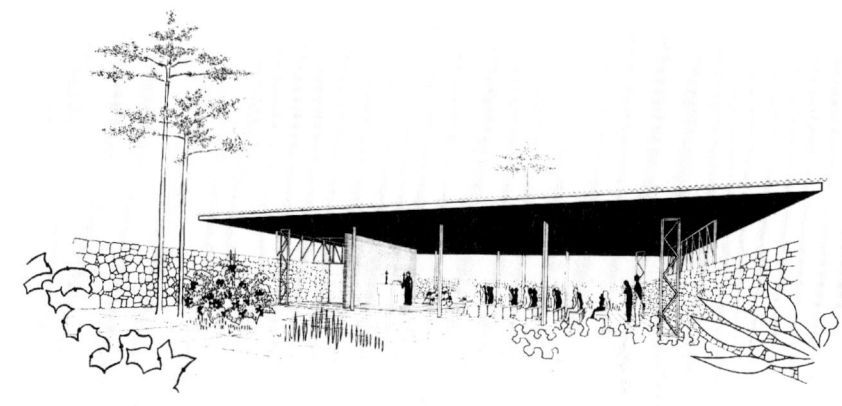

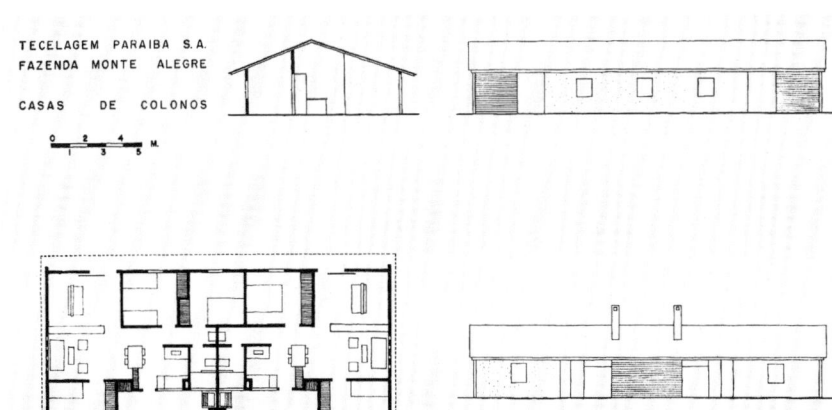

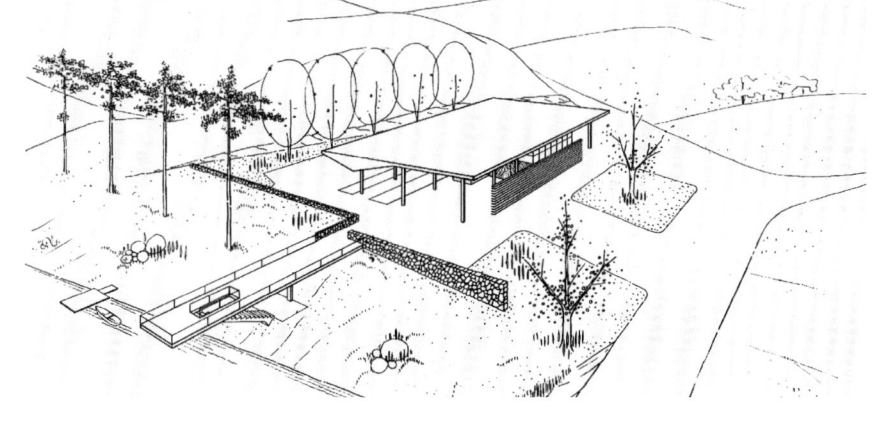

Foto aérea do conjunto construído

Planta, corte e elevações da unidade habitacional

Planta, cortes e elevações da capela

Perspectiva externa da capela

Perspectiva do galpão com armazém e equipamentos de lazer – canchas de bocha, mirante com trampolim e atracadouro

36 Banco Sul-Americano do Brasil

rua 15 de Novembro, esquina com rua Bento Dias
Capivari SP
1955

Preservado, mas com novo uso

Entre vários projetos realizados por Levi para o Banco Sul-Americano fora da cidade de São Paulo, apenas esse foi preparado pelo arquiteto para publicação. O projeto dispõe lateralmente, num único lote de esquina, a agência bancária cilíndrica e a casa assobradada de seu gerente, constituindo um singelo exercício de urbanismo para pequenas cidades. A forma evita a ideia de simples justaposição: o volume superior da casa estende a cobertura por sobre o cilindro do banco, enquanto suas aberturas são orientadas para jardins laterais, evitando a manifestação externa do espaço doméstico.

As diferenças de uso são ressaltadas pela natureza dos revestimentos. O revestimento interno e externo, com azulejos desenvolvidos pelo escritório de Levi, confere ao cilindro uma materialidade que contrasta com a pedra do plano recuado e a alvenaria luminosa do volume elevado.

Vista da esquina

Perspectiva de uma primeira versão

Plantas, corte e elevação

Azulejo-padrão que reveste o cilindro tanto externa quanto internamente

Vista interna da agência

Vista interna da agência

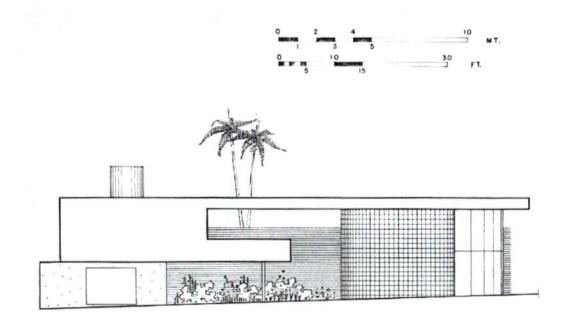

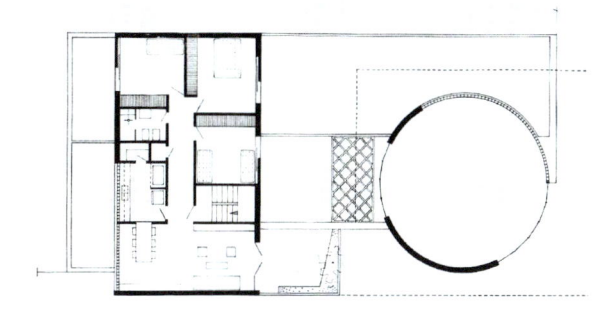

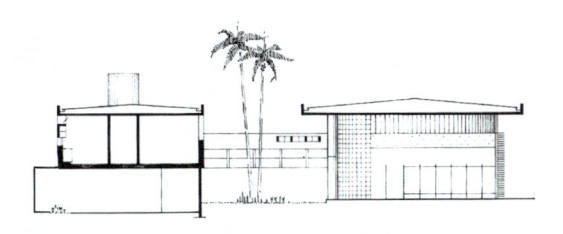

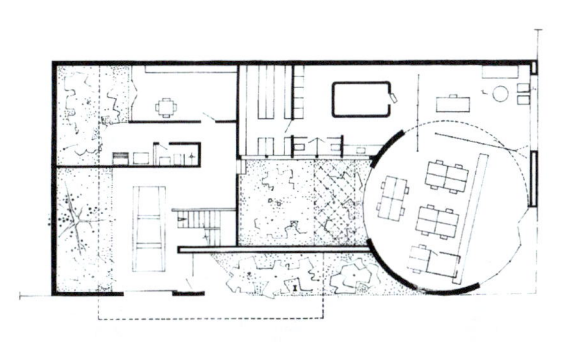

37 Edifício Concórdia

Para Omar Fontana
ua Paula Sousa 355,
esquina com rua
Plínio Ramos
São Paulo SP
1955-57

Preservado com
poucas alterações

Edifício comercial para empresa de embutidos e outros derivados de carne bovina e suína, o Concórdia é constituído por um único volume de cinco pavimentos com lojas no térreo, garagem no primeiro andar e escritórios nos três últimos, estando previsto o acréscimo de mais dois andares, o qual nunca se concretizou.

Os planos de vedação ressaltam sua independência pelo desenho diferenciado do conjunto de brise, afastado dos caixilhos de vidros, e de um discreto jogo de ângulos. Não sendo a esquina ortogonal, Levi define a volumetria do térreo e da torre de circulação vertical pelo alinhamento da rua, enquanto os dois planos de vedação dos pavimentos superiores se intersectam a 90 graus. A pequena diferença de ângulo entre o plano da vedação dos andares superiores e o alinhamento da rua é ressaltada pela sobreposição do plano de elementos vazados sobre a torre de circulação vertical.

O projeto do brise segue as necessidades da orientação das fachadas. Enquanto a fachada da rua Plínio Ramos recebe brise horizontal feito com placas curvas de fibrocimento rente ao caixilho para barrar o sol de Noroeste (tarde e poente), a fachada interna, aberta para um jardim construído no teto da garagem, recebe brise horizontal disposto em balanço, filtrando um pouco da insolação matutina e acentuando a extensão do espaço interno para o exterior.

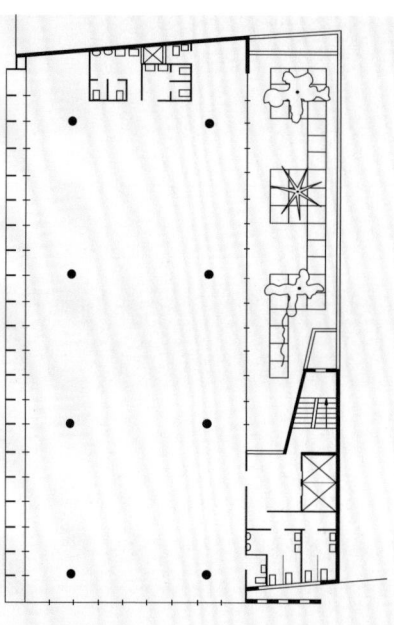

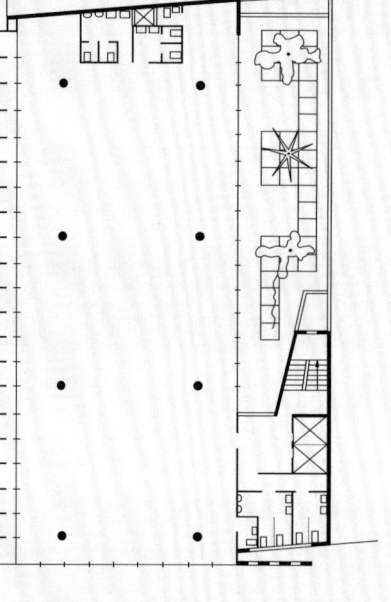

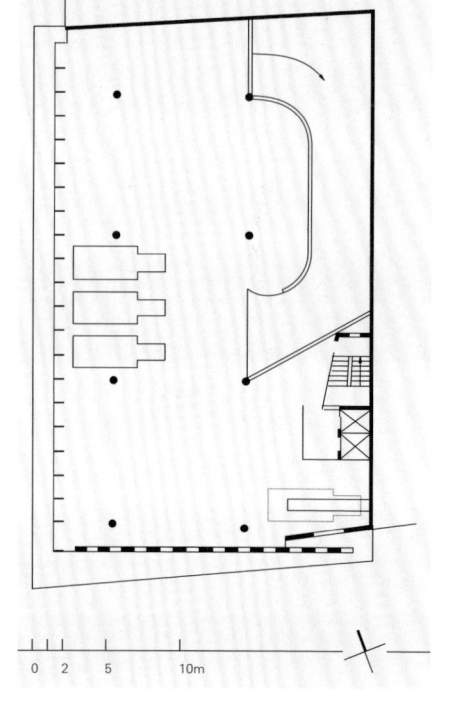

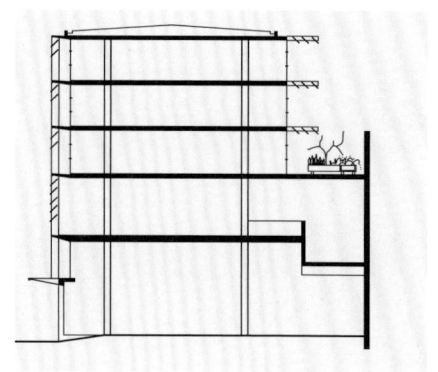

Vista da rua Paula Sousa

Planta do andar-tipo

Planta da garagem no primeiro andar

Corte

Vista da esquina da rua
Paula Sousa com rua
Plínio Ramos

Detalhe da esquina,
ressaltando o jogo de
ângulos dos planos
superiores e inferiores

Vista posterior do
jardim elevado e brise

Interior do
estacionamento

38 Residência para engenheiros das Usinas Elclor

Rio Grande da Serra SP
1956

Preservado e em excelente estado de conservação

Parte do complexo industrial da Elclor, essa residência se destina a abrigar os engenheiros solteiros que trabalham nessa fábrica distante dos centros urbanos. A implantação no topo de uma colina dá origem ao partido. Um volume cilíndrico abriga a área de convivência, de onde se desfruta a paisagem principal através de amplas aberturas, uma delas protegida do sol nascente por um conjunto de brise horizontal disposto radialmente na parte superior. Um volume de dois pavimentos, destacado do cilindro, abriga os apartamentos, todos orientados para a insolação norte, a mais favorável para o clima frio e úmido da região. Um terceiro volume, que acomoda os serviços em apenas um pavimento, faz a conexão entre os dois primeiros.

Seccionando o solo em declive para permitir dois níveis planos, um muro de arrimo de pedras organiza o paisagismo e direciona os pedestres ao acesso principal. O corte eleva do chão o cilindro da sala, restando duas colunas e o muro de arrimo para sustentá-lo.

Volume cilíndrico da área de estar com o volume dos apartamentos à direita

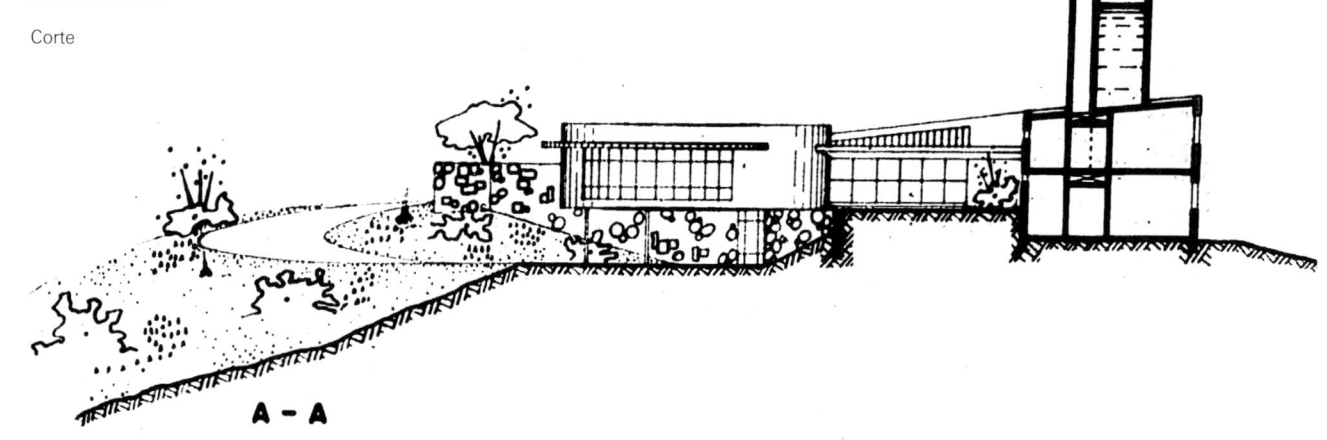

Corte

A - A

Vista do bloco de apartamentos

Interior do volume cilíndrico da área de estar

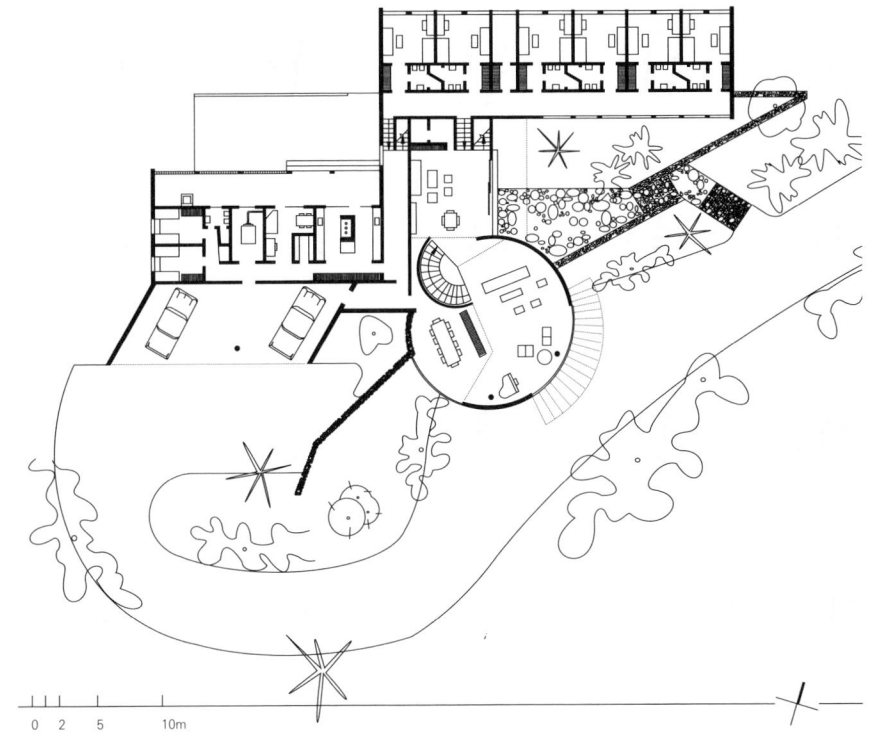

Planta do pavimento principal

Vista do edifício em meio à paisagem

39 Laboratório Paulista de Biologia

rua Maria Cândida 1.639
São Paulo SP
1956-59

Com diversas alterações e anexos construídos, é sede da Uniban

As amplas dimensões e a declividade quase desprezível do terreno permitiram a livre exploração do partido de blocos funcionais independentes, conectados apenas por dispositivos de ligação (escada, marquise e passarela elevada) e dispostos ortogonalmente, conforme os setores e fluxos da produção.

São quatro blocos principais, com modulações diversas correspondentes às especificidades do uso. O bloco frontal organiza no térreo o acesso de pessoal e veículos, abrigando a administração no pavimento superior. O bloco central, disposto perpendicularmente ao primeiro, reúne os laboratórios químicos no andar superior e recebe os operários no térreo (onde se localizam os vestiários e refeitórios). Por eles os funcionários se encaminham, sob a passarela elevada, para o bloco de produção, situado em paralelo do outro lado de um jardim descoberto. Nos fundos do lote, o depósito de dois andares fecha o conjunto e despacha a produção em veículos que novamente atravessam a portaria no bloco frontal.

Nesse projeto são experimentadas estruturas de cascas de concreto em paraboloide hiperbólica, com apoio numa coluna central, forma que serve tanto para a caixa-d'água elevada quanto para duas coberturas que abrigam os trabalhadores no período de folga.

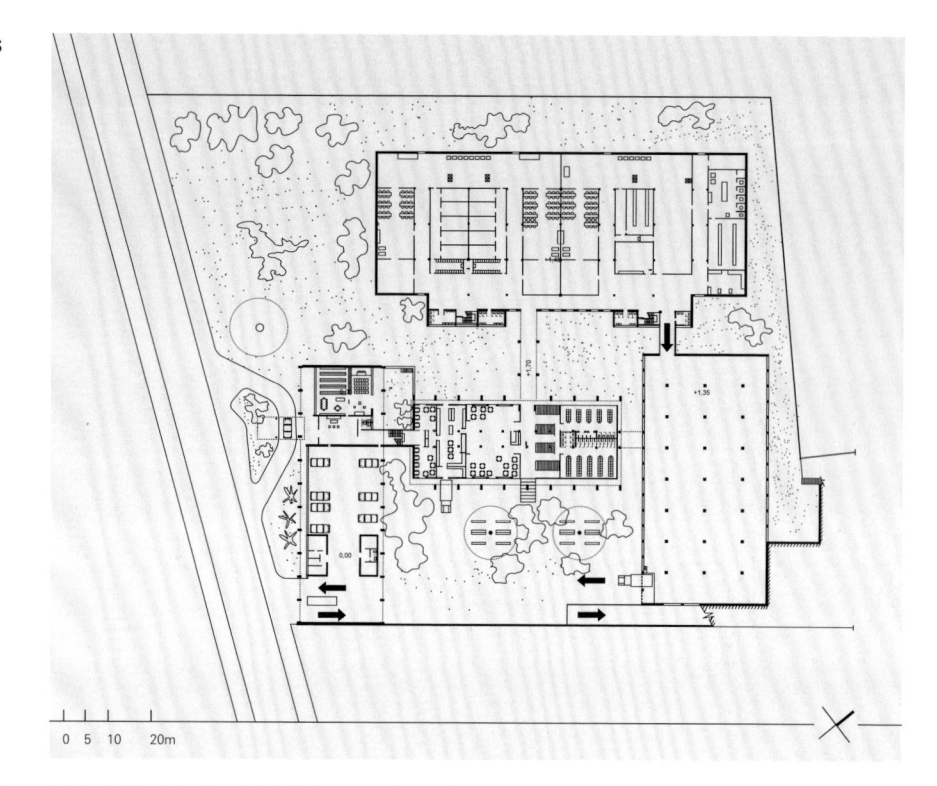

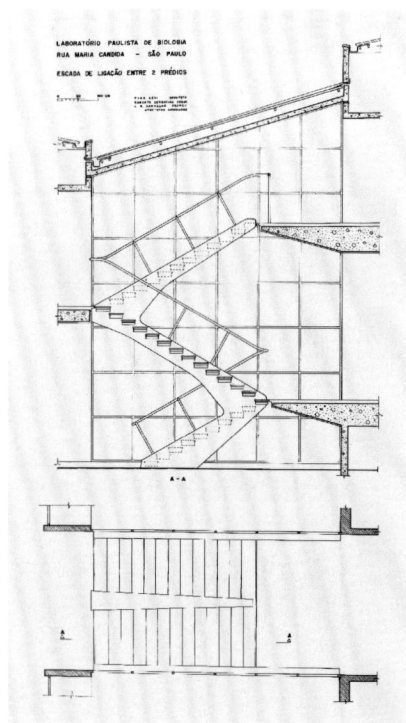

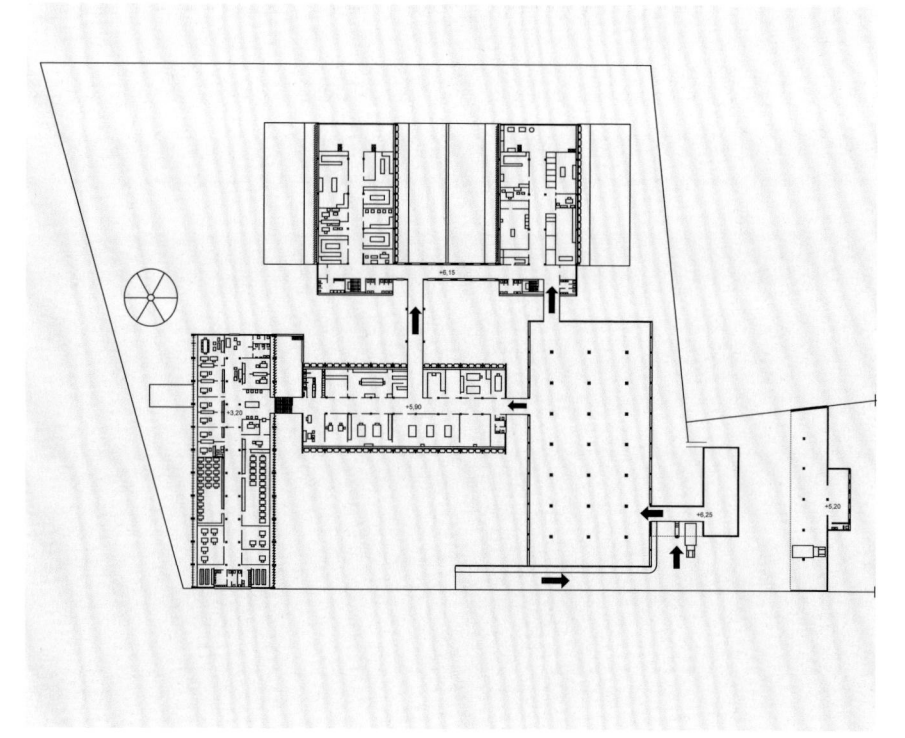

Desenho da escada

Planta do térreo

Planta do primeiro andar

Escada principal conectando o bloco de acesso e administração ao bloco de refeitórios e laboratórios

Vista do bloco de acesso

Vista do conjunto a partir da área interna de lazer, com a cobertura em casca de concreto armado

40 Plano Piloto de Brasília

Terceiro lugar no concurso, junto com o escritório M. M. Roberto Arquitetos

Brasília, Distrito Federal
Projeto estrutural: engenheiro Paulo Fragoso
1957

Não construído

Proposta classificada em terceiro lugar, ao lado da equipe de M. M. Roberto Arquitetos, apresenta como singularidade a radical verticalização das unidades habitacionais. Um sofisticado projeto estrutural em aço sustenta os superblocos de 300 metros de altura, 400 metros de largura e 18 metros de profundidade. Reunindo pequenos serviços e comércio, quatro ruas elevadas internas distribuem o fluxo dos sistemas de elevadores expressos para os blocos de vinte andares, cada um com circulação independente para atender seus quinhentos moradores. Por sua vez, três superblocos são agrupados, formando um centro distrital de habitação intensiva, dotado de escolas, serviços e comércio próprios. Seis núcleos de habitação intensiva são distribuídos ao redor do centro urbano localizado às margens de uma pequena baía do lago. Interpretando a concepção de cidade polinuclear, essa gradação de fluxos visava favorecer o surgimento de núcleos urbanos de progressiva intensidade, conforme se distanciassem da unidade habitacional.

Todo o conjunto era conectado por uma rede de vias expressas elevadas, liberando o solo para a implantação de um parque com equipamentos de lazer e esporte, interrompido apenas pelo centro principal e distritais.

Os conjuntos de habitação extensiva, localizados às margens do lago e distantes do centro, complementam a demanda habitacional solicitada pelo concurso. A única referência aos palácios e edifícios do governo federal é a indicação de sua implantação no extremo Leste da cidade.

Pranchas de apresentação do projeto:

Planta geral

Apresentação dos conjuntos de habitação intensiva e extensiva

Projeto dos superblocos

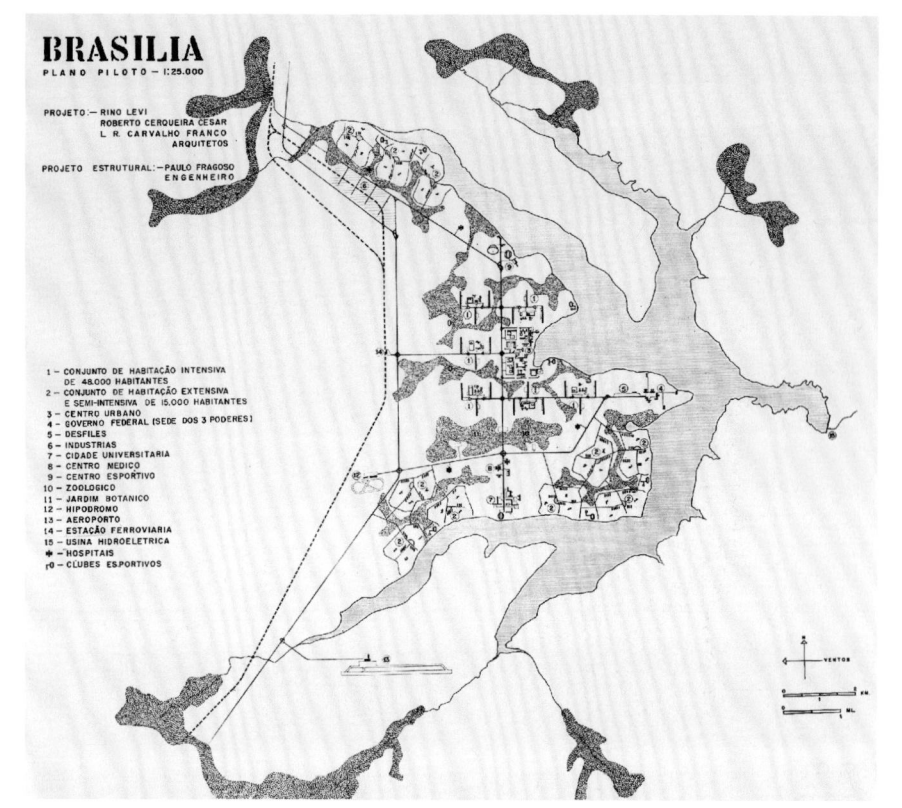

Vistas da maquete

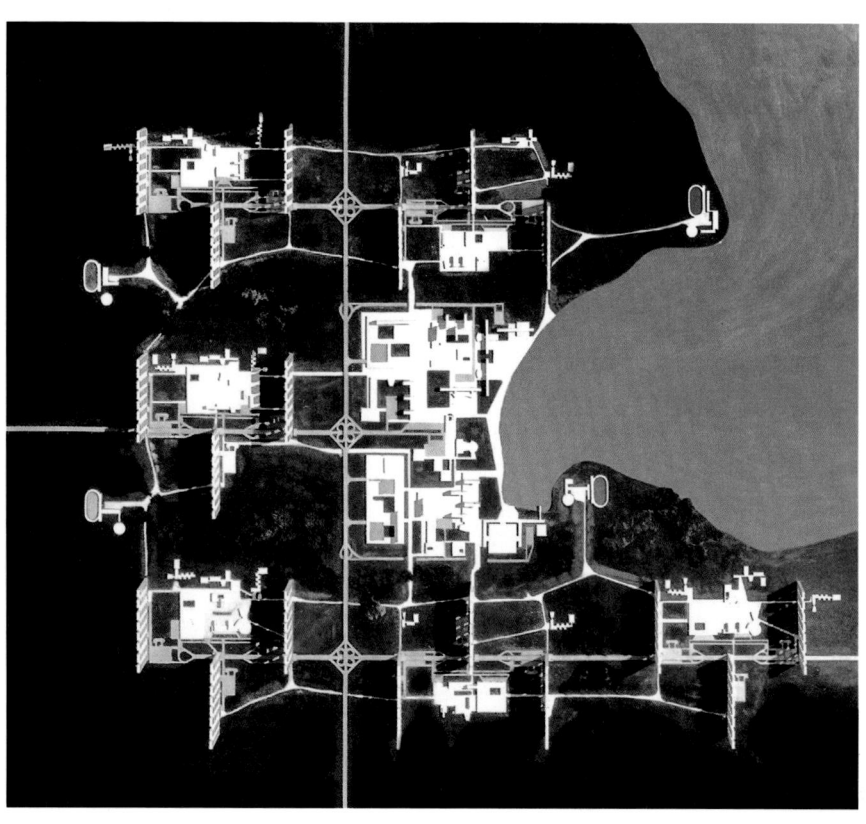

BRASILIA
PLANO PILOTO
ORGANISAÇÃO DOS CONJUNTOS DE HABITAÇÃO

PROJETO: RINO LEVI
ROBERTO CERQUEIRA CESAR
L. R. CARVALHO FRANCO
ARQUITETOS

PROJETO ESTRUTURAL: PAULO FRAGOSO
ENGENHEIRO

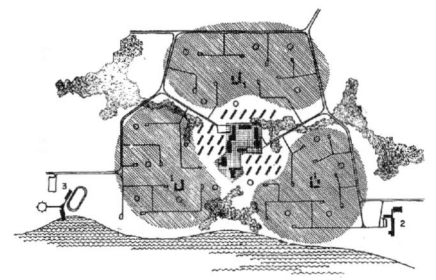

HABITAÇÃO EXTENSIVA
CONJUNTO DE 15.000 HABITANTES
(3 UNIDADES DE 5.000 HABITANTES)

- HABITAÇÃO EXTENSIVA
- HABITAÇÃO SEMI-INTENSIVA
- CENTRO
- PLAY-GROUND
1 - ESCOLA PRIMARIA
2 - ESCOLA SECUNDARIA

SUPERBLOCO DE 16.000 HABITANTES
(4 UNIDADES DE 4.000 HABITANTES)

- ELEMENTO DE 500 HABITANTES
  (1 HABITANTE CADA 25 M²)
1 - UNIDADE DE 4.000 HABITANTES
2 - RUA INTERNA (COMERCIO, JARDIM DA INFANCIA, CRECHE E CENTRO DE SAUDE)
3 - GARAGE

HABITAÇÃO INTENSIVA
CONJUNTO DE 48.000 HABITANTES

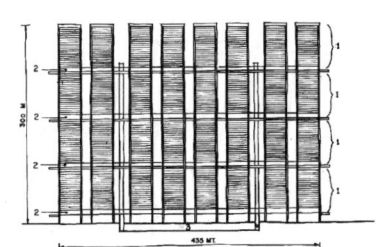

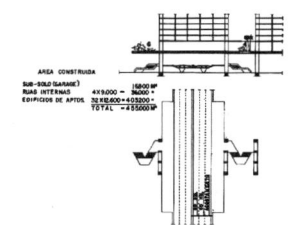

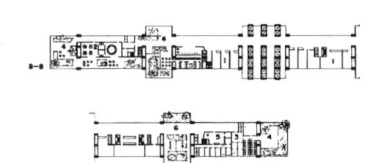

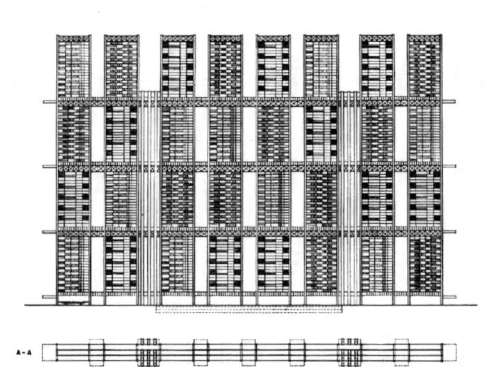

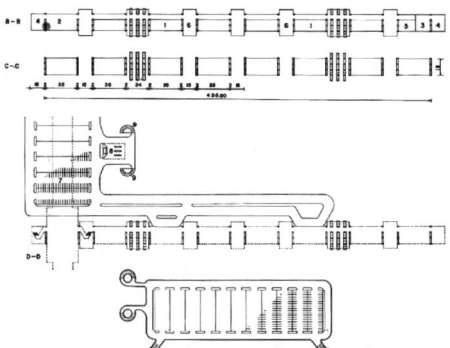

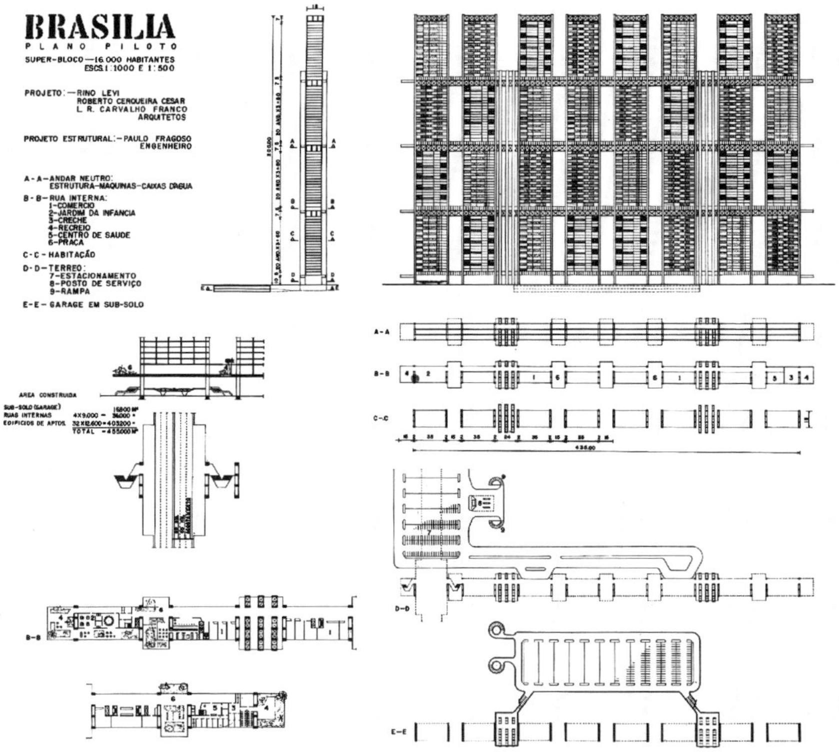

1 - SUPERBLOCO
2 - COMERCIO
3 - CINEMA
4 - ADMINISTRAÇÃO
5 - CULTURA
6 - ESCOLA PRIMARIA

BRASILIA
PLANO PILOTO
SUPER-BLOCO — 16.000 HABITANTES
ESCS. 1:1000 E 1:500

PROJETO: RINO LEVI
ROBERTO CERQUEIRA CESAR
L. R. CARVALHO FRANCO
ARQUITETOS

PROJETO ESTRUTURAL: PAULO FRAGOSO
ENGENHEIRO

A-A - ANDAR NEUTRO:
ESTRUTURA - MAQUINAS - CAIXAS D'AGUA
B-B - RUA INTERNA:
1 - COMERCIO
2 - JARDIM DA INFANCIA
3 - CRECHE
4 - RECREIO
5 - CENTRO DE SAUDE
6 - PRAÇA
C-C - HABITAÇÃO
D-D - TERREO:
7 - ESTACIONAMENTO
8 - POSTO DE SERVIÇO
9 - RAMPA
E-E - GARAGE EM SUB-SOLO

Centro Cívico
de Santo André

1965-68

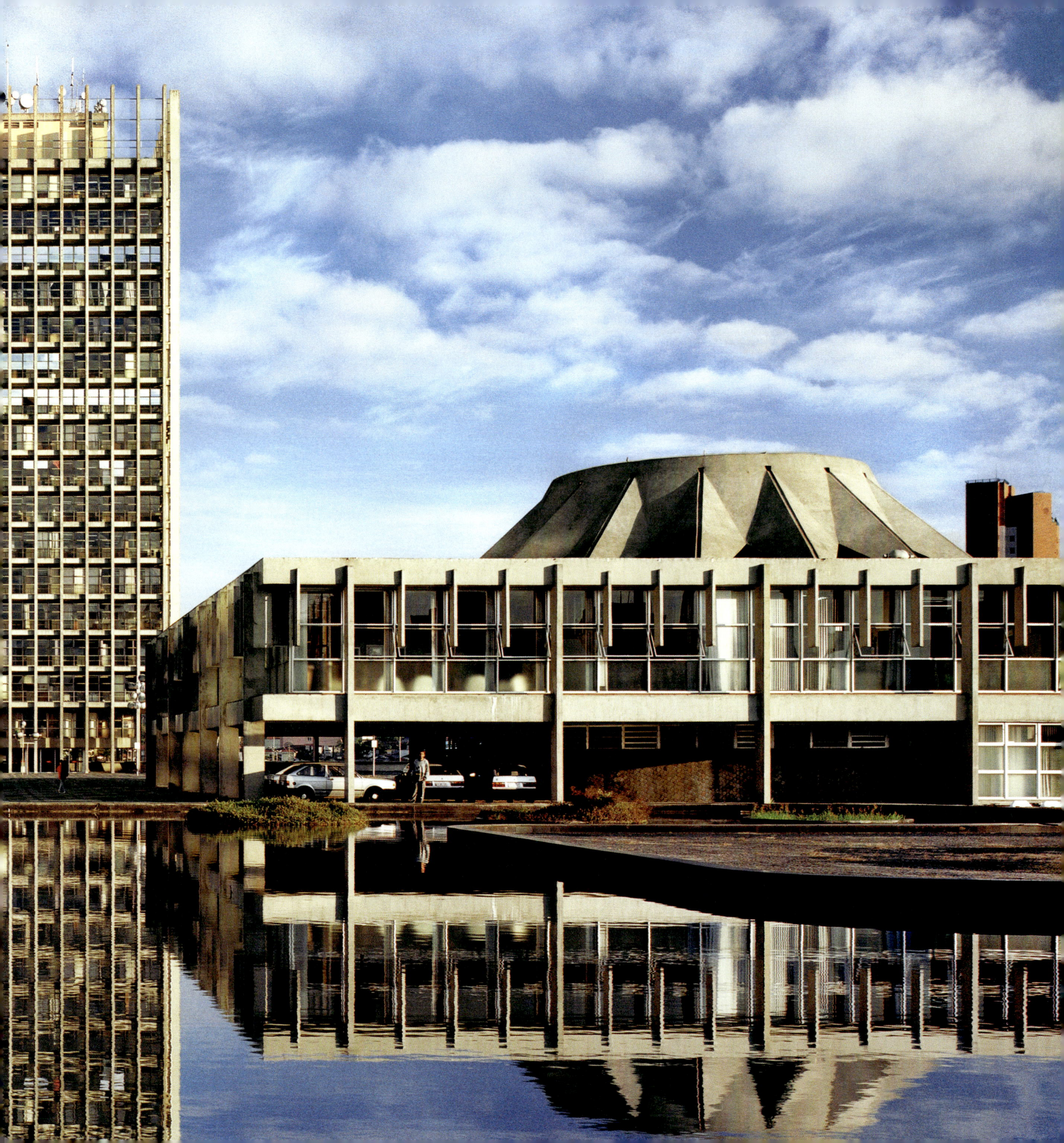

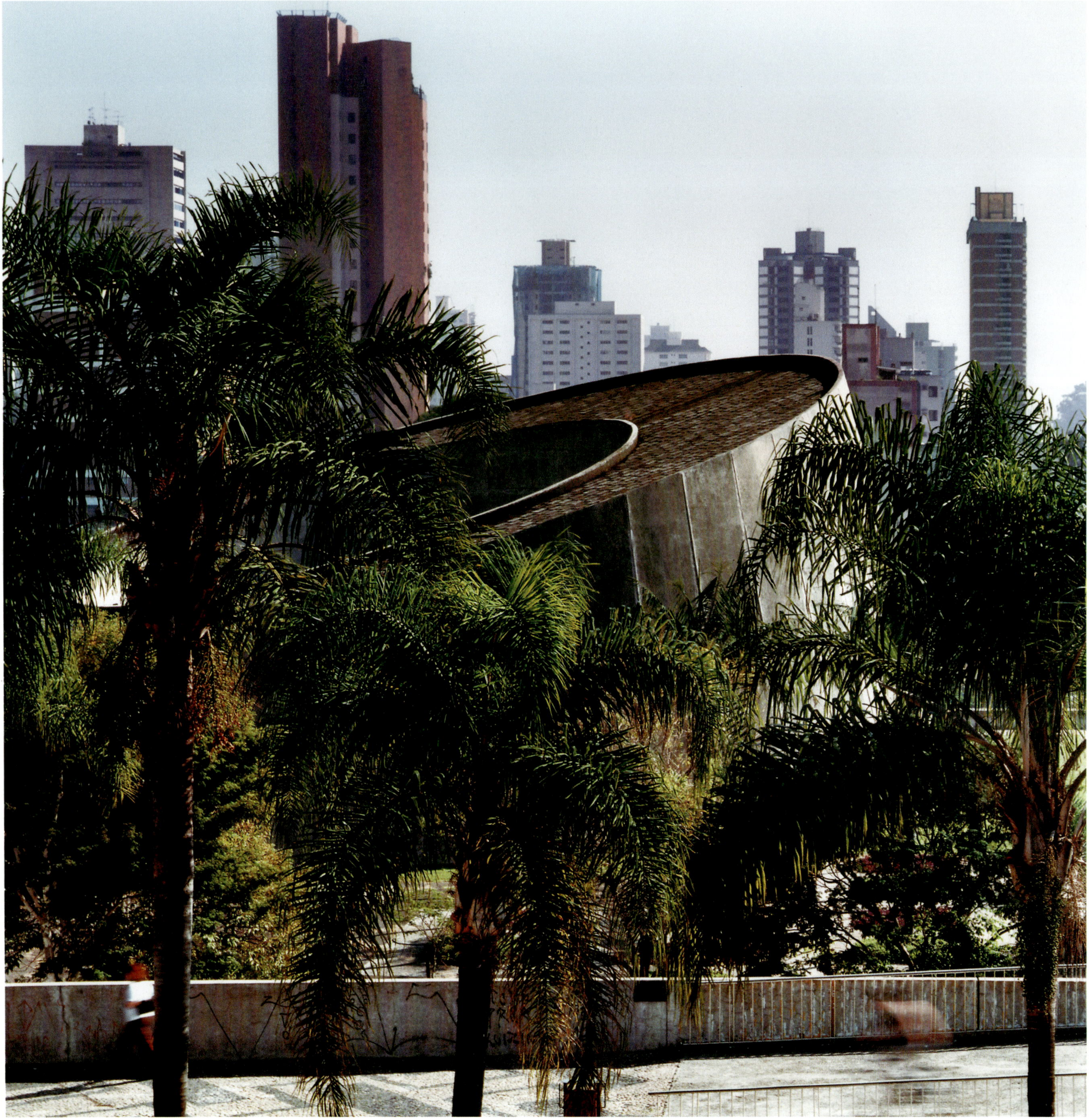

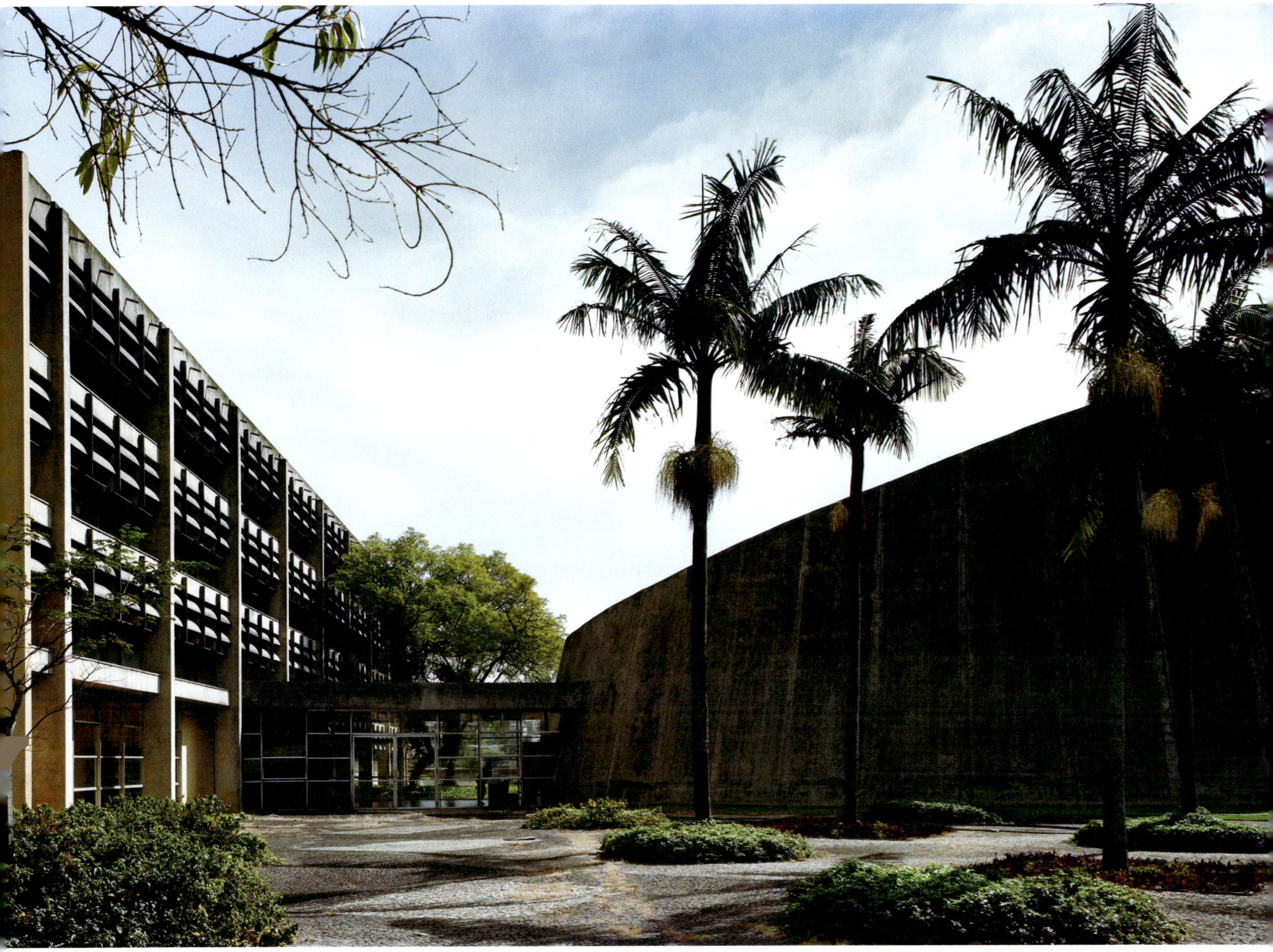

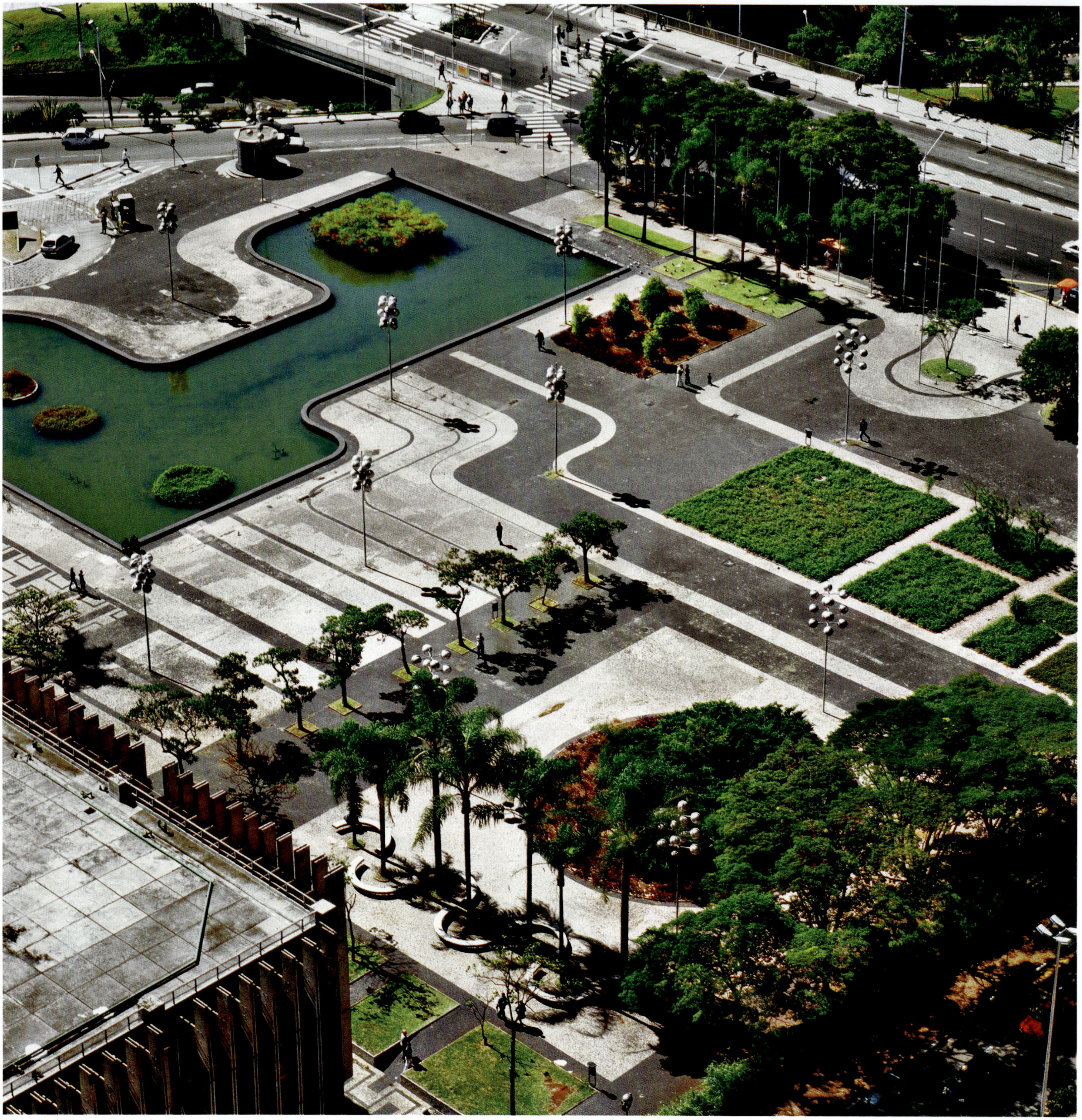

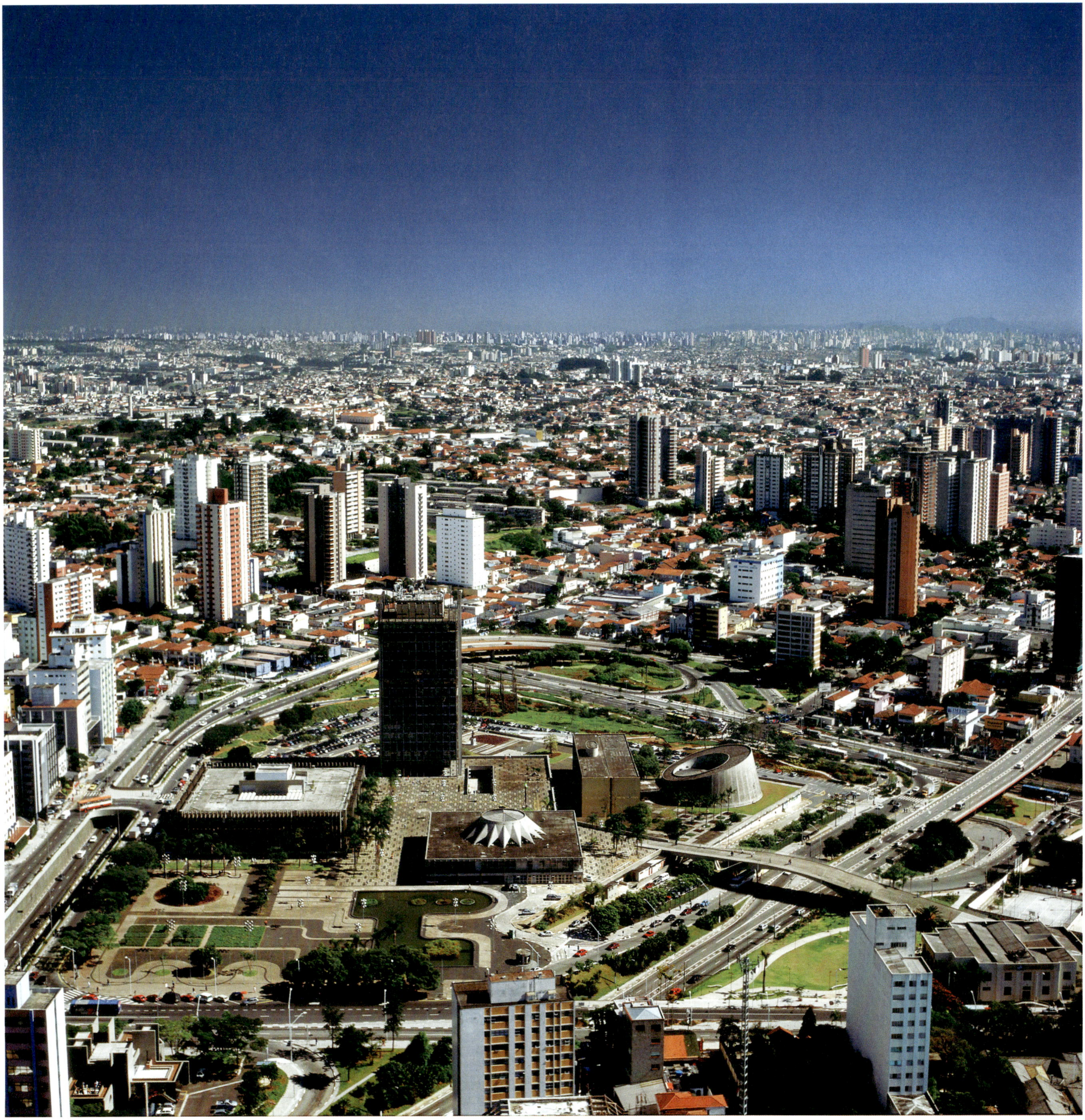

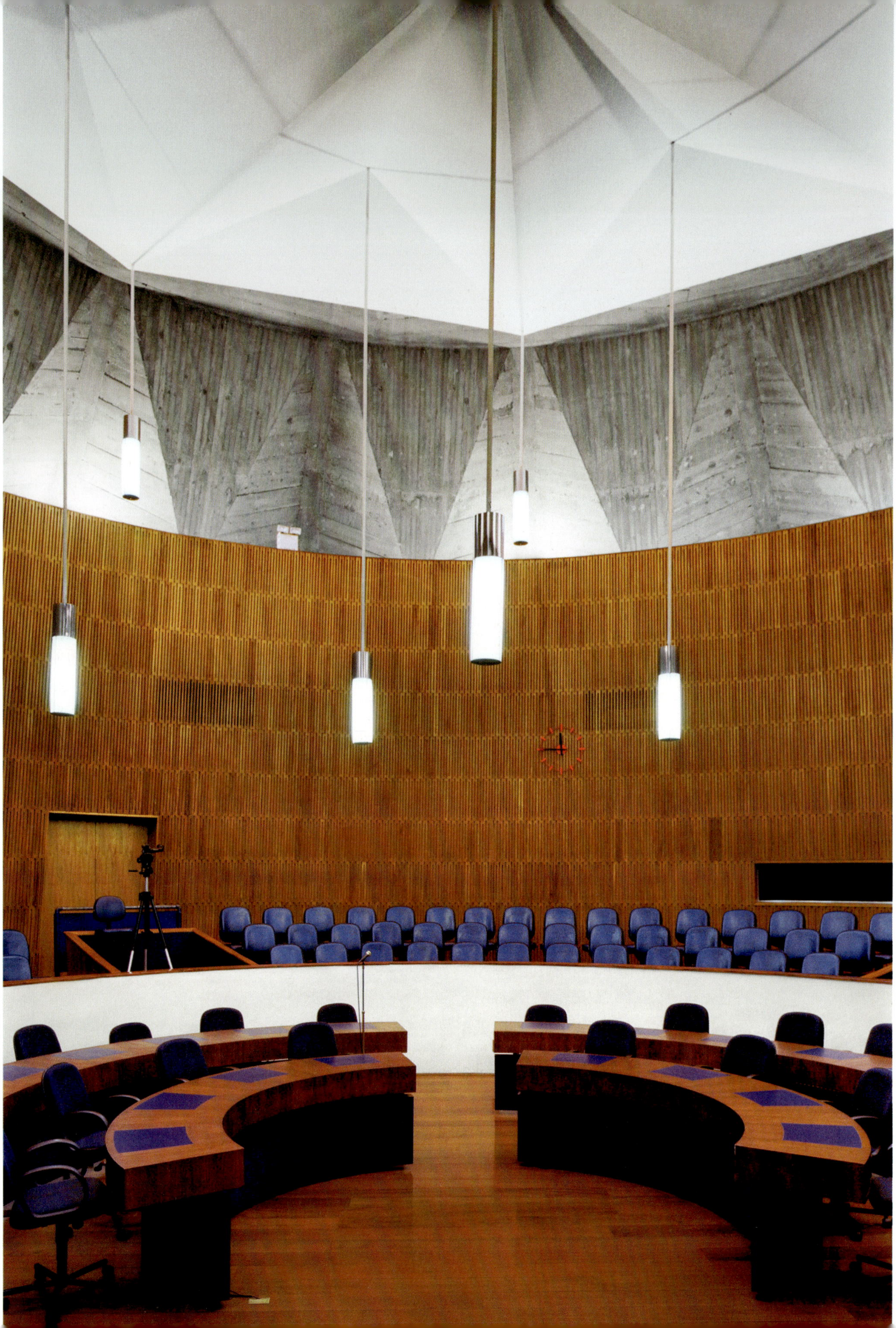

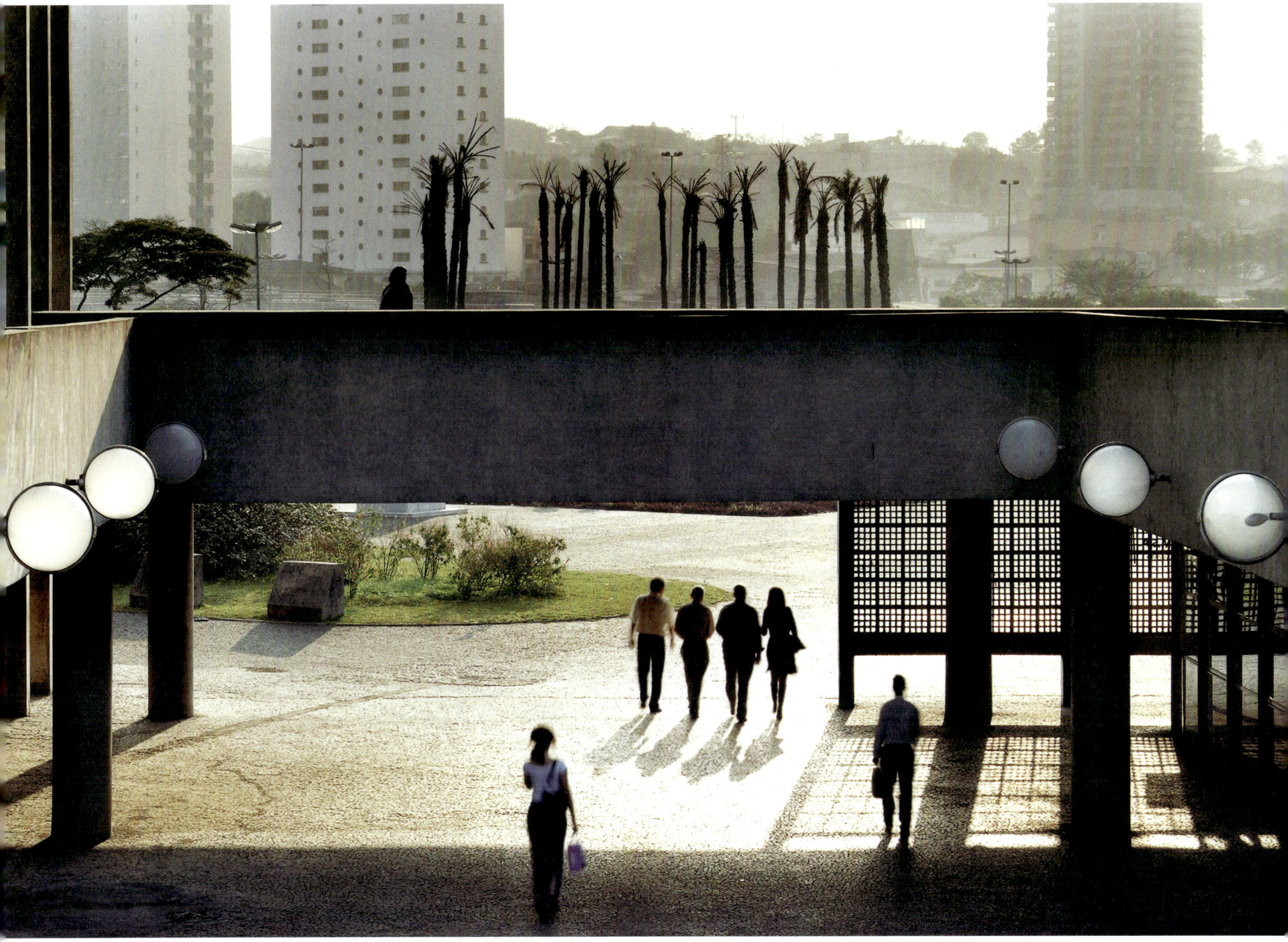

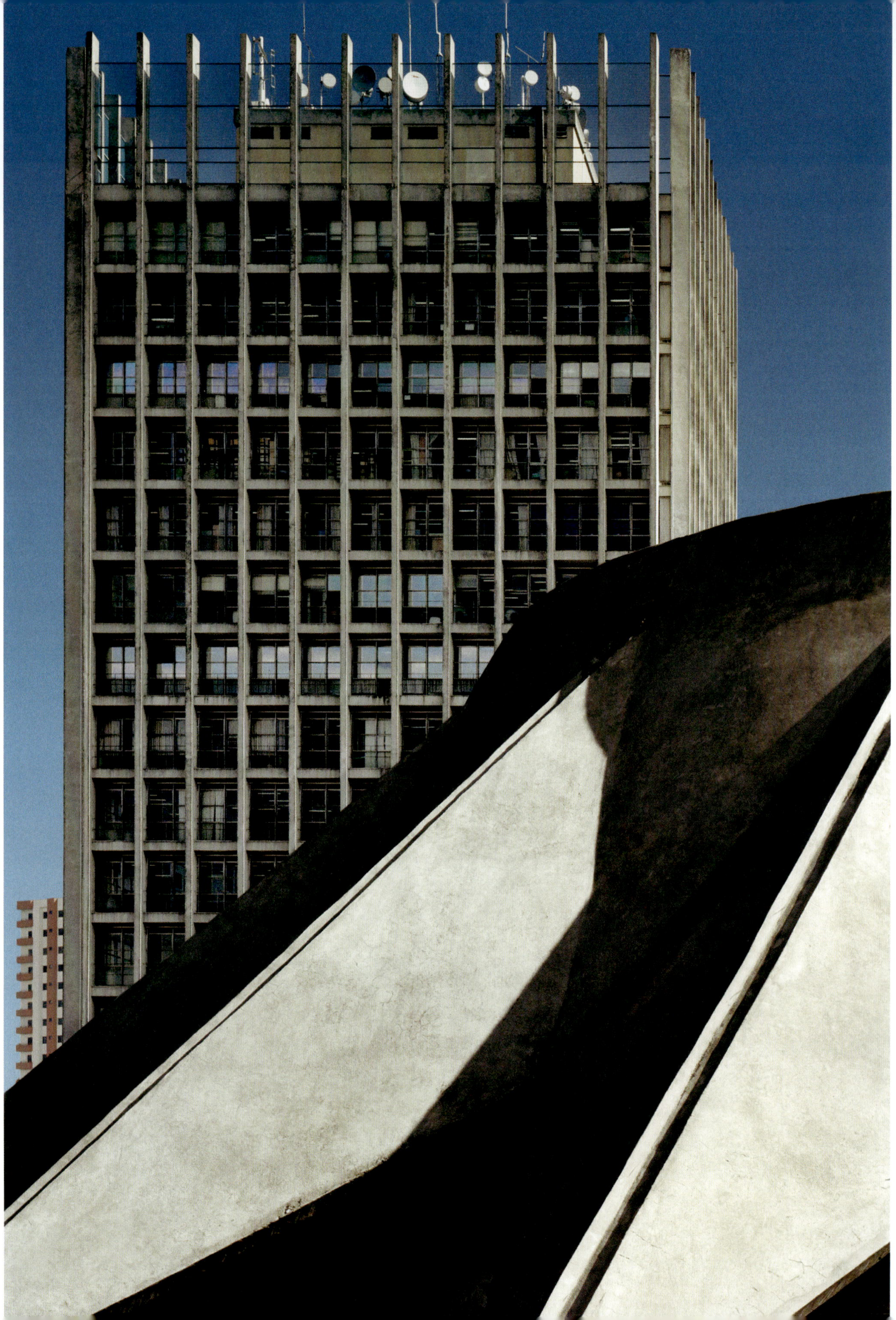

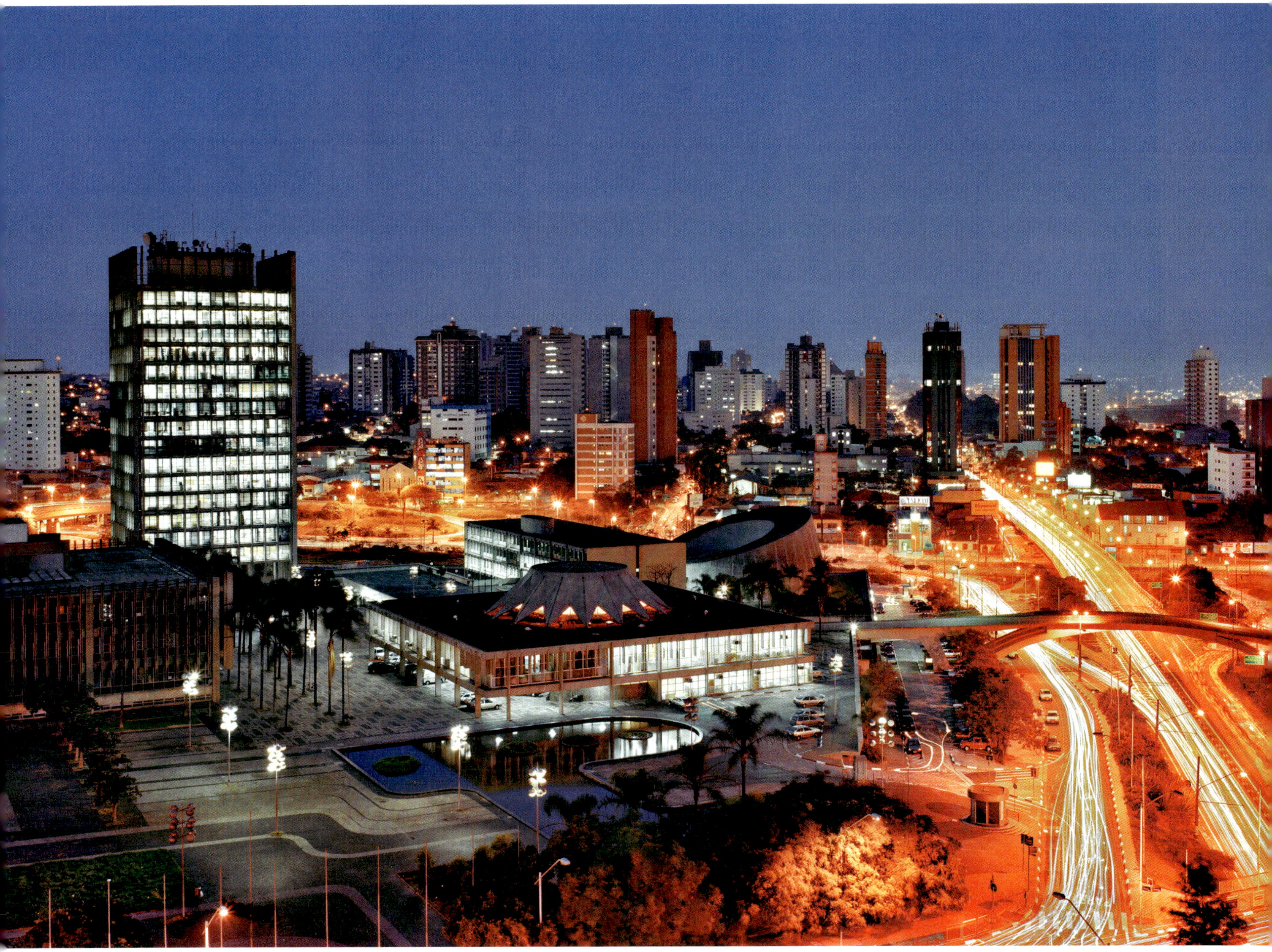

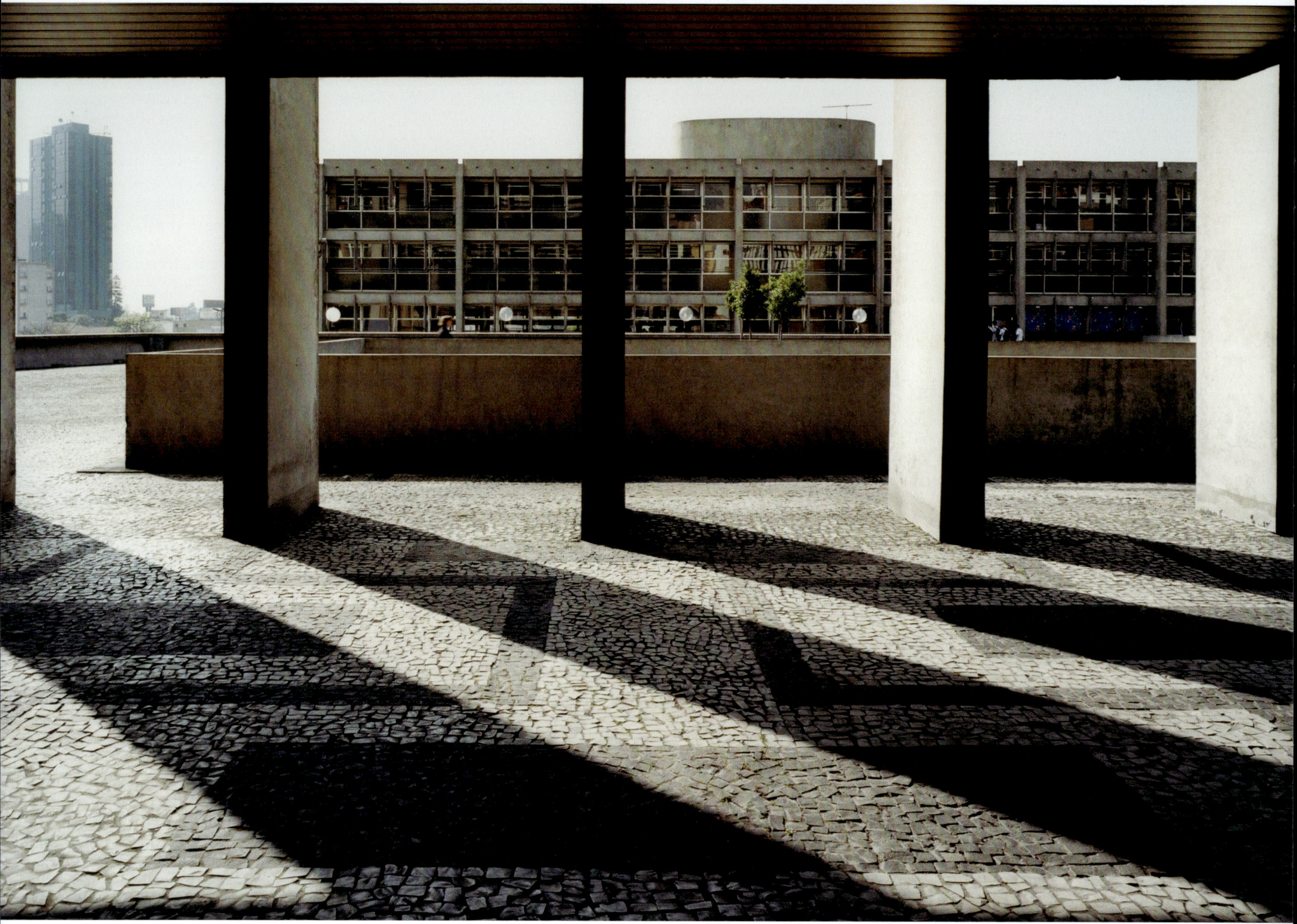

5 A cidade moderna

93
Praça da Bandeira, São Paulo, início dos anos 1950

Em meados da década de 1940, o centro de São Paulo, concluídas as avenidas do perímetro de irradiação de Prestes Maia, exalava um ar de cidade grande – europeia para uns, norte-americana para outros –, que afastava o passado provinciano e colonial. A intensa verticalização era direcionada à construção da cidade moderna difundida pelo cinema com as imagens de Nova York e outros grandes centros urbanos. Rino Levi, importante agente desse processo, busca, com seus projetos inseridos na região central da cidade, a instauração de uma urbanidade cosmopolita. Os projetos dialogavam com o traçado existente e com o gabarito legal, contribuindo para a construção de um espaço público cuidadosamente oferecido à escala do pedestre, animado por marquises iluminadas e outras gentilezas urbanas, que facilitavam encontros entre uma sessão de cinema e a ida a um restaurante.

Durante alguns anos o centro da capital paulista permitiu imaginar que fosse possível conjugar o ritmo avassalador de seu crescimento com uma nova urbanidade. Em 1954, ano do IV Centenário de São Paulo, quando a cidade se consolida como a maior metrópole brasileira, percebe-se que os efeitos inerentes a essa nova dimensão urbana comprometiam aquele modo de vida recém-conquistado.

Os textos urbanísticos escritos por Rino Levi entre as décadas de 1930 e 1950 expressam a transição paulatina de um início propositivo para a perplexidade final frente à tão desejada metropolização de São Paulo. O arquiteto não chegou a compartilhar a recusa à agitação da vida urbana moderna, presente em algumas outras manifestações da arquitetura moderna brasileira, mas constatou que os problemas que se manifestavam em São Paulo eram muito maiores do que se imaginara inicialmente.

Em fins da década de 1940, escrevendo sobre arte e arquitetura, Levi volta ao urbanismo, acusando "os errôneos preconceitos estéticos, que levam a imitar uma tradição mal compreendida", tornando-se um entrave ainda maior para a "reorganização da cidade" do que os "interesses dos particulares".[1] Dizendo ser inaceitável uma situação em que "a preocupação maior é imitar os bulevares de Paris, da época de Napoleão" e definindo o urbanismo como um procedimento mais abrangente do que as redutoras preocupações com o embelezamento ou com o sistema viário de circulação, Levi propõe uma intervenção urbanística que incorpore questões de distribuição demográfica e "de habitação, de ensino, de saúde, de trabalho, de recreio e de transporte", ultrapassando largamente os pressupostos urbanísticos em voga.[2]

No início de 1955, em parceria com Roberto Cerqueira César, Levi aproveita a encomenda de um edifício de garagens próximo ao largo São Francisco para desenvolver reflexões sobre o tema em suas aulas na FAU USP.[3] Na ocasião, expressa sua "revolta contra a limitação imposta à atividade do arquiteto, quase que exclusivamente orientada no setor da especulação imobiliária", e aproveita o espaço do ensino para estender "o campo de estudo além daqueles limites restritos" do edifício e incorporar os problemas "mais intimamente ligados à organização da vida coletiva".

Critica a falta de ação da administração pública, que não foi capaz de tratar do problema viário dentro de um "planejamento orgânico". Identifica que a avenida perimetral, tendo em vista sua pouca largura e os cruzamentos no mesmo nível, não cumpre o objetivo de desviar do centro o tráfego de passagem. O problema se agrava com o "aumento surpreendente dos veículos e o aumento indiscriminado e desordenado da densidade demográfica de várias zonas da cidade devido às falhas de uma legislação que permite o uso excessivo do terreno". O adensamento acelerado e descontrolado gera sobrecarga nos serviços públicos existentes e uma situação de "congestionamento permanente".

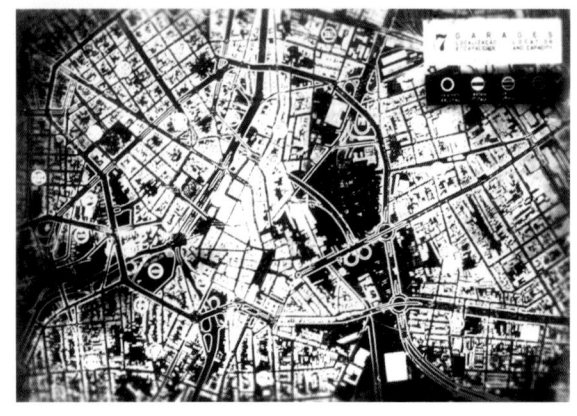

94
Rino Levi e Roberto Cerqueira César, projeto urbano desenvolvido na Faculdade de Arquitetura, proposta de esquema viário, São Paulo, 1955

95
Rino Levi e Roberto Cerqueira César, projeto urbano desenvolvido na Faculdade de Arquitetura, locais para cinco garagens, abrigando entre 500 e 1200 automóveis cada

Levi alerta que a "cidade já manifesta sintomas de asfixia". Antecipa o abandono e a degradação das áreas centrais ao afirmar que, em alguns anos, a continuidade do processo levará a uma realidade em que "zonas altamente valorizadas, mais atingidas por essa situação, irão sendo evacuadas, dando origem a *slums*". A tão desejada metrópole já manifestava sua condição urbana autodestrutiva.

Sintonizado com o debate urbanístico do período, Levi defende que a cidade deva ser "estruturada obedecendo a uma ordem harmônica", o que significa o reconhecimento de que todos os seus problemas estão inter-relacionados. Para que essa cidade tenha unidade e equilíbrio, considera necessário "um plano diretor cujo raio de ação se estenda às áreas limítrofes, relacionadas com a cidade", reconhecendo, assim, a dimensão metropolitana da ação urbanística.

Se para São Paulo o desenvolvimento de um plano diretor exigiria um trabalho complexo por vários anos e em condições políticas não propícias, a realização do concurso para o Plano Piloto de Brasília nessa mesma época (1957) abria, para Levi e sua equipe, a oportunidade de experimentação imediata das concepções urbanísticas em debate. Alguns projetos desenvolvidos em áreas não comprometidas com o adensamento da zona central – situadas nas várzeas do Pinheiros, Tietê e Tamanduateí – seriam explorados também como campos experimentais de alternativas para a cidade que vinha sendo construída, com sinais claros de desastre iminente.

A proposta para Brasília

O projeto da equipe de Levi para o concurso do Plano Piloto de Brasília deve ser entendido nesse sentido prospectivo. Onde Yves Bruand enxergou "ingenuidade", podemos supor uma experimentação da escala de desafios colocados pela cidade de São Paulo.[4]

A proposta para Brasília, assim como alguns outros projetos de dimensões urbanísticas desenvolvidos após 1950, explora a potencialidade da concepção de cidade polinuclear, seja num projeto completo de cidade, seja estruturando novos núcleos urbanos nas áreas de expansão da metrópole. A concepção de cidade polinuclear, já presente nas aulas de Edilizia Cittadina, recebia novo alento nas reflexões sobre a expansão de São Paulo. Em seu depoimento, Roberto Cerqueira César relembra que "essa ideia de um urbanismo polinuclear veio do padre Lebret, que constatou que a cidade de São Paulo estava se polinuclearizando, pois havia atingido um tamanho no qual um núcleo único já não atendia mais às demandas, e começou a desenvolver espontaneamente núcleos secundários".[5] Acrescenta, ainda, que "essa era uma ideia mais ou menos universal, não era só nossa aqui no Brasil". Antes de Lebret, Luiz Ignácio de Anhaia Mello já defendia uma posição semelhante, ainda que tendo como objetivo a limitação da expansão metropolitana.

Nas anotações manuscritas para a conferência *Concepção da cidade moderna*,[6] realizada em Curitiba em 1963, Levi argumenta sobre as vantagens do modelo polinuclear utilizado na proposta para o concurso. O alto adensamento das várias unidades de vizinhança era conquistado com a grande verticalização, permitindo que elas se articulassem a curta distância do centro administrativo.[7]

Nas palavras de Levi, essa disposição associava as "vantagens da cidade pequena – (no) sentido de grupo social – com as vantagens de uma cidade grande". Os vários núcleos de crescimento limitado reproduziriam as condições de vida da cidade pequena, enquanto um centro comum permitiria o surgimento das "vantagens das grandes cidades", como serviços, comércio, cultura, concentrações administrativas públicas e privadas. A radical verticalidade das habitações – 300 metros de altura,

435 metros de comprimento e 18 metros de largura – e a elevação das vias para carros liberavam o solo para um grande parque, que poderia ser percorrido a pé. Apenas os centros das unidades de vizinhança ofereciam alguma urbanidade.

A ênfase da equipe de Levi se concentrava na criação de uma nova *urbs*, e não de uma *civitas*, versão antípoda da abordagem de Lúcio Costa, para quem Brasília deveria se apresentar "não apenas como *urbs*, mas como *civitas*, possuidora dos atributos inerentes a uma capital".[8] Como já foi observado em diversas ocasiões, no projeto da equipe de Levi o destaque é dado às habitações, enquanto o setor reservado ao governo federal, separado do centro urbano e situado em posição periférica, às margens do lago, não merece tratamento especial e sequer aparece nas fotos publicadas da maquete. Para Levi, nenhuma *civitas* poderia deixar de ser, antes de tudo, uma *urbs*. Seu valor simbólico seria dado pela capacidade técnica agenciada na construção dos superblocos, em que, para criar uma nova forma de cidade, a excelência atingida pela arquitetura e engenharia brasileiras empregaria perfis de aço da recém-criada Companhia Siderúrgica Nacional, além de outros recursos tecnológicos de igual sofisticação. O resultado do concurso sinalizou outra direção, preferindo uma *civitas* descolada da *urbs*, propositadamente diluída entre cinturões verdes.[9]

O destaque do projeto coube aos gigantescos superblocos habitacionais, concebidos como bairros verticais, ainda que fossem apenas uma parte da proposta urbanística de Levi [100 a 102]. Sobrepondo-se à concepção estrutural, o sistema de circulação era estratégico para seus objetivos:

> A circulação vertical, calculada de acordo com as exigências da ABNT, compreende dois grandes sistemas de elevadores com paradas apenas na garagem do subsolo, no andar térreo e nas quatro ruas internas (elevadas) do superbloco. Atingida a rua interna, o usuário dirige-se ao edifício que procura, onde tomará o elevador de tipo usual que o conduzirá ao andar desejado. Pode-se dizer que a função dos elevadores principais corresponde à do sistema de transporte coletivo da cidade convencional. [...] Nas ruas internas, as facilidades imediatas: pequeno comércio, creche, jardim da infância, posto de saúde etc.[10]

O superbloco desenvolvido pela equipe de Rino Levi potencializa os princípios de habitação intensiva, expressos nas *unités d'habitation*, de Le Corbusier, de que derivam até mesmo os grandes corredores concebidos como ruas elevadas. Como já observou Nestor Goulart Reis Filho, para reproduzir nos grandes corredores elevados a intensidade do uso urbano, o esquema de circulação era associado à instalação de serviços, para torná-los pontos de permanência dos usuários, procurando "transpor para a vertical, apenas para uso de pedestres, as antigas malhas viárias horizontais das pequenas cidades e dos velhos bairros".[11] A cuidadosa definição dos fluxogramas de circulação e dos organogramas de distribuição dos usos era fundamental para favorecer uma estrutura urbana capaz de criar condições de sociabilidade derivadas das encontradas nas cidades tradicionais.

A fusão das formas modernas e princípios de sociabilidade tradicionais vinha ocorrendo já havia alguns anos no âmbito dos Ciam's. A valorização da noção de *core* – um centro urbano como coração simbólico da cidade –, no VIII Ciam, em 1951, era apenas um dos passos que levariam às críticas mais incisivas do Team X.[12] Distanciava-se de uma concepção urbanística como a de Ludwig Hilberseimer, em que o anonimato do espaço urbano metropolitano significava o reconhecimento da metrópole como motor de um sistema que reduz o homem ao valor de sua força de trabalho, sendo seu caráter abstrato a expressão dessa condição.[13] Nada mais distante das intenções da proposta de Levi e seus associados para o concurso de Brasília, ainda que a forma laminar dos superblocos apresente certas semelhanças com algumas propostas urbanísticas de Hilberseimer.

A forma gigantesca e laminar dos superblocos contrasta com o singelo objetivo de propiciar uma vida comunitária a seus habitantes. Tal forma, contudo, é coerente com o restante de sua obra, em que podemos identificar nos edifícios altos o desenvolvimento de uma estrutura espacial que privilegia a continuidade entre interior e exterior,

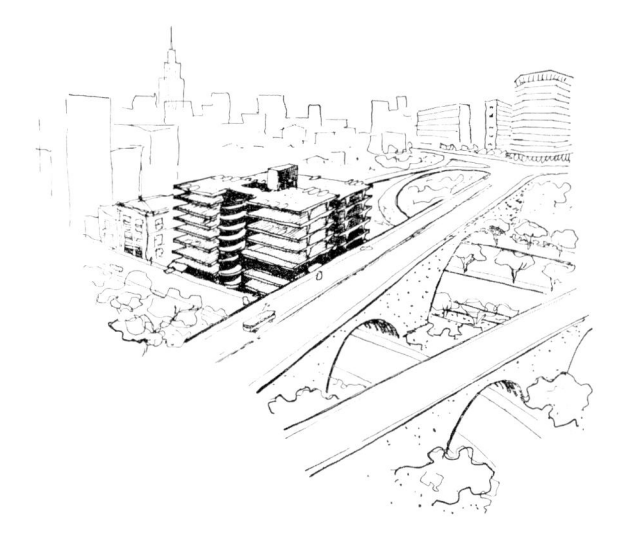

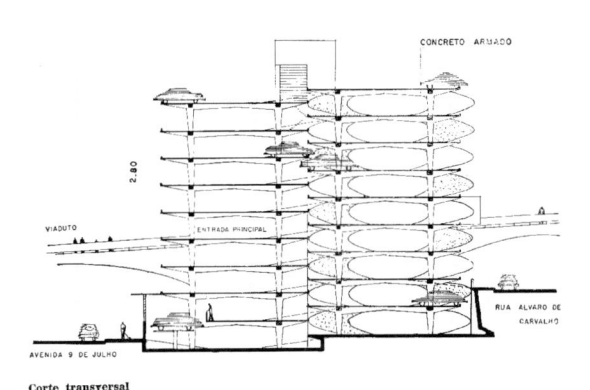

96
José Luiz Fleury de Oliveira, aluno de Rino Levi, perspectiva da garagem n. 2, São Paulo, 1956

97
José Luiz Fleury de Oliveira, corte da garagem n. 2

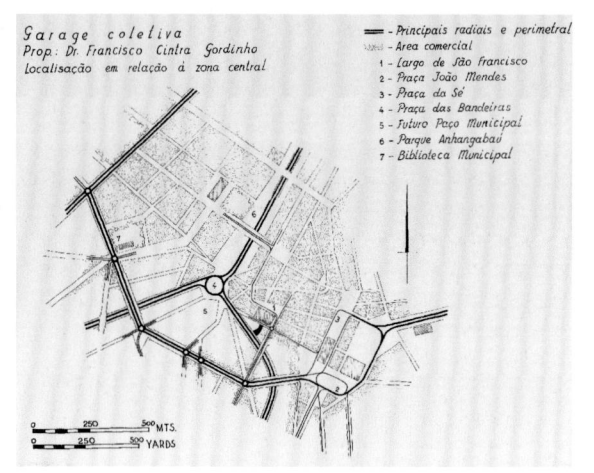

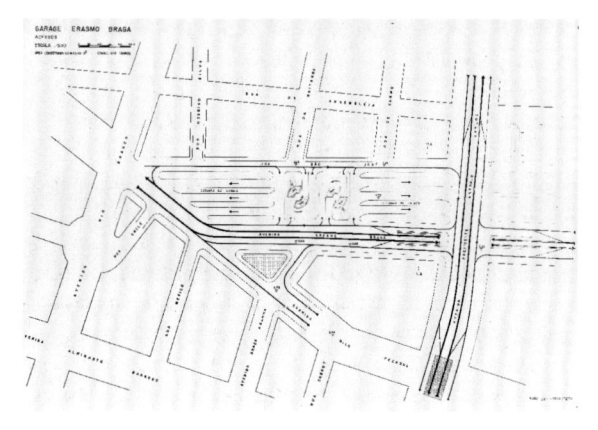

98
Estudos do problema viário e de estacionamento no centro de São Paulo, 1956

99
Garagem Erasmo Braga, estudo de acesso, Rio de Janeiro, 1957

com ampla visão da paisagem. Essa estrutura – que evolui da solução em torre no projeto do edifício Columbus (1930-33) até a forma laminar para o Setor Residencial da USP (1953) – almejava que todos os ambientes principais pudessem desfrutar de "vista panorâmica", termo recorrentemente utilizado por Levi. Tal intenção é demonstrada na distribuição do programa e nas aberturas no volume, que se desenvolvem em direção a um maior grau de transparência. Enquanto as superfícies dos volumes se transformavam gradualmente em planos geométricos com maior ou menor transparência, as plantas se alteravam para permitir que as áreas sociais e íntimas se situassem ao longo desses planos, permitindo o desfrute da paisagem.

A alteração da paisagem natural é o espetáculo que a Brasília de Levi oferece. A disposição regular das enormes lâminas verticais contrasta com a horizontalidade do cerrado, de maneira análoga à oposição da gigantesca horizontal do projeto corbusiano de 1929, frente à verticalidade das montanhas cariocas. Em ambos, Levi e Le Corbusier, temos uma arquitetura que desafia a natureza e inaugura uma paisagem.

A utilização, na carta-artigo de Levi de 1925, da expressão "cidade com alma brasileira", certamente remete à frase "alma da cidade" adotada por Le Corbusier para se referir ao caráter poético da cidade, diferenciando-o de sua dimensão funcional, a "mecânica da cidade".[14] Um dos principais temas do olhar corbusiano é a observação do relacionamento da cidade com o território. A Brasília de Levi seria sua proposta de "cidade com alma brasileira". A sucessão das gigantescas lâminas, planas e diáfanas, quase transparentes, dispostas em rigorosa alternância às margens do lago e instituindo uma verticalidade contraposta à horizontalidade do cerrado, é o espetáculo poético que tem seu habitante como principal espectador.

Os projetos para a Cidade Universitária Armando Sales de Oliveira, da Universidade de São Paulo (1953-62)

Os vários projetos elaborados por Levi para serem construídos na Cidade Universitária Armando Sales de Oliveira – Cuaso da USP, em São Paulo, antecedem e sucedem ao concurso para Brasília, devendo ser inseridos no conjunto de suas explorações de novas formas de organização urbana. A USP foi o cliente que maior desproporção apresentou entre o número de projetos solicitados ao Escritório Rino Levi e o número dos que foram construídos. Além do projeto da Maternidade Universitária (1944-52) e do alojamento para a Escola Superior de Agricultura Luiz de Queiroz, em Piracicaba (1952), Levi projeta dois grandes conjuntos. O primeiro (1952-53) englobava um novo Centro Cívico e duas propostas para o Setor Residencial, enquanto o segundo (1961-63), constituído pelos edifícios do Centro Social, fazia parte de uma nova proposta urbanística que mobilizava os principais arquitetos paulistas. De todos eles, apenas a Torre do Relógio, parte do primeiro projeto, mantida no segundo, seria construída vinte anos depois e, mesmo assim, fora de sua posição original.

A criação da Cidade Universitária Armando Sales de Oliveira era uma iniciativa que visava concentrar as várias escolas e faculdades que deram origem à USP, então espalhadas em diversos pontos da cidade.[15] As dificuldades da iniciativa podem ser medidas por seu resultado, pois até hoje algumas das principais unidades, como medicina e direito, permanecem em suas sedes tradicionais. A Cidade Universitária enfrentava o desafio de abrigar as várias unidades de ensino num setor novo da cidade de São Paulo, a várzea do Rio Pinheiros. A perda da integração que essas escolas tinham com o centro da cidade deveria ser compensada pela adoção de novos e mais vantajosos modelos urbanísticos.

O primeiro conjunto de projetos de Levi para o Centro Cívico subordinava-se ao eixo monumental da proposta, elaborado em 1945 pelo Escritório Técnico da Cidade Universitária. A Biblioteca e o Auditório eram dispostos simetricamente ao eixo da avenida de acesso, pelo qual se alinhariam a primeira Reitoria e a Torre do Relógio, definindo uma

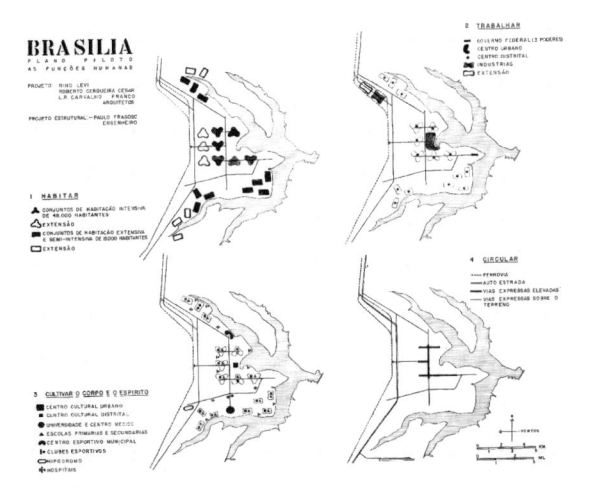

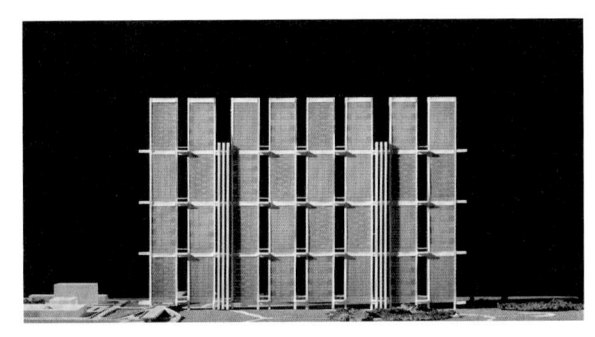

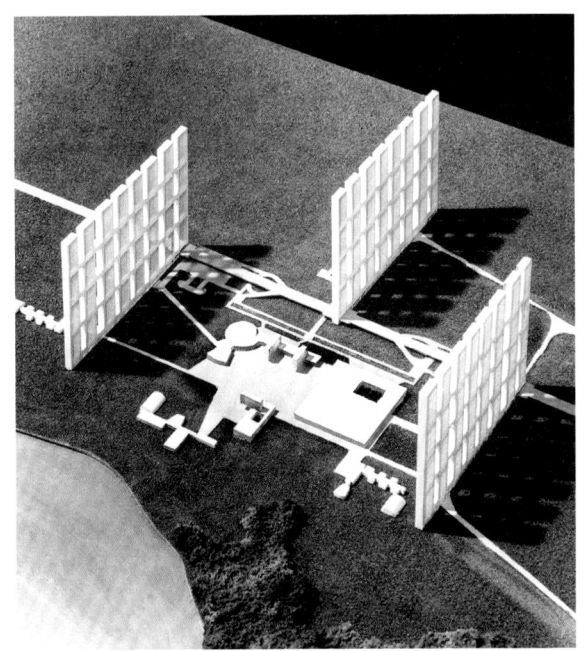

Praça Central de feições monumentais. Estavam ausentes dessa praça as funções de vivência que caracterizariam a sua retomada em 1963.

Se urbanisticamente o projeto do Centro Cívico era subordinado ao eixo monumental, as duas propostas para o Setor Residencial, ambas situadas na colina onde hoje se localiza o Instituto de Biologia, permitiriam maiores experimentações. O conjunto de seis edifícios abrigaria um total de dois mil estudantes, definindo, assim, um único polo de habitação. Situados do lado com melhor orientação solar e vista para a paisagem, a sucessão de dormitórios alinhados gerou um edifício de planta longilínea, com longos corredores dispostos na outra face, levando às salas de estudo e aos sanitários coletivos, agrupados junto às torres de circulação vertical. Distribuídos ao redor de um grande jardim, com térreos elevados por pilotis, os edifícios se conectavam, por um sistema de marquises, ao edifício do Clube dos Estudantes, onde o isolamento das moradias individuais seria rompido por uma intensa convivência coletiva. Assim se conseguiria uma graduação da sociabilidade: do isolamento dos dormitórios individuais passava-se pelos equipamentos que atenderiam todo um andar, chegando-se a um único centro para os seis edifícios. Estava configurado o princípio moderno da unidade de vizinhança, utilizado logo depois no projeto de Brasília.

100
Concurso de Brasília, esquemas urbanísticos das unidades de vizinhança, 1957

101
Concurso de Brasília, maquete de um superbloco habitacional

102
Concurso de Brasília, maquete de um conjunto de três superblocos com seu centro distrital composto por comércio, cinema, escola primária, escola secundária e centros administrativo e cultural, 1957

Ao assumir, em 1956, a chefia do Escritório Técnico da Cidade Universitária, o arquiteto Hélio Duarte inicia uma revisão do projeto urbanístico original. Além de abandonar a monumentalidade do eixo da avenida Central e da praça da Reitoria, propõe um maior adensamento de atividades ao redor da praça central, procurando criar um *core*, de acordo com as propostas do VIII Ciam, de 1951. Assim, os alojamentos desceriam do alto da colina para aproximar-se do *core*, e o Centro Cívico seria enriquecido por outras atividades culturais e sociais. A baixa liberação de verbas durante o governo Jânio Quadros (1954-58) impediu que a proposta fosse implementada.

A reitoria de Ulhôa Cintra (1960-63) deu um novo alento à implantação da Cidade Universitária, favorecida pelo Plano de Ação do Governo Carvalho Pinto (1959-62). O arquiteto Paulo de Camargo e Almeida, nomeado diretor executivo do recém-criado Fundo para a Construção da Cidade Universitária Armando Sales de Oliveira – Fundusp, enxerga no empreendimento a oportunidade para uma demonstração do grau de desenvolvimento da arquitetura moderna paulista. Contando com a colaboração dos principais arquitetos de São Paulo, em sua maior parte professores da FAU, as ações de Camargo e Almeida se concentraram em duas linhas: reforçavam a proposta do *core* e criavam uma nova esplanada interligando várias unidades ao longo da atual avenida Luciano Gualberto[16] [105].

O projeto do Centro Social desenvolvido pelo Escritório Rino Levi era estratégico para o sucesso da proposta [106]. A Cidade Universitária foi concebida como uma pequena cidade para cerca de vinte mil a trinta mil habitantes, dos quais apenas dez por cento residiriam ali.[17] Além de ser planejada como uma estrutura composta por vários núcleos independentes interligados entre si por um sistema de circulação, era pensada como um dos novos núcleos urbanos que surgiam com a expansão da cidade de São Paulo. A preocupação de Levi e demais arquitetos envolvidos no projeto era criar um sistema que articulasse entre si os diversos núcleos internos à Cidade Universitária e esta à cidade de São Paulo. O *core* deveria cumprir essa função de integração, centralizando as principais funções coletivas da Universidade e servindo de estação de transbordo entre o transporte coletivo

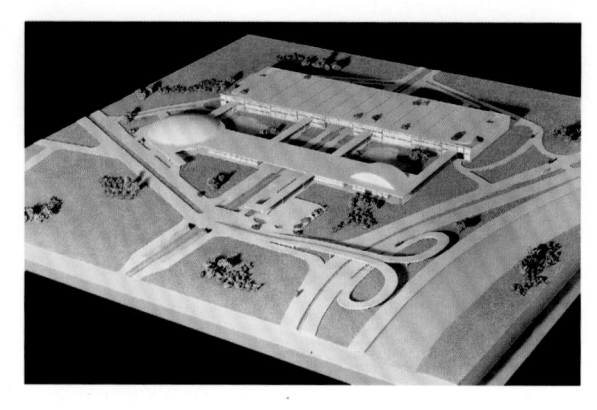

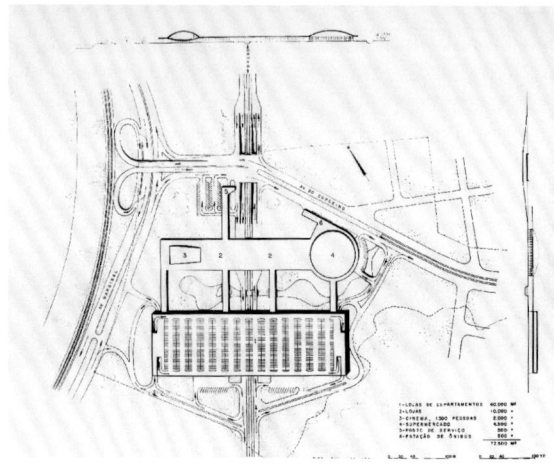

103
Centro Comercial do Brooklin,
maquete, São Paulo, 1956

104
Centro Comercial do Brooklin,
implantação e corte

circular interno e o urbano, de conexão com os bairros da cidade. Estratégia que explica a existência – além dos serviços internos da Universidade – de uma estação rodoviária e de um posto de gasolina no Centro Social, como explica Geraldo Ferraz: "por ali se chega à Cidade Universitária, por ali se distribuem os alunos e professores às diversas faculdades e institutos".[18] A população que frequenta a Cidade Universitária deveria ser estimulada a passar por seu *core*, para ali criar o "setor de vida mais intensa da universidade, confraternização, contatos mais intensos entre faculdades e institutos – intercâmbio, humanização da universidade".[19]

Fica claro que, ao se discutir o projeto da Cidade Universitária, estava se redefinindo o próprio conceito de universidade, não sendo mera coincidência que sua proposição tenha acompanhado a promulgação dos novos Estatutos da Universidade de São Paulo (1962) e a realização do primeiro Fórum Universitário (1963). O debate não se restringia aos arquitetos. Ao dar um parecer sobre o programa do *core*, Mário Pedrosa alerta para o risco de ele se tornar um "local frio, deserto, sem vida, por lhe faltarem os recursos e as fontes recreativas de uma comunidade urbana".[20] Para Pedrosa, o *core* deveria expressar uma ideia-síntese da Universidade, agrupando suas atividades fundamentais.

O *core* da Cidade Universitária foi definido por vários arquitetos. No centro, projetado por Oswaldo Bratke, a praça Cívica seria faceada pelo Museu, pela Biblioteca Central e pela Reitoria (Reitoria, Conselho Universitário e Aula Magna). Na face Nordeste, a longa série de edifícios laminares do Conjunto Residencial da USP – Crusp, projetado por Eduardo Kneese de Mello, garantiria a animação do uso habitacional. Na face Sudoeste, o Centro Social, projetado por Levi, constituiria a principal interface dessas unidades com a cidade de São Paulo, concentrando atividades geradoras de grande fluxo de pessoas [107].

O papel do projeto de Levi no funcionamento dessa proposta urbanística é claro. Abrigando diversas atividades de frequência diária na vida universitária – restaurante, serviços social e de saúde –, conjugadas a equipamentos culturais e de vivência – cinema, centro comercial e área de estar –, além de um hotel para visitantes e a estação rodoviária de transferência dos circulares internos para os ônibus urbanos, o Centro Social, por um lado, e os alojamentos, por outro, deveriam garantir a animação necessária para evitar que o *core* se configurasse como um lugar frio, deserto e sem vida.

O projeto inaugura um novo partido na obra de Levi. Surge uma grande cobertura abrigando um conjunto de funções que em momentos anteriores estariam dispostas ao redor de um jardim, em blocos interligados por marquises. Um sistema estrutural de vigas com seção em "V" garante vãos de 36 metros e iluminação zenital difusa. Estão conectadas a essa grande cobertura as marquises que interligam os edifícios isolados do Serviço Social, Centro de Saúde e Hotel. Na extremidade oeste do conjunto, a cobertura se espalha em três marquises para abrigar a estação rodoviária, acentuando a importância desse elemento de ligação para a animação do conjunto.

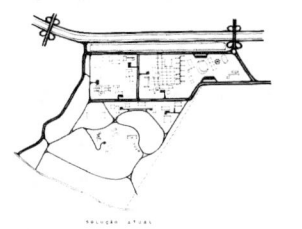

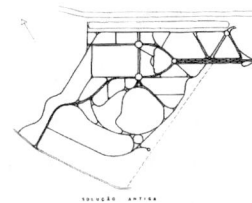

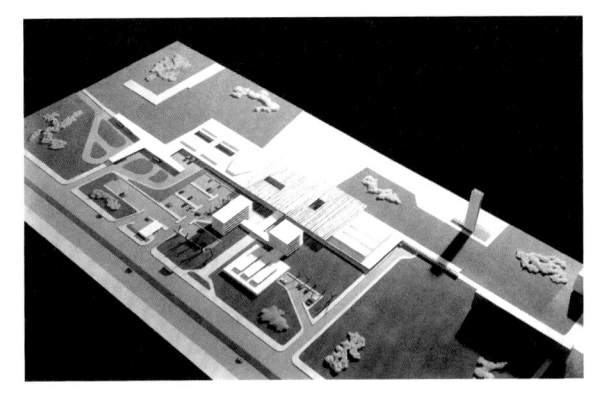

105
Mudanças no plano urbanístico da Cidade Universitária Armando Sales de Oliveira realizadas sob a direção de Paulo de Camargo e Almeida, São Paulo, 1962

106
Centro Social da Cidade Universitária Armando Sales de Oliveira, maquete, São Paulo, 1962

É grande a similitude entre os partidos do Centro Social e o da Esplanada, que interligaria as unidades do outro lado da avenida. A esplanada teria numa de suas extremidades o atual edifício dos Departamentos de História e de Geografia da Faculdade de Filosofia, Letras e Ciências Humanas (projeto de Eduardo Corona) e na outra, o da Faculdade de Arquitetura e Urbanismo (projeto de Vilanova Artigas), passando pelos prédios dos Departamentos de Sociologia e Filosofia (projeto de Paulo Mendes da Rocha), Letras (projeto de Carlos Milan) e Geologia, Paleontologia, Mineralogia e Petrologia (projeto de Pedro Paulo de Melo Saraiva). O partido combinado entre esses arquitetos previa uma esplanada contínua, composta por jardins e pisos, que atravessaria todos esses edifícios pelo centro, no pavimento inferior, onde se localizariam as cantinas, grêmios estudantis, auditórios e museus, deixando as atividades de maior concentração para os pavimentos superiores. A continuidade desses espaços estimularia um fluxo de pedestres sob os prédios, em direção ao Centro Social, culminando no *core*.

Dessa forma, seria constituída uma estrutura urbana capaz, ao menos em tese, de articular a integração da vida universitária com a amplitude dos espaços abertos de um campus com dimensões compatíveis com a já metrópole de São Paulo. Essa proposta urbanística, com grande teor cívico, seria definitivamente destruída após os conflitos de 1968, acompanhada da aposentadoria compulsória de alguns de seus autores. A dispersão e a desarticulação dos edifícios seriam os principais instrumentos para evitar a intensidade da convivência entre estudantes, professores e funcionários, num momento em que qualquer reunião era vista como um atentado à nova ordem estabelecida.

O Centro Cívico de Santo André (1965)

O conceito de cidade polinuclear propõe a limitação do crescimento dos tecidos urbanos das cidades em expansão e a construção de outros núcleos autônomos para canalizar novas demandas. A proposta da equipe de Rino Levi para o concurso de projetos para o Paço Municipal de Santo André [108 a 112] procura realizar tal concepção numa cidade que começava a ser englobada pela metropolização de São Paulo.

O programa do concurso previa o deslocamento do centro político-administrativo para uma área limítrofe com o centro antigo. Isolada em meio a um complexo anel viário, a área destinada ao projeto constituía um desafio para a construção de qualquer urbanidade. Como define a equipe de autores:

> Na concepção do projeto o Centro Cívico não foi, porém, considerado meramente como um conjunto de edifícios. Foi tratado como centro de convergência da população. Centro destinado a atrair as pessoas e propiciar ambiente para o contato humano, a troca de ideias e as manifestações da vida em sociedade.[21]

Como no projeto para a USP, trata-se de garantir que uma nova estrutura urbana reproduza um tipo de sociabilidade característica das cidades tradicionais. Contudo, ao contrário do Centro Social da Cidade Universitária, esse novo núcleo não está situado em área desocupada, devendo assumir a função do *core* existente no centro urbano que lhe é contíguo.

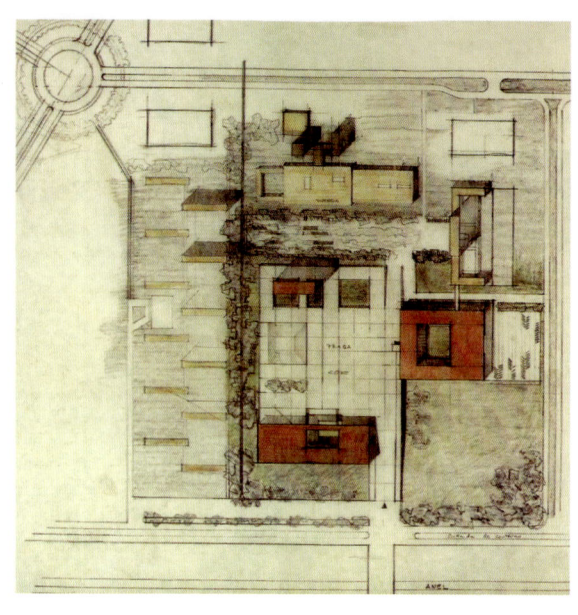

O edital do concurso especificava que o conjunto seria constituído pelo Paço Municipal, Centro Cultural e Câmara dos Vereadores, edifício que deveria constituir uma grande praça Cívica com o Fórum (projeto fora da alçada municipal, realizado por outro arquiteto e fora do programa, mas fortemente condicionante de qualquer decisão de projeto). Ainda que Bruand associe a demanda desse programa, assim como o partido adotado pela equipe de Levi, à praça dos Três Poderes de Brasília, é necessário lembrar que já em 1951 Curitiba estava realizando o projeto de seu Centro Cívico Estadual, com programa e disposições semelhantes.[22]

O partido difere muito do escolhido para a praça dos Três Poderes, uma esplanada que articula três edifícios isolados. Em Santo André temos três níveis escalonados e entrelaçados pela torre administrativa, gerando três praças com caráter e uso diferenciados. Na cota superior – correspondente à praça Cívica, que reúne a Prefeitura, a Câmara dos Vereadores e o Fórum – temos a continuidade entre o novo espaço e o centro da cidade garantida por uma passarela em nível que passa sobre uma das avenidas circundantes. A praça Cultural fica na cota intermediária e reúne a Secretaria de Educação e Cultura, bibliotecas, salões de exposições e o Teatro Municipal. A mais baixa é a praça dos serviços de atendimento ao público, isolando dos níveis superiores o intenso fluxo cotidiano gerado pelas atividades administrativas e funcionais.

Estabelece-se, portanto, uma nítida hierarquia entre os três níveis que se adaptam à topografia circundante. No entanto, esses níveis não são construídos com o simples movimento de terra. Os pisos foram realizados sobre as lajes de cobertura dos extensos pavimentos inferiores, criando uma nova topografia artificial da qual se destacam apenas os volumes principais. Consegue-se obter, assim, um grande estoque de área construída sem que isso fique expresso nas proporções volumétricas do conjunto.[23] Hierarquização dos usos em níveis diferentes e criação de uma topografia artificial com o próprio edifício são recursos que começavam a ser utilizados por outros arquitetos paulistas, mas a nenhum deles coube, naqueles anos, uma encomenda com as dimensões desse conjunto urbano.

Um complexo sistema de acessos, rampas, escadas e elevadores, concebidos com o uso de fluxogramas em perspectiva, já familiares ao Escritório Rino Levi, cria interligações entre as três praças, animando todo o conjunto. A disposição de alguns volumes intersectando os limites dos níveis enfatiza suas conexões e reforça a leitura do conjunto como um todo orgânico. Ao enfrentar o projeto de um Centro Cívico, a equipe de Levi parece corrigir a pouca ênfase dada ao setor político-administrativo da proposta para o concurso de Brasília. Mas, ao fazê-lo, conjuga o caráter cívico e monumental da praça superior com as atividades mais cotidianas desenvolvidas nos níveis inferiores. Ao interligá-las, propõe que a urbanidade que pretende favorecer nessa estrutura urbana moderna articule as esferas política, cultural e cotidiana da vida pública. Novamente, como na sua Brasília, Levi afirma que a *civitas* não deveria ocorrer sem uma *urbs*.

107
Oswaldo Bratke, proposta para o core da Cidade Universitária Armando Sales de Oliveira, São Paulo, 1962. A proposta para o Centro Social de Rino Levi localiza-se na parte superior do desenho

108
Centro Cívico de Santo André, maquete do conjunto, 1965

109
Centro Cívico de Santo André, vista da construção das lajes de cobertura dos pavimentos inferiores, que servem como piso das praças circundantes ao projeto

110
Centro Cívico de Santo André, vista da Câmara Municipal em construção

111
Centro Cívico de Santo André, vista do conjunto no final da construção, onde se pode observar o nível da Praça Cívica, à esquerda, e a Praça Cultural à direita, com o volume do teatro

112
Centro Cívico de Santo André, vista do conjunto a partir do espelho d'água da Praça Cívica

Notas

1. LEVI, Rino. Situação da arte e do artista no mundo moderno, em particular com relação à arquitetura, 1948.

2. Para o debate urbanístico dessa época, Cf. FELDMAN, Sarah. *Planejamento e zoneamento. São Paulo 1947-1972*; e MEYER, Regina Maria Prosperi. *Metrópole e urbanismo: São Paulo anos 50*.

3. As citações são dos seguintes textos de Rino Levi e Roberto Cerqueira César, escritos como subsídio para a Cadeira de Composição de Arquitetura, do quinto ano: "O problema do estacionamento na zona central de São Paulo" (1955); "O problema do estacionamento e a primeira grande garagem em construção em São Paulo" (1955) e "Estacionamento e problemas correlatos" (1956).

4. O projeto foi classificado em terceiro lugar ao lado da equipe M. M. Roberto. Para uma abrangente referência bibliográfica sobre o concurso, ver: FICHER, Sylvia. Brasília e seu plano piloto, p. 130-139. A afirmação de Bruand se encontra na p. 357 de seu livro já citado.

5. Entrevista ao autor em 12 de março de 1993. Para uma análise das propostas do padre Joseph Lebret e da Sociedade para a Análise Gráfica e Mecanográfica Aplicada aos Complexos Sociais – Sagmacs, cf. LAMPARELLI, Celso Monteiro. Louis-Joseph Lebret e a pesquisa urbano-regional no Brasil. Crônicas tardias ou história prematura; e LEME, Maria Cristina da Silva. *Planejamento em São Paulo, 1930-1969*.

6. LEVI, Rino. Concepções da cidade moderna, 14 nov. 1963 [Curitiba, conferência a convite da Faculdade de Engenharia], arquivo Escritório Rino Levi Arquitetos Associados.

7. Ainda que o projeto siga claramente o conceito de unidade de vizinhança, não localizamos o termo nos escritos de Rino Levi.

8. Cf. COSTA, Lúcio (1957). Memória descritiva do plano piloto, p. 283-296.

9. Cf. TELLES, Sophia S. Lúcio Costa: monumentalidade e intimismo.

10. *Rino Levi*, p. 97.

11. Cf. REIS FILHO, Nestor Goulart. A arquitetura de Rino Levi.

12. Os projetos de Alison e Peter Smithson para o conjunto de Golden Lane (1951) já antecipavam as megaestruturas que seriam desenvolvidas por Louis Kahn para Filadélfia (1956-57), por Ludovico Quaroni para Mestre, bairro de Veneza (1959), e por Kenzo Tange para a baía de Tóquio (1960).

13. Cf. TAFURI, Manfredo; DAL CO, Francesco. *Architettura contemporanea*, p. 157.

14. Cf. MARTINS, Carlos Alberto Ferreira. *Razon. Ciudad y naturaleza. La génesis de los conceptos en el urbanismo de Le Corbusier*, p. 171.

15. Para a história da Cidade Universitária da USP, ver: SIMÕES, João Roberto Leme. *Arquitetura na cidade Universitária Armando Salles de Oliveira*; SIMÕES, João Roberto Leme. *O espaço da USP: presente e futuro*.

16. Cf. FERRAZ, Geraldo. CUASO. A cidade universitária de São Paulo.

17. LEVI, Rino. *Anotações para a apresentação do projeto do Centro Social da Cidade Universitária de São Paulo*.

18. Cf. FERRAZ, Geraldo. Op. cit.

19. LEVI, Rino. Op. cit.

20. PEDROSA, Mário. Parecer sobre o *core* da Cidade Universitária. Texto datilografado, 14 nov. 1962. Apud SEGAWA, Hugo. *Oswaldo Arthur Bratke*, p. 230-232.

21. Apresentação do projeto em: *Rino Levi*, p. 158.

22. O projeto de David Xavier Azambuja, Olavo Reidig, Flávio Amílcar Regis e Sérgio Rodrigues permanece desfigurado e incompleto até hoje. Cf. XAVIER, Alberto. *Arquitetura moderna em Curitiba*.

23. O projeto para o Paço Municipal de São Bernardo do Campo, realizado no mesmo ano por Jorge Bonfim, Mauro Zuccon, Roberto Monteiro e Teru Tanaka, permite a comparação do mesmo programa, realizado sob uma extensa cobertura horizontal. Cf. XAVIER, Alberto; LEMOS, Carlos e CORONA, Eduardo. *Arquitetura moderna paulistana*.

41 Residência Castor Delgado Perez

avenida 9 de Julho 5.170, esquina com rua Rússia
São Paulo SP
1958-59

Restaurada e convertida em galeria de arte

Quarto projeto da série de casas introspectivas, essa residência desenvolve o partido adotado na igreja e na capela de São José dos Campos: um espaço único, constituído de duas faixas laterais com jardins descobertos e uma faixa central coberta e protegida. O espaço central é a sala de estar e jantar, que se estende pelos jardins laterais protegidos por pérgulas. A delimitação desse espaço único é proporcionada pelo próprio corpo da casa: nos fundos, os dormitórios; na lateral direita, a cozinha, a copa e a sala de almoço; na lateral esquerda, o vestíbulo com lavabo, o acesso à adega subterrânea e uma saleta; na frente, os serviços e a garagem, com a peculiar situação dos dormitórios das empregadas, um volume branco, elevado e cego para a rua.

Os recursos técnicos para permitir a plena integração da sala com os jardins laterais só são perceptíveis pela análise do corte do projeto executivo. Vigas invertidas liberam de pilares toda a extensão lateral e têm o perfil projetado para embutir o sistema de trilhos e roldanas que sustentam as amplas portas de correr. Também as luminárias embutidas na laje evitam interromper a continuidade do plano superior, enquanto um sofisticado sistema de drenagem escoa a água que poderia se acumular nos trilhos inferiores das portas de correr. São detalhes discretos que mostram o quanto custa a aparência de simplicidade.

Em 2016, o escritório Piratininga Arquitetos restaurou e adequou a residência para abrigar as novas instalações da Luciana Brito Galeria. A reforma ganhou o Prêmio APCA 2016 na categoria "Preservação de Patrimônio Moderno".

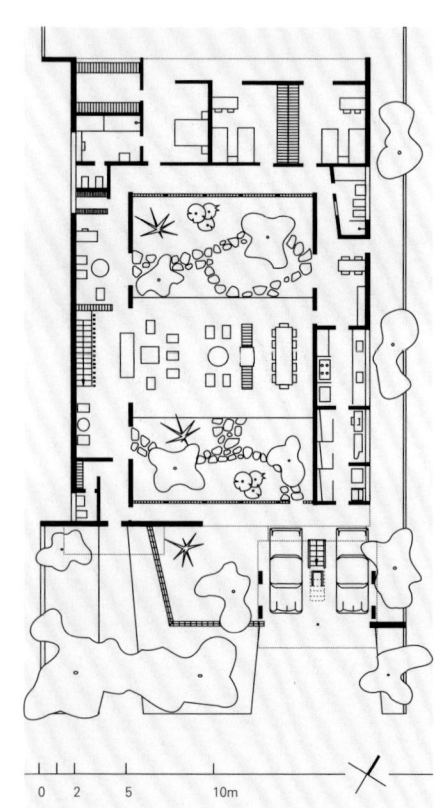

Planta do pavimento térreo

Corte longitudinal do anteprojeto

Vista externa da casa, com o volume elevado dos dormitórios das empregadas

Cozinha linear

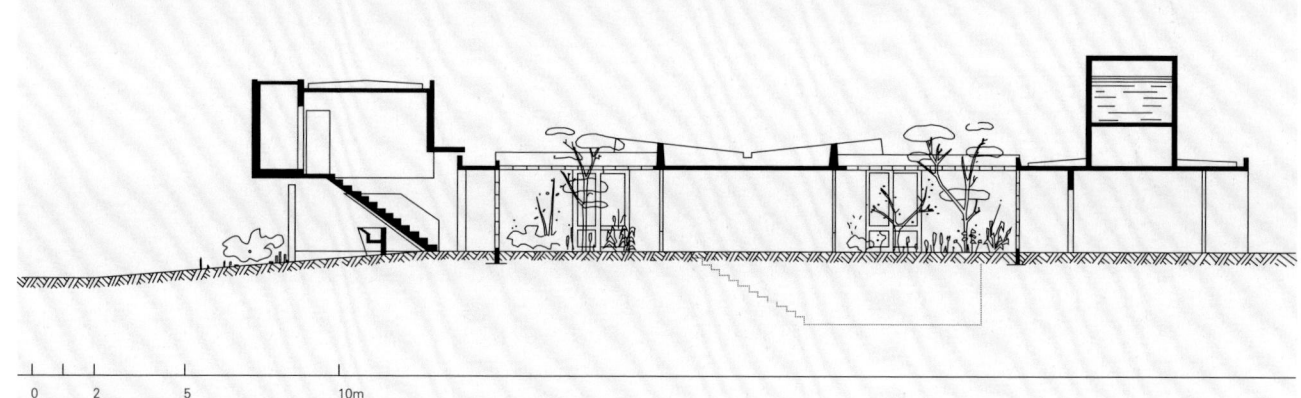

Banheiro

Corte longitudinal do projeto executivo

Vista lateral da sala de estar e jardins

Vista central da sala integrada aos jardins laterais

Detalhe construtivo

Vista de um dos jardins sob as pérgulas

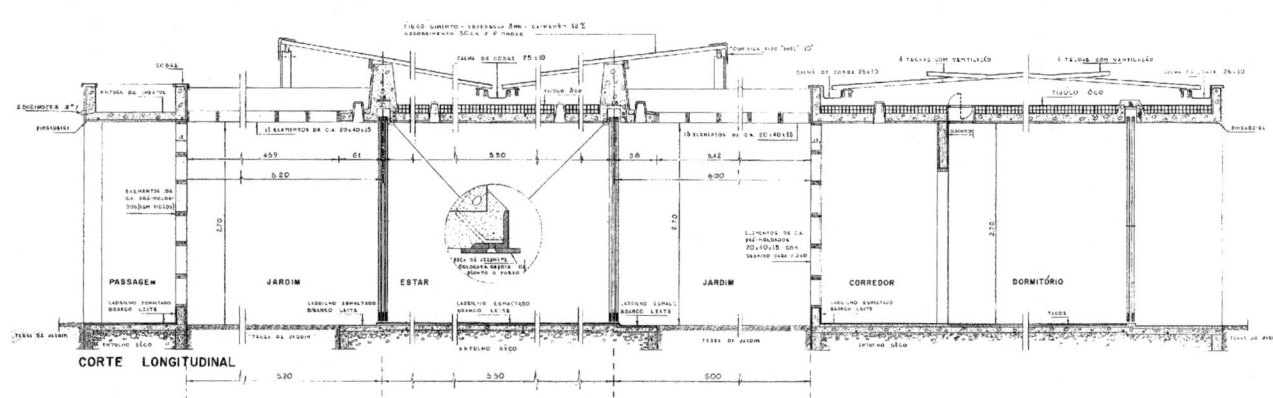

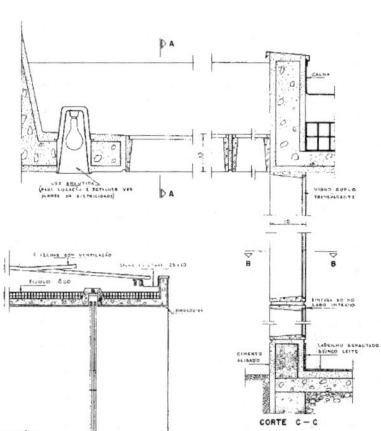

42 Edifício e Galeria R. Monteiro

rua 24 de Maio 77
São Paulo SP
1959-63

Térreo e volume no alinhamento descaracterizados pela remoção da marquise e dos brises

Situado no centro comercial, esse projeto explora ao máximo o potencial de verticalização permitido pelo zoneamento. O volume inferior ocupa inteiramente o terreno, formando uma base de onde se eleva a torre de escritórios, recuada dos quatro limites de acordo com as determinações legais. A galeria comercial, que atinge a rua Barão de Itapetininga pelo vizinho posterior, se abre em pé-direito duplo na entrada pela rua 24 de Maio. A marquise pênsil, destacada do volume inferior, cumpre a função de delimitar esse espaço onde se localiza uma das primeiras escadas rolantes da cidade.

O conjunto de brise proposto para a torre não foi construído por decisão do proprietário, que optou pela utilização de vidros especiais importados que prometiam conter o excesso de insolação. A planta do pavimento-tipo tem uma torre central, que reúne a circulação vertical, sanitários e dutos de instalações, liberando o restante para as mais variadas ocupações.

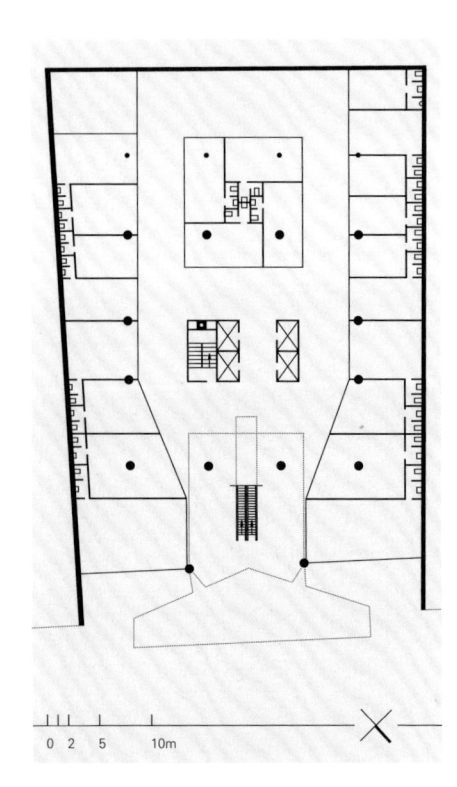

Planta do pavimento térreo

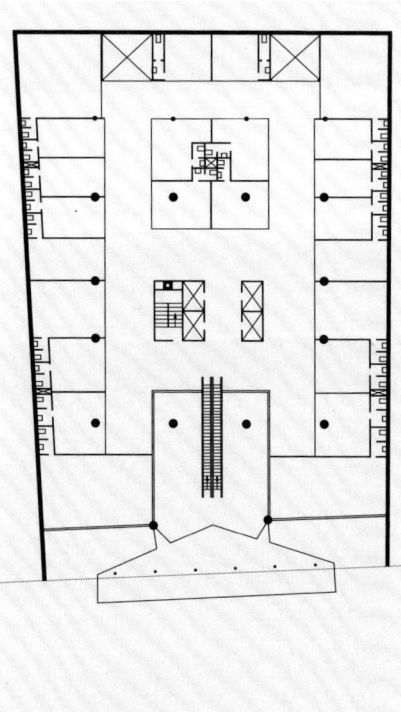

Planta da sobreloja

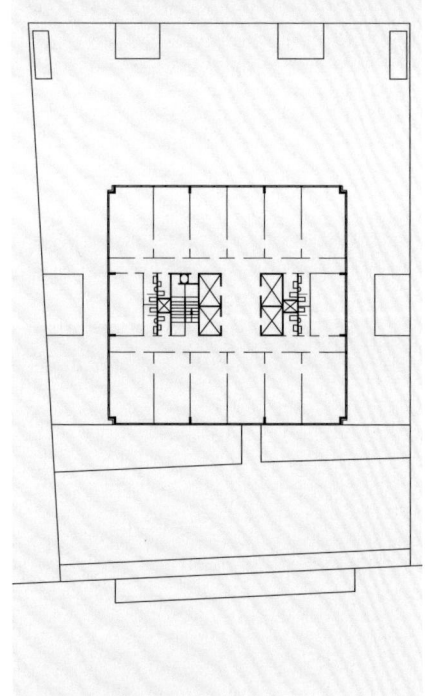

Rua 24 de Maio vista do interior da galeria, com a marquise em primeiro plano

Planta do pavimento-tipo da torre de escritórios

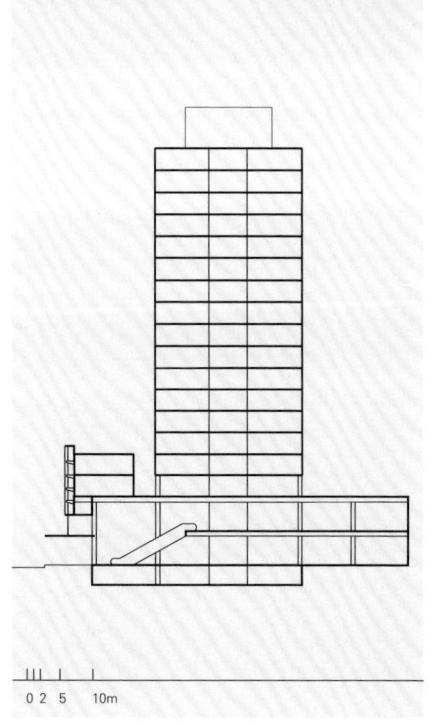

Corte longitudinal

Vista externa da vedação feita inteiramente com caixilhos de alumínio e vidros especiais

Fachada vista da rua 24 de Maio, com brise vertical de mármore protegendo os andares da sobreloja

Vista interna da galeria: em primeiro plano, as escadas rolantes que dão acesso ao mezanino; ao fundo, a torre de circulação vertical revestida por ladrilhos projetados por Burle Marx

43 Banco Sul-Americano do Brasil

avenida Paulista 1948, esquina com rua Frei Caneca
São Paulo SP
1960-63

Atual Banco Itaú. Parcialmente alterado

Ver ensaio fotográfico de Nelson Kon

Os dois volumes sobrepostos, a torre laminar de escritórios e o banco de três andares constroem a esquina. O volume inferior se acomoda nos limites do lote trapezoidal, enquanto o edifício alto afasta-se da rua lateral, avançando perpendicularmente à avenida. Os quatro lados do balanço do pavimento superior do banco recebem planos de brise – horizontais e verticais, de acordo com a orientação solar –, que protegem a calçada da esquina e constituem uma transição para o interior da agência.

O volume de escritórios, com seus quatorze andares, é destacado do bloco inferior, permitindo a continuidade do teto-terraço. As fachadas menores da planta retangular são inteiramente opacas. Os planos são revestidos com placas de mármore, paginadas com um discreto padrão geométrico abstrato. As faces maiores são inteiramente abertas com caixilhos de alumínio e vidro, e protegidas por um plano de brise horizontal móvel, também de alumínio. O plano de brise é alinhado com o limite do volume, ficando a caixilharia recuada 80 centímetros para a dissipação do calor. A planta é livre, com uma torre de circulação vertical no centro da fachada Sudeste e duas prumadas de sanitários junto às faces menores. Para garantir a integridade dos planos opacos, os sanitários são abertos para um duto de ventilação que corre internamente à fachada.

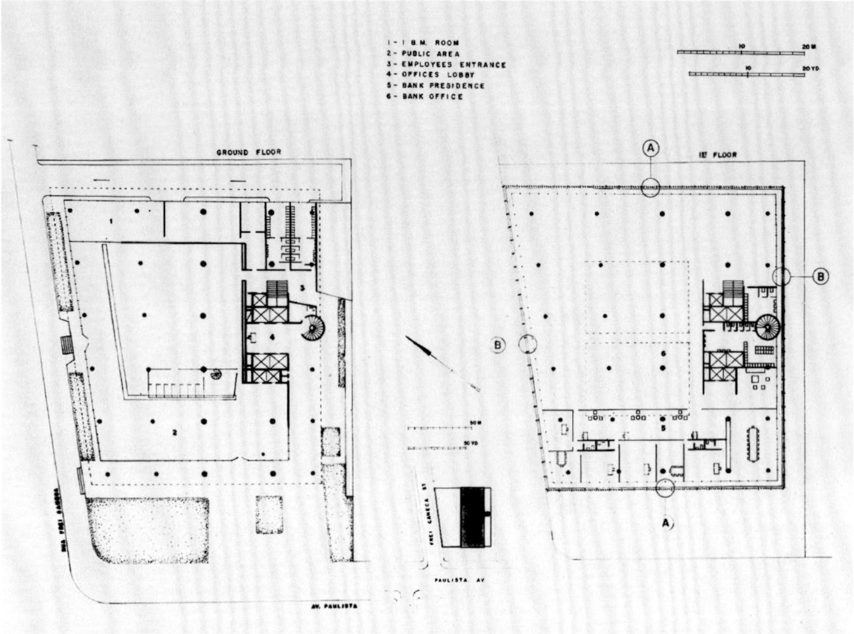

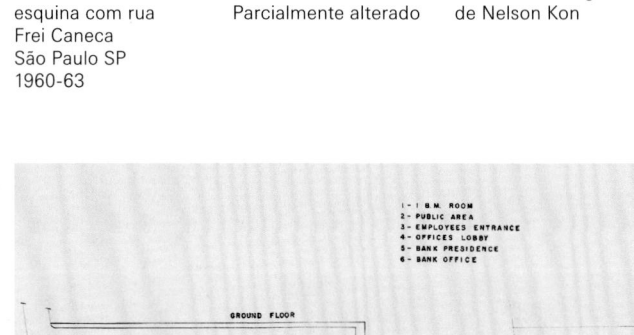

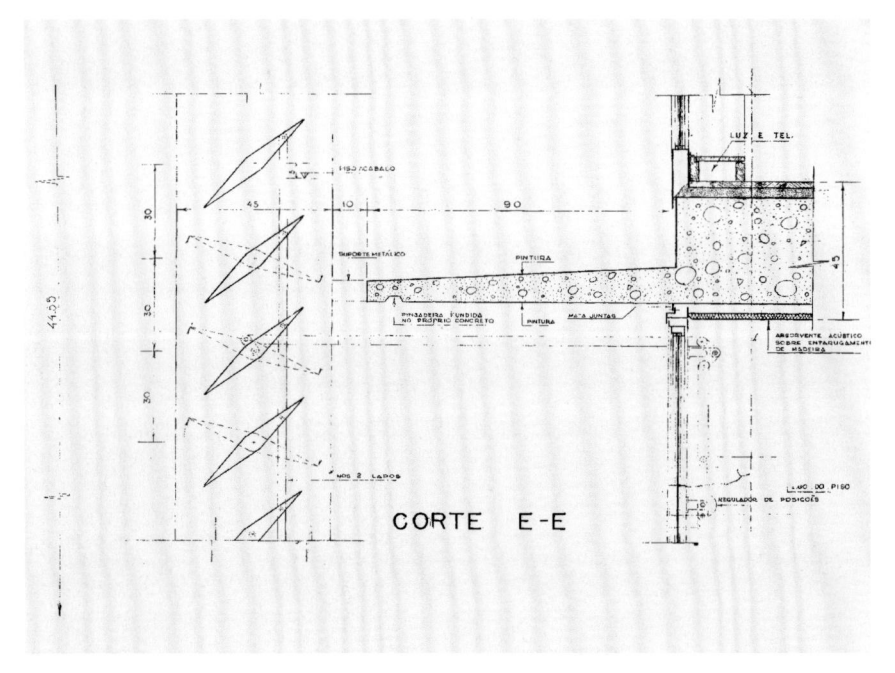

Detalhe técnico do brise do pavimento tipo

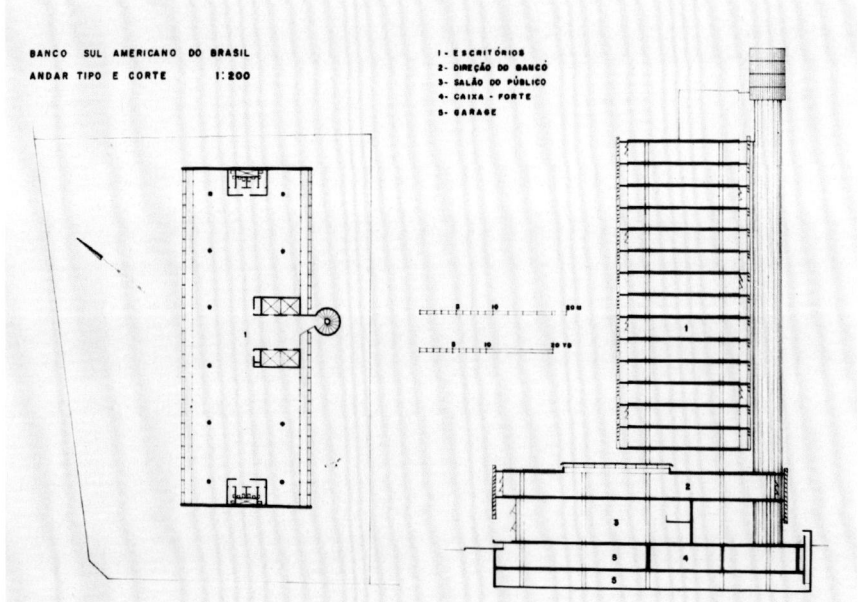

Planta do pavimento térreo e sobreloja

Planta do andar-tipo e corte transversal

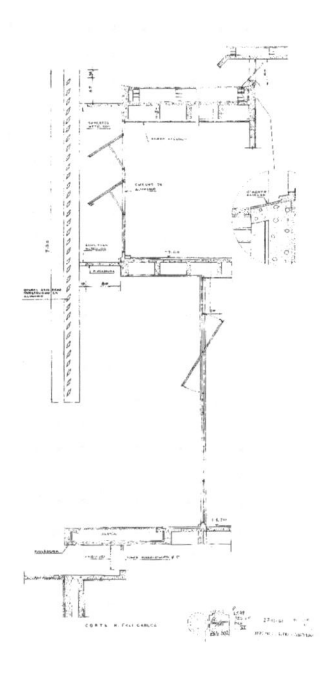

Vista inferior da
estrutura das lajes
nervuradas

Detalhes técnicos do
caixilho e brise do
volume inferior

Balanço de brise
protege a calçada
pública

Banco Sul-Americano
visto do Conjunto
Nacional

44 Edifício Plavinil-Elclor

alameda Santos 2.101
São Paulo SP
1961-64

Profundamente alterado com retirada, em 1998, dos planos de brise cerâmico

A volumetria do edifício foi diretamente determinada pelos recuos obrigatórios, que forçaram a diminuição da área dos cinco últimos pavimentos. A planta livre dos andares-tipo é organizada a partir da torre de circulação vertical, de prumadas de instalações e de dutos de ventilação que condicionam a localização dos sanitários na região central, permitindo que as quatro fachadas pudessem ser transparentes. Planos de brise protegem três fachadas com maior exposição à insolação. Concebidos a partir de um módulo retangular de cerâmica feito especialmente para o projeto, os planos de brise são organizados por uma grelha ortogonal, alternando sua direção de modo a configurar um discreto xadrez. Como nos edifícios de Lúcio Costa no parque Guinle, Levi perfura os planos de brise com janelas, acentuando a ambígua materialidade dessas superfícies.

A laje do térreo avança como pérgula até os limites laterais do lote, onde Burle Marx construiu jardins com painéis verticais de concreto.

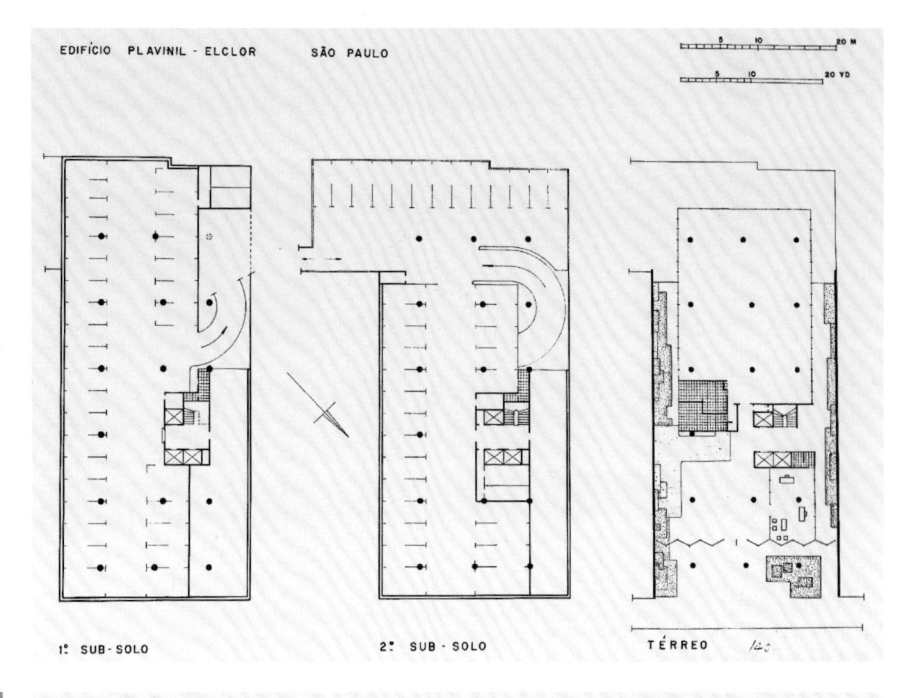

Pavimento térreo com suas vedações de vidro

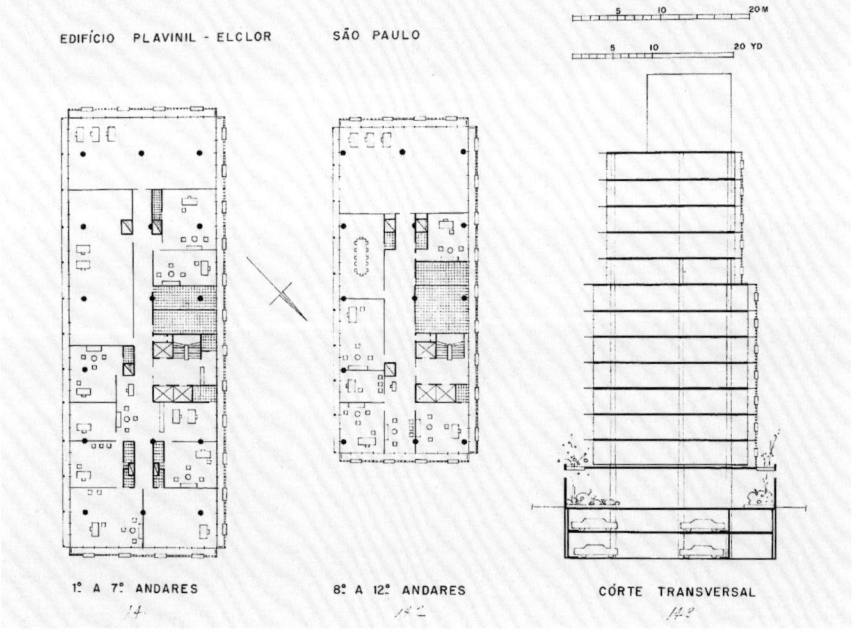

Plantas do térreo e dos pavimentos inferiores

Plantas dos pavimentos-tipo e corte

Pérgulas prolongam a laje do térreo até os muros de divisa, definindo um espaço para os jardins de Burle Marx

Espaço entre o plano de caixilhos e o de brise

Vista do encontro das superfícies de brise

O edifício visto lateralmente da rua Augusta

45 Centro Social da Universidade de São Paulo

Cidade Universitária Armando Sales de Oliveira
São Paulo SP
1962

Não construído

O Centro Social seria um equipamento estratégico para que não se perdesse a urbanidade da vida universitária com a transferência das unidades para o campus do Butantã. Ficaria situado numa das faces do *core*, praça que, ao reunir a Reitoria, Auditório Principal, Biblioteca Central, Museu e Habitações Estudantis, procurava dar alguma densidade urbana à Cidade Universitária. O Centro Social teria a função de servir como interface entre as unidades distribuídas no campus e o restante da cidade, estimulando o uso dos equipamentos do *core*. Para isso reunia os principais serviços para a comunidade universitária, tais como restaurante central, serviço social e de saúde, cinema e comércio. A estação rodoviária e o posto de gasolina sugeriam que o percurso entre as unidades e o restante da cidade fosse por ali. Complementa o conjunto um hotel para visitantes, que, junto às habitações estudantis, garantiria ao core alguma animação noturna.

Planta de situação e cobertura

Planta do térreo e mezanino do edifício principal

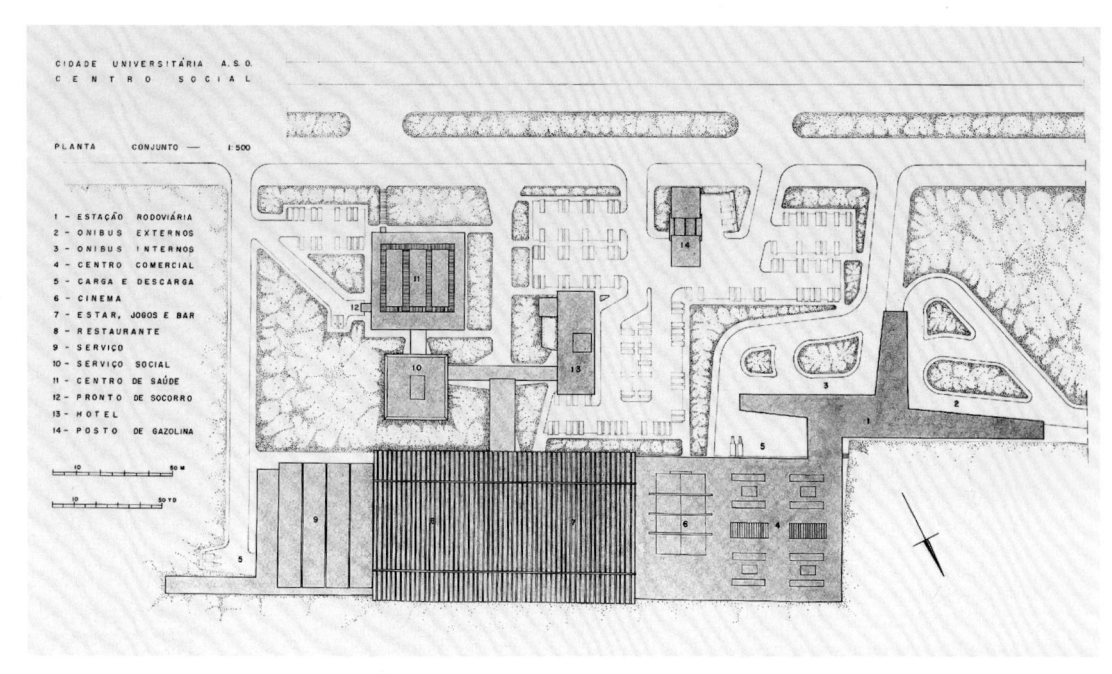

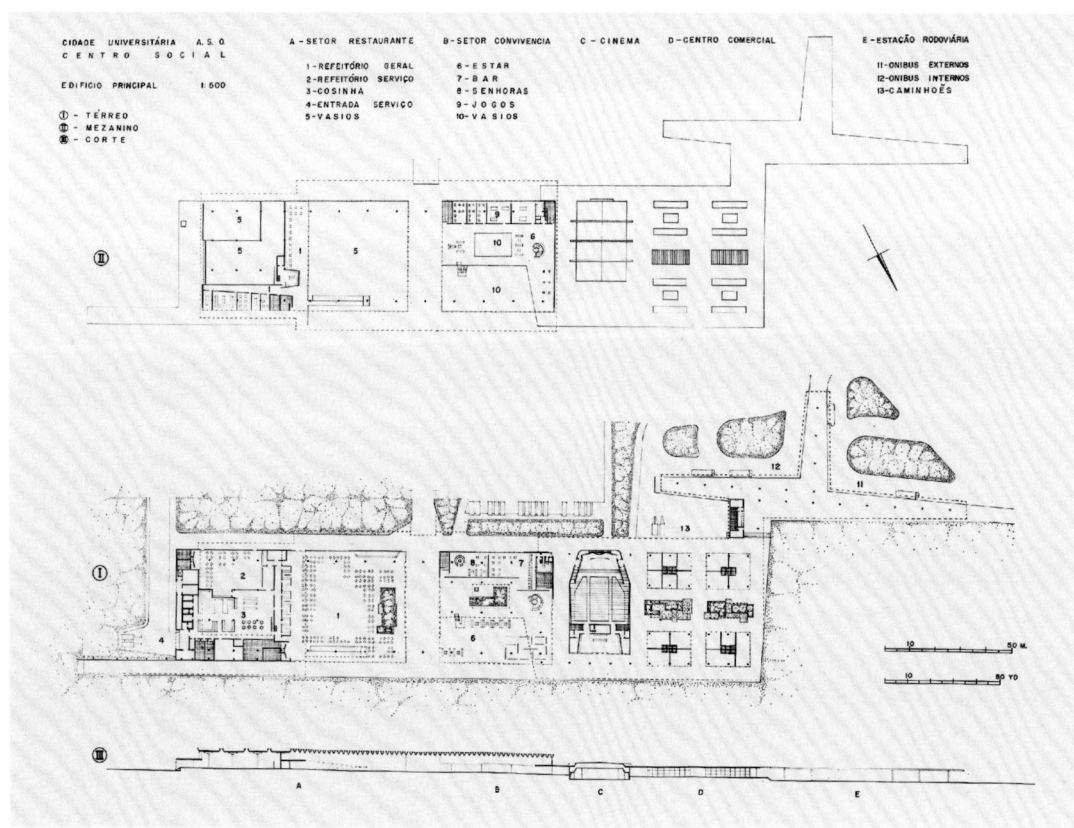

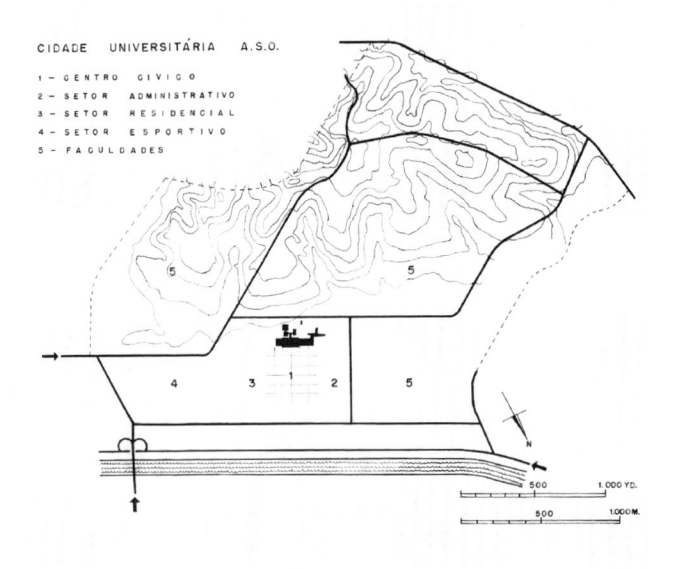

Perspectiva do edifício de serviço social, com o centro de saúde em primeiro plano e o edifício principal ao fundo

Perspectiva da esplanada de acesso, com o edifício do hotel ao lado e o edifício principal ao fundo

Maquete

Implantação geral dos setores

46 Usina de Leite Paraíba

Fazenda da
Tecelagem Paraíba
avenida Olivo Gomes
São José dos Campos
SP 1963

Encontra-se em
estado de ruína
avançado

Essa usina fazia parte de um plano urbanístico mais amplo, que previa um centro de criação e exposição de gado leiteiro, ao lado de um conjunto de lazer e esportes, ambos às margens da estrada que ligava São Paulo ao Sul do estado de Minas Gerais.

A usina é constituída por dois blocos interligados por marquises pênseis e um jardim. O espaço utilizado se abriga entre dois planos horizontais, o superior da cobertura de concreto e o inferior do piso elevado. Os planos de vedação são de média altura, deixando um vão que acentua a leveza e a transparência do conjunto. As grandes lajes das coberturas são estruturadas por pilares de concreto com seção mínima e por vigas invertidas que conferem continuidade à face inferior. A platibanda de concreto é seccionada ritmicamente para a saída das águas pluviais através de gárgulas, revelando sua espessura delgada e evitando a leitura da cobertura como uma pesada massa. A continuidade das coberturas é interrompida por pérgulas que definem áreas ajardinadas entre os ambientes de trabalho.

O paisagismo é de Burle Marx, mas o painel na portaria é de Carvalho Franco. A torre da caixa-d'água foi localizada exatamente no eixo da estrada, servindo de referência urbana ao bairro que se formou ao seu redor nos anos seguintes.

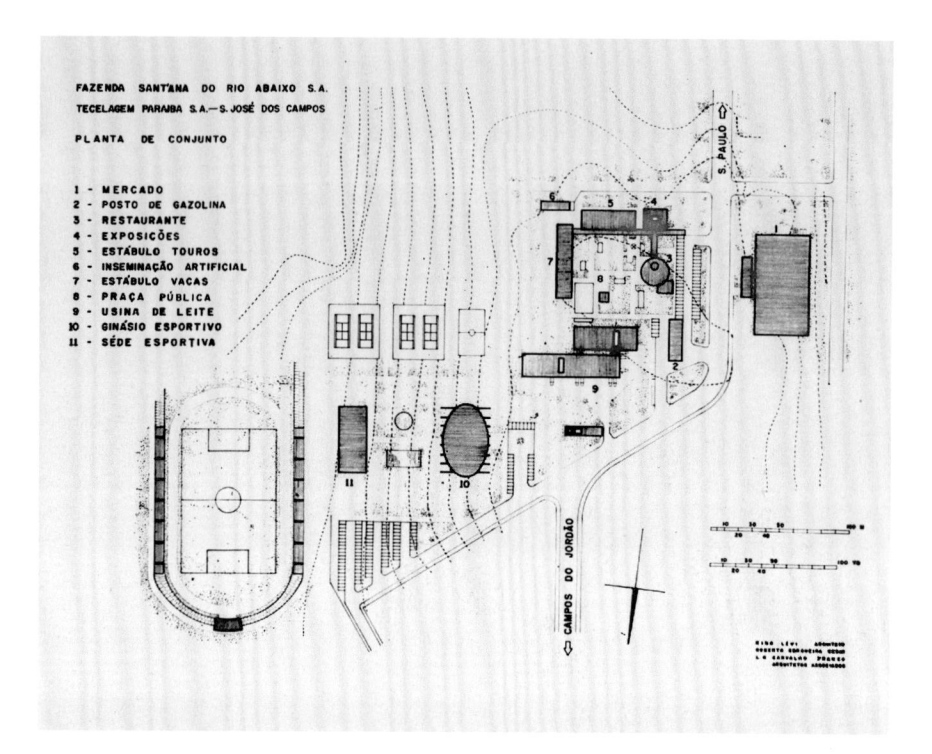

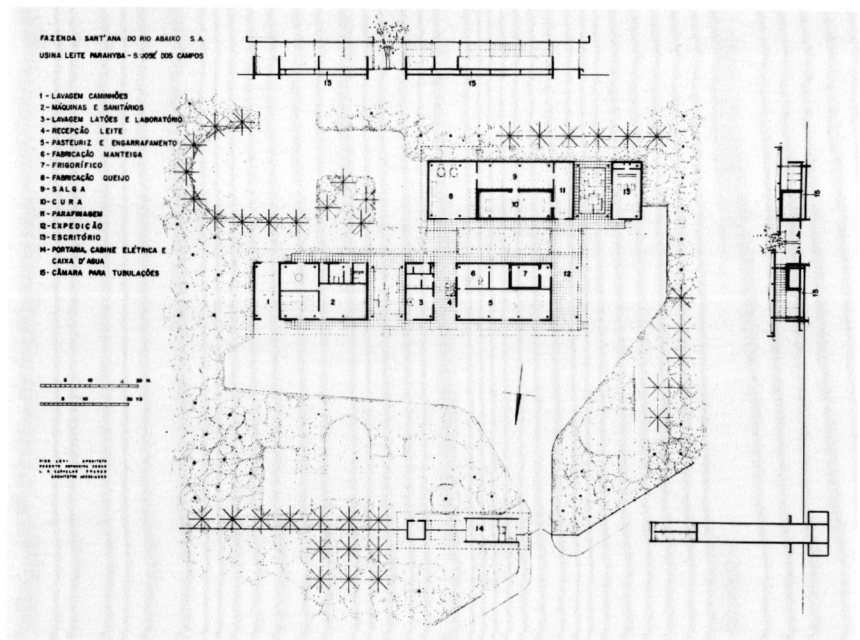

Plano do conjunto, do qual apenas a usina e o campo de futebol foram construídos

Plantas e cortes

Vista de nordeste da usina

Torre da caixa d'água e portaria

Jardins e marquise entre os blocos

47 Residência Rino Levi

Clube de Campo de
São Paulo
São Paulo SP
1964

Construção simples para uso de lazer nos finais de semana, essa casa às margens da Represa de Guarapiranga estrutura-se em dois blocos conectados apenas por uma circulação fechada. O maior, situado em cota mais elevada, reúne os serviços e a área de estar, que se estende para o exterior com uma varanda e um terraço. O menor abriga os dormitórios e sanitário, sendo levemente inflectido para permitir a melhor fruição da paisagem sem que seu interior seja devassado da varanda ou do terraço.

A cobertura com um novo modelo de telhas de fibrocimento, que permite maiores vãos e menor inclinação, dispensou as lajes de concreto graças ao isolamento térmico com forro tipo Celotex, revestido com tábuas de pinho. Dessa forma, a cobertura era diretamente assentada nas paredes de alvenaria aparente, sendo sua altura estrutural arrematada por placas tipo Madeirit.

Uma torre de caixa-d'água de planta helicoidal marca o centro da inflexão dos dois blocos.

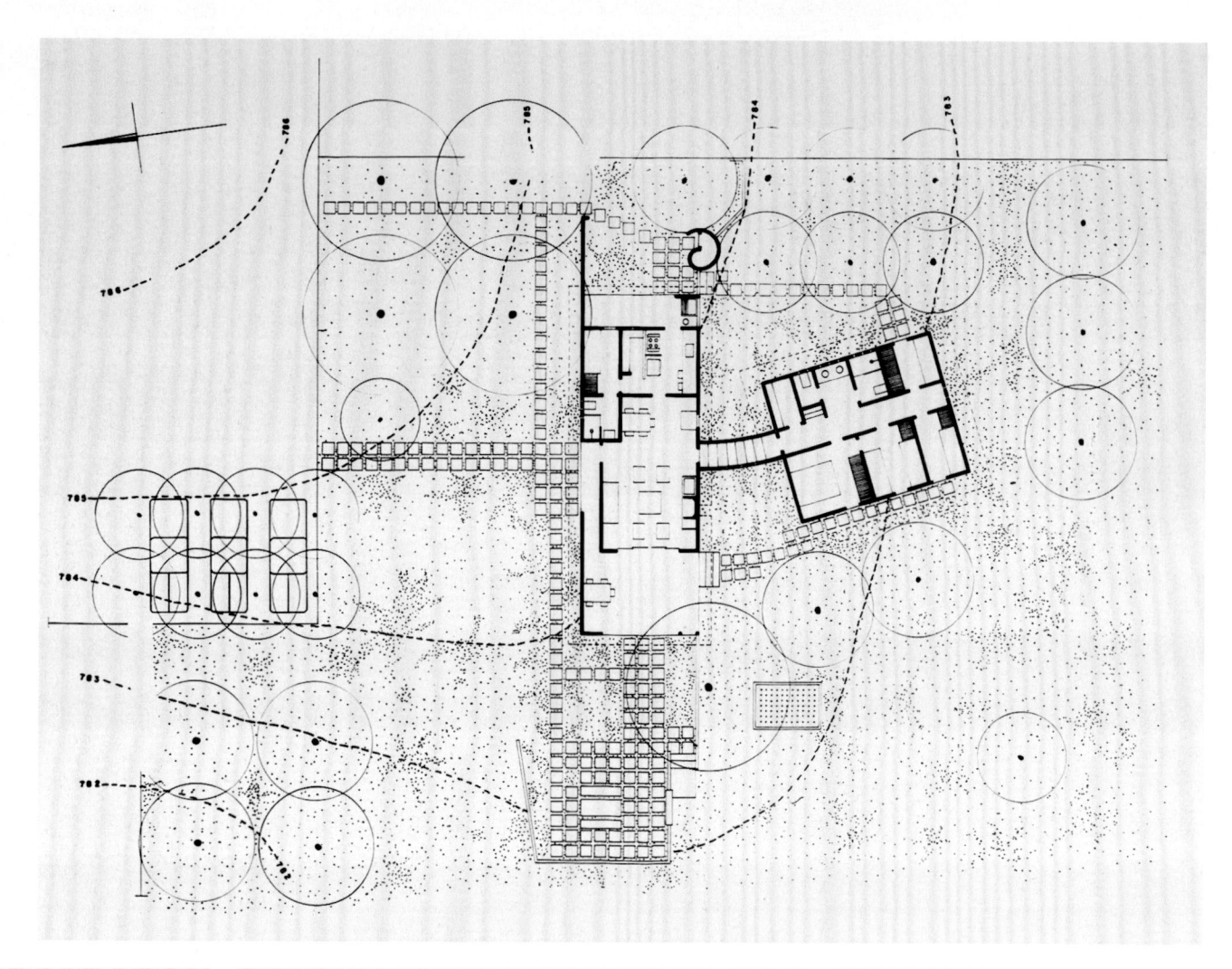

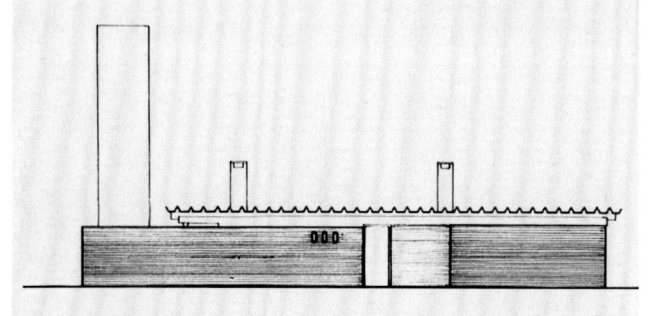

Elevação norte

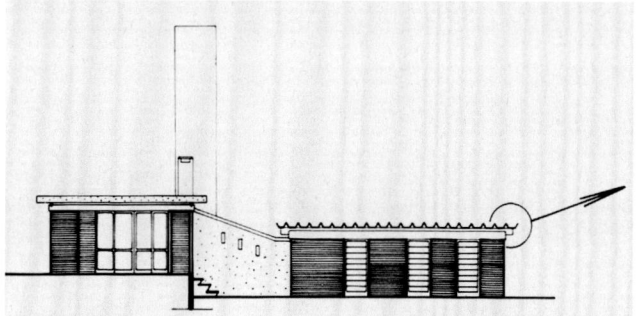

Planta e implantação

Elevação oeste

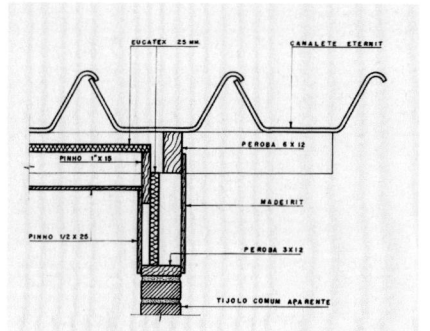

Detalhe da cobertura

Vista externa da casa

Interior da sala com lareira em alvenaria

Vista da varanda com o bloco de dormitórios ao fundo

Continuidade do interior da sala com a varanda e a paisagem

48 Edifício Gravatá

avenida 9 de Julho 4.861
São Paulo SP
1964

Preservado e em bom estado de conservação

Projetados quase simultaneamente e situados um de cada lado da avenida 9 de Julho, os edifícios Gravatá e Araucária apresentam várias semelhanças de volumetria, programa e sistemas construtivos. Os blocos de doze andares são construídos com estruturas de concreto e alvenaria de tijolo maciço, ambos deixados aparentes. Os pilares em "V" concentram as cargas verticais e reduzem o número de suportes no térreo, inteiramente liberado para o lazer graças ao uso de garagens subterrâneas.

Levi adota nos dormitórios o mesmo sistema de persianas de enrolar utilizado nos projetos hospitalares, capaz de permitir a abertura de todo o vão. Assim, um plano central em grelha preenchida apenas por caixilhos e persianas interrompe a continuidade da massa de alvenaria aparente.

Vista do jardim dos fundos

Jardins do térreo e pilotis em"V"

Vista da entrada

Aberturas das salas e pestana de concreto

49 Edifício Araucária

avenida 9 de Julho 4.776
São Paulo SP
1965

Preservado e em bom estado de conservação

No Edifício Araucária Levi prefere janelas de correr com peitoril de alvenaria em vez de persianas, o que resulta num bloco maciço de tijolos aparentes, perfurado pelas janelas. Nos dois projetos, as janelas das salas, orientadas para Noroeste, recebem uma pestana de concreto que as protege do sol da tarde. Mas enquanto no Gravatá é a janela da frente que recebe esse detalhe, no Araucária é a dos fundos, que hoje tem a sorte de se abrir para o respiro verde dos jardins Europa e América, e não para a poluída avenida 9 de Julho.

Jardim no térreo e pilotis em "V"

Edifício visto da avenida 9 Julho

Aberturas das salas e pestana de concreto

50 Hangar da Tecelagem Paraíba

Fazenda da
Tecelagem Paraíba
São José dos
Campos SP
1965-67

Demolido durante
o processo de
tombamento

Projeto de solução estrutural complexa para um problema simples – liberar totalmente a face maior do volume para sua abertura completa por meio de portões de correr. Após vários estudos, os autores optam por apoiar uma sequência de seis abóbadas de alvenaria sobre enormes vigas de concreto em balanço. A economia obtida pelas abóbadas de pequeno vão contrastam com os recursos utilizados para o balanço das vigas de apoio, obtido graças a um sistema de alavanca. As quatro vigas centrais são apoiadas em pilares em "V" e atirantadas por cabos a um bloco de ancoragem na fundação. Realizado o vão da cobertura, os portões correm por trilhos fixados numa viga que ultrapassa o limite lateral do hangar, apoiando-se num pilar em "A".

Implantado na planície da várzea do Rio Paraíba, a algumas centenas de metros da casa de Olivo Gomes, talvez a intenção tenha sido evitar uma estrutura muito elevada que se destacasse na paisagem.

Interior do hangar,
detalhe da cobertura e
sala de espera ao
fundo

Esquema estrutural

Vista posterior

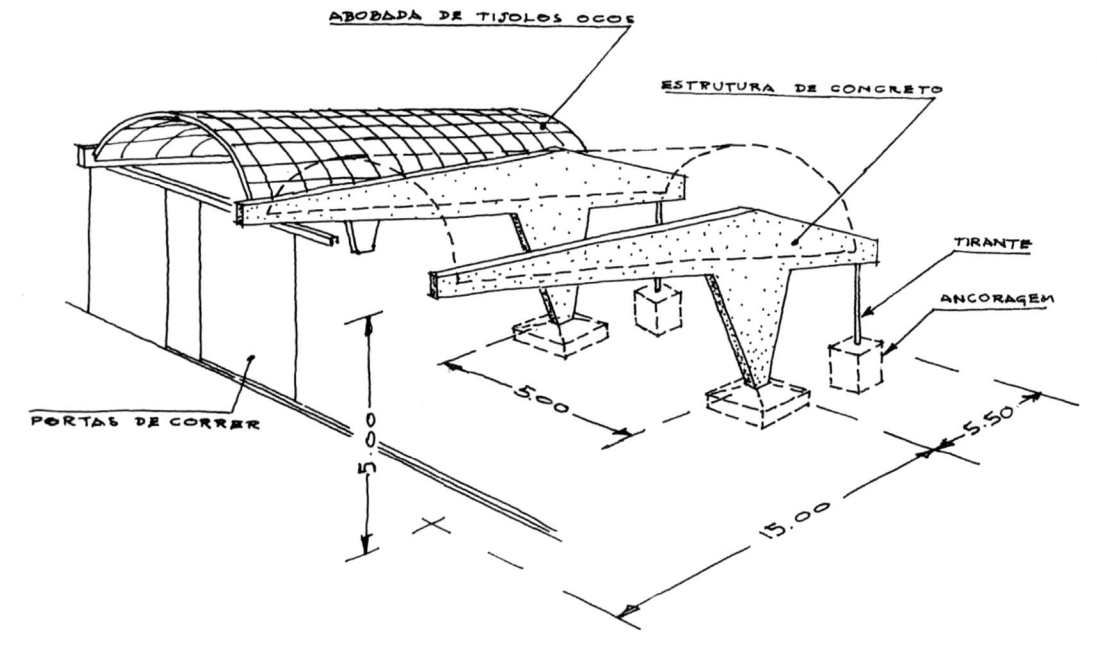

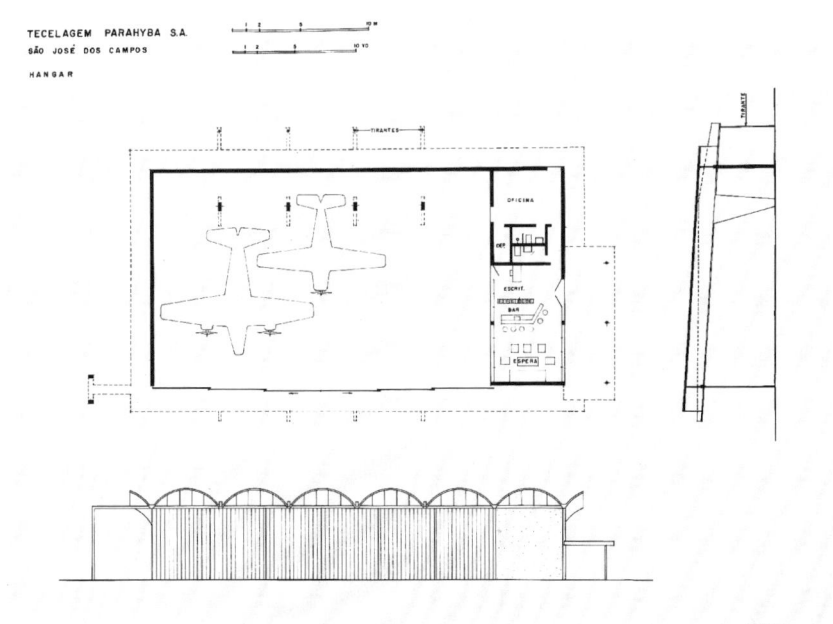

TECELAGEM PARAHYBA S.A.
SÃO JOSÉ DOS CAMPOS
HANGAR

Vista frontal do hangar

Planta e elevações

RINO LEVI
ROBERTO CERQUEIRA CESAR
L. R. CARVALHO FRANCO
ARQUITETOS

51 Centro Cívico de Santo André

praça IV Centenário
Santo André SP
1965-68

Preservado
Ver ensaio fotográfico
de Nelson Kon

A proposta vitoriosa no concurso para o Centro Cívico de Santo André foi o último projeto realizado por Rino Levi. O programa previa a construção do Paço e da Câmara Municipal, ao lado do Fórum já predefinido, e de um Centro Cultural, em terreno resultante da implantação de um entroncamento de vias expressas.

O declive do terreno foi explorado para a constituição de três praças em três níveis diferentes: a superior, ligada ao centro urbano preexistente por uma passarela elevada, reúne as atividades cívicas – Paço, Câmara e Fórum; a intermediária agrupa as atividades culturais. e a inferior dá acesso aos serviços e ao atendimento ao cidadão, sendo sua cobertura o piso das praças superiores.

Iniciando-se no piso inferior de serviços e atendimento, a torre do Paço atravessa os três níveis e aflora na praça cívica, sendo sua verticalidade acentuada pela localização periférica dos pilares. A planta quadrada modulada permite ampla flexibilidade, reunindo, num núcleo central, a circulação vertical, dutos de instalações e sanitários.

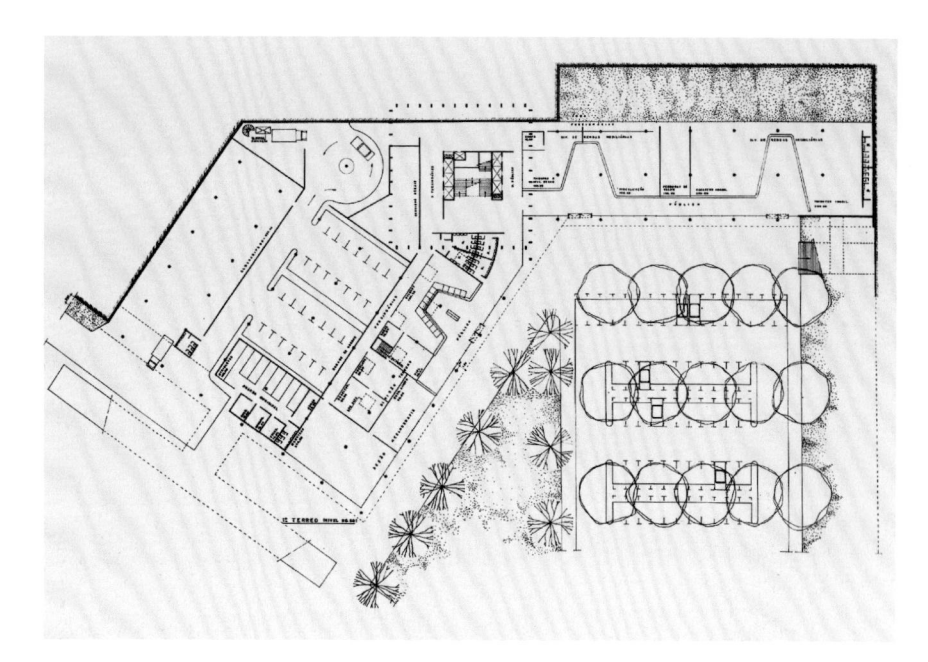

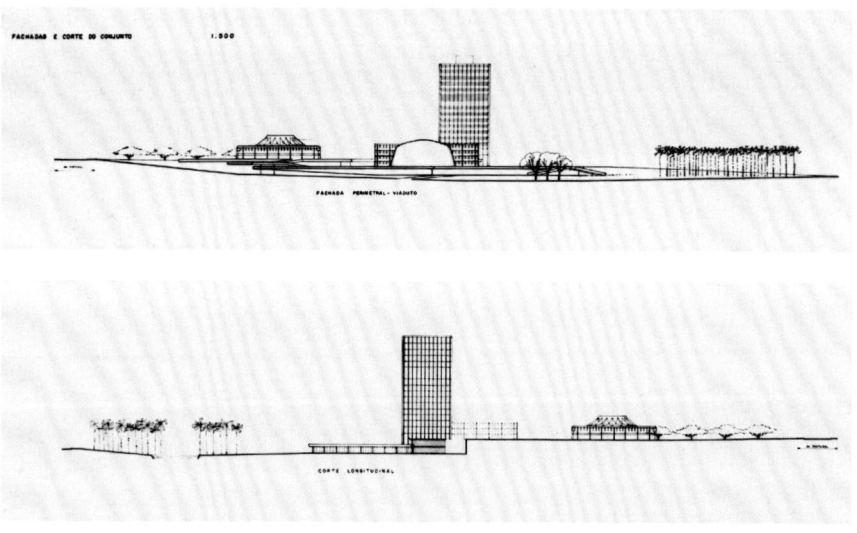

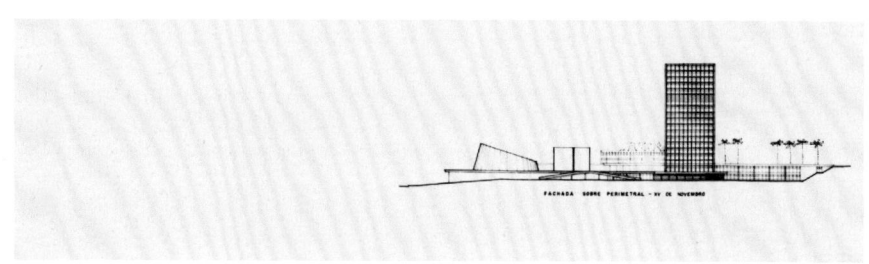

Vistas aéreas do conjunto

Planta do pavimento térreo

Fachadas e corte

Maquete do projeto

Esplanada entre a Câmara Municipal e o Fórum, com a torre do Paço Municipal ao fundo

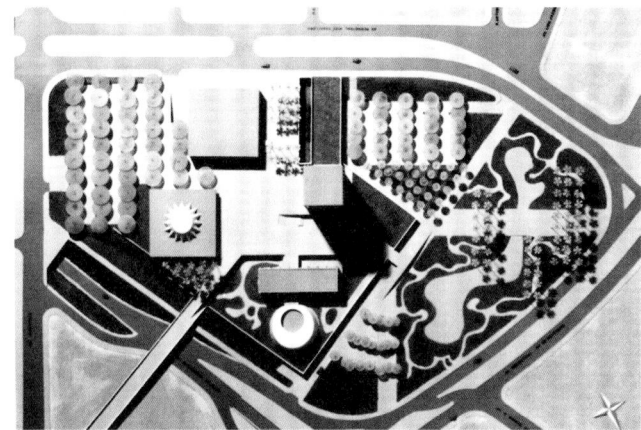

Vista do topo da maquete

Vista da Câmara Municipal

Pela praça intermediária se acessa o Centro Cultural, onde amplos painéis de relevo em concreto feitos por Burle Marx estouram a escala do ambiente de pé-direito simples. Nesse nível se atinge o interior do teatro, pelo balcão, descortinando por cima o palco e a plateia. A planta circular da seção truncada de cone resulta num espaço cênico em que o palco pode envolver três lados da plateia, por meio de painéis deslizantes.

Ao elevar o andar principal da Câmara, a equipe de Levi libera a maior parte do térreo para a praça, criando o espaço de transição necessário ao contato cotidiano do Legislativo com seus eleitores. A cobertura do plenário em planta estelar procura conferir individualidade ao edifício. Um anel circular origina as pontas plissadas da estrela de concreto que se apoia suavemente na cobertura plana do edifício.

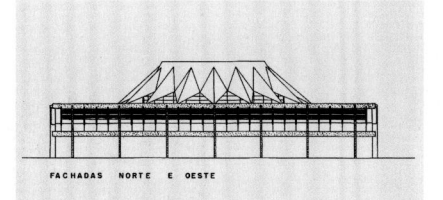

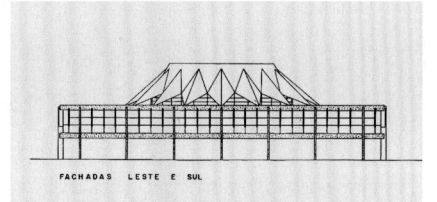

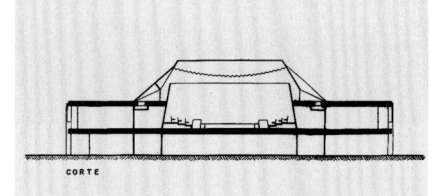

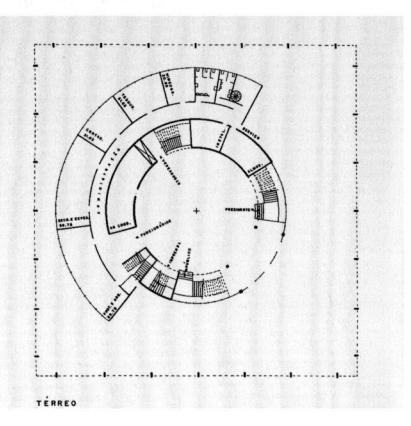

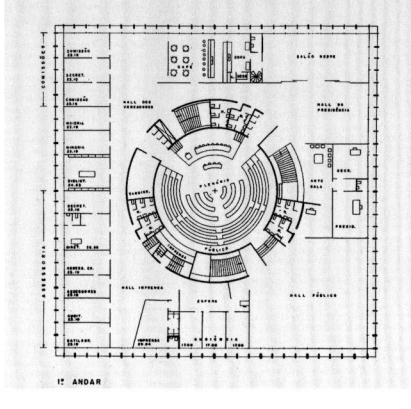

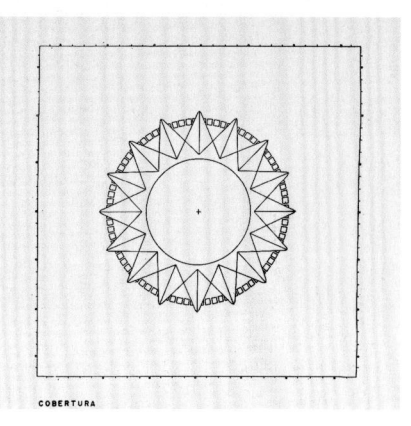

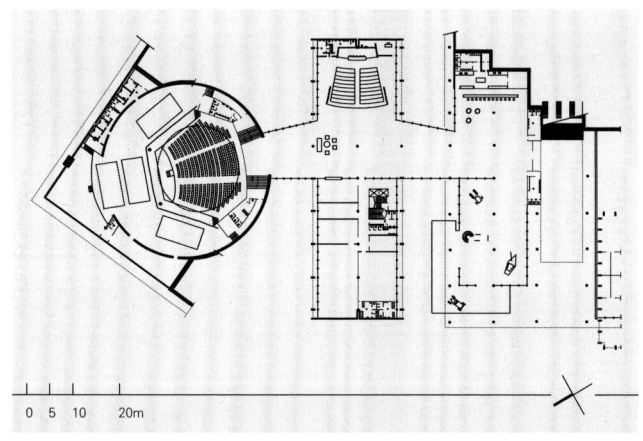

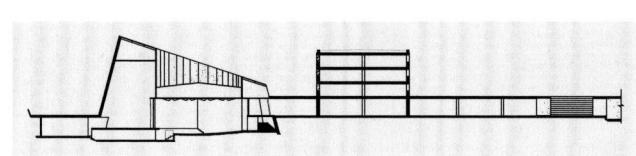

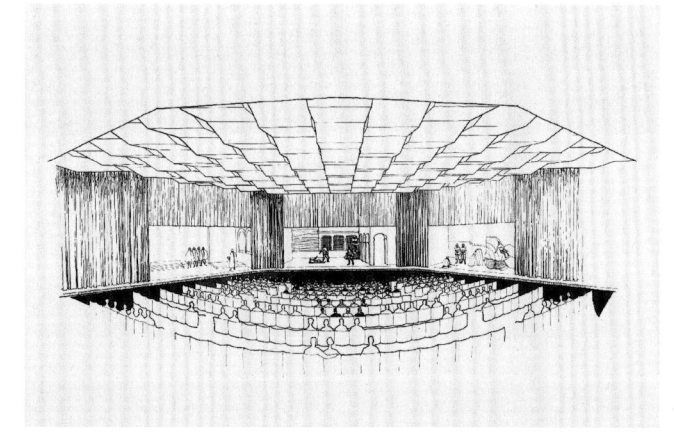

Acima, plantas, cortes e elevações da Câmara Municipal

À esquerda, planta e corte do segundo pavimento do Centro Cultural

À direita, perspectiva do interior do teatro

Painel de Burle Marx
no interior do Centro
Cultural

Câmara Municipal,
construção e Interior
da plenária

52 Edifício-Sede da Fiesp-Ciesp-Sesi

avenida Paulista 1313
São Paulo SP
1969-79

Térreo alterado em
1998
Ver ensaio fotográfico
de Nelson Kon

Esse projeto, realizado após a morte de Rino Levi, sagrou-se vencedor de concurso em que foram pré-selecionados cinco concorrentes entre equipes de todo o país. Os arquitetos Roberto Cerqueira César e Luiz Roberto Carvalho Franco, autores do projeto, atribuem a vitória à monumentalidade obtida pelo volume elevado em forma de tronco de pirâmide, destacado do solo por uma gigantesca estrutura de transição, exigência explícita do edital do concurso.

Para alcançar esse objetivo foi fundamental a integridade e as proporções da volumetria elevada, obtida de duas maneiras: uma pele contínua de fechamento, com brise de alumínio, que, ao contrário dos edifícios Elclor e Plavinil-Elclor, seus antecessores, reveste sem nenhuma outra abertura suas quatro faces; e a forma piramidal, que permitiu a adequação do volume aos gabaritos das duas ruas entre as quais o edifício se situa (avenida Paulista e alameda Santos), evitando, assim, recuos progressivos nos andares superiores.

Durante a construção, por exigência do cliente, a inclusão de uma série de pilares centrais e outras modificações acabaram comprometendo a continuidade entre a avenida Paulista e o espaço sob o volume elevado, inicialmente concebido como uma *grande praça* de acesso à torre de circulação vertical e ao teatro. A intervenção radical de Paulo Mendes da Rocha e sua equipe, realizada em 1998, recuperou e enriqueceu a intenção original do partido.

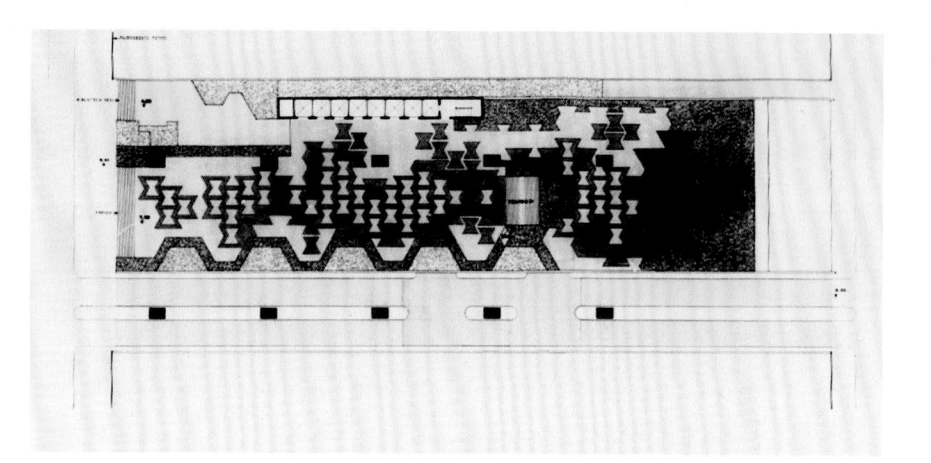

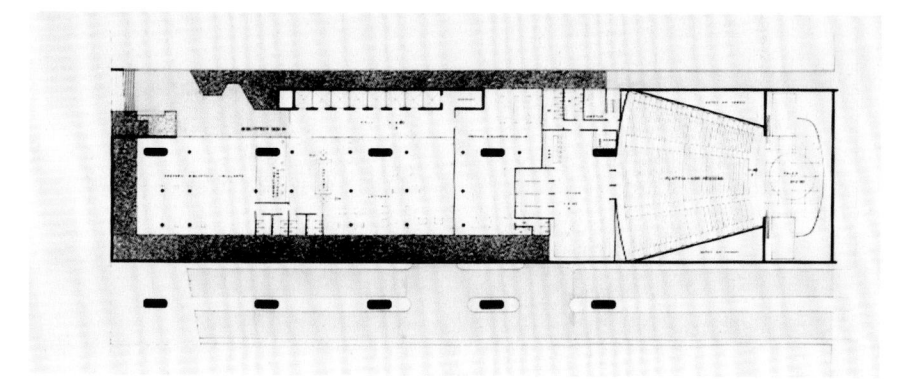

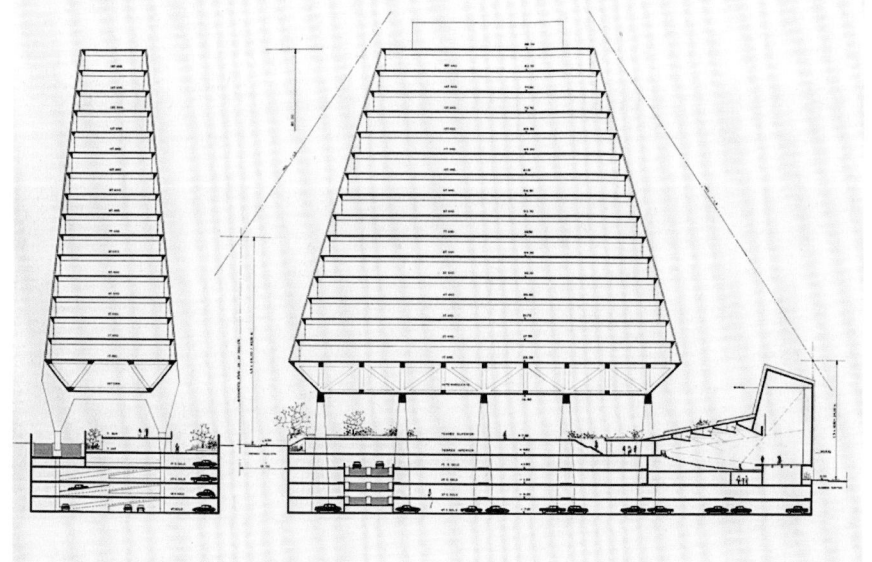

Jardim de Roberto Burle Marx sobre o auditório

Planta do térreo superior, com grande praça

Planta do térreo inferior, com auditório

Cortes transversal e longitudinal

Croqui do projeto
vencedor do concurso

Croqui da grande
praça (não construída)

Vista da avenida
Paulista

Plantas de alguns
pisos

Detalhe do brise de
alumínio

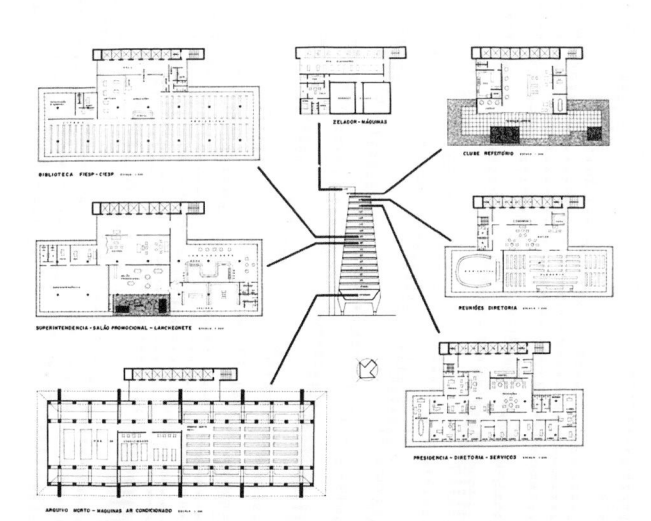

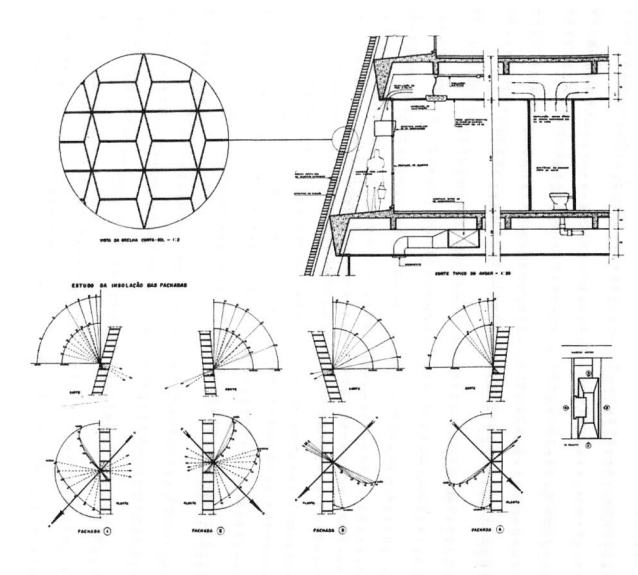

53 Edifício do jornal O Estado de S. Paulo

avenida Otaviano
Alves de Lima
(marginal do Tietê)
São Paulo SP
1972

Preservado e em
bom estado de
conservação

Um dos primeiros edifícios corporativos de porte a ocupar a marginal do Tietê, a nova sede do jornal, com coordenação do arquiteto Roberto Cerqueira César, reuniu num único conjunto a administração, a redação, o parque gráfico e o depósito. Ao contrário da opção já consolidada em que os blocos eram distribuídos horizontalmente, aproveitando a extensão dos terrenos fora do centro da cidade, os arquitetos preferiram agrupar e verticalizar dois dos três volumes construídos. Obteve-se uma leitura à distância como um único sólido, condição necessária para enfrentar as condições urbanísticas da ocupação desordenada da várzea do Rio Tietê.

Para atingir suas dimensões, o volume principal absorve toda a linha de montagem industrial, inclusive as rotativas que ocupam um espaço com altura correspondente a três pés-direitos. Nos andares superiores se localiza a redação, o restaurante e equipamentos, como as torres de antenas e de resfriamento. Separado alguns metros, mas ligado ao bloco maior pela torre de circulação vertical, o edifício administrativo cumpre a função de fachada frontal do conjunto, ainda que a situação urbanística acentue sua percepção lateral. Contrastando com a ortogonalidade dominante, o volume do auditório, opaco e com um formato em cunha, avança para a avenida, elevado do solo por dois largos pilares.

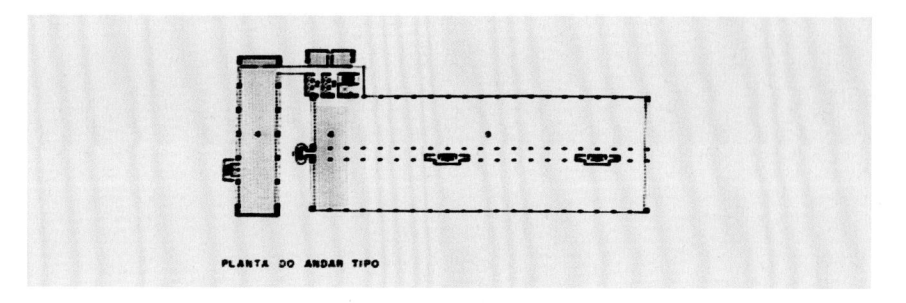

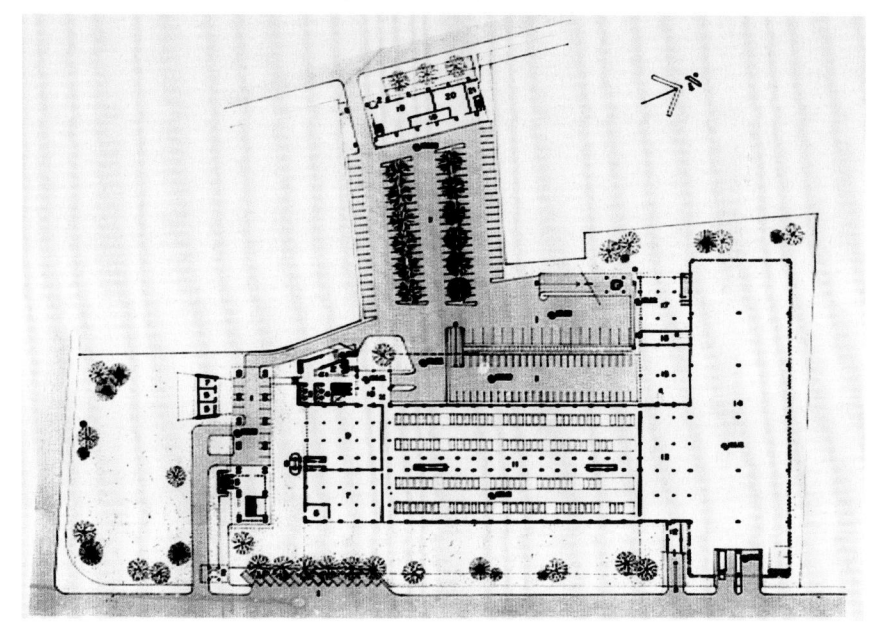

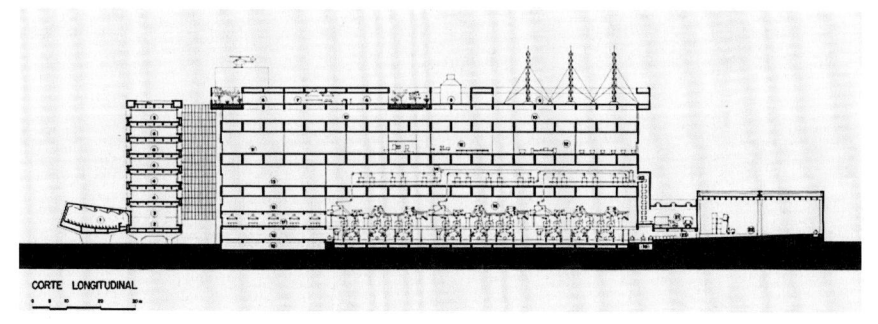

Vista do edifício

Plantas do andar tipo
e do térreo

Corte longitudinal

54 Colégio Miguel de Cervantes

avenida Jorge João Saad
São Paulo SP
1973

Preservado e em bom estado de conservação

Tendo como coordenador o arquiteto Luiz Roberto Carvalho Franco e como arquiteto responsável Antonio Carlos Sant'Anna, o projeto do colégio foi realizado com uma concepção modular sistêmica – inédita na obra do escritório Rino Levi Arquitetos Associados –, possibilitando a máxima flexibilidade, até mesmo a expansão infinita do colégio, em caso de necessidade e havendo disponibilidade de área. A malha modular distribuída diagonalmente no terreno e conectada por uma marquise de circulação gera amplos espaços triangulares de vivência.

O espaço destinado às aulas expressa a intenção de inovação pedagógica da escola. Cinco módulos estão dispostos em cruz, sem perda de continuidade, com um balcão no módulo central, onde ficam reunidos os equipamentos didáticos de suporte às atividades de ensino, que podem se desenvolver em cada um dos módulos vizinhos. Esses conjuntos se repetem cinco vezes, sendo conectados por quatro módulos hidráulicos com sanitários. Entre os conjuntos de aula e a marquise de circulação, quatro módulos descobertos recebem jardins situados no nível do peitoril das janelas, o que permite uma melhor integração com o espaço interno. Do outro lado da marquise de circulação, três conjuntos de dois módulos abrigam a administração, a sala de artes e laboratórios.

Plantas e cortes

Maquete

Vista lateral

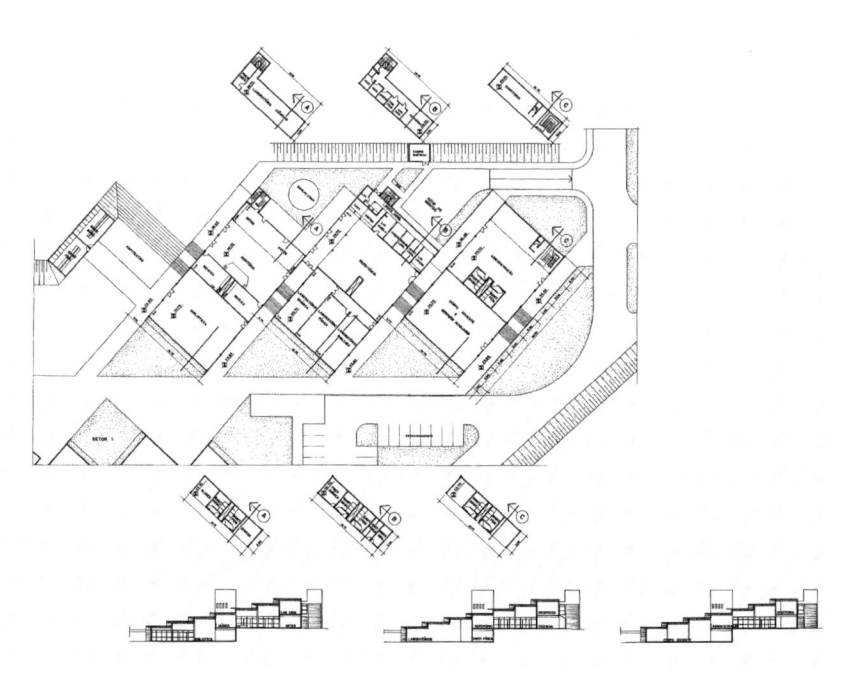

55 Edifício Siemens

avenida Mutinga 3.800
Pirituba SP
1973

Preservado e em bom estado de conservação

O anteprojeto foi realizado pelo arquiteto alemão Fritz Pöhlmann e desenvolvido no Brasil por Paulo Bruna. O edifício – com uma torre central reunindo os principais serviços, instalações e circulação vertical, e com planta flexível para ocupação modulada – foi concebido como um módulo que poderia ser articulado pelas caixas de escadas externas e repetido indefinidamente. A construção de um dos edifícios, mais um anexo semienterrado, mostrou-se suficiente para acomodar a empresa, tornando-se desnecessária a execução do sistema previsto.

Implantado sobre uma colina em área montanhosa na região Norte de São Paulo, o projeto se aproxima de um volume cúbico simples, forma sugerida tanto pela planta quadrada quanto pelas faces homogêneas das elevações, marcada pela alternância das faixas horizontais das janelas contínuas e das passarelas externas. As passarelas – uma exigência do contratante e já presente no anteprojeto – servem para circulação, manutenção, sombreamento e rota de fuga em caso de incêndio. Elevado do solo, o volume é coroado por um andar técnico inteiramente fechado, invertendo o tradicional sentido tectônico de maior peso nos andares inferiores.

Plantas, elevação e corte

Vistas externas

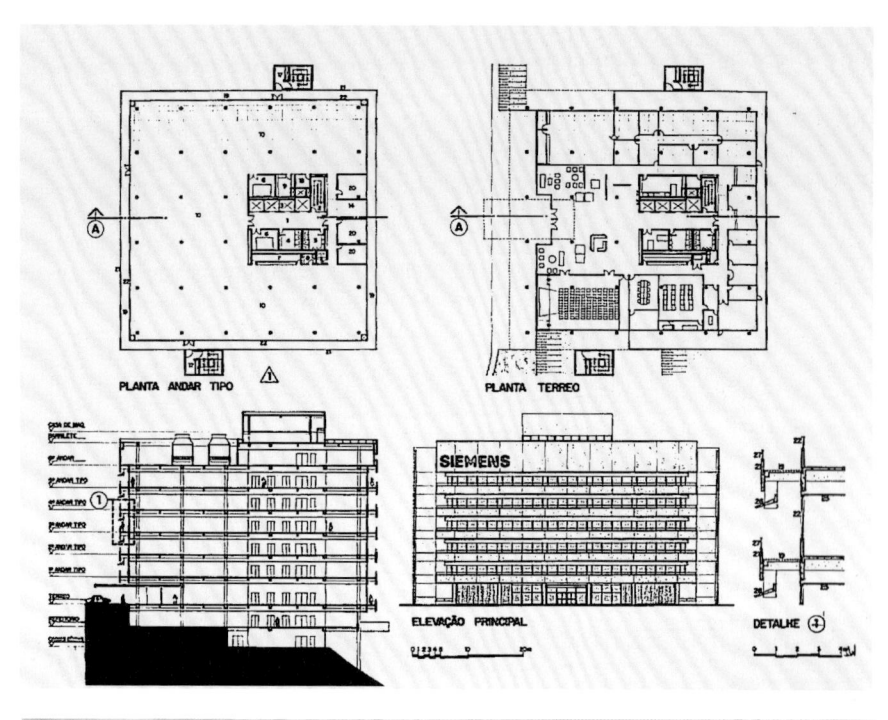

56 Fábrica de detergente em pó Gessy Lever

marginal Norte da Rodovia SP 75 km 52,7
Indaiatuba SP
1977-79

Preservado e em bom estado de conservação

O projeto, de responsabilidade de Paulo Bruna, foi implantado em terreno amplo e de baixa declividade. Sua forma foi definida em decorrência do estudo dos fluxos de produção, entendidos como tal desde as linhas de instalação e circulação de líquidos até os percursos dos trabalhadores. A planta modulada é atravessada por conjuntos de dutos conduzindo produtos químicos e por uma galeria principal de circulação, que liga todos os blocos do complexo.

A horizontalidade do terreno e a distância da rodovia permitem que o peculiar perfil da cobertura seja identificado ao longe. Um sistema pré-fabricado de concreto desenvolve os princípios estruturais iniciados com o projeto da Permetal (1973) e de iluminação e ventilação empregados, pela primeira vez, nos lanternins de dupla face do projeto da Minisa (1975). Substituindo as treliças usuais em sheds, uma peça única de concreto funde os nós na pré-fabricação, permitindo o vão com o mínimo de contraventamento. A assimetria gerada pela inclinação do lanternim de dupla abertura movimenta o espaço interno.

Vista externa do conjunto

Interior iluminado por lanternins

Implantação

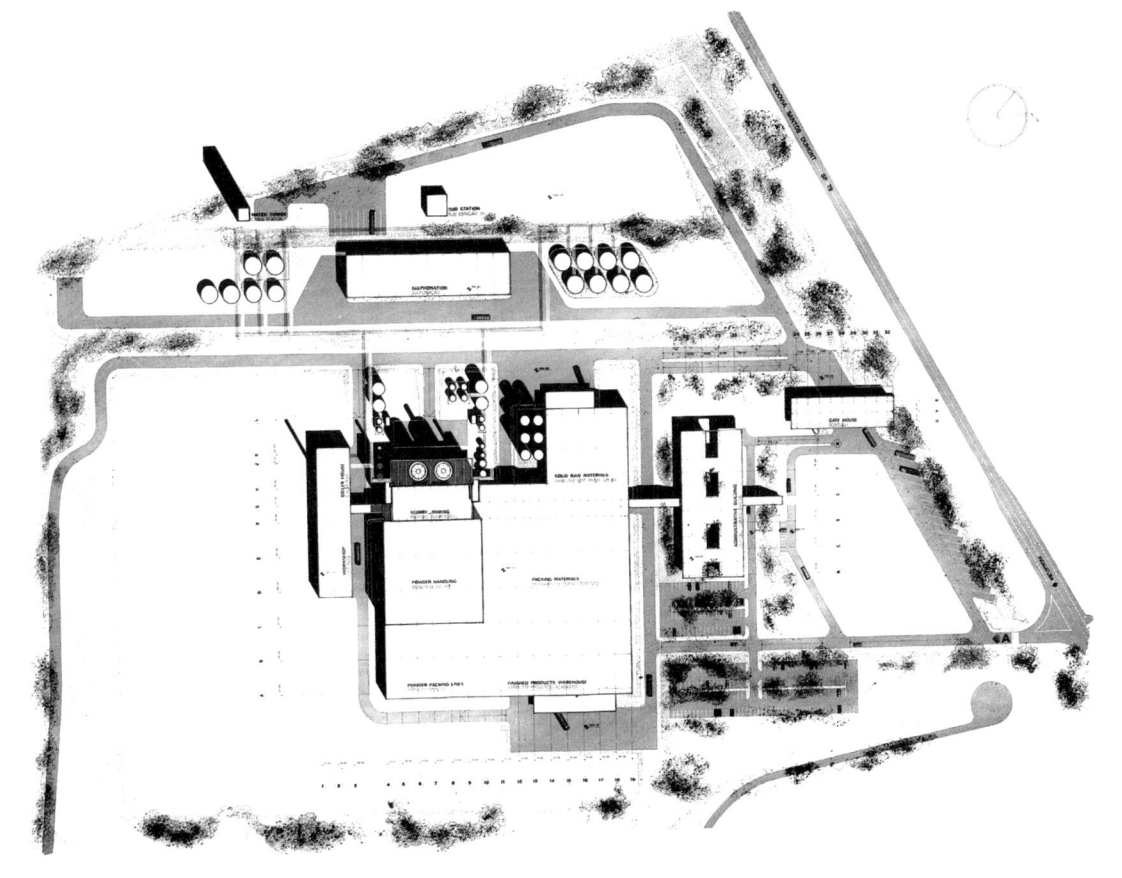

57 Casa de Hóspedes para a CBMM

Araxá MG
1979

Preservado e em excelente estado de conservação

Situado em condições privilegiadas de paisagem, esse projeto retoma o tema da Residência para Engenheiros das Usinas Elclor (1956). Mas enquanto ali a habitação coletiva para o corpo dirigente da empresa e visitantes se definia pela implantação contrastante com o sítio, aqui o projeto se espalha a ponto de dificultar uma percepção do conjunto. O projeto é concebido como um sistema modular de apartamentos que evolui sinuosamente a partir de um núcleo de convivência e de serviços, envolvendo-se com a vegetação existente e a projetada para criar uma interação entre os ambientes internos e externos. Acomodando-se à declividade, os apartamentos se voltam para o Norte e para o Sul do conjunto central que os interliga de forma alternada por meio de mezaninos. Para Leste do núcleo, uma passarela elevada e uma pérgula cobrem a rua de chegada, interligando a casa a um bloco de serviço. Para Oeste, o complexo de lazer com terraços, piscina e sauna (ambas de forma circular) estendem o espaço do núcleo de convivência para a paisagem principal. O arquiteto responsável foi Carlos Arcos, sob a coordenação de Roberto Cerqueira César e Luiz Roberto Carvalho Franco, com paisagismo de Fernando Chacel.

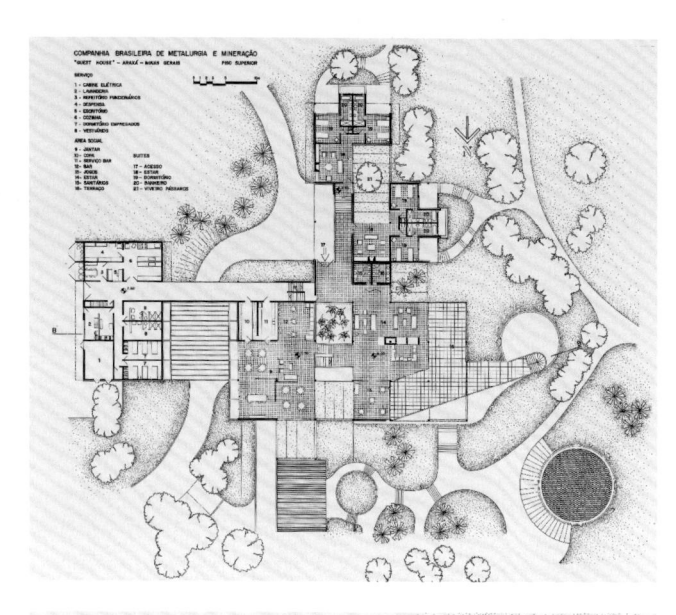

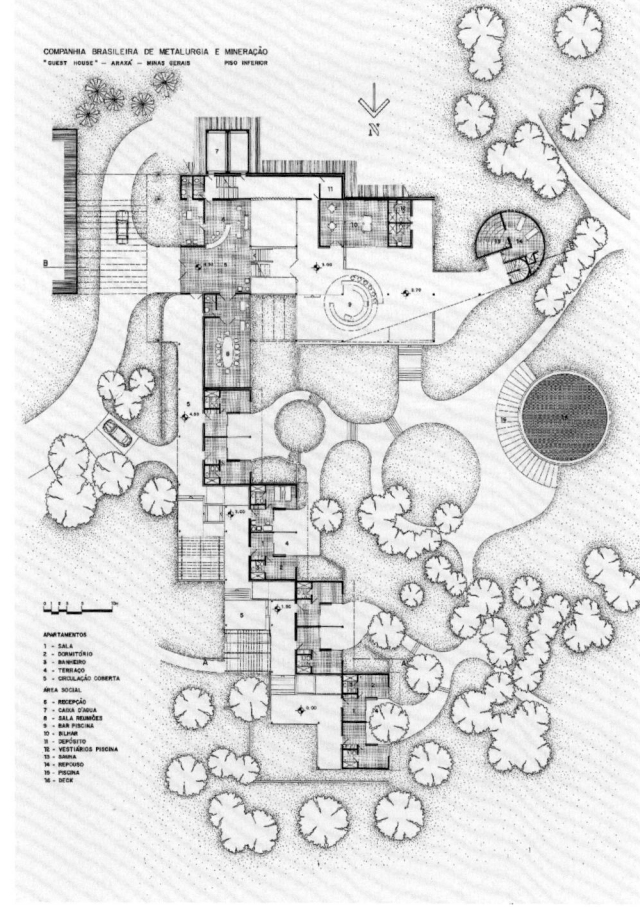

Planta do térreo

Planta do primeiro pavimento

Vista externa

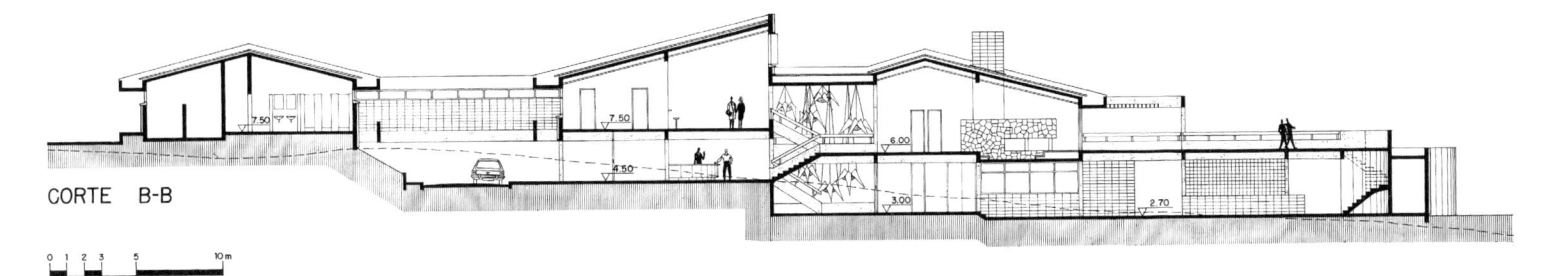

CORTE B-B

0 1 2 3 5 10m

Corte

Vista externa

Vista externa

Detalhe da pérgula

58 Edifício Paramount-Lansul

rua Alexandre
Dumas 1.375
São Paulo SP
1987

Preservado e em
bom estado de
conservação

Parte de um conjunto de edificações empresariais edificadas ao mesmo tempo, o projeto procurou explorar sua vinculação com os vizinhos. Recuos e volumetria geram um *largo* no entroncamento das ruas, assinalado pela rotação do volume do auditório no térreo. Além das torres de circulação e serviços, a planta-tipo é atravessada por um vazio central iluminado zenitalmente e que anima o conjunto. A concepção dos fechamentos verticais confere horizontalidade ao volume de quatro pavimentos ao proteger com uma grelha de brise apenas os dois andares centrais. A coordenação coube ao arquiteto Paulo Bruna.

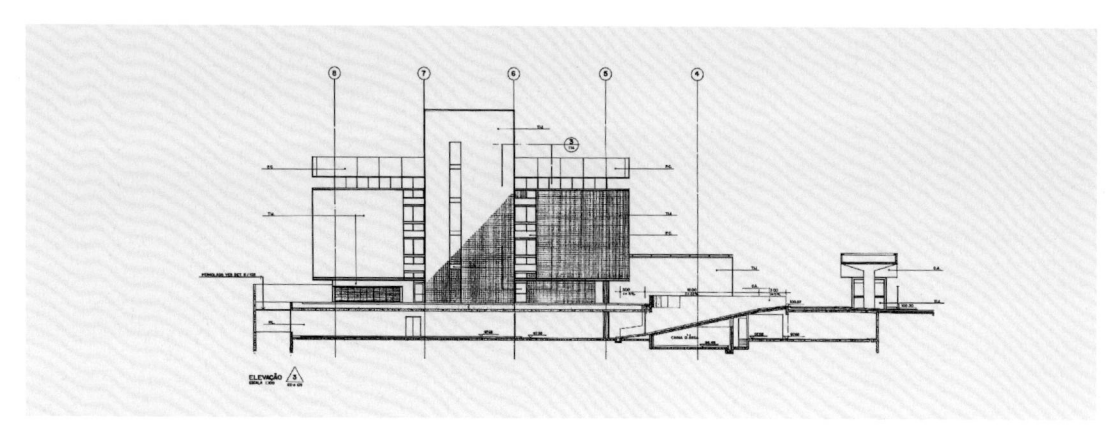

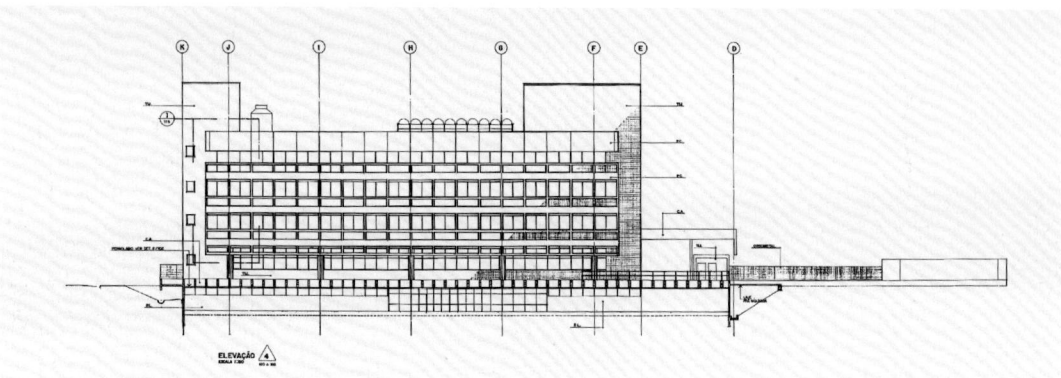

Vista externa

Elevações

Planta do primeiro e do segundo andares; planta do terceiro andar e corte longitudinal

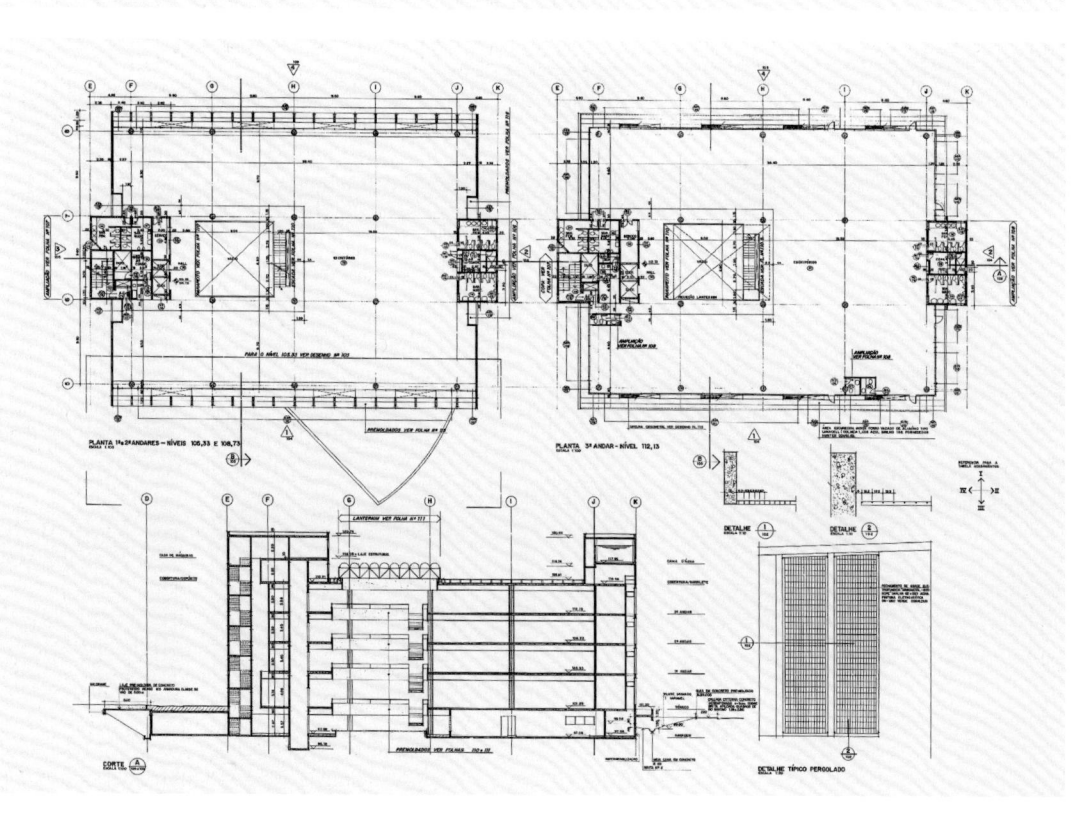

Detalhe da fachada

Átrio central visto do segundo andar

Vista interna

Detalhe da grelha de brises

Edifício-Sede da Fiesp-Ciesp-Sesi

São Paulo 1969-79

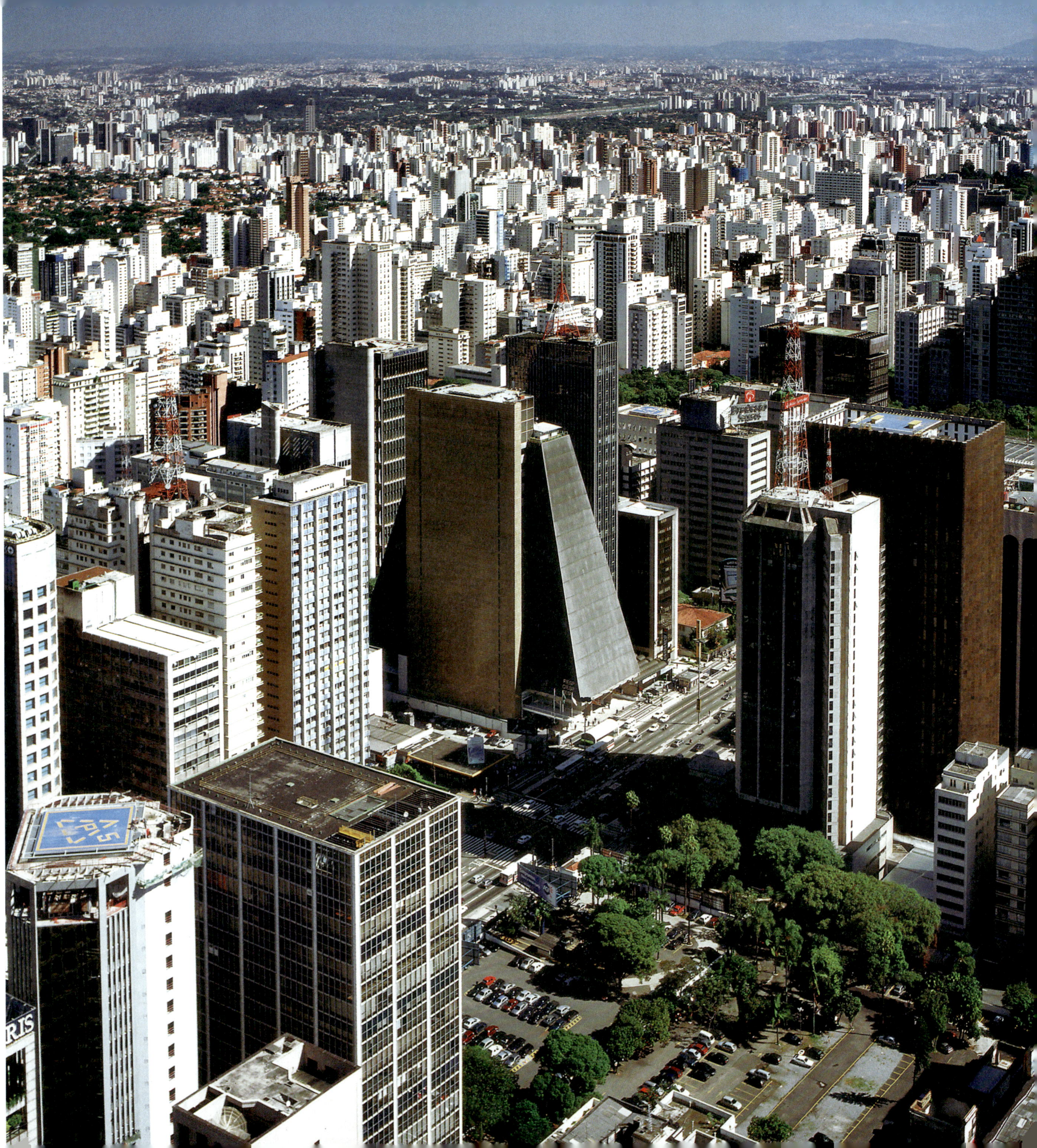

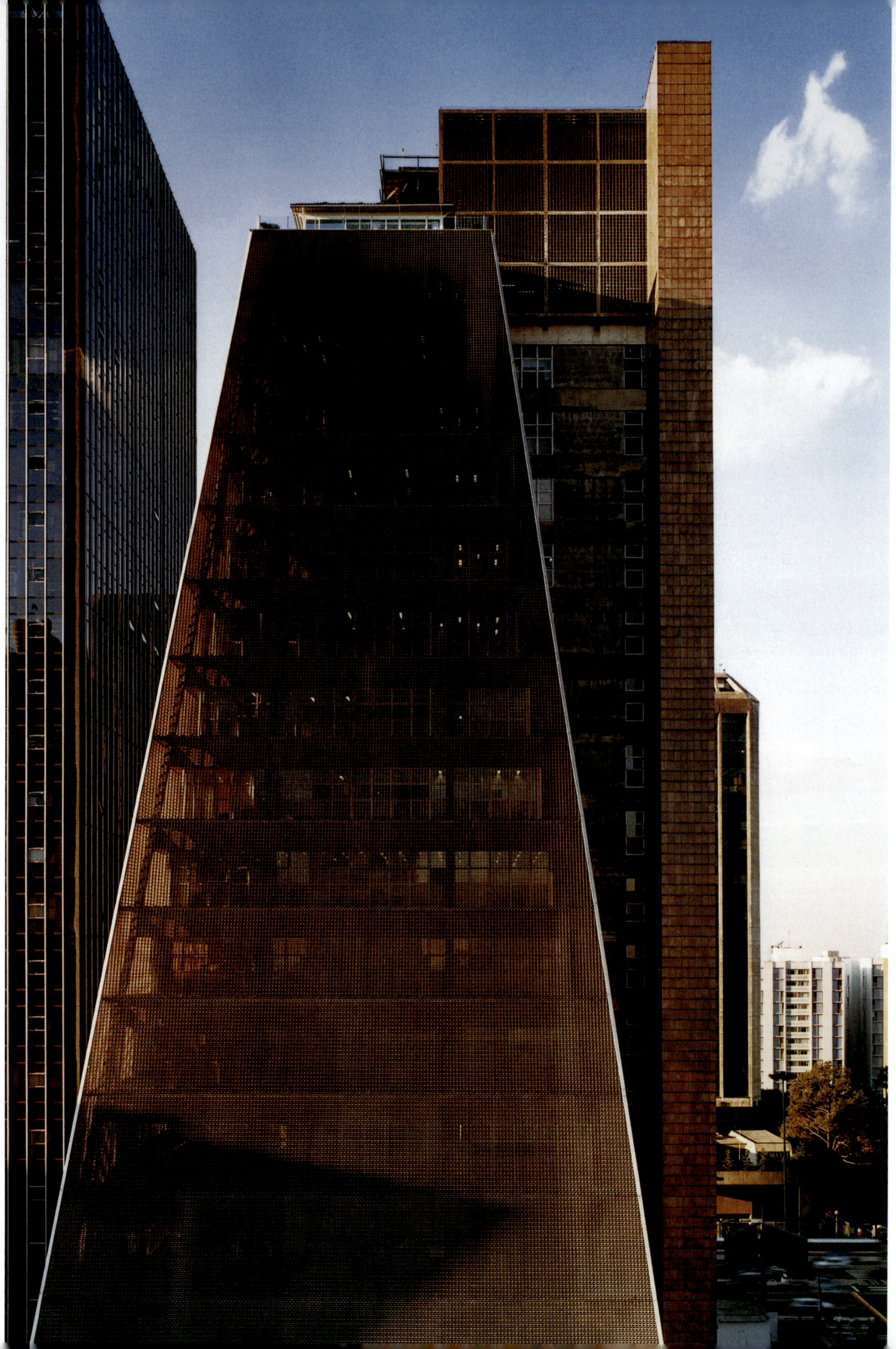

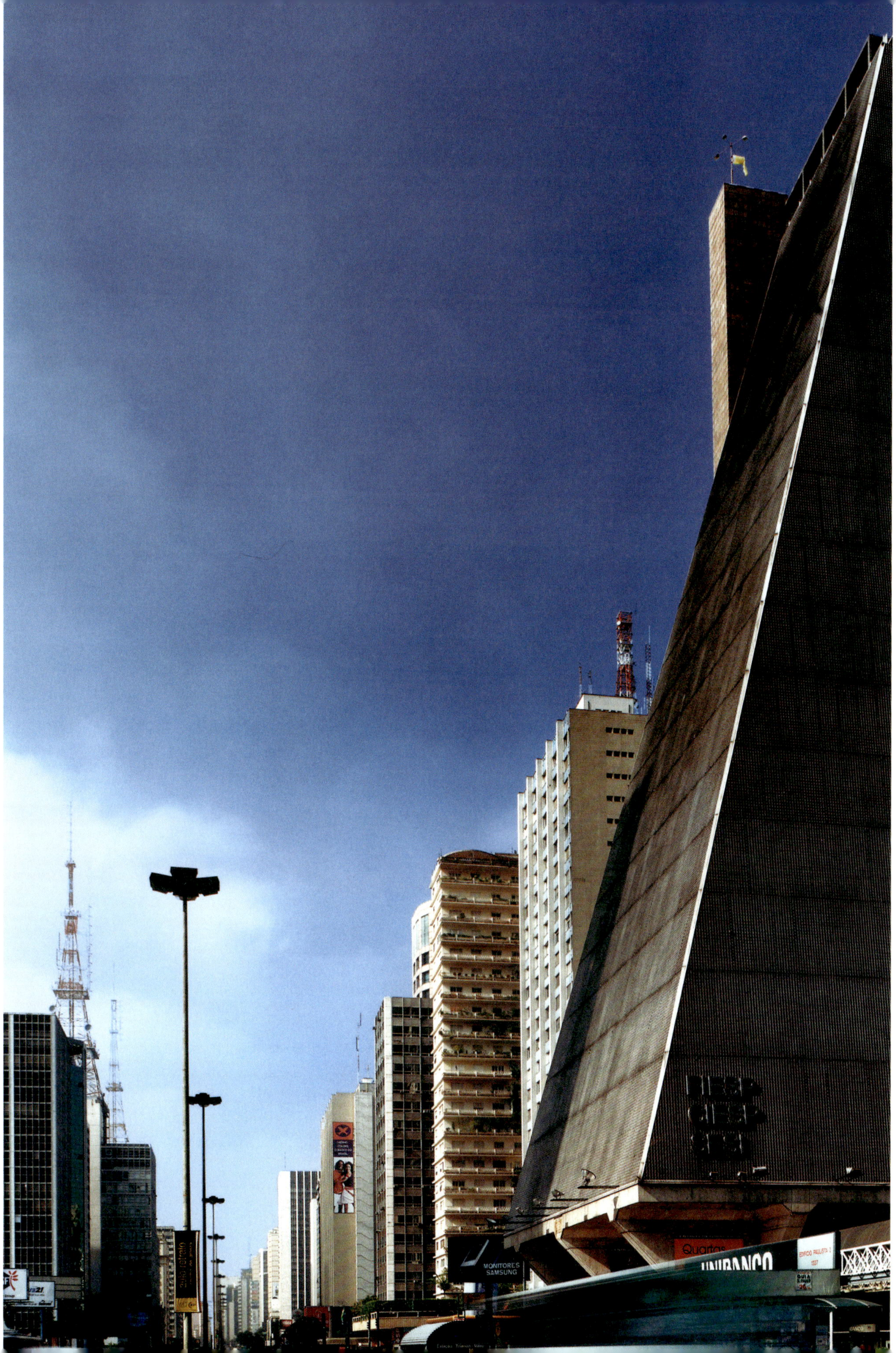
MONITORES
SAMSUNG

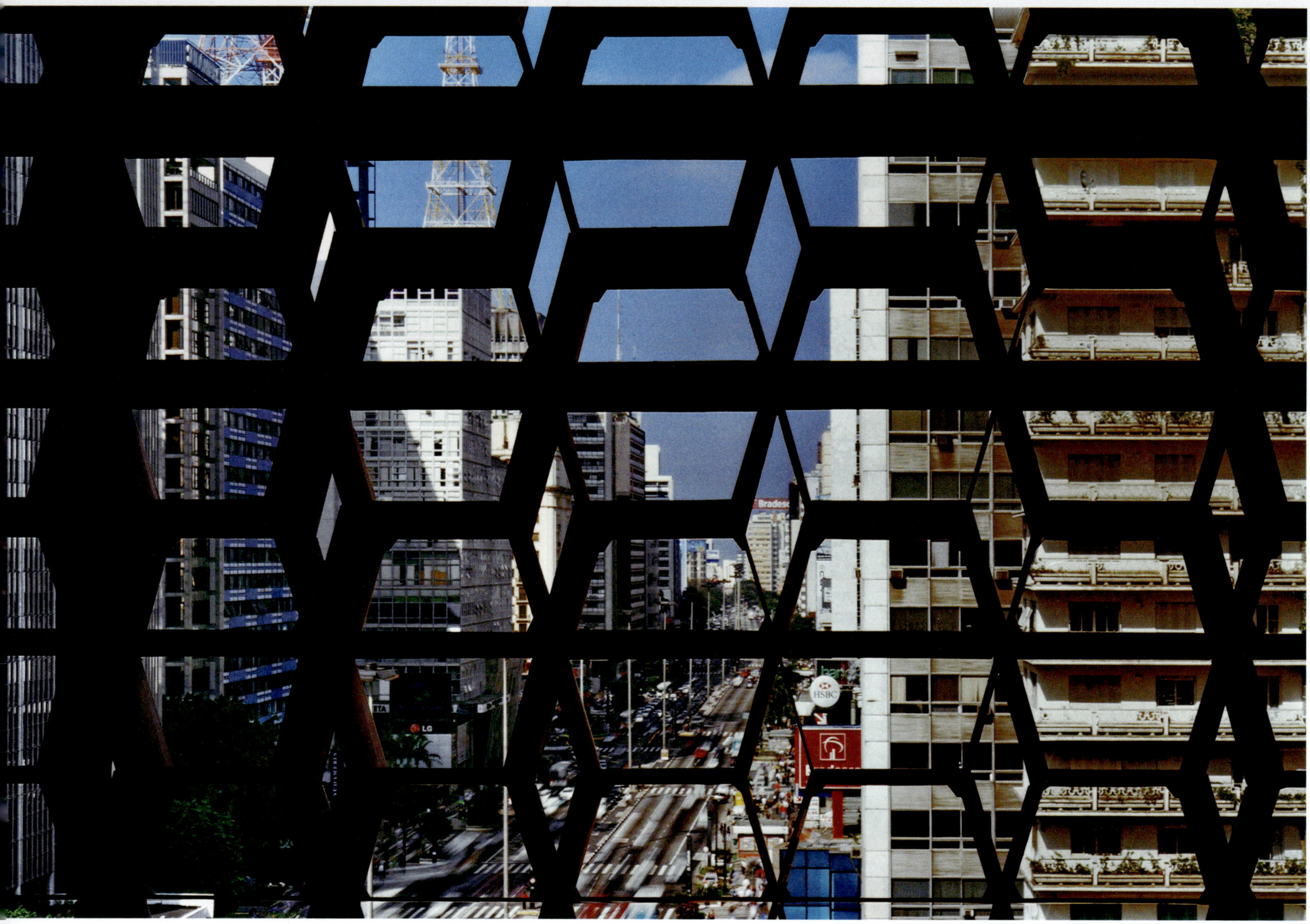
HSBC
LG

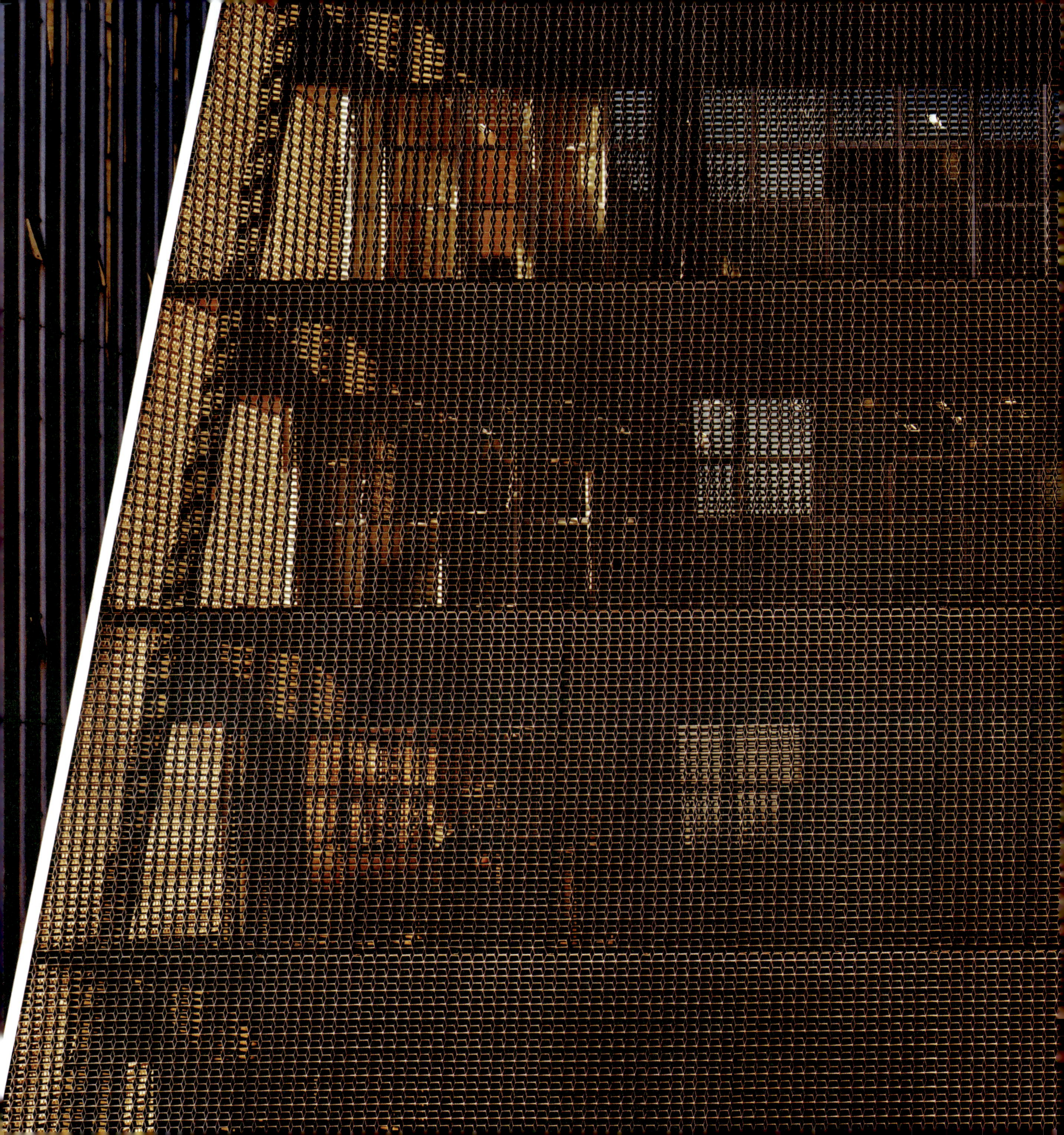

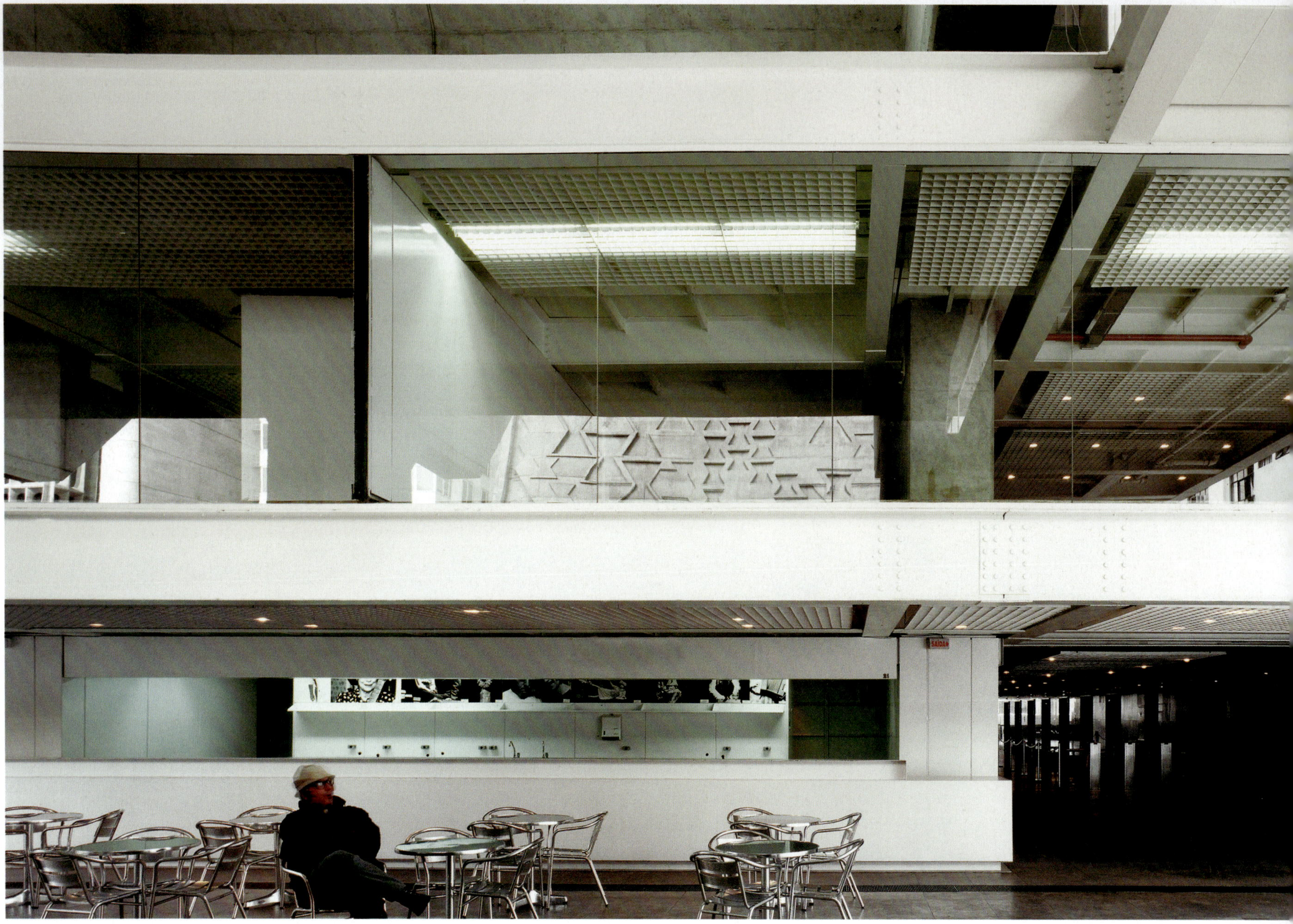

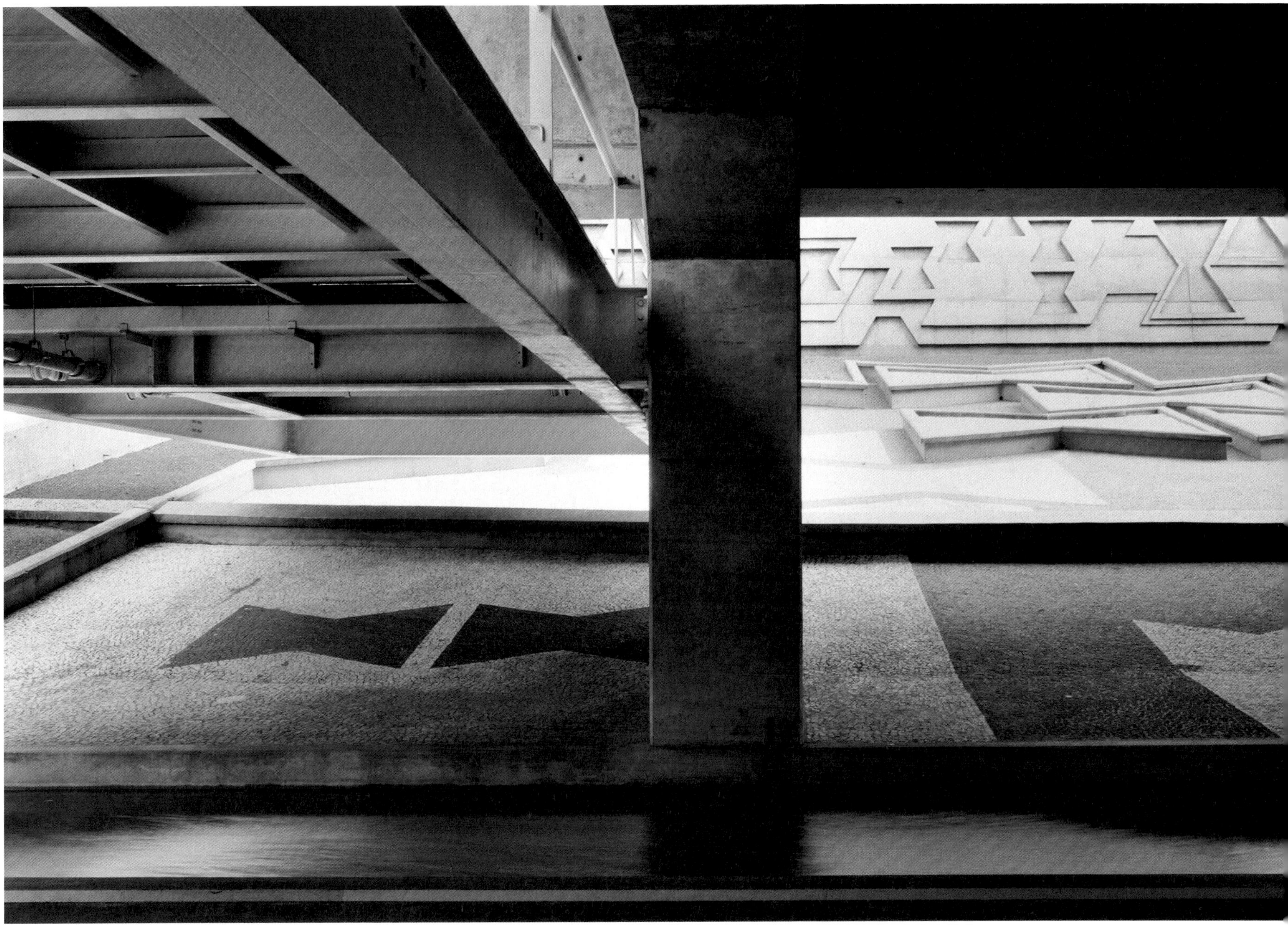

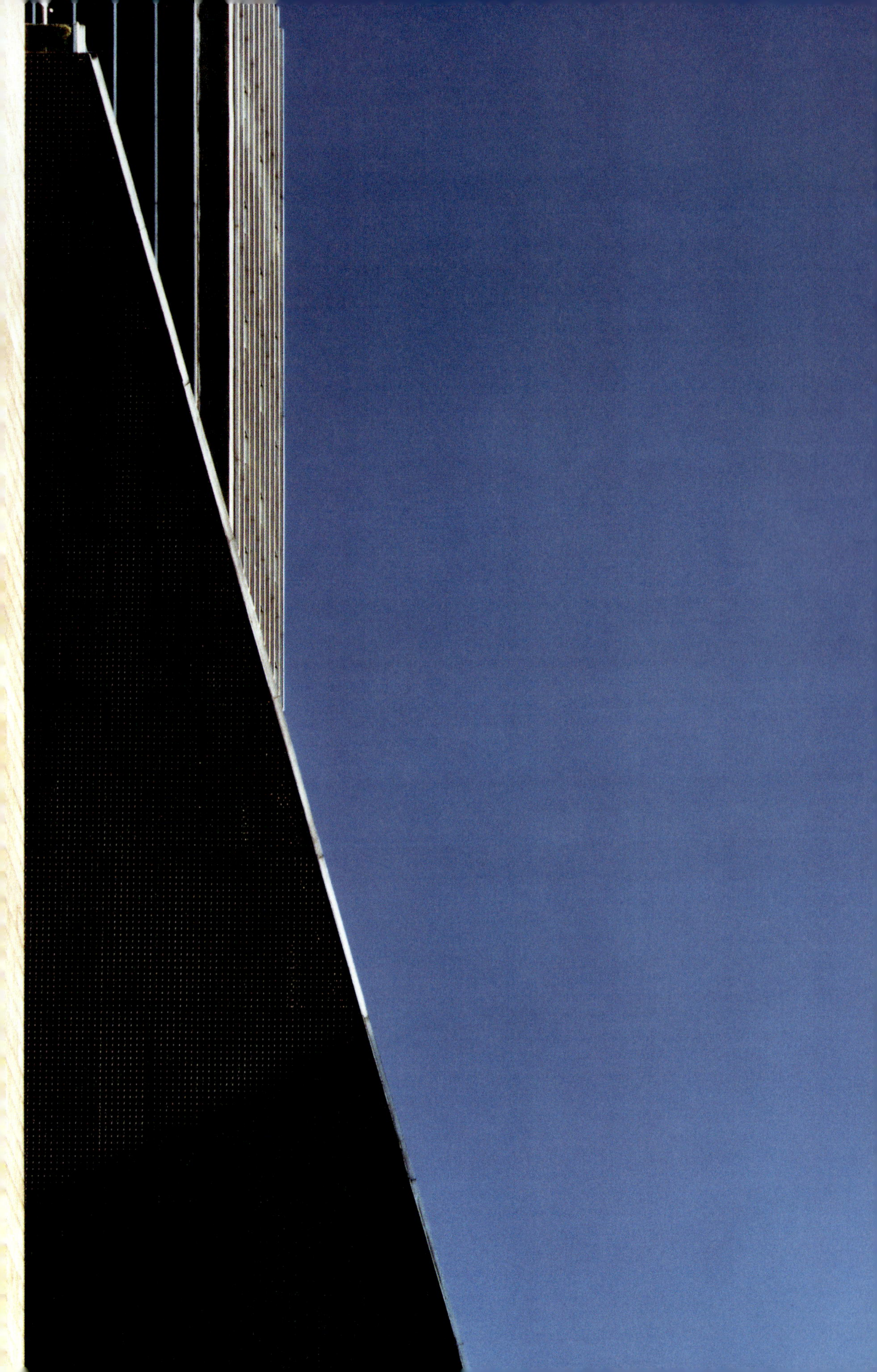

Trajetória de Rino Levi – epílogo

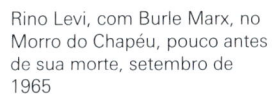

Em 29 de setembro de 1965, durante uma expedição botânica em companhia de Burle Marx, Rino Levi sofre um ataque cardíaco fatal após escalar uma trilha íngreme do Morro do Chapéu, município de Lençóis, interior da Bahia. Interrompia-se, assim, uma carreira em plena produção, baseada num escritório bem estruturado e compartilhada com dois sócios mais jovens, que atingiam a maturidade profissional. A parceria por 24 anos com Roberto Cerqueira César e por treze anos com Luiz Roberto de Carvalho Franco conferiu segurança à decisão rara no âmbito da arquitetura brasileira: continuar a sociedade com a denominação de seu titular ausente – Rino Levi Arquitetos Associados.

A estrutura de trabalho em equipe, em que a autoria é compartilhada, foi a principal justificativa dessa decisão. Segundo Cerqueira César, o trabalho era desenvolvido em clima de companheirismo, com as proposições discutidas com toda a equipe. Com o objetivo de coordenar o ritmo administrativo, cada projeto tinha um responsável entre os sócios. No entanto, isso não significava maior preponderância do coordenador na autoria do projeto, uma vez que sua concepção era discutida em conjunto, "mesmo (n') aqueles que ficavam sob coordenação de Levi".[1]

Rino Levi, com Burle Marx, no Morro do Chapéu, pouco antes de sua morte, setembro de 1965

Rino Levi nas obras do Banco Sul-Americano da avenida Paulista, São Paulo, 1962

Rino Levi nas obras do Laboratório Paulista de Biologia, São Paulo, 1956

Ao narrar o desenvolvimento do sistema poli-helicoidal de garagens, Carvalho Franco lembrava que ele e Levi chegaram, simultaneamente, à mesma solução. Para ele, o equacionamento do problema relativo ao projeto e o encaminhamento de soluções lógicas e racionais levavam a resultados próximos.[2] O período em que Levi desenvolveu os projetos hospitalares na Venezuela teria funcionado como um ensaio para a posterior continuidade da equipe. Durante quase um ano, viveu vários períodos de dois meses corridos na Venezuela, intercalados por curtos períodos no Brasil, sem que se perceba uma descontinuidade na qualidade do trabalho do escritório. Os sócios remanescentes compartilhavam a crença de que o rigor do método atenuava as contribuições das personalidades dos autores e isso, por si só, garantiria uma continuidade que transcenderia o desaparecimento do titular da equipe, o que não se confirmou nas décadas seguintes.

Almoço do IAB no Jockey Clube, São Paulo, outubro de 1944. Aldo Ferreira, Hélio Duarte, Jaime Fonseca Rodrigues, Rino Levi, Roberto Cerqueira César, Léo Moraes, Abelardo de Souza, Otávio Lotufo e Régis. Sentados: Eduardo Kneese de Mello, Charles Wright, Kurt Lang, João Vilanova Artigas, Franco Kosuta, Cardim Filho

Anotações de Roberto Cerqueira César sobre dimensionamento de palco

Anotações de Luiz Roberto Carvalho Franco sobre casas com pátio, comparando quatro projetos do escritório

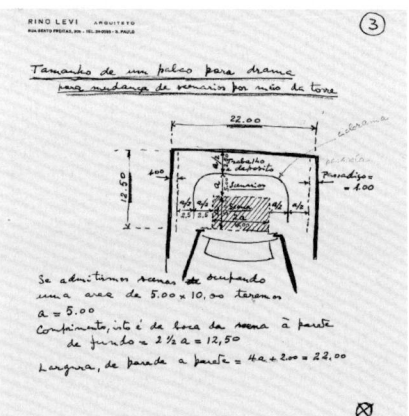

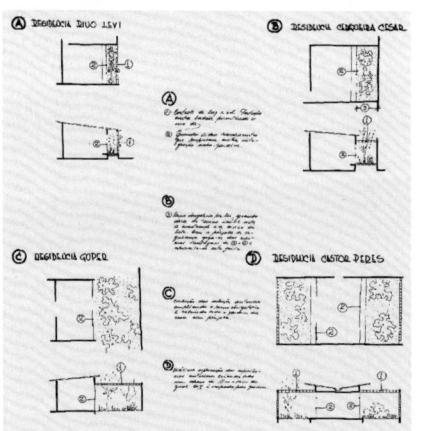

A interpretação de Yves Bruand sobre a obra de Levi aponta para outra direção. Ao qualificar os arquitetos modernos brasileiros como "individualistas", o autor francês cita Rino Levi como exemplo de uma concepção "aristocrática da arte" que, apesar das colaborações com outras disciplinas, reserva "para si o papel decisivo, a maturação definitiva do projeto".[3] Os depoimentos de Levi corroboram essa interpretação. No mais completo deles, realizado durante uma palestra sobre projetos de hospitais, Levi resume o funcionamento de seu escritório:

> Um projeto de arquitetura adquire a sua fisionomia definitiva aos poucos, num trabalho lento que se prolonga por meses. No seu início, existem, apenas, alguns dados mais ou menos vagos sobre o tema. Este desenvolve-se paulatinamente, com os primeiros esboços, os estudos preliminares e o anteprojeto. Até então o arquiteto trabalha sozinho, valendo-se das suas noções sobre as especialidades envolvidas pelo assunto. Em seguida, como vimos, organiza-se o trabalho em equipe, a fim de discutir e solucionar os problemas relacionados ao caso, visando o melhor rendimento, o conforto e a técnica. Uma vez reunidos e assimilados todos os dados, o arquiteto, valendo-se da sua capacidade criadora, empresta ao conjunto a sua fisionomia definitiva, entrosando todos os elementos num organismo funcional, técnico e plástico. Essa fase de definição da obra é única. Nela, o arquiteto se sente completamente dentro do assunto e senhor absoluto do problema, com visão integral de todos os seus detalhes. Esse momento não mais lhe aparece, nem mesmo após executada a construção, que o deixa frio, como fosse coisa estranha à sua pessoa.[4]

A preservação do estatuto de autor e a forma de sua combinação com o trabalho em equipe são claras no depoimento. Nesse sentido, Levi se mantém mais fiel à sua formação italiana do que julgaríamos por suas declarações de admiração às concepções de Walter Gropius.

É grande a ocorrência de trabalhos em equipe na arquitetura italiana. Além de um campo único que permite o diálogo entre proposições e posturas diferentes, o trabalho em colaboração remonta à tradição dos ateliês acadêmicos, com sua hierarquia entre mestres e discípulos. Os limites

Equipe do escritório Rino Levi, São Paulo, 1987. Elnei Félix Tavares, Irene Mello, Edgard José de Oliveira, Eurico Ramos Francisco, Marcio Bortigno Teixeira, Antônio Carlos Sant'Anna Jr. (com a maquete da Sede da Mitra Arquidiocesana de São Paulo, Praça da Sé, projeto de 1975/87), Luiz Fernando Fernandez Iglesias, Estevan Martins, Nicola Pugliesi, Miriam Dardes de Almeida Castanho, Manoel Roberto, Leda Cristina Bresciani, Everaldo Cerqueira, Sérgio Camargo. Sentados: Wilamar Pereira de Araújo, Roberto Cerqueira César, Luiz Roberto Carvalho Franco (segurando o diploma de Rino Levi), Victor Nicola Ardito, Cláudia Gomes e Paulo Bruna.

Anotações para aula de Rino Levi na Venezuela, sobre o esquema funcional do Hospital General de Coche, Caracas, Venezuela, projeto de 1959

Luiz Roberto Carvalho Franco na oficina de sua casa de campo

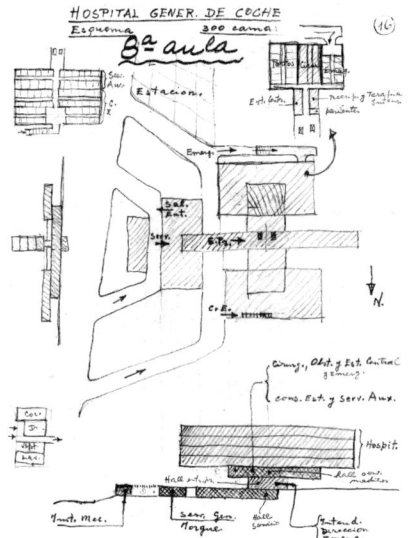

dessa estrutura frente aos desafios colocados para a arquitetura no decorrer do século 20 levaram à aproximação com o modelo das equipes interdisciplinares, então propagado internacionalmente pelos alemães.

O ateliê profissional se modernizou, incorporando procedimentos mais adequados às necessidades da época, acentuando a colaboração com outras áreas do conhecimento e tornando mais complexas as equipes de trabalho. Mas mantinham-se algumas prerrogativas dos titulares, entre elas a autoria. Além dos depoimentos de Levi, a atribuição da autoria nas pranchas de projeto é categórica. Mesmo desenvolvidos em parceria, os projetos recebiam o carimbo "Rino Levi – arquiteto", sendo que apenas algumas vezes os nomes dos associados comparecem como coautores.

O modelo do ateliê de arquitetura levava a uma sobreposição das funções da universidade e do escritório na formação dos profissionais. O escritório era organizado segundo uma hierarquia baseada na experiência, tornando-se fundamental para o aprendizado dos jovens estudantes e recém-formados que ali podiam acompanhar o arquiteto no enfrentamento de situações concretas. A universidade, com as facilidades de acesso à pesquisa e ao conhecimento humanístico e científico, cumpriria um papel quase secundário na formação profissional, mas essencial na construção de uma visão de mundo consistente, compatível com as responsabilidades que os arquitetos reivindicavam na sociedade. Mas nem mesmo essa era a realidade no âmbito das instituições de ensino. A fragmentação dos currículos universitários reduzia o exercício de projeto a um pequeno espaço na grade horária, e, mesmo assim, dependente da orientação do professor, que, se não simpatizasse com a arquitetura moderna, levaria seus alunos a inúteis exercícios historicistas.

Insatisfeito com esse modelo, em 1957 Levi participa da elaboração de uma proposta de reestruturação do ensino na FAU USP, que pretendia simular na universidade o modelo do ateliê profissional. Em conjunto com Artigas e outros professores,[5] constata um "sério desajuste entre os *curricula* universitários e a vida profissional do arquiteto". Eles propõem a formação de "um arquiteto integral, que tenha uma visão universal e única do mundo que o envolve". Defendem enfaticamente que as disciplinas de Composição tenham a mesma importância que têm no exercício profissional e sugerem a criação de um ateliê em posição de destaque, fazendo "convergir para ele todas as disciplinas do currículo".

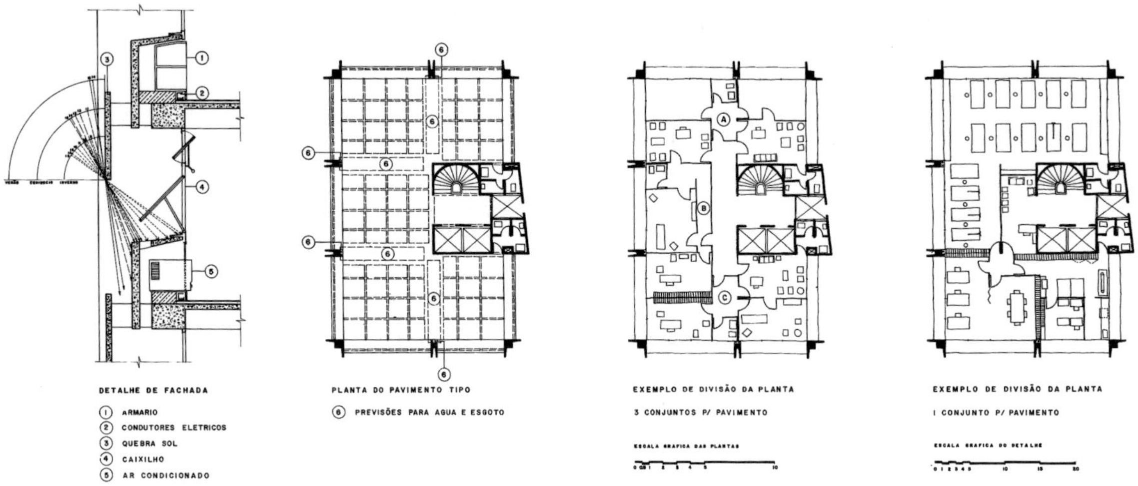

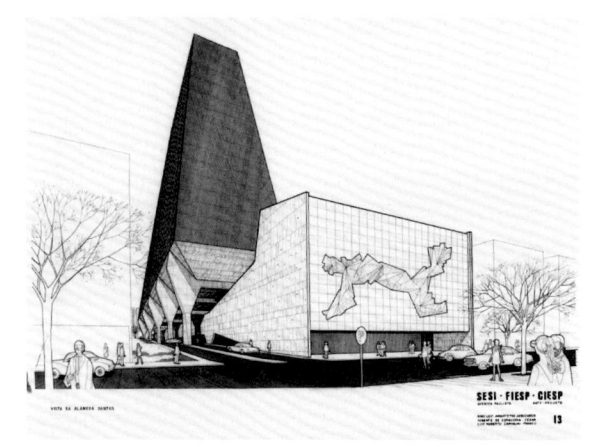

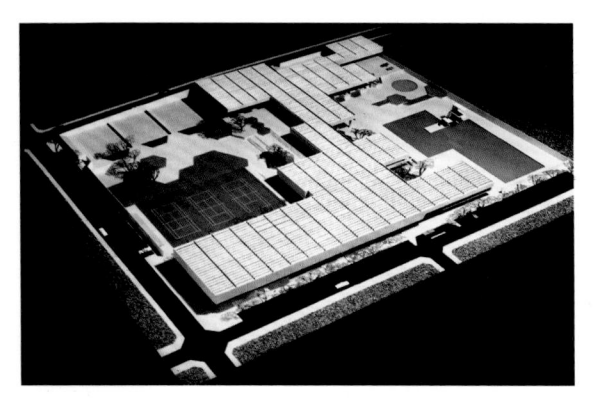

Em 1959, numa de suas viagens a Caracas, Levi desenvolve essa proposta de forma mais radical, incorporando princípios do ateliê vertical defendido por Walter Gropius. Temas gerais para toda a faculdade seriam objeto dos ateliês que reuniriam alunos de segundo a quinto ano em equipes que simulariam o ambiente do escritório, onde os arquitetos mais experientes ensinam na prática do trabalho os principiantes. O modelo é, portanto, o do ateliê de ofício, mas os temas de interesse público como instrução ou saúde extrapolam os limites da visão estreita que se convencionou atribuir aos profissionais que simplesmente dão respostas às solicitações que lhe são feitas pelos clientes.

Sua saída da FAU USP em 1959 coincide com as viagens frequentes à Venezuela. Ainda que seja atribuída por alguns ao descontentamento com as orientações que começavam a se tornar hegemônicas e das quais discordava, a causa imediata pode decorrer das dificuldades em compatibilizar as atividades acadêmicas com os longos períodos de afastamento exigidos pela vida profissional.

Antes e depois dessa passagem pela universidade, o escritório de Levi cumpriu um importante papel de formação profissional. Foram várias gerações de arquitetos que ali encontraram o espaço complementar para o desenvolvimento de sua competência em elaborar projetos, aprendendo alguns dos segredos do metiê acumulados ao longo de uma carreira que se confunde com o processo de implantação e desenvolvimento da arquitetura moderna no Brasil. De todas as características que tiveram continuidade nos anos seguintes, talvez a principal tenha sido a de se manter como centro de formação prática para os jovens arquitetos, missão levada com entusiasmo pelos sócios, em especial Carvalho Franco, de temperamento mais introspectivo que Cerqueira César e que compensou no escritório a brevidade de sua carreira docente desenvolvida na área de Desenho Industrial e Projeto na FAU USP (1958-65).[6]

Plantas e detalhe técnico do edifício de escritórios Jardim Paulista, São Paulo, 1966

Projeto apresentado no concurso para o edifício da Fiesp-Ciesp-Sesi, São Paulo, 1969

Clube Araraquarense, maquete, Araraquara, 1969

Fiesp-Ciesp-Sesi, projeto construído

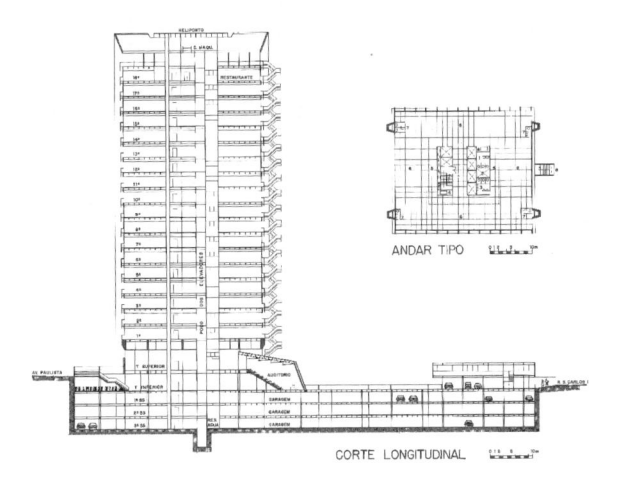

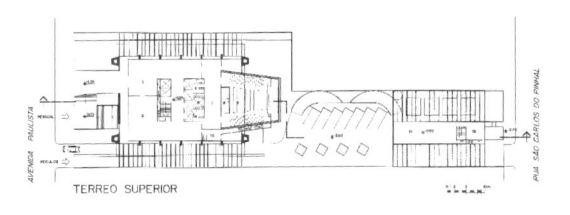

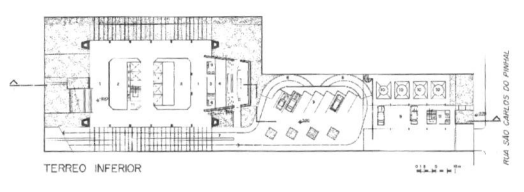

Várias gerações de profissionais iniciaram a carreira como estagiários ou jovens arquitetos no Escritório Rino Levi. Miguel Forte, Marc Rubin e Dario Montesano tiveram a oportunidade de partilhar a experiência do titular ainda atuante. Roberto Loeb participou da construção do Centro Cívico de Santo André, logo após a morte de Rino Levi. Na década de 1970 inicia-se um período de expansão das atividades do escritório, com diversas encomendas fruto de concursos e solicitações particulares, tanto na área de arquitetura como na de urbanismo e planejamento, com a consequente necessidade de ampliação da equipe de trabalho.

Durante a década de 1970, dezenas de arquitetos passaram pelo processo de lapidação profissional do escritório: Antonio Carlos Sant'Anna Jr., Maria Lúcia Refinetti, Ricardo Toledo Silva, Heliana Comin Vargas, Rodolfo Cezar Magalhães, João Paulo Meirelles, Doris Zaidan, Roberto Righi, Issao Minami, Célio Berman, Luis Roggero, Luis Espallargas, Carlos Arcos, Leda Bresciani, Roberto Aflalo Filho, Roberto Ventura, Luís Rangel Freitas, Bruno Padovano, Alberto Xavier, Dirceu Furquim Almeida, Carmem Iabutti, Mauro Magliozzi, Cristina Novaes, Valéria Valeri, Carlos Eduardo Zahn, José Caruso Ronca, Taisa Storace, Nádia Kuchar, Mirna Samara, Vera Santos Brito, Alberto Levy, Odete Lazar, André Abe, Renato Daud, Osvaldo Ribeiro Tavares, Moisés Nascimento, entre outros. Na década de 1980, mais uma leva: Carlos Bruno, Cláudia Nucci, Sérgio Camargo, Manoel Pedroso Lima, Gilberto Belleza, Cláudia Souza Gomes, Eurico Ramos Francisco, Lívia França, Estevam Martins, David Trad Neto, Maria do Carmo Vilariño, Frederico Verrett, Luiz Fernando Iglesias, Mirian Dardes de Almeida Castanho, Adriana Biella Prado, Jackson Dualibi, Mário Granato, Gilberto Ceretti, Flávia Oide, Jitomir Theodoro da Silva e Cecília Rodrigues dos Santos, os dois últimos com a responsabilidade de organizar um livro sobre o escritório, nunca editado. Por fim, Ângelo Cecco, Edna Nagle, Fernanda Ferrari, Rita Guedes, Renata Barbosa e Isabella Rusconi já na década de 1990. Dentre todos, destaque especial para o arquiteto uruguaio Carlos Arcos, cujo talento foi determinante para a qualidade de diversos projetos do período. Comprovando o fato de ser o escritório Rino Levi Arquitetos Associados espaço de discussão e aprendizado, muitos desses profissionais tornaram-se professores das principais escolas de arquitetura do estado de São Paulo e arquitetos com atuação destacada no cenário paulista e nacional.

Edifício-sede do Senai, corte e planta do pavimento-tipo; plantas do pavimento térreo superior e inferior; maquete. São Paulo, 1972

Roberto Cerqueira César, Luiz Roberto Carvalho Franco, Alberto Botti e Marc Rubin, projeto Ponte Pequena, implantação e maquete, São Paulo, 1971

Indústria Permetal, fincamento dos pilares em "T" durante a construção e vista interna da obra construída, Guarulhos, 1973

Vários calculistas prestaram serviço para o escritório, com destaque para o suíço Andreas Pestalozzi – irmão de Franz Andrea, sócio de Rino Levi na década de 1940 –, responsável, entre outros, pelos cálculos do projeto vencedor do concurso do edifício da Fiesp-Ciesp-Sesi, adulterado na construção pela intervenção do cliente. Durante o período das grandes fábricas, foram fundamentais as participações dos engenheiros Eduardo Pessoa, Jorge Z. Kurkdjian e Mário Franco.

Durante décadas o escritório teve uma organização de trabalho em que o papel do projetista era importante tanto para o detalhamento dos projetos como para o aprendizado dos estagiários e jovens arquitetos. Tiveram tal incumbência Márcio Bordignon Teixeira, Lúcio Teixeira, José Vicente Silva, Victor Nicola Ardito, Samira Naked, Ricardo Poinha e Alfredo Lopez. O projetista italiano Nicola Pugliesi permaneceu no escritório por mais de trinta anos (1960-91), ocupando, na última década, papel estratégico na supervisão da produção de projetos. Duas secretárias também tiveram participação importante na organização do trabalho: Marilza Oliveira, nos anos 1960, e Wilamar Pereira de Araújo, do final da década seguinte até o início dos anos 1990.

A continuidade da produção de uma equipe após o desaparecimento do arquiteto que a criou e liderou por décadas apresenta, obviamente, transformações que não são de pequena monta. Por maior que fosse a objetividade do trabalho ali desenvolvido, a ausência da subjetividade específica de Rino Levi é percebida logo nas primeiras obras geradas após seu falecimento. Mantém-se o rigor metodológico, expresso pela adequação ao uso solicitado e pela clareza construtiva, mas transforma-se a sensibilidade das proporções da forma, agora menos dependente dos parâmetros clássicos que formaram Levi.

Alguns projetos dão clara continuidade a temas que vinham sendo tratados nos últimos anos. O projeto para o concurso da Fiesp-Ciesp-Sesi desenvolve o volume recoberto por uma pele de brise, já explorado nos edifícios Elclor e Plavinil-Elclor, e a monumentalidade dos relevos de concreto produzidos por Burle Marx no Centro Cívico de Santo André. O Clube Araraquarense dá sequência às concepções das grandes coberturas que reúnem todas as funções, partido adotado no Centro Social da USP e na Usina de Leite Paraíba.

O Edifício Jardim Paulista (1966), para onde o escritório transferiu sua sede, inaugura uma nova linha de projetos para prédios administrativos. Além da flexibilidade permitida pela planta modulada – tema presente desde o projeto para o conjunto de escritórios do IAPI, em 1939 –, a concepção da fachada assume uma nova característica. Em vez da dupla pele constituída pelos planos de caixilhos e de brise, a fachada passa a se desenvolver por uma faixa de sombra, permitida pelo recuo do caixilho em relação ao plano externo de concreto. É retomada a profundidade das aberturas que caracterizaram os primeiros projetos de Levi, em que o recuo do caixilho produzia algum sombreamento para o ambiente interno e abrigava armários nos espaços residuais. Nos novos projetos, o espaço gerado pelo recuo dos caixilhos não é tratado como perfuração, pois as aberturas foram concebidas como faixas corridas por toda a extensão da fachada. Também o espaço restante passa a abrigar equipamentos como ar-condicionado ou dutos de distribuição de instalações. Constitui-se, assim, um sistema bastante aberto de projeto. Como a planta modulada poderia assumir qualquer forma e dimensão, dependendo do uso proposto e das características dos lotes disponíveis, o projeto passa a se caracterizar pela opção construtiva e por dois setores estratégicos: a torre de circulação vertical e serviços e a faixa de vedação exterior, com suas instalações e brise.

O forte interesse de Levi pelo urbanismo encontra seu principal desdobramento na trajetória individual de Cerqueira César, que se desenvolve com alguma independência em relação ao escritório. Pertencente a uma família tradicional paulistana, Cerqueira César passou a receber encargos públicos do prefeito Figueiredo Ferraz e do governador Laudo Natel, participando ativamente da gestão urbanística da cidade de São Paulo durante os anos do regime militar.

Centro Administrativo Municipal, implantação, São Paulo, 1974

Roberto Cerqueira César e Paulo Bruna

Membro do Grupo de Assessoria do prefeito de São Paulo em 1969, tornou-se o primeiro coordenador da Coordenadoria Geral de Planejamento – Cogep, entre 1971 e 1972, quando foram definidos dois dos principais pilares da gestão municipal daqueles anos: a Lei de Zoneamento e o Plano de Vias Expressas. Em seguida participa da criação da Empresa Municipal de Urbanização – Emurb, tornando-se seu primeiro presidente entre 1972 e 1973; logo após, em 1974, foi o primeiro secretário de Negócios Metropolitanos do governo do estado.

Durante o período, Cerqueira César e Carvalho Franco, em parceria com Alberto Botti e Marc Rubin, realizaram, sem cliente específico, um estudo experimental de forte teor moderno, objetivando atender a uma das recomendações do Plano Urbanístico Básico: constituir na região ao longo da avenida Tiradentes, entre a Estação da Luz e o Rio Tietê, o Centro Administrativo Municipal. Mantendo apenas alguns edifícios históricos, o projeto arrasava todas as construções e o sistema viário existente e propunha uma área verde contínua onde seriam implantados espaçadamente os novos edifícios. Uma via expressa daria sequência ao eixo viário Norte-Sul, mas, ao ser concebida elevada do solo, diminuiria sua interferência na situação local.[7]

Trata-se de uma trajetória que mostra que Cerqueira César conquistou nesses anos o espaço de participação no planejamento e gestão urbana reivindicado por Levi durante sua vida. Cerqueira César desenvolve uma atuação que assume estatura própria, apesar de não ser estranha à evolução da abordagem urbanística na obra de Levi. Preocupações que já se expressavam em alguns trabalhos dos anos 1950, como a proposta de um novo sistema viário para a área central, desenvolvida com os alunos da FAU USP no exercício do "Problema do estacionamento", parecem ter servido de ponto de partida para o Plano de Vias Expressas desenvolvido na Cogep. Enfatizando as transformações radicais, Cerqueira César afasta-se do cuidadoso relacionamento com a cidade preexistente, característica que Levi mantinha desde os anos italianos. A situação exigia e permitia opções impensáveis nos anos de Levi. As intervenções foram drásticas, priorizando a circulação em escala metropolitana e mobilizando recursos gigantescos que alteraram completamente a fisionomia da cidade.

A participação de Cerqueira César na vida pública teve uma contrapartida. Em 1972, Carvalho Franco convida outro arquiteto para participar do escritório na condição de terceiro associado: Paulo Júlio Valentino Bruna (São Paulo, 1941). Formado pela FAU USP em 1963, Paulo Bruna havia estagiado com Levi entre 1960 e 1961, seguindo uma carreira própria e peculiar. Depois de formado, trabalhou nos projetos das hidrelétricas de Jupiá e Ilha Solteira, acompanhando de perto a organização de complexas equipes interdisciplinares de grandes empresas de consultoria e projeto que atuavam nessa área. Um estágio na Inglaterra entre 1967 e 1968 aprofundou seu interesse pela racionalização de processos de projeto e construção, aporte que viria enriquecer o desenvolvimento do Escritório Rino Levi nos anos 1970. Paulo Bruna confirma também a vocação acadêmica do escritório, atuando até hoje como professor da Faculdade de Arquitetura e Urbanismo da USP.

A tradição em projeto e construção acumulada pelo escritório, somada à experiência de Paulo Bruna em racionalização e industrialização das construções, encontrou um vasto campo de atuação no projeto de indústrias. O escritório investiu no desenvolvimento de sistemas próprios de racionalização e pré-fabricação da construção, estimulado especialmente pelos clientes industriais. Retomando a linha de projetos industriais iniciada em 1942 com a Companhia Jardim de Cafés Finos, a partir de meados dos anos 1970 as instalações industriais e administrativas de grandes corporações – Permetal, Gessy Lever, Pirelli e outras – tornam-se as principais obras do escritório.

Os projetos industriais exigiam um controle absoluto de diferentes fluxos, assunto sobre o qual o escritório tinha grande domínio desde os projetos hospitalares. A forma era necessariamente aberta, definida por um sistema que permitiria expansão futura, mobilidade decorrente de mudanças nos processos produtivos e acomodação às condições de acesso e declividade dos terrenos. Evitando a usual demanda de apenas fornecer abrigos a um processo predefinido pela empresa, os arquitetos interagem com os engenheiros de produção, interferindo na definição das linhas de produção.[8] Seguiam, assim, a tradição de atuação interdisciplinar do escritório.

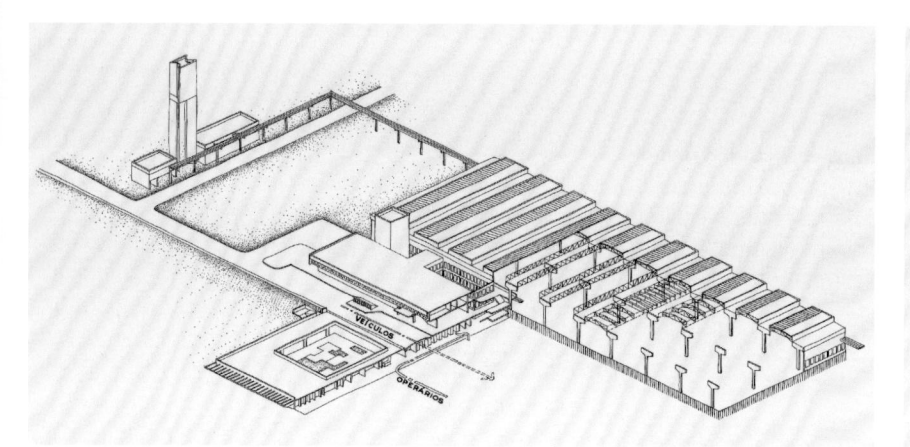

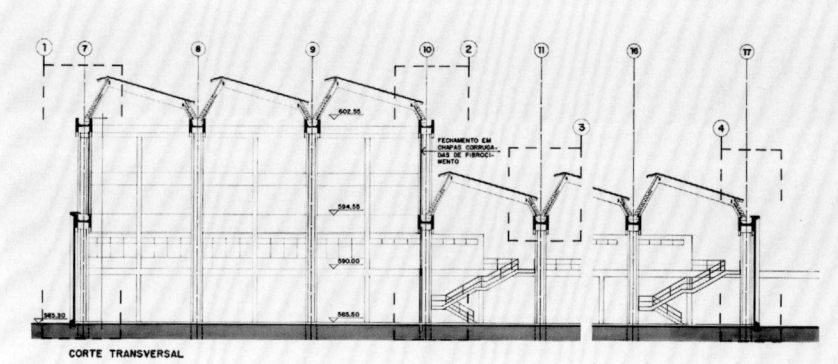

Indústria Gessy Lever, sistema estrutural, Divisão Elida Gibbs, Vinhedo, 1976

Indústria Gessy Lever, corte do sistema estrutural, Indaiatuba, 1977

A opção pela pré-fabricação em canteiro resultou de dois fatores principais: além dos altos custos de transporte, decorrentes da entrega das peças pré-fabricadas em localidades distantes das fábricas, os sistemas então disponíveis no mercado apresentavam um desempenho inadequado de iluminação e conforto térmico, pois preponderava a iluminação zenital obtida com o recurso de faixas contínuas cobertas por PVC ou fibra de vidro. O sistema desenvolvido pelo escritório explorava as possibilidades abertas pela pré-fabricação no canteiro, incorporando e aprofundando alguns conceitos até então novos nas construções industriais. Para uma melhor condição de conforto ambiental foram aprimoradas novas formas de *sheds*, baseadas no princípio de lanternins de dupla face. Além de permitir essa dupla abertura, o sistema estrutural com pilares em "T" era projetado para evitar que os pontos de momento máximo coincidissem com "os nós da estrutura, onde há descontinuidade da armação e, portanto, menor resistência".[9]

O sistema com pilares em "T", usado pela primeira vez na Permetal (Guarulhos, 1973), serviu de base para os *sheds* de concreto com dupla abertura no projeto da Minisa (São José dos Campos, 1975). No ano seguinte, a necessidade de maiores vãos conduziu a um sistema misto de pilares de concreto em "T" e treliças metálicas no projeto da Fábrica Elida Gibbs (Vinhedo, 1976). Entre 1977 e 1979 o sistema atinge um resultado primoroso com os delgados *sheds* de concreto produzidos para a unidade da Gessy Lever em Indaiatuba. A dupla abertura das fábricas anteriores torna-se assimétrica, com a cobertura inclinada gerando uma face maior e outra menor. Um desenvolvimento só possibilitado pela maleabilidade do sistema de pré-fabricação no canteiro, passível de receber modificações de um projeto para outro.[10]

Em 1986 o arquiteto Antônio Carlos Sant'Anna Jr. (Ribeirão Preto, 1950) tornou-se o quarto sócio do Escritório Rino Levi. Tendo trabalhado no escritório desde 1974, quando ingressou como estagiário, Sant'Anna dá continuidade ao processo de renovação constante da produção dos projetos e reforça a tradição acadêmica – como professor na Pontifícia Universidade Católica de Campinas (1977-86), na Universidade Presbiteriana Mackenzie, desde 1980, e na Faculdade de Arquitetura e Urbanismo da USP, desde 1985, e a pública do escritório – como diretor da Companhia Metropolitana de Habitação de São Paulo – Cohab-SP (1989-90), durante a gestão de Luiza Erundina, e vice-presidente do IAB (mandato 2000-01). Em 1991 a sociedade sofre as dissidências de Cerqueira César e Paulo Bruna, que passam a atuar numa nova sociedade. Após o falecimento de Carvalho Franco em 19 de março de 2001, o escritório passa a ser conduzido apenas por Sant'Anna.

O inestimável acervo de projetos produzidos desde 1926 encontra-se arquivado e preservado no setor de projetos da Biblioteca da FAU USP. Parte do material iconográfico foi digitalizado em trabalho desenvolvido na FAU PUC-Campinas, no final da década de 1990. Financiado pela Fundação de Amparo à Pesquisa do Estado de São Paulo, o projeto disponibilizou para estudiosos e pesquisadores mais de 3.500 imagens, muitas delas usadas nesta edição.[11]

Indústria Gessy Lever, perspectiva axonométrica do sistema estrutural do pátio de descargas, Valinhos, 1982

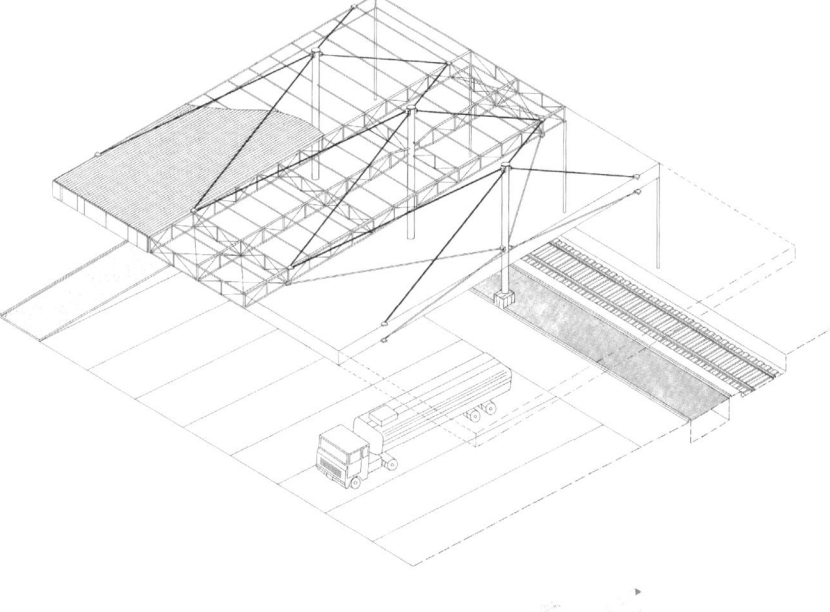

Fábrica Minisa S.A., perspectiva axonométrica do sistema estrutural, São José dos Campos, 1975

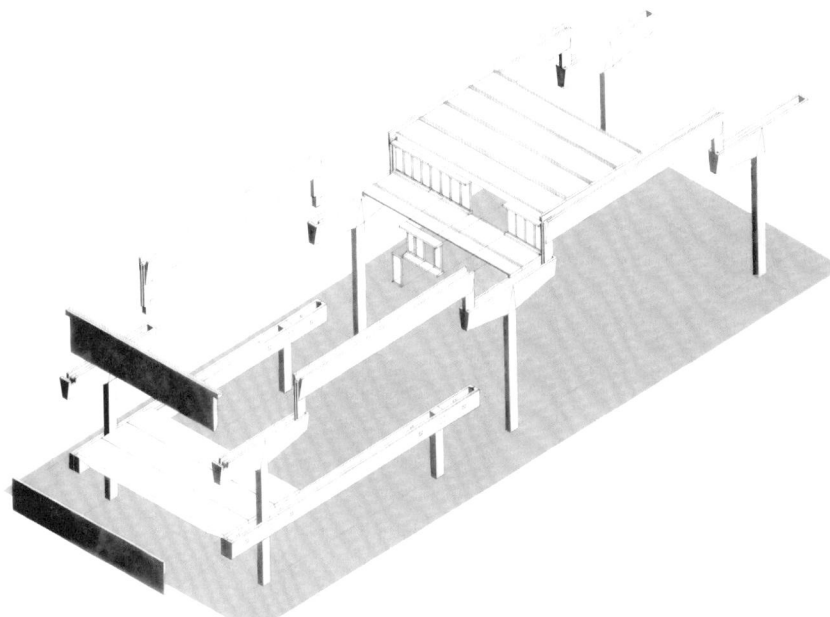

Antônio Carlos Sant'Anna, Jitomir Theodoro da Silva, Roberto Cerqueira César e Cláudia Gomes

Notas

1. Depoimento ao autor. Cerqueira César lembra que o primeiro projeto de que ficou encarregado foi o do Sedes Sapientiae, logo após seu ingresso no escritório. Cita também o projeto do Edifício Prudência.

2. Depoimento ao autor em 1992.

3. BRUAND, Yves. Op. cit., p. 24 (primeira citação) e p. 249 (segunda citação).

4. LEVI, Rino (1948). Técnica hospitalar e arquitetura. Esse texto foi parcialmente publicado com o título de "L'architecture est un art et une science" na revista *L'Architecture d'Aujourd'hui*, em 1949, e republicada pela revista *Óculum*, n. 3, em 1993.

5. ARTIGAS, João Batista Vilanova et al. Relatório sobre reestruturação do ensino da FAU, jul. 1957, arquivo Rino Levi (mimeografado).

6. Depoimento de Antônio Carlos Sant'Anna ao editor em 2001.

7. Cf. Na maior área verde da cidade, o Centro Administrativo Municipal. A publicação não menciona o nome de Cerqueira César como um dos autores, mas Alberto Botti confirma em depoimento ao editor, em 2001, que sua participação na discussão e desenvolvimento do projeto foi até mais efetiva do que a de Carvalho Franco.

8. Cf. BRUNA, Paulo. Considerações sobre o projeto de edifícios industriais. Na nota 5 são destacados os engenheiros de uma das empresas que interagiram com o escritório no projeto da fábrica.

9. Cf. CÉSAR, Roberto Cerqueira. Estímulo permanente.

10. O projeto para a Minisa recebeu o apoio dos engenheiros Eduardo Pessoa no cálculo estrutural e Luiz Morales D'Ávila no projeto e execução das fôrmas de concreto armado. Cf. BRUNA, Paulo. Op. cit.

11. Ver: Ficha técnica, p. 300.

Laboratório Paulista de Biologia,
São Paulo, 1956-59

Lista de projetos

em preto: obras construídas
em azul: obras não construídas

1926
Edifício Cia. Construtora de Santos (para Gustavo Olintho de Aquino), r Marquês de Itu esquina com r Bento Freitas, São Paulo SP

1927
Automóvel Clube de São Paulo (concurso), São Paulo SP
Monumento a "De Penedo" (concurso), Lago Santo Amaro, São Paulo SP
Monumento Comemorativo do II Centenário do Café no Brasil (concurso), São Paulo SP
Fábrica de Pianos Nardelli, av Rodrigues Alves e r Humberto Primo, São Paulo SP
Residência Gofredo da Silva Telles, r Conselheiro Nébias 635, São Paulo SP
Residência H. Telles Ribeiro, Estrada Ferraz de Vasconcelos, Romanópolis SP
Túmulo Familiar, São Paulo SP

1928
Casas Geminadas Melhen Zacharias, r Caramuru, Chácara Inglesa, São Paulo SP
Casas Geminadas Luiz Manfro, r Morgado Mateus esquina com r Áurea, São Paulo SP

1929
Edifício Gazeau, r da Glória, esquina com r Conselheiro Furtado 172, São Paulo SP
Residência Olívia Guedes Penteado (estudo de reforma da entrada), São Paulo SP
Residência Vicente Giaccaglini, av Conselheiro Rodrigues Alves 8, São Paulo SP

1930
Residência Arthur Horta O'Leary, r Oscar Freire 51, São Paulo SP
Residência Regina Previdelli, r Oscar Freire 49, São Paulo SP
Conjunto Residencial para Regina Previdelli, r Padre João Manuel, entre r Oscar Freire e r Estados Unidos, São Paulo SP

1931
Residência Paulo Lajolo, Rio de Janeiro RJ
Residência Delfina Ferrabino, r Estados Unidos, São Paulo SP

Residências para Dante Ramenzoni, r Vítor Emanuel 102 a 111 esquina com r Mazzini 82, São Paulo SP
Pavilhões Elekeiroz (para a Sociedade de Produtos Químicos L. Queiroz), Feira de Amostras da Água Branca, São Paulo SP

1932
Residências para Dante Ramenzoni (2º conjunto), r Vítor Emanuel 102 a 111 esquina com r Mazzini 82, São Paulo SP
Depósito de Enxofre Elekeiroz (para a Sociedade de Produtos Químicos L. Queiroz), São Paulo SP
Residência Carlos Rusca, r Mazzini, São Paulo SP

Residência Comendador Andrea Matarazzo, r São Carlos do Pinhal, São Paulo SP

Residência Francisco dos Santos Gomes (Vila Júlia), al Franca 146, São Paulo SP
Residência Jeanne Maronat, travessa Loefgren 5, São Paulo SP
Residência Luiz Manfro, r dos Apeninos, São Paulo SP

1933
Residência César Tripoli, av Brasil 2012, São Paulo SP
Casas Geminadas Dante Ramenzoni, r Mazzini, São Paulo SP
Edifício de Apartamentos Nicolau Schiesser, r Augusta 201 (atual 153), São Paulo SP

1934
Edifício Columbus (para Lamberto Ramenzoni), av Brigadeiro Luís Antônio 23/29, São Paulo SP
Prédio de Escritórios e Cinema (para Luiz e Raul Medici), São Paulo SP

1935
Edifício de Apartamentos Henrique Jovino, r Paraíso 1, São Paulo

Edifício de Apartamentos (para José Wancole), r do Arouche 153, São Paulo SP

Edifício de Apartamentos Sarti, r Vieira de Carvalho 465 esquina com pç da República, São Paulo SP
Edifício de Escritórios (para Ângelo Pocci), pç do Correio, São Paulo SP
Viaduto do Chá (concurso – 2º lugar, co-autores: Humberto Nobre Mendes e Joseph Grabenweger), Vale do Anhangabaú, São Paulo SP
Residência Luiz Medici Jr., r n. 2, Guarapiranga, Lago de Santo Amaro, São Paulo SP
Edifício de Apartamentos Higienópolis (para Miguel Langone), r Conselheiro Brotero, 1092 (antigo 204), São Paulo SP

1936
Fábrica de Chapéus Dante Ramenzoni Cia. Ltda., São Paulo SP
Residência para a família Porta (espólio de Pedro Porta), r Leais Paulistanos, São Paulo SP

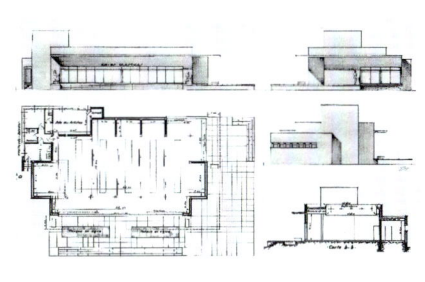

Pavilhão Exposição de Artes Plásticas, pç da República, São Paulo SP
Cine Ufa-Palácio, av São João 419, São Paulo SP
Edifício (para Conde Crespi), r Ipiranga, São Paulo SP
Cine Universo, av Celso Garcia 378 (antigo 84), São Paulo SP
Edifício de Apartamentos Guarani ou B.Z. (para Halo Bellandi, Ampellio Zocchi e Zulimo Bellandi), av Rangel Pestana 1092, esquina com av Exterior, São Paulo SP

1937
Aeroporto Santos Dumont (concurso), pç Santos Dumont, Rio de Janeiro RJ

Edifício de Apartamentos (para Paulo e Maria da Silva Prado), r Marquês de Itu, São Paulo SP
Garagem Pública, r Anhangabaú, São Paulo SP
Edifício de Apartamentos (para Antônia das Neves), r Marconi, São Paulo SP
Cine Art-Palácio e Edifício de Escritórios, pç Duarte Coelho, r do Caju, r Santo Amaro e av Guararapes, Recife PE

1938

Edifício de Apartamentos e Consultório (para Cyro de Resende), r Santo Amaro, São Paulo SP
Edifício de Apartamentos (para Cleópatra Marsiglia), r Epitácio Pessoa, São Paulo SP

Edifício de Escritórios (para Guilherme Seabra), r Senador Feijó, esquina com r Quintino Bocaiúva, São Paulo SP
Residência José Cardoso de Almeida Sobrinho, r Gal. Fonseca Teles, São Paulo SP

1939

Instituto Agronômico do Estado (ampliação), av Barão de Itapura, Campinas SP
Banco Holandês Unido S.A., r XV de Novembro, São Paulo SP
Banco Noroeste do Estado de São Paulo S.A., r Álvares Penteado, São Paulo SP
Edifício de Apartamentos (para Antônio Devisatti), r Conselheiro Furtado, São Paulo SP
Edifício de Apartamentos (para Luiz Medici), r Líbero Badaró, São Paulo SP
Edifício de Apartamentos (para Paulo Pacheco Bacelar), r Maria Teresa, São Paulo SP
Casas Geminadas (para Renato Dantas), r Humberto I, São Paulo SP
Conjunto Comercial (para o IAPI), Largo São Bento, Viaduto Santa Efigênia e av Anhangabaú, São Paulo SP

1940

Edifício de Apartamentos (para Otávio Marcondes Ferraz), r Major Quedinho, São Paulo SP
Ginásio Estadual, Itu SP
Conjunto-Sede da Caixa Beneficente do Asilo-Colônia Santo Angelo (construído em parte), EFCB, Mogi das Cruzes SP
Residência Oswald de Andrade, r Capote Valente, São Paulo SP
Instituto Superior Sedes Sapientiae, r Marquês de Paranaguá 111, São Paulo SP
Edifício de Apartamentos Porchat, av São João esquina com r Apa, São Paulo SP

1941

Cine Ipiranga e Hotel Excelsior, av Ipiranga 786, São Paulo SP
Cine Piratininga e Edifício Copag, av Rangel Pestana 1554, São Paulo SP
Edifício de Apartamentos (para Noé Ribeiro), av da Liberdade, São Paulo SP
Laboratório de Produtos Farmacêuticos (para Pedro Baldassari e Irmãos), r Maria Paula, São Paulo SP
Laminação e Trefilação de Metais Langone (para Miguel Langone e Cia. Ltda.), r Joaquim Távora 550, São Paulo SP
Tipografia Henrique Scheliger e Cia., r Anhangabaú, São Paulo SP
Edifício de Apartamentos Trussardi, av São João 1050 esquina com pç Júlio Mesquita, São Paulo SP

1942

Edifício de Escritórios (para Bellandi e Cia. Ltda.), r Muniz de Sousa 532, São Paulo SP
Edifício de Apartamentos (para Carolino da Motta e Silva), pç Mal. Deodoro, São Paulo SP
Edifício de Apartamentos (para Irmãos Gonçalves), av São João, São Paulo SP
Edifício de Escritórios (para Irmãos Gonçalves), r José Bonifácio 139 e Benjamin Constant 162, São Paulo SP
Edifício de Escritórios (para Paulo Trussardi), pç da República, São Paulo SP
Companhia Jardim de Cafés Finos, av do Estado 5748, São Paulo SP
Edifício de Escritórios Stig (para Jorge e Raul da Cunha Bueno), r Martins Fontes 266, São Paulo SP
Teatro Cultura Artística, r Nestor Pestana 230, São Paulo SP
Edifício Comercial (para Nicolau de Moraes Barros), r Líbero Badaró 374, São Paulo SP

1943

Edifício Comercial e de Escritórios Cofermat, r Florêncio de Abreu 305, São Paulo SP
Edifício Comercial e de Escritórios Conde Alexandre Siciliano (para a Cia. Mecânica Importadora de São Paulo), r Mauá esquina com ruas Plínio Ramos e Antônio Paes, São Paulo SP
Edifício Comercial e de Escritórios (para Irmãos Petrella), r Dom José de Barros 25, São Paulo SP
Edifício de Apartamentos (para J. M. Pinheiro Júnior), r 2 de Dezembro esquina com beco do Pinheiro, Rio de Janeiro RJ
Edifício de Apartamentos (para Luiz Medici), r Gal. Olímpio da Silveira, São Paulo SP
Fábrica Trussardi S.A. (Tecelagem e Passamanarias), São Paulo SP

1944

Banco da América S.A., r São Bento 413, São Paulo SP
Edifício de Apartamentos Monduba, av Beira-Mar, Guarujá SP
Edifício de Apartamentos (para Antônio Prudente), r Helvétia, São Paulo SP
Edifício de Apartamentos (para Fernando Costa e Antônio Prudente), r Pêro Correa, São Vicente SP
Edifício de Escritórios (para a Sociedade Imobiliária Itaipava Ltda.), av São João 1613-1617, São Paulo SP
Edifício de Apartamentos (para Reynaldo Porchat Neto), r Joaquim Antunes, São Paulo SP
Edifício de Apartamentos Texnovo, av Conceição, São Paulo SP
Indústria Pol-o-Nor, r Sara Sousa, São Paulo SP
Residência Rino Levi, r Bélgica 116, esquina com r Suécia, São Paulo SP

Edifício de Apartamentos Prudência, av Higienópolis 265, São Paulo SP
Maternidade Universitária de São Paulo, av Rebouças, São Paulo SP

1945

Clínica Dr. Godoy Moreira, av Brig. Luís Antônio 2050, São Paulo SP
Edifício de Apartamentos (para João Gonçalves), av Beira-Mar esquina com r Santos, Guarujá SP
Edifício de Apartamentos (para Roberto Simonsen), r Marquês de Itu, São Paulo SP

1946

Banco Central de Crédito, r São Bento, esquina Líbero Badaró, São Paulo SP
Agência do Banco Sul-Americano do Brasil S.A., Presidente Prudente SP
Banco Sul-Americano do Brasil S.A., r Silva Bueno 1431, São Paulo SP

Edifício de Apartamentos (para Betty e José Kauffmann), r 13 de Maio, São Paulo SP
Edifício de Escritórios (para Prudência Capitalização), av 9 de Julho esquina com r Avanhandava, São Paulo SP
Edifício de Escritórios (para Alfredo Egydio de Souza Aranha), av 23 de Maio, esquina com av Brig. Luís Antônio, São Paulo SP
Edifício-Sede do Instituto de Arquitetos do Brasil (1º classificado *ex aequo* com Abelardo de Souza, Galiano Ciampaglia, Hélio Duarte, Jacob Ruchti, Miguel Forte e Zenon Lotufo), r Bento Freitas 306, São Paulo SP

1947
Residência Pré-Fabricada (para Serva Ribeiro)
Edifício de Apartamentos (para a Santa Casa de Misericórdia), al. Barão de Limeira, São Paulo SP
Garagem Coletiva, Guarujá SP
Banco Paulista do Comércio, r Boa Vista esquina com Ladeira Porto Geral, São Paulo SP
Hospital Antônio Cândido de Camargo, do Instituto Central do Câncer, r Prof. Antônio Prudente 211, São Paulo SP
Edifício-Sede da Cia. Seguradora Brasileira, largo da Pólvora esquina r da Liberdade, São Paulo SP

1948
Edifício de Apartamentos (para Antônio Prudente), r Avanhandava, São Paulo SP
Hospital da Cruzada Pró-Infância, av Brigadeiro Luís Antônio 683, São Paulo SP

1949
Banco Sul-Americano do Brasil S.A., r Álvares Penteado, São Paulo SP
Clínica Dr. Ernesto Mendes, av Washington Luís esquina com r Imarés, São Paulo SP
Manufatura de Brinquedos Estrela S.A., r Joaquim Carlos 530/540, São Paulo SP
Residência Olivo Gomes, av Olivo Gomes (antiga Fazenda Sant'Anna do Rio Abaixo, hoje Parque Burle Marx), São José dos Campos SP

1950
Indústria Arno S. A., Ind. E Com., r Pres. Costa Pinto, São Paulo SP

1951
Edifício de Apartamentos Andorinhas, r dos Gusmões 556, São Paulo SP
Residência Sanson Flexor, r Joaquim Távora, São Paulo SP
Residência para o gerente da Fábrica de Cobertores Paraíba (projeto de Luiz Roberto Carvalho Franco, Carlos Milan e Sidney Fonseca), São José dos Campos SP
Residência Luiz Fernando Rodrigues Alves, r Sergipe 651, São Paulo SP
Residência Milton Guper, r Venezuela 309 esquina com r Nicarágua, São Paulo SP

1952
Residência Benedito Oscar Carvalho Franco, av São Gualter, São Paulo SP
Residência Paulo Hess, r Campo Verde 225, São Paulo SP
Centro Cívico (não construído) e Torre (construída) da Cidade Universitária Armando Sales de Oliveira, Universidade de São Paulo, São Paulo SP

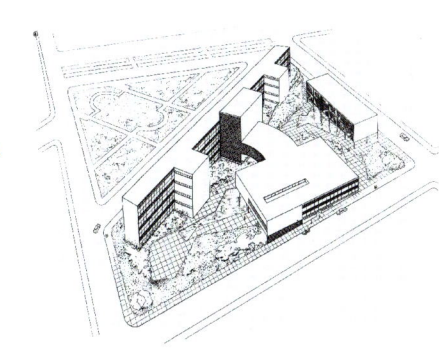

Casa do Estudante da Escola Superior de Agricultura Luiz de Queiroz – Esalq, Piracicaba SP
Edifício Administrativo (para a Cia. Distribuidora Geral Brasmotor), Santo André SP

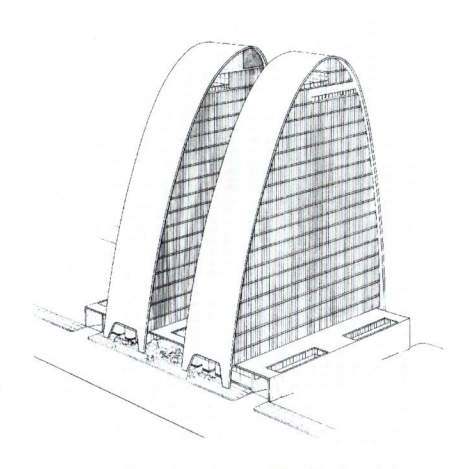

Edifício de Escritórios (para a Cia. Nacional de Seguros de Vida), r do Carmo e r Silveira Martins, São Paulo SP
Igreja da Escola de Técnicos da Aeronáutica, Guaratinguetá, São Paulo SP
Igreja São Domingos (para padres dominicanos), r Atibaia, São Paulo SP
Hospital do Instituto de Moléstias do Aparelho Digestivo, r Borges Lagoa, São Paulo SP
Lar das Crianças da Congregação Israelita, av. Brig. Luís Antônio, São Paulo SP
Garagem América (para Francisco Cintra Gordinho), av Itororó (atual av 23 de Maio) e r Riachuelo 209, São Paulo SP

1953
Conjunto Residencial Estudantil da Cidade Universitária Sales de Oliveira, São Paulo SP

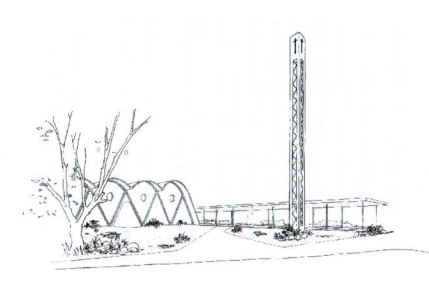

Conjunto Residencial para Operários da Tecelagem Paraíba (creche, jardim da infância, centro de saúde, igreja, mercado e campo esportivo), av Olivo Gomes s/nº (antiga Fazenda Sant'Ana do Rio Abaixo, hoje Parque Burle Marx), São José dos Campos SP
Edifício de Apartamentos (para Florentina de Falco), av 9 de Julho, São Paulo SP
Galpão e Posto de Gasolina para Caminhões da Tecelagem Paraíba, São José dos Campos SP
Edifício de Escritórios e Sede da Ordem dos Advogados do Brasil, pç da Sé 375, São Paulo SP

1954
Banco Sul-Americano do Brasil S.A., r Augusta 1595, São Paulo SP
Conjunto Habitacional Fazenda Monte Alegre, Complexo Tecelagem Paraíba, Estrada Vargem Grande, São José dos Campos SP
Residência Yara Bernette, r Uranium 133, São Paulo SP
Residência Jacob Szporn, r L, São Paulo SP

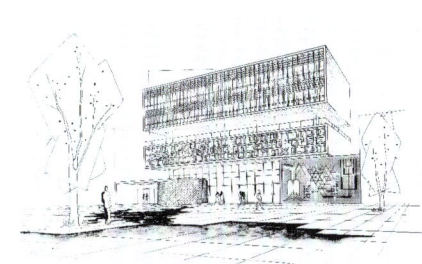

Sinagoga Congregação Israelita (concurso), r Antônio Carlos, São Paulo SP
Edifício de Apartamentos XX de Setembro (para Jovira Sodré), r Álvaro de Carvalho 108, São Paulo SP

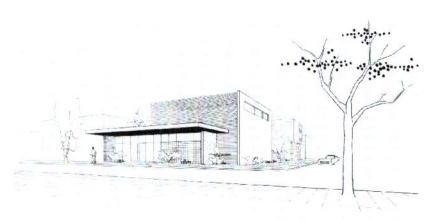

1955
Banco Sul-Americano do Brasil S.A., r Santos Dumont (esquina com av Ipiranga), Maringá PR
Banco Sul-Americano do Brasil S.A., r XV de Novembro (esquina com r Bento Dias), Capivari SP
Edifício de Apartamentos (para Jovira Rolim Sodré), r Asdrúbal do Nascimento, São Paulo SP
Residência Jovira Rolim Sodré, Fazenda São Luiz, Lins SP
Residência Robert Kanner, r da Paz 258, São Paulo SP
Edifício Concórdia (para Omar Fontana), r Paula Sousa 355 esquina Plínio Ramos, São Paulo SP

1956
Banco Sul-Americano do Brasil S.A., São João do Cauiá PR
Centro Comercial do Brooklin, av Cordeiro esquina com av Marginal, São Paulo SP
Centro Profissional La Parábola (Rino Levi em co-autoria com os arquitetos Guido Bermúdez, Pedro Lluberes, Carlos Brando e o eng. J. O. Cárdenas), Caracas, Venezuela
Edifício para Bomba de Cobalto do Hospital Central do Câncer, r Prof. Antônio Prudente 211, São Paulo SP

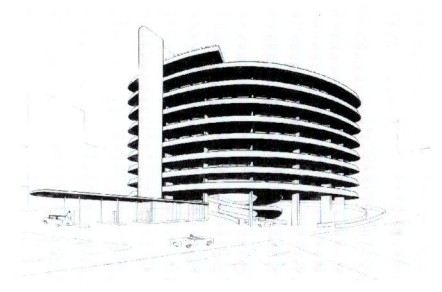

Garagem Copana, av Copacabana, Rio de Janeiro RJ
Garagem Ofasa, av Anhangabaú, São Paulo SP
Garagem Polielicoidal, protótipo
Residência Anselmo Fontana, r Floriano Peixoto, Concórdia SC
Residência Omar Fontana, r Alm. Pereira Guimarães 257, São Paulo SP
Residência para Engenheiros das Usinas Elclor, Rio Grande da Serra SP
Laboratório Paulista de Biologia, r Maria Cândida 1639, São Paulo SP

1957
Cine Clube para Operários das Usinas Elclor, Rio Grande SP
Garagem Erasmo Braga, av Erasmo Braga, Rio de Janeiro RJ
Grupo Escolar para Usinas Elclor, Rio Grande SP
Plano Piloto de Brasília (concurso – 3° lugar), Brasília DF
Sede do Clube de Operários da Tecelagem Paraíba S.A., São José dos Campos SP

1958
Banco Sul-Americano do Brasil S.A., av Dr Armando de Arruda Penteado, Itapevi, Cotia SP
Clube de Campo de São Paulo, Represa Guarapiranga, São Paulo SP
Laboratórios Rex Filme S.A., r Frei Caneca, São Paulo SP
Residência Castor Delgado Perez, av 9 de Julho 5170, São Paulo SP

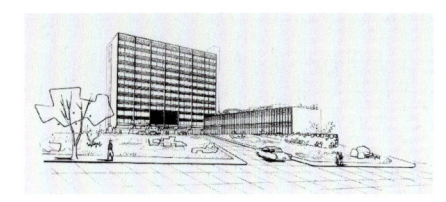

Hospital Geral Albert Einstein, av Albert Einstein 665, São Paulo SP

1959
Banco Sul-Americano do Brasil S.A., r João P Lima 50/99 esquina com r José Matarésio, Auriflama SP
Banco Sul-Americano do Brasil S.A., r Pacheco Chaves 1104 esquina com r Taiaçupeba, São Paulo SP

Bank of London & South America Ltd., r XV de Novembro esquina com r Álvares Penteado e r da Quitanda, São Paulo SP
Edifício de Escritórios e Galeria R. Monteiro, r 24 de Maio 77, São Paulo SP
Hospital Geral (em co-autoria com Roberto Lampo), av Soublette, Maiquetia, Venezuela
Hospital Geral, Coche, Caracas, Venezuela
Hospital Geral, av Gusmán Blanco, Caracas, Venezuela
Hospital Geral, Calle Cementerio, Chacao, Venezuela
Hospital Geral, Calle Yunque, Catia, Venezuela
Hospital Geral, La Gauira, Venezuela

Instituto de Gastroenterologia de São Paulo, r Sílvia 276, São Paulo SP
Jockey Club de São Paulo (concurso), Largo do Ouvidor, São Paulo SP

1960
Banco Sul-Americano do Brasil S.A., r 7 de Setembro 98, Santos SP
Banco Sul-Americano do Brasil S.A. (com residência do gerente), r 9 de Julho 142/154, Vinhedo SP
Residência Musical de Maracaibo, Maracaibo, Venezuela

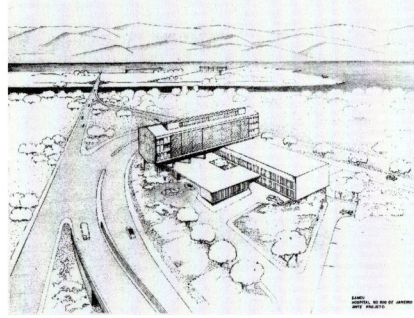

Hospital do Samdu – Hospitec, Rio de Janeiro RJ
Hospital Geral (co-autoria com Helena Ruiz e Margot Lampo), Puerto Cabello, Venezuela
Hospital Geral, Maracay, Venezuela
Residência Victor Brecheret, r João Moura 100, São Paulo SP
Banco Sul-Americano do Brasil S.A., av Paulista 1948, São Paulo SP

1961
Banco Sul-Americano do Brasil S.A., pç da Matriz esquina com r Coronel Aureliano de Camargo, Tatuí SP

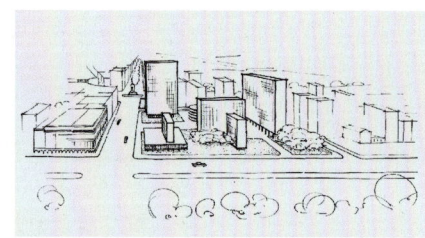

Edifício Condomínio Parque Balneário, av Vicente de Carvalho, Santos SP
Edifício de Escritórios Elclor, av Paulista, São Paulo SP
Edifício de Escritórios Plavinil-Elclor, al Santos 2101, São Paulo SP

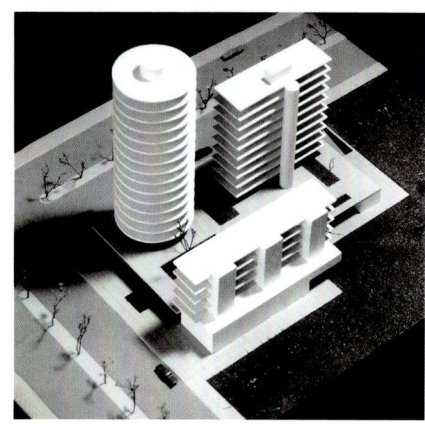

1962
Conjunto Nacional, av Tocantins, Belo Horizonte MG

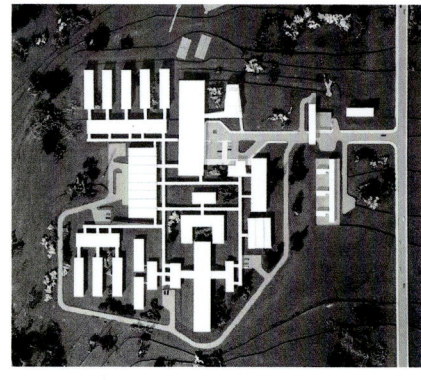

Hospital Psiquiátrico, Araraquara SP
Centro Social da Universidade de São Paulo, Cidade Universitária, São Paulo SP
Hospital Psiquiátrico, Rio Claro SP
Residência Irmãos Gomes, Praia Grande, Ubatuba SP
Residência Luiz Roberto de Carvalho Franco, r General E. Figueiredo 163, São Paulo SP
Residência Roberto Cerqueira César, r D. Balduína 203, São Paulo SP

1963
Residência Clemente Gomes, r Cons. José Guimarães 273, São Paulo SP
Residência José Monteiro, r Espanha 104, São Paulo SP
Usina de Leite Paraíba, São José dos Campos SP

1964
Edifício O Estado de São Paulo (ampliação), r Major Quedinho 90, São Paulo SP
Colônia de Férias do O Estado de São Paulo, Praia Grande SP
Cooperativa e Clube d'O Estado de São Paulo, r P. Mendes 186, São Paulo SP
Residência Rino Levi, Clube de Campo de São Paulo, São Paulo SP
Fábrica Permetal S.A., Guarulhos SP
Residência Aziz Simão, r Souza Ramos, São Paulo SP
Residência Gaston Foucrier, r 36, 391, São Paulo SP
Residência Paulo Amarante, av da Praia, s/n., Ubatuba SP
Edifício Gravatá, av 9 de Julho 4861, São Paulo SP
Fábrica da Tecelagem Paraíba S.A., Salvador BA

1965
Edifício Araucária, av 9 de Julho 4776, São Paulo SP
Estádio do S. C. Corinthians Paulista, São Paulo SP

Gran Kursaal de San Sebastian (concurso), San Sebastian, Espanha
Hangar da Tecelagem Paraíba S.A., São José dos Campos SP
Posto de Gasolina (para Nasa - Nova Aliança S.A.), av Nelson D'Avila 29, São José dos Campos SP
Centro Cívico de Santo André (concurso – 1° lugar), pç IV Centenário, Santo André SP

Rino Levi morreu em 1965.
A seguir, principais obras do escritório até a separação dos arquitetos associados em 1992

1966
Edifício Jardim Paulista, av 9 de Julho 5017, São Paulo SP
Igreja Presbiteriana, Santo Inácio PR
Residência Felizardo Teversin, São José dos Campos SP

1967
Faculdade de Medicina, Universidade do ABC, Santo André SP
Conjunto Residencial Cidade Nova Araraquara, Araraquara SP

Centro da Criança Retardada de São Paulo (atual Apae – concurso – 1º lugar), r Loefgreen, São Paulo SP
Residência José Monteiro, Fazenda Nossa Senhora Aparecida, Pinhal SP
Residência David F. Monteiro, Fazenda Pedra Azul, Itu SP

1968
Plano de Desenvolvimento Integrado de Sumaré (em consórcio com Brasconsult), Sumaré SP
Universidade do Vale do Paraíba, São José dos Campos SP
Edifício (para Luiz Medici), r São Carlos do Pinhal, São Paulo SP

1969
Estação de Tratamento d'Água, Votuporanga SP
Clube Araraquarense (concurso 1º lugar), Araraquara SP
Edifício Fiesp-Ciesp-Sesi, av Paulista 1313, São Paulo SP
Edifício das Centrais Elétricas de Minas Gerais (consultoria), Belo Horizonte MG
Ginásio Estadual Rui Bloen, Mirandópolis SP

1970
Depósito de produtos acabados da Tecelagem Paraíba S.A., São José dos Campos SP

Graciano R. Affonso S.A. Veículos, Araraquara SP
Autometal S.A. Indústria e Comércio, av Fagundes de Oliveira 1650, Diadema SP
Plano Diretor do Santa Paula Country Club, São Paulo SP
Hospitais Psiquiátrico e Neurocirúrgico, Morro Bela Vista, Santos SP

1971
Grupo Escola Jardim das Palmas (Fece), Santo Amaro, São Paulo SP
Edifício Alameda Barros, al Barros 522, São Paulo SP
Cidade Balneária de Picinguaba, Ubatuba SP
Edifício de Escritórios da Santa Casa de Misericórdia, Largo de São Bento, São Paulo SP
Hospital Municipal de Santo André, Santo André SP
Projeto Ponte Pequena, São Paulo SP

1972
Escolas de 1º Grau (Fece), Cafelândia, Patrocínio Paulista, Bauru e Porto Colômbia SP
Edifício (para Severo Gomes), r Monte Alegre, São Paulo SP
Residência Carmine Taralli, r Hilário Magro Jr 150, São Paulo SP
Edifício da Companhia Brasileira de Fibras Sintéticas Nailonsix, av das Nações Unidas 2449, São Paulo SP
Edifício-Sede do Senai, av Paulista 750, São Paulo SP
Edifício d'O Estado de São Paulo, av Otaviano Alves de Lima, São Paulo SP
Permetal S.A. Metais Perfurados, Estrada Velha de São Miguel 991, Guarulhos SP
Edifício-Sede da Siemens S.A., av Mutinga 3716, São Paulo SP

1974
Centro Administrativo Municipal de São Paulo (em consórcio com a Promon Engenharia S.A.), Vila Guilherme, São Paulo SP
Escola e Conjunto Poliesportivo do Sesi, Jundiaí SP
Indústria Gessy Lever Ltda. (concurso)
Regulamentação da Zona Especial Z8-007 (livro publicado), Área da Luz, São Paulo SP
Residência Leonardo M. Viegas, r Rafael Ielo, São Paulo SP

1975
Centro Comercial e Comunitário do Jabaquara, São Paulo SP
Minisa S.A. Comércio e Indústria, São José dos Campos SP

1976
Divisão Elida Gibbs da Indústria Gessy Lever Ltda., Vinhedo SP
Fazenda da Ilha, Guarapiranga, São Paulo SP
ICB Industrial, Peças Técnicas Ltda., São Roque SP

1977
Ampliação do Edifício de Escritórios da Santa Casa de Misericórdia, r Boa Vista, São Paulo SP
Ampliação Administração Van Den Bergh da Indústria Gessy Lever Ltda., Valinhos SP
Fábrica de Detergentes Líquidos da Indústria Gessy Lever Ltda., Indaiatuba SP
Fábrica de Detergentes em Pó Industrializado da Indústria Gessy Lever Ltda., Indaiatuba SP

1978
Centro de Desenvolvimento de Pessoal da Usiminas, Ipatinga MG
Cozinha e Refeitório da Rhom and Haas do Brasil, Jacareí SP

Edifício Victor Brecheret, av 9 de Julho esquina com r João Cachoeira, São Paulo SP
Centro Cultural de Rio Claro, Rio Claro SP
Conjunto Residencial Morro Verde (para o Inocoop), Santo André SP
Conjunto Residence Park, rod Raposo Tavares, São Paulo SP

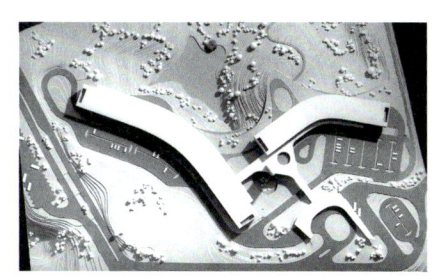

Centro Administrativo do Banco do Comércio e Indústria de São Paulo (atual Bradesco), Barueri SP
Laboratório Zambeletti Ltda., Barueri SP

Colégio Miguel de Cervantes, r Jorge João Saad 905, São Paulo SP
Ampliação do Edifício de Embalagem da Indústria Gessy Lever Ltda., São Paulo SP
Ampliação do Edifício Portaria Geral da Indústria Gessy Lever Ltda., São Paulo SP
Edifícios Diversos para a Fábrica de Vila Anastácio da Indústria Gessy Lever Ltda., São Paulo SP
IRTA Indústria Eletromecânica S.A., São Paulo SP
Unidade de Treinamento e Administração da ZF do Brasil S.A., São Caetano do Sul SP
Centro Social e Esportivo da ZF do Brasil S.A., São Caetano do Sul SP
Edifício Vibrotex da Permetal S.A. Metais Perfurados (ampliação), Guarulhos SP
Edifício Açoplast da Permetal S.A. Metais Perfurados (ampliação), Guarulhos SP
Nova Fábrica da Autometal S.A. Indústria e Comércio, Diadema SP
Fábrica II da ZF do Brasil S.A., Indaiatuba SP
Fábrica de Essências, Aromas e Sabores da PPF do Brasil Indústria e Comércio Ltda. (concurso – 1º lugar), Vinhedo SP

1979
Porto Turístico Esportivo, Enseada do Flamengo, Ubatuba SP
Creche para 300 crianças, Prefeitura Municipal de Mogi das Cruzes SP
Conjunto residencial para funcionários da CBMM, Araxá MG
Casa de Hóspedes para a CBMM, Araxá MG
Escola e Centro Esportivo do Sesi-Senai, Araxá MG
Divisão Freios da Ideal Standard Wabco Indústria e Comércio Ltda., Sumaré SP

Laboratório Engenharia de Cabos da Pirelli S.A. (concurso – 1º lugar), Santo André SP

1980
Centro de Desenvolvimento Profissional do Senac, Guaratinguetá SP
Residência Antônio Celso Cipriani, Alphaville, Barueri SP
Edifício para a Cúria Metropolitana de São Paulo, pç da Sé, São Paulo SP
Fábrica de Pesticidas da Union Carbide do Brasil Ltda., Cubatão SP
Fábrica de Cosméticos da Ceil Comércio e Exportação Ltda./Bozzano/Revlac Comércio Ltda., rod Anhangüera km 13, São Paulo SP

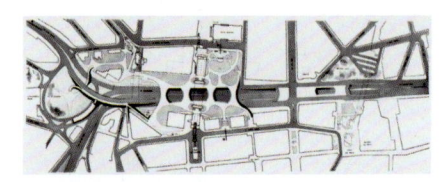

Reurbanização do Vale do Anhangabaú (concurso público), São Paulo SP
Residência Paulo Amarante, Fazenda Santa Ernestina, Batatais SP

1982
Pátio de Descarga da Indústria Gessy Lever Ltda., Valinhos SP
Hospital Geral da Associação dos Fornecedores de Cana de Araraquara, Araraquara SP
Fábrica de Essências e Sabores da Firmenich & Companhia Ltda., rod Raposo Tavares, km 26,5, Cotia SP

Sede de Pinheiros da Sociedade Brasileira da Cultura Inglesa, r Deputado Lacerda Franco 333, São Paulo SP

1983
Auditório e Centro de Treinamento da Companhia Bandeirante de Seguros Gerais, São Paulo SP
Laboratório de Pesquisa da Aquatec Química S.A., rod Raposo Tavares, Cotia SP
Edifício de Escritórios da Petróleo Ipiranga S.A., r Antônio Carlos, São Paulo SP
Centro Educacional Assistencial e Esportivo do Sesi, av Getúlio Vargas, Osasco SP

1984
Escola de Inglês da Sociedade Brasileira da Cultura Inglesa, av Santo Amaro, São Paulo SP

1985
Ampliação de Fábrica da Autometal S.A. Indústria e Comércio, av Fagundes de Oliveira 1650, Diadema SP
Escolas Estaduais de 1º Grau da Conesp, Mogi das Cruzes e São Paulo SP
Edifício de Apartamentos (para o Dr. Carlos Alberto Alves de Lima), Vila Matilde, São Paulo SP
Banco do Estado de São Paulo, av da Saudade, Ribeirão Preto SP
Edifício de Escritórios da Hochtief do Brasil S.A., r Laplace esquina com r Barão do Triunfo, São Paulo SP
Centro de Desenvolvimento Profissional do Senac, Franca SP

1986
Edifício de Apartamentos da Hochtief do Brasil S.A., r João Pimenta 72, São Paulo SP
Edifícios de Escritórios (para A. C. Fernandes Lima), r Itapeva, São Paulo SP
Estudo de Transporte de Massa em Brasília para a Secretaria de Transporte do Distrito Federal (com Instituto Mauá de Tecnologia), São Paulo SP
Escola Integrada do Colégio Pueri Domus, Alphaville, Barueri SP

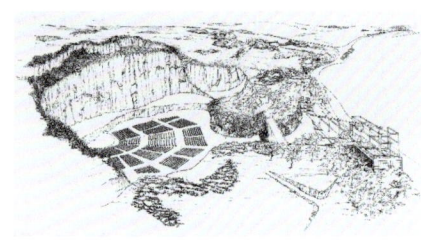

Recuperação e conversão de área degradada no Parque Pedreira São João, Emplasa, Itapevi SP
Reciclagem de Edifícios Industriais para escritórios, depósitos e clube de funcionários da Comgás, r da Figueira, São Paulo SP
Plano Urbanístico da Freguesia do Ó para a Secretaria Municipal de Planejamento (coordenação de onze equipes de especialistas), São Paulo SP
Edifício Industrial para estiragem de fios elétricos e Edifício Administrativo e Social da Pirelli, Cerquilho SP
Galpão Industrial da Metalúrgica Carto Ltda., av Interlagos 1470, Santo Amaro, São Paulo SP
Edifício de apartamentos (para o Dr. Carlos Alberto Alves de Lima), São Paulo SP
Laboratório de Pesquisas da Hoeschst do Brasil, Suzano SP
Condomínio Residencial Porto Belo Resort, Marina e Hotel de Turismo, Porto Belo SC
Edifício de Administração Central, Refeitório e Cozinha Central, Lavanderia Central para Paranapanema S.A. Mineração, Indústria e Construção, Vila Nova de Pitinga AM
Escolas Estaduais de 1º Grau da Conesp, São José dos Campos, São Paulo, São João da Boa Vista SP
Edifício para Refeitório, Treinamento e Administração da Indústria Gessy Lever Ltda., São Paulo SP
Escritórios, Lojas e Sede Administrativa da Mitra Arquidiocesana de São Paulo, pç da Sé, São Paulo SP

1987
Paço Municipal de Votorantim (concurso), Votorantim SP
Condomínio Residencial Edifício Embaúba, São Paulo SP
Edifício para Novo Campus, Escola Politécnica da Universidade de São Paulo, Cubatão SP
Divisão Elida Gibbs da Indústria Gessy Lever Ltda. (ampliação), Vinhedo SP
Estação de Tratamento de Efluentes Industriais da Indústria Gessy Lever Ltda., Valinhos SP
Edifício Administrativo e Laboratório de Pesquisa II da Aquatec Química S.A., rod Raposo Tavares, Cotia SP
Residência Thomas Anthony Bachiewskz, Alphaville, Barueri SP
Complexo Industrial do Círculo do Livro (concurso), rod Raposo Tavares, Osasco SP
Cozinha e Refeitórios na Usina Intendente Câmara da Usiminas, Ipatinga MG
Escola de Administração de Empresas da Fundação Getúlio Vargas, ampliação (concurso – 1º lugar), São Paulo SP
Edifício Administrativo e Sede Social da Paramount Lansul, r Alexandre Dumas, São Paulo SP

1988
Cozinha e Refeitório Central da Companhia Petroquímica do Nordeste S.A., Camaçari BA
Escritórios e Lojas da Construtora Anhembi, r Matias Aires, São Paulo SP
Residência Moacyr Alves da Graça, Alphaville, Barueri SP
Residência Humberto Cagno Filho, Alphaville, Barueri SP
Residência Célio E. Emerique, Granja Ouro Velho, Cotia SP
Instituto de Geociências da Unicamp (concurso), Campinas SP
Centro Empresarial Transatlântico, (concurso), r Alexandre Dumas, São Paulo SP

1989
Indústria Cica S.A., Patos de Minas MG
Indústria Wacker Química (ampliação), Itapevi SP

1991
Edifício de Escritórios para a Fapesp (concurso), São Paulo SP
Pavilhão do Brasil – Expo Internacional de Sevilha (concurso), Espanha
Escritórios e agência bancária Morumbi Square, São Paulo SP

1992
Plano Diretor de São Bernardo do Campo (consórcio com Sadak Nucci)
Escola de Inglês da Sociedade Brasileira de Cultura Inglesa, Vila Mariana, São Paulo SP
Sede da Indústria Perstorp do Brasil (concurso), São Bernardo do Campo SP

Referências bibliográficas

1. Artigos e textos publicados, datilografados ou manuscritos de autoria de Rino Levi

ARTIGAS, João Batista Vilanova; DUARTE, Hélio; LEVI, Rino; LOTUFO, Zenon; SOUZA, Abelardo. Relatório sobre reestruturação do ensino da FAU, São Paulo, jul. 1957. [texto mimeografado]

LEVI, Rino (1948). Técnica hospitalar e arquitetura. Palestra de 1948. In *Depoimentos 1*. São Paulo, GFAU, 1960.

LEVI, Rino e CÉSAR, Roberto Cerqueira. Quatro projetos de garagens coletivas. *Habitat*, n. 36, São Paulo, jan. 1957, p. 18-23. [separata da revista]

LEVI, Rino; BRIQUET, Raul. *Maternidade Universitária de São Paulo*. São Paulo, USP, 1946.

LEVI, Rino; CÉSAR, Roberto Cerqueira; FRANCO, Luis Roberto Carvalho. Conjunto residencial para operários, São José dos Campos, Estado de São Paulo. *Acrópole*, n. 193, São Paulo, out. 1954, p. 1-5.

LEVI, Rino; CÉSAR, Roberto Cerqueira; FRANCO, Luiz Roberto Carvalho. Edifício Ordem dos Advogados (São Paulo). *Acrópole*, n. 216, São Paulo, set. 1956, p. 457-459.

LEVI, Rino; CÉSAR, Roberto Cerqueira; FRANCO, Luiz Roberto Carvalho. Centro Comercial no Brooklin Paulista. *Acrópole*, n. 227, São Paulo, set. 1957, p. 398-401.

LEVI, Rino; CÉSAR, Roberto Cerqueira; FRANCO, Luiz Roberto Carvalho. Quebra-sol fixo de fibrocimento. *Acrópole*, n. 229, São Paulo, nov. 1957, p. 36.

LEVI, Rino; CÉSAR, Roberto Cerqueira; FRANCO, Luiz Roberto Carvalho. *Acrópole*, n. 233, São Paulo, mar. 1958, p. 165-169.

LEVI, Rino; CÉSAR, Roberto Cerqueira; FRANCO, Luiz Roberto Carvalho. Residência no Jardim Europa. *Acrópole*, n. 258, São Paulo, mar. 1960, p. 121-126.

LEVI, Rino; CÉSAR, Roberto Cerqueira; FRANCO, Luiz Roberto Carvalho. Reservatório de recalque. *Acrópole*, n. 265, São Paulo, nov. 1960, p. 46.

LEVI, Rino; CÉSAR, Roberto Cerqueira; FRANCO, Luiz Roberto Carvalho. Escada de concreto aparente. *Acrópole*, n. 265, São Paulo, nov. 1960, s/p.

LEVI, Rino; CÉSAR, Roberto Cerqueira; FRANCO, Luiz Roberto Carvalho. Indústria farmacêutica, *Acrópole*, n. 265, São Paulo, nov. 1960, p. 13-17.

LEVI, Rino; CÉSAR, Roberto Cerqueira; FRANCO, Luiz Roberto Carvalho. Tubulações na fachada. *Acrópole*, n. 286, São Paulo, set. 1962, p. 319.

LEVI, Rino; CÉSAR, Roberto Cerqueira; FRANCO, Luiz Roberto Carvalho. Escada de ligação. *Acrópole*, n. 286, São Paulo, set. 1962, p. 335.

LEVI, Rino; CÉSAR, Roberto Cerqueira; FRANCO, Luiz Roberto Carvalho. Janela de dormitório. *Acrópole*, n. 286, São Paulo, set. 1962, p. 318.

LEVI, Rino; CÉSAR, Roberto Cerqueira; FRANCO, Luiz Roberto Carvalho. Conjunto divisório para ambientes. *Acrópole*, n. 286, São Paulo, set. 1962, p. 332.

LEVI, Rino; CÉSAR, Roberto Cerqueira; FRANCO, Luiz Roberto Carvalho. Paço e Centro Cívico de Santo André: 1º prêmio. *Acrópole*, n. 320, São Paulo, ago. 1965, p. 24-28.

LEVI, Rino; CÉSAR, Roberto Cerqueira; FRANCO, Luiz Roberto Carvalho. Sede de banco e escritórios. *Acrópole*, n. 334, São Paulo, nov. 1966, p. 32-37.

LEVI, Rino; CÉSAR, Roberto Cerqueira; FRANCO, Luiz Roberto Carvalho. Hangar para pequenos aviões. *Acrópole*, n. 349, São Paulo, jun. 1968, p. 15-17.

LEVI, Rino; CÉSAR, Roberto Cerqueira; FRANCO, Luiz Roberto Carvalho. Estacionamento: problema urbano. *Arquitetura*, n. 42, Rio de Janeiro, dez. 1965, p. 20-22.

LEVI, Rino; CÉSAR, Roberto Cerqueira. As garagens coletivas e o problema do estacionamento. *Acrópole*, n. 199, São Paulo, mai. 1955, p. 301-305.

LEVI, Rino; CERQUEIRA CÉSAR, Roberto. Cidade Universitária de São Paulo, setor residencial do estudante – memorial justificativo (texto datilografado), arquivo Escritório Rino Levi Arquitetos Associados

LEVI, Rino; CÉSAR, Roberto Cerqueira. Corredor de ligação com habitação noturna. *Acrópole*, n. 212, São Paulo, jun. 1956, p. 337.

LEVI, Rino; CÉSAR, Roberto Cerqueira. Detalhes técnicos – lareiras. *Acrópole*, n. 176, São Paulo, dez. 1952, p. 307-308.

LEVI, Rino; CÉSAR, Roberto Cerqueira. El problema del estacionamiento en la zona central de São Paulo. *Integral*, n. 3, Caracas, abr. 1956.

LEVI, Rino; CÉSAR, Roberto Cerqueira. Escada de acesso para terraço superior. *Acrópole*, n. 217, São Paulo, out. 1956, p. 39.

LEVI, Rino; CÉSAR, Roberto Cerqueira. Galpão para abrigo de máquinas agrícolas. *Acrópole*, n. 241, São Paulo, nov. 1958, p. 5-7.

LEVI, Rino; CÉSAR, Roberto Cerqueira. Lareira divisória. *Acrópole*, n. 212, São Paulo, jun. 1956, p. 336.

LEVI, Rino; CÉSAR, Roberto Cerqueira. Normas básicas para concurso de arquitetura. *Acrópole*, n. 166, São Paulo, fev. 1952, p. 380-381.

LEVI, Rino; CÉSAR, Roberto Cerqueira. O problema do estacionamento em São Paulo. *Acrópole*, n. 207, São Paulo, jan. 1956, p. 113.

LEVI, Rino; CÉSAR, Roberto Cerqueira. Projeto de prédio de escritórios para as ruas do Carmo e Silveira Martins, São Paulo. *Acrópole*, n. 166, São Paulo, fev. 1952, p. 349-354.

LEVI, Rino; CÉSAR, Roberto Cerqueira. Sede social e residência. *Acrópole*, n. 255, São Paulo, jan. 1960, p. 83-87.

LEVI, Rino; CÉSAR, Roberto de Cerqueira; FRANCO, Luiz Roberto Carvalho; BRUNA, Paulo Julio Valentino. *Catálogo Rino Levi Arquitetos Associados Ltda*. São Paulo, [s.d.].

LEVI, Rino; CROCE, Plinio. Concurso de anteprojetos para o novo edifício do Paço Municipal e Parque Público Central de campinas. IAB São Paulo. Boletim mensal, n. 40, jun. 1957, p. 266-269. *Acrópole*, n. 224, São Paulo, jun. 1957. [autoria atribuída por nota em IAB São Paulo. Boletim mensal, n. 33, nov. 1956. *Acrópole*, n. 217, São Paulo, out. 1956]

LEVI, Rino; KARMAN, Jarbas. A pesquisa no planejamento da assistência médico-hospitalar. *Acrópole*, n. 204, São Paulo, out. 1955, p. 536.

LEVI, Rino; LAMPO, Margot. Hospital para Maiquetia. *Acrópole*, n. 269, São Paulo, mar./abr. 1961, p. 179.

LEVI, Rino; MORAIS, Leo Ribeiro; LOTUFO, Octavio; PEREIRA, Decio; SAVELLI, Mario. O julgamento do concurso de anteprojetos para a sede do Sindicato dos Trabalhadores nas Indústrias de Energia Elétrica de São Paulo. *Acrópole*, n. 298, São Paulo, ago. 1963, p. 294.

LEVI, Rino; PUNCELES, Carlos Alberto; ACORTA, José Galia, ALCOCK, Jimmy. Proporción de un sistema de estacionamientos colectivos para la ciudad de Caracas, 16 jun. 1959.

LEVI, Rino; RICHTER, Roberto Paulo. Condições de trabalho em relação à acústica. *Arquitetura e Engenharia*, n. 66, Belo Horizonte, 1963, p. 43.

LEVI, Rino; RUIZ, Helena; LAMPO, Margot. Hospital para Puerto Cabello. *Acrópole*, n. 269, São Paulo, mar./abr. 1961, p. 178.

LEVI, Rino. (Plantar o século 21) com as sementes do passado. *AU – Arquitetura e Urbanismo*, n. 11, São Paulo, abr./mai. 1987, p. 28-34. [coletânea de projetos]

LEVI, Rino. A arquitetura e a estética das cidades (1925). In XAVIER, Alberto (Org.). *Depoimento de uma geração: arquitetura moderna brasileira*. Edição revista e ampliada. São Paulo, Cosac Naify, 2003, p. 38-39.

LEVI, Rino. A arquitetura é arte e ciência. Óculum, Campinas, n. 3, mar. 1993, p. 39-44.

LEVI, Rino. A arquitetura é arte e ciência. Óculum, n. 3, Campinas, mar. 1993, p. 39-42.

LEVI, Rino. A arquitetura moderna. *Acrópole*, n. 184, São Paulo, ago. 1953, p. 155.

LEVI, Rino. *A casa*, mai. 1954, arquivo Rino Levi. [texto datilografado].

LEVI, Rino. Acústica e forma na Arquitetura. *Anhembi*, n. 84, São Paulo, nov. 1957, p. 626-633.

LEVI, Rino. Ainda não há urbanismo no Brasil. *O Globo*, São Paulo, 13-26 nov. 1954.

LEVI, Rino. Arquitetos de São Paulo. *Arquitetura e Engenharia*, n. 36, Belo Horizonte, ago. 1955.

LEVI, Rino. Arquitetura e estética das cidades. *O Estado de S.Paulo*, São Paulo, 15 out. 1925. In XAVIER, Alberto (Org.). *Arquitetura moderna brasileira: depoimento de uma geração*. São Paulo, Pini/Abea/FVA, 1987, p. 21-23.

LEVI, Rino. Carta para Burle Marx, 31 out. 1948, arquivo Rino Levi.

LEVI, Rino. Carta para Burle Marx. In FERRAZ, Ana Lúcia Machado de Oliveira. Op. cit.

LEVI, Rino. Carta para o sr. Ugo Sorrentino, 1 nov. 1937, arquivo Escritório Rino Levi Arquitetos Associados.

LEVI, Rino. Casa de campo junto ao lago de Santo Amaro. *Revista Politécnica*, n. 124, São Paulo, 1937.

LEVI, Rino. Centro profissional La Parábola na Venezuela. *Habitat*, n. 34, São Paulo, set. 1956, p. 56.

LEVI, Rino. Cine Art-Palácio e Prédio para Escritórios – Recife, Pernambuco. *Acrópole*, n. 25, São Paulo, mai. 1940, p. 41-48.

LEVI, Rino. Cine Universo. *Revista Politécnica*, n. 130, São Paulo, abr./jun. 1939, p. 105.

LEVI, Rino. Cinéma Ufa-Palace à São Paulo. *L'Architecture d'Aujourd'Hui*, n. 9, Paris, set. 1938, p. 62-64.

LEVI, Rino. Cinéma-Hotel à São Paulo. *L'Architecture d'Aujourd'Hui*, Boulogne, n. 23, mai. 1949, p. 49-51.

LEVI, Rino. Comentário sobre o processo de exame do Código de Obras pelo IAB [s.d., possivelmente 1954], arquivo Escritório Rino Levi Arquitetos Associados.

LEVI, Rino. Concepção da cidade moderna, Curitiba, 14 nov. 1963. [anotações manuscritas para a conferência realizada na Faculdade de Engenharia de Curitiba]

LEVI, Rino. Concepção do projeto hospitalar, mar. 1956, arquivo Escritório Rino Levi Arquitetos Associados. [texto datilografado]

LEVI, Rino. Concepções da cidade moderna, 14 nov. 1963 [Curitiba, conferência a convite da Faculdade de Engenharia], arquivo Escritório Rino Levi Arquitetos Associados.

LEVI, Rino. Considerações a propósito do estudo acústico de um cinema em construção em São Paulo. *Revista Politécnica*, n. 122, São Paulo, abr./dez. 1936.

LEVI, Rino. Convenção do Instituto de Arquitetos do Brasil: declarações do arquiteto Rino Levi sobre as principais ideias ventiladas durante sua realização. *Acrópole*, n. 175, São Paulo, nov. 1952, p. 236.

LEVI, Rino. Cozinhas residenciais. *Acrópole*, n. 192, São Paulo, 1954, p. 573.

LEVI, Rino. Discurso proferido na seção de encerramento da 1ª Convenção Nacional de Arquitetos, Caracas, 12 dez. 1959. [datilografado]

LEVI, Rino. Edifício Cofermat. *Acrópole*, n. 102, São Paulo, out. 1946, p. 169-171.

LEVI, Rino. Edifício de apartamentos. *Acrópole*, n. 176, São Paulo, dez. 1952, p. 276-280.

LEVI, Rino. Ensino da Arquitetura, jul. 1957. [datilografado]

LEVI, Rino. Esquema de três hospitais. *Acrópole*, n. 269, São Paulo, mar./abr. 1961, p. 176.

LEVI, Rino. Esquemas de três hospitais. *Acrópole*, n. 269, mar. 1961, p. 176-179.

LEVI, Rino. Faculdade de Filosofia do Instituto Sedes Sapientiae. *Acrópole*, n. 64, São Paulo, ago. 1943, p. 64-72.

LEVI, Rino. Hospital para Caracas. *Acrópole*, n. 269, São Paulo, mar./abr. 1961, p. 177.

LEVI, Rino. Immeuble Prudencia à São-Paulo. *L'Architecture d'Aujourd'Hui*, n. 17, Paris, abr. 1948, p. 25-27.

LEVI, Rino. Impõe-se a mobilização da opinião pública para forçar a administração a cogitar do plano diretor de São Paulo. *Folha da Manhã*, São Paulo, 15 jun. 1955.

LEVI, Rino. Inauguração da exposição de móveis Forma, 25 nov. 1964. [datilografado]

LEVI, Rino. Instituto Superior de Filosofia, Ciências e Letras Sedes Sapientiae – São Paulo. *Revista Municipal de Engenharia*, n. 5, Rio de Janeiro, set. 1942, p. 274-283.

LEVI, Rino. Justificação arquitetônica. *Projeto*, n. 111, São Paulo, jun. 1988, p. 122-123. [memorial descritivo do projeto para o concurso do Viaduto do Chá, 1935]

LEVI, Rino. L'architecture est art et science. *L'Architecture d'Aujourd'Hui*, n. 27, dez. 1949, p. 50-51.

LEVI, Rino. L'architecture est un art et une science. *L'Architecture d'Aujourd'Hui*, n. 27, Paris, dez. 1949, p. 50-51.

LEVI, Rino. Maternidade Universitária de São Paulo. *Arquitetura e Engenharia*, n. 20, Belo Horizonte, jan./fev. 1952, p. 24-38.

LEVI, Rino. Mudam os tempos. *Artes Plásticas*, São Paulo, set./out. 1948.

LEVI, Rino. Mudam os tempos. *Revista Arquitetura*, n. 42, São Paulo, dez. 1985.

LEVI, Rino. Normas básicas para concurso de arquitetura. *Arquitetura e Engenharia*, n. 21, Belo Horizonte, mar./mai. 1952, p. 65-66.

LEVI, Rino. Nouveau théâtre à São-Paulo (Brésil). *L'Architecture d'Aujourd'Hui*, n. 9, Paris, abr. 1950, p. 7-8.

LEVI, Rino. O hospital. Apud WILHEIN, Jorge; FRANCO, Luiz Roberto Carvalho. IAB São Paulo. Boletim mensal, n. 8, ago. 1954. *Acrópole*, n. 191, São Paulo, ago. 1954, p. 490-492. [conferência realizada na Argentina e no Uruguai]

LEVI, Rino. O que há na arquitetura. *Rasm – Revista Anual do Salão de Maio*, n. 1, São Paulo, 1939.

LEVI, Rino. O sentido da síntese na arquitetura moderna, São Paulo, 9 set. 1962. [texto datilografado da conferência realizada na FAU USP]

LEVI, Rino. *Parkhäuser*. Frankfurt, Der Architekt, 1960.

LEVI, Rino. Planejamento de hospitais. *Arquitetura*, n. 42, Rio de Janeiro, dez. 1965, p. 23.

LEVI, Rino. Planejamento de hospitais. *Arquitetura*, n. 42, Rio de Janeiro, dez. 1965, p. 23.

LEVI, Rino. Planejamento de hospitais. *Habitat*, n. 11, São Paulo, jun.1953, p. 10-11. [texto da aula proferida no Museu de Arte de São Paulo em 13 abr. 1953, durante o 1º Curso de Planejamento de Hospitais, organizado pelo IAB SP]

LEVI, Rino. Planejamento do hospital do ponto de vista do arquiteto. *Arquitetura*, n. 42, dez. 1965. [texto da aula proferida no Museu de Arte de São Paulo em 13 abr. 1953, durante o 1º Curso de Planejamento de Hospitais, organizado pelo IAB SP]

LEVI, Rino. Prédio de apartamentos. *Revista Politécnica*, n. 120, São Paulo, 1935.

LEVI, Rino. Prédio de habitação do tipo semi-intensivo. *Revista Politécnica*, n. 119, São Paulo, mar./jun. 1935.

LEVI, Rino. Prédio Higienópolis. *Acrópole*, n. 27, São Paulo, jul. 1940, p. 107-112.

LEVI, Rino. Problema da casa própria no Peru. *Acrópole*, n. 175, São Paulo, nov. 1952, p. 235. [depoimento de Rino Levi]

LEVI, Rino. Problema da forma na arquitetura, aula de 25 mai. 1954, arquivo Escritório Rino Levi Arquitetos Associados.

LEVI, Rino. Problemas de urbanismo. Datilografado (anterior a 1930), arquivo Escritório Rino Levi Arquitetos Associados.

LEVI, Rino. Problèmes de circulation et de stationement au Brésil. *L'Architecture d'Aujourd'Hui*, n. 69-70, Paris, fev. 1957. [separata da revista]

LEVI, Rino. Projeto de um conjunto de edifícios para o Centro Comercial de São Paulo. *Revista Municipal de Engenharia*, n. 1, Rio de Janeiro, jan. 1943, p. 33-43.

LEVI, Rino. Proposta de curso de Composição para a FAU Caracas, ano escolar 1958-59.

LEVI, Rino. Proposta de temas para ateliês na Faculdade de Arquitetura e Urbanismo da Universidade de Caracas. São Paulo, 1958-59. [anotações manuscritas]

LEVI, Rino. Prova a experiência que um paço provisório se transformaria em definitivo. Sugiro um edifício de arquitetura funcional completamente isolado numa praça da cidade. Depoimento de Rino Levi sobre a construção do Paço Municipal em São Paulo. *Diário da Noite*, São Paulo, 21 ago. 1946.

LEVI, Rino. Recomendações para o planejamento [s.d.].

LEVI, Rino. Relatório do engenheiro Rino Levi à Comissão Inspetora das Delegacias Técnicas sobre sua atuação no 2º Batalhão 9 de julho do Instituto do Café, São Paulo, 28 jul.-14 ago. 1932, arquivo Escritório Rino Levi Arquitetos Associados.

LEVI, Rino. Relatório do engenheiro Rino Levi à Inspetoria das Delegacias Técnicas sobre a sua atuação no 2º Batalhão 9 de Julho do Instituto do Café, desde 28 jul. até 14 ago. 1932, arquivo Rino Levi.

LEVI, Rino. Resposta por escrito a entrevista da Revista Horizonte. *Diário Universitário*, Caracas, 20 mai. 1959.

LEVI, Rino. Ruído e urbanismo. *Habitat*, São Paulo, n. 77, mai./jun. 1964, p. 33-34.

LEVI, Rino. Síntese das artes plásticas. *Acrópole*, n. 192, São Paulo, set. 1954, p. 567-568.

LEVI, Rino. Situação da arte e do artista no mundo moderno, em particular com relação à arquitetura, 1948, arquivo Rino Levi.

LEVI, Rino. Situação da arte e do artista no mundo moderno. *Colégio*, n. 4, nov./dez. 1948. [depoimento em debate organizado pela revista]

LEVI, Rino. Sugestão em estudo, proposta de organização curricular da Faculdade de Arquitetura e Urbanismo, 1957, arquivo Escritório Rino Levi Arquitetos Associados.

LEVI, Rino. Técnica hospitalar e arquitetura. São Paulo, palestra no Museu de Arte Moderna de São Paulo – MAM SP, 1948.

LEVI, Rino. Texto datilografado s/ título para o jornal *A Gazeta*, São Paulo, abr. 1959.

LEVI, Rino. Torre universitária. *Habitat*, n. 34, São Paulo, set. 1956, p. 54-55.

LEVI, Rino. Tre edifici in San Paolo del Brasile. *Architettura*, n. 5, Milão, mai. 1938, p. 275-286.

LEVI, Rino. Una obra: hospital infantil en São Paulo. *Informes de la Construcción*, n. 76, Madrid, dez. 1955.

LEVI, Rino. Villa à São Paulo. *L'Architecture d'Aujourd'Hui*, n. 18, Paris, jul. 1948, p. 74-75. [residência do arquiteto]

PAESANI, Alfredo; BRANCO, Bernardo Castelo; TORRANO, Pedro; ORTENBLAD FILHO, Rodolpho. Admissão em Faculdade de Arquitetura. IAB São Paulo. Boletim mensal, n. 25, mar. 1956. *Acrópole*, n. 209, São Paulo, fev. 1956.

2. Publicações sobre Rino Levi
2.1. Livros e capítulos de livros

ABE, Andre Tomuyuki; LEVI, Rino. *Faculdade de Arquitetura e Urbanismo*. São Paulo, USP, [s.d.].

ACAYABA, Marlene Milan. *Branco & Preto: uma história do design brasileiro nos anos 50*. São Paulo, Instituto Lina Bo e P. M. Bardi, 1994.

ACAYABA, Marlene Milan. *Residências em São Paulo, 1947-1975*. 1ª edição. São Paulo, Projeto, 1986.

ACAYABA, Marlene Milan. *Residências em São Paulo, 1947-1975*. 2ª edição. São Paulo, Romano Guerra, 2011.

ADAMS, William Howard. Roberto Burle Marx : the unnatural art of the garden. Nova York, MoMA, 1991.

ALOI, Roberto. *Camini d'oggi. Esempi di architettura moderna di tutto il mondo*. Milão, Hoepli, 1957.

ANELLI, Renato; GUERRA, Abilio; KON, Nelson. *Rino Levi – arquitetura e cidade*. São Paulo, Romono Guerra, 2001

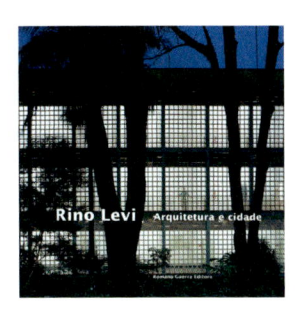

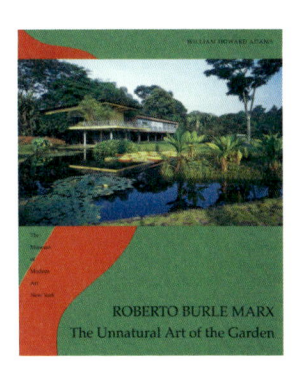

ANELLI, Renato. O cinema e a construção da imagem metropolitana em São Paulo. In PADILHA, Nino (Org.). *Cidade e urbanismo: história, teorias e práticas*. Salvador, Mestrado em Arquitetura e Urbanismo da FAU UFBA, 1998, p. 371-379.

ANELLI, Renato. Rino Levi. In LEME, Maria Cristina da Silva (Org.). *Urbanismo no Brasil, 1895-1965*. Barueri, Studio Nobel, 1999.

BARDI, Pietro Maria. *Neutra: residências*. São Paulo, Museu de Arte de São Paulo/Todtmann & Cia, 1950.

BARDI, Pietro Maria. *The tropical gardens of Burle Marx*. Rio de Janeiro, Colibris, 1964.

BRIQUET, Raul; LEVI, Rino. *Maternidade Universitária de São Paulo*. São Paulo, USP, 1946.

BRUNA, Paulo Júlio Valentino; LEVI, Rino. *Catálogo de desenhos de arquitetura da Biblioteca da FAU-USP*. São Paulo, FAU USP/Vitae, 1988.

BRUNO, Ernani Silva. *História e tradições da cidade de São Paulo*. Volume 3 – Metrópole do café/São Paulo de agora. Rio de Janeiro, José Olympio, 1954.

BURLE MARX, Roberto. Depoimento sobre Rino Levi. In *Rino Levi*. Milão, Comunità, 1974, p. 10.

CALLWEY, Georg; HENN, Walter. *Industriebau*. III band – Internationale Beispiele. Munique, Callwey Verlag, 1962.

CAMPOS, Ernesto Souza. *História da Universidade de São Paulo*. São Paulo, USP, 1954.

CARVALHO, Flávio de. *Rasm – Revista Anual do Salão de Maio*, São Paulo, n. 1, 1939. [projeto de prédio de apartamentos para São Paulo]

Cidade Universitária de São Paulo. São Paulo, Edusp, 1954.

Commercial buildings. Nova York, F. W. Dodge Corp., 1953.

CONRADS, Ulrich; SPERLICH, Hans G. *Architecture fantastique*. Stuttgart, Gerd Hatje, 1960. [o projeto para Brasília está na página 110]

CORONA, Eduardo; LEMOS, Carlos. Roteiro da arquitetura contemporânea. *Acrópole*, n. 295, São Paulo, jun. 1963. [separata da revista]

DAHER, Luiz Carlos. Atualidades do modernismo (algumas imagens). In WARCHAVCHIK, Pilon. *Rino Levi: três momentos da arquitetura paulista*. São Paulo, Museu Lasar Segall/Funarte, 1983.

DAMAZ, Paul F. *Art in Latin America: architecture*. Nova York, Reinhold, 1963.

DANZ, Ernst. *Kamine. Beispielsammlung moderner Architektur 2*. Stuttgart, Gerd Hatje, 1964. [a residência Milton Guper está na página 38-39]

DEBENEDETTI, Emma; SALMONI, Anita. *Arquitetura italiana em São Paulo*. São Paulo, Instituto Cultural Ítalo-Brasileiro, 1953.

DIAS, Luís Andrade de Mattos. *Edificações de aço no Brasil*. São Paulo, Zigurate, 1993.

Documenti architettura. Edifici industriali. Milão, Vallardi, 1949. [projeto da Cia. Jardim de Cafés Finos]

FRY, Maxwell; DREW, Jane. *Tropical architecture in the humid zone*. Londres, Batsford, 1956.

GIEDION, Sigfried. *Ciam: a decade of new architecture*. Zurique, Girberger, 1951.

GOODWIN, Philip L. *Brazil Builds: architecture new and old, 1652-1942*. Nova York, The Museum of Modern Art, 1943. [projeto do Instituto Sedes Sapientiae]

HITCHCOCK, Henry Russell. *Latin American architecture since 1945*. Nova York, The Museum of Modern Art, 1955.

HOFFMANN, Julius (Org.). *Garten und Haus*. Stuttgart, Verlag, 1956.

HOMEM, Maria Cecília Naclério. Sobre a construção da capital do café e da indústria (1875-1930). In WARCHAVCHIK, Pilon. *Rino Levi: três momentos da arquitetura paulista*. São Paulo, Museu Lasar Segall/Funarte, 1983.

Ibero – Amerikauska Arkitektur Utstallningen. Catálogo de exposição. Estocolmo, 1946. [conta com a participação de Rino Levi]

KULTERMANN, Udo. *Architecture of today*. Londres, Zwemmer, 1958.

LEMOS, Carlos. *Arquitetura brasileira*. São Paulo, Melhoramentos/Edusp, 1979.

LEMOS, Carlos. Os três pretensos abridores de uma porta difícil. In WARCHAVCHIK, Pilon. *Rino Levi: três momentos da arquitetura paulista*. São Paulo, Museu Lasar Segall/Funarte, 1983.

MACHADO, Lúcio Gomes. Desenhos do escritório Rino Levi. In 3ª Bienal Internacional de Arquitetura de São Paulo. Catálogo geral. São Paulo, Fundação Bienal de São Paulo/Instituto de Arquitetos do Brasil, 1997.

MORI, Jose Kazuo. *Rino Levi*. São Paulo, FAU USP, 1971.

MURAL, Augusto. *Selezione mondiale di edilizia ospedaliera*. Torino, 1954.

O espaço da USP: presente e futuro. São Paulo, USP, 1986.

PAGLIA, Dante. *Arquitetura da Bienal de São Paulo*. São Paulo, Ediam, 1951.

PENEDO, Alexandre. *Arquitetura moderna em São José dos Campos*. São José dos Campos, Fundação Cassiano Ricardo, 1997.

Perspective of Brazil. Boston, Atlantic Monthly, 1956.

REIS FILHO, Nestor Goulart. A arquitetura de Rino Levi. In *Rino Levi*. Milão, Edizioni di Comunità, 1974.

Rino Levi, arquiteto – obras 1928-1940. São Paulo/Basiléia, Service des Pays S.A., 1940.

RITTER, Hubert. *Der Krankenhausbau der Gegenwart*. Stuttgart, Julius Hoffmann Verlag, 1954.

SAIA, Luiz. A fase heroica da arquitetura contemporânea já foi esgotada há alguns anos (1954). In *Depoimentos 1*. São Paulo, GFAU, 1960.

SAIA, Luiz. Arquitetura paulista (1959). In *Depoimentos 1*. São Paulo, GFAU, 1960.

SAIA, Luiz. Notas para a teorização de São Paulo (1963). In SAIA, Luiz. *Morada paulista*. São Paulo, Perspectiva, 1972.

SANTOS, Paulo. Warchavchik. In *Quatro séculos de cultura*. Rio de Janeiro, UFRJ, 1966, p. 164-166; apud XAVIER, Alberto (Org.). *Arquitetura moderna brasileira: depoimento de uma geração*. São Paulo, Abea/FVA/Pini, 1987, p. 355-356.

SCHUSTER, Frantz. *Treppen. Aus stein, holz und metall*. Stuttgart, Julius Hoffmann Verlag, 1964.

SIMÕES, Inimá. *Salas de cinemas em São Paulo*. São Paulo, Secretaria Municipal de Cultura, 1990.

TOLEDO, Benedito Lima de (Org.). *Depoimentos 1*. São Paulo, GFAU/Centro de Estudos Brasileiros, 1960.

TOLEDO, Benedito Lima de. *Anhangabahú*. São Paulo, Fiesp, 1989.

TOLEDO, Benedito Lima de. *São Paulo: três cidades em um século*. São Paulo, Duas Cidades, 1983.

União Internacional de Arquitetos. *Habitation 1945-1955*. Rotterdam, 1955. [projeto da Tecelagem Parahyba e USP]

Uugentbauten Unserer Zeit. Munique, Verlag Hermann Rinn, 1953. [projeto do Instituto Sedes Sapientiae]

VASCONCELLOS, Sylvio de Carvalho. Sobre a evolução do espaço arquitetônico. Porto Alegre, [s.n.], 1960.

VOGLER, Paul. *Handbuch für den Neuen Krankenhausbau*. Munique, Urban & Schwarzenberg, 1951.

Warchavchik, Pilon, Rino Levi: três momentos da arquitetura paulista. São Paulo, Museu Lasar Segall/Funarte, 1983.

WINKLER, Robert. *Das Haus des Architekten*. Zurique, Girsberger, 1955.

World's contemporany houses. Tokyo, Shinji Koike, 1954.

XAVIER, Alberto (Org.). *Arquitetura moderna brasileira: depoimento de uma geração*. São Paulo, Pini/Abea/FVA, 1987.

2.2. Artigos em revistas e jornais

"Arquitetura do imprevisível" no laboratório de cabos da Pirelli. *Projeto*, n. 101, São Paulo, jul. 1987, p. 106-112.

1ª Bienal do Museu de Arte Moderna de São Paulo. *Acrópole*, n. 159, São Paulo, jul. 1951, p. 92-94.

1ª Bienal. Museu de Arte Moderna de S.Paulo. Prêmios da exposição internacional de arquitetura pelo júri de premiação. *Acrópole*, n. 162, São Paulo, out. 1951, p. 198. [projeto da Maternidade Universitária de São Paulo]

A mãe do ano de 1957 e o Hospital da Cruzada Pró-Infância. *Revista Paulista de Hospitais*, n. 5, São Paulo, mai. 1957, p. 73-82.

À margem de um incidente envolvendo os arquitetos. *Diário de S.Paulo*, São Paulo, 3 dez. 1952.

A nova diretoria do IAB, departamento de São Paulo, biênio 1953-54. *Acrópole*, n. 178, São Paulo, fev. 1953, p. 338.

A residência do arquiteto Rino Levi. *Casa e Jardim*, n. 23-24, São Paulo, 1956, p. 7-16.

A solução do problema do estacionamento depende da construção de uma rede de garagens de vários pisos. Coluna Engenharia e Arquitetura. *Folha da Manhã*, São Paulo, 10 jan. 1958.

Acústica nas casas de diversões. *O Estado de S.Paulo*, São Paulo, 9 jun. 1936.

Agência do Banco Sul-Americano do Brasil S.A. *AD – Arquitetura e Decoração*, n. 22, São Paulo, mar./abr. 1957.

ALFIERI, Bruno. Rino Levi: una nuova dignità all'habitat. *Zodiac*, n. 6, Milão, mai. 1960, p. 84-87.

ALFIERI, Bruno. Rino Levi: una nuova dignità all'habitat. *Zodiac*, n. 6, Milão, 1963, p. 85-95.

ANDRADE, Antonio Luiz Dias de. Rino Levi e a Tecelagem Parahyba. *Esfera*, n. 43, v. 6, São José dos Campos, abr. 1996, p. 10-12.

ANELLI, Renato. 1925 – Warchavchik e Levi: dois manifestos pela arquitetura moderna no Brasil. *RUA – Revista de Urbanismo e Arquitetura*, n. 1, v. 5, Salvador, 1999, p. 6-11 <https://bit.ly/2YT5aEF>.

ANELLI, Renato. Arquitetura e cidade na obra de Rino Levi. *Espaço & Debates: Revista de Estudos Regionais Urbanos*, n. 40, São Paulo, abr. 1997, p. 82-92.

ANELLI, Renato. Arquiteturas e cinemas em São Paulo. *Óculum*, n. 2, Campinas, set. 1992, p. 20-24.

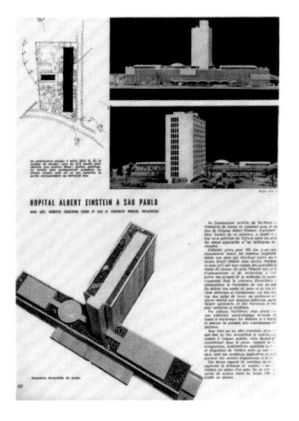

ANELLI, Renato. Edifício Nicolau Schiesser vai ser demolido. A obra de Rino Levi em risco. *Minha Cidade*, São Paulo, ano 14, n. 163.03, Vitruvius, fev. 2014 <https://www.vitruvius.com.br/revistas/read/minhacidade/14.163/5047>.

ANELLI, Renato. Mediterráneo en los trópicos. *Block*, n. 4, Buenos Aires, dez. 1999, p. 96-103.

ANELLI, Renato. Memória: Rino Levi e Carlos Millán. Boletim IAB SP, n. 17, São Paulo, mar./mai. 2000, p. 4.

ANELLI, Renato. Warchavchik e Levi: dois manifestos pela arquitetura moderna no Brasil. *RUA – Revista de Urbanismo e Arquitetura*, n. 7, Salvador, jul./dez. 1999, p. 6-11.

Antologia di Rino Levi. *Domus*, n. 287, Milão, out. 1953, p. 5-8.

Apartamentos Prudência. *Acrópole*, n. 154, São Paulo, fev. 1951, p. 259-262.

Apartment house. *Progressive Architecture*, n. 8, Cleveland, ago. 1952, p. 63-67.

ARANHA, Maria Beatriz de Camargo. Rino Levi: arquitetura como ofício. Óculum, n. 3, Campinas, mar. 1993, p. 46-52.

Arquiteto brasileño dictará conferencia sobre estudios para proyectos de hospitales. *Panorama*, Maracaibo, 25 jan. 1957.

Arquitetura contemporânea em São Paulo. *O Estado de S.Paulo*, São Paulo, 8 dez. 1957.

Arquitetura de Caracas: com a palavra o arquiteto Rino Levi. *A Gazeta*, São Paulo, 14 jul. 1961.

Arquitetura industrial: Arno, São Paulo. *Habitat*, n. 10, São Paulo, 1953, p. 24-25.

Arquitetura industrial. *O Estado de S.Paulo*, São Paulo, 20 set. 1960.

Arquitetura também é fator de produção. *O Dirigente Industrial*, n. 6, São Paulo, fev. 1962, p. 51-60.

Arquitetura: notícias. *Arquitetura e Engenharia*, n. 29, Belo Horizonte, fev. 1954, p. 3.

Arquitetura: solução moderna para hospital psiquiátrico. *O Estado de S.Paulo*, São Paulo, 14 dez. 1962.

At São Paolo, Brazil. *Architectural Review*, n. 765-766, Londres, dez. 1960, p. 338-340.

Autorização para a construção de cinco garagens em São Paulo usando como justificativa um estudo realizado por alunos do quinto ano da Faculdade de Arquitetura e Urbanismo da Universidade de São Paulo, sob orientação dos professores Rino Levi e Roberto Cerqueira César. *Diário Oficial*, São Paulo, 28 fev. 1956.

Banco Sul-Americano do Brasil em São Paulo. *Habitat*, n. 74, São Paulo, dez. 1963, p. 15-20.

Banco Sul-Americano do Brasil S.A., 1962. *Construção São Paulo*, n. 175, São Paulo, out. 1981, p. 19.

BRANCO, Bernardo Castelo. O 4º Congresso da UIA: Rino Levi e a participação brasileira. *Acrópole*, n. 203, São Paulo, set. 1955, p. 4.

Brasília: Plano Piloto. *Arquitetura e Engenharia*, n. 46, Belo Horizonte, ago./out. 1957, p. 10-20.

Brésil. Hospital A. C. de Camargo à Paulo. *L'Architecture d'Aujourd'Hui*, Boulogne, n. 52-53, fev./abr. 1954, p. 82-83.

BRUNA, Paulo. Considerações sobre o projeto de edifícios industriais. *Projeto*, n. 121, São Paulo, mai. 1989, p. 63-68.

BRUNA, Paulo. Diálogos com o contexto através de dois blocos. *Projeto*, n. 123, São Paulo, jul. 1989, p. 100-102.

BRUNA, Paulo. Levi a San Paolo – Itinerario n. 69. Encarte. *Domus*, n. 728, Milão, jul. 1991.

BRUNA, Paulo. Uma política habitacional para a Nova República. *Projeto*, n. 91-92, São Paulo, 1986, 89-92.

CARBONARA, Pasquale. Tre edifici in San Paolo del Brasile, arch. Rino Levi. *Architettura ed Arti Decorative. Rivista d'arte e di storia*, n. 5, Milão, mai. 1938.

Casa a San Paolo. Domus, Milão, n. 258, mag. 1951, p. 6-7.

Casa e paesaggio brasiliano. *Domus*, n. 302, Milão, jan. 1955, p. 30.

Centre Commercial de Brooklin à São Paulo. *L'Architecture d'Aujourd'Hui*, Boulogne, n. 67-68, out. 1956, p. 166-167.

Centre Résidentiel Universitaire à São Paulo. *L'Architecture d'Aujourd'Hui*, Boulogne, n. 52-53, fev./abr. 1954, p. 84.

Centro Cívico de Santo André, 1965. *Construção São Paulo*, n. 176, São Paulo, nov. 1981, p. 23.

Centro Comercial en el Brooklin. *Arquitectos del México*, n. 53-56, México, 1956, p. 107-110.

Centro Comercial en São Paulo. *Integral*, n. 6, Caracas, fev. 1957.

Centro Profesional La Parábola. *Integral*, n. 3, Caracas, abr. 1956.

CÉSAR, Roberto Cerqueira; FRANCO, Luiz Roberto Carvalho. Edifício Sesi-Ciesp. *Acrópole*, n. 373, São Paulo, mai. 1970, p. 16-19.

CÉSAR, Roberto Cerqueira. Estímulo permanente. *AU – Arquitetura e Urbanismo*, n. 11, São Paulo, abr./mai. 1987, p. 36-39.

CÉSAR, Roberto de Cerqueira. O papel de Rino Levi no desenvolvimento da arquitetura brasileira contemporânea. *Revista de la Facultad de Arquitectura de Montevideo*, Montevidéu, jul. 1966.

Charlas y conferencias del Prof. Arq. Rino Levi. *La Mañana*, Montevideo, 15 jun. 1954. [conferência *Presentación de trabajos hospitalarios del arq. Rino Levi*]

CHRISTIANO DE SOUZA, Ricardo. A ex-máquina de habitar de Levi. *Folha de S.Paulo*, São Paulo, 2 jan. 1993.

Cine Ipiranga e Hotel Excelsior, 1941. *Construção São Paulo*, n. 161, São Paulo, jan. 1979, p. 20.

Cine Ipiranga. *Engenharia*, n. 141, mai./out. 1942.

Cine Ufa-Palácio/Projeto e fiscalização do Architecto Rino Levi. *Revista Politécnica*, n. 123, São Paulo, jan./abr. 1937.

Cine Universo. *Revista Politécnica*, n. 130, São Paulo, abr./jun. 1939, p. 105-107.

Cinema Art Palácio da UFA. *Arquitetura*, n. 42, Rio de Janeiro, dez. 1965, p. 12-13.

Ciudad Universitaria de São Paulo. *Informes de La Construcción*, n. 73, Madrid, ago./set. 1955.

Colégio Miguel de Cervantes, 1973. *Construção São Paulo*, n. 1833, São Paulo, mar. 1983, p. 18.

Como os nossos artistas moram – Yara Bernette e Gregoriam. *Casa e Jardim*, n. 52-53, São Paulo, 1959, p. 48-53.

Complesso farmaceutico a San Paolo, in Brasile. *L'Industria Italiana del Cemento*, n. 11, Roma, nov. 1964.

Concepção da cidade moderna, conferência, hoje, do Prof. Rino Levi. *O Estado*, Florianópolis, 26 set. 1957.

Conclusão em 15 meses das obras iniciais do Hospital Albert Einstein. *O Estado de S.Paulo*, São Paulo, 12 abr. 1959.

Concurso de anteprojetos do Palácio Legislativo. *Resistência*, Florianópolis, 30 set. 1957.

Conferencia del arquitecto Rino Levi en el Cinva. *El Tiempo*, Bogotá, 17 jul. 1957. [conferência *La planificación y sus relaciones a la vivienda*]

Conferencia del Arquitecto Rino Levi en la Facultad de Arquitectura. *El Pais*, Madri, 7 jun. 1956.

Conferencia del Dr. Rino Levi. *Diario de Occidente*, Maracaibo, 29 jan. 1957.[conferência *Concepción de proyectos de hospitales*]

Conferencia dictó anoche el Doctor Rino Levi. *Panorama*, Maracaibo, 29 jan. 1957.

Conjunto de quatro prédios de apartamentos. *Revista de Engenharia Mackenzie*, n. 84, São Paulo, out. 1943.

Contra a mudança da capital do Estado de São Paulo para o interior. *Folha da Manhã*, São Paulo, 22 jul. 1957.

CORONA, Eduardo. Rino Levi. *Acrópole*, n. 322, São Paulo, out. 1965, p. 23.

CORREA, Vanessa. Fábrica de 70 anos vai ao chão e vira condomínio. Construção havia sido projetada por Rino Levi, ícone do modernismo. *Folha de S.Paulo*, São Paulo, 06 ago. 2011 < www1.folha.uol.com.br/fsp/cotidian/ff0608201129.htm>.

Curriculum Vitae. *Informes de La Construcción*, n. 71, Madrid, mai. 1955.

Dentro de cinco meses comienza la construcción del edificio sin techo de la Av. Victoria. *El Heraldo*, Caracas, 10 oct. 1955.

Dia de glória nos anais da APCC: a inauguração do Instituto Central Hospital Antônio C. Camargo. *Folha da Manhã*, São Paulo, 24 abr. 1953.

Disertó el arquitecto brasileño Rino Levi. *La Capital*, Rosario, 6 jun. 1954. [conferência *La vivienda*]

Dormitories and student club. *Progressive Architecture*, n. 11, Cleveland, nov. 1953, p. 15-16.

Dos obras del Arquitecto Rino Levi. *Integral*, n. 14, Caracas, fev. 1959.

Duas propostas para centro administrativo. *Projeto*, n. 113, São Paulo, ago. 1988, p. 70-74.

Edifício Columbus. *Arquitetura*, n. 42, Rio de Janeiro, dez. 1965, p. 11.

Edifício de apartamentos – propriedade da Cia. Seguradora Brasileira. *Revista Politécnica*, n. 162, São Paulo, jul./ago. 1951, p. 41-48.

Edifício de apartamentos na Liberdade. *Habitat*, n. 45, São Paulo, nov./dez. 1957, p. 40-43.

Edificio de apartamentos. *Informes de La Construcción*, n. 103, Madri, ago./set. 1958.

Edifício Galeria R. Monteiro. *Construção São Paulo*, n. 173, São Paulo, mai. 1981, p. 21.

Edifício na Liberdade. *Folha da Manhã*, São Paulo, 19 jan. 1958.

Edifício Paramount-Lansul. *Projeto*, n. 117, São Paulo, dez. 1988, p. D-18.

Edifício Paulista, São Paulo. *Revista de Engenharia Mackenzie*, n. 104-106, São Paulo, 1951.

Edifício Paulista. *Acrópole*, n. 146, São Paulo, jun. 1950, p. 40-45.

Edifício Plavinil-Elclor, 1961. *Construção São Paulo*, n. 174, São Paulo, jun. 1981, p. 23.

Edifício Prudência, 1944 e Residência do arquiteto, 1944. *Construção São Paulo*, n. 1623, São Paulo, 1979, p. 17-18.

Edificio R. Monteiro en São Paulo, Brasil. *Informes de La Construcción*, n. 180, Madri, mai. 1966.

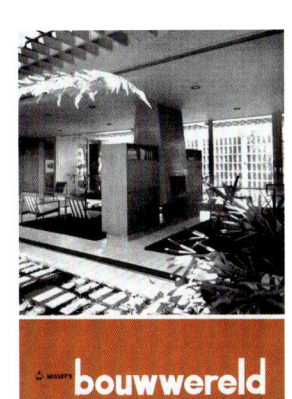

Edificio sin techo construirán en Caracas. *La Esfera*, 6 out. 1955.

Edificio sin techo por valor de 16 millones de bolívares será construido en Caracas. *La Religión*, 5 out. 1955.

Edifício-Sede do IAB, 1947. *Construção São Paulo*, n. 1627, São Paulo, abr. 1979, p. 18.

El célebre arquitecto brasileño Rino Levi hace desde hoy visita a Bogotá. *El Independiente*, Bogotá, 15 jul. 1957.

El edificio sin techo. *El Universal*, Caracas, 7 out. 1955.

Em Rio Claro mais uma unidade da rede hospitalar do Estado. *O Estado de S.Paulo*, São Paulo, 1 abr. 1962.

Empenhar-se-á o Instituto Brasileiro de Acústica no estudo de normas de proteção contra os ruídos urbanos. *Folha da Manhã*, São Paulo, 27 abr. 1957.

Encerrado o Curso de Planejamento Hospitalar. *O Estado de S.Paulo*, São Paulo, 19 abr. 1953.

Entra definitivamente em sua fase executiva a difícil e onerosa batalha contra o câncer. *Diário de São Paulo*, São Paulo, 22 jul. 1948.

Esclarecendo por que não será São Paulo a sede do IX Congresso Pan-Americano de Arquitetos: desmente o arquiteto Rino Levi que tenha combatido a proposta feita na reunião do México. *Diário da Noite*, São Paulo, 2 dez. 1952.

Exposição Internacional de Arquitetura na Bienal do Museu de Arte Moderna. *Acrópole*, n. 159, São Paulo, jul. 1951, p. 91.

Famoso arquitecto del Brasil llegará hoy a esta capital. *La República*, Bogotá, 15 jul. 1957.

Famoso arquitecto llegó a Maracaibo. *Diario de Occidente*, Maracaibo, 28 jan. 1957

FERNANDES, Fernanda. Rino Levi: a casa. *Projeto*, n. 111, São Paulo, jun. 1988, p. 124-127.

FERRAZ, Geraldo. Cidade Universitária da Universidade de São Paulo. *Habitat*, n. 27, São Paulo, dez. 1955, p. 5.

FERRAZ, Geraldo. Individualidades na história da atual arquitetura no Brasil: Rino Levi. *Habitat*, São Paulo, mai. 1956, p. 34-49.

FERRAZ, Geraldo. Nova diretoria no Instituto. Seção Arquitetura e Urbanismo. *Diário de São Paulo*, São Paulo, 26 jun. 1954.

FERRAZ, Geraldo. Novos valores na arquitetura brasileira. *Habitat*, n. 39, São Paulo, fev. 1957, p. 2-21. [coletânea de projetos]

FERRAZ, Geraldo. O ano que passou. Seção Arquitetura e Urbanismo. *Diário de São Paulo*, São Paulo, 31 dez. 1953.

FERRAZ, Geraldo. Sobre as palavras de um arquiteto. *Diário de São Paulo*, São Paulo, 29 jun. 1954.

FERRAZ, J. C. de Figueiredo. A arquitetura e a tecnologia. *O Estado de S.Paulo*, São Paulo, 1 out. 1970.

Futuro prédio da Fiesp/Ciesp/Sesi. *Indústria e Desenvolvimento*, n. 6, São Paulo, jun. 1969, p. 42.

Galpão para fazenda em São José dos Campos. *Habitat*, n. 50, São Paulo, set./out. 1958, p. 4-6.

GONSALES, Célia Helena Castro. A importância do decoro urbano na arquitetura de Rino Levi: o caso das residências. *3° Seminário Docomomo Brasil*. São Paulo, 8-11 dez. 1999 <http://docomomo.org.br/wp-content/uploads/2016/01/Celia_gonsales.pdf>.

GONSALES, Célia Helena Castro. Residência e cidade. Arquiteto Rino Levi. *Arquitextos*, São Paulo, ano 01, n. 008.14, Vitruvius, jan. 2001 <www.vitruvius.com.br/revistas/read/arquitextos/01.008/939>.

Habitation à São-Paulo. *L'Architecture d'Aujourd'Hui*, n. 88-90, Boulogne, 1960.

Hágase la luz. *Ingeniería Internacional Construcción*, Nova York, McGraw-Hill International, n. 10, out. 1952, p. 40-41.

Homenageado pelo Instituto de Arquitetos o Prof. Gio Ponti. *Folha da Manhã*, São Paulo, 16 ago. 1952.

Hôpital Albert Einstein à São Paulo. *L'Architecture d'Aujourd'Hui*, n. 84, Boulogne, jun./jul. 1959, p. 60-62.

Horizontalidade, uma boa solução para o Sesi de Osasco. *Projeto*, n. 96, São Paulo, fev. 1987, p. 33-36.

Hospital Albert Einstein: entregues os prêmios aos vencedores do concurso. *O Estado de S.Paulo*, São Paulo, 20 mai. 1958.

Hospital Albert Einstein. *Arquitetura e Engenharia*, n. 52, Belo Horizonte, jan./fev. 1959, p. 14-18.

Hospital Albert Einstein. *Folha da Manhã*, São Paulo, 15 mai. 1958.

Hospital Albert Einstein. *Habitat*, n. 48, São Paulo, mai./jun. 1958, p. 2-7.

Hospital Albert Einstein. *O Estado de S.Paulo*, São Paulo, 20 mai. 1958.

Hospital Albert Einstein. *Revista Paulista de Hospitais*, n. 6, São Paulo, jun. 1958.

Hospital Psiquiátrico de Araraquara. *Habitat*, n. 70, São Paulo, dez. 1962, p. 15-19.

Hospital Psiquiátrico de Rio Claro. *Habitat*, n. 67, São Paulo, mar. 1962, p. 1-3.

Il concorso indetto dalla prefettura per la construzione del nuovo viadotto "do chá". *Fanfulla*, São Paulo, 5 set. 1935.

Il patio-pergola. *Domus*, n. 292, Milão, mar. 1954, p. 16-19.

Immeuble à São Paulo. *L'Architecture d'Aujourd'Hui*, v. 28, n. 74, Boulogne, nov. 1957, 94.

Immeuble d'appartements à São Paulo. *L'Architecture d'Aujourd'Hui*, n. 31, Boulogne, set. 1950, p. 16-17.

Immeuble Prudencia à São Paulo. *L'Architecture d'Aujourd'Hui*, Boulogne, n. 16, dez. 1946, p. 25-29.

Implantação como composição arquitetônica e lógica produtiva. *Projeto*, n. 101, São Paulo, jun. 1987, p. 82-87.

Inauguração do Cine Universo na av. Celso Garcia. O cinema comportará 4.500 espectadores. *O Estado de S.Paulo*, São Paulo, 5 out. 1939.

Inchiesta su Brasilia – sei? Sulla nuova capitale sudamericana. *L'Architettura*, n. 51-52, Milão, jan. 1960, p. 608-619.

Indústrias Gessy-Lever Ltda., Divisão Elida Gibbs. *Projeto*, n. 32, São Paulo, ago. 1981, p. 29-30.

Instalación industrial en São Paulo, Brasil. *Arquitectura*, México, 1961.

Instituto Central do Câncer, São Paulo. *Habitat*, n. 13, São Paulo, dez. 1953, p. 11-18. [hospital Antônio Cândido de Camargo]

Instituto Sedes Sapientiae, 1941. *Construção São Paulo*, n. 1619, São Paulo, fev. 1979.

Inúmeros empreendimentos da nossa arquitetura poderão ser mostrados aos visitantes em 1954. Seção Engenharia e Arquitetura. *Folha da Manhã*, São Paulo, 15 nov. 1953.

La vie artistique au Brési: un entretien avec M. Lasar Segall, mar. 1938.

Laboratoire de Biologie à São Paulo. *L'Architecture d'Aujourd'Hui*, n. 95, Boulogne, abr./mai. 1961.

Laboratorio Paulista de Biologia. *Informes de La Construcción*, n. 144, Madri, out. 1962.

LANZI, Ana Maria Eder. Rino Levi e a arquitetura moderna na obra do Instituto Sedes Sapientiae. *Minha Cidade*, São Paulo, ano 18, n. 216.04, Vitruvius, jul. 2018 <www.vitruvius.com.br/revistas/read/minhacidade/18.216/7066>.

Lareiras possuem função harmônica. Suplemento Feminino. *O Estado de S.Paulo*, São Paulo, 28 jul. 1961.

Lawyers Institute, São Paulo, Brazil. *International Asbestos Cement Review*, n. 33, Zurique, jan. 1969, p. 39-42.

Le Siège de L'Ordre des Avocats du Brésil à São Paulo. *L'Architecture d'Aujourd'Hui*, Boulogne, n. 67-68, out. 1956, p. 156-157.

LEITE, Pedro Carlos. Antigos pacientes de hanseníase lembram internação em Mogi. *G1*, São Paulo, 26 jan. 2014 <http://g1.globo.com/sp/mogi-das-cruzes-suzano/noticia/2014/01/antigos-pacientes-de-hanseniase-lembram-internacao-em-mogi.html>.

LEON, Ethel. As novas possibilidades de um material milenar. *Design & Interiores*, n. 9, São Paulo, ago. 1988, p. 70-76.

Llegada de un grupo de arquitectos brasileños. *El Comercio*, Lima, 3 nov. 1952.

LONGMAN, Gabriela. Legado de Rino Levi para a cidade vai muito além das obras celebradas na última semana. *Folha de S.Paulo*, São Paulo, 15 nov. 2010 <www1.folha.uol.com.br/saopaulo/830564-legado-de-rino-levi-para-a-cidade-vai-muito-alem-das-obras-celebradas-na-ultima-semana.shtml>.

LOPONTE, J. Visitando as obras do UFA-Palácio em São Paulo. *O Jornal*, Rio de Janeiro, 13 ago. 1936.

MACHADO, Lúcio Gomes. O fibrocimento na arquitetura. *Projeto*, n. 136, São Paulo, nov. 1990, p. 53-72.

MACHADO, Lúcio Gomes. Paradigma para a arquitetura moderna brasileira. *AU – Arquitetura e Urbanismo*, n. 46, São Paulo, fev./mar. 1993, p. 60-70.

MACHADO, Lucio Gomes. Rino Levi modernizou São Paulo. *Folha de S.Paulo*, São Paulo, 24 ago. 1995. Disponível em <www1.folha.uol.com.br/fsp/1995/8/24/ilustrada/16.html>.

MACHADO, Lucio Gomes. Tombamento reabre debate da preservação. Caderno Ilustrada. *Folha de S.Paulo*, São Paulo, 24 ago. 1995. Disponível in <www1.folha.uol.com.br/fsp/1995/8/24/ilustrada/17.html>.

Mais direito à Venezuela que ao Brasil: esclarecimentos do Sr. Rino Levi sobre a decisão contrária à realização do conclave pan-americano de 54 em São Paulo. *Última Hora*, São Paulo, 3 dez. 1952.

Maqueta de un edificio parabólico de 25 pisos será exhibida esta noche. *El Nacional*, Caracas, 4 out. 1955.

Maquete do Hospital Albert Einstein, São Paulo. *Habitat*, n. 50, São Paulo, set./out. 1958, p. 2-3.

MARTINS, Carlos. A fábrica eficiente. *Revista da Indústria*, n. 26, São Paulo, jul./set. 1990, p. 24-26.

MARTINS, Luis. Arquitetura Brasileira. Seção Crônica de Arte. *Diário de São Paulo*, São Paulo, 22 fev. 1945.

Maternidade Universitária de São Paulo. *Arquitetura*, n. 35, Rio de Janeiro, mai. 1965, p. 21-23.

Maternity Home for University Hospital. *The Architectural Forum*, v. 87, n. 5, Boston, nov. 1947, p. 86.

Maternity Hospital: São Paolo, Brasil. *Progressive Architecture*, n. 12, Cleveland, dez. 1949, p. 48-54.

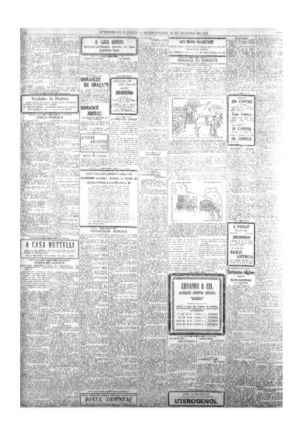

MAURÍCIO, Jayme. Exposição de arquitetura projeta o nome do Brasil na Europa. *Correio da Manhã*, Rio de Janeiro, 20 fev. 1955.

Mayor técnica y menor costo darán un mejor nivel de vida, dice el insigne arquitecto brasileño Rino Levi. *La República*, Bogotá, 17 jul. 1957.

MEDEIROS, Jotabê. Rino Levi fez a cidade de São Paulo olhar para cima. *O Estado de S.Paulo*, São Paulo, 8 jul. 2000, p. D9.

MELLO, Eduardo Kneese de. Porque arquitetura contemporânea. *Acrópole*, n. 102, São Paulo, out. 1946, p. 159-168.

MELO, Eduardo Kneese de. Brigam os arquitetos de regresso do México. *Última Hora*, 4 dez. 1952.

MENDONÇA FILHO, Kleber. Depoimento a Abilio Guerra via áudio por Messenger, Recife, 01 ago. 2019.

Miguel de Cervantes High School. *Process Architecture*, n. 17-18, Tóquio, 1980, p. 112-115.

Moderna concepción sobre hospitales expondrá hoy arquitecto brasileño. *Panorama*, Maracaibo, 28 jan. 1957.

Montevideo. *The Architectural Review*, n. 637-642, Londres, 1950, p. 127-128.

Na maior área verde da cidade, o Centro Administrativo Municipal. *Construção São Paulo*, n. 1241-1242, São Paulo, 22 nov. 1971, p. 6-8.

Na programação do IBA estão incluídos vários cursos subordinados a temas de acústica aplicada. *Folha da Manhã*, São Paulo, 15 set. 1957.

Não percebo razões sérias e ponderáveis que justifiquem a mudança da capital do Estado. *Folha da Manhã*, São Paulo, 22 jun. 1957.

Não pode ser resolvido isoladamente o problema do estacionamento no centro: declaração do arquiteto Rino Levi. *Folha da Noite*, São Paulo, 29 set. 1956.

NAZARIO, Luiz. Nazi Film Politics in Brazil, 1933-42. In WINKEL, Roel Vande; WELCH, David (Org.). *Cinema and the Swastika: the international expansion of Third Reich Cinema*. Basingstoke, Palgrave Macmillan, 2007, p. 85-98.

NEUTRA, Richard J. Sun control devices. *Progressive Architecture*, n. 10, Cleveland, out. 1946, p. 88.

New hospitals from abroad. *Concrete Quarterly*, n. 46, Londres, jul./set. 1960, p. 18-24.

Nova concepção de beleza e conforto nos jardins internos. *O Estado de S.Paulo*, São Paulo, 27 jan. 1963.

Nova Sede do Banco Paulista do Comércio. *O Estado de S.Paulo*, São Paulo, 26 mar. 1950.

Novas tendências e rumos da arquitetura industrial. *Construção São Paulo*, n. 1451, São Paulo, 1975, p. 16-27.

O arquiteto Rino Levi projetou. *Casa e Jardim*, n. 6-7, São Paulo, 1954, p. 10-16.

O arquiteto Rino Levi, 1901-1965. *Arquitetura*, n. 42, Rio de Janeiro, dez. 1965, p. 6.

O UFA-Palácio. Seção Cinematographos. *O Estado de S.Paulo*, São Paulo, 12 nov. 1936.

Os jovens arquitetos estão efetivamente interessados nos problemas da Arquitetura e do Urbanismo em nosso país. Seção Engenharia e Arquitetura. *Folha da Manhã*, São Paulo, 19 jun. 1955.

OTTA, Tatiana Macedo. Arquitetura moderna em São José dos Campos: a representação de uma identidade. *6º Seminário Docomomo Brasil*. Niterói, 16-19 nov. 2005 <http://docomomo.org.br/wp-content/uploads/2016/01/tatiana-macedo-otta.pdf>.

Peças pré-moldadas no canteiro permitem soluções inovadoras. *Construção São Paulo*, n. 1747, São Paulo, ago. 1981, p. 4-7.

Pesquizam-se novos usos para o alumínio na construção. *O Dirigente Construtor*, n. 12, São Paulo, set. 1972, p. 28-36.

PINHEIRO, Maria Lúcia Bressan. Rino Levi não queria chocar. Caderno Imóveis. *Folha de S.Paulo*, São Paulo, 27 jul. 1997, p. 7-4.

Plano piloto para Brasília. *Habitat*, n. 40-41, São Paulo, mar./abr. 1957, p. 4-11.

Plantas nos interiores. Suplemento Feminino. *O Estado de S.Paulo*, São Paulo, 6 jan. 1961.

PPF do Brasil. *Projeto*, n. 90, São Paulo, ago. 1986, p. 68-70.

Prédios modernos em São Paulo. *Diário da Noite*, São Paulo, 27 mar. 1950.

PROCHNIK, Rachel. Projetada pelo arquiteto Rino Levi com a colaboração de Roberto Cerqueira César esta casa de fazenda em São José dos Campos. *Casa e Jardim*, n. 12-20, São Paulo, 1955, p. 10-14.

Projeto, decoração e jardim. *Casa e Jardim*, n. 106-107, São Paulo, 1963, p. 3-5.

Quebrado o "encanto" do bairro de Santo Antônio e dotada a cidade de um dos melhores cinemas do país. *Folha da Manhã*, Recife, 23 mar. 1940.

Realização que vale por mais uma contribuição para o progresso da cidade. *Jornal do Comércio*, Recife, 31 mar. 1940.

Realizado o 1º Curso de Planejamento de Hospitais. *Acrópole*, n. 177, São Paulo, jan. 1953, p. 306-308.

Reflexões sobre o brutalismo caboclo. Entrevista de Sérgio Ferro a Marlene Milan Acayaba. *Projeto*, n. 86, São Paulo, abr. 1986, p. 68-70.

Relação de Cinemas Antigos de Rua do Brasil em atividade nos anos 60. *Cinemafalda*, 11 dez. 2016 <http://cinemafalda.blogspot.com/2016/12/cine-teatro-santo-angelo-mogi-das.html>.

Residência aberta para os pátios. *Habitat*, n. 58, São Paulo, jan./fev. 1960, p. 13-16.

Residência Castor Delgado Peres. *Construção São Paulo*, n. 167, São Paulo, mar. 1980, p. 24.

Residência Castor Delgado Perez. *Bouwwereld*, n. 20, Amsterdam, set. 1961, p. 854-857.

Residência de fazenda. *Arquitetura e Engenharia*, n. 34, Belo Horizonte, jan./mar. 1955, p. 26-31.

Residência Dr. Milton Guper, São Paulo. *AD – Arquitetura e Decoração*, São Paulo, n. 3, dez. 1953/jan. 1954.

Residência Dr. Milton Guper. *Módulo 1*, n. 2, Rio de Janeiro, ago. 1955, p. 37-39.

Residência em São José dos Campos. *Habitat*, n. 2, São Paulo, jan./mar. 1951, p. 19-22.

Residência em São Paulo. *Arquitetura e Engenharia*, n. 32, Belo Horizonte, set. 1954.

Residência moderna. *Folha da Manhã*, São Paulo, 23 out. 1955.

Residência para estudantes na Cidade Universitária de São Paulo. *Folha da Manhã*, São Paulo, 22 mar. 1953.

Revista Politécnica, São Paulo, n. 142, mai. 1943. [capa com o Edifício Porchat]

Rino Levi – arquiteto. *Acrópole*, n. 184, São Paulo, ago. 1953, p. 158-162.

Rino Levi Arquitetos Associados, 1927-1987: sessenta anos de arquitetura. *Projeto*, n. 111, São Paulo, jun. 1988, p. 51-65.

Rino Levi Arquitetos de São Paulo. *Arquitetura e Engenharia*, n. 6, Belo Horizonte, ago. 1955.

Rino Levi, um dos nossos arquitetos mais conhecidos e cujas construções aparecem periodicamente nas revistas nacionais e estrangeiras, apresenta uma de suas mais recentes obras. *Casa e Jardim*, n. 72-73, São Paulo, 1961, p. 32-39.

Rino Levi: curriculum vitae. *Arquitetura*, n. 42, Rio de Janeiro, dez. 1965, p. 29.

ROSSO, Edoardo; FRANCO, Luiz Roberto Carvalho; FERNANDES, Rodolpho; KIMACHI, Yoshimasa; OLIVEIRA, José Luiz Fleury. O problema do estacionamento em São Paulo. *Acrópole*, n. 207, São Paulo, dez. 1955, p. 113-120.

SANTOS, Cecília Rodrigues dos. Rino Levi Arquitetos Associados: permanência e continuidade de uma obra. *Projeto*, n. 111, São Paulo, jun. 1988, p. 48-50.

São Paulo: sede de uma série de congressos em 1954, menos do Congresso de Arquitetos. *Folha da Noite*, São Paulo, 12 dez. 1952.

SCALZO, Nilo. Livro relembra a obra de Rino Levi. *O Estado de S.Paulo*, São Paulo, 18 jun. 1975.

Sede do Instituto de Arquitetos do Brasil – IAB Departamento de São Paulo. *Acrópole*, n. 121, São Paulo, mai. 1948, p. 1-2.

SEGAWA, Hugo. Há vinte anos desaparecia Rino Levi. *Projeto*, n. 85, São Paulo, mar. 1986, p. 103.

SEGAWA, Hugo. Prêmio APCA 2016: Luciano Brito Galeria – antiga Residência Castor Delgado Perez / Piratininga Arquitetos e outros. Categoria "Preservação de Patrimônio Moderno". *Drops*, São Paulo, ano 17, n. 115.05, Vitruvius, abr. 2017 <www.vitruvius.com.br/revistas/read/drops/17.115/6492>.

SEGAWA, Hugo. Rino Levi e a arquitetura moderna: proposta para o Viaduto do Chá. *Projeto*, n. 111, São Paulo, jun. 1988, p. 121.

SEGAWA, Hugo. Warchavchik, Silva Telles, Flávio de Carvalho e Rino Levi: trajetórias do modernismo. *Projeto*, n. 60, São Paulo, fev. 1984, p. 20.

Serão entregues hoje os prêmios do concurso de projetos do Hospital Albert Einstein. Coluna Engenharia e Arquitetura. *Folha da Manhã*, São Paulo, 15 jun. 1958.

Sesi/Fiesp/Ciesp. *Projeto*, n. 21, São Paulo, jul. 1980, p. 21-27.

Sete autores de três anteprojetos vão estudar o plano definitivo. *Diário da Noite*, São Paulo, 24 out. 1946.

Sjukhusväsendet i Brasilien lär av Svenska erfarenheter. *Svenska Dagbladet*, Estocolmo, 22 jul. 1955.

Small suburban house. *The Architectural Forum*, Boston, nov. 1947, p. 87.

Student's Hall of Residence University City, São Paulo. *Architectural Design*, Londres, 1955, p. 387.

Surge una nueva capital: Brasilia. *Arquitectura*, n. 235, Montevidéu, nov. 1958, p. 51-61.

Teatro a San Paolo. *Domus*, n. 259, Milão, jul. 1951, p. 6-10.

Teatro Cultura Artística en São Paulo. *Informes de La Construcción*, n. 75, Madrid, nov. 1955.

Teatro Cultura Artística. *Arquitetura*, n. 42, Rio de Janeiro, dez. 1965, p. 15.

Tecelagem Parahyba S.A., Fazenda Monte Alegre, São José dos Campos. *Habitat*, n. 37, São Paulo, dez. 1956, p. 60-63.

Temas de arquitectura. *El Universal*, Caracas, 29 jan. 1956.

Three buildings by Rino Levi in São Paulo Brazil. *The Architectural Review*, n. 660, Londres, dez. 1951, p. 868-875.

Three houses in Brazil. *The Architectural Review*, n. 647, Londres, nov. 1950, p. 303-307.

Tomou posse ontem a nova diretoria do Instituto dos Arquitetos de São Paulo. *Folha da Manhã*, São Paulo, abr. 1952.

Twin office buildings and mall. *Progressive Architecture*, n. 10, Cleveland, out. 1952, p. 15.

Two hospitals in Brazil. *Architectural Design*, Londres, 1956, p. 9-13.

UFA-Palace-Art Films: o suntuoso prédio UFA-Palace à Av. São João. *Finanças Magazine*, 1936.

Um arquiteto contra a realização do Congresso de Arquitetos em São Paulo. Última Hora, São Paulo, 1 dez. 1952.

Um conjunto de construções em meio rural. *Arquitetura e Construção*, n. 0-2, São Paulo, jul. 1966, p. 14-20.

Um estabelecimento de ensino dos melhores de São Paulo, a serviço da cultura hispano-brasileira: o Colégio Miguel de Cervantes. *Manchete*, n. 1230, Rio de Janeiro, nov. 1975.

Um grande projeto que não se concretiza. *Habitat*, n. 25, São Paulo, dez. 1955.

Um laboratório planejado para crescer e se adaptar a novos programas. *Construção São Paulo*, n. 1771, São Paulo, jan. 1982, p. 4-10.

Um paulista carioca. Depoimento de Abelardo de Souza a Lena Coelho Santos. *Projeto*, n. 105, São Paulo, nov. 1987, p. 139-143.

Um projeto de arquiteto paulista, *Folha da Manhã*, São Paulo, 23 out. 1955.

Uma Cidade Universitária no Brasil. *Zodiac*, n. 11, Milão, fev. 1963, p. 56-57.

Un edificio ed una villa. *Domus*, n. 260-265, Milão, 1951, p. 40-43.

Un'originale construzione per uffici progettata per la città di San Paolo. La Pagina della Tecnica. *Il Corriere dei Construttori*, Roma, 20 nov. 1952.

Usina de Tecelagem Parahyba S.A. *Arquitetura*, n. 42, Rio de Janeiro, dez. 1965, p. 16-17.

Vai a Israel o arquiteto Rino Levi, 31 mai. 1962, arquivo Rino Levi.

VILLA, Simone Barbosa. Um breve olhar sobre os apartamentos de Rino Levi. Produção imobiliária, inovação e a promoção modernista de edifícios coletivos verticalizados na cidade de São Paulo. *Arquitextos*, São Paulo, ano 10, n. 120.07, Vitruvius, jun. 2010 <www.vitruvius.com.br/revistas/read/arquitextos/10.120/3437>.

VILLELA, Fábio Fernandes. Rino Levi: Hespéria nos trópicos. *Arquitextos*, São Paulo, ano 06, n. 061.04, Vitruvius, jun. 2005 <www.vitruvius.com.br/revistas/read/arquitextos/06.061/452>.

Visitantes ilustres. *O Estado*, Florianópolis, 28 set. 1957.

Vivienda en una granja. *Informes de La Construcción*, n. 88, Madri, fev. 1957.

Warehouses and coffee processing plant. *The Architectural Forum*, Boston, nov. 1947, p. 88.

Werk e a arquitetura brasileira. Seção Arquitetura e Urbanismo. *Diário de São Paulo*, São Paulo, 15 set. 1953.

WILHEIM, Jorge. Brasília 1960 – uma interpretação. *Acrópole*, n. 256-257, São Paulo, fev. 1960, p. 18-49.

WOLFF, Silvia Ferreira Santos; MIURA, Priscila; UNGARETTI, Adda. *Dossiê Rino Levi*. São Paulo, Condephaat/Unidade de Preservação do Patrimônio Histórico, s/d.

WOLFF, Silvia Ferreira Santos; ZAGATO, José Antonio Chinelato. A preservação do patrimônio moderno no Estado de São Paulo pelo Condephaat. *Arquitextos*, São Paulo, ano 17, n. 194.07, Vitruvius, jul. 2016 <http://www.vitruvius.com.br/revistas/read/arquitextos/17.194/6129>.

ZUCCONI, Guido. Rino Levi: immagini di grandi architetture a San Paolo. *Domus*, n. 728, Milão, jul. 1991, p. 76-80.

2.3. Teses e dissertações sobre a obra de Rino Levi

ANELLI, Renato. *Arquitetura de cinemas na cidade de São Paulo*. Orientador Edgard De Decca. Dissertação de mestrado. Campinas, IFCH Unicamp, 1990.

ANELLI, Renato. *Arquitetura e cidade na obra de Rino Levi*. Orientador Bruno Roberto Padovano. Tese de doutorado. São Paulo, FAU USP, 1995.

ARANHA. Maria Beatriz de Camargo. *A obra de Rino Levi e a trajetória da arquitetura moderna no Brasil*. Orientador Lucio Gomes Machado. Tese de doutorado. São Paulo, FAU USP, 2008.

CAPPELLO, Maria Beatriz Camargo. *Paisagem e jardim nas casas de Rino Levi*. Orientador Carlos Alberto Ferreira Martins. Dissertação de mestrado. São Carlos, EESC USP, 1998.

FERRAZ, Ana Lúcia Machado de Oliveira. *Insigne presença. Arte e arquitetura na integração dos painéis na obra de Rino Levi*. Orientador Renato Anelli. Dissertação de mestrado. São Carlos, IAU USP, 1998.

GONSALES, Célia Castro. *Racionalidade e Contingência na Arquitetura de Rino Levi*. Orientador Ignasi de Solà-Morales Rubió. Tese de doutorado. Barcelona, Etsab UPC, 2000.

MACHADO, Lúcio Gomes. *Rino Levi e a renovação da arquitetura brasileira*. Orientador Benedito Lima de Toledo. Tese de doutorado. São Paulo, FAU USP, 1992.

MIGUEL, Jorge Marão Carnielo. *Casas projetadas por Rino Levi: um estudo de concepção espacial*. Orientador Luiz Gastao de Castro Lima. Dissertação de mestrado. São Carlos, EESC USP, 1985.

MIGUEL, Jorge Marão Carnielo. *Pensar e fazer arquitetura: Levi & Artigas: concepções de espaços residenciais*. Orientador Júlio Roberto Katinsky. Tese de doutorado. São Paulo, FAU USP, 1999.

RAHAL, Marina Silva. *O conforto térmico nas residências de Rino Levi*. Orientador Admir Basso. Dissertação de mestrado. São Carlos, EESC USP, 2006.

3. Bibliografia geral

ALBINI, Franco; PALANTI, Giancarlo; CASTELLI, Anna. Giuseppe Pagano Pogatschnig – architetture e scritti. Domus, Milão, 1947.

AMARAL, Aracy. Surgimento da abstração geométrica no Brasil. In *Arte Construtiva no Brasil*. Catálogo de exposição. São Paulo, MAM/DBA Artes Gráficas, 1998.

ANDRADE, Carlos Roberto Monteiro de. *Barry Parker: um arquiteto inglês na cidade de São Paulo*. Orientador Murillo de Azevedo Marx. Tese de doutorado. São Paulo, FAU USP, 1998.

ANELLI, Renato. Redes de mobilidade e urbanismo em São Paulo. Das radiais/perimetrais do Plano de Avenidas à malha direcional PUB. *Arquitextos*, São Paulo, ano 07, n. 082.00, Vitruvius, mar. 2007 <www.vitruvius.com.br/revistas/read/arquitextos/07.082/259>.

ANELLI, Renato. Urbanização em rede. Os corredores de atividades múltiplas do PUB e os projetos de reurbanização da Emurb – 1972-1982. *Arquitextos*, São Paulo, ano 08, n. 088.01, Vitruvius, set. 2007 <www.vitruvius.com.br/revistas/read/arquitextos/08.088/204>.

Annuario della Reggia Scuola di Architettura in Roma. Anno Accademico 1925-1926. Roma, Scuola Superiore di Architettura di Roma, 1925-26.

ARANTES, Pedro Fiori. *Arquitetura nova: Sergio Ferro, Flávio Império, Rodrigo Lefévre, de Artigas aos mutirões autogeridos*. São Paulo, Editora 34, 2002.

BANHAM, Reyner. *Theory and design in the first machine age*. Londres, The Architectural Press, 1967.

BARBOSA, Marcelo Consiglio. *Franz Heep. Um arquiteto moderno*. Orientador Abilio Guerra. Tese de doutorado. São Paulo, FAU Mackenzie, 2012.

BARBOSA, Marcelo. *Adolf Franz Heep. Um arquiteto moderno*. São Paulo, Monolito, 2018.

BASTOS, Maria Alice Junqueira; ZEIN, Ruth Verde. *Brasil. Arquiteturas após 1950*. São Paulo, Perspectiva, 2011.

BRUAND, Yves. *Arquitetura contemporânea no Brasil*. São Paulo, Perspectiva, 1981.

CABRAL, Renata Campello. *A arquitetura de Mario Russo em Recife*. Orientador Renato Anelli. Dissertação de mestrado. São Carlos, IAU USP, 2003.

CÉSAR, Roberto Cerqueira. Depoimento de a Ana Lúcia Machado de Oliveira Ferraz e Maria Cecília França Lourenço (op. cit.).

CHOISY, Auguste. *Histoire de l'architecture*. Paris, Gauthier-Villars, 1899.

CIUCCI, Giorgio. Gli architetti e il fascismo. In CIUCCI, Giorgio. *Architettura e città, 1922-1944*. Turim, Einaudi, 1989.

Conclusões do Congresso de Lisboa da União Internacional de Arquitetos. *Acrópole*, n. 186, São Paulo, mar. 1954.

CONTIER, Felipe. *A produção do edifício da Faculdade de Arquitetura e Urbanismo da Universidade de São Paulo na Cidade Universitária Armando Salles de Oliveira (1961-1969)*. Orientador Renato Anelli. Tese de doutorado. São Carlos, IAU USP, 2015.

COSTA, Lúcio (1953). Desencontro. In COSTA, Lúcio. *Lúcio Costa: registro de uma vivência*. São Paulo, Empresa das Artes, 1995, p. 202.

COSTA, Lúcio (1957). Memória descritiva do plano piloto. In COSTA, Lúcio. *Lúcio Costa: registro de uma vivência*. São Paulo, Empresa das Artes, 1995, p. 283-296.

COSTA, Lúcio. Razões da nova arquitetura. Revista do Diretório de Engenharia da Prefeitura do Distrito Federal, v. 3, n.1, Rio de Janeiro, jan. 1936. Apud FICHER, Sylvia. Rino Levi. Um profissional arquiteto e a arquitetura paulista. *Projeto*, n. 189, São Paulo, set. 1995, p. 73-82.

CRITELLI, Fernanda. *Richard Neutra e o Brasil*. Orientador Abilio Guerra. Dissertação de mestrado. São Paulo, FAU Mackenzie, 2015.

DANESI, Silvia. Aporie dell'architettura italiana in periodo fascista – mediterraneità e purismo. In SQUARZINA, Silvia Danesi; PATETTA, Luciano. *Il razionalismo e l'architettura in Italia durante il fascismo*. Milão, Electa, 1988.

FELDMAN, Sarah. *Planejamento e zoneamento*. São Paulo, 1947-1972. Orientador Flávio Villaça. Tese de doutorado. São Paulo, FAU USP, 1996.

FERNANDES, Fernanda. Arquitetura e sociabilidade na Cidade Universitária de São Paulo. In LANNA, Ana Lúcia Duarte (Org.). *Cidades universitárias: patrimônio urbanístico e arquitetônico da USP*. São Paulo, Centro de Preservação Cultural/Edusp/Ioesp, 2005, p. 59-69.

FICHER, Sylvia. Brasília e seu plano piloto. In LEME, Maria Cristina da Silva. Op. cit., p. 130-139.

FRANCO, Luiz Roberto Carvalho. Depoimento a Renato Anelli, São Paulo, 1993.

GOODWIN, Phillip L.; SMITH, G. E. Kidder. *Brazil Builds, architetcture new and old 1652-1942*. Nova York, The Museum of Modern Art, 1943.

GUARNIERI, Andrea Bocco. Design anonimo e design spontaneo. *Abitare*, n. 317, Milão, p. 228-230.

GUERRA, Abilio; CRITELLI, Fernanda. Richard Neutra e o Brasil. *Arquitextos*, São Paulo, ano 14, n. 159.00, Vitruvius, ago. 2013 <www.vitruvius.com.br/revistas/read/arquitextos/14.159/4837>.

GUERRA, Abilio. A casa binucleada brazuca. In ZEIN, Ruth Verde (Org.). *Caleidoscópio – fragmentos de arquitetura moderna em São Paulo*. Coleção RG Bolso, v. 11. São Paulo, Romano Guerra, 2017, p. 129-167.

GUERRA, Abilio. A construção de um campo historiográfico. In GUERRA, Abilio (Org.). *Textos fundamentais sobre história da arquitetura moderna brasileira*. Volume I. São Paulo, Romano Guerra, 2010, p. 11.

Habitations individuelles au Brésil. *L'Architecture d'Aujourd'hui*, n. 18-19, Paris, jun. 1948.

IRIGOYEN DE TOUCEDA, Adriana Marta. *Da Califórnia a São Paulo: referências norte-americanas na casa moderna paulista 1945-1960*. Orientador Paulo Bruna. Tese de doutorado. São Paulo, FAU USP, 2005.

LAMPARELLI, Celso Monteiro. Louis-Joseph Lebret e a pesquisa urbano-regional no Brasil. Crônicas tardias ou história prematura. *Espaço & Debates*, n. 37, São Paulo, 1994, p. 90-99.

LE CORBUSIER (1936). A arquitetura e as belas artes. *Revista do Patrimônio Histórico Nacional*, Rio de Janeiro, 1984.

LEME, Maria Cristina da Silva. *Planejamento em São Paulo, 1930-1969*. Orientador Flávio Villaça. Dissertação de mestrado. São Paulo, FAU USP, 1982.

LOURENÇO, Maria Cecília França. *Operários da modernidade*. São Paulo, Hucitec/Edusp, 1995.

Lúcio Costa: sobre arquitetura. *Ceue – Centro dos Estudantes Universitários de Engenharia*, Porto Alegre, 1962, p. 92.

LUPANO, Mario. *Marcello Piacentini*. Bari, Laterza, 1991.

MACINTOSH, Duncan. *The modern courtyard house*. Londres, Association Paper N/Lund Hunphries for the Architectural Association, 1973.

MARTINS, Carlos Alberto Ferreira. Estado e identidade nacional no projeto modernista. *Óculum*, n. 2, Campinas, set. 1992, p. 71-76.

MARTINS, Carlos Alberto Ferreira. *Arquitetura e Estado no Brasil: elementos para uma investigação sobre a constituição do discurso modernista no Brasil; a obra de Lúcio Costa, 1924-1952*. Orientador Arnaldo Daraya Contier. Dissertação de mestrado. São Paulo, FFLCH USP, 1988.

MEYER, Regina Maria Prosperi; GROSTEIN, Marta Dora; BIDERMAN, Ciro. *São Paulo metrópole*. São Paulo, Edusp/Imprensa Oficial, 2004.

MEYER, Regina Maria Prosperi. *Metrópole e urbanismo: São Paulo anos 50*. Orientador Celso Monteiro Lamparelli. Tese de doutorado. São Paulo, FAU USP, 1991.

MINDLIN, Henrique E. *Modern architecture in Brazil*. Rio de Janeiro, Colibris, 1956.

NASCIMENTO, Flávia Brito. A arquitetura moderna e o Condephaat no desafio das práticas seletivas. *Revista CPC*, v. 13, n. 26, São Paulo, jul./dez. 2018, p. 131 <www.periodicos.usp.br/cpc/issue/view/10844/1541>. [(número especial Dossiê Condephaat 50 anos]

NASVAVSKY, Guilah. Modernidade arquitetônica no Recife – arte, técnica e arquitetura de 1920 a 1950. São Paulo, FAU USP, 1998.

OLIVIERI, L. C. Gusto del sottile. *Domus*, n. 233, Milão, 1949. Apud ZUCCONI, Guido. Op. cit.

PEDROSA, Mário. *Dos murais de Portinari aos espaços de Brasília*. São Paulo, Perspectiva, 1981.

PEDROSA, Mário. Espaço e arquitetura. *Jornal do Brasil*, Rio de Janeiro, 4 out. 1952. Republicado em: PEDROSA, Mário. *Dos murais de Portinari aos espaços de Brasília*. São Paulo, Perspectiva, 1981, p. 258.

PEREIRA, Sabrina Souza Bom. *Rodolpho Ortenblad Filho: estudo sobre as residências*. Orientador Abilio Guerra. Dissertação de mestrado. São Paulo, FAU Mackenzie, 2010.

PIACENTINI, Marcello. *Architettura d'oggi*. Roma, Paolo Cremonese, 1930.

PIACENTINI, Marcello. Nuovi orizzonti dell'edilizia cittadina. Profusione inaugurale del 2° anno accademico della R. Scuola Superiore di Architettura in Roma. 10 nov. 1921. [transcrição das aulas da disciplina Edilizia Cittadina, arquivo da Faculdade de Arquitetura de Florença]

PIACENTINI, Marcello. Problemi reali più che razionalismo preconcetto. *Architettura ed Arti Decorative*, fascículo III, 1928.

PORTOGHESI, Paolo. La scuola romana. *Comunità*, n. 75, 1959, p. 48-59.

Rino Levi. Milão, Edizioni di Comunità, 1974.

ROGERS, Ernesto Nathan. Significato della decorazione nell'architettura. *Quadrante*, nov. 1933.

ROGERS, Ernesto Nathan. Significato della decorazione nell'architettura. In *Esperienza dell'architettura*. Milão, Skira, 1997.

RUDOFSKY, Bernard. Non ci vuole un nuovo modo di costruire, ci vuole un nuovo modo di vivere. *Domus*, n. 123, Milão, mar. 1938.

RUIZ, Elena. Depoimento a arquiteta Silvia Hernández de Lasala relatado por carta ao autor, 18 set. 1995.

SANCHES CORATO, Aline Coelho. *A obra e a trajetória do arquiteto Giancarlo Palanti, Itália e Brasil*. Orientador Renato Anelli. Dissertação de mestrado. São Carlos, IAU USP, 2004.

SANCHES CORATO, Aline Coelho. *Italia e Brasile, Altre il "silenzio di un oceano": Intrecci tra arte e architettura nel Novecento*. Orientador Daniele Vitale, coorientador Renato Anelli. Tese de doutorado. Milão, Politecnico di Milano, 2012.

SANT'ANNA, Antônio Carlos. Depoimento a Abilio Guerra. São Paulo, 2001.

SANTOS, Cecília Rodrigues; PEREIRA, Margareth Campos da Silva; PEREIRA, Romão Veriano da Silva; SILVA, Vasco Caldeira da. *Le Corbusier e o Brasil*. São Paulo, Tessela/Projeto, 1987, p. 239-241.

SEGAWA, Hugo; DOURADO, Guilherme Mazza. *Oswaldo Arthur Bratke*. São Paulo, ProEditores, 1997.

SEGAWA, Hugo. *Arquiteturas no Brasil 1900-1990*. São Paulo, Edusp, 1999.

SEGAWA, Hugo. Bernard Rudofsky e a arquitetura sem arquitetos (ou: um velho conhecido dos brasileiros). *Projeto*, n. 45, nov. 1982, p. 20-21.

SELVAFOLTA, Ornella. L'Istituto Tecnico Superiore di Milano: metodi didattici e ordenamento interno (1863-1914). In *Il Politecnico di Milano. Una scuola nella formazione dela società industriale, 1863-1914*. Milão, Electa, 1981, p. 87-118.

TAFURI, Manfredo; DAL CO, Francesco (1976). *Architettura contemporanea*. Milão, Electa, 1992.

TELLES, Sophia S. Lúcio Costa: monumentalidade e intimismo. *Novos Estudos*, n. 25, São Paulo, out. 1989, p. 75-94.

TELLES, Sophia S. Niemeyer: técnica e forma. *Óculum*, n. 2, Campinas, set. 1992, p. 4-7.

VIII Congresso Pan-Americano de Arquitetura. *Acrópole*, n. 172, São Paulo, ago. 1952, p. 122.

WARCHAVCHIK, Gregori. Acerca da arquitetura moderna. *O Correio da Manhã*, Rio de Janeiro, 1 nov. 1926.

WILHEIM, Jorge; FRANCO, Luiz Roberto Carvalho. União Internacional de Arquitetos. Conclusões do Congresso de Lisboa – 1953 (continuação). Boletim IAB São Paulo, n. 3, mar. 1954. *Acrópole*, n. 186, São Paulo, mar. 1954.

WILHEIM; Jorge; FRANCO, Luiz Roberto carvalho. IV Congresso Brasileiro de Arquitetos. Boletim IAB São Paulo, n. 2, fev. 1954. *Acrópole*, n. 185, São Paulo, fev. 1954.

WORRINGER, Wilhelm. *Abstracción y naturaleza*. México, Fondo de Cultura Económica, 1953.

XAVIER, Alberto; LEMOS, Carlos; CORONA, Eduardo. *Arquitetura moderna paulistana*. 1ª edição. São Paulo, Pini, 1983.

XAVIER, Alberto; LEMOS, Carlos; CORONA, Eduardo. *Arquitetura moderna paulistana*. 2ª edição. São Paulo, Romano Guerra, 2017.

ZUCCONI, Guido. *Daniele Calabi – architetture e progetti*. Catálogo de exposição. Veneza, Iuav/Marsilio, 1992.

ZUCCONI, Guido. Daniele Calabi: variações de um espaço introvertido. Óculum, n. 5/6, Campinas, mai. 1995, p. 56-61.

ZUCCONI, Guido. Daniele Calabi: Variazione di una idea di spazio introverso. *Domus*, Milão, 1992.

ZUCCONI, Guido. *La città contesa, dagli ingegneri sanitari agli urbanisti (1885-1942)*. Milão, Jaca Book, 1989.

Índice onomástico

Albers, Josef
29

Almeida, Paulo de Camargo e,
205, 207(l)

Aloisio, Ottorino
26

Amaral, Aracy
123

Andrade, Mário de
29, 49

Angeletti, Quirino
122

Anhaia Mello, Luiz de
202

Antonio, Celso
124

Aranha, Luis
49

Arcos, Carlos
238, 255

Artigas, João Vilanova
16, 17, 18, 207, 253

Bahiana, Elisário
68

Banham, Reyner
159

Beck, Francisco
31(l)

Bellandi, Halo
97(l)

Bellandi, Zulimo
97(l)

Bermudez, Guido
37(l), 37(n)

Bill, Max
124

Botti, Alberto
255(l), 257, 259(n)

Brando, Carlos
37(l), 37(n)

Bratke, Oswaldo
15, 18, 18(n), 33, 206, 208(l), 209(n)

Brazil, Álvaro Vital
29

Brecheret, Victor
123

Briquet, Raul
138

Brito, Fernando
31

Bruand, Yves
16, 16(n), 61(n), 95(n), 202, 208, 209(n), 252, 259(n)

Bruna, Paulo
13, 132, 236, 237, 240, 253(l), 257, 257(l), 258, 259(n)

Bulls, Charles
26

Burle Marx, Roberto
6, 12, 30(l), 32(l), 35(l), 37, 90, 124, 126(l), 129, 129(l), 130(l), 131(l), 131(n), 136, 136(l), 137(l), 144, 144(l), 176, 176(l), 213(l), 216, 217(l), 220, 230, 231(l), 232(l), 251, 251(l), 256

Cacciola, João
35(l)

Calabi, Daniele
29, 85, 86, 87, 87(l), 88, 88(l), 89, 95(n), 131(n)

Caldas, Gilberto Junqueira
35(l)

Calder, Alexander
29, 32 (l), 33 (l), 127, 128

Camargo, Procópio Ferreira
31(l)

Cappello, Maria Beatriz
95(n)

Cardenas, J. O.
37(l), 37(l)

Carvalho, Flávio de
29

César, Roberto Cerqueira
6, 12, 13, 17, 17(n), 18(n), 29, 31, 33, 61(n), 95(n), 131(n), 138(l), 170(n), 201, 202, 202(l), 209(n), 232, 234, 238, 251, 252(l), 253(l), 254, 255(l), 256, 257, 257(l), 258, 259(l), 259(n)

Chacel, Fernando
238

Choisy, Auguste
159, 167(n)

Ciampaglia, Galiano
18(n), 30(l), 31

Cintra, Ulhôa
205

Corona, Eduardo
95(n), 207, 209(n)

Cosenza, Luigi
86, 95(n)

Costa, Lúcio
15, 16, 18, 26, 37(n), 49, 60, 61(n), 89, 90, 95(l), 124, 125, 127, 131(n), 203, 209(n), 216

D'Ávila, Luiz Morales
259(n)

Di Cavalcanti, Emiliano
124, 125, 126(l), 131(n), 132, 133(l)

Dias, Luis A. de Mattos
172(n)

Diotallevi, Irenio
92(l), 93

Doesburg, Theo van
29

Duarte, Hélio
17, 18(n), 30(l), 31, 168, 205, 252(l)

Erundina, Luiza
258

Ferrabino, Delfina
28, 62, 123, 124(l)

Ferraz, Geraldo
50, 61(n), 131(n), 168, 168(n), 206, 209(n)

Ferraz, José Carlos Figueiredo
256

Ferreira, Aldo
252(l)

Fiaminghi, Hermelindo
57

Figini, Luigi
25

Foà, Ornella
29

Fontana, Omar
182(l)

Forte, Miguel
30(l), 255

Foschini, Arnaldo
26, 159

Fragoso, Paulo
188(l)

Franco, Luiz Roberto Carvalho
7, 12, 13, 16(n), 18, 29, 33, 57, 61(n), 91(l), 95(n), 128, 128(l), 131(n), 172, 172(n), 220, 232, 235, 238, 251, 252(l), 253(l), 254, 255(l), 257, 258, 259(l)

Franco, Mário
256

Giaccaglini, Vicente
27(l)

Giedion, Sigfried
31(l), 125

Giorgi, Bruno
124

Giovannoni, Gustavo
25

Gomes, Cláudia
253(l), 255, 259(l)

Gomes, Clemente
7, 95(n)

Gomes, Francisco dos Santos,
28(l)

Gomes, Olivo
6(l), 18, 19(n), 110, 129, 130(l), 144, 174, 178, 226

Gomes, Severo
7, 32(l)

Gomide, Antônio
123

Gonçalves. Oswaldo Corrêa
30(l), 34(l), 35(l)

Goodwin, Philip
16, 16(n), 61(n), 95(n)

Gordinho, Francisco Cintra
172(l)

Grabenweger, Joseph
12, 68(l)

Grassi, Vittorio
122

Graz, John
62, 123, 124(l)

Graz, Regina Gomide
123

Gropius, Walter
25, 26, 33 (l), 34(l), 35(l), 125, 127, 168, 252, 254

Guadet, Julien
167(n)

Guarnieri, Andrea Bocco
95(n)

Guper, Milton
15(l), 89, 90, 90(l), 91, 95(n), 146, 174

Hélion, Jean
29

Hernández de Lasala, Silvia
167(l)

Hess, Paulo
89, 90, 147

Hilberseimer, Ludwig
203

Jeanneret, Charles-Edouard, ver Le Corbusier

Karman, Jarbas
35, 36

Korngold, Lucjan
34(l)

Kosuta, Franco
252 (l)

Kurkdjian, Jorge Z.
256

Lampo, Margot
167, 167 (l)

Lampo, Roberto
166, 167(l)

Lang, Kurt
252(l)

Langone, Miguel
70(l)

Larco, Sebastiano
25

Lebret, Padre Joseph
202, 209(n)

Le Corbusier
21, 26, 89, 124, 125, 127, 131(n), 160, 203, 204, 209(n)

Lefèvre, Henrique
35(l)

Léger, Fernand
125

Levi, Aldo
24(l)

Levi-Montalcini, Gino
29

Libera, Adalberto
12, 26, 93, 93(l)

Lima, Lauro Costa
30(l)

Lipchitz, Jacques
124

Lluberes, Pedro
37(l), 37(n)

Lodi, Jorge
35(l)

Loeb, Roberto
255

Lotufo, Otávio
252(l)

Lotufo, Zenon
18(n), 30(l), 31

Lourenço, Maria Cecília França
125, 131(n)

Machado, Lúcio Gomes
18(n), 19, 21, 37(n), 61(n)

Manfredi, Manfredo
26

Manfro, Luiz
27(l)

Marescotti, Franco
92(l), 93

Medici Jr., Luiz
28(l), 52(l), 72

Mello, Eduardo Kneese de
30(l), 31(l), 33(l), 35(l), 206, 252(l)

Mello, Ícaro de Castro
30(l), 34(l), 35(l)

Mendelsohn, Erich
26, 64, 74

Mendes, Humberto Nobre
68(l)

Michelucci, Giovanni
98

Milan, Carlos
91(l), 207

Milla, Ariosto
35(l)

Mohalyi, Yolanda Ledere
123

Monteiro, Vicente do Rego
123

Montesano, Dario
255

Moraes, Léo Ribeiro de
30(l), 35(l), 252(l)

Moreira, Jorge Machado
35(l), 61(n)

Nascimento, Moisés
255

Naslavsky, Guilah
99, 99(n)

Natel, Laudo
256

Niemeyer, Oscar
15, 16(n), 31, 37, 89

Nobiling, Elisabeth
123, 126(l), 127(l), 130, 168

Oliveira, José L. Fleury de
35(l), 203(l)

Pagano, Giuseppe
29, 92(l), 93, 95(l)

Pani, Mario
31(l)

Parker, Barry
95(n), 146

Pedrosa, Mário
95(n), 125, 131(n), 206, 209(n)

Penedo, Alexandre
95(n)

Perez, Castor Delgado
18, 19(n), 20(l), 89, 90, 93, 93(l), 94, 95(n), 174, 210

Pestalozzi, Franz Andreas
29, 138(l), 256

Pessoa, Eduardo
256, 259(n)

Piacentini, Marcello
12, 26, 37(n), 121, 160, 167(n)

Piccinato, Luigi
26

Piscator, Erwin
168

Pöhlmann, Fritz
236

Pollini, Gino
25

Ponti, Gio
32 (l), 86, 95(n)

Porta, Pedro
73(l)

Portinari, Cândido
95(n), 124, 131(n)

Prado, Carlos
125

Prestes Maia, Francisco
53, 68, 69(n), 201

Previdelli, Regina
27(l), 28

Quadros, Jânio
205

Ramenzoni, Dante
28, 63

Ramenzoni, Lamberto
61(n), 64(l),

Rava, Carlo
25

Rebolo Gonsales, Francisco
130

Reidy, Affonso Eduardo
15, 61(n)

Reis Filho, Nestor Goulart
13, 203, 209(n)

Ridolfi, Mario
26

Roberto, Irmãos
188, 188(l), 209(n)

Rocha, Paulo Mendes da
16, 207, 232

Rodrigues, Jaime Fonseca
252(l)

Rogers, Ernesto
12, 122, 131(n)

Rohe, Mies van der
26, 89

Rubin, Marc
255, 255(l), 257

Ruchti, Jacob
18(n), 30(l), 31, 131(n)

Rudofsky, Bernard
85, 86, 86(l), 87(l), 95(n)

Ruiz, Elena
167, 167(l)

Sabine, Wallace
160

Sacilotto, Luiz
57

Sakakura, Junzo
31(l)

Saldanha, Firmino
31

Sant'Anna Jr., Antonio Carlos
13, 235, 253(l), 255, 258, 259(l), 259(n)

Saraiva, Pedro Paulo de Melo
207

Serpa, Ivan
57

Sert, Josep Lluís
125

Silva, Jitomir Theodoro da
255, 259(l)

Sitte, Camillo
26

Smith, G. E. Kidder
16(n), 95(n)

Sorrentino, Ugo
28(l), 61(n), 167(n)

Souza, Abelardo de
18(n), 30(l), 31, 35(l), 252(l)

Tafuri, Manfredo
95(n), 209(n)

Tavares, Osvaldo Ribeiro
255

Telles, Gofredo da Silva
27, 27(l)

Terragni, Giuseppe
25

Uchôa, Hélio
31

Vianna, Rubens Carneiro
30(l)

Vietti, Luigi
25, 26

Villanueva, Carlos Raúl
128

Wancole, José
121(l), 123, 124(l)

Warchavchik, Gregori
16(n), 17, 18(n), 26, 27, 28, 31, 37(l), 88, 89, 123

Wright, Charles
252(l)

Zocchi, Ampelio
97(l)

Zucconi, Guido
37(n), 87, 88, 95(n), 167(n)

Edifício Plavinil-Eclor,
São Paulo, 1961-64

English version

Preface to the second edition
Rino Levi, Arquitetura e Cidade: A Critical-Historical Account

Renato Anelli, Abilio Guerra and Nelson Kon

The second edition of the book *Rino Levi, arquitetura e cidade* – created and published through a crowdfunding campaign of almost six hundred backers – is an enormous accomplishment given the current Brazilian sociopolitical context regarding culture, it is something to be celebrated. Sold out for more than a decade, the book returns to the libraries and bookstores in order to pay homage to one of the main figures of Brazilian architecture, that, alongside Lúcio Costa, Oswaldo Bratke and Oscar Niemeyer, comprises the first generation of Brazilian modern architects.

The first edition is from 2001. During this period, the development of computer sciences and graphical techniques made the original versions into veritable antiques, Portuguese written language has changed, and new socio-ecological aspects created a demand for compact, cost-effective products. These are aspects that bring forth a new book-commodity, with a slightly smaller, lighter, cheaper form. Despite the enormous quality of the original one, made by Carlito Carvalhosa and Rodrigo Andrade, a new design is commissioned to Dárkon Vieira Roque. All the original images received new treatment, the text is revised according to 2009 orthographic agreement and publisher current norms; the content is updated in specific points – information regarding the buildings' present status, bibliography about the architect and correction of small errors that we discovered along the years – and its expansion, beyond this preface, is regarded the additions of some images from Nelson Kon's archive, from Rino Levi's Digital Collection, as well Barbara Levi's personal archive, the architect's daughter and kind supporter of this new edition.

Alas, there goes two decades since the first edition. If we retrace it to the beginning of our research in the Rino Levi's Associated Architects, it is more than thirty years.[1] The interest regarding this architect can be thicken by remembering three articles published in the first half of the 1990s in two volumes of *Óculum*,[2] a magazine that had amongst its founders, in 1985, Abilio Guerra and Renato Anelli. It is, therefore, inevitable that the celebration be followed by some kind of reflection and an understanding regarding the passing of such time.

This book is a result of Abilio Guerra's and Renato Anelli's academic research, to which were added photo-essays by Nelson Kon. These studies are part of an effort of broadening the narrow historiographic field of Brazilian modern architecture prevailing until the 1990s, deeply influenced by Lúcio Costa's understanding of architecture: That it is a fusion of modern European principles and autochthonous cultural elements. "It is possible to notice here a flagrant conditioning of an intellectual environment that uses national identity as the core of its cultural and artistic dynamic,"[3] which results in a greater valorization of the designs that are in line with such principals, to the detriment of the ones more directly aligned with international modern.

When studying History at Unicamp,[4] Anelli and Guerra structured their research according to new standards, such as the importance of primary sources when elaborating new interpretative hypothesis. Working separately, but in convergence, both take drawings, pictures and buildings as fundamental primary sources for the ampliation and consolidation of the history of Brazilian architecture. Guerra builds in PUC-Campinas a pioneer collection of architectural digital images, starting with Rino Levi's projects. In his PhD research at University of São Paulo – USP, Anelli analyzes designs and photos from the archive, texts written by the architect and the still preserved buildings. This research method elaborates the pictures' role in the book, a structural part of the narrative, and not a mere illustration of verbal content. Therefore, it is no by accident the meaning that Nelson Kon's photos have in this book.

The empirical work with sources is guided by the theoretical discussion related to what is called *historiographical revision of the Brazilian architecture* – an expansion of theory, history and critic of architecture, that begins to encompass the production of non-orthodox, counterhegemonic Brazilian modern architecture and to lead discussions in magazines and architecture conferences during the democratization period –, appreciated by the authors through history professors of the architecture course at PUC-Campinas,[5] specially Sophia Telles and Carlos Martins. Excerpts of their master's thesis carried out, respectively in the courses of philosophy and history of the School of Philosophy, Literature, and Humanities at University of São Paulo – FFLCH USP were published in the second issue of *Óculum* magazine, in 1992.[6]

Rino Levi is an exciting case of historiography. Despite his strong presence in the institutionalization of architecture as a profession in Brazil and in São Paulo's process of modernization – there are numerous designs of theaters, hospitals, banks, factories, garages and various other modern equipment that he made for private clients –, the main architectonical narratives relegate him to the backstage when compared to Lúcio Costa's hegemony and his Rio de Janeiro school. Costa's ideas conquer hegemony in representing the country with the construction of a Brazilian cultural modern identity, that materialize itself in a significative number of public and private projects designed by Costa himself or by his followers.

The depreciation of non-aligned architects can be noticed in the main historical texts written until the 1980s, especially in panoramic discussions as the ones of Phillip Goodwin, Henrique Mindlin and Yves Bruand.[7] When this narrative starts showing signs of weariness after Brasília, Levi's work still does not get recognized, even after his spectacular design for the new capital's master plan competition. The main star of the moment is Vilanova Artigas's school in São Paulo that begins to dispute the hegemony with an expressive architectonical production that reverberates São Paulo's economic influence throughout the national context. The 1980s crisis and the contradictions held up by some postmodern architects at that time reveal themselves ephemeral in face of the 1990s resurge of *paulista*[8] tradition, enshrined by Paulo Mendes da Rocha's designs. Levi stays exiled as a pioneer of the 1920s and 1930s.[9]

During the production of this book, the dilution of the national identity concept gives new meaning to regionalism in architecture. Brasília becomes a product of the *carioca*[10] *school*, while the architecture that designed the biggest South American metropolis becomes the *paulista school*. The unique hegemony is strongly questioned by the new panoramic narratives' fragmentation, as revealed by the plural *architectures* present in the books' titles of Hugo Segawa[11] and of Maria Alice Junqueira Bastos and Ruth Verde Zein.[12] This book's first edition rises in this context of adjustment of terms, values, and arguments related to the historiographical debate. The goal and difficulties of giving Rino Levi his due credit are no strangers to Bastos and Zein:

> The absurd situation made necessary that some serious researchers justified their interest in studying certain architects whose works, despite being excellent, were not particularly aligned with left-winged technocratic thinking. Maybe that is the reason why, for instance, Renato Anelli thought necessary to strongly defend the social role of an important architect such as Rino Levi.[13]

This book seeks to understand the complexity of Levi's role in the process of modernization of São Paulo, which had its population rise from 600 thousand to four million citizens between the beginning of his career, in 1925, and his passing, in 1965. With his projects, Levi develops architectonical and urbanistic standards for the main uses that populate this vertiginously transforming city. His designs are published not only in specialized magazines – *Politécnica, Acrópole, Habitat, Arquitetura e Engenharia,* becoming references for other architects –, but also in newspapers – as the cases of *Folha da Manhã, Diário de S. Paulo, Jornal do Comércio,* and *O Estado de S. Paulo* –, demonstrating relevance beyond his professional scope.

Generally published in specialized periodicals, Rino Levi's written works discuss technical and urban themes and gains notoriety in many aspects: Urbanism, by pointing out the relation between verticalization and density, as well as warning for the necessity of clearer definitions regarding urban planning; to professional actuation, by taking part in the organization of the Brazilian Institute of Architects – IAB; to the integration of technical and aesthetical knowledge, by explaining the importance of acoustic when defining theaters' and amphitheaters' shape; to the relevance of adjoining areas of knowledge, by incorporating modern infectiology theories in hospital design. His broad vision enlarges the scope of architecture in the process of modernizing Brazilian society: The architect must be up to the new technical and aesthetical challenges.

These distinct worldviews do not compromise the professional and personal relations between Rino Levi and Villanova Artigas, leader of the new *paulista* generation and member of Brazil's Communist Party since 1945. Levi is the professor in charge, with Artigas as he assistant, for the fifth year Design studio at the School of Architecture and Urbanism of the University of São Paulo – FAU USP. And, along with Abelardo de Souza and Hélio Duarte, they participate in the academic restructuring of the architecture course in 1957, especially when defending ateliers as spaces of technical knowledge integration. When Rino Levi takes a leave of absence due to his work at Venezuela, Artigas is designated to temporarily replace him, until being made effective on the job the following year (after Levi decided to dedicate himself only to his office).[14] Artigas quickly joins Roberto Cerqueira Cesar, Rino Levi's partner, in detailing academic reformulation proposals.[15]

Artigas never hid his respect towards Rino Levi, a pioneering architect, along with Gregori Warchavchik, in the experimentation of modern solutions: Such as cantilever and wide spans in reinforced concrete.[16] This admiration meets the doctrinal revision of Kruschev's report of 1956, that liberates the communist activist from the tight constraints of socialist realism, allowing freedom of thought and research.[17] Besides, both bet on post-war accelerated industrialization and urbanization, as well as in architecture's important role towards social and economic development of the country. Levi's death in 1965, the second year of the military regimen, keeps us from finding out exactly how these changes would fare amidst the growing repression and authoritarianism.

This book's effort towards changing Rino Levi's position is of crucial importance regarding future research. Google Academic reveals that the book is referred to in 104 texts – dissertations, thesis, articles, books etc. The architect's role in the discussions regarding verticalization, town planning, arts' integration, thermal and acoustic comfort, hospital installations, are recurring subjects in these references, as well as comparisons with other contemporary architects. Together, these references reveal the broadness of aspects to which Levi contributes in the process of creating a new historiography of Brazilian modern architecture.

The researches' deployment that culminated in this book can also be verified in the authors' role at the graduate programs of the School of Architecture and Urbanism of University Mackenzie – FAU Mackenzie and of the Institute of Architecture and Urbanism of University of São Paulo – IAU USP São Carlos.

Renato Anelli – by himself as well as collectively – studies the following themes: The relation between city and architecture, evidenced by the book's title, specially the strategic role of infrastructure in 20th century urban planning;[18] architectural materiality, that unfolds itself into the restoration of Rino Levi's Paulista Bank of Commerce's glass panels in 2005 and into the elaboration of a restoration plan, from 2017 to 2019, for Lina Bo Bardi's Glass House, both projects developed along with historian and technology researchers of USP São Carlos; architecture projects designed by Italian architects[19] or by architects graduated in Italy and built in São Paulo, in which it stands out in the master thesis of Aline Coelho Sanchez – on Giancarlo Palanti,[20] and that unfolds itself into her doctoral dissertation, done at Polytechnic University of Milan, on Pietro Maria Bardi, Lina Bo Bardi, Roberto Sambonet and Bramante Buffoni[21] – and Renata Campello Cabral – on the designs of architect Mario Russo in Recife.[22] While the continuity of studies on Levi originates only one master research orientation,[23] Lina Bo Bardi's trajectory results in seven master thesis and one post-doctorate, phenomenon tied together by Anelli's great interest on Lina Bo Bardi's architecture and design.

The themes explored by Abilio Guerra are just as connected to this book's thematic and methodological aspects. The relation between architecture and town is the guideline of the thesis and dissertations overseen by him that study verticalization, infrastructure, urban renovation and use. There are also monographic researches that carefully study the designs of Aurelio Martinez Flores, Aldary Toledo, João Filgueiras Lima (Lelé), Brasil Arquitetura, and Vilanova Artigas, among others. Two of them deserves special remarks. In the first one, about the German Franz Heep – that, like Levi, had an important role in São Paulo's process of modernization and verticalization –, Marcelo Barbosa points out his role on designs that goes from the object to the architecture and the city.[24]

In the second one, about the architect Rodolpho Ortenblad Filho, Sabrina Bom Pereira presents the interest of young São Paulo architects, especially the ones from Mackenzie, towards a few architects of the United States,[25] adventuring through the ideas developed by Adriana Irigoyen, that established the important reference of the second post-war modern Californian houses to *paulista* architects, among them Rino Levi.[26] Here is one of the biggest omissions of the researches that compose this book; back then, Hugo Segawa's book on the affiliation of Oswaldo Bratke[27] with Californian architecture presented us the issue, but our book was delimited by the connections established and documented through the priority given to his relation with Europe.

In 2018, during a research trip in the United States, Renato Anelli visits the Noyes House II in New Canaan, a 1955 design by Eliot Noyes. Amidst a preserved woodland, he encountered a spatial structure similar to the one of Castor Delgado Perez residence, designed by Rino Levi and team in 1959. With some reservations, we agreed in the "Tropical Mediterranean" chapter that this house refers itself to the Mediterranean courtyards that Levi got to know while in Italy, following Bruno Alfieri's suggestion.[28] The international transit of ideas and modern works is much bigger and broader than we surmised in the book's original edition. Such bonds begin to be explored: As seen in Abilio Guerra's article that establishes the connection between two of Rino Levi's works – Olivo Gomes House, of 1949, and the architect's Summer House, of 1964 – with Marcel Breuer's double-cored residences.[29] There is still much to be done, including the role played by Luiz Roberto de Carvalho Franco, architect graduated at University Mackenzie, that joined the office's team in 1951.

There are some fragile issues in this book that comes from the non-confrontation between Rino Levi's initial designs and the arising modern architecture in Rio de Janeiro. When justifying his first-time use of brise-soleil in the Trianon Building, next to the Cine Art-Palace in Recife, of 1937, Levi does not mention the Ministry of Health and Education's project, of 1936. Instead, he refers to faraway designs in Italy and France's African colonies. It is not clear if Levi actually knew the building, that started to be built in 1937, but it would be important to comment the discretion of the *paulista* architect's design when compared to the *carioca*'s exuberant solution. Also imperfect is the comparison between Rino Levi's courtyard gardens and the landscape contemplation through Lúcio Costa's balconies. After all, the first one designed the house with veranda – as the aforementioned Olivo Gomes residence (1949) –, and the latter adopts the courtyard, as seen in the Hungria Machado residence (1942).[30] This book's theme has been complemented with the progress of source researches and new theoretical contributions from graduate researches in history of architecture and urbanism.

Prized as the best theoretic publication by the *paulista* department of IAB in 2002, the preservation of Rino Levi's work was an important consequence of this book publication. In 2016, architects Silvia Wolff and José Antonio Chinelato Zagato – employees of the Historic, Archeologic, Artistic, and Touristic Heritage Defense Council, the CONDEPHAAT – stated that the request for listing as historical landmark "of a wide series of buildings designed by architect Rino Levi"[31] are based on this very publication. Two years later, researcher Flávia Brito reiterates that its information gives standing to technical reports made by historic heritage preservation agencies: "The listing proposal stands for the architecture historiography, in which the books of Hugo Segawa (1997) and, more importantly, of Renato Anelli (2001), became important legitimacy guidelines."[32]

The beginning of the process of listing a building as historical landmark dates back to 1994, when the architect Lucio Gomes Machado suggests to CONDEPHAAT the designation of various Rino Levi's projects, of which ten were accepted and had the procedures initiated.[33] In the slow process of the bureaucratic public administration, fifteen years later CONDEPHAAT produce a document with the counselors' decision,[34] published by the press in the late 2010.[35] In that occasion, the department had already designated the IAB SP building[36] and the Gomes Brothers residence in Ubatuba[37] as a historical landmark; and it was in process the designation of the Sedes Sapientae Institute[38] and the remnants of Artistic Culture Theater.[39] The Prudencia building, part of another process that also listed other projects in the Higienópolis neighborhood, however, is analyzed in the context of all Rino Levi's designs.[40] In a contemporary balance, the state preservation agency designated as historical landmarks eight buildings,[41] while the São Paulo Municipal Council of Artistic, Historical, Cultural, and Environmental Heritage Preservation – CONPRESP also designated eight projects.[42]

The recognition of Rino Levi's works importance do not stop the continuity of his project's alteration and demolition. Despite of being protected by the preservation agency process, in 1988 the building Plavinil Elclor had all of its ceramic brise-soleil removed – the material's degradation was sufficient to CONDEPHAAT to allow the removal without imposing its reconstruction. In 2011, neglect by the preservation agencies and the ignorance and indifference of real estate agents, the manufacture building that housed the Companhia Jardim de Café Finos (Jardim of Fine Coffees Company) building is demolished without any questioning. In its place, two housing projects of no greater interest were built.[43]

All that is left are the tears of researchers and admirers of Rino Levi's work. The lawyer Modesto Carvalhosa, the architect's friend, states that the Plavinil-Elcor "was his tropicalist manifesto, his great solution regarding heat and ventilation. The changes were a crime against cultural heritage."[44] For the architect Lucio Gomes Machado, a "reasonably qualified architect" would suffice in order to readjust the Jardim of Fine Coffees Company to new uses, "a fundamental document for the history of Brazilian architecture."[45] Kleber Mendonça Filho, renowned Recifean film-maker, laments that the Cine Art-Palace that charmed him in his youth had become a storeroom of a private university, whose owners "fail to see the potential of restoring the building."[46] Paradoxically, the inevitable urban modernization, considered an important part of Rino Levi's agenda, in its accelerated, unrestrained growth that exploded in the last two decades, brings forth a steady obliteration of the architect's formidable works.

Preface to the first edition
Rino Levi: Another Face of Brazilian Architecture

Lucio Gomes Machado

The history of modern Brazilian architecture has been scarcely and inadequately told. We wonder what is the reason for the existence of only a few publications on Brazilian architects – and, even so, not distributed with a frequency compatible with the cultural relevance attributed to our architecture. What are the possible explanations for this?

To some, Brazilian architecture is not but a reflection of the production of the more developed countries, particularly European nations and the United States. If, to some scholars, the Brazilian baroque is something displaced in time and space, and developed in a more primitive manner in comparison to the European baroque, from the same vantage point Brazilian modern architecture could be viewed – given its creation in a poorer environment, that has less tradition – as a precarious adaptation of proposals by leading modernist masters. Therefore, we ought to collect all that is currently in fashion as dictated by the international cultural industry, and communicate it to the lay audiences and students as a model to be multiplied. What is more, every now and then, we might praise an exceptional star of our architectural design for a given monumental work; in doing so, we would be confirming the rule.

This attitude has been significantly boosted by the way in which 20th century architecture is featured in the most celebrated manuals of history of architecture. In Latin America, the Middle East and the Far East, despite some cities having innovated and built enormous collections of quality works of modern architecture, architectural designs are still viewed as exotic, peripheral, and on the margins. However, we should bear in mind that beginning in the mid 1930s and at least until the late 1940s, in the countries that built this vision of historiography, the building industries had nearly come to a halt. Conversely, in Brazil, for example, in those days we were undertaking some of our most important construction projects. Some of these building designs were seminal, both for the domestic industry and for young architects in the Northern hemisphere, as we were to observe in subsequent years. These works were recorded as exceptions that, within the histories of developed countries, allowed architects to fill in the blanks of the entire set, thus establishing a comprehensive narrative.

According to other critics, architects usually only look at their own work; they over-appreciate corporate production, thus conferring excessive importance on architecture within the realm of cultural production. Along this line of thought, architectural design was an issue to be tackled by professionals, having nothing to do with the life of ordinary people. As a result, publishing houses – particularly the more influential ones – tended not to feature Brazilian architecture in their catalogs, except for a few remarkable exceptions.

At the same time, magazines and illustrated books proliferate that mistake interior design for architecture, and art criticism for mundane features, while in newspapers, the first page of the classified ads section publicize the production of an architectural subculture inspired in marketing pseudo criteria, praised and justified by the endorsement of so-called real estate consultants. Brazilian cities are a faithful portrait of this enormous misunderstanding: Few countries have so many towns and buildings built with such lack of commitment to art and the natural environment.

As from the pioneering exhibition *Brazil Builds*, modern Brazilian architecture has been justified by hypothetical connections between the baroque and the contribution of Le Corbusier's disciples in Rio de Janeiro. In some way, what we see is a recurring attempt to devise a sole Brazilian architecture, an architecture with more architectural value, or more Brazilianness, than the others.

Decades ago, Lévi-Strauss pointed out a false comprehensiveness of Brazilian culture, when he remarked that only one representative is assigned to each art category. Ever since then, this simplification of the cultural life seems to prevail over the chroniclers' imaginary, to the point of making it a guideline for the construction of their analytical realms. All it would take is an author, or, ultimately, a celebrated name per country region or program to be attended to. Other types of activities, the diverse architectures from other centers, other forms of professional occupation, or the quest for alternative courses do not enjoy the same status: They are regarded from the vantage point of the Northern hemisphere, i.e., as alternative, on the margins, or – what is even worse – important representatives of the Brazilian culture because they are as exotic as foreign analysts want them to be.

On the other hand, the construction of our cultural heritage bears deep marks of certain hegemonic political strains (governmental or not) in the formulation and acknowledgment of cultural policies as well as in the policy ruling government and private commissions. As result of its simultaneous coexistence with artistic, technological and socioeconomic aspects, architecture is particularly susceptible to inadequate analysis and appropriation by the society, be it due to the preponderance of any of these facets over the others, to the natural transience of sectorial policies, or yet to its appropriation as political banner.

Equally noteworthy is the fact that until a few years ago a large portion of the history and criticism of Brazilian architecture was authored by foreign scholars or by architects who were not active project designers. Probably this is a portrait of the formative stages of scientific bodies not yet acknowledged in the realm of architecture in Brazil.

This panorama has substantially changed from the moment graduate programs of architecture were established in our schools. Ever since then, systematized knowledge, the need to open new fields of research, and even the interaction among architects from different regions have been contributing to the construction of a new cultural scene in the country.

Concurrently, the development of archives specializing in architecture such as the drawing archives at the library of the University of São Paulo's School of Architecture and Urbanism, and the digital image bank of the Catholic University of Campinas's School of Architecture, and research funding agencies such as São Paulo Research Foundation – FAPESP and the National Council for Scientific and Technological Development – CNPq, for example, which now include art and architecture in their respective programs, have been playing a fundamental role in determining new horizons.

The book *Rino Levi – arquitetura e cidade* provides an excellent picture of this new phase of the historiography of Brazilian architecture.

In fact, for support in rendering such scholarly acknowledgment of Rino Levi's mass of work, Renato Anelli relied on databases and a significant cast of student theses and dissertations published in the last few years thanks to grants from research funding organizations. Beginning with these treatises as well as a significant contribution in terms of the state of the art in knowledge of the subject recorded in this book, several other studies are now in progress as part of the continual investigation process that characterizes scientific research. Anelli is an architect and teacher who successfully gathered a wide array of project designs and theoretical proposals by Rino Levi, beginning from his college days in Italy. The photos on file, now retrieved in digital medium, provide access to a few works that have been almost not exposed, in addition to others that no longer exist. Unfortunately, heritage conservation and preservation organizations have not yet acknowledged and recorded this treasured legacy with the required speed and diligence.

From the editorial point of view, this publication sets a new landmark in the Brazilian book publishing industry by bringing together a relevant text, a quality graphic design, and the reproduction of numerous items from the Rino Levi archives – most of which still unpublished –, and an original photo essay by Nelson Kon. Furthermore, the book is a milestone in the history of Abilio Guerra's persevering effort to promote debate and dissemination of architectural subjects, both as a teacher and editor of printed or electronic reading materials. Fortunately, in this case, the sponsorship by a government-owned company has generated a high-quality, long-lasting product of precious educational value.[1] The training of new architects as well as the continuing education of other professionals depends on works as influential as this, which features the different paths that Rino Levi treaded throughout his career. It is meant to gather, systematize, and interrelate data and their interpretation, thus rendering a perfectly consistent register of the architect's intention as architectural designer and of the historian's academic proposal.

Schools and architectural or artistic movements or trends; international acknowledgment by peers, critics, patrons, or the public; major accomplishments, important works, modest interventions, or innovative details; works commissioned by the cultural, financial or commercial elites; tutors, disciples, teachers, students, and apprentices: In each of these categories – as well as in others –, we spot links with Rino Levi's life and mass of work.

All those who are familiar with Levi's oeuvre and those who will learn about it in this book most certainly agree and will agree on its quality contribution to the architectural design industry and to the cultural and technological realms in Brazil.

In December 2001, Rino Levi would celebrate his 100th birthday. Without a doubt, few architects besides him could so appropriately represent 20th century Brazilian architecture by including, in their projects, several instances of the visual arts; by seeking a possible form of rationalizing the constructive process and the industrialization of components; and by advancing proposals for cities then undergoing intense transformation. These proposals included large multifunction buildings and the pioneering designs of theaters and movie theaters to be fitted with electronic equipment.

By relating Rino Levi's mass of work with the development of the city of São Paulo – numerous buildings he designed were planted along the expansion axis of the city between the 1940s and 60s –, we would run the risk of characterizing him as an architect active only in the local environment. That would be a big mistake. Although only a few of his works – featured among hundreds of articles published in specialized magazines – have exposed his proposals and accomplishments, now this promising bilingual edition will allow a review of his entire career and his status in the international scene.

Prologue
The Lifework of Rino Levi
Instruction in Italy

The son of Italian parents, Rino Levi was born in São Paulo on December 31, 1901, and died in Lençóis, while on a trip to the backcountry of Bahia, on September 29, 1965. Throughout his life, Levi was outstandingly active in the consolidation of modern Brazilian architecture, to the point that his activity is indivisible from the construction of the new statute that governs the profession of architect in Brazil. Several aspects of his career originated in his Italian education, a fact that lent him certain specificities as compared to other Brazilian architects of his generation.

Rino Levi studied at the *Escola Alemã* (German School), and at the *Instituto Médio Dante Alighieri* (Dante Alighieri School), both in São Paulo, where he received the groundwork for a European education that was to be completed in Italy. In October 1921, he traveled to Milan where he enrolled at a prep school for building architects.

This preparatory course was the fruit of a first attempt at cooperation between the Polytechnic Institute and the Brera Academy of Fine Arts. Its object was to overcome a divisional situation that had existed in Italy since the creation of the early polytechnic institutes in the early 19th century. Italian political conditions resulted in the coexistence of these two systems up to the 1920s, generating distinct types of professionals who disputed the prestigious title of architect: The "civil architects" educated at the polytechnic institutes, and the "teachers of architectural design" educated at the fine arts academies.

The Milan school established in 1865, which Levi attended from 1921 to 1923, combined technical-scientific subjects offered by the Polytechnic Institute, and artistic and architectural subjects offered by the Brera Academy of Fine Arts.[1] Despite having undergone several reformulations, this preparatory course failed to prove successful as a means of overcoming the professional division. Given the preponderance of technical-scientific studies, civil architects lost out in artistic capability to students of the fine arts academies, and at the same time failed to achieve building competence comparable to that of civil engineers.

Even Milan's cultural and industrial development failed to enrich instruction in architecture, as the conservatism of school faculty members not only alienated the futurists, but also proved hostile to the rise of Italian rationalism over subsequent years. The trajectory of Levi's classmates was exemplary: As a consequence of these limiting conditions, Giuseppe Terragni, Luigi Figini, Gino Pollini, Luigi Vietti, Carlo Rava, and Sebastiano Larco, forerunners of Italian rationalism, developed their movement's proposals outside of the academic environment.

In February 1924, after enrolling in the third year of the Milan school, Rino Levi transferred to the School of Architecture *(Scuola Superiore di Architettura)*, in Rome. The main reason for his transfer was the rapid acknowledgement the Roman school had achieved. Inaugurated in 1920, the school based its principles on the proposal of "total architecture," drawn up in 1916 by Gustavo Giovannoni, the object of which was to produce architects with technical and artistic competence to formulate transformations for old Italian towns and cities. Such professionals were to ensure that modernization of these cities would not jeopardize their cultural heritage, and to this end, the architectural training would have to overcome the division between technique and art. Although this "integral architect" approach bore some similarities to Gropius' Bauhaus ideal, it was totally lacking in vanguard appeal. Italian "integral architects" were to be agents of pragmatic modernization, faithful to classic tradition and in compliance with the established norms.[2]

At the Roman school, Levi made friends with Adalberto Libera, who was to become one of the leading figures of Italian rationalism in Rome. In correspondence between the two following Levi's return to Brazil, there are mentions of their colleagues Mario Ridolfi, Luigi Vietti, Ottorino Aloisio, and professors Luigi Piccinato, Marcello Piacentini, and Arnaldo Foschini. Through classes, and from journals and magazines that circulated in the school, Levi became acquainted with the work of Le Corbusier, Walter Gropius, Mies van der Rohe, and Erich Mendelsohn, and accompanied his colleagues' early steps toward embracing the modern proposals. However, according to Vietti, Rino Levi did not immediately adopt these proposals as references at school in his architectural composition assignments.

For a short while, Levi worked as an intern at the firm of Marcello Piacentini, at a time when the latter was renowned as the driving force of architectural modernization in Italy. In comparison with the modern architectural production that was thriving in Europe on the other side of the Alps, Piacentini acknowledged Italy's lag, proposing that the country's updating should include any "universal content that corresponded to contemporary civilization in European movements." He advocated respect to the unique Italian characteristics, stressing the country's "special climatic demands."[3] An echo of this position is to be found in the letter that Levi wrote, at the end of his fourth year of architectural studies, to the newspaper *O Estado de S. Paulo*. The letter published on October 15, 1925 under the title "Arquitetura e estética das cidades" (The Architecture and Aesthetics of Cities)[4] constituted one of the first calls for modern architecture in Brazil. Levi's positions revealed the consensus existing in the Roman school: Modernization without breaking away from classical tradition, whose "spirit should be felt and interpreted, avoiding the overused imitation of its elements." In closing his letter, Levi presented the program he was to follow throughout the course of his career.

Acknowledging Brazil's lag as compared to Europe's architectural production, Levi established a parallel with the attitude proposed by the Italians. Like them, he studied the modern assumptions meticulously and constructed a position that reconciled the universalness inherent to modern trends and the Brazilian specificities. In the following years, Levi's architectural design sought to develop a Brazilian soul understood as a character stemming from interpretation of the Brazilian climate, nature, and customs – a concern that was absent from other modern manifestos such as Gregori Warchavchik's manifesto of contemporary architecture, and Lúcio Costa's article *"Razões da nova arquitetura"* (Reasons of New Architecture), published ten years later.[5]

Noteworthy here is that the article is not dedicated exclusively to architecture, but to the aesthetics of cities presented by Levi as a new study applied to urban issues. In the article, he mentions Piacentini and the subject he pursued, *Edilizia Cittadina* (City Building Architecture), based on readings of *Stadtbaukunst*, by Austrian architect Camillo Sitte, and *L'Aesthétique des Villes*, by Charles Bulls, of Belgium.[6] At this time that preceded his undertaking the monumental-style construction that was to characterize Fascism, Piacentini developed the principles of environmentalism, which defended the preponderance of the urban over the architectural. Architecture was to find meaning in the configuration of the city, and the civic values of society as a whole have priority over architects' will to stoke the fires of their own individual fantasies.[7] This indissoluble link between architecture and urbanism was one of the main lessons incorporated into Rino Levi's work.

Levi's Return to Brazil and the Early Years of Professional Activity

Levi returned to Brazil in the second half of 1926. He worked for slightly more than a year at Companhia Construtora de Santos, in the position formerly occupied by Warchavchik,[8] whom he befriended. In 1927, he was already beginning to design independently. He took part in the bid for a draft project for the Automóvel Clube de São Paulo (São Paulo Automobile Club) headquarters, with a proposal that failed to obtain any special mention from the jury.

During these years, Levi faced a career situation much different from that accorded to his classmates of the Italian school. While those colleagues were effectively called upon for urban projects, architects in Brazil were still attempting to charge fees for their designs. In the early days, Levi's occupation consisted of working as a designer and builder, competing with building contractors who had no formal architectural or engineering instruction. The need of a new statute to govern the profession of architect ultimately led him into an ongoing struggle that lasted throughout his career.

Although publications about his work register the renovation of the home of Gofredo da Silva Telles, in 1927, as his first construction, photos of a row of houses and of a water tower for the Pianos Nardelli/Brasil Factory broaden the scope of this information. In the early years of his career, Rino Levi built small homes and groups of houses aimed at rental. His client portfolio included some members of the Italian community of São Paulo who had managed to make enough money for modest real estate investments. The plain architectural style, despite its scant ornamentation, did not yet present the modern character of works designed in the 1930s.

In 1929, Levi and his fiancée, Yvonne Arié, visited Warchavchik's *Casa Modernista* (Modernist House). He was greatly impressed with what he saw, despite criticizing the house's lack of "intimacy." Even after he was married, Rino Levi continued living in the same apartment that also housed his office, which comes to show that he faced financial difficulties in the early years of his career. Later, he rented the apartment next door, where he moved his office, and took up work in three shifts – a habit he was to uphold for the rest of his life.

In late 1929 and early 1930, Levi began to produce his first modern designs. This start-up of projects was marked by a group of houses designed for Regina Previdelli, and the first study for the Columbus Building, dated February 1930. Non-construction of the former, in the course of maturing of the design for the latter (built only in 1934, in its fourth version), and the ornamentation requested in the project he designed for Delfina Ferrabino put off until 1931 the construction of his first modern work – the small L. Queiroz trade show pavilion in Água Branca Park. The following year he was to design the groups of houses commissioned by Dante Ramenzoni, on Vitório Emanuel Street, and the house for Francisco Gomes, all of which featuring elements of modern architecture used frequently in the 1930s, as for example impermeable concrete slab roofs and cantilevered corner windows.

Professional Maturity and Public Presence

After a brief interruption brought about by his draft, in July 1932, to serve as engineer for the São Paulo troops in the Constitutionalist Revolution,[9] Levi's career was enhanced by a number of noteworthy jobs. The completion of the Shiesser and Columbus buildings in 1934 marked the beginning of a long series of apartment building designs. In 1936, the successful application of the principles of acoustics at the Cine Ufa-Palácio won him several movie theater designs, including the first out-of-state project for the Art-Palácio Theater in Recife, PE. These were the first milestones of an increasingly prestigious career, attested to by publication of his project designs in the Brazilian *Revista Polytechnica*, in the Italian magazine *Architettura*, and in the French magazine *Architecture d'Aujourd'Hui*.

On the brink of Second World War, political events in Italy affected Levi in Brazil. In 1939, he welcomed Italian architect Daniele Calabi to São Paulo. Calabi, of Jewish origin, had been forced to flee Italy due to the nazi-inspired racial laws adopted in that country. Levi supported Calabi in all senses, creating conditions for the Italian architect to exercise his profession in Brazil. Ultimately, both architects benefited from the exchange of experiences that ensued from their closeness. Rino Levi was also to facilitate the escape of Gino Levi-Montalcini, Giuseppe Pagano's associate, but Levi-Montalcini, after months of indecision, finally decided to remain in Italy. That same year, Levi brought in another group of Italo-Jewish refugees, the Foá family, whose daughter, Ornella, was to marry Calabi.

The firm's stability made it possible for Rino Levi to work in association with other architects. The first was Arnold Pestalozzi, a Swiss citizen (graduated in Zurich in 1933) who arrived in Brazil in 1936 and initially worked with Álvaro Vital Brazil. Pestalozzi entered Levi's firm in 1938 and worked there until 1946, when he left to set up his own office. Levi's second associate, in 1941, was Roberto Cerqueira César who joined the firm in 1945. A member of the new generation, Cerqueira César combined his heed of the exponents of modern architecture with the influence of Levi and his peers who made up the first generation of São Paulo modern architects. In 1951, architect Luiz Roberto Carvalho Franco, of an even younger generation, was the next to provide continuity in the team's constant updating by becoming an associate in 1955.

Parallel to his interest in scientific and technical subjects, Levi always kept in close touch with art. In 1936, he joined a group of artists in the design of a small pavilion for art exhibitions to be located on República Square (located in São Paulo's downtown commercial district). The project was never implemented despite support from Mário de Andrade, then director of the Department of Culture. Then, in 1939, Flávio de Carvalho invited Rino Levi to write an article on architecture for the most important and controversial issue of *Revista do Salão de Maio* (the May Salon magazine), which featured contributions by Alexander Calder, Josef Albers, Jean Hélion – an artist who signed Theo Van Doesburg's manifesto *Art Concret*, in 1930 –, and other artists of abstract or constructivist strains.

In 1948, together with various intellectuals, artists, and architects, Levi participated in the creation of the Museum of Modern Art of São Paulo – MASP, taking over as executive director in the following year. During the period of confrontation between abstractionism and figurativism, Levi positioned himself by defining architecture as "a fine art of an essentially abstract nature,"[10] a stance that never prevented him from playing the role of amateur landscape painter on weekends.

Participation in the IAB and in Construction of the Statute of Contemporary Architecture in Brazil

Rino Levi's difficulties in practicing his profession in the beginning of his career stemmed from the statute that Brazilian society attributed to architecture. His participation in establishing the Brazilian Institute of Architects – IAB was a means of transcending the sphere of individual action, something Levi attempted to accomplish by discussing, in the press, matters of public interest related with architecture and urbanism.

In January 1945, he attended the I Brazilian Architects Congress held in São Paulo, in which participants avoided isolated focus on corporative themes inherent to the profession's need for recognition, to associate them with reflection on the architect's social function. In February of the same year, Levi became a member of both the International Congress of Modern Architecture – CIAM and the Executive Council of IAB SP, at which he held the position of treasurer.

Soon, the precariousness of the institute's facilities in the basement of the Ester Building led to the organization of a fund-raising campaign to build new headquarters. Following the purchase of a plot of land on the corner of Bento Freitas Street and General Jardim Street, in 1946, the IAB members organized a prizeless contest. The jury, made up of IAB president Firmino Saldanha, Oscar Niemeyer, Gregori Warchavchik, Helio Uchôa, and Fernando Brito chose, from among thirteen entries, the teams of Levi and Cerqueira César, Jacob Ruchti and Galiano Ciampaglia, and Abelardo de Souza, Hélio Duarte and Zenon Lotufo, and commissioned them with the task of drawing up a new project, the detailing of which was to be done at Levi's firm.

In 1947, together with IAB SP colleagues, Levi organized a trip to Europe. In the course of more than two months, the group visited Rome, Florence, Venice, and Milan, going on to Switzerland, France, Belgium, Holland, England and Portugal, and returning to Brazil by way of New York. In this voyage, Levi's first visit to Italy since his school days, he reencountered some of his old classmates and witnessed Italian and European reconstruction.

He continued to participate in the IAB SP, as a member of the Audit Commission, between 1950 and 1952, a period when his partner, Cerqueira César, held the office of vice-president. As the São Paulo representative at the 1952 Brazilian Institute of Architects Convention, Rino Levi was elected Oswaldo Bratke's successor as IAB SP president, thus initiating the first of his two terms in office that ended in 1954. He also started attending events organized by international architect associations, heading the Brazilian delegation at the VIII Pan-American Congress of Architects held in Mexico City, in October 1952. Levi took advantage of this occasion to extend his trip to Cuba, United States, and Peru.

After ending his term in office, Levi continued as a member of the IAB SP Audit Council until 1957 when he was elected vice-president of the national IAB.

Among the various subjects to which he was devoted, one of the most constant was his defense of the bidding process. In 1952, together with Cerqueira César, he drew up the proposal entitled *"Normas Básicas para Concurso de Arquitetura"* (Basic Guidelines for Architectural Contests), which received extensive coverage in the magazines of that time. Later, in 1958, he was a member of the IAB commission in charge of drawing up minimum standards for architectural bids. Respected for his integrity, Levi participated in about nine judging panels – in some cases by indication of his peer jury members –, and even drew up the invitation to bid for the design of the Campinas City Hall building.

The Architect's Social Function and Defense of Public Health Policies

Although Levi was an architect who played a major role in the real estate market, he never allowed that fact to influence his beliefs in regard to the architect' responsibilities to society at large.

Upon publishing the extract of the lecture *Técnica hospitalar e arquitetura* (Hospital Technique and Architecture),[11] the editor of *L'Architecture d'Aujourd'hui*, Alexandre Persitz, criticized Rino Levi's architect-artist concept since, in his opinion, defending architecture as a "pure art," isolated from any conditioning extraneous to the artist, would imply a "divorce between the creator and the audience."

It is certain that Persitz had no knowledge of Levi's work. Rino Levi never advocated an architecture indifferent to social, functional, or technical needs. What he did defend was "total freedom" as a requisite for artistic manifestation, opposing "any injunction on the part of society or individuals aimed at directing it toward predetermined objectives."[12] Contrarily to Persitz's view, Levi verified common taste's difficulty to accept modern art, which generates an "aesthetic prejudice" that makes modern architects withdraw from "the major issues of collective interest typical to their specialty."[13]

The discourse can be better inserted in the conflicts stemming from the Cold War, featuring confrontation between the defenders of socialist realism, with their popular themes and forms, and the abstractionists and other followers of the modern artistic vanguards.[14] Rino Levi's concept is directed toward a democratic framework, with an organized civil society to which architects contribute their specific knowledge to form a consistent public opinion capable of leading to the settlement of problems that afflict them. It is up to architects to show society that their knowledge is relevant to society's development.

As a concept, it is exactly opposite to that of the demiurge architects who support a centralized power capable of transforming society. But it is also far from professionals who limit themselves to responding to market demands.

Rino Levi's presence in the daily press expressing his opinion on the most varied matters of public interest does not translate into his withdrawal from the specific field of architecture. To avoid getting lost in generalities, Levi concentrated on subjects that he studied in depth. The main subject was urbanism and the city. The architect reflected on the insertion of his projects in the urban fabric, criticized the city's disorganized growth, defended zoning as a method to control this growth, and acted, through the IAB, in defense of a master plan for São Paulo.

He lent relevance to themes that could have been dealt with as mere technical specialties, such as acoustics, in which he evolved from the spectacle, to considerations regarding industrial and urban noise. Levi became a reference on the subject, presenting courses and lectures on acoustics and architecture, teaching techniques of structural and blueprint design. He took an active part in the Brazilian Institute of Acoustics, becoming its vice-president in 1957, and president from 1958 through 1960.

His most outstanding work was in the field of healthcare, where the knowledge accumulated in hospital designs was applied toward public health. The innovations he introduced in the project design of the University Maternity Hospital earned him a series of new commissions, besides the public acknowledgement of his expertise in hospital design. Rino Levi held conferences and contributed to the organization of various courses on this subject. Two of these were offered at the IAB SP during his term as president of the institute. No less than five hundred people attended the first such course, in 1953. At the second, organized jointly by University of São Paulo – USP and MASP in 1954, enrollments amounted to 267. In both courses, participants came from the most diverse regions, even from other Latin American countries, a clear sign of the shortage of professionals qualified to advance project design in the healthcare field.

In 1965, Levi attended the 9th Pan-American Congress of Architects in Caracas where he presented the thesis entitled *A pesquisa no planejamento da assistência médico-hospitalar* (Research in the Planning of Hospital-Medical Care), co-authored by Jarbas Karman. He defended the creation of Hospital Research and Study Centers in all countries, with the object of overcoming the concept of hospitals as isolated projects, viewing them instead within the framework of national and regional planning, and normalizing their operations, construction, and equipment to enhance efficiency and economy. The thesis was approved by the Congress and, in

Chapter 1
Architecture of the Vertical City

the following year, Levi was appointed to the International Architects Union's Public Health Commission. He attended two meetings of this commission, one in Moscow in 1960, and the other in Israel in 1962.

Following the IX Pan-American Congress, Levi headed a team of Venezuelan architects in the design of the highly impressive "*Edifício sem teto*" (Roofless Building) program.[15] After Levi had returned twice to Venezuela for conferences, the Venezuelan government commissioned him with the project coordination in the planning and design of a hospital network. Between 1959 and 1960 he stayed a total of ten months in Caracas, heading a team of local architects on the design of eight hospitals. During this period, he participated in activities at the School of Architecture and the 1st National Convention of Architects, being granted the title of Honorary Member of the Venezuelan Society of Architects.

Despite his frequent travels to other Latin American countries, no trip was more significant to him than those to Venezuela. The reasons may be those that Rino Levi presented on Channel 9 TV, in São Paulo, during a conference about the architecture of that country. Comparing the Venezuelan stage of development with that of Brazil, he pointed out two major differences. The first is urban planning: All the Venezuelan cities have a master plan drafted under the National Planning Commission. The second is the warm welcome that Venezuelans extend to foreign guests brought in to cooperate in their own fields of expertise. He highlighted the strong influence of Brazilian architecture and the designs of Niemeyer and Burle Marx in Venezuelan architecture.

The opportunity offered by the Venezuelan government to play an active role in a theme of public interest was never repeated for Rino Levi in Brazil. Limited to commissions of a private nature, his intentions found no sponsors that would allow him comparable development.

Rino Levi played an active role in the construction of the city of São Paulo – in the rendition of its third or concrete version that replaced the brickwork city and the last vestiges of wattle.[1] Like several other architects of his generation, Levi detected the trend of urban verticalization and expansion, and readily attempted to intervene in two different ways: By advocating a city plan to order expansion that ultimately led him, as chairman of the São Paulo chapter of the Brazilian Institute of Architects – IAB, to draft the zoning principles for São Paulo in the 1950s; and by defining project designs taking for basis the roles they would play in the construction of urban space.

The intense verticalization of downtown São Paulo was accompanied by a horizontal expansion.[2] While architects and urban planners focused on the density and verticalization in the downtown areas that concentrated the economic development of the new metropolis, expansion proceeded on the outskirts of the city – the action featuring a large and varied cast: Small and medium-sized investors building; the poorer layers building their own houses in uncurbed manner; and massive housing projects and complexes sponsored by the state government, pension funds, real estate agents, and developer-builders.

In society, the spectacular growth of the city stirred great excitement, particularly among the São Paulo modernists. Echoes of Futurism – from the poetry of Mário de Andrade or Luís Aranha to the title of the modernist review *Klaxon* – animated an increasingly frenzied and agitated urban complex in an outright break with the prevalent provincialism.[3] This attitude was criticized by Lúcio Costa, who stood for a new Brazilian city, one in which modernity and colonial past would be reconciled, bringing back rural intimacy with nature, and favoring a serene and peaceful way of life.[4]

São Paulo architects were actively engaged in this debate. On several occasions, Rino Levi argued the need for wide-ranging urban planning policies to order the growth of the city. In doing so he claimed for the acknowledgment of the role of urban planner, that Italian architects had intensively played in the 1920s and 30s.[5] Whenever possible, Levi attempted to go beyond the limits of the specific and limiting commissions and base his reasoning on the role that project designs would play in the city scene. A close look at his career promptly reveals the influence of the study of urban science as part of his training in Italy, and his efforts to adapt those concepts to São Paulo, which became South America's largest metropolis a few years later. This is perhaps the least remembered of his contributions to the consolidation of Brazilian modern architecture.

Rino Levi advocated a polycentric conception for the city, comprising several interlinked sectors, with limited room for expansion and relatively autonomous from each other. For the older and denser core area, he adapted some of the principles of Italian *ambientismo* that strongly informed the local design during Levi's training, and viewed the urban ambience as the main cultural value of Italian cities. In the expanding areas, he daringly backed new forms of urban structure, developed several experiments involving the occupation of land alongside rivers, and contributed to the creation of new urban centers, such as the University of São Paulo campus. In both situations, the architectural project determined the urban nature of the open spaces, and appreciated the scale of pedestrians and everyday life in the city.

His work in the process of verticalization of the city of São Paulo was attuned to dominant concerns in architectural circles and among Brazilian urban planners in the 1930s and 40s, conditioned by the introduction of legal initiatives aimed at encouraging and controlling verticalization.[6] Control over dimensions and façades of buildings in proportion to street width, as proposed in the Saboya Code, was redefined by the minimum dimensions and full-length façades required in many streets of the downtown area. The idea was to adopt compact volumetrics for blocks with continuous façades on a higher level than the preceding building structures. In 1935, Levi took part in the debate, advocating a concentrated vertical city, but with semi-intensive occupation and more rational use of urban infrastructure, as a strategy to contain unchecked and unruly expansion.[7]

Rino Levi's apartment and office building designs cannot be understood in isolation from his dialogue with the concept of verticalization implemented by city officials. His designs introduced new urban volumetrics, bringing neighboring buildings closer when required, or, when possible, favoring detached buildings and the slab-built towers most in tune with modern precepts.

Levi's designs did not just configure massive objects to be viewed from a distance; rather, they explored the position of internal spaces on higher levels to give inhabitants a privileged view of the city's outward expansion. This was the intention behind the development and organization of internal spatial structure and the gradually increasing transparency of façades.

The Columbus Project: The Building as an Isolated Tower

Levi's first major project was the Columbus Building, finally erected after four versions had been developed over almost five years. Although rather a vague testimony by Geraldo Ferraz dates the design between 1928 and 1929,[8] the first proposal for Columbus that we have on record – a singe design – is dated February 1930.[9] This design has the building facing Brigadeiro Luís Antônio Avenue and does not yet include the framework of the tower, or a main façade, or the modeling and cantilevers that were to inform the final design.

In the second draft,[10] done in that same year, the cruciform layout of the apartments is that of the final design. The number of apartments on each floor was gradually reduced toward the top of the building: The first six floors had six apartments each, the next two floors four each, and the last two floors had only two apartments. The resulting step-shaped silhouette accentuated the verticality and symmetry of the whole, lending it a monumentality that was dropped in the final proposal. A third draft served as transition to the definitive design; both were dated 1933, when construction work finally began.

The Columbus Building was implemented alongside the higher lane of Anhangabaú Avenue, later renamed 23 de Maio Avenue (still on the drawing board at the time), with a magnificent panoramic view over downtown São Paulo. Built as an isolated tower in the center of the site, it could be seen from all sides and all the façades were treated alike – none was the principal.

The internal distribution of space did not show a clear sectorial division, yet (in Levi's design). Bedrooms and service areas adjoined the living room, in a central position for easy access to vertical circulations. Levi designed the windows as a diagonal sequence to allow dwellers a fine view of the city from their living rooms. By keeping rooms away from one of the corners of the building, he created a wide cantilevered verandah accessible from the living room through a pair of French windows. Far from being just modernized compositional elements, the rounded verandahs on the corners of the Columbus Building were conceived to provide spatial and visual continuity between the living room and the cityscape.

Sectorial Division of the Floor Plan and Visual Integration with the Landscape

Whereas the Columbus Building set the beginning of a formal investigation, the next step in interior layout design of his buildings would be rendered in a leisure residence, the Medici House (1935), perched on a hill near Santo Amaro Lake. In this design he introduced the separation of living rooms, sleeping quarters and service areas, and the arrangement for the former to open onto the landscape.

Hence the plan had a service section facing the hillside, while the daytime and nighttime quarters (the served sectors in the traditional hierarchy of utilization) now faced the landscape, constituting the main façade of the house. Transparency was restricted to the living room, the center of family life on weekends. Integration with the landscape was through an enormous sliding window in the living room, "11 meters long, allowing a sweeping view of the lake."[11]

Although this hierarchization might have clashed with the principles of the modern open floor plan, it represented a progress (in relation to the Columbus Building) toward a better internal layout and greater continuity between interior and exterior.

Although he designed many apartment buildings during this period, it was in the Guarani Building (1936) that Levi applied the successful features of the Medici House. The U-shaped layout plan of the Guarani Building aligns a series of six apartments on each floor, creating the volumetrics of a semi-cylinder externally. The apartments are structured internally in two linear strips, an external one comprising living rooms and bedrooms, and an internal one with the service areas. In the hollow center of the volume, a freestanding tower organizes the vertical circulation, and a system of long catwalks connects the resulting shaft to the apartments. As in the Medici House, the rooms and bedrooms allow a wide view of the landscape, the then-tree-lined Dom Pedro Park, and, in the distance, "the São Paulo powerhouse", i.e., the manufacturing district of the city stretching toward the horizon.[12]

In spite of the building's horseshoe layout plan, the opacity of the façade induces a solid reading of the cylinder, an effect underlined by its location at the foot of the ascent leading to the Sé Square, the centermost landmark of São Paulo, as if it were a gigantic column flanking the gateway to the downtown district.

The division into sectors of the Guarani apartment layouts was used again in subsequent projects and adapted to several plans to allow all living or served rooms to enjoy the landscape. This spatial structure and intention may be seen in Levi's architectural designs as late as in the 1950s; for example, in the gigantic slab volumes of the Residence Sector at the University of São Paulo campus (1953), designed to provide all student residents an enjoyable view of the landscape from the intimacy of their rooms.

The Adoption of the Open Floor Plan
The need for more flexibility in office buildings was to prompt tentative moves toward the open floor plan, which ultimately was not met with acceptance for residential buildings.

In 1939, Levi designed an office tower complex with a shopping arcade for a development initiated by a pension fund, Instituto de Aposentadoria e Pensões dos Industriários – IAPI (Industrial Employees Retirement and Pensions Institute). The site was located on Largo São Bento, a plaza beside Santa Efigênia Viaduct, inserted in its surroundings in a very complex way. In the level below the plaza, the building could be accessed from a tunnel connecting Anhangabaú Valley and 25 de Março Street, a street of wholesaling trade on the other side of a hill. This passageway had been proposed several years previously in the Prestes Maia plan for the downtown roadway system, to be partially funded by IAPI, which, in return, would receive permission to build on a city-owned site.

The design of the three office buildings was an important step toward the modern principles of layout flexibility and environmental health offered in the open floor plan.[13] Arranged in parallel to provide appropriate ventilation and lighting for all environments, the slab-shaped volumes were topped, at their extremities, by towers destined for service facilities and vertical circulation, freeing the remainder floor space for flexible layouts, with dividing walls following the arrangement of sliding-window frames and pillars; connections between floors were also attained through optional openings in the floor/ceiling slabs. Rino Levi's design was the first to explore the possibilities of allowing walls independence from the building framework.

Transparent Façade and Sunscreen
One of the main obstacles to implementing the modern principle of transparency in hot-climate countries was the need to protect building interiors from excessive exposure to sunlight and heat. Since its first appearance in *Brazil Builds*,[14] all the history of Brazilian modern architecture has had this major impediment as main characteristic. In 1925, Levi argued that "with our climate, natural environment, and living habits, our cities must be different in character to European cities."[15] The evolution of Rino Levi's designs as from the early 1940s show the different solutions he attempted in this sense.

Initially, Levi's architecture was characterized by openings in the form of windows and balconied verandahs. His design explored the rhythm of distribution across built volume, in an echo of his classical training. One can spot the harmonious proportions between solid and void he designed to stress the integrity of the geometric volume and its apparent solidity.

Some details of the design were aimed at assuring an effective protection from the sun. Since the beginning, Levi had used double walls to protect interiors from temperature and humidity variations. The resulting thickness was further exploited to recess windows in relation to the external wall surface. In turn, this recess shielded windows from sunlight at certain times of day, and the resulting shade accentuated both the impression of double-wall thickness and the volume's apparent bulk.

Levi's first experiment in a different direction involved his treatment of the façade for an office tower next to Cine Art-Palácio, in Recife (1937). Thin ceiling and floor slabs and vertical planes protruded one meter from the external façade wall, creating an orthogonal grid. One should not see in the new way of organizing the façade simply the designer's intention of introducing a new method of protection from the hot sunlight, although Levi argued along these lines in presenting the project to the client:

> The documents I have in my possession do not show the North-South axis, or wind directions, which I deduced on the basis of some other indications. In view of the hot climate of the city, I propose the offices be protected against strong sunlight by having the arcades requested for the ground-floor reach up to the fourth floor. This solution, known as *brise-soleil* to the French, is much used in Italian and French colonial towns in North Africa.[16]

This reference to modern African colonial architecture sounds odd, since in those days this type of sunscreen was also in use in France and Italy. What is more, the orthogonal grid façade characterized Italian rationalistic architecture, since besides protecting from sunlight, it provided a compositional substitute for classic porticoes and colonnades. In similar manner, the grid ordered the volume, so that the interior layout plan was reflected on the façade now divested of glazed surfaces. This full correspondence between façade and interior originated in classic architecture was one of the mottos of Italian rationalists when defending their work as the best contemporary rendition of the classical tradition.

Informed by the developments of Italian architectural design in the early 1940s, Rino Levi's architecture made some advancements and treated transparency in some ways that considerably modified it. One of them was the orthogonal grid, which expressed the internal order of the construction in the urban space, such as for example in the Trussardi Building or the Hotel Excelsior, both from 1941. Another way was to subdivide grids, using small elements of precast concrete that converted them into reticulated geometric planes, exemplified by the concrete window and door frames of the Instituto Sedes Sapientiae Building (1941) and part of the façades of Companhia Jardim de Cafés Finos (1943). Finally, the office buildings for Nicolau de Barros (1942), STIG (1943), Cofermat (1943), Banco Paulista do Comércio (1947) and IAB (1947), have only glass panes covering empty spaces in the concrete framework, without any specific protection against sunlight and heat.[17]

Grid Façade and Layout Organization
Levi came across a few obstacles trying to transpose the clear spatial hierarchy of the IAPI office buildings to residential building designs. In the Hotel Excelsior, the order of the geometric grid of the façade found direct correspondence in the interior layout, whereas the Trussardi Building design was unable to adopt pure volumetrics isolated from the neighboring constructions, due to the scanty and irregular dimensions of the site.

In the Trussardi Building, the main façade of the volume, looking onto São João Avenue, has a set of cantilevered balconies forming a separate level that gently follows the curvature of the corner. Unlike Levi's previous designs, this protruding level was conceived as a geometric grid that controls windows and doors, and provides a visual ordering of the urban space. The same grid order that structures the floor plan of the strip of rooms facing the avenue, is not maintained in the strip at back, comprising service areas, in the layout matches the geometry of the curve in irregular manner. The façade has spans corresponding to bedrooms and living rooms, while the service areas, all of different sizes, are grouped behind them. The gentle curvature of the façade does not continue inside the apartment, where no attempt was made to have walls stay geometrically in line with the radius.

The Prudência Building (1948) was the only residential building to which Rino Levi successfully transposed his experience with the open floor layout system adopted in commercial buildings. Living quarters and services areas were treated differently. Service areas continued to be made of masonry – and therefore their layout was permanent – while living environments were designed to be easily divided by movable closets and dividing walls, thus ensuring layout flexibility, within the limits allowed by pillars and the position of service facilities and window openings. The flexible interiors rendered the rigidly orthogonal grid façade outdated, since internal spaces no longer needed to correspond exactly with spans between pillars, and there was no reason for them to be visible on the façade.

Façades as Independent Geometric Planes
Almost at the same time as these orthogonal grid façades and façades made entirely of glass, Levi was developing walls in other designs that were built exclusively of small precast concrete components. They appeared for the first time in the classroom hallways of Instituto Sedes Sapientiae, where square concrete window frames punctured the spans of the orthogonal grid structure. Although usually seen as *brise-soleil*, the pieces are not big enough to screen off sunlight, thus adding weight to the assumption that the designer meant to produce an unusual kind of concrete window and doorframe to offset steel shortages during the war years.[18]

The form of these *brise-soleil* systems heralded the vented-screen walls built of concrete, as used in the offices of Companhia Jardim de Cafés Finos (1943). Conceived as sunshade, the *brise-soleil* skin is moved away from the frames, creating an intermediary space destined for protection from the heat emitted by sun-baked concrete walls and floors. The resulting gap, which is used in several designs to create an interior garden, shows the independence of this *brise-soleil* in relation to the surfaces of the built volume.

This independence was also introduced in the Souza Aranha Building (1946), which is a sign of the transition from the grid façade of the Trussardi Building toward a new treatment of window openings on high-rises. Set away from the glazed façade, the grid that ordered Levi's previous façades now had more slots placed at shorter intervals, corresponding to one third of the structural module. Furthermore, the total lack of vertical lines denoting the existence of interior pillar modules contributed to render the non-structural character of this independent skin.

Despite this independence, the gently curved *brise-soleil* façade does correspond to internal space. The axes of the reinforced concrete structure follow the geometry of the radius of the volume curvature, leaving to the flexible and variable dividing walls the role of providing an order consistent with the whole.

Chapter 2
Mediterraneanness in the Tropics

In the Souza Aranha building façade, the *brise-soleil* apertures are no longer slots produced by window-elements, but different frequencies in the materialness of the surfaces, now featuring transparency as an attribute. Variations may be introduced through the use of different types of materials or rhythms of repetition of modular components that, while, following graphic patterns and textures and subverting the solid outlines of the volumes, convert them onto geometric and abstract planes.

Although the Souza Aranha design was never built, the devices developed for its façade were used in other projects in various ways, depending on the type of building. In the Hospital do Câncer de São Paulo (1948), the room façades face east, and, as in the Souza Aranha design, roll-up blinds were moved away from the glazing for protection against the hot sunlight. The same solution was adopted in the façades of both the Cruzada Pró-Infância Hospital and the Gravatá Apartment Building.

So graphic treatment of façades was not limited to the *brise-soleil*. The Cancer Hospital façade looking on to the street, opposite the rooms, was slotted with many small windows placed at short intervals, forming two horizontal arrays of windows on each floor. In contrast with the light-colored wall, these window openings produced a striking graphic effect.

Levi further developed this graphic effect in the design of the apartment building commissioned by Companhia Seguradora Brasileira (1948). Here the façade design is totally independent from the internal building layout and appears as a tenuous musical score on which a formal motif is rendered that subverts its two-dimensionality, since the different windowsill heights creates an optical illusion of depth and suggests a nonexistent depth on the planar façade. Despite the modulation of the floor plan matching that of the façade, the different windowsill heights neither meet conventional usage requirements, nor are identically repeated in the internal layouts of the apartments. Strictly speaking, the openings were no longer viewed as windows the moment they lost their role of puncturing holes in the mass of the walls, to form zigzagging glazed strips completed with tilting shading devices. The procedure holds a strong resemblance to that used by members of the Brazilian concrete art movement of the time, such as Luiz Sacilotto, Hermelindo Fiaminghi, or Ivan Serpa, confirming Levi's interest in the modern plastic arts.

The coincidence is even closer in the design for América Garage (1956). To ensure more effective ventilation and dispersion of the polluting gases generated at the parking garage, the façade looking onto 23 de Maio Avenue had to be protected by just a *brise-soleil*, with no use of solid walls or glazed planes. After studying its design, Luiz Roberto Carvalho Franco subdivided the modules in four, thus providing the basis for a formal investigation, consistent with the principles of concrete art.[19] While alternating the use of concrete, ceramics and fibrocement, Levi explored the possibilities opened up by the independent façade. As in the Order of Attorneys of Brazil – OAB Building design, the geometric texture of the vented screen-wall enhanced its abstract character.

The theme was revisited in the first design for the R. Monteiro Building (1959), which featured *brise-soleil* on all four sides of the central tower.[20] Again the design dialogued freely with the building's modular pattern. The homogeneity of the planar surface of hollowed ceramic blocks was strained by a set of openings the alternating arrangement of which set the rhythm of the whole.

Brise-soleil Panels and the Volumetrics of the Block

In view of both the site features and the local legislation, the lower volume of the R. Monteiro Building, which housed a shopping arcade in the mezzanine, adjoined the buildings on either side and established a dialogue with the compact volumetrics of the downtown blocks. Without visually touching the ground, the façade volume consisted of a *brise-soleil* panel that defined its outline as a continuity of neighboring building façades. The intensive repetition of vertical vanes creates a panel that vibrates visually in the light, far removed from the stability of eclectic neighboring façades.

Rino Levi had been carrying on this tense dialogue with the urban pattern that prevailed in the downtown area for a number of years. In the design for OAB Building (1953), near the Sé Cathedral, the *brise-soleil* panel was rendered as a slim concrete grid – detached from the glazed panels on the façade – forming horizontal strips, alternately filled with small vertical vanes of asbestos cement. As they alternate, the total transparency of the free strips and the light opacity of the strips of vertical vanes create a series of interruptions in the panel that are not quite windows, but further increase the tension of this unstable plane, which it protects without enclosing.

In the urban context, the *brise-soleil* panel suggests, at first sight, the recomposition of the volumetric continuity of the block, underscoring the distinction between public and private space. However, given its arrangement and degree of transparency, here this effect is achieved in different manner than in the older building façades in the vicinity. And, since the *brise-soleil* panel only begins on the second floor, access to ground floor commercial space from the street is ensured.

The Concórdia Building (1955) refines the dialogue between building and volumetrics of the block. Located on a corner, the volume defined by the glazed windows is itself encased by a *brise-soleil* panel on the west façade and an unevenly punctured plane on the south façade. Levi arranged the two planes perpendicularly to each other, while the main volume follows the smoothly sharp corner angle. The panel of the south façade stands out from the main volume due to the difference between the angles, thus imparting a slight instability to the whole.

Reconstruction of exterior walls

Besides having originated in the designs for Garagem América and R. Monteiro, the design of the *brise-soleil* panels that Rino Levi conceived for the Elclor and Plavinil-Elclor Buildings (both 1961) refers us to a subject that Rio de Janeiro architects had researched for years, particularly Lúcio Costa in the Guinle Park buildings:[21] The fenestration of the *brise-soleil* panel.[22] In the first design, to be built on Paulista Avenue, the ceramic *brise-soleil* panels cover all sides of the building's elevated unit; in the second design, built on Santos Boulevard, the glazing on the southwest façade was left exposed. In both cases, the *brise-soleil* panels set a contrast between the patinated ceramic material and the smoothness and transparency of the glazed exterior sidings of the building.

While avoiding any reference to colonial *muxarabis* (Moorish style enclosed balconies), Levi moved away from his Rio de Janeiro colleagues. His *brise-soleil* panels are strictly geometric-abstract, a characteristic further stressed by the design of the vented ceramic screen-wall developed in his own office, which lends the surface a smooth, homogeneous texture, avoiding the craft lacework look suggested by the Costa design. But the breaks in the *brise-soleil* surface do take on the character of windows, with their framing and arrangement in the center of each façade module. Rino Levi reinforces the density of the exterior shell of the volume, reversing the trend toward a greater transparency that persisted after more than twenty years.

After a long development, in his work, of the interior/exterior relationship to the point that he finally succeeded in working with the most streamlined conception of *brise-soleil* panels, Levi deliberately took the opposite approach. The reorganization of the limits of façade surfaces in these two designs denoted a migration from the emphasis on interiority – a critical feature of his urban houses – to his designs of high-rises, which until then had championed the extension of interior space to the exterior. The vertiginous growth of São Paulo created a hostile and aggressive urban environment and, rather than being an ally in the modernization process, became a problem to be tackled.

In some of his designs of the early 1940s, Rino Levi began to arrange functional volumes around an open space that was separated from urban space. This order was to be adopted only in cases where the design function was compatible with the introspective mood inspired by this layout; consequently, a series of designs of this type emerged alongside the bulk of his work. His Italian training was reason enough for several authors to describe this new order as being influenced by the typology of Mediterranean courtyards,[1] thus overlooking both the lack of precision in defining this typology and the specificities in Rino Levi's proposals.

One of the few assignments that remain from Rino Levi's student days is a perspective of a palatial courtyard identified as his graduation project. A slanted light that accentuates the compositional tempo enhances the surrounding *loggia*, the proportions of the architectural orders, and the simple central statue. The design shows the shortcomings of teaching at the School of Architecture (Scuola Superiore di Architettura), in Rome, where modern was never more than an updated version of the classical legacy.

During the fascist period, Mediterraneanness was adopted in Italy[2] as part of national identity. Rhetoric sought to revive the Roman Empire and claim the Mediterranean as the Italian sea, preaching the will to expand that some years later led Italy to invade North Africa. Architecture took up the theme, which embraced both the scholarly legacy of classic styles, and the unsophisticated legacy of seaside buildings in fishing villages.

During the 1930s, many rationalist architects in Italy lost their initial avant-garde momentum and took up the same theme as academic architects. The clash between rationalists and academics took the form of dispute over the privilege of interpreting Mediterraneanness. Both the search for a transcendent essence of the classical style, and the updating of time-honored typologies were present in modern Italian work in the interwar period. Thus, there was no lack of courtyards in a wide array of configurations.

The Italian interest in this typology was further boosted when a similar kind of investigation on the courtyard was taken up in modern architecture of other European countries.[3] Modern architects in Central European countries and even in Northern Europe spotted in the architecture of southern Italy a source of a fresh and luminous design – although the weather was hardly favorable to imitations for much of the year in their own countries. So, the courtyards of Italian modern architecture did not lack a rhetoric focusing the Italian national identity; however, this did not stop the courtyard from featuring extensively in the modern output of other countries. Within this context, we should view Rino Levi's designs tat are usually described as affiliated to Mediterranean courtyard typology.

After his return to Brazil, in 1926, Rino Levi produced an architectural design that held several similarities with that of his Italian colleagues; however, the spatial arrangement that brings to mind the courtyard tradition is not seen until 1941, when he designed Instituto Sedes Sapientiae. Despite it being consistent with the development of his design, the new order coincided with the arrival in São Paulo, in 1939, of two architects who had designed several modern buildings with courtyards in Italy: Bernard Rudofsky and Daniele Calabi. In São Paulo, Rudofsky designed the first modern houses with courtyards, between 1939 and 1941, when he moved to New York. Calabi also worked on the same theme until 1948, when he returned to Italy. Rino Levi thus had an opportunity to renew contact with the architecture he had known during his training in Rome, and this may well have contributed to the development of his own architecture.

Bernard Rudofsky and Daniele Calabi
Architect Bernard Rudofsky[4] was active in Italy from 1932 to 1938, and his portfolio included designs and writings on Mediterranean architecture. During the years spent in Capri and Naples, Rudofsky explored the characteristics of the region's simple architecture. Whitewashed, roofless houses, openings onto gardens, and the good use made of the sunny Mediterranean climate provided the source of inspiration for designs such as the Casa Oro, in Naples (with Luigi Cosenza), or his houses on the islands of Capri and Procida, and the Hotel San Michele (with Gio Ponti), on the island of Anacapri.

As an alternative to the monumental interpretation of the classical legacy, then predominant among Italian architects, Rudofsky proposed that Italian culture revive the values of everyday Roman lifestyle. The house was to be a "merry, sensual, sunny, healthy, and *Mediterranean*"[5] place as part of a program that also looked to revise furniture and fashion, and propose a "new way of living." His activity as editor of *Domus* magazine, for its first four issues in 1938, was entirely focused on disseminating this program through specially commissioned articles and designs.

The design for his house in Procida[6] was based on a square layout with an internal square courtyard. The simple design proposed the use of all environments in such a way as to restore a sense of pleasure in everyday living. The theme was revisited in the Hotel San Michele design, which comprised several bungalows scattered in a wooded area, all with small adjoining courtyards. Despite a varied repertoire of forms, all the guestrooms feature an interpretation of the program along the same lines as the Procida House. Rudofsky's form is but a means to introduce deeper changes in people's habits. This approach was also adopted in his various activities that included furniture and clothing design.

Rudofsky moved to São Paulo in December 1938 to escape from the racist laws that had just been passed in Italy. He went to live in the Ester Building, an emblematic piece of modern architecture in São Paulo that was home to several artists and intellectuals, including Rino Levi. Rudofsky's Brazilian production was little known and hardly able to carry through his Italian program fully. His first design here was the Hollenstein Residence in Itapecerica da Serra, in 1939, which brought something of the spatiality of his Mediterranean houses to the cold and hilly area near São Paulo. The following year, he designed the Frontini and Arnstein houses in São Paulo, which were structured around courtyards and isolated from the street by thick vegetation and walls – quite an unusual feature for Brazilian residences at the time.[7] The gardens were part of the internal environments of the Arnstein House. The living and dining rooms adjoined their open-air doubles – the master bedroom opening onto a courtyard-cum-solarium, thus extending beyond the covered area, and the children's rooms, opening onto a courtyard equipped with playground. High walls separated the gardens from each other, to give the open-air areas the same air of privacy as the internal spaces. The separation of the building and courtyard from the street lent an intimate air to the domestic environment, setting it clearly apart from the city that was already showing the first signs of problems arising from accelerated and disorderly urbanization.

Apart from the coincidence of living in the same building, and the similarities between their house designs, there is no record of Levi having any relationship with Rudofsky. In turn, Levi became a friend of Daniele Calabi,[8] with whom he engaged in joint projects.

By the time he moved to Brazil, Daniele Calabi, although certainly less well known in Italy than Rudofsky, had already amassed considerable experience as an architect. When revising his work, Guido Zucconi pointed out a "notion of introverted space" at the base of many of his designs: "A square or rectangular space, feeding into the distribution of a building of consequently introverted character."[9] This scheme that Calabi drafted in 1933 for the "Casa degli Italiani," in Paris, returned in 1936 in the design of a seaside vacation resort in Alberoni, at the Lido of Venice.

In the Alberoni designs, Calabi brought together a traditional layout with courtyard and a set of guidelines and elements from rationalist architecture. Although the central square was entirely open on the side facing the beach and its alignment was dictated by sun orientation, the reference to the typology of arcade-lined courtyards is clear and unequivocal. Space is delimited on one of the sides by a three-story building, with a highly abstract and rationalist design, but the recessing ground-floor walls forms a continuous covered passageway integrated into the central space. On the opposite side, another ground-floor volume is covered by a system of parallel vaults, in which the recessed outside wall clearly suggests a series of porches along the courtyard. The side facing the street features a repetition of vaults system, structured only by pillars, creating a monumental entrance portico. This design may be situated within the parameters of the period's rationalist trend, one in which new architecture rivaled with academicism to claim its connection with classical legacy. There was not, therefore, a perspective of breaking away from tradition, but rather a commitment to its updating through modern proposals.

A considerable part of Calabi's output was produced during his stay in São Paulo, from 1939 to 1948. On arriving in the city, he encountered an active and thriving cultural environment. Gregori Warchavchik and Rino Levi had already garnered professional recognition and became part of the cultural environment, which they informed by training new generations of architects. Among his Brazilian peers, Calabi established a closer relationship with Levi. Unable to exercise his profession in full due to problems over the official recognition of his university degree in Brazil, Calabi sought assistance from Levi who not only referred him to some of his best customers, but also took legal responsibility for many of his designs.

The houses Calabi designed in São Paulo follow the layout devised by Zucconi.[10] The annex to the Medici family house, for example, is structured around "two squares of identical dimensions," thus creating a "completely introverted" layout. The plan leaves no doubt as to its typological affiliation.

In his own residence, the best of this series of designs, the rear side of the courtyard becomes a covered terrace that overlooks the sloping landscape. Isolated from the street at the front by a discreet opaque facade, the house opens at the rear onto a scenic view of the city. Calabi seems to juxtapose the interiorism of the classic courtyard to the exteriority of the Brazilian verandah. However, this combination disappears in the rear view of the house (facilitated by the sloping site), which shows volumetry defined by an unequivocal golden proportion that strictly orders the window and door arrangement. Proportions, plan typology, and treatment of materials were sufficient for the magazines *Domus* and *L'Architecture d'aujourd'hui* to insistently point out Calabi's classical design and his inspiration "for the courtyard layouts that seemingly belong in the Mediterranean tradition."[11]

Traditional Courtyard Turned Into Tropical Garden
Although the typology of courtyards extracted from this architecture was far removed from the ideological rhetoric that the Mediterranean theme signified in Italy, the house designs of these architects in São Paulo identify a form of opening up house interiors without losing the intimate air of the domestic environment. Rino Levi's work from around the same period used the courtyard as theme and strained his colleagues' approach by revealing a spatial structure that was more distant from the traditional typological bases, and by converting these courtyards into tropical gardens.

As soon as in his 1925 article, Rino Levi proposed that "our lush vegetation and all our matchless natural beauty can and should motivate our [Brazilian] artists to do something original and impart on our cities unparalleled graciousness, vivacity, and colors."[12] Direct contact with the local vegetation was the way to confer specificity on modern architecture in Brazil.

The design for Instituto Sedes Sapientiae (1941) – three open-ended U-shape volumes arranged around a courtyard – slightly resemble designs by Daniele Calabi in Alberoni. Both have three volumes with different functions articulated by a continuous, covered pathway, but whereas Calabi's project comprises a sequence of vaults around the courtyard, the covering in Levi's design is a continuous and undulated marquee of reinforced concrete, that does not entirely cover the three sides of the courtyard, but just the essential paths for circulation between blocks. Whereas the Italian design is more indebted to the typology of the traditional courtyard, the Brazilian design is a deviation that points to new possibilities. Radically different conceptions of the central open space confirm this impression: While Calabi reiterates the paved courtyard, Levi proposes an exuberant tropical garden, a notion that was taken up again for his residential designs in subsequent years.

In addition to showing the development of the program propounded in the 1925 article, the differences between Calabi's and Levi's designs may also underscore its coincidence with the maturation of a new proposal for modern architecture in Brazil, different from anything previously practiced in São Paulo. In the early 1930s, Lúcio Costa invited Gregori Warchavchik to transfer his know-how of modern projects in São Paulo to architects in Rio de Janeiro; however, Costa's direct cooperation with Le Corbusier during the work on the Ministry of Education and Health building, positioned modern architecture designed in Rio de Janeiro on a different level. Coming from a neocolonial background, Lúcio Costa developed a proposal for modern architecture that was unmistakably Brazilian. In fact, some of the principles of this proposal were synthesized in Costa's and Niemeyer's design for the Brazilian Pavilion at the New York World Fair

(1939): The free-flowing curved form of the volume, and spatial integration with a tropical garden. Although Levi never came out in favor of the principles of free-flowing form, this was not the case with the integration of gardens in design. We may speculate that the garden landscaping at the Brazilian Pavilion in New York intervened in the dialogue between Levi's architecture and Rudofsky's and Calabi's courtyards, resulting in a series of designs characterized by the garden as structuring element of all their spatiality.

Rino Levi's introverted houses

The pursuit of this theme animated a series of house designs, began with his own (1944), moved forward in designs for Milton Guper (1951) and Paulo Hess (1953), and finally arrived at a mature proposal in the Castor Delgado Perez House (1958). These houses were located in the first garden-neighborhoods of São Paulo, and the limits between the interior of the lot and the urban exterior became totally opaque, contrasting with the typology of houses with verandas opening onto front gardens, that had previously prevailed and been encouraged by regulations concerning land developments.[13] Opaque walls or vented-screen walls were built on the mandatory recess and constituted a single volume that placed the gardens within the residence. By separating domestic interior from urban exterior, Levi allowed for continuity between rooms and gardens, so everyday living was in close touch with the vegetation, a fine way to recover from the strains of city life.

In his residence, the first of the series, we find three open spaces separated from each other by the body of the house, of which only two are configured as gardens: The first one between the bedrooms and the lot edge, the second defined by the living room, circulation area and two walls (the third was allocated to screen off service area). The relationship between living room and garden is similar to that established between classroom circulation and garden at Instituto Sedes Sapientiae: A plane of precast concrete sunshades serves as protection against excessive sunlight and heat resulting fro the northwest alignment. Whereas the concrete elements function as frames in the Instituto Sedes Sapientiae design, in the living room of Rino Levi's house they are recessed from the window plane to compose a small flowerbed. Thus, this complex of flowerbed and vented screen walls mediates the room-garden interpenetration. A close look at the blueprint reveals that the spatial structure of the house owes more to the three-courtyard houses designed by Mies van der Rohe than to traditional courtyard typology, although the exuberant vegetation sets quite a deliberate differential.[14]

In the next design of this series, the Milton Guper House, the vented screen walls are set apart from the glazing, forming a pergola and dividing walls. The living room is expanded to include the garden, thus making for a single rectangular space, half living room and half garden, separated only by wide glazed windows. The lateral walls of this space, also built as vented screen walls, separate it from the rest of the garden, reiterating its status as an internal environment.

The situations created in these two houses were revisited in the subsequent designs. There is no linear continuity in the series – although the Paulo Hess House came after the Guper House, it also used concrete mullions as in Rino Levi's house. It was only in the design for the Castor Delgado Perez House that Levi's team further explored this spatial arrangement. The house comprised all of the room-and-garden area, doing away with additional walls. In time, this whole area was enhanced, when the living room located between the two gardens was covered with pergolas.

In their introduction to the design, the authors state that its form was dictated by the scanty dimensions of the site, "situated in a flat residential zone," which offered no "opportunity for a panoramic view."[15] Although this statement may seem rather reductionist, note that almost all the houses based on this architectural scheme were located on the same type of flat site, due to the occupation of lowlands along the Pinheiros River.[16] Within Levi's design methodology, which views forms as a means to solve problems, it is possible that this order was initially adopted to lend an artificial panoramic view to his own house. On the sites where it was possible, the architecture was structured to offer scenic views of the landscape. Where it was not possible, a panoramic view was built into the site itself. However, what was planned originally as solution to a design problem became an attractive architectural order in itself on several occasions.

By bringing the landscape into the garden, Levi subverted the sense of detachment that is inherent to contemplating a view. The relationship with nature, as symbolized by vegetation in the gardens, is structured on the basis of a sensorial experience in these designs. In the author's own words, the constant proximity with vegetation within the house "causes a restful and serene sensation" and "encourages human fraternity,"[17] thus reconciling long-lost harmony between people and nature.

In this sense, a comparison with Lúcio Costa is required. Costa elects the verandah, an outdoor environment, as "the best place in the house," where it was possible to create the much sought-after intimacy with nature, except that at a distance, through contemplation. Levi, on the other hand, brings nature indoors as a garden, placing it inside the house and introducing it in the everyday living styles of its dwellers.[18] Costa goes back to the tradition of Brazilian farmhouses, whereas Levi's attitude before nature bears similarity to that of 19th century Europeans who explored the hinterland of Brazil to classify its animal and plant life. Bringing in the luggage his basic notions of botany, Levi made several exploratory journeys together with Burle Marx to study Brazilian flora and collect samples to cultivate in his garden, which he turned into a small laboratory. Thus, he built a kind of ideal Brazilian natural setting, a synthesis of the species he had found most interesting among our vegetation.

Far from being a formalist option, he saw the architectural order of his houses as the opportunity for a new kind of socializing, of somewhat utopian serenity and happiness, impregnated with the harmony that supposedly was part of nature. This architectural order was Levi's most important contribution to Brazilian modernism. The order of physical integration with nature, taken inside the house in the form of garden, was the top result yielded by his long search for a Brazilian soul.

The Gomes House in Ubatuba

The design for the Gomes House in Ubatuba (1962), a city on the state of São Paulo seashore, was less successful with architectural publications that his other house designs. Apparently, it was never published. The fact that his own office associates disagreed with it points to the difficulty.[19]

The Gomes House was located on a large flat site between mountain and beach. Its design was an attempt to combine the introspection of urban houses with an opening onto the landscape. Like his city designs, the house is horizontal. The rectangular floor plan has the bedrooms on one of the shorter sides, and the service facilities on the other. As in the Milton Guper House, the central living room connects to a garden that is separated from the service area by a wall; on the opposite side, bathrooms separate it from bedroom circulation. Up to this point, the design is no different from the urban houses. But the presence of the beach and the forest on the mountain slope led Levi to see the house as anything but introverted. The walls on the larger sides of the rectangular floor plan are built as opaque planes of exposed brickwork that break off to allow the living room to open fully to the landscape. The full lengths of two sides of the room open out through enormous sliding doors and fully expose the volume to both, beach and forest.

Instead of replacing with a garden a non-existent panorama, as in the urban houses, this device enabled the juxtaposition of two situations in a single environment. The garden landscaped with stones and running water from the mountain slope, renders an ideal reproduction of the forest, and expands the living room, visually and sensorially, on its longitudinal axis. On the transversal axis, the room is expanded visually toward the forested mountain and the sea.

As to the opening, its shape disrupts the volume, totally interrupting the two vertical brick planes that define the house. At the other two extremities, a concrete *brise-soleil* and the garage entrance prevent any impression of mass. The covering is a four-slope roof in undulating fiber-cement tile detached from the ceiling for ventilation, which also contributes to the taking away the impression of mass. Only the volume of the bathroom facilities extends to form a voluminous concrete water tank shaped as a pyramid section, rising above the prevailing horizontality against the towering slopes, on one side, and the vast ocean, on the other. On top of the construction, an observation point or lookout is accessed from inside the house to allow a panoramic view of the scenery.

The São José dos Campos Designs

Although not an urban proposal, the spatial arrangement used in the São José dos Campos designs conveyed its own conception of city. Whereas the modern ideal of transparency allowed the domestic interiors to reach out to the outside, thus evoking a transparent city of continuous spaces, Levi's houses stress the separation between interior and exterior to suggest a discontinuous city. The development of this idea toward a full urban proposal is found in the design of cluster houses at a textile company, Tecelagem Parahyba, on Santana farm, in São José dos Campos, which unfortunately was not built. The design of 1954 included a house complex, school and church with characteristic spaces of Rino Levi's intimate houses.

There was a direct transposition of this feature to the cluster houses. Avoiding the vertical order adopted the previous year for the Residential Sector of the University of São Paulo, Levi developed a unique type of horizontal housing complex – a sort of horizontal housing unit that brought to mind Le Corbusier's *unité d'habitation*.

Although this is a logical consequence derived from his residence designs, it should be noted that this theme had also been explored by modern architecture in Italy. A design for the center of Milan – the Horizontal City created by Giuseppe Pagano, Irenio Diotallevi and Franco Marescotti (1940) – proposed a dense fabric of residential family units, all opening onto a small courtyard for lighting and ventilation.[20] The same principle was taken up again by Adalberto Libera in the Horizontal Residence Unit (1950) built at Tuscolano, on the outskirts of Rome. In both cases, the courtyard is a means of allowing maximum density for a horizontal residential complex, without any loss of privacy.

Chapter 3

From Decorative Arts to the Synthesis of the Arts[1]

Apparently, Levi's team were not concerned with density of occupation when they designed the São José dos Campos complex, but rather felt the urge to explore the potential of this type of spatial arrangement in several programs. Each block is treated as a single volume and organized in two lines of twin houses joined at the rear. All openings from internal spaces face the gardens in front of each unit. As in Levi's intimate houses, these gardens are interpenetrated by the living rooms and bedrooms, and are separated from the street by greenery or vented screen-walls. The streets are separated in terms of circulation of vehicles and pedestrians, and are isolated from the internal space of the dwellings. The introspective mood induced by Levi's São Paulo house designs is imparted to this urban complex of low-cost, working class housing.

The same order was adopted in the design for the church and school, both destined for activities that require silence and concentration. The school was organized around a large recreation courtyard, with classrooms reproducing the spatiality of houses. The classrooms were arranged in a line and each one comprised a rectangular volume, half of it open-air, so that lessons could also be taught outdoors. The church design heralded precisely the arrangement that was adopted years later in the Castor Delgado Perez House. The elevated main nave floated slightly above the ground, stretched between two gardens surrounded by high walls, forming an opaque group at the center of a landscaped plaza.

A small chapel was designed and built on Monte Alegre farm,[21] another site owned by Tecelagem Parahyba, but located on the other side of the river at the foot of the Mantiqueira mountain slopes. This design provides better understanding of the relationship between this garden retreat and the landscape. In this case, the walls, slightly lower than average human height, separate the garden from the surrounding scenery of the Paraíba River valley, confirming our understanding of this spatial layout as an intended design, and not simply a solution to offset the absence of a panoramic view on a flat site, as the authors wrote in their project description for the Castor Delgado Perez House.

The segmentation of volumes of the houses, chapel, church, and school in relation to the surrounding rural environment indicates the designer's preference for an introspective spatial layout that is discontinuous in relation to the exterior. These designs juxtapose the intimacy of the architectural order of the houses to a situation of spatial rarefaction that is typical of the rural environment. The complex lacks organicity and goes no further than the generalization of an architectural principle. Had it gone a little further, Rino Levi would have made an even more original urban contribution to modern Brazilian architecture.

In his 1925 article titled "Arquitetura e estética das cidades" (Architecture and Aesthetics of Cities), Rino Levi advised Brazilian readers of the changes underway in European architecture. The aim of architectural renovation was to adapt to the new times of "practicality and economy," producing an "architecture of volumes, and simple lines" with "but a few sincere and prominent ornamental elements," since the main concern was to avoid "masking the building structure," making it "fake and artificial."[2]

These arguments reflected the manner in which Roman architects were attempting to assimilate a number of values that were gradually met with acceptance in the 1920s. In spite of their odes to the arts, the Roman architectural circles had it that "the 19th century legacy of professional probity and accuracy was offset by cultural indifference."[3] Provincialism in Rome was averse to any approximation to artistic movements that flourished elsewhere in Europe, and even to the Italian *Novecento* that had developed originally in Milan. Roman architects' artistic outbursts were more destined to lend an aura of sophistication to their designs: They remained as "quotations, formal complacence, and taste for external excitement,"[4] rather than reflected affiliation with the actual artistic trends.

There were two kinds of artistic renditions. The first consisted off a nearly travesty and codified academic composition shrouded in a mystique of creative individual expression, that only the general laws of the arts superseded. The second involved artistic expression manifest in the architect's decorative and ornamental skills, understood from a historicist and academic perspective. The new charge against false ornamentation and the praise of a simpler and more efficient architecture was part of a movement of renewal that sought to bring Italian and European production closer together. Architectural reviews and, particularly, Marcello Piacentini's essays published in *Architettura ed Arti Decorative*, were engaged in this discussion. Renovating academic composition meant that architects had to be more effective, have more technical and scientific training, and develop pragmatic designing methods, besides posing architectural issues as problems to be solved. To restrain the imaginative floral and neo-Baroque ornaments of previous decades, there was an appeal for simplicity, practicality and honesty in the decorative arts, as updated in works successfully shown at the 1925 exhibition in Paris.

It was a question, therefore, of concern for the survival of the *status quo* of the architectural design passed down from father to son for generations. However, something had to change if all this was to remain in place. It was in this setting that Rino Levi and his contemporaries came to know the artistic vanguards.

In his 1925 essay, when defining architecture as the "mother-art", Levi echoed a position that he took as his own: To articulate the different artistic manifestations, whether they are independent media (sculpture, painting, theater), or decorative art (objects, furniture, ornamental sculpture, textile print designs etc.). The primacy of architecture over other art forms was advocated – they were subordinated to it as decoration and ornamentation issues. In this setting, there was no romantic strain of appreciation of the minor arts in confrontation with major art forms. The belated Italian industrialization had not yet stirred up major crises in the crafts that had prevailed in construction and cabinetry.

This relationship between architecture and decorative art persisted in modern Italian architecture. Throughout the 1930s, modern magazines such as *Casabella* and *Quadrant* featured interiors with modern furniture, including Bauhaus designs, as examples of decoration.

In 1932, Ernesto Rogers argued in favor of decoration in modern architecture, conferring on ornaments the task of "poeticizing the immanent reality of architecture." Decoration consisted of orchestrating, in reciprocal proportions and relations, the different means of ornamentation."[5] Further elaborating his arguments, Rogers claimed that, although the characteristics of a culture may be identifiable in its architectural renditions, only ornamentation could explain "the spirit of the work, its historical function, its ethical feeling."[6] To this end, it became important for decoration to integrate and leverage the meaning of objects rather than fake constructive reality, or simply praise it. Rogers suggests an unexpected continuity of academic procedures in modern architecture:

> Friezes, arabesques and cornices are different decorative instruments, but a counterpoint of curved planes, white walls, the texture of exposed brickwork, or a monochrome surface are also valid examples of this.[7]

As Levi became increasingly disposed toward the theme of synthesis of the arts, his conceptual affinities with this integration was revealed in the continuity between two phases of his work. Initially, decoration articulated varied furniture pieces and works of art, such as bas-reliefs, sculptures and tapestries, in internal environments. Later on, beginning in the 1940s, it incorporated murals[8] created either by artists or his own office, as an organic part of his architectural work.

Interaction with the Arts in Training and Early Works

Some disciplines taught in the Rome school attempted to develop students' ability to work with other art forms. Prominent among them were *Arredamento e Decorazione Interna* (taught by Vittorio Grassi in the fourth year) and *Scenografia* (taught by Quirino Angeletti in the fifth year), to which Rino Levi contributed his works.

A perspectival sketch, possibly done for Grassi's class, illustrates the architect's proposed goal: To include decoration and furniture exercises even in "real detailing and constructive blueprints."[9] Levi's rendition consists of a large room in a building in neoclassical style, in which the pattern of the finishing, with geometrical colored designs, creates a vibrant texture on ceilings and walls, thus animating the sober and strictly proportioned environment. Also the design for the installation of sculptures, with their sinuous supports, fits with the intention of the exercises – "the modern character prevailing in relation to the study of architectural composition."

As one of his set design assignments, Levi designed a river port with mooring piers shaped as pedestals, with a wide stairway in the foreground and middle distance, providing a range of situations for developing scenes. The contribution of this discipline went beyond this kind of exercise. Angeletti proposed theater, film and open sky set designs as a means of extending the domain of existing theaters. His designs were not restricted to the study of set decoration; they addressed the broader principles of performing arts and discussed stage performance feasibility. From this discipline, Levi assimilated principles of performing arts that were later to serve as the basis for his designs of movie-theater, auditorium and theater designs.

After returning to Brazil, Rino Levi resumed his forays into the plastic and decorative arts, but only a few documents remain that attest to this work.[10] For example, there is a photo of a delicate painting on fabric, where his signature is legible. The circular field and distortion of images near the edges suggest its use as a cushion or rug. The treatment of the central female figure harks back to the Viennese Secession style, although its toned-down nakedness attenuates the eroticism of the Austrian originals. Gates, cast-iron railings, and other ornamental details designed by Levi are to be found among his first designs, of the 1920s, but all are discreet and simple in form, well in agreement with the objectives posed in 1925.

The exhibition at Gregori Warchavchik's Modernist House in São Paulo in 1930 revealed the intention to shape modernity in Brazil was taking on flesh through the integration of artistic and architectural productions. At the time, the objective was to relate modernist work to Warchavchik's architecture, but, in spite of the high standing of the featured artists, the interior arrangement of furniture and artworks contributed very little to a modern organization of architectural space. The main concern was still with replacing furniture styles and objects with representatives of the new movement.

In subsequent years, several of these artists developed work in the ornamental arts and introduced the first renditions of geometrical abstraction in São Paulo.[11] Aracy Amaral notes the importance of decorations by John Graz, Antônio Gomide, and Regina Gomide Graz. Their frescos, stained glass, floors, rugs, curtains and accent pillows explored abstract geometrical themes that reached beyond the limits of *art deco* fashion, and anticipated several aspects of the Brazilian output of concrete art in the 1950s.

These artists first collaborated with Levi on the decoration for the Ferrabino House (1931/32), designed by John Graz. The proprietors' requirements in terms of decoration led to the refusal of abstractionism in Levi's first proposal, resulting in an interior design adapted to the taste of the 1925 Paris style.

Whether through his work with Graz, or because of the small, restricted Modernist circles of the time, Levi nurtured closer relations with several artist and joined a study group, Grupo Sete, comprising Victor Brecheret, Antônio Gomide, Yolanda Ledere Mohalyi, John Graz, Regina Gomide Graz, and Elisabeth Nobling. Some of these artists worked together with Levi on architectural designs on several occasions.[12]

The first time that Levi used bas-relief in his architecture, he chose a figurative theme. In the apartment of musical director José Wancole, which he designed in 1935, there are two bas-reliefs on the walls of the music room. The main one is on the back wall and seems to evoke the scene in the room itself: Several figures, perhaps muses, are playing instruments around a piano. The secondary work, on the adjoining wall, features a character reclining, as if engrossed in listening to music. The linework signed by Nilo, the pseudonym of a worker who did reliefs for famous artists, brings to mind the art of Rego Monteiro or Victor Brecheret.[13] Within the limits of acceptable modern taste in those days, the figures conserve their forms, although geometrized, while there is only a discreet subversion of space: The piano is shown as a projection on a plane rather than in perspective, as the arrangement of the characters would suggest.

In this apartment, the furniture was predominantly geometrical in form, but the dark wood further stressed a sense of weight that characterized the furniture of the period.

In Rino Levi's designs of the 1940s, furniture became increasingly integrated with architecture, helping to structure the spaces and even the forms of internal environments. In 1944, Levi designed some furniture for his own home, mostly interpretations of pieces acknowledged as modern at the time, such as his own version of Le Corbusier's chaise longue. The opportunity to experiment when designing his own house enabled him to introduce new ideas, such as the notion of equipment, in which furniture was conceived jointly with the architectural environment, concentrated several functions in one piece and structured space. This is the case of the closet-hearth that separates the entrance hallway from the living room, or the furniture for his daughter's room, where bed, closet and table are combined into a single piece.

A nursery for the synthesis of the major arts
On the Brazilian cultural scene, Le Corbusier's participation in the design for the Ministry of Education and Public Health building, in 1936, inaugurated a new approach to the incorporation of art into architecture. Rejecting the notion of decorative arts, because for him there was only one Art, Le Corbusier proposed that the architect be in charge of commissioning artists with works attuned to the overall project design and its architectural style.

It was no longer a question of simply hanging pictures on a wall. Now the interventions of painters and sculptors occupied large areas and helped to structure space, while serving a function determined by the architect. This essentially formal function might entail blowing up an inconvenient wall surface or stressing a focal point:

It is the place such as the focus of a parabolic or elliptical shape, or the precise point of intersection of the different planes that make up the architectural landscape. Places that double as spokes-places, mouthpieces, or loudspeakers. This is where the sculptor comes in, if discourse is worth sustaining. [...] Firstly, by blowing out the wall: Some walls – or roofs or floors – are uncomfortable and overbearing for impromptu reasons unrelated to the architectural design. Blasting the wall leads to the reorganization of architectural elements.[14]

The main result of this Corbusian approach in the Ministry building was not the sculptures by Bruno Giorgi, Celso Antônio and Jacques Lipchitz – all of them installed in spokes-places – nor Cândido Portinari's large fresco in the ministerial anteroom. Le Corbusier suggested the use of decorated tiles to cover the walls around two small volumes that inconveniently touched the ground between the load-bearing pilotis. As a result, a type of tile murals emerged as a revival of the traditional tiles that decorated Portuguese buildings, which went on to become one of the main characteristics of Brazilian modern architecture.

In response to Max Bill's criticisms (in 1953 the U.S. artist described the mural as useless), Lúcio Costa justified the use of tile murals:

Now, the tile covering on the ground floor and the sense of fluidity in the composition of the large-format murals have the very clear function of softening the density of the walls to remove from them any impression of support, since the upper part of the building does not rest on them, but on the columns. Tiles were one of the traditional elements in Portuguese architecture, which we adopted, so it seemed opportune to use them again.[15]

The resulting synthesis was quite exquisite: While filling an architectural function, in the sense of formal construction the mural updated a local traditional language, lending a Brazilian specificity to international architectural design.

Roberto Burle Marx's landscape design was also conceived as if it were a work of art with an architectural function. The roof garden of the lower volume explored the Corbusian fifth façade, treating it with the same rigor of a relief panel.

While work on the Ministry building went on for several years before its conclusion in 1942, Brazil's Pavilion at the Universal Exhibition in New York successfully publicized the new approach on the world scene – a new approach that was soon to be consolidated in the Pampulha Chapel design.

In view of the interest Burle Marx's contribution had stirred, Levi visited the Pampulha complex shortly after its inauguration.[16] By coincidence, at the same time, he produced his first joint designs with artists, following the new orientation: Burle Marx's murals and gardens for the Prudencia Building (1948) and Di Cavalcanti's gigantic mural for the façade of Cultura Artística Theater.[17] While the Prudencia mural broke up the uncomfortable volumes that touched the ground, as in the Ministry building, the mural at the Cultura Artística Theater denoted a different aim. The semicircular wall separating the auditorium from the ground-floor theater entrance rises to separate the auditorium from the first-floor foyer and continues outside the building, its slightly curved surface towering over the neighboring houses. This was a representative or mouthpiece place that afforded a view from the distance of Di Cavalcanti's mural, which denotes in the city scene the activities conducted within the theater, giving a modern and gigantically-scaled treatment to the muses theme that had been so widely found in traditional theatrical decor. Here, it was not a matter of using the mural to correct an inconvenience created by the architectural design; clearly, the intention was to impart a monumental urban presence to a modern work of art.

Levi was not alone in his devotion to these experiences. Maria Cecília França Lourenço, who has closely followed several similar works, emphasizes the introduction of the subject in professional debates, in 1945, at the I Brazilian Congress of Architects, focusing the proposal by architect and painter Carlos Prado.[18]

The Brazilian investigations took place simultaneously with international discussion on the subject. The International Conference of Modern Architecture – CIAM, also took up the integration of the plastic arts into architecture, initially at the 6th conference, in 1947, and then at its 7th edition, in 1951. The manifesto "Nove pontos sobre a monumentalidade – necessidade humana" (Nine Points on Monumentality – Human Need), the fruit of a 1943 encounter between Sigfried Giedion, Josep Lluís Sert, and Fernand Léger, posed integration with other art form s as necessary for architecture to become truly monumental, in the sense of carrying a message to be remembered and transmitted to future generations.

Another international paradigm for joint work of artists and architects had been the Mexican muralism some years earlier. Comparing the results, Mário Pedrosa remarked that in Mexico "the walls were conquered by painting, not painting by the walls." As Pedrosa saw it, Mexican architecture, unlike Brazilian, experienced no renewal and remained much as it was before the revolution, whereas in Brazil architects were the true revolutionaries. Here, the renewal of architecture preceded and provoked the emergence of murals.[19]

The Brazilian experience encountered strong international resonance in September 1952, when theses written by Lúcio Costa were included in a manifesto on synthesis of the major arts signed by Le Corbusier and several other participants at an International Artists Conference.[20] The manifesto emphasizes that "it is not a question of establishing utilitarian contacts between so many painters and architects," and advocates cooperation "to make a built work (architecture) emanate emotion-provoking presences, as essential factors in the poetic advent," which Costa believed would "outlast time, even when no longer useful, functionally."

The "Canteiro de síntese das artes maiores" (Synthesis of the Major Arts) manifesto recognizes and conserves the autonomy of painting, sculpture and architecture, but argues for cooperation "on the basis of the architectural context." It calls on sculptors and painters to join in "architectural work and, reciprocally, prompt architects to welcome the richness provided by contemporary pictorial and sculptural investigation."

In October of the same year, during the VIII Pan-American Congress of Architecture, in Mexico City, Walter Gropius pointed in a different direction. Besides arguing for simultaneous work involving architects and artists, Gropius also criticized the *a posteriori* incorporation of artworks in designs.[21] But his position was based on the design paradigm, which proposed a new artistic unit yielded by the joining of plastic arts and applied arts. With design, art would acquire new meaning and contribute to structuring everyday life, rather than just poetic emotions. The boundaries between architecture and art would be dissolved in the attempt to give form to reality. Thus there were clear differences between his ideas and those expressed in the "Synthesis of the Major Arts" manifesto.

In 1953, the Congress of the International Union of Architects in Lisbon echoed Gropius's beliefs in its "Synthesis of the Plastic Arts," which proposes that cooperation avoid the "spirit of subordination of artists to architects," to take place "on an equal footing and with team spirit."[22]

Despite the repercussion of Gropius's attendance at the IV Brazilian Congress of Architects, in São Paulo in 1954, his position failed to win much support in Brazil. Congress resolutions were limited to a generic position on the issue and only recommended that clients agree to "the execution of painting, sculpture or any complementary and integral element of the architecture, in agreement with the proposed design, with the artist to be selected by the architect."[23]

Empathy with the positions of Lúcio Costa and Le Corbusier, and with that of Gropius, led Rino Levi to attempt their assimilation in a position of his own. The difficulty involved in synthesis led him to admit that there was not a "clear understanding of the subject, "and that the cultural environment was not "sufficiently prepared for a definite solution of the problem."[24]

By 1949, Levi had already reviewed his use of the term "mother of the arts" and taken a position that was more akin to the classical-Renaissance values that impregnated Italian modern architecture, such as for example the proposals by Costa and Le Corbusier:

> There is only one art. It is manifest in several ways – painting, sculpture, music, or literature, as well as architecture. Such manifestations constitute kindred phenomenon, without substantial differences in terms of what really characterizes art as a manifestation of the spirit.[25]

It was not, therefore, a matter of the primacy of architecture over the other arts, as implied by the term formerly used. Levi recalls that, whereas "in the past this cooperation was intimate and normal," in modernity it was not so. Levi suggests the reasons. On the part of the architects and customers there was an "inexplicable prejudice against a fresco, a mosaic or a sculpted motif..." On the part of painters and sculptors, their little contact with architecture caused them to lose touch with a "real understanding of the matter, in the sense of team work, not wishing to be humbled by being subordinated to the architectonic design."[26]

Accepting the "architectural" conditions for the integration of the arts with architecture, Rino Levi argued, in his "Synthesis of the Arts" essay, that painting and sculpture lost their "independent life and become architectural material," when becoming fresco or bas-relief. It places artists on the same footing as the other team members from whose cooperation the architectural work emerges. One of the architect's tasks is to ensure harmony between "function, technique and aesthetic rendition."

But Levi did not join the opposition to Gropius's theses as intended by the authors of the "Synthesis of the Major Arts" manifesto. Consistent with his position in relation to design, Levi advocated the attunement of artistic and utilitarian intentions, which he saw as the chance to stimulate creative processes. He not only quoted Gropius – "Constraints makes the creative mind fertile"[27] – but also gave a fine example of this:

> Convex surfaces for acoustic purposes are obtained by means of reliefs on walls and ceilings, or through objects hung on the hall, as in the great auditorium of the University of Venezuela, in Caracas (with three thousand-seat capacity). The composition of these objects was commissioned to Alexander Calder, on the basis of guidelines issued by the architect and acoustics designers. Perhaps this is the most remarkable example of integration of art and architecture in the modern age.[28]

Architectural Matter

There is nothing comparable to Calder's cooperation with Raul Villanueva in Rino Levi's works. He never engaged such active participation of an artist in resolving usage problems, which were always dealt with by his associate architects. However, in giving form to certain devices designed for programmatic purposes, he reveals an artistic intention that makes them identifiable within the design as a whole. This intention is spotted, for example, in the gallery of the Cine Ipiranga movie theater, where the curved surfaces aid acoustic diffusion. Or again in the conception of the *brise-soleil*, truly gigantic concrete art panels frequently found in his work in the 1950s.

At the same time that Levi used Concrete panels for façades, some walls were covered in both cement and ceramic decorative tiles with designs created in his own office. Notwithstanding a certain ornamental sense animating these panels, there is a method that relates them to the abstract concrete notion seen in the *brise-soleil* panels or sunshades.

At root, in both cases, there is a modern conception of plane. In Levi's work, the plane is conceived as a shell separating two different spaces, and not just as an external siding of the building or a simple division in continuous space. This mediation may be between the building's spaces and the surrounding urban space, or between internal spaces in the building. Due to its attributes, the plane is the point of highest tension in the design.

In the *brise-soleil* panels, the control of the geometric abstract pattern regulates the density of the shell and, consequently, its apertures. In panels on sealing walls, the design builds a texture that has an active role in the configuration of form and architectural space. The tiled panels designed in Levi's office emphasized the differentiations between surfaces and, through their almost mimetic relationship with the architecture itself, accentuated its informative character, as an index of this architecture.[29]

This relationship between panel and architecture may be first detected in the design of the tiles applied to the spiral stairway of the Cancer Hospital building. The modules of intertwined bleeding designs compose a diagonal line superimposed on the mesh of the tile grid itself. As the architect Luiz Roberto Carvalho Franco points out, the panel had to be envisioned as a whole, resulting in the emphatic connection between the design modules. The design theme connection is even figurative, with interlaced diagonals suggesting a reference to the rounded walls and spiral stairway rising to the floor above.

Most of these panels perform similar architectural functions – one might say that they signal some element in the project itself and aid the structuring of form. In the 20 de Setembro Building, the wall covered with cement tile decorated with a very simple pattern stresses the continuity between street and entrance hallway of the apartment building, hindered by the shopping arcade on the ground floor. In his design of a bank building in Capivari (Sul-Americano do Brasil Bank, 1955), the panel covers the entire external wall of the cylindrical volume, characterizing the building as a banking establishment and causing it to stand out, visually, in the cityscape. The panel in R. Monteiro Galery (1959) entirely covers the central tower holding vertical circulation and service areas, bringing out the access to the office building between adjoining shops.

But in tile murals that Burle Marx designed for the Prudencia Building as well as in several other murals created by guest artists, the aim is to suggest transparency for form, as per Le Corbusier's notion of blown-out walls. Here the work contributes to downplay the materialness of the architecture, and to correct the latter. In these cases, the mural is no longer an index of architectural design as in the previous situation, but redefines it by undertaking a concurrent artistic intention.

In this sense, Levi was right to alert against subordination to architectural conditions as a means of ensuring the unity of the project. In the Prudencia Building, for example, the tile mural that effaces the volume of the elevator shaft, can do much more than just suggest continuity between the street and the ground-floor gardens around the load-bearing pilotis. So much so that, besides defining the position of the panels, Rino Levi informed the tile designs and objected to the figures in the first version, that "seemed rather travesty," and suggested that "with some retouching, the composition could do without these figures."[30]

Burle Marx's views on own contribution to the Olivo Gomes House design reveal that there was no imposition or submission. Levi sought to inform the artist about the situation that would be created in the architectural design:

> I played an important role in the project design and Rino Levi alerted me to the fact that the color of the tiles was necessarily connected to the color of the leaves and plants chosen. The dominant blue of the mural matched with the ocher hues of the architecture. So we finally chose plants with mauve leaves and yellow and red flowers.[31]

Burle Marx noted that this contribution was not restricted to decorative boundaries, but sought organic integration between spaces, forms and colors to appreciate architecture.

Therefore, Levi's notion of architectural material did not imply undervaluing the role of the artist. His aim was to ensure that the artist's intervention was attuned to the architectural design, thus enabling both professionals to achieve better results.

The Olivo Gomes House in São José dos Campos

It was in the design for the Olivo Gomes House, on Sant'Ana farm, in São José dos Campos SP, that Rino Levi and his team accomplished their best example of synthesis of the arts. Nothing is superfluous: From the landscaping and the tile and mosaic murals, created by Burle Marx, through to wall colors, furniture and lighting, everything is organically arranged and plays a part in accomplishing the aim of the design.

The house, situated on the edge of the lowlands along the Paraíba River, was conceived as a lookout on the surrounding landscape. Its linear structure has all rooms open onto the main view, and the garden creates the lateral boundaries of this setting, with retaining walls, reflecting pool and an aviary.

Burle Marx's murals may also be understood in terms of the order chosen for the house design. The main mural is the hub from which the dominant lines of the garden radiate and expand from the house toward the main landscape. As the fulcrum for all forms, its design plays this role by freely reworking the garden patterns and the boundaries of the angle of vision. Certainly, this is not an architectural matter, but rather a work that abridges all meanings of the house.

The wall created to support the mural was not featured in the first version of the design, before Burle Marx joined the team. Unrestrained between the glazed planes and the free spans between pillars, the pictorial plane has its immaterialness accentuated by the colors. Externally, the predominant red, more vibrant even than the colors of the house, visually brings out the mural within the whole. Internally, the dominant blue suggests a subtle transparency to the surrounding landscape. The two colors generate an unstable tension in the plane. While the blue interiorizes, the red expands toward the landscape.

In a hierarchically minor role, the second mural by Burle Marx is installed on a wall next to the main entrance, and treated as architectural matter. Built to provide privacy for the bedrooms, the wall is the support for a tile mural whose dominant blue suggests transparency.

The wall colors, especially indoors, are also treated as architectural matter, subordinated to the order adopted for the house. Executed by Rebolo, a painter who advocated cooperation with architects, the house walls play an architectural role by highlighting internal planes that enrich the environment. For example, the red in the bar of the game room invigorates a leisure environment, while the black wall beside the large glazed surface in the living room contributes to the night view of the landscape, which would be hindered by light reflected from inside the house on the wall painted a lighter color.

Again in the living room, rugs by Elisabeth Nobiling enhance the architectural acoustics, while the light furniture contributes to the continuity between interior and exterior. The one more striking piece is the closet-hearth and it echoes the angle of the reflecting pool in the garden, suggesting the boundaries of the panoramic view that gives meaning to the overall design.

Despite lacking a clear understanding of the subject, as Rino Levi admitted at the time, he was able to produce a design that fully rendered a synthesis of the arts. Without limiting itself to the major arts, the collaborative effort involved both details and landscaping to create a work of singular value, overcoming in practice the differences that were to occupy years of manifestos and debates.

Chapter 4
Academic Composition and Functionalism

Rino Levi belonged in a generation of architects whose training was based on the academic rules of composition; notwithstanding, they went on to develop their own methods and to some extent moved away from this traditional approach. In Rome, the teaching of composition was innovated in relation to the prevailing historicism taught at most other centers in Italy. Furthermore, despite following the dominant norms of composition, the need to interact with the complex developments and knowledge crucial to the new projects required by industrial society, this teaching implied appreciation of the rules of proportion. In the absence of avant-garde movements, in Rome, at least, technical and scientific education was seen as essential if architects were to avoid becoming obsolete.

It was a little-known professor of architecture, Arnaldo Foschini, who introduced new teaching methods in the Roman school. He reduced the long period of analytic study of elements and rules of composition, which had meant leaving practical design exercises until the second half of the course. His students began to undertake practical composition in their first year, and worked on increasingly complex assignments over the following years. Foschini introduced a similar conception to that of August Choisy, in which formulating the design problem was seen as the main stage on the road to a solution.[1] Obviously, architects of this new generation later went on to cope with requirements that would previously have been unthinkable; consequently, courses had to develop students' ability to apply their existing knowledge to formulating and resolving new issues.

This did not mean that the academic analytic method had been dropped. Banham saw it as a first endeavor toward rationalizing architectural practice and emphasized a major innovation: The main architectural designs and styles could be broken down into architectural elements consisting of small-scale components that were constructive, utilitarian and ornamental; they could be freely articulated in functional volumes, hence becoming the elements of composition, the elements that created the building as a whole. "To do this is to compose, to put together, in both the literal and the derivational senses of the word."[2]

This combination – approaching design as a problem to be formulated and resolved, with form as an element of composition – resulted in working methods common to works of both the historicist and rationalist schools. In Rome, the developments in modern architecture in other countries arrived through magazines and, gradually, students and young architects began to replace the elements of the dominant historical styles with elements taken from this new output. Although the first rationalist generation was committed to developing a new architecture, the flaws in this approach surfaced in many of their works. Outside the narrow circle of the rationalist group, numerous architects superficially absorbed – and rendered, at their convenience – the stylistic features of a version of modernism influenced by academicism.[3]

During the fascist period, the model of the renascence artist was often invoked rhetorically but in fact it only shrouded a pragmatic approach to design. A systematic focus on program and construction, based on dialogue with technical and scientific knowledge from other areas (with or without the assistance of specialists) and on the gradual accumulation of experience, enabled the average Italian architect of the interwar period to achieve high levels of competence.

These procedures survived in the work of Rino Levi, who designed elements of composition and arranged them to suit his intentions. In the late twenties, when Levi took up architecture of rationalistic orientation, his compositional elements and volumes became abstract geometric forms that sought to interpret functional principles, whether intrinsic to the proposed uses, or derived from the role of the building in the configuration of the city. The incorporation of scientific knowledge in designing compositional elements and volumes meant his form was less determined by historical styles, and his layouts moved away from the academic rules of mirror-image symmetry. In breaking with historicism, Levi developed a new set of procedures to replace the established methods.

Functional Volume: Movie Theaters And Architectural acoustics

In his first designs, Rino Levi carefully prepared a single volume containing all the environments required by the program, and this approach was seen in his houses, apartment buildings, commercial buildings and banks. It was only when he began to design movie-theaters that their form was dictated by complex scientific knowledge.

Rino Levi's first formulations involving the incorporation of scientific knowledge into architecture were based on his study of acoustics for the design of the Ufa-Palácio (movie theater) building in 1936.[4] Levi studied the theory of the physicist Wallace Sabine and developed his own method which he described up in several articles and taught in his courses.[5] Following in the path of Le Corbusier's introduction of curved parabolic walls to improve sound diffusion in the United Nations auditorium design, Levi studied Sabine's theory and connected it with architectural formalization, besides working out methods for optimizing the properties of architectural acoustics. It was not, therefore, a question of a simple formal reproduction.

Levi's training had included some discussion of this subject since his professors in Rome had introduced the design of movie theaters in Italy. Piacentini, as a specialist in this field, raised the subject in his polemics with the Italian rationalists, in 1928.[6] He mentioned the Pleyel theater, in Paris, as the first application of the scientific principles of architectural acoustics, and Le Corbusier's auditorium, as examples of pertinent formal innovations.

At that time, the methods used to obtain good acoustics were based on empirical notion and had proved unsuccessful. The laws of acoustics, however, had to be correctly interpreted – since there were no manuals describing their application in architectural design. But when properly applied, they resulted in scientific precision and undermined certain established practices and formal typologies.

Sabine's investigations established precise quantitative relationships between volume of an environment and reverberation of sound, or echo. This finding brought two kinds of implications, one corrective and the other for designers. For a given volume, one can calculate reverberation time and correct it through the use of sound-absorbent and sound-reflecting materials. Applying this procedure in reverse, one can provide reasonably objective guidelines for designers: Given the type of sound desired, the architect could determine the precise volume of the environment. Since floor space is directly proportional to number of seats and circulation and visibility conditions, ceiling height may be calculated using Sabine's formula. The new scientific approach spelled the end of the traditional high ceilings in old theaters that created excessive echo.

In addition to providing echo control, the shape of the auditorium should be conducive to even sound distribution. This meant avoiding parallel and concave walls and calculating the ideal form by a precise calculation, "with the sizes of the different reflecting surfaces proportional to the distances traveled by the sound." The further back from the stage, therefore, the higher the ceiling needed to increase the reflecting area, and walls should be divergent "to reflect sound to the back of the room, where it will be absorbed by the appropriate materials."[7]

But the precision of the formulas did not mean downplaying the role of creative architectural design, since the "influences that the functional and technical requirements and limitations exercise on construction in no way restrain creative freedom. On the contrary, they could even inspire architectural design" by requiring that architects incorporate the knowledge needed to overcome acoustic limitations in their creative work. The design was supposed to render into form the resolution of the functional problems involved. In movie theatres, where acoustic requirements resulted in quite unambiguous geometric derivations, the creative act was similarly conditioned. The artistic conception included the functional and scientific parameters of acoustic requirements and visibility – it generates a form that both goes beyond and harmonizes them. In fact, movie theater designs feature some of the most poetic forms ever produced at Rino Levi's studio.

In 1936, Levi regretted the many restrictions imposed on his exploration of formal acoustics possibilities for the Ufa-Palácio design. The parabolic form could not be extended to the whole wall "to avoid an architectural form that would be far too advanced for an audience still unfamiliar with an aesthetics viewed as extravagant."[8]

Such limits were soon overcome after the success of the Ufa-Palácio building guaranteed the architect a place in the field of movie theater design, previously dominated by imaginative stylistic concerns. In subsequent designs, he used know-how derived from this initial experience. Obviously, Levi did not rework the whole process of discovery of the parabolic form as the best form for uniform sound reflection – it had already been consolidated as an efficient formal solution for architectural acoustics. Now the challenge was of a different order: Levi was about to further develop the aesthetic potential of this form in the constitution of space.

The principles of architectural acoustics were more in evidence in the design for the auditorium of the Cine Universo (1938), than in the Ufa-Palácio building. The parabolic form organized the whole space, not just the proscenium area. The auditorium walls described a parabolic curve, as did the profile for the ceiling and floor. The sense of spatial unity was more accentuated than in the Ufa-Palácio design, since the parabolic shape defined the totality of space, no longer limiting it to the area near the screen.

After its introduction in movie theater design, this principle was adopted in the design of Cultura Artística Theater (1942). This theater required a more sophisticated approach to acoustics since it was to stage concerts and other performances, without amplifiers. The further investigation of this principle pointed to a sequential development of solutions to similar technical-functional problems. Rather than a new typology, or repetitive distribution system, there was a shared rationale in posing and resolving problems with a clear and continuous line of development.

Difficulties in multifunctional designs

The acoustics principle as applied to movie-theater design resulted in the design of a unified functional element featuring a clearly defined hierarchy. In this sense, priority was given to the screening hall, with other aspects of the theater's activities, such as the circulation of a large number of spectators, subordinated to it. The hierarchy of spaces ensured the unity of the whole, as an essential condition for the harmony of the architectural work.

But as programs became increasingly complex and diverse, this methodology proved incapable of achieving unity of the whole. Whereas the hierarchical arrangement of spaces distinguished between servicing and serviced, and their modular repetition, was an effective way of structuring houses, residential buildings and offices, this method could not cope with the growing complexity of multifunctional designs.

The first designs to reveal these difficulties were those in which two monofunctional volumes were stacked.[9] They started a series of designs in which a lower volume housing services that draw in large crowds – such as banks, movie-theaters and commercial complexes – provided the base for a second vertical volume destined for business offices, residential units, or hotels.

In the Ufa-Palácio in São Paulo, the high-rise was built above the entrance hall, waiting area and adjacent service areas, with pillars passing through the movie-theater, though not cutting across its layout. If the building were erected directly over the screening hall, it would require enormous crossbeams to avoid pillars interfering with spectator vision. The existence of two volume elements in the complex was not clearly visible from the street, because the mid-block position, without lateral recesses, had the high-rise block the view of the volume housing the screening hall. Hence it was the ground floor that pointed to the existence of a movie theater inside through the use of lighting and the entrance design. In the Ufa-Palácio movie-theater building in São Paulo, the walls of the entrance hall reproduced the functional parabolic form of the screening hall and the spectacular use of indirect lighting exposed its interior at nighttime. The walls and the lighting symbolized the acoustic and luminous nature of the activity within.

Then came the Universo and Piratininga movie-theaters in São Paulo, which repeated this layout design (although in the first case, there was no high-rise and a recessed space was left for subsequent filling). Only the Art-Palácio, in Recife (1937), and the Ipiranga, in São Paulo, introduced major variations in this pattern.

In Recife, Levi juxtaposed an office tower diagonally to the screening hall, to constitute one whole block with a trapezoid layout. There was potential for the construction of a high-rise above the movie theater, but Levi, in a letter to the proprietor, advocated the "exclusion of the building above the movie theater, for cost reasons."[10]

In the design for the complex consisting of Cine Ipiranga and Hotel Excelsior (1941), in São Paulo, the use of stacked volumes reached the limits of its potential. A series of conditions created mutual interferences that generated an intensive interaction between the forms of each element of the group. The small site and the dimensions required to hold the intended capacity ruled out a solution on the lines of Levi's original movie theater designs in São Paulo, where the high-rise covered only the access section, enabling the concrete structure to be supported directly in the ground, thus ending problems in relation to visibility inside the screening hall.

In the Ipiranga Theater, the contradiction between the small size of the site and the large capacity (1.936 seats) requested by the client imposed the more expensive solution, with the high-rise built over part of the screening hall. Although at first this was strictly a structural problem, the use of stacked volumes completely changed the architectural concept that Rino Levi had been adopting for his movie-theater designs. To avoid pillars going through the screening hall and partially blocking the audience's view of the screen, crossbeams were needed to transfer the load of the pillars away from the auditorium. Of course, the larger the horizontal dimension of the span, the more load it had to take and, therefore, the larger the cross-section required. Levi decided to restrict the volume stacking to the narrower end of the auditorium, thus reducing the span to be covered and the cross-section required for the crossbeam. Since this narrower end was at the proscenium, Levi inverted the conventional screening-hall layout, placing the screen at the end nearest the street.[11]

This inversion created a new problem, since the flow of moviegoers from the street to the screening hall, after passing through the foyer, was normally channeled to the rear of the screening hall, so as not to interrupt the session and any entrance near the screen was to be avoided. The solution was to elevate the screening hall floor, leaving the ground level free for the huge circulation system with access to orchestra seats and balconies. In this way, moviegoer circulation continued to be channeled through the back of the hall, without disturbing the session. Freeing an area the size of the main floor of the auditorium for circulation made it possible to design a long promenade to exploit the transition between theater interior and urban exterior. Accentuated by the entrance porticos, the verticality of the urban exterior gradually diminished as one moved further into the theater. The high ceilings at the entrances decreased to around double normal room-height in the waiting areas, thus more in keeping with human scale. This transition was accompanied by the gradually dimmed lighting that adapted moviegoers' eyes to the darker screening hall inside.

The building was no longer a simple stacking or juxtaposition of two functional volumes, but a design in which these volumes interact, thus yielding a complex with high-level internal tension aimed at securing a somewhat organic character for the whole.

Complex Program Designs: Hospitals
More than any previous programs, Rino Levi's hospital designs challenged his ability – and that of his team – to articulate complex functions and incorporate scientific knowledge. On top of the old compositional basis, in which kindred facilities were grouped together in functional volumes, Levi developed a system for cooperating with professionals from other areas and developed forms that broke away from previous hospital typologies.

While viewing all discussion about buildings being X-, H-, or double
H-shaped, or comb or half-moon-shaped, as a waste of time, Rino Levi argued that the design ought to "result from the functional and technical study of the problem, free of restrictions [...] or taboos."[12] Not having to abide by pre-set typological notions, the design was to be determined by two constantly interacting vectors: Program and form.

In a project of this nature, Levi argued, the definition of the functional program required cooperation with physicians and specialists from several fields, since all the features involved fast-changing developments in scientific research. The multiple specialties did not allow architects to tackle hospital design in the way they had dealt with architectural acoustics for movie theaters, when they had studied the problem themselves rather than hire field specialists. In hospital design, the architect had a different role, as the only person in a position to see beyond the partial view of each of the professionals involved. Thus, a relation is established between different medical and other services in the constitution of an articulate whole – a key stage in the development of the design.

The interpretation of the demands of different facilities is translated into three guidelines to determine the course of the project to its final form: Grouping together similar facilities; planning the internal circulation; and flexibility in floor plans.

Similar or connected facilities are grouped in independent volumes, according to the need for proximity and the space required. This grouping allows the adoption of homogeneous construction features in each volume. The inpatient wards and private rooms are located in vertical volumes, rather like apartment buildings, while outpatient wards, pathology labs and clinical analyses sections, which are open to the public, are housed in horizontal volumes. Connections between the different facilities enable the layout design to set regular structural spans in each grouping, as far as possible avoiding exceptions.

The organizing elements in the volumes are the internal circulation systems set up as specialized circuits, thus avoiding undesirable contacts that could potentially lead to an outbreak of hospital infection. The specific features of each circuit determine the arrangement of the volumes in the building complex. Facilities sought by a large number of visitors are located nearer the street to reduce circulation within the hospital.

Levi saw the third of the guidelines – flexibility in floor plans – as strategic for hospitals to adapt to the fast progress in medicine and healthcare technology. So he devised several ways to facilitate changes in internal wall layouts, from using freestanding screens, to infrastructure systems embedded in the floor, which Levi called "continuous air chambers." To keep this internal mobility from spoiling the building façade, he had the modulation of the floor plan dictate the modulation of the window frames, so that the diversity of internal space informed the different façades of each of the volumes. The complex housing outpatient wards was more horizontal and invariably placed close to the entrance. It was lit by a skylight system that eliminated the need for courtyards and light wells, thus ensuring a more compact form for the building.

The characteristics of the land site and its solar orientation are factors that vary in each case but may be decisive for the arrangement of functional volumes and the final layout design. Looking at the way Levi's hospital designs evolved, one can see the development of a theme in several different situations, and this may help us understand his design methods.

São Paulo University Maternity Hospital
Levi's series of hospital designs began with his winning the competition to design University of São Paulo Maternity Hospital in 1945, continued with several major hospitals in São Paulo, and reached a climax when the Venezuelan government commissioned him with the design its public hospital network in 1959-60.

These designs involved two levels of development. The intrinsic evolution of ach of the parameters analyzed above resulted in innovations in the layout design, brought about to meet the criteria of solar orientation and site features. Before designing hospitals, Levi had adopted limited orders for arranging functional volumes – in fact, they were limited to stacking, as in his movie-theaters, and to the recurrent use of a central space destined for articulating different facilities, such as in the Sedes Sapientiae building. However, his proposal for the USP Maternity Hospital included a few innovations.

Functions were distributed in specialized volumes interconnected by a long horizontal volume. A vertical volume housed patient wards, while a horizontal volume concentrated surgical centers and the technical-scientific section. The university character of the group was revealed by the installation of teaching equipment. For the first time in Levi's work, the external volume of the auditorium matched the parabolic shape of the internal walls, as did two smaller classrooms. The outpatient ward ceiling was punctured with featured small cylindrical volumes through which students in the gallery above could observe childbirth and surgical procedures.

The larger volume consisted of two parts, with the shorter and more compact housing the central vertical service core and circulation. Here, the structure of Levi's apartment buildings is seen once again, with a clear hierarchy in the grouping of facilities according to function. On the basis of the latest research into control of hospital infection, a complex system of stratified circulation was created.

The fan-shaped layout of the University Maternity Hospital was adapted to the site format and paired with one of the buildings in the Clínicas Hospital complex on one side (at an oblique angle to Rebouças Avenue) and followed the avenue itself on the other side. The form of the connection volume reproduced the curvature of the street on the upper side of the site and was itself an internal lane. Despite being set at a distance from the site perimeter, the complex was not detached from it. On the contrary, its volumetrics brought out the features of the surrounding urban fabric.

Most of the complex was propped by load-bearing columns or pilotis that offset the uneven terrain features and elevated the buildings from the ground. Certain alterations in the design were made between 1945 and 1946 that reinforced the role of the pilotis. By eliminating the air raid shelter and rearranging facilities on the ground floor (morgue, storage rooms, boilers) the architect helped to further separate the complex from the terrain.

Design changes in 1952 developed the issues posed in the first proposal. Facilities were removed from above the outpatient ward. Now the volume became more integrated without any extrusions at its top, and a platband covered skylights. The inpatient ward building was also altered, acquiring a lighter form, with a separation between the row of structural pillars and the room walls. On the other side of the building, the hallway floor slabs narrowed toward the façade and the outer surface was almost totally glazed.

Developments in Hospital Design
The next design in the hospital series, the Central Cancer Hospital (1947), featured differences in the composition of its volumes, due mainly to the separation of inpatient rooms from outpatient wards and to the adoption of a different layout plan. Now the order exploited the north-sloping

Chapter 5
The Modern City

terrain and created volumes with gradually increasing heights southward, thus exposing the buildings to sunlight.

The inpatient wards were located in the highest building, with rooms looking north at the back of the site; the service core and internal circulation facilities sheltered the south face and blocked street noise. The opaque surface on this façade accentuates its function of separation. Each floor has two lines of small windows, one at working-surface level and another adjoining the ceiling above it, which are regularly distributed along the wall to create a very intensive and repetitive graphic pattern. The regularity of distribution in this volume is interrupted in the upper levels by the surgical center, and, in the lower levels, by the complex ingress and egress system and teaching support facilities (auditorium and library). Unlike the previous design, none of these facilities are brought to view in the external form of the buildings.

Two curving ramps, on two levels, connect the hospital entrance with the adjoining volume, which caters to more outside visitors. The higher level houses several small medical offices, all with shed lighting coming from the transversal hallways, and the lower level is home to the main pathology laboratories for outpatients. On the lower levels of the site, a small volume arranged at a right angle comprises lodging and other facilities for physicians and the nursing staff, and is connected to the previous volume by one level, with restaurant, chapel and a wide terrace opening on to the garden.

The vertical circulation in this design is also innovative in relation to the previous. It introduces a system known as nonstop service that replaces elevators specifically assigned certain floors, Instead, all the elevators can be set to leave other calls and temporarily attend to the excusive needs of certain floors – and then return to service all floors.

The design of the Cruzada Pró-Infância Hospital (1950) features the same grouping of functional volumes, though in this case the smaller site required a tightly packed building complex. The defining feature of the design is the stacking of two main volumes. The highest one houses the inpatient wards and the lower, the outpatient wards and other facilities. Here, the third volume of the previous design becomes a small annex at the back of the site. Positioned on the site to make the most of solar orientation and corner location, the two stacked volumes stand out in the cityscape.

The design for the Albert Einstein Hospital, winner of a restricted competition organized by the Brazilian Institute of Architects – IAB in 1958, features the same two basic volumes, except that planted differently on the site. The large plot of land and its favorable orientation meant that the vertical volume could be located in a large garden, with its end intersecting a long low volume that houses the outpatient wards, laboratories and other facilities. The two-volume layout was kept here, even after a change in the original order dropped the T-shaped configuration for stacking.

These designs consolidate the criteria and guidelines developed in the previous hospital designs, so that Levi's work is viewed as almost a guide to designing hospitals. The architect's accomplishments in this field quickly earned him nationwide and international recognition in specialized architectural reviews and hospital-technical publications.

Hospitals in Venezuela
Rino Levi's international renown as hospital designer and his close relations with Venezuela led to his being commissioned by the Ministry of Public Works to plan a chain of hospitals. The design developed by a team of Venezuelan architects followed Levi's methodology involved a complex of volumes well-adapted to their respective sites and defined by their programmatic and constructive similarity. To the greater complexity of architectural programs in Venezuela, Levi's team responded with an increased number of volumes, while larger sites enabled the design to occupy larger areas than the São Paulo hospitals.[13]

The three hundred-bed hospital in Caracas was installed in volumes designed to conform to a five-meter difference in terrain levels. Inside, two passageways run parallel to the street: The service entrance located on the lower level, and the main entrance on the higher level, leading to the hospital reception and management facilities. A higher volume, perpendicular to the street, houses the inpatient wards flanked by two other horizontal volumes destined for surgery rooms, ancillary services and outpatient wards.

The design for the four hundred-bed hospital in Maiquetia was developed in partnership with Roberto Lampo, and exploits a 13,5 meter difference in terrain level between two streets. Access to service facilities in general is from the higher street, while the entrance to outpatient clinics and ancillary services is through the lower street level. Two internal passageways link the streets on each side and allow access to the three stacked blocks in the center that are home to administration, surgery rooms and wards.

The hospital in Puerto Cabello was smaller than the previous ones; its design was developed jointly with Helena Ruiz and Margot Lampo, as a more horizontal plan implemented on a wide and almost flat site. Activities are separated in blocks of two floors at most, and two main circulation axes that cross the hospital complex structure the whole. In a recent interview, architect Helena Ruiz revealed that Rino Levi aimed at a greater integration with outside facilities. The operating room was given wide glass windows so that physicians could lift their gaze to the seascape while operating.[14] Although unnecessary from a strictly functional point of view, this integration was coherent with Rino Levi's architectural program, which included openings onto the landscape and interpenetration of gardens into hoes.

By the mid-1940s, São Paulo had shed its provincial and colonial past and taken on the air of a metropolis – to some, it was a major city inspired by its European or U.S. counterparts. A milestone on this path was the completion of the new Prestes Maia complex of radial thoroughfares. An intensive verticalization signaled the construction of the modern city as disseminated by the cinema in images of New York and other major urban centers. An important actor in this process, Rino Levi sought to create an urban and cosmopolitan environment with the buildings he designed for the downtown district. His designs dialogued with the existing cityscape and with laws regulating high-rise construction. They contributed to the construction of public spaces destined for use by pedestrians, animated by illuminated marquees, and equipped with other urban amenities, where people gathered between a movie feature and after-theater dinner.

For several years, the downtown sections of São Paulo suggested that the city's vertiginous growth rate could be combined with a fresh notion of urbanism. However, in 1954, the year of the Fourth Centennial and of São Paulo's confirmation as Brazil's largest metropolis, it became clear that the side effects produced by the new scale of the city jeopardized this recently-gained way of life.

Rino Levi's writings on urban issues during the 1930s, 1940s and 1950s show the gradual transition from an initially positive response through to complete awe in face of the highly sought-after metropolitanization of São Paulo. Although Levi did not share in the rejection of the frantic pace of modern urban living as did certain examples of Brazilian modern architecture, he realized that the problems emerging in São Paulo were much more complex than initially supposed.

Levi's writing on art and architecture in the late 1940s once again focused urban planning and denounced "erroneous aesthetic prejudices, that lead to the imitation of a misunderstood tradition," becoming an even greater hindrance to the reorganization of the city than "private interests."[1] According to him, it was unacceptable that "the main concern is to imitate Paris boulevards of the time of Napoleon." He saw urban planning as a more comprehensive job than merely embellishing the city or building its roadway system. Rino Levi proposed urban intervention that included issues such as demographic distribution, "housing, education, healthcare, work, leisure, and transport," thus going beyond the axioms of urban planning then in vogue.[2]

In 1955, when he and Roberto Cerqueira Cesar were commissioned to design a parking garage in downtown São Paulo, Levi took the opportunity to develop his thoughts on the subject in the classes he taught at the University of São Paulo's School of Architecture and Urbanism – FAU USP.[3] In the classroom environment he expressed his "anger against the restrictions imposed on architects, almost exclusively concerned with real-estate speculation," and used the academic platform to extend "the field of study beyond notions restricting" it to buildings alone, and to address issues "more closely related to the organization of collective life."

He criticized the ineffective public administration, which was incapable of dealing city traffic as part and parcel of an "organic planning." He realized that the beltway, or perimeter avenue as it was known, in view of its narrow width and ground-level intersections, would not be able to divert through-traffic away from the downtown area. The problem worsened with the "amazing increase in number of vehicles and the indiscriminate and haphazard increase of demographic density in several city districts due to flawed legislation allowing excessive land occupation." The accelerated and uncurbed occupation rate strained the overburdened public services and created a situation of "permanent jamming."

"The city is already showing symptoms of asphyxia," Levi alerted at some point. He anticipated the abandonment and decay of the downtown area, pointing out that, within a few years, this process would lead to a situation in which "highly valued areas, badly affected by this situation would be evacuated, giving rise to slums." Once so highly sought after, the metropolis was beginning to show its self-destructive urban condition.

Levi showed that he was attuned with the urban planning issues of the period, when he argued that the city should be "structured in abidance by a harmonious order," which meant recognizing that all problems in this field were interrelated. If a city was to have unity and equilibrium it had to have a "master plan whose radius of action would extend to the border areas related with the city," thus acknowledging the metropolitan reach of urban planning.

Whereas the work on a master plan for São Paulo would entail a complex task undertaken for several years in an unfavorable political situation, the competition held at the same time for the Brasília master plan (1957) afforded to Levi and his team an immediate opportunity to experiment with the urban planning conceptions in question. Some designs were developed for areas unaffected by the increasing density of the downtown section – such as, for example, along the Pinheiros, Tietê and Tamanduateí rivers – that were used as experimental fields for alternatives for the city under construction, which was showing clear signs of imminent disaster.

Proposal for Brasília
The proposal that Rino Levi and his team drew up for the Brasília master plan should be understood in this prospective sense. Where Yves Bruand saw "naiveté," we may assume there was experimentation with the scale of challenges posed by the city of São Paulo.[4]

Like other city plans designed after 1950, the proposal for Brasília exploited the potential of the polynuclear city concept, either through an all-encompassing design for the city, or through devising new urban nuclei in the expanding areas of the metropolis. The polynuclear city concept, which had been expounded in *Edilizia Cittadina*'s classes, now was resumed by the reflection on the expansion of São Paulo. Roberto Cerqueira Cesar recollects that "this idea of polynuclear urbanization came from Fr. Lebret, who realized that São Paulo was becoming polynuclear, since it had reached a size in which one single nucleus could no longer meet all the demands placed on it, so secondary nuclei emerged and thrived, spontaneously."[5] He added that "This was a more or less universal idea, it was not just ours here in Brazil." Before Lebret, Luiz Ignácio de Anhaia Mello had held a similar position, although his focus was on restricting metropolitan expansion.

In his written notes for the "*Concepção da cidade moderna*" (Conception of the Modern City) conference[6] he presented in Curitiba, in 1963, Rino Levi argues the advantages of the polynuclear model used in his proposal for the competition. The high density of the different neighborhood units was achieved through verticalization, so all buildings were only a short distance from the administrative center.[7]

As Levi noted, this layout combined the "advantages of small towns – in the sense of social groups – with the advantages of big cities." Restrictions were imposed on the creation of new units, so that they reproduced the living conditions in small towns, while a community center would offer the "advantages of the major cities" such as services, trade, culture, public and private administrative organizations. The radical verticality of the residential towers – 300meters high, 435 meters long and 18 meters wide – and the elevated roadways for automobiles freed ground space for a large park that could be traversed on foot. Only the centers of these neighborhood units offered services and other urban features.

Levi's team concentrated on the creation of a new *urbs* and not a *civitas*, as an antipodean version of Lúcio Costa's approach to Brasília – "not just an urbs, but also a civitas, a repository of attributes inherent to a capital city."[8] As we already noted on several occasions, Levi's team gave a place of prominence to dwelling designs, while the sector reserved for the Federal Government buildings was removed from the urban center, placed in an outlying position near the lake, without special treatment, and was not even shown in the published photos of the scale model. Rino Levi thought that every civitas had first to be an urbs. Its symbolic value was derived from the technical resources seen in the construction of the "superblocks," where, to create a new type of city, the excellence of Brazilian architecture and engineering was to use steel produced by the recently-created Companhia Siderúrgica Nacional – CSN (National Steel Company), as well as other, equally sophisticated technological resources. The outcome of the competition pointed to a different direction, championing a civitas more detached from the urbs, and deliberately scattered between green belt areas.[9]

The highlight of the project design was the gigantic residential superblocks, conceived as vertical neighborhoods, although in fact they were just one part of Levi's urban planning proposal. To the architect, the roadway system dominated the structural conception and had a key strategic role:

> Vertical circulation, calculated in abidance by ABNT technical standards, comprises two major elevator systems calling at the underground parking garage, the ground floor and the four internal elevated lanes. Pedestrians take the internal lane to their building where they take an ordinary elevator to their floor. One might see the function of the main elevators as equivalent to public transport in a conventional city. [...] On internal lanes, facilities cater to the requirements of everyday living: Small stores, daycare center, kindergarten, health clinics etc.[10]

The superblock concept developed by Rino Levi's team emphasized the intensive inhabitation principle manifest in Le Corbusier's *unités d'habitation*, which provided the source of inspiration, even for their huge passageways conceived as elevated lanes. As Nestor Goulart Reis Filho noted, in reproducing intensive urban traffic on the elevated lanes, the circulation plan involved installing services in an attempt "to transpose the old horizontal networks and roadways of small cities and older neighborhoods to the vertical dimension where all traffic would be pedestrian."[11] Careful planning of pedestrian and vehicular flows and distribution of functions was crucial to an urban structure capable of creating the environment of sociability found in conventional towns.

The fusion of modern forms and traditional sociability principles had been discussed for several years at the CIAM. The appreciation of the notion of core – of an urban center as the symbolic heart of the city – at the VIII CIAM, in 1951, was just one of the steps that led to the sharper criticisms of Team X.[12] It moved away from conceptions of urbanism such as Ludwig Hilbeseimer's, in which the anonymity of the metropolitan urban space meant acknowledging the metropolis as the driving force of a system that reduces man to the value of his work capacity, with its abstract character as the expression of this situation.[13] Nothing could be more removed from the intentions of Levi and his team's proposal for the Brasília competition, although the layered configuration of the superblocks does hold certain similarities with some of Hilbeseimer's urban planning proposals.

The gigantic slab form of the superblocks contrasted sharply with the simple aim of offering a community life for their dwellers. Such a design, however, is consistent with the rest of his work, in which high buildings boast a spatial framework that champions a seamless interior-external transition, with a wide view of the landscape. This design evolved from the tower solution in the Columbus building (1930-33) to the slab form for the Residential Sector of the University of São Paulo campus (1953), aimed to endow all the main environments with a "panoramic view" – a term Levi used repeatedly. This aim is rendered in the program distribution and volume apertures, which allow a greater degree of transparency. While the surfaces of the volumes gradually became geometric planes with greater or lesser transparency, apartment layouts were modified to include areas for social and private use with a view of the landscape.

Levi's Brasília was devised as a spectacle of natural landscape renovation. The regular layout of the enormous vertical slabs contrasted with the horizontality of the native thinly wooded *cerrado*, just as Le Corbusier's gigantic horizontal design of 1929 contrasted with the verticality of the Rio de Janeiro mountains. Both Levi and Le Corbusier pose an architecture that challenges nature and inaugurates a new landscape.

In a letter-article of 1925, Levi wrote of a "city with a Brazilian soul," surely referring to the expression "soul of the city" that Le Corbusier used in reference to the poetic character of the city, to differentiate it from its functional dimension, the "mechanics of the city."[14] The Corbusian gaze particularly focused the relationship between town and country. Levi's Brasília could well be his ideal proposal for "a city with a Brazilian soul." The succession of gigantic, planar and diaphanous, nearly transparent slabs lay in strictly alternating sequence around the lake, thus rendering a verticality against the horizontality of the cerrado: Such is the poetic spectacle presented to Brasília dwellers.

The University of São Paulo Campus, a.k.a. "University City" (1953-62)

The several designs that Rino Levi drew for the campus of USP, known as the Armando Sales de Oliveira University City – CUASO, before and after the Brasília competition, should be seen as part of his investigations of new approaches to urban organization. Of all Rino Levi's clients, the University of São Paulo was the one with the greatest imbalance between the number of commissions and the number of designs actually built. Besides the design of the University Maternity Hospital (1944-52) and the facilities for the University's Luiz de Queiroz School of Agriculture campus, in Piracicaba (1952), Levi designed two major complexes. The first (1952-53) included a new Civic Center and two proposals for the Residential Sector, while the second (1961-63), comprising the Social Center buildings, was part of a new urban plan that mobilized São Paulo's leading architects. Only one design, the Clock Tower, which appeared in the first design and was maintained in the second, was actually built some twenty years later and, even then, not in its originally designated site.

The Armando Sales de Oliveira University City was created to congregate in one location University of São Paulo's many schools and colleges, which were then scattered throughout the city.[15] The difficulties involved can be gauged in the results – even today some of the main complexes, such as the Medical and Law schools, have not been moved from their original locations. The University City faced the challenge of housing several schools in a new lowland area of São Paulo, adjacent to the Pinheiros River. Whereas on the one hand these schools were to become moved away from the city's downtown area, this transfer was to be offset by the adoption of new and more advantageous models of urban planning.

Levi's first set of blueprints for the Civic Center abided by the monumental scale of the proposal designed by the University's Technical Office of the University City in 1945. The Library and the Auditorium were arranged symmetrically on the axis of the access avenue connecting the first Chancellor's Office and the Clock Tower, and included a Central Square with monumental features. The square had none of the social functions that were present when it was reworked in 1963.

Whereas the design of the Civic Center, from the viewpoint of urban planning, was subordinated to the monumental axis, the two designs proposed for the Residential Sector, both for implementation on the hill where the Biology Institute is now located, left more room for experimentation. The six-building complex was to house two thousand students in a single dormitory. Positioned so as to be more exposed to sunlight and allow a view of the landscape, the linear succession of dorms created a longitudinal complex with long hallways on the rear side, leading to study halls and collective bathrooms arranged near the vertical circulation towers. Covered pathways connected the buildings – their lower levels propped on load-bearing pilotis surrounded by a large garden area, – to the Student Center, where an intensive social life offset the seclusion of student individual dwellings. Thus, the degree of sociability progressed from the isolation of individual bedrooms, through facilities designed to attend each floor, to a single social center catering to all six buildings. This was the outline of the modern principle of neighborhood unit adopted shortly afterwards in the design for Brasília.

In 1956, upon taking over as head of the University City's Technical Office, architect Hélio Duarte began a review of the original campus designs. As a result, besides deciding to drop the monumentality of the central avenue axis and the Dean's Office square, he proposed that most activities be clustered around the central square, in an attempt to create a core in line with the proposals of the VIII CIAM, held in 1951. As part of this plan, the dorms were brought down from the hilltop to a site nearer the core, and the Civic Center was enhanced with a wider range of cultural and social activities. However, shortage of funding during the Jânio Quadros administration (1954-58) cut across the implementation of the proposal.

Ulhôa Cintra's tenure as University of São Paulo dean (1960-63) again favored the resumption of the University City construction with support from Governor Carvalho Pinto (1959-62). Architect Paulo de Camargo e Almeida, designated executive director of the recently-created *Fundo para a Construção da Cidade Universitária Armando Sales de Oliveira* – FUNDUSP (Fund for the Construction of the University City Armando Sales de Oliveira), saw the project as an opportunity to showcase the development of modern architecture in São Paulo. With the assistance of leading São Paulo architects, particularly professors at the University of São Paulo's School of Architecture and Urbanism, Camargo e Almeida concentrated on two lines: The core proposal was reinforced and a new mall was created to join several units located on what is now Luciano Gualberto Avenue.[16]

The project design for the Social Center, as drawn by Rino Levi's office, was essential to the success of the proposal. The University City was conceived as a small town for some twenty to thirty thousand inhabitants, of whom only ten percent were to live on campus.[17] It was planned as a structure comprising several independent, interconnected units, comprising one of the new urban clusters emerging along with the expansion of São Paulo. Levi and the other architects involved in the design were concerned to create a circulation system that connected the several units within the University City, and the latter to the city of São Paulo. The core was to be an element of integration, centralizing the main collective functions of the University and serving as a link between the on-campus and the city public transport systems. This is why there a bus terminal and a gas station were created next to the Social Center. "It is the main entrance to the University City, from which students and teachers set out to the several schools and institutes," Geraldo Ferraz explains.[18] The idea was to stimulate all campus visitors and residents to flock to the core, thus creating "the main place for interaction at the University, a meeting point that would boost closer contact between the different schools and institutes, promoting exchange and humanizing the University."[19]

Most certainly, the discussion of the design for University City involved redefining the concept of the university itself and it was no coincidence that both the promulgation of the new bylaws for the University of São Paulo (1962) and the holding of the first University Forum (1963) accompanied his proposal. The open debate was not restricted to architects. When asked to give his opinion on the core program, Mário Pedrosa warned of the risk of it becoming a "lifeless, inhospitable and deserted place, since it lacks the resources and recreational resources of an urban community."[20] To Pedrosa, a core ought to express an idea-synthesis of the University and contain its most basic activities.

Several architects contributed to defining the core of University City. In the center, the Civic Square designed by Oswaldo Bratke was to be lined by the Museum, the Central Library and the Dean's office building (containing the Dean's office, University Council, and Aula Magna). On the Northeast side, the long series of slab-shaped buildings of the Residential Complex – CRUSP, designed by Eduardo Kneese de Mello, was created to ensure a lively environment for residents. On the southwest face, the Social Center, designed by Rino Levi to house activities that generated large attendance, was to provide the main interface for these campus units with the city of São Paulo.

Levi's design played a clear role in the operation of this plan. The Social Center and the dorms housed many of the most frequent activities in everyday life at the university – restaurant, social and health services –, joined with cultural facilities and other spaces for social interaction – movie theater, shopping center and lounges, in addition to a hotel for campus visitors and the bus terminal for transferring passengers between campus shuttle buses and city buses. The aim was to prevent the core from becoming lifeless, inhospitable and deserted.

This design inaugurated a new order in Rino Levi's work. A large covering was created that sheltered, in blocks connected by canopied walkways, a complex of functions previously arranged around a garden. The structure system built with V-section beams comprises 36 meter spans and diffuses sky lighting. The canopied walkways connect the buildings that house the Social Service, Health Center and Hotel to this large covering. On the western edge of the complex, the covering splits into three marquees that shelter the bus terminal, thus underscoring its importance to the animation of everyday life in the campus.

The designs of the Social Center and the Mall that was to connect the buildings on the other side of the avenue were of similar order. On one end, the mall was to have the current building of the History and Geography departments of the School of Philosophy, Letters and Human Sciences (designed by Eduardo Corona) and on the other end, the School of Architecture and Urbanism (designed by Villanova Artigas). Between them, there would be the buildings of the Sociology and Philosophy departments (designed by Paulo Mendes da Rocha), Letters (designed by Carlos Milan) and Geology, Paleontology, Mineralogy and Petrology (designed by Pedro Paulo de Melo Saraiva). These architects had agreed on an order that was to include a continuous mall of gardens and terraces running through the center of all these buildings, on the lower level, with cafeterias, student union, auditoriums and museums, with activities demanding more space on the upper level. The continuity of these spaces was to encourage the traffic of pedestrians below the buildings toward the Social Center, culminating in the core.

The result would be an urban structure capable, at least in principle, of integrating university life in the wide-open spaces of a campus of dimensions compatible with São Paulo's metropolitan status. This urban plan particularly centered on civic awareness was quashed, and some of its authors forced to retire, in the wake of the political events of 1968. The scattering and separation of those buildings was a key way to avoid intensive contacts between students, faculty members and employees at a time when any gathering was seen as a threat to the new political order.

The Santo André Civic Center (1965)

The concept of the polynuclear city restricts the growth of the urban fabric of expanding cities and proposes the construction of separate autonomous centers to attend new demands. In the competition to design the City Hall for Santo André, Rino Levi's office submitted an entry that included this conception since the city was beginning to be swallowed up by the metropolitanization of São Paulo.

The competition program included moving the political-administrative center to an area bordering on the former center of town. The area allocated was cut off in the midst of a complex roadway system and constituted a challenge for the construction of anything urbanistically acceptable. As the architects themselves put it:

In the project design, however, the Civic Center was not conceived merely as a building complex. It was treated as center of convergence for the local population – a center destined to attract people and promote human contact, the exchange of ideas and manifestations of life in society.[21]

As in the design for the University of São Paulo campus, it was a question of ensuring that a new urban structure would replicate the traditional sociability found in the life of small towns. However, unlike the planned Social Center for the University City, this new core was not located on a vacant site, and had to take over the tasks of an existing core in the contiguous urban center.

The tender announcement for the competition specified that the complex was to include the city hall, a cultural center and the council chamber, and that it should constitute a great civic plaza adjoining the courthouse (the design of which was not up to the municipal authority, and was done by an architect who adopted a different architectural order, which was nevertheless a key factor in design decisions). Although Bruand relates the requirements of this program and the order adopted by Levi's team with the features of the Plaza of the Three Powers, in Brasília, it should be noted that as early as in 1951 the city of Curitiba had commissioned a design for its state civic center with similar program and approach.[22]

The order here is quite different than the one adopted for the Plaza of the Three Powers, which has an esplanade articulating three separate buildings. In Santo André we have three split-levels intertwined through the administrative tower, thus creating three plazas with differentiated characters and functions. In the upper level – corresponding to the civic square-lined by the mayor's office, council chamber and the courthouse –, continuity between the new site and the downtown area is ensured by an elevated concourse crossing one of the surrounding avenues. The Cultural Plaza is on the intermediary level and includes the Education and Culture departments, libraries, exhibition rooms, and the municipal theater. The lower level houses public services with the intense flow of visitors generated by administrative activities and tasks thus separated from the offices and facilities located on the upper levels.

There is accordingly a clear hierarchy between the three levels as they adapt to the surrounding landscape. However, these levels are not built by simply shifting soil. The upper floors were built over the roofs covering the extensive lower floors, thus creating a new artificial landscape from which only the principal volumes stand out. Thus, a large floor space was achieved without showing in the volumetric proportions of the complex.[23] Stratifying different functions on different levels and creating artificial landscape with the building itself were resources that started to be accepted by other São Paulo architects – up to that time, however, none of them had been commissioned with designs on the scale of this urban center.

A complex system of accesses, ramps, stairways and elevators conceived with the use of flow diagrams in perspective, already a familiar instrument to Rino Levi's team, created the connections between the three plazas and animated the urban center. The arrangement of some volumes, as they intersect on the edges of levels to emphasize their connections, reinforces the view of the building complex as an organic whole. In their approach to designing a civic center, Levi's team seemed to be correcting the little emphasis placed on the political-administrative sector in their proposal for the Brasília competition. However, by doing so, they combined the civic and monumental character of the upper plaza with the routine administrative activities taking place on the levels below it. By interconnecting these functions, the team suggests that the urban spirit that they aimed to favor in this modern urban structure brings together the political, cultural, and everyday routine of public life. Again, as in his Brasília design, Rino Levi advocates that there should be no civitas without an urbs.

Epilogue
The Lifework of Rino Levi

Rino Levi died of a heart attack on September 29, 1965 after climbing a steep track during a botanical expedition he took together with Burle Marx to the Morro do Chapéu, in Lençóis (in the backcountry of the state of Bahia). Thus ended a career at the height of production – a production based on a well structured firm shared by two younger, but already professionally mature, partners. The longstanding partnership – 24 years with Roberto Cerqueira César and thirteen years with Luiz Roberto de Carvalho Franco – lent the remaining partners the confidence to make a decision uncommon in the realm of Brazilian architecture: To carry on the partnership under the original name, Rino Levi – Arquitetos Associados, thus retaining the name of its deceased founder.

The main rationale for this decision was the firm's teamwork structure that featured shared authorship. According to Cerqueira César, all work was developed within a spirit of fellowship and the whole team discussed all propositions. With a view to coordinating the administrative rhythm, the leadership of new projects was always assigned to one of the partners. However, heading a project did not mean that the coordinator played a more important role in that project's authorship since the concept was always the result of joint discussion, "even in those projects that Levi coordinated."[1]

When describing how the garage system with spiral, overlapped vehicular ramps came into being, Carvalho Franco recalled that he and Levi arrived simultaneously at the same solution. To him, solving project-related problems related and arriving at logical and rational solutions led to similar results.[2] In his opinion, the period during which Levi developed the hospital projects in Venezuela served as a sort of test for the team's future continuity. For nearly a whole year, Levi spent several two-month periods in Venezuela, interspersed with short stays in Brazil, without any perceptible lack of continuity in the quality of the firm's work. The remaining partners shared the belief that the rigor of the method employed tended to soften contributions stemming from the authors' personalities, and that in itself would ensure a continuity capable of transcending the disappearance of the team leader, a theory that the following decades were to prove erroneous.

Yves Bruand's interpretation of Levi's work points in another direction. Qualifying modern Brazilian architects as "individualists," the French author refers to Rino Levi as an example of an "aristocratic concept of the art" who, despite his contribution to other disciplines, reserved to himself "the decision-making role – the definitive ripening of the project."[3] Levi's own statements lend support to this interpretation. In the most complete of these statements, made during a lecture on hospital projects, Levi summarized the workings of his firm as follows:

> An architectural design acquires its definitive semblance little-by-little in the course of a slow work process that often drags on for months. In the beginning, all we have are some more or less vague data on the subject. This subject develops gradually, with the first sketches, preliminary studies, and the draft project. Up to this point, architects work alone, making use of their knowledge regarding the specialties that the job requires. Then, as we have seen, teamwork is organized with a view to discussing and solving any problems related to the case with a view to achieving the best possible productivity, comfort, and technique. Once all the data have been gathered and assimilated, the architect, using his creative skill, lends the whole its definitive semblance, merging all the elements into a functional, technical, and plastic organism. This job definition phase is unique. In this phase, the architect feels himself to be completely immersed in the subject and totally in charge of the problem, with an all-encompassing view of all its details. This moment will never come again, not even after execution of the construction, which leaves him cold, as though it were something foreign to his person.[4]

This statement makes preservation of the authorship code and its combination with teamwork perfectly clear. In this instance, Levi is more faithful to his Italian background than we might tend to judge by his declarations of admiration for Walter Gropius' concepts.

There are many occurrences of teamwork in Italian architecture. In addition to a unique field that allows dialogue among different proposals and postures, teamwork hails back to the tradition of the academic studios, with their hierarchy featuring masters and disciples. The limits of this structure in the face of the challenges posed for architects in the course of the 20th century led to approximation with the model of interdisciplinary teams, propagated throughout the world at that time by the Germans.

Professional studios were modernized to incorporate procedures more suited to the needs of the time, accentuating collaboration with other fields of knowledge and making work teams more complex. However, the teams still retained some prerogatives for the coordinator, and one of these was authorship. Levi's statements aside, the attribution of authorship on blueprints was categorical. Although projects were the result of joint efforts, they were always stamped "Rino Levi – Architect", and only a very few bore the names of associates as co-authors.

The architectural studio model led to an overlapping of university/firm functions in the training of professionals. The firm was organized according to a hierarchy based on experience and was fundamental to the training of young student interns and those just recently graduated who thus had the opportunity to accompany experienced architects facing concrete situations. The university, which provided access to research and to humanistic and scientific knowledge, played a virtually secondary, but essential, role in the construction of a coherent vision of the world – a vision compatible with the responsibilities that architects claimed for themselves in society. But even this was not the reality in educational institutions. The fragmentation of university curricula reduced exercises in the elaboration of projects to a small space in the class-load grid, and even so, depended on the whim of professors who, if they happened to be averse to modern architecture, would demand useless and outdated historicist exercises of their students.

Discontent with this model, in 1967 Levi participated in the drawing up of a proposal to restructure teaching at FAU USP aimed at simulation of the professional studio model in the university. The proposal, drawn up in conjunction with Artigas and other professors,[5] described a "serious incompatibility between university curricula and architects' professional lives." It called for the formation of "well-rounded architects with a single and universal vision of the world in which they live." It emphatically defended the idea that Composition disciplines be granted the same importance they have in actual professional practice and suggested the creation of a workshop that would be outstandingly important and to which "all curricular disciplines would converge."

In 1959, on one of his trips to Caracas, Rino Levi further radicalized this proposal, incorporating "vertical studio" principles advocated by Walter Gropius. The workshops focused general subjects addressed throughout the school of architecture. Teams consisted of second- to fifth-year students and the workshops simulated office environments where more experienced architects taught beginners how to put theory into practice. The model was therefore that of an apprenticeship, but themes of public interest such as health and education went beyond the limits of the narrow vision conventionally attributed to professionals who simply provide answers to clients' inquiries.

Levi's exit from the FAU USP in 1959 coincided with his frequent trips to Venezuela. Although some attributed his resignation to his discontent with orientations that were becoming hegemonic and with which he disagreed, the immediate cause may have stemmed from the fact that it was very difficult to reconcile his academic duties with the long periods of absence that his professional life demanded.

Before and after his passage through the university, Levi's firm played an important role in professional training. Several generations of architects found there an additional space in which to further develop their competence in drawing up plans, learning some of the trade secrets accumulated in the course of a career that coincided with the implementation and development of modern architecture in Brazil. Among all the characteristics that were continued in subsequent years, perhaps the main one was that of constantly acting as a center of practical training for young architects. The partners enthusiastically upheld this mission. And this was especially true in the case of Carvalho Franco (of a more introspective nature than Cerqueira César) whose on-the-job training of aspiring young architects in the firm made up for the brevity of his teaching career in the area of Project and Industrial Design at FAU USP (1958-65).[6]

Several generations began their careers as young architects at the Escritório Rino Levi. Miguel Forte, Marc Rubin and Dario Montesano were granted the opportunity of sharing Rino Levi's experience while he was still active. Roberto Loeb participated in the construction of the Centro Cívico de Santo André, soon after Levi's demise. The 1970s witnessed the beginnings of a period of expansion in the firm's activities with various orders stemming from winning bids and from private requests in the area of architectural design as well as urbanism and planning. Such expansion led to the need for expansion of the work team as well.

In the course of the 1970s, dozens of architects honed their professional skills at the Levi firm: Antônio Carlos Sant'Anna Jr., Maria Lúcia Refinetti, Ricardo Toledo Silva, Heliana Comin Vargas, Rodolfo Cezar Magalhães, João Paulo Meirelles, Doris Zaidan, Roberto Righi, Issao Minami, Célio Berman, Luís Roggero, Luís Espallargas, Carlos Arcos, Leda Bresciani, Roberto Aflalo Filho, Roberto Ventura, Luís Rangel Freitas, Bruno Padovano, Alberto Xavier, Dirceu Furquim Almeida, Carmem Iabutti, Mauro Magliozzi, Cristina Novaes, Valéria Valeri, Carlos Eduardo Zahn, José Caruso Ronca, Taisa Storace, Nádia Kuchar, Mirna Samara, Vera Santos Brito, Alberto Levy, Odete Lazar, André Abe, Renato Daud, Osvaldo Ribeiro Tavares, Moisés Nascimento, among others. And the 1980s hailed a new crop: Carlos Bruno, Cláudia Nucci, Sérgio Camargo, Manoel Pedroso Lima, Gilberto Belleza, Cláudia Souza Gomes, Eurico Ramos Francisco, Lívia França, Estevam Martins, David Trad Neto, Maria do Carmo Vilarino, Frederico Verrett, Luiz Fernando Iglesias, Mirian Dardes de Almeida Castanho, Adriana Biella Prado, Jitomir Theodoro da Silva and Cecília Rodrigues dos Santos, these last two commissioned with the organization of a book about the firm, never published. And lastly, already in the 1990s, came Ângelo Cecco, Edna Nagle, Fernanda Ferrari, Rita Guedes, Renata Barbosa and Isabella Rusconi. Among all, special mention goes to Uruguayan architect Carlos Arcos Ettlim, whose talent was decisive to the quality of several projects of that period. As proof of the fact that Escritório Rino Levi was truly a space for discussion and learning, many of these architects became professors at the most important schools of architecture of the State of São Paulo and architects who garnered outstanding renown not only in São Paulo, but nationwide.

Several structural designers rendered services to the firm, with highlight for Swiss architect Andreas Pestalozzi – the brother of Franz Andrea Pestalozzi, Rino Levi's partner in the 1940s – who, among other projects, was responsible for the structural design of the winning bid for the FIESP/CIESP/SESI building (the project was adulterated during construction due to intervention on the part of the client). For decades, the firm's work was organized in such a manner that the role of draftsperson was important both in detailing of the projects and in the training of student interns and young architects. Among those who carried out this task were

Márcio Bordignon Teixeira, Lúcio Teixeira, José Vicente Silva, Victor Nicola Ardito, Samira Naked, Ricardo Poinha, and Alfredo Lopez. Italian draftsman Nicola Pugliesi worked at the firm for more than thirty years (1960-91), and during his last decade there played a strategic role supervising project production. Two secretaries were also major players in work organization: Marilza Oliveira in the 1960s, and Wilamar Pereira de Araújo from the late 1970s until the early 1990s.

The active continuity of the team following the death of the architect who had created and headed it for decades obviously brought about major transformations. No matter how objective the work carried out, the lack of Rino Levi's specific subjectivity was felt even in the first jobs undertaken after his death. The strict methodological discipline was upheld, expressed by the project's suitableness to the purported use and by the constructive clarity, but sensitivity regarding the proportions of the form was different, now less dependent on the classical parameters that were Levi's trademark.

Certain projects were clearly a continuation of subjects that had recently been addressed. The proposal submitted for the FIESP/CIESP/SESI bid involved a volume covered with a skin of *brise-soleil* or sunbreaks, previously explored in the Elclor and Plavinil-Elclor buildings, and the monumentality of the concrete reliefs produced by Burle Marx in the Centro Cívico de Santo André. The Clube Araraquarense was another in a sequence of large-roof, multi-purpose buildings, an order adopted in the University of São Paulo's Social Center and in the Usina de Leite (Creamery).

The Jardim Paulista Building (1966), to which the firm transferred its headquarters, inaugurated a new line of projects for office buildings. In addition to the flexibility lent by the modular floor plan – a theme that was present since the project for the group of IAPI office buildings in 1939 – the concept of the façade takes on a new characteristic. Instead of the double skin constituted by the planes of window frames and *brise-soleil*, the facade now featured a strip of shade, provided by windows recessed in relation to the external concrete wall. This redeemed the deep openings that characterized Levi's first projects in which the recessed windows produced some shade for the inside environment and sheltered cabinet in the spaces thus created. In the new projects, the space generated by the recessed windows was not treated as a perforation, since the openings were conceived as strips running along the whole width of the facade. In addition, the remaining space was used to shelter equipment such as air-conditioning and distribution ducts for electrical installations. The whole thus constituted a completely open system. As the modular floor plan could take on any shape or size, depending on the proposed use and on the characteristics of the available sites, the project came to be characterized by the building option and by two strategic sectors: The vertical service and circulation tower, and the external strip with its installations and brise-soleil.

Levi's keen interest in urbanism bore fruit in that it influenced the individual career of Cerqueira César who maintained some degree of independence in relation to the firm. Cerqueira César was born to a traditional São Paulo family and Mayor Figueiredo Ferraz and Governor Laudo Natel charged him with public commissions. He was active in urban management in the City of São Paulo during the years of the military regime.

A member of the São Paulo mayor's advisory group in 1969, Cerqueira César became the first head of the Coordenadoria Geral de Planejamento – COGEP (General Planning Coordination Bureau) in 1971-72, when two of the main pillars of city management of those years were defined: The Zoning Law and the Expressway Plan. Soon thereafter he took part in creating Empresa Municipal de Urbanização – EMURB (the government-owned urbanization company), becoming its first president for the 1972-73 term, and then, in 1974 he was appointed to the newly created position of Secretary of Metropolitan Business for the State of São Paulo.

During that period Cerqueira César and Carvalho Franco, in partnership with Alberto Botti and Marc Rubin and with no specific client, carried out an experimental study featuring highly modern content aimed at fulfilling one of the recommendations of the *Plano Urbanístico Básico* (Basic Urban Plan): To build the *Centro Administrativo Municipal* (City Administration Center) on Tiradentes Avenue between the Luz Railroad Station and the Tietê River. While conserving only a few historic buildings, the project called for razing all the existing buildings and streets to make way for a continuous park area where the new buildings would be set apart and surrounded by plenty of greenery. An expressway – elevated to diminish its impact on the site[7] – would provide continuation of the North-South roadway axis.

The course of Cerqueira César's career during these years shows that he conquered a space in urban planning and management that Levi had always claimed for architects during his lifetime. Although not foreign to the evolution of Levi's approach to urban issues, Cerqueira César's activity took on a stature all its own. Levi's concerns were already expressed in certain works dating as far back as the 1950s – such as the proposal of a new roadway system for the city's central area developed together with FAU USP students in an exercise entitled "Parking Problems" – seem to have served as a starting point for the Expressway Plan created at COGEP. Emphasizing radical transformations, Cerqueira César held himself aloof from any intimate relation to the pre-existing city, a characteristic that Rino Levi had retained since his years in Italy. The situation demanded and allowed options that were unimaginable in Levi's times. The interventions were drastic, prioritizing circulation on a metropolitan scale and mobilizing huge amounts of resources that would completely change the city's countenance.

There was a counterpart to Cerqueira César's participation in public life. In 1972, Carvalho Franco invited another architect to join the firm as the third associate: Paulo Júlio Valentino Bruna (São Paulo, 1941). Paulo Bruna, a graduate of FAU USP (1963), had interned with Levi (1960-61) and then taken up his own particular career. After graduating, he worked on the projects for the Jupiá and Ilha Solteira power plants, following up closely the organization of the complex interdisciplinary teams of the large consulting and project firms active in this field. An internship in England (1967-68) further piqued his interest in rationalizing project and building processes, input that was to enrich development of the Rino Levi firm in the 1970s. Paulo Bruna also ratified the firm's academic mission; he still teaches at the University of São Paulo's School of Architecture and Urbanism to this day.

The firm's accumulated tradition in projects and building, in addition to Paulo Bruna's experience in construction rationalization and industrialization, provided a vast field of activity in industrial installation projects. The firm invested in the development of its own rationalized construction and pre-casting systems, encouraged mainly by industrial clients. Resuming the line of industrial projects initiated in 1942 with the Companhia de Cafés Finos Jardins, as of the mid-1970s, the firm's main jobs centered on office buildings and industrial installations for large corporations such as Permetal, Gessy Lever, Pirelli, and others.

The industrial projects demanded absolute control of various flows, a field that the firm had thoroughly dominated since the hospital designs. The shape was necessarily open, defined by a system that allowed for future expansion, mobility stemming from changes in production processes, plus accommodation to existing ingress and egress conditions, and the terrain situation. Avoiding the usual demand for merely supplying shelter for a process predefined by the company, the architects interacted with production engineers, influencing decisions related to production lines.[8] They thus upheld the firm's traditionally interdisciplinary activity.

The option for on-site pre-casting resulted in two main factors: Apart from the high freight costs charged for delivery of the pre-cast pieces to locations far from the plants, the systems available on the market at that time provided inappropriate lighting and insulation performance, as the predominant lighting came from skylights – continuous strips covered with PVC or fiberglass. The system developed by Levi's firm explored the possibilities opened up by on-site pre-casting, incorporating and intensifying certain concepts that at that time were novel to industrial buildings. To improve climatic comfort, new shapes of sheds were perfected based on the principle of double clerestories. Apart from allowing this double opening, the structural system featuring T-shaped pillars was designed to prevent the points of maximum momentum from coinciding with the "structural ties, where there is an interruption in the framework, and therefore, less resistance."[9]

The T-pillar system, used for the first time at Permetal (Guarulhos, 1973), served as the basis for the concrete shed with double opening of the Minisa project (São José dos Campos, 1975). In the following year, the need for larger free spans led to a mixed system of concrete T-pillars and metal grids in the project for the Elida Gibbs plant (Vinhedo, 1976). In 1977-78, the system yielded extraordinary results with the narrow concrete sheds produced for the Gessy Lever plant in Indaiatuba. The double opening of the previous plant designs now became asymmetrical, with slanted covering featuring one wider and one narrower pitch. This new development was only possible thanks to the flexibility of the on-site pre-casting system that allowed changes from one project to another.[10]

In 1986, architect Antônio Carlos Sant'Anna Jr. (Ribeirão Preto, 1950) became the fourth partner of the Escritório Rino Levi. Having worked at the firm since 1974 when he started as a student intern, Sant'Anna further reinforced the firm's ongoing project production renewal process, its academic tradition – as a professor at the Catholic University of Campinas – PUC-Campinas (1977-86), at Mackenzie University as of 1980, and at FAU USP as of 1985 – and its public service tradition – as director of COHAB (1989-90) during the Luiza Erundina administration and as vice president of the Brazilian Institute of Architects (2000-01 term). Cerqueira César and Paulo Bruna left the firm in 1991 to start up a new partnership. Upon the death of Carvalho Franco on March 19, 2001, Sant'Anna became the firm's sole remaining director.

The invaluable collection of projects created since 1926 is filed and preserved in the project sector of the FAU USP library. Part of the iconographic material was digitized in the late 1990s at the School of Architecture and Urbanism of PUC-Campinas. This job, funded by the São Paulo Research Foundation, made available to students and researchers more than 3,500 images, many of which are featured in this publication.[11]

Notes

Preface to 2nd edition

1. Renato Anelli's master thesis, initiated in 1985, has Rino Levi as one of the main protagonists. Renato Anelli, "Arquitetura de Cinemas na Cidade de São Paulo."

2. Renato Anelli, "Arquiteturas e Cinemas em São Paulo;" Rino Levi, "A Arquitetura é Arte e Ciência;" Maria Beatriz de Camargo Aranha, "Rino Levi: Arquitetura Como Ofício." Professor at the School of Architecture and Urbanism of PUC-Campinas and responsible for the contact with architect Luiz Roberto de Carvalho Franco – who authorized the digitalization of all the archives at Rino Levi Associated Architects office –, Maria Beatriz de Camargo Aranha is one of the researchers responsible for the project of the archive's digitalization, that was sponsored by São Paulo Research Foundation – FAPESP. She is also author of the PhD dissertation "A Obra de Rino Levi e a Trajetória da Arquitetura Moderna no Brasil."

3. Abilio Guerra, "A Construção de um Campo Historiográfico," 11. Free translation.

4. Beyond the undergraduate course taken as special student, Renato Anelli completed the necessary credits and completed his master thesis in 1990 at the History Department of the Institute of Philosophy and Humanities of University of Campinas – IFCH UNICAMP. Between 1980 and 2002, and at the same department, Abilio Guerra graduated and completed his master thesis and PhD dissertation.

5. Abilio Guerra e Renato Anelli ingressam na FAU PUC-Campinas em 1978 e se formam em 1982.

6. Carlos Alberto Ferreira Martins, "Estado e Identidade Nacional no Projeto Modernista;" Sophia S. Telles, "Niemeyer: Técnica e Forma."

7. Phillip L. Goodwin and G. E. Kidder Smith, *Brazil Builds, Architetcture New and Old 1652-1942*; Henrique E. Mindlin, *Modern Architecture in Brazil*; Yves Bruand, *Arquitetura Contemporânea no Brasil*.

8. T.N. *Paulista* refers to what or who is natural of São Paulo.

9. His authorship is remarked in one of Brazil's modern architecture manifesto. Renato Anelli, "1925 – Warchavchik e Levi: Dois Manifestos pela Arquitetura Moderna no Brasil."

10. T. N. Likewise, *carioca* refers to what or who is natural of Rio de Janeiro.

11. Hugo Segawa, *Arquiteturas no Brasil 1900-1990*.

12. Maria Alice Junqueira Bastos and Ruth Verde Zein, *Brasil. Arquiteturas Após 1950*.

13. Ibid., 260. Free translation.

14. Felipe Contier, "A Produção do Edifício da Faculdade de Arquitetura e Urbanismo da Universidade de São Paulo na Cidade Universitária Armando Salles de Oliveira (1961-1969)," 126-134.

15. Ibid., 137.

16. Pedro Fiori Arantes, *Arquitetura Nova: Sergio Ferro, Flávio Império, Rodrigo Lefévre, de Artigas aos Mutirões Autogeridos*.

17. Contier, "A Produção do Edifício," 126.

18. An opportunity was missed when Renato Anelli interviewed Roberto Cerqueira César in 1993, as part of his PhD research. Focused on Rino Levi's designs, Anelli did not gave chance to "Robertão", as he was known, talk about his own career. In 2005, when starting a new research theme, Anelli discovered Cerqueira César's important role at the creation and direction of Municipal Urbanization Company – EMURB; at the elaboration of the 1972 São Paulo's Master Plan; and along with other urban planning agencies of São Paulo. But it was too late for another interview: The architect had died in 2003. See: Renato Anelli, "Urbanização em Rede. Os Corredores de Atividades Múltiplas do PUB e os Projetos de Reurbanização da EMURB – 1972-1982;" Renato Anelli, "Redes de Mobilidade e Urbanismo em São Paulo. Das Radiais/Perimetrais do Plano de Avenidas à Malha Direcional PUB."

19. In 1994 during his PhD, Anelli researched at the Architecture History Department of the Architecture Institute of Venice, with a fellowship given by the National Council for Scientific and Technological Development – CNPq. Four years later, in 1998, Anelli returns to Italy to research the post-war Italian architecture.

20. Aline Coelho Sanches Corato, "A Obra e a Trajetória do Arquiteto Giancarlo Palanti, Itália e Brasil."

21. Aline Coelho Sanches Corato, "Italia e Brasile, Altre il "silenzio di un oceano": Intrecci tra arte e architettura nel Novecento."

22. Renata Campello Cabral, "A Arquitetura de Mario Russo em Recife."

23. Ana Lúcia Machado de Oliveira, "Insígne presença – integração arte e arquitetura na obra de Rino Levi."

24. Marcelo Consiglio Barbosa, "Franz Heep. Um Arquiteto moderno." This PhD dissertation was later published as a book: *Adolf Franz Heep. Um Arquiteto Moderno*.

25. Sabrina Souza Bom. Pereira, "Rodolpho Ortenblad Filho: estudo sobre as residências." The interest happened in a two way street. For example, Richard Neutra visits the country twice, establish relationships with important figures – Henrique Mindlin, Gregori Warchavchik, and Pietro Maria Bardi, among others – and comment with enthusiasm the work of a young architect. Abilio Guerra and Fernanda Critelli, "Richard Neutra e o Brasil." The multiple relations between Neutra and Brazilian architecture were established in the following research: Fernanda Critelli, "Richard Neutra e o Brasil."

26. Adriana Marta Irigoyen de Touceda, "Da Califórnia a São Paulo: Referências Norte-Americanas na Casa Moderna Paulista 1945-1960."

27. Hugo Segawa and Guilherme Mazza Dourado, *Oswaldo Arthur Bratke*.

28. Bruno Alfieri, "Rino Levi: Una Nuova Dignità All'habitat."

29. Abilio Guerra, "A Casa Binucleada Brazuca."

30. The comments on the lack of comparisons with *carioca* architecture come from Ana Luiza Nobre's notes on the margins of the book and presented to Renato Anelli after the first edition launch in 2001.

31. Silvia Ferreira Santos Wolff and José Antonio Chinelato Zagato, "A Preservação do Patrimônio Moderno no Estado de São Paulo pelo Condephaat." Free translation.

32. Flávia Brito Nascimento, "A Arquitetura Moderna e o Condephaat no Desafio das Práticas Seletivas." Free translation.

33. Lucio Gomes Machado, "Rino Levi Modernizou São Paulo;" Lucio Gomes Machado, "Tombamento Reabre Debate da Preservação."

34. Silvia Ferreira Santos Wolff, Priscila Miura and Adda Ungaretti, "Dossiê Rino Levi."

35. Gabriela Longman, "Legado de Rino Levi Para a Cidade Vai Muito Além das Obras Celebradas na Última Semana."

36. CONDEPHAAT, process number 31.622/94. The IAB SP headquarters design was developed by the three teams that had participated the competition: Rino Levi, Roberto Cerqueira Cezar, Zenon Lotufo, Abelardo de Sousa, Galiano Ciampaglia, Hélio Duarte, and Jacob Ruchti.

37. CONDEPHAAT, process number 48.737/03. The designation as historical landmark was requested in 2001 by Ademir Pereira dos Santos, active member of DOCOMOMO.

38. CONDEPHAAT, process number 24.371/86.

39. CONDEPHAAT, process number 33.188/95.

40. CONDEPHAAT, process number 32.102/94.

41. List of Rino Levi's eight buildings designated as historical landmarks by CONDEPHAAT, according with the official names and dates that appear on the process and its publication: 1) Brazilian Institute of Architects Building, São Paulo, Designation Resolution SC 41, from January 17th 2002, published at *Diário Oficial do Estado de São Paulo*, Executive Power section, January 22, 2002, 27; 2) Gomes Brothers Residence, Ubatuba, Designation Resolution 50, from September 15th 2005, published at *Diário Oficial do Estado de São Paulo*, Executive Power section, September 21, 2005, 24; 3) Former Institute of Philosophy, Sciences and Languages Sedes Sapientae, São Paulo, Designation Resolution SC-68, from August 10th 2010, published at *Diário Oficial do Estado de São Paulo*, Executive Power section, November 2nd, 2010, 41; 4) Castor Delgado Perez Residence, São Paulo, Designation Resolution 14, from April 8th 2013, published at *Diário Oficial do Estado de São Paulo*, Executive Power section, April 30, 2013, 104; 5) Santo André City Hall, Santo André, Designation Resolution 15, from April 8th 2013, published at *Diário Oficial do Estado de São Paulo*, Executive Power section, April 30, 2013, 104; 6) Itaú Bank Building, former headquarters of the South-American Bank, São Paulo, Designation Resolution 81, August 20th 2013, published at *Diário Oficial do Estado de São Paulo*, Executive Power section, August 21, 2013, 49; 7) Olivo Gomes Residence and Garden Park, São José dos Campos, Designation Resolution 97, from October 23rd 2013, published at *Diário Oficial do Estado de São Paulo*, Executive Power section, November 7, 2013, 72; 8) America Garage, São Paulo, Designation Resolution 17, from March 15th 2016, published at *Diário Oficial do Estado de São Paulo*, Executive Power section, March 17, 2016, 313.

42. List of the buildings, cities and CONPRESP designation dates: 1) Cine Ipiranga's inside areas, Designation Resolution n. 09, from October 6th 2009; 2) Artistic Culture Theater, Designation Resolution n. 14, from November 8th 2011; 3) IAB SP Headquarters, Designation Resolution n. 10, from April 7th 2015; 4) Sedes Sapientae Institute, Designation Resolution n. 12, from May 12th 2015; Paulista Biology Laboratory, Designation Resolution n. 31, from March 12th 2018; 6) A. C. Camargo Hospital, &) Trussardi building and 8) Porchat building, Designation Resolution n. 32, from March 12th 2018. As it is divided, since its inauguration, as four distinctive condominiums, the historical landmark designation of the Porchat building required four different process.

43. Vanessa Correa, "Fábrica de 70 Anos Vai ao Chão e Vira Condomínio. Construção Havia Sido Projetada por Rino Levi, Ícone do Modernismo."

44. Longman, "Legado de Rino Levi."

45. Correa, "Fábrica de 70 Anos."

46. Kleber Mendonça Filho, "Depoimento a Abilio Guerra."

Preface to 1st edition

1. The first edition of *Rino Levi – arquitetura e cidade*, published by Romano Guerra in 2001, received sponsorship of Furnas Centrais Elétricas S.A.

Prologue

1. Cf. Ornella Selvafolta, "L'istituto tecnico superiore di Milano: metodi didattici ed ordinamento interno (1863-1914)," 87-118.

2. Cf. Giorgio Ciucci, Gli architetti ed il fascismo. Architettura e città 1922-1944; Guido Zucconi, La città contesa, dagli ingegneri sanitari agli urbanisti (1885-1942).

3. Marcello Piacentini, *Architettura d'oggi*.

4. Rino Levi, "Arquitetura e estética das cidades," *O Estado de S. Paulo*, October 15, 1925, quoted in: *Arquitetura moderna brasileira: depoimento de uma geração,* ed. Alberto Xavier.

5. Gregori Warchavchik, "Acerca da arquitetura moderna;" Lúcio Costa, "Razões da nova arquitetura;" Cf. Sylvia Ficher, "Rino Levi. Um profissional arquiteto e a arquitetura paulista."

6. Cf. Zucconi, La città contesa; Guido Zucconi and Mario Lupano, *Marcello Piacentini*.

7. Marcello Piacentini, "*Nuovi orizzonti dell'edilizia cittadina*. Profusione inaugurale del 2° anno accademico della R. Scuola Superiore di Architettura in Roma. 10 November 1921; transcription of *Edilizia Cittadina* classes." Florence College of Architecture Archive.

8. The Ukranian architect also graduated in Rome, except that in 1920, prior to Rino Levi's move to Italy and to the creation of the School of Architecture in that city.

9. Rino Levi, "Engineer Rino Levi's report to the Inspectorate of Technical Precincts about his activities at the 2nd Battalion *9 de Julho* of the Coffee Institute, from July 28 through August 14, 1932." Rino Levi Archive.

10. Rino Levi, "Técnica hospitalar e arquitetura." Free translation.

11. Rino Levi, "L'architecture est un art et une science."

12. Rino Levi, "Técnica hospitalar." Free translation.

13. Rino Levi, "Situação da arte e do artista no mundo moderno." Free translation.

14. Cf. Lúcio Gomes Machado, "Rino Levi e a renovação da arquitetura brasileira," 106.

15. According to Rino Levi, ultimately, the project designed by architects Guildo Bermúdez, Pedro Lluberes, Carlos Brando, and engineer J. O. Cardenas was not implemented because a change in zoning law established the land use as exclusively residential.

Chapter 1

1. The figure of the three overlapping cities creates a palimpsest that beautifully illustrates the phenomenon of urban growth in São Paulo, even though the existence of modern copies in masonry – and eclectic copies in concrete – limits the rigor of any immediate analogy between constructive techniques and advents of the history of architecture. Cf. Benedito Lima de Toledo, *São Paulo: três cidades em um século*.

2. Cf. Regina Maria Prosperi Meyer, "Metrópole e urbanismo: São Paulo anos 50." Meyer's dissertation was incorporated in the book: Regina Maria Prosperi Meyer, Marta Dora Grostein and Ciro Biderman, *São Paulo metrópole*.

3. Regina Meyer points to the existence of a will of metropolization, understood as overcoming the economic-cultural dependence typical of the settlement, identified here as provincialism. She notes that Luiz Saia sees the metropolization process as inducing modernization rather than resulting from it. Luiz Saia, "Notas para a teorização de São Paulo, 1963," *in: Morada Paulista* (São Paulo: Perspectiva, 1972), quoted in: Meyer, "Metrópole e urbanismo," 13.

4. Cf. Sophia S. Telles, "Lúcio Costa: monumentalidade e intimismo." The analysis of brise-soleil panels in the work of Rino Levi, as developed in this chapter, arose from Telles's interpretation of these devices in this article.

5. From 1926 to 1942, some 180 competitions were held for city regulatory plans, besides many competitions for special urban projects. Cf. Giorgio Ciucci, *Gli architetti ed il fascism. Architettura e città 1922-1944*.

6. Cf. Nádia Somekh, "São Paulo anos 30: verticalização e legislação urbanística."

7. Rino Levi, "Prédio de habitação do tipo semi-intensivo."

8. "No fim de um ou no princípio de outro ano…" Cf. Geraldo Ferraz, "Individualidades na história da arquitetura no Brasil. III – Rino Levi."

9. Design titled: "Palacete para o Exmo. Sr. Lamberto Ramenzoni à avenida Brigadeiro Luiz Antonio 25-26, São Paulo, fev. 1930," FAU USP Library Archive of Designs.

10. Perspective with the title: "Projecto de Appartamentos e Garage na avenida Brigadeiro Luiz Antonio 23-29, SP." Typical floor plan titled: "Solution ' Typo' – Appartamentos – 1930 – Simplicidade – Economia – Conforto – Ar – Luz," FAU USP Library Archive of Designs.

11. Rino Levi, "Casa de campo junto ao lago de Santo Amaro", design's specification, Rino Levi Archive. Free translation.

12. Flyer advertising the building's launching, Rino Levi Archive.

13. Cf. Machado, "Rino Levi e a renovação," 199.

14. Cf. Carlos Alberto Ferreira Martins, "Arquitetura e estado no Brasil: elementos para uma investigação sobre a constituição do discurso modernista no Brasil; a obra de Lúcio Costa, 1924-1952."

15. Levi, "Arquitetura e estética das cidades." Free translation.

16. Letter of November 1st, 1937, from Rino Levi to Mr. Sorrentino, Rino Levi Archive. Free translation.

17. Levi's justifications for this series were based on the conditions for the construction, with regulations and neighborhood patterns that ruled out this kind of protection. The on-site verification of these conditions showed that the effects of direct exposure to sunlight were underestimated to favor total transparency in the experiment. After that period, devices for protection from the sun were included in Levi's designs in a more judicious and controlled manner.

18. The sunshade attribution of this element was made by Bruand and reiterated by Gomes Machado. In Goodwin, this is just a suggestion, despite being the main emphasis of the study. In the interview that architect Roberto Cerqueira César gave to the author on 12/03/1993, he underlined the fact that the grid was not meant as protection from the sun, since it was installed along the circulating areas rather than the classrooms.

19. Architect Luiz Robert Carvalho Franco reiterated this comparison in his statement to the author.

20. The brise-soleil panels were not built since the client chose to use imported thermal glazing, against the opinion of the design team. Cf. Interview with Luiz Roberto Carvalho Franco and design conserved in the Rino Levi Archive.

21. In addition to Guinle Park (1948-54), the theme had already been explored in the Antônio Ceppas Building (1946), by Jorge Machado Moreira, and in Affonso E. Reidy's design for Pedregulho (1950-52).

22. Cf. Telles, "Lúcio Costa," 85.

Chapter 2

1. Bruno Alfieri, "Rino Levi: una nuova dignità all'habitat;" Yves Bruand, *Arquitetura contemporânea no Brasil*; Marlene Milam Acayaba, *Residências em São Paulo 1947-1975*.

2. Cf. Giorgio Ciucci, *Gli architetti ed il fascismo. Architettura e città, 1922-1944*; Silvia Danesi, "Aporie dell'architettura italiana in periodo fascista - mediterraneità e purismo."

3. Cf. Duncan Macintosh, *The modern courtyard house*.

4. Bernard Rudofsky (Zauchtl, Austria, 1905 – New York, 1988). Trained in Vienna in 1928, he moved to Italy in 1932 and worked with Gio Ponti (also as editor of *Domus* magazine) and Luigi Cosenza up to 1938, when he fled to Brazil. In 1941, he showed at the *Organic Design* exhibition at MoMa, in New York, and moved there in October of the same year. He contributed together with Philip Goodwin and Kidder Smith to the *Brazil Builds* exhibition, which, among other works, introduced some of his Brazilian houses. The inclusion of Rudofsky in this study owes much to Maria Beatriz Cappello's *Paisagem e jardim nas casas de Rino Levi* (Landscape and Garden in the Houses of Rino Levi), dissertation for a master's degree in Architecture at USP São Carlos, 1998. The curator of his archive, professor Andréa Bocco Guarnieri, of Turin, provided details concerning Rudofsky. Hugo Segawa published a first biography on Rudofsky in the architectural magazine *Projeto* 45, November 1982.

5. Andrea Bocco Guarnieri, "Design anonimo e design spontaneo." Free translation.

6. The design conceived in 1935 was never built but was published with Rudofsky's manifesto: Bernard Rudofsky, "Non ci vuole un nuovo modo di costruire, ci vuole un nuovo modo di vivere."

7. Cf. Alberto Xavier, Carlos Lemos and Eduardo Corona, Arquitetura moderna paulistana, 6. Both designs were shown at the *Brazil Builds* exhibition at MoMA (New York, 1943).

8. Daniele Calabi (Verona, 1906 – Venice, 1964). Trained as an engineer in Padua, in 1929, and obtained a degree in architecture in Milan, in 1933.

9. Professor Guido Zucconi, of the University Institute of Architecture of Venice published the article: Daniele Calabi, "Variazione di unites idea di spazio introverso." Zucconi also organized the catalog: Guido Zucconi, *Daniele Calabi – architetture e progetti*. Free translation.

10. On the theme of houses with courtyards, before returning to Italy, Calabi designed a reception house as an annex to Luigi Medici's house (1944-46); his own house (1945-46), the Ascarelli House (1945) and the Cremesini House (1947).

11. "Habitations individuelles au Brésil;" L. C. Olivieri, "Casa a San Paolo;" L. C. Olivieri, "Casa Gusto del sottile," *Domus* 233, 1949, quoted in: Guido Zucconi, *Daniele Calabi*. Free translation.

12. Rino Levi, "Arquitetura e estética das cidades." Free translation.

13. Note that the second in this series, the Milton Guper House, was located in São Paulo's first garden district, Jardim América, designed by Barry Parker in 1917. Even today, this neighborhood today has a pleasant garden environment that has been listed by Condephaat. His private house (now demolished) and the Castor Delgado Perez House were located in Jardim Europa, a later development, of the same characteristics as Jardim América. Building regulations banned high walls in front of houses and encouraged a close relationship between social areas of the house and street spaces, according to Carlos Roberto Monteiro de Andrade in his doctorate research on Barry Parker in São Paulo (FAU USP, 1998).

14. Manfredo Tafuri's interpretation of the Hube house (Magdeburg, 1935) and the houses with three courtyards shows the limits of comparison with Rino Levi's houses. On pointing to the overwhelming distance between interior and exterior in the houses with three courtyards, Tafuri wrote that the relationship with nature was replaced by an artificial construction "induced to become optical illusion." Manfredo Tafuri and Francesco Dal Co, *Architettura contemporanea*, 132.

15. "Memorial descritivo do projeto" (*Design's Specification*), Rino Levi Archive. Free translation. The office team signs the text: "Rino Levi, architect, Roberto Cerqueira Cesar and Luiz Roberto Carvalho Franco, associate architects."

16. An exception is the Clemente Gomes house, built in the Pacaembu district, in São Paulo, between 1963 and 1968, in which, despite the accentuated slope, the authors maintain the order of a garden juxtaposed with aterraced situation. Cf. Maria Beatriz Cappello, "Paisagem e jardim nas casas de Rino Levi."

17. Rino Levi, *A casa*, May 1954, manuscript, Rino Levi Archive. Free translation.

18. "The strongest image of the Brazilian house, however, seems to be Lúcio Costa's description of how buildings evolved after 1900 and his comments on the growing presence of verandahs. According to him, depending on the orientation, they were the best place in the house as 'fully opened rooms'. Mário Pedrosa, in 1959, remarked that Brazilian modern architects would have almost designed 'outdoor houses, totally extroverted', were it not for the tropical climate." Telles, "Lúcio Costa," 86. The Lúcio Costa quote is from the book *Lúcio Costa: sobre arquitetura*, 92; and the Mário Pedrosa quote is from the book *Dos murais de Portinari aos espaços de Brasília*, 332.

19. Cf. Luiz Roberto Carvalho Franco, in discussion with the author, 1993.

20. Cf. Franco Albini, Giancarlo Palanti and Anna Castelli, *Giuseppe Pagano Pogatschnig - architetture e scritti*. A copy of this publication was conserved in Rino Levi's library.

21. Cf. Alexandre Penedo, *Arquitetura moderna em São José dos Campos*. Acknowledgement is due to Alexandre Penedo for our joint visit to the remains of this complex, which was of great importance to the line of argument developed in this chapter.

Chapter 3

1. This chapter was written with the collaboration of Ana Lúcia Machado de Oliveira Ferraz, who allowed me the pleasure of advising her master's thesis. See: Ana Lúcia Machado de Oliveira Ferraz, "Insigne presença. Arte e arquitetura na integração dos painéis na obra de Rino Levi."

2. Rino Levi, "Arquitetura e estética das cidades." Free translation.

3. Cf. Giorgio Ciucci, Gli architetti ed il fascism - Architettura e città, 1922-1944. Free translation.

4. Paolo Portughesi, "La Roman scuola." Free translation.

5. Ernesto Nathan Rogers, "Il perchè della decorazione (from the thesis Caratteri stilistici e costrutivi dei monumenti," 1932, published originally in *Quadrant* Review, November 1933, under the title "Significato della decorazione nell'architettura". Reprint in: *Esperienza dell'architettura*. Free translation.

6. A position that brings to mind Worringer's words: "It is critically important for the unique character of ornamentation that the artistic will of a people and their specific particularities are expressed with greater purity and clarity, with paradigmatic clarity." Wilhelm Worringer, *Abstracción y naturaleza*. Free translation.

7. Rogers, "Il perchè della decorazione." Free translation.

8. We follow the denomination suggested by Maria Cecília França Lourenço, of panel "as a generic designation for paintings, mosaics and reliefs." Cf. Maria Cecília França Lourenço, *Operários da modernidade*, 250.

9. "Annuario della Reggia Scuola di Architettura in Roma. Anno Accademico 1925-1926," 197-198. Free translation.

10. According to his relatives, Rino Levi painted somewhat regularly. A small picture he painted is conserved in his daughter's residence in Rome.

11. Cf. Aracy Amaral, "urgimento da abstração geométrica no Brasil."

12. Cf. Geraldo Ferraz, "Individualidades na história da atual arquitetura no Brasil. III –Rino Levi," 38.

13. Information given to the author by Maria Cecília França Lourenço.

14. Le Corbusier in the essay "A arquitetura e as belas artes" (Architecture and the Fine Arts), 1936, published by Lúcio Costa in *Revista do Patrimônio Histórico Nacional*, 1984. Free translation.

15. *Lúcio Costa*, "Desencontro," 1953. Republished: *Lúcio Costa, registro de uma vivência*, 202. Free translation.

16. He traveled with Calabi, according to information (lacking exact date), given by Calabi's widow, Mrs. Ornella Foà Calabi, in interview with the author, 1994.

17. There was provision for a mural on the façade in the early studies, in 1942-43, but the decision to have a panel by Di Cavalcanti was made only in 1949, after a competition in which Burle Marx and Jacob Ruchti took part. The choice was made by the theater management, although Levi preferred the abstract proposals of his compeitition. Cf. Roberto Cerqueira Cesar, in discussion with Ana Lúcia Machado de Oliveira Ferraz and Maria Cecília França Lourenço.

18. Lourenço, *Operários da modernidade,* 265.

19. Cf. Mário Pedrosa, "Espaço e arquitetura." Republished: Aracy Amaral, ed., *Dos murais de Portinari aos espaços de Brasília*, 258.

20. The conference was held in Venice on the initiative of Unesco and the manifesto was signed by Lúcio Costa, Herbert Read, Ungaretti, Wilder, Lhote, Carra, Henry Moore, Wotruba, Mehta, Honneger, Spender, Hartung, Stynon, Villon, Roth, Mortensen, Reads Corbusier, Rogers, Marino Marini, Peressetti, Sutherland, Severin and Lurcat. The manifesto is in: Cecília Rodrigues Santos, Margareth Campos da Silva Pereira, Romão Veriano da Silva Pereira and Vasco Caldeira da Silva, Le Corbusier e o Brasil, 239-241.

21. "VIII Congresso Pan-Americano de Arquitetura," 122.

22. "Conclusions of the Lisbon Congress of the International Union of Architects." Free translation.

23. "IV Congresso Brasileiro de Arquitetos. Boletim IAB SP n. 2." Free translation.

24. Rino Levi, "Síntese das artes plásticas," 567-568. Free translation.

25. Rino Levi, "Técnica hospitalar e arquitetura." Free translation.

26. Ibid. Free translation.

27. Rino Levi, "Acústica e forma na arquitetura." Free translation.

28. Ibid. Free translation.

29. Particularly noteworthy is that most of the patterns for these panels, as well as the *brise-soleil* panels of Concrete inspiration were created by Luiz Roberto de Carvalho Franco, in some cases after small internal competitions among the office staff.

30. Letter of October 31, 1948, from Rino Levi to Burle Marx, Rino Levi Archive. Reproduced in: Ferraz, "Individualidades na história da atual arquitetura no Brasil." Free translation.

31. Roberto Burle Marx, "Depoimento sobre Rino Levi." Free translation.

Chapter 4

1. August Choisy, *Histoire de l'architecture*.

2. Cf. Reyner Banham, *Theory and Design in the First Machine Age*. The most relevant material is in the initial chapters of the work of August Choisy and Julien Guadet, *Eléments et théories de l'architecture*. Free translation.

3. See particularly articles by Plinio Marconi: "Recenti sviluppi dell'architettura italiana, un rapporto alle loro origini;" "Architettura italiana atuale;" "Questioni di estetica nell'arte e nell'architettura d'oggi," anno XVII, 1938, fascicolo I; and "Nuovo accademismo architettonico."

4. Levi then went on to design the Art-Palácio in Recife and the Universo, Piratininga and Ipiranga movie theaters in São Paulo. His architectural acoustics design was also applied to another theater – Teatro da Sociedade de Cultura Artística in São Paulo. On movie theaters, see: Inimá Simões, *Salas de cinemas em São Paulo*. For an architectonic analysis of movie theaters in São Paulo, see: Renato Anelli, "Arquitetura de cinemas na cidade de São Paulo;" Renato Anelli, "Arquitetura de cinemas em São Paulo. O cinema e a construção do moderno."

5. Cf. Rino Levi, "Considerações a propósito do estudo acústico de um cinema em construção em São Paulo;" *Acústica e forma na arquitetura*, the notes for a course he taught on several occasions.

6. Cf. Marcello Piacentini, "Problemi reali più che razionalismo preconcetto."

7. Rino Levi, "Acústica e forma na arquitetura."

8. Levi, "Considerações a propósito." Free translation.

9. See the same author's above-mentioned piece on the cinema and Guido Zucconi, "Rino Levi – Immagini di grande architettura a San Paolo."

10. Letter of November 1st, 1937, from Rino Levi to Ugo Sorrentino, Rino Levi Archive. Free translation.

11. Even so, the crossbeams were gigantic: The largest is about five meters long.

12. Rino Levi, *Técnica hospitalar e arquitetura*. Free translation.

13. Rino Levi, "Esquemas de três hospitais."

14. Cf. Elena Ruiz, in discussion with architect Silvia Hernández de Lasala [as reported in letter to the author on September 18, 1995].

Chapter 5

1. Rino Levi, "Situação da arte e do artista no mundo moderno, em particular com relação à arquitetura," 1948. Free translation.

2. Para o debate urbanístico dessa época, cf. Sarah Feldman, "Planejamento e zoneamento. São Paulo 1947-1972;" Regina Maria Prosperi Meyer, "Metrópole e urbanismo: São Paulo anos 50."

3. The quotations are from the following texts by Rino Levi and Roberto Cerqueira César, in a written submission for the Chair of Architectural Composition, fifth year: "O problema do estacionamento na zona central de São Paulo" (1955); "O problema do estacionamento e a primeira grande garagem em construção em São Paulo" (1955) and "Estacionamento e problemas correlatos" (1956).

4. The design was awarded third place together with the M. M. Roberto office. For comprehensive bibliography on the competition, see: Sylvia Ficher, "Brasília e seu plano piloto," 130-139. Bruand's view may be found on page 357 of his book mentioned above.

5. Interview given to the author on March 12, 1993. For an analysis of the proposals made by Fr. Joseph Lebret and the Society for Graphic Analysis and Mecanography Applied to Social Complexes – SAGMACS. Cf. Celso Monteiro Lamparelli, "Louis-Joseph Lebret e a Pesquisa Urbano-Regional no Brasil. Crônicas Tardias ou História Prematura;" Maria Cristina da Silva Leme, "Planejamento em São Paulo 1930-1969." Free translation.

6. Rino Levi, "*Concepções da cidade moderna*" (Curitiba, November 14, 1963), guest lecture for the School of Engineering, Escritório Rino Levi Arquitetos Associados Archive.

7. Although the design clearly follows the concept of neighborhood unit, we were unable to find this term in Rino Levi's writings.

8. Cf. Lúcio Costa, "Memória descritiva do plano piloto (1957)," 283-296. Free translation.

9. Cf. Sophia S. Telles, "Lúcio Costa: monumentalidade e intimismo."

10. *Rino Levi*, 97. Free translation.

11. Cf. Nestor Goulart Reis Filho, "A arquitetura de Rino Levi." Free translation.

12. Alison and Peter Smithson's designs for the Golden Lane complex (1951) anticipated the mega-structures later developed by Louis Kahn for Philadelphia (1956-57), by Ludovico Quaroni for the Mestre district, in Venice (1959), and by Kenzo Tange for the bay of Tokyo (1960).

13. Cf. Manfredo Tafuri and Francesco Dal Co, *Architettura contemporanea*, 157.

14. Cf. Carlos Alberto Ferreira Martins, "Razon. Ciudad y naturaleza. La génesis de los conceptos en el urbanismo de Le Corbusier," 171. Free translation.

15. For the history of USP see: João Roberto Leme Simões, "Arquitetura na Cidade Universitária Armando Salles de Oliveira;" *O espaço da USP: presente e futuro*.

16. Cf. Geraldo Ferraz, "CUASO. A Cidade Universitária de São Paulo," 16-25.

17. Rino Levi, *Anotações para a apresentação do projeto do Centro Social da Cidade Universitária de São Paulo*.

18. Cf. Ferraz, "CUASO."

19. Rino Levi, *Anotações para a apresentação do projeto*. Free translation.

20. Mário Pedrosa, "Parecer sobre o core da Cidade Universitária," typed manuscript, November 14, 1962, quoted in: Hugo Segawa, *Oswaldo Arthur Bratke*, 230-232. Free translation.

21. Design's presentation in: *Rino Levi*, 158.

22. The design by David Xavier Azambuja, Olavo Reidig, Flávio Amílcar Regis and Sérgio Rodrigues remains distorted and incomplete even today. Cf. Alberto Xavier, *Arquitetura moderna em Curitiba*.

23. The design for the municipal complex in São Bernardo do Campo, done in the same year by Jorge Bonfim, Mauro Zuccon, Roberto Monteiro and Teru Tanaka, affords a comparison with the same program as executed under extensive horizontal covering. Cf. Alberto Xavier, Carlos Lemos and Eduardo Corona, *Arquitetura moderna paulistana*.

Epilogue

1. In interview with the author. Cerqueira César recalled that Sedes Sapientiae was the first design he headed, soon after he joined the firm. He also mentioned the Prudencia Building design.

2. In interview with the author in 1992.

3. Bruand, Arquitetura contemporânea no Brasil, 24 (first quotation) and 249 (second quotation).

4. Rino Levi, "Técnica hospitalar e arquitetura." This text was partially published under the title "L'architecture est un art et une science" in magazine L'Architecture d'Aujourd'hui in 1949, ans republished in magazine Óculum 3 in 1993.

5. João Batista Vilanova Artigas et al., "Relatório sobre reestruturação do ensino da FAU," July 1957. Rino Levi Archive (mimeo).

6. Antônio Carlos Sant'Anna in interview with the editor in 2001.

7. Cf. "Na maior área verde da cidade, o Centro Administrativo Municipal." The publication does not mention the name of Cerqueira César as one of the authors, but in an interview with the editor in 2001, Alberto Botti confirms that Cerqueira César's participation in discussions and project development was even more effective than taht of Carvalho Franco.

8. Cf. Paulo Bruna, "Considerações sobre o projeto de edifícios industriais." Note 5 highlights the names of engineers of one of the companies that interacted with Levi's firm on the plant design.

9. Cf. Roberto Cerqueira César, "Estímulo permanente."

10. Engineers Eduardo Pessoa and Luiz Morales D'Ávila contributed the structural design, and the design and execution of the reinforced concrete shapes, respectively, for the Minisa project. Cf. Paulo Bruna, "Considerações sobre o projeto de edifícios industriais."

11. See: "Ficha técnica," 324.

Rino Levi – arquitetura e cidade
Renato Anelli, Abilio Guerra e Nelson Kon
2ª edição revisada e ampliada, 2019

Pesquisa e textos
Renato Anelli
Pesquisa e acervo de imagens
Abilio Guerra
Ensaios fotográficos
Nelson Kon
Apresentações
Roberto Cerqueira César
Luiz Roberto Carvalho Franco
Paulo Bruna
Antonio Carlos Sant'Anna Jr.
Prefácio à segunda edição
Renato Anelli, Abilio Guerra e Nelson Kon
Prefácio à primeira edição
Lucio Gomes Machado
Colaboração no capítulo 3
Ana Lúcia Machado de Oliveira Ferraz

Coordenação editorial
Abilio Guerra
Silvana Romano Santos
Fernanda Critelli
Coordenação de produção
Flávio Coddou
Ana Paula Koury
Assistente editorial
Jennifer Cabral
Tratamento de imagens
Nelson Kon
Rafaela Netto
Dárkon Vieira Roque
Revisão do português
Escrita – Neusa Caccese de Mattos
Claudionor A. de Mattos
Atualização e revisão do português
Ana Maria Barbosa
Projeto gráfico
Dárkon Vieira Roque
Tradução para o inglês
Izabel Murat Burbridge
Thomas Goldenstein Leiner (prefácio à segunda edição)
Assistente (ensaios fotográficos)
João Liberato Vidotto
Redesenhos
Ana Paula Koury (coordenação)
Caroline de Figueiredo Bertoldi Silveira
Elisânia Magalhães Alves
Taciana Pongelupi
Aline Coelho Sanches
Letícia de Oliveira Neves
Acácia Furuya
Atualização de redesenhos
Dárkon Vieira Roque
Impressão
Ipsis

Coordenação de financiamento coletivo
Helena Guerra
André Scarpa
Caio Guerra
Vídeos de divulgação
Irmãos Guerra Filmes
Plataforma de financiamento
Catarse
Patrocinadores
Barbara Levi
Teresa Cristina e Cândido Bracher
Jaime Cupertino
Dpot
Refúgios Urbanos
Apoiadores
596 pessoas e instituições

Edição publicada originalmente em 2001, com projeto gráfico de Carlito Carvalhosa e Rodrigo Andrade, e produção gráfica de Agenor N. de Jesus e Mayumi Okuyama.

Conselho editorial
Abilio Guerra, Adrián Gorelik, Aldo Paviani, Ana Luiza Nobre, Ana Paula Garcia Spolon, Ana Paula Koury, Ana Vaz Milheiros, Ângelo Bucci, Ângelo Marcos Vieira de Arruda, Anna Beatriz Ayroza Galvão, Carlos Alberto Ferreira Martins, Carlos Eduardo Dias Comas, Cecília Rodrigues dos Santos, Edesio Fernandes, Edson da Cunha Mahfuz, Ethel Leon, Fernando Alvarez Prozorovich, Fernando Lara, Gabriela Celani, Horacio Enrique Torrent Schneider, João Masao Kamita, Jorge Figueira, Jorge Francisco Liernur, José de Souza Brandão Neto, José Geraldo Simões Junior, Juan Ignacio del Cueto Ruiz-Funes, Luís Antônio Jorge, Luis Espallargas Gimenez, Luiz Manuel do Eirado Amorim, Marcio Cotrim Cunha, Marcos José Carrilho, Margareth da Silva Pereira, Maria Beatriz Camargo Aranha, Maria Stella Martins Bresciani, Marta Vieira Bogéa, Mônica Junqueira de Camargo, Nadia Somekh, Otavio Leonidio, Paola Berenstein Jacques, Paul Meurs, Ramón Gutiérrez, Regina Maria Prosperi Meyer, Renato Anelli, Roberto Conduru, Ruth Verde Zein, Sergio Moacir Marques, Vera Santana Luz, Vicente del Rio, Vladimir Bartalini

Pesquisas
Grupo de Pesquisa "Arqbras", Departamento de Arquitetura e Urbanismo da Escola de Engenharia de São Carlos – Universidade de São Paulo (atual Instituto de Arquitetura e Urbanismo – IAU), projeto "Interlocuções com a arquitetura italiana na constituição da arquitetura moderna em São Paulo", líder Renato Anelli, equipe Ana Lúcia Machado de Oliveira, Anderson Savio Silva Belo, Aline Coelho Sanches, Jefferson Cristiano Tavares, Caroline Figueiredo Bertoldi Silveira, Elisânia Magalhães Alves, Letícia de Oliveira Neves, Evilaine Jaqueta. Apoios CNPq e Fapesp (1996-2001).

Projeto de pesquisa "Centro Integrado de Documentação Digital – CIDD – Projeto Piloto Rino Levi", Faculdade de Arquitetura e Urbanismo – PUC-Campinas, líderes Ricardo Marques de Azevedo (coordenação geral), Abilio Guerra (coordenação técnica e concepção do projeto), Maria Beatriz de Camargo Aranha (coordenação acadêmica) e Wilson Roberto Mariana (coordenação institucional), equipe André Kaplan, Daniel Carnelossi, Fábio Villela, Flávio Arancibia Coddou, Flávio Laurini, Priscila Carolina Vieira Davini, Ricardo Borges de Freitas e Tatiana Alarcon. Apoio Fapesp (1997-2001).

Arquivos e bibliotecas consultados
Arquivo da Faculdade de Arquitetura da Universidade dos Estudos de Roma "La Sapienza", Arquivo da Fundação Bienal de São Paulo, Arquivo Histórico de Arte Contemporânea da Fundação Bienal de Veneza, Biblioteca Central e Biblioteca do Departamento de História da Arquitetura do Instituto Universitário de Arquitetura de Veneza, Biblioteca da Escola de Engenharia de São Carlos da USP, Biblioteca da Faculdade de Arquitetura e Urbanismo da USP, Biblioteca do Politécnico de Milão, Biblioteca da Faculdade de Arquitetura de Florença, Biblioteca Municipal de Milão, Biblioteca Nacional Braidense, Biblioteca Municipal Mario de Andrade, Centro de Apoio Didático da Faculdade de Arquitetura e Urbanismo da PUC-Campinas, Centro de Estudos Arquivo da Comunicação da Universidade de Parma.

Crédito de imagens
Acervo família Gomes
p. 32 (esquerda, 1ª edição)
Acervo pessoal Barbara Levi
p. 30 (direita, abaixo, 2ª edição), 31 (abaixo), 32 (2ª edição), 33, 34 (2ª edição), 35 (2ª edição), 251 (esquerda, acima, 2ª edição)
Acervo pessoal Hugo Segawa
p. 208 (acima)
Acervo pessoal Ida Levi Hess
p. 24 (esquerda), 24 (direita, acima), 25 (acima), 251 (esquerda, acima, 1ª edição)
Acervo pessoal Julio Artigas
p. 252 (acima)
Acervo pessoal Zilah Carvalho de Castro Mello
p. 30 (direita, abaixo, 1ª edição), 34 (1ª edição), 35 (1ª edição),
Acervo Fundação Bienal
p. 4, 31 (acima), 137 (direita, abaixo), 139 (direita, acima),
Ana Paula Koury
p. 128 (abaixo)
Cristiano Mascaro
p. 236 (todas as fotos), 237 (acima), 240 (esquerda), 241
José Moscardi
p. 30 (esquerda, abaixo), 58 (acima), 129 (ambas as fotos), 130, 131, 132 (abaixo), 133 (todas as fotos), 144 (acima), 145 (todas as fotos), 147 (todas as fotos), 182 (esquerda), 183, 184 (acima), 185 (todas as fotos), 208 (abaixo), 209, 212 (acima), 213, 215 (todas as fotos), 221, 223, 224, 225, 226-227 (todas as fotos), 228 (acima), 229 (abaixo), 231, 232 (esquerda), 233 (direita), 254 (direita),
Nelson Kon
capa, 2ª capa, 3ª capa, ensaios fotográficos coloridos do Edifício Guarani, Instituto Sedes Sapientiae, Residência Olivo Gomes, Banco Sul-Americano do Brasil S.A., Centro Cívico de Santo André e Edifício-Sede da Fiesp-Ciesp-Sesi
Peter Scheier
p. 14, 49, 56 (acima), 57 (esquerda), 59 (acima), 86 (acima), 90 (acima), 103, 104 (acima), 105, 107, 108 (esquerda), 109, 146 (todas as fotos), 169 (direita), 172 (esquerda), 173 (direita)
Photo Vernell
p. 70 (acima), 71
Redesenhos Ana Paula Koury e equipe
p. 50 (abaixo), 52, 53 (abaixo), 54 (abaixo), 56 (abaixo), 58 (abaixo), 63 (ambos redesenhos), 65 (direita, acima), 73 (esquerda), 74 (acima), 86 (abaixo), 87 (direita), 88, 89 (abaixo), 90 (abaixo), 92, 93, 97 (esquerda, abaixo), 99 (esquerda), 101 (esquerda), 102, 104 (abaixo), 106, 108 (direita), 128, 134 (esquerda), 138, 139 (esquerda, acima), 139 (direita, abaixo), 142 (acima), 143 (direita, abaixo), 146 (direita, acima), 161 (acima), 162 (abaixo), 163, 168, 182 (direita), 185 (direita, acima), 186 (direita), 210 (acima), 212 (abaixo), 230 (esquerda, abaixo)
As fotos e desenhos não listados pertencem ao Arquivo Rino Levi.

Anelli, Renato
Rino Levi: arquitetura e cidade

pesquisa e textos
Renato Anelli
pesquisa e acervo de imagens
Abilio Guerra
ensaios fotográficos
Nelson Kon.
2. ed. revista e ampliada.
São Paulo: Romano Guerra, 2019.

300 p. il.
Bibliografia.

ISBN: 978-85-88585-85-0

1. Arquitetura moderna – Brasil.
2. Arquitetura - Século 20 – Brasil
3. Fotografia – Ensaios
4. Levi, Rino 1901-1995.
I. Guerra, Abilio.
II. Kon, Nelson.
III. Título

CDD – 724.981

Ficha catalográfica elaborada pela bibliotecária Dina Elisabete Uliana – CRB-8/3760

A reprodução ou duplicação integral ou parcial desta obra sem autorização expressa dos autores e dos editores se configura como apropriação indevida de direitos intelectuais e patrimoniais.
© Renato Anelli
© Abilio Guerra
© Nelson Kon

Romano Guerra Editora
Rua General Jardim 645 cj. 31
Vila Buarque
01223-011 São Paulo SP Brasil
Tel: (11) 3255-9535
rg@romanoguerra.com.br
www.romanoguerra.com.br
Printed in Brazil 2019
Foi feito o depósito legal